例解

The Code of
Criminal Procedure

刑事訴訟法I

| 體系釋義版 | 增訂第十一版 | 李知遠／著 |

五南圖書出版公司 印行

　　自2004年例解刑事訴訟法初版迄今，已歷十次改版。定位為大學、法研究、國家考試應試學子和法律教學、實務工作者之工具書，符合不同閱讀族群之用書所需，力求內容豐富完整、儘能無漏，是本書策勵自勉的目標。惟亦因此使本書之份量於累次增補後，相對造成讀者攜帶之不便。

　　在五南編輯部與業務部門，廣蒐閱眾市場之反應並與我集思共議下，乃決定自第十版起將本書分輯為「體系釋義版」和「案例解析版」，而非傳統採上、下冊之模式。蓋因前者可予讀者本於各自需求而選擇合購或單購，此於攜帶時亦然。

　　同時，本書在歷版中，皆會以一篇自筆之小品代替序言，而該小品實蘊含個人當下對不同生命歷程之體悟與感懷。緣於許多學生和讀者之迴響，乃於第十版之序言後，各附上一篇前版已載之小品，以為身處熙攘紅塵諸君之分享。

　　例解刑事訴訟法能延續十一版，走過近十四年的歲月，誠應感謝法學先進和讀者群們之指正和支持。而五南文化集團參與歷次改版之編輯群，更可謂辛勞備極；尤其劉靜芬副總編、張若婕責編和許嘉玲老師在分輯籌劃期間所奉獻之心力與智慧，皆令我真摯感念，特藉此深致謝意。

　　數月前，我曾參訪一修心靜地，走進兩旁濃蔭盎綠的坡道深處，那青磚紅瓦的斑駁小樓正隱沒在崢嶸蒼鬱的松林間。白露時節，金光映照得滿山微暖，好似重金鎏彩般，閃耀漫天。徐然而過的東風，總能令人心清氣暢。我流連徘徊，直至周遭一切的顏色漸漸沈入殘陽下的暮靄中，方默默筆記下影壁上鐫刻的智者偈語～

> 數里無人到，山黃始識秋；巖間一覺醒，忘卻百年憂。
> 畏寒時欲夏，苦熱復思冬；妄想能消滅，安身處處同。

謹與讀者共勉。

李知遠
於歲次己亥年驚蟄、春分

寒山寺

大唐太宗貞觀十五年。

萬籟靜謐，星子無光，寒山與拾得擺渡輕靠，悄然在蘇州城西五里外，楓橋鎮郊堤彎處上岸。初冬深夜，飄雪肆無忌憚地綴滿江南宅院的門堂榭廊、畫棟雕簷，益襯得兩人銀白的鬢鬢更顯一色。寒山套緊僧帽，拾得縛上袈篷，方欲返回妙利普明塔寺，驀然但見一青年書生斜纏細縲包袱，渾身溼透，顫巍巍地瑟縮臥躺於拱橋石墩下。兩人未見遲疑，擁背起青年書生，一路無語，疾向南行。

＊　　　　　　＊　　　　　　＊

妙利普明塔寺藏經閣裡，病體初癒的青年書生，手持經卷，若有所思，凝視窗櫺之外；小沙彌則蹲坐側旁，輕緩地為炭爐添加柴火，寒山與拾得飄然入內。

寒山：敢問施主貴名？

書生：晚生「功名」。

拾得：何故流落至此？

書生：中秋赴京趕考，未得功名。

寒山：未得功名，該當返鄉，徐圖發展，晃蕩無益。

功名：晚生三度功名未取，已無顏見於高堂，復深憾生命無值，意欲了卻殘生。不意天凍水寒，晚生實是耐受不住，故又勉力上岸，幸蒙兩位高僧……，晚生………。（功名不禁潸然淚下）

寒山：施主何以固執功名？

功名：鑼鼓喧天，笏袍加身，樞機重權，瓊林華宴，瞻仰龍顏，流傳後世，生命價值何等榮顯。

寒山：自我慾念未得成就功名，個人榮顯亦未得千史垂名。

功名：晚生不解。

拾得：老納試舉一例。老納預言，今日起數十年後，將有一落第書生雲遊至此，感懷著詩，傳誦百世。再越數年，此落榜書生進士及第，惟往後該生之生平官箴如何，將湮沒無聞，俱無可考，施主以為如何？

功名：……（靜默無語）

拾得：施主曲解功名真諦與生命價值，險誤生機。實則功名真諦不在慾念，生命價值亦不在榮顯。

功名：晚生願聞其詳。

拾得：生命價值在於圓滿眾生需求，更在於掌握今世結束後之去向。

功名：晚生愚駑，未解其義。

寒山：施主可曾於科舉前後，與眾多應試舉子般，焚香禱告，祈求於佛祖釋尊？

功名：……（頷首無語）

寒山：施主可曾於生活困頓，障礙難除，有志難伸，有願難得，性命交關之際，祈求於救苦觀音。

功名：……（綻顏無語）

寒山：佛祖與觀音皆彰顯其價值，而此價值將綿亙千古，深究其意，利他以圓滿眾生需求而已。

功名：……（合什無語）

拾得：施主當知，所謂苦果因貪起，無功為急利，切莫虛構一個未來而犧牲現在。

寒山：利舉競試之路，可能漫長且絕對艱辛，幸運的榮耀注定僅歸諸於極少之人。多少學生為求順遂平坦，總會在無數等待的日子裡許下誓願，虔敬恭謹地祈求於心所皈依的精神信仰，然毫無疑問的，自是求不得者眾。望者年復一年，生活處境日益為難，但憑藉一股不撓毅力而堅持不怠的舉子，讓人不禁為其等無可預期止盡的歲月投注，深感惋惜。再反觀歷經勤苦奮戰而幸得以實現所求者，當一朝掌握平民庶人無可置喙的獨權時呢？歷代即曾多聞，為官乃思求之徑，造業之途，濫權橫施、偏頗踰越，種種以犧牲黎民蒼生權益而謀取之虛名，不勝數計，更遑論內部晉升引發之爭名奪利。於是，絕對的權力、絕對的自我，必然造就絕對的腐敗與絕對冤屈，此豈不令人疾首痛心？又焉能千史垂名？

功名：晚生慚愧，著迷虛榮急利，自無功名。然則如何成就功名？有謂積德善行可成就功名，何為善行？誠請高僧開示。

寒山：善行是在編織你生命的風格，只有你變得更謹慎、更覺知時，善行才會產生。善行不是培養得出來的德行，善行必須是你變得更有意識之後的延伸，是自發的行為。

拾得：大道以無心為體，忘言為用，柔弱為本，清靜為基。施主宜薄滋味以養氣，去嗔怒以養性，處卑下以養德，而後盡人事聽天命。雲聚自然雨施，水到自然渠成。

寒山：了悟於此，悠遊自在，自然圓滿功名。

寒山、拾得閉目凝神。

青年書生欣然退去。

＊　　　　　＊　　　　　＊

功名漫步至法堂階外，巧遇小沙彌挑水迎來。

功名（彎身探問）：小師父早早出家，無憂無慮，在下既為感佩亦甚羨慕，不知小師父本家原住何處？

小沙彌（瞇眼輕笑）：萬里長空以為家，心無所住走天涯；塵勞世事何其多，千般煩惱皆虛假。

＊　　　　　＊　　　　　＊

天寶十二年。

乾坤朗朗，浮雲悠悠，落第書生張繼帶著悵然落寞的心境，舟遊至蘇州城外楓橋鎮邊，時已易名為寒山寺之妙利普明塔院。

深秋子夜，舟泊橋邊，張繼百感交集，輾側難眠之際，乃起身佇立艙外，低語輕吟：「月落烏啼霜滿天，江楓漁火對愁眠；姑蘇城外寒山寺，夜半鐘聲到客船。」

李知遠

第一章　刑事訴訟之意義

第一節　刑事訴訟法之憲法體系

一、被害人─憲法§16訴訟權┬告訴權→公訴程序
　　　　　　　　　　　　├自訴權→釋字569號
　　　　　　　　　　　　└救濟權→聲請再議、聲請交付審判、上訴、抗告、聲請再審

二、被告┬憲法§8正當
　　　　│法律程序
　　　　│　　釋字384、636號→實質正當法律程序之內容（拘捕法定程序、證據裁判主義、自白任意性、對質詰問、一事不再理、審檢分立、公開審判、救濟）
　　　　│　　釋字392、631號→強制處分審查（羈押、人身自由、秘密通訊）之法官保留原則
　　　　│　　釋字436號→軍審案件被告受審問處罰之法定程序保障
　　　　│　　釋字582、592號→對質詰問權
　　　　│　　釋字653號→羈押救濟
　　　　│　　釋字654號→辯護權
　　　　│
　　　　├憲法§16訴
　　　　│訟防禦權
　　　　│　　釋字436號→軍審案件被告受普通法院審判之權利
　　　　│　　釋字582、592號→對質詰問權
　　　　│　　上訴權→不利益變更禁止原則
　　　　│　　釋字639號→羈押抗告
　　　　│
　　　　└憲法§23法治國原則──憲法優位、法律保留、比例原則

三、其他┬釋字43號→判決書之錯誤更正
　　　　├釋字47號&168號→單一案件之競合管轄
　　　　├釋字48號→刑事訴訟法§255Ⅰ其他法定理由
　　　　├釋字60號→刑事訴訟法§376案件上訴最高法院之判斷標準
　　　　├釋字90號→現行犯之範圍與逮捕
　　　　├釋字134號→自訴程序之瑕疵、補正與治癒
　　　　├釋字140號→無效不起訴處分之救濟
　　　　├釋字178號→法官之「前審」迴避
　　　　├釋字306號→辯護人上訴之合法程式、瑕疵與補正
　　　　├釋字530號→檢察一體與檢察獨立
　　　　├釋字535號→臨檢盤查與強制處分之界限暨法治程序
　　　　├釋字627號→總統刑事豁免權與機密特權
　　　　├釋字664號→少年事件處理程序
　　　　└釋字665號→單純重罪羈押違憲性、案件事務分配與公平審判原則

🔍 焦點　憲法與刑事訴訟法之重要關係

　　憲法第16條所稱之訴訟權，自被害人立場言之，任何人民之權利受不法侵害時得尋求司法機關之救濟，此項救濟於刑事訴訟程序之途徑有二：其一得自行向法院提起訴訟，此謂之自訴，提起訴訟者即為自訴人。其二若被害人因恐個人法學智識有限且欠缺公權力支

持，未能順利蒐集證據並於審判中舉證暨爲訴訟行爲，另得向檢察官提出告訴，由檢察官進行犯罪情事之偵查，倘檢察官認同告訴人所指述之事實，即由檢察官代替告訴人並代表國家提起公訴，檢察官是爲公訴人；訴訟權如自被告立場而言，乃係其受國家機關刑事追訴審判時，擁有法定保障之防禦權利，司法偵審機關不許任意剝奪，且依第8條第1項規定，被告並有由法院依法定程序審判之權利，此項正當法律程序之保障，配合第16條之訴訟防禦權與救濟權，旨期建立客觀公正之刑事訴訟環境。

　　憲法第7條至第22條明定人民之基本權利爲最高位階之憲法所保障，當然，此些保障並非漫無限制，第23條乃稱於目的合理之範圍（防止妨害他人自由、避免緊急危難、維持社會秩序、增進公共利益）並符合法律保留原則（將限制之權利保留予法律規定，命令則不許之）要件下，即得限制之。

第二節　刑事訴訟之意義

🔍 焦點1　刑事訴訟之基本觀念（黃朝義，月旦法學第108期，頁55；林鈺雄，刑事訴訟法（上），頁15～17）

　　刑法（實體法）與刑事訴訟法（程序法）合稱刑事法。刑法僅屬理論之存在，須藉由刑事訴訟法之運作方得將該理論落實，理論上，行爲人之行爲具有構成要件該當性與違法

性且有責時，即被認定成立犯罪得予處罰，然如何認定某犯罪事實之行為人？由何機關認定？又被認定之行為人其行為是否果真該當某犯罪構成要件？阻卻違法事由與罪責要素有無存在？此等均須藉由刑事訴訟程序予以判斷，刑事訴訟法即為規範刑事訴訟程序之法律。

　　刑事案件發生並為司法機關發現後，司法警察或司法警察官（依刑事訴訟法第229條至第231條規定，包含內政部警政署所屬警察及官長、憲兵隊憲兵及官長、法務部調查局調查員及官長等）率先到場進行勘察暨為犯罪情形之調查與證據之蒐集，刑事訴訟程序乃於焉展開，調查程序告一段落後，司法警察（官）遂將該案件連同前揭調查程序中蒐集所得之證據移送檢察官，而於特定情形時，尚應將犯罪嫌疑人一併解送（本法第92條第2項），案件移（解）送檢察署後，檢察官即於偵查程序中就所有有利或不利被告之證據為客觀性篩選（本法第2條），以釐清被告犯罪嫌疑之程度，並以起訴或不起訴或緩起訴終結此案件之偵查程序（本法第251條至第254條）。倘若檢察官決定將被告提起公訴，該案件即由法院進行審理，法院先於準備程序為審判期日正式審判之期前準備（實務見解認為包括證據能力之判斷），嗣即進入審判程序，依現行法規定，審判程序之種類包括通常審判程序、簡式審判程序、簡易程序及協商程序。刑事案件被告經法院有罪判決確定後，原則上即由檢察官負責指揮判決內容之執行。

　　刑事案件係由被告與犯罪事實所組成，刑事訴訟之目的當然在於發現實體真實（被告與犯罪事實之真相），然負責調查犯罪蒐集證據之司法警察（官），指揮偵查之檢察官乃至於職司審判之法官，均可能因其個人成長環境、文化背景、生活經驗、智識程度等等因素而存在某些主觀偏見或盲點，此均將嚴重影響渠等在犯罪實體真相之判斷，並對被告權利與社會公義形成傷害，刑事訴訟法為免司法權力與職責過度集中，所可能造成之前揭難以彌補之缺憾，遂將刑事訴訟程序區分為偵查、審判、執行不同階段，並由不同主體或機關各司其職，彼此間並相互監督制衡，以確保公平正義之真正實現。

　　廣義之刑事訴訟涵蓋偵查、起訴、審判與執行，狹義之刑事訴訟則專指審判程序而言（訴訟即是有人控訴，有人被告，兩造爭執不下而由第三者聽訟決斷之意）；至廣義偵查則包含司法警察之調查與檢察官之狹義偵查，而不論偵查程序、審判程序抑或執行程序，均有其主體機關，偵查與執行程序之主體均為檢察官，司法警察（官）與檢察事務官僅為其輔助機關，審判程序之主體則為法院。惟有程序主體方擁有程序中之強制處分權、案件審查權、法定證據方法調查權及程序終結權，輔助機關則無，舉例言之：刑事訴訟法為區別司法警察（官）與檢察官之偵查程序地位，故稱司法警察（官）為調查犯罪得以通知書通知犯罪嫌疑人到場接受詢問，至檢察官為偵查案件，係以傳票傳喚被告到場接受訊問（調查—偵查、通知—傳喚、犯罪嫌疑人—被告、詢問—訊問），其中通知與詢問均顯示司法警察（官）與被告間之平行關係，不具強制性；傳喚與訊問則隱含有主體檢察官對下位被告之意，深具強制性。

　　承上可知，刑事訴訟程序之偵查、起訴、審判或執行，均係屬國家司法機關公權力之發動，例如司法警察調查階段為取得犯罪證據而強制搜索非犯罪嫌疑人之住宅，並將搜得之證物扣押；檢察官偵查階段為取得共犯間之犯罪連絡證據而監聽渠等之通訊內容；審判階段因被告逃亡不到場，致使審判程序無從進行，被告經通緝強制逮捕到案並為法院裁定

強制羈押於看守所；被告受有罪死刑判決確定，經檢察官指揮執行槍決……，均嚴重干預限制人民本於憲法保障之基本權利（住居隱私權、財產權、秘密通訊權、人身自由權、生命權），刑事訴訟法除本於發現實體眞實，實現公平正義，以維護公共利益與社會秩序之目的而容許之外，同時亦藉由縝密之法律規範，設定發動司法公權力之法定要件與法定程序，防止司法機關對人民基本權益之濫權侵害。

一、偵查

偵查機關認爲有犯罪存在時，爲確定犯罪嫌疑之存否，以及爲特定犯人爲何人之目的下，所爲證據之發現、蒐集與保全程序，同時就有關存有犯罪嫌疑之案件，判斷可否提公訴，以及充足提起公訴與追訴之條件，所爲的證據之發現、蒐集與保全程序。

二、起訴

公訴程序中，檢察官依偵查所得之事實與證據，足認被告有犯罪嫌疑，且具適當性時，乃對被告所涉犯之犯罪事實提起公訴，請求法院予以審判。

三、審判

法院就檢察官提起公訴或自訴人提起自訴之案件，依刑事訴訟法進行程序與實體之審理與判決。審判程序之種類，若按程序內容區分包括：通常審判程序、簡式審判程序、簡易程序、協商程序；倘依審級結構區分則有：第一審審判程序、上訴審審判程序（第二審與第三審）與非常救濟審審判程序（再審與非常上訴）。

四、執行

國家機關以公權力實現法院裁判內容，以達成藉由刑事訴訟完成刑罰權行使之目的，指揮此項裁判內容執行者，原則上爲裁判法院之檢察署檢察官，例外則可能爲上級法院檢察署檢察官或法院、審判長、受命法官、受託法官。

🔎 焦點2　刑事訴訟之目的

學說對此有不同定義與見解，而發現實體眞實則係通說肯認之其一目的，惟應注意者，乃發現實體眞實非謂法院主動蒐集調查證據，而係由當事人於法庭上進行攻防，法院藉此攻防被動發現眞實，否則易淪爲院檢共同審判致喪失公平法院之立場。

🔎 焦點3　偵查程序與審判程序之對稱性

一、主體

(一) 偵查程序主體：檢察官（檢事官、司法警察官僅屬輔助機關）。
(二) 審判程序主體：法院（檢察官僅屬當事人）。

二、偵審程序之主體具有下列之權力

(一) 案件審查權
    1. 偵查程序：退案審查制（審查司法警察官移送之案件）。
    2. 審判程序：起訴審查制（審查檢察官起訴之案件）。
(二) 強制處分權
    1. 偵查程序：偵查中之傳喚、拘提、通緝、鑑定處分（故檢察官係傳喚被告；司法警察官為則為通知犯罪嫌疑人。另第205條之2係違反法治國原則之例外）。
    2. 審判程序：除上述由檢察官決定外之偵審強制處分。
(三) 證據調查權
    1. 偵查程序：檢察官依法定調查證據方法與程序為之（如檢察官係訊問被告證人，並得為現場模擬勘驗；司法警察官係詢問犯罪嫌疑人，且僅得為現場勘察）。
    2. 審判程序：法院依法定調查證據方法與程序為之（如法院訊問被告證人；檢察官係詢問被告證人）。
(四) 程序終結權
    1. 偵查程序：檢察官以起訴、不起訴、緩起訴等方式終結。
    2. 審判程序：法院以判決、裁定等方式終結。

三、案件不可分性

(一) 偵查程序：起訴不可分。
(二) 審判程序：審判不可分、上訴不可分、既判力擴張。

四、救濟權

(一) 偵查程序：受不利益之人得聲請再議（不起訴緩起訴之告訴人；緩起訴經撤銷之被告）或聲請交付審判（不服駁回再議聲請之告訴人）；有職權再議制。
(二) 審判程序：受不利益裁判之當事人得上訴或抗告；有職權上訴制。

五、確定力

(一) 偵查程序：相當於本案判決之處分有實質確定力（第252條第1、2、3、4、8、9、10款、第253條、第253條之1、第254條）；相當於非本案判決之處分僅具形式確定力（第252條第5、6、7款、第255條第1項其他法定理由）。
(二) 審判程序：本案判決有實質確定力（免訴判決、有罪或無罪之實體判決）；非本案判決僅具形式確定力（管轄錯誤判決、不受理判決）。

第二章　刑事訴訟之基本原則

第一節　刑事訴訟之基本原則

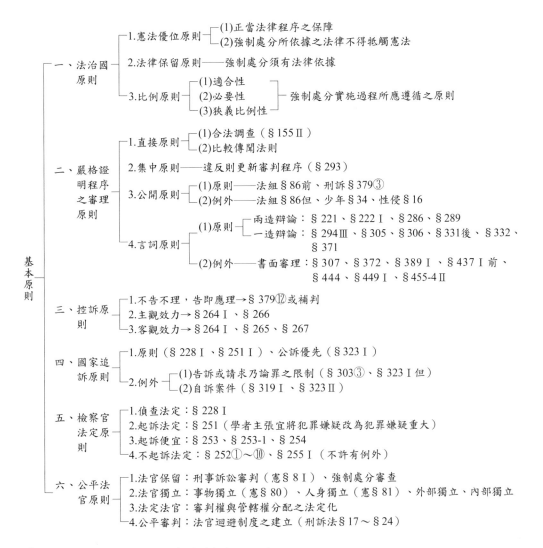

基本原則
一、法治國原則
　1.憲法優位原則──(1)正當法律程序之保障
　　　　　　　　　(2)強制處分所依據之法律不得牴觸憲法
　2.法律保留原則──強制處分須有法律依據
　3.比例原則──(1)適合性
　　　　　　　　(2)必要性──強制處分實施過程所應遵循之原則
　　　　　　　　(3)狹義比例性

二、嚴格證明程序之審理原則
　1.直接原則──(1)合法調查（§155Ⅱ）
　　　　　　　　(2)比較傳聞法則
　2.集中原則──違反則更新審判程序（§293）
　3.公開原則──(1)原則──法組§86前、刑訴§379③
　　　　　　　　(2)例外──法組§86但、少年§34、性侵§16
　4.言詞原則──(1)原則──兩造辯論：§221、§222Ⅰ、§286、§289
　　　　　　　　　　　　　一造辯論：§294Ⅲ、§305、§306、§331後、§332、
　　　　　　　　　　　　　　　　　　§371
　　　　　　　　(2)例外──書面審理：§307、§372、§389Ⅰ、§437Ⅰ前、
　　　　　　　　　　　　　　　　　　§444、§449Ⅰ、§455-4Ⅱ

三、控訴原則
　1.不告不理，告即應理→§379⑫或補判
　2.主觀效力→§264Ⅰ、§266
　3.客觀效力→§264Ⅰ、§265、§267

四、國家追訴原則
　1.原則（§228Ⅰ、§251Ⅰ）、公訴優先（§323Ⅰ）
　2.例外──(1)告訴或請求乃論罪之限制（§303③、§323Ⅰ但）
　　　　　　(2)自訴案件（§319Ⅰ、§323Ⅱ）

五、檢察官法定原則
　1.偵查法定：§228Ⅰ
　2.起訴法定：§251（學者主張宜將犯罪嫌疑改為犯罪嫌疑重大）
　3.起訴便宜：§253、§253-1、§254
　4.不起訴法定：§252①～⑩、§255Ⅰ（不許有例外）

六、公平法官原則
　1.法官保留：刑事訴訟審判（憲§8Ⅰ）、強制處分審查
　2.法官獨立：事物獨立（憲§80）、人身獨立（憲§81）、外部獨立、內部獨立
　3.法定法官：審判權與管轄權分配之法定化
　4.公平審判：法官迴避制度之建立（刑訴法§17～§24）

🔍 焦點1　刑事訴訟法之基本原則

　　刑事訴訟法係為發現實體真實以完成國家刑罰權之發動，並藉由法治程序以保障刑事
被告訴訟防禦權之刑事程序法，為達此目的，刑事訴訟法之制定乃遵循下列基本原則為

之：

一、控訴原則之不告不理與告即應理，在使法院保持客觀中立之審判地位，避免訴訟結構淪為糾問主義之兩面關係。是以不論不告而理之無效判決抑或告而不理之漏判、漏未判決，均係破壞彈劾主義而屬違法。

二、國家追訴原則乃國家負有追訴犯罪之權利與義務，不容許私人任意處分刑事案件，否則易因犯罪人與被害人間之社會階級與經濟條件之差異，導致公共利益之破壞與社會秩序之崩解，是以由國家獨占刑罰權為原則，俾回復因犯罪而受損之法和平性。

三、檢察官法定原則係緣於檢察官代表國家行使刑罰追訴權，此一國家追訴之權力與義務，使檢察官知有犯罪情事即應開始偵查，並無容許其自由裁量之餘地，而本於憲法平等原則與客觀性義務，倘檢察官偵查結果認被告具犯罪嫌疑者，除基於刑事政策考量而得為便宜處分外，應即對被告提起公訴。

四、公平法官原則（林鈺雄，刑事訴訟法（上），頁89～101）

(一) 法官保留原則：依憲法第8條第1項規定，刑事訴訟之審判憲法明定專屬法官保留事項；另強制處分審查依超然中立司法判斷之精神，亦應採法官保留原則。

(二) 法官獨立原則：包括憲法第81條之人身獨立與第80條之事物獨立。藉由憲法保障與三權分立、控訴原則之精神，確保法官於刑事訴訟程序中之超然中立性，此時法官之獨立應涵蓋外部獨立（法官應抗拒外在來自政黨與其他外在不當之干預暨誘惑）與內部獨立（法官內心不應屈服輿論與社會鄉愿之壓力）。

(三) 法定法官原則：具體刑事案件應分配由何法院進行管轄審判，影響當事人之權益甚鉅，為避免藉由操縱個案審判者之分配以操縱審判結果，故於刑事訴訟法與特別法（如軍事審判法）明定案件之審判權與管轄權分配標準之規定。

(四) 公平審判原則：為建立公平合理之審判環境，藉由法制程序之遵循以發現值得人民信賴之實體真實，刑事訴訟法乃規定法官迴避制度，以確保審判法院之超然中立與無偏頗性。

五、嚴格證明之審理原則在確保被告進入審判程序後，其本於實質正當法律程序之防禦權能得獲落實，故而法院於審判程序調查證據時，原則上應嚴格恪遵刑事訴訟法所明定之法定證據方法與法定調查程序，非但任何提呈於法院供調查之證據均須為原始證據，替代性證據不許之，且第一、二審之事實審審判應以言詞公開進行，並集中迅速審理，防止法院對先後調查之證據因時間長遠致心證有所偏頗。

六、法治國原則乃公法領域之重要指導原則，此於刑事訴訟法亦然，蓋國家執政者以法治國（行政權、立法權與司法權）為文明社會最基本之尊嚴與要求。國家偵審機關不論為偵查犯罪蒐集證據，或調查證據審判被告，乃至執行有罪確定判決實現國家刑罰權，此等司法權之行使均將對人民受憲法保障之基本權利形成干預與限制。惟偵審犯罪以實現公平正義，符合國家社會之需求與人民之期待，憲法第23條即謂人民基本權利之限制倘符合法律保留與合理目的（防止妨礙他人自由、避免緊急危難、維持社會秩序、增進公共利益）非不得為之，故偵審機關為發現犯罪實體真實所為之強制性處分或其他訴訟行為，均須以法律規定為依據（命令則否，蓋法律為人民之代表制定，

形同經人民同意且具有法安定性，命令則爲行政機關所爲，未經人民同意，且朝令易夕改，將致人民無所適從），且法律規範之內容未可牴觸憲法第23條之目的合理性（就法之位階而言，憲法爲國家根本大法，效力優於法律及命令，法令之內容自不得違背憲法），此即憲法優位與法律保留原則。同時，執行前揭干預限制人民基本權利之強制性處分時，尤應適當而不得太過，例如不能達成所欲目的之手段者，實施之手段超越必要程度者，因均違反比例原則而不得爲之。除此，偵審程序取捨證據、認定事實攸關被告權益甚鉅，無論依憲法第8條之實質正當法律程序或第16條之訴訟防禦權，被告於刑事訴訟程序均享有受客觀公平對待之地位，因之，國家司法機關爲偵審程序（尤指調查證據認定事實）之進行時，應秉持無罪推定與罪疑唯輕原則爲之，被告並受不自證己罪原則之保障。

七、學者對刑事訴訟法基本原則之其他見解（黃朝義，刑事訴訟法，頁10以下）則爲：
(一) 彈劾主義與糾問主義。
(二) 職權主義與當事人主義。
(三) 無罪推定原則。
(四) 正當法律程序。
(五) 直接審理主義與傳聞法則。
(六) 言詞審理主義。
(七) 公開審理主義。
(八) 兩造對等訴訟構造。
　　1. 偵查程序
　　(1)強制處分之司法審查（由法官審查判斷）。
　　(2)犯罪嫌疑人之緘默權保障與自白法則（§95、§98、§156）。
　　(3)犯罪嫌疑人之辯護人選任權與接見通信權（國選辯護制度之建立、辯護人不受監視限制之接見通信權）。
　　(4)羈押理由開示之強化。
　　(5)證據保全制度。
　　2. 審判程序
　　(1)公訴提起原則（卷證不併送、訴因制度之導入）。
　　(2)公訴程序（當事人主導法庭活動、法院訊問被告制度之修正或廢止、傳聞法則之採用、自由心證之限制）。
　　(3)上訴程序構造（覆審制改爲事後審查制）。
　　(4)再審程序構造（本於雙重危險禁止原則，應限制爲受判決不利益之再審）。
　　3. 具保制度
　　(1)保障被告防禦自由。
　　(2)確保被告無罪推定之地位。

🔍 焦點2 釋字第384號與評析

一、解釋文

憲法第8條第1項規定：「人民身體之自由應予保障。除現行犯之逮捕由法律另定外，非經司法或警察機關依法定程序，不得逮捕拘禁。非由法院依法定程序，不得審問處罰。非依法定程序之逮捕、拘禁、審問、處罰，得拒絕之。」其所稱「依法定程序」，係指凡限制人民身體自由之處置，不問其是否屬於刑事被告之身分，國家機關所依據之程序，須以法律規定，其內容更須實質正當，並符合憲法第23條所定相關之條件。檢肅流氓條例第6條及第7條授權警察機關得逕行強制人民到案，無須踐行必要之司法程序；第12條關於秘密證人制度，剝奪被移送裁定人與證人對質詰問之權利，並妨礙法院發見眞實；第21條規定使受刑之宣告及執行者，無論有無特別預防之必要，有再受感訓處分而喪失身體自由之虞，均逾越必要程度，欠缺實質正當，與首開憲法意旨不符。又同條例第5條關於警察機關認定爲流氓並予告誡之處分，人民除向內政部警政署聲明異議外，不得提起訴願及行政訴訟，亦與憲法第16條規定意旨相違。均應自本解釋公布之日起，至遲於中華民國85年12月31日失其效力。

二、理由書

人民身體自由享有充分保障，乃行使其憲法上所保障其他自由權利之前提，爲重要之基本人權。故憲法第8條對人民身體自由之保障，特詳加規定。該條第1項規定：「人民身體之自由應予保障。除現行犯之逮捕由法律另定外，非經司法或警察機關依法定程序，不得逮捕拘禁。非由法院依法定程序，不得審問處罰。非依法定程序之逮捕、拘禁、審問、處罰，得拒絕之。」係指凡限制人民身體自由之處置，在一定限度內爲憲法保留之範圍，不問是否屬於刑事被告身分，均受上開規定之保障。除現行犯之逮捕，由法律另定外，其他事項所定之程序，亦須以法律定之，且立法機關於制定法律時，其內容更須合於實質正當，並應符合憲法第23條所定之條件，此乃屬人身自由之制度性保障。舉凡憲法施行以來已存在之保障人身自由之各種建制及現代法治國家對於人身自由所普遍賦予之權利與保護，均包括在內，否則人身自由之保障，勢將徒託空言，而首開憲法規定，亦必無從貫徹。

前述實質正當之法律程序，兼指實體法及程序法規定之內容，就實體法而言，如須遵守罪刑法定主義；就程序法而言，如犯罪嫌疑人除現行犯外，其逮捕應踐行必要之司法程序、被告自白須出於自由意志、犯罪事實應依證據認定、同一行爲不得重複處罰、當事人有與證人對質或詰問證人之權利、審判與檢察之分離、審判過程以公開爲原則及對裁判不服提供審級救濟等爲其要者。除依法宣告戒嚴或國家、人民處於緊急危難之狀態，容許其有必要之例外情形外，各種法律之規定，倘與上述各項原則悖離，即應認爲有違憲法上實質正當之法律程序。

三、評析

憲法第8條賦予刑事被告於刑事訴訟程序中得獲實質正當法律程序保障之權利，包

括：實體法之罪刑法定主義、程序法之拘捕法定程序原則（含憲法第23條之法律保留與比例原則）、自白任意性原則、證據裁判主義（含無罪推定與罪疑唯輕原則）、一事不再理原則（雙重評價風險之禁止）、對質詰問權、控訴原則之審檢分立、公開審判原則與審級救濟制度。

🔍 焦點3　釋字第556號與評析

一、解釋文

犯罪組織存在，法律所保護之法益，即有受侵害之危險，自有排除及預防之必要。組織犯罪防制條例乃以防制組織型態之犯罪活動為手段，達成維護社會秩序及保障個人法益之目的。該條例第3條第1項及第3項所稱之參與犯罪組織，指加入犯罪組織成為組織之成員，而不問參加組織活動與否，犯罪即屬成立，至其行為是否仍在繼續中，則以其有無持續參加組織活動或保持聯絡為斷，此項犯罪行為依法應由代表國家追訴犯罪之檢察官負舉證責任。若組織成員在參與行為未發覺前自首，或長期未與組織保持聯絡亦未參加活動等事實，足以證明其確已脫離犯罪組織者，即不能認其尚在繼續參與。本院釋字第68號解釋前段：「凡曾參加叛亂組織者，在未經自首或有其他事實證明其確已脫離組織以前，自應認為係繼續參加。」係針對懲治叛亂條例所為之釋示，茲該條例已經廢止，上開解釋併同與該號解釋相同之本院其他解釋（院字第667號、釋字第129號解釋），關於參加犯罪組織是否繼續及對舉證責任分擔之釋示，與本件解釋意旨不符部分，應予變更。又組織犯罪防制條例第18條第1項所為過渡期間之規定，其適用並未排除本解釋前開意旨，與憲法保障人身自由之規定並無牴觸。

二、學者評析（王兆鵬，台灣本土法學第75期，頁40以下）

大法官45年11月26日釋字第68號解釋：「凡曾參加叛亂組織者，在未經自首或有其他事實證明，其確已脫離組織以前，自應認為係繼續參加。」此一解釋之思想，源自於司法院21年1月28日院字第667號解釋：「暫行反革命治罪法有效期內，加入以危害民國為目的之團體……如在危害民國緊急治罪法施行後，仍在團體之中，則因加入行為之繼續性而成為組織團體之行為……」釋字第68號解釋及院字第667號解釋所代表者，如人民有加入違法組織之犯罪行為，因為「加入行為之繼續性」，行為人必須積極證明其有脫離組織的行為，否則仍處於繼續違法之狀態。釋字第68號解釋誤解刑法實體法、違背經驗法則、違反無罪推定原則，竟要人民舉證證明「確已脫離組織」，否則只要曾為叛亂組織之一員，即終生構成犯罪，不可思議。

第556號解釋言：「組織犯罪防制條例第3條第1及3項所稱之參與犯罪組織，指加入犯罪組織成為組織之成員，而不問參加組織活動與否，犯罪即屬成立，至其行為是否仍在繼續中，則以其有無持續參加組織活動或保持聯絡為斷，此項犯罪行為依法應由代表國家追訴犯罪之檢察官負舉證責任。若組織成員在參與行為未發覺前自首，或長期未與組織保持聯絡亦未參加活動等事實，足以證明其確已脫離犯罪組織者，即不能認其尚在繼續參與。」

第556號解釋終結七十餘年前司法院自行製造的錯誤，確定人民無舉證責任，闡明檢察官應有之舉證責任：「行為是否仍在繼續中……依法應由代表國家追訴犯罪之檢察官負舉證責任」。具體言之：一、不得因檢察官證明被告曾「加入」犯罪組織，即「推定」被告有「參加」組織之活動。二、檢察官僅證明被告曾「一時」參加組織活動，不得「推定」被告「永久」參加組織活動，檢察官必須證明被告「持續」參加組織活動或保持聯絡。三、如檢察官雖曾證明被告曾「加入」組織或「一時」參與組織活動，但被告「自首」之積極行為，或「長期未與組織保持聯絡亦未參加活動」等消極行為，都應視為被告無繼續參加組織活動之行為。

🔍 焦點4　釋字第636號

一、解釋文

檢肅流氓條例（以下簡稱本條例）第2條第3款關於敲詐勒索、強迫買賣及其幕後操縱行為之規定，同條第4款關於經營、操縱職業性賭場，私設娼館，引誘或強逼良家婦女為娼，為賭場、娼館之保鏢或恃強為人逼討債務行為之規定，第6條第1項關於情節重大之規定，皆與法律明確性原則無違。第2條第3款關於霸占地盤、白吃白喝與要挾滋事行為之規定，雖非受規範者難以理解，惟其適用範圍，仍有未盡明確之處，相關機關應斟酌社會生活型態之變遷等因素檢討修正之。第2條第3款關於欺壓善良之規定，以及第5款關於品行惡劣、遊蕩無賴之規定，與法律明確性原則不符。

本條例第2條關於流氓之認定，依據正當法律程序原則，於審查程序中，被提報人應享有到場陳述意見之權利；經認定為流氓，於主管之警察機關合法通知而自行到案者，如無意願隨案移送於法院，不得將其強制移送。

本條例第12條第1項規定，未依個案情形考量採取其他限制較輕微之手段，是否仍然不足以保護證人之安全或擔保證人出於自由意志陳述意見，即得限制被移送人對證人之對質、詰問權與閱卷權之規定，顯已對於被移送人訴訟上之防禦權，造成過度之限制，與憲法第23條比例原則之意旨不符，有違憲法第8條正當法律程序原則及憲法第16條訴訟權之保障。

本條例第21條第1項相互折抵之規定，與憲法第23條比例原則並無不符。同條例第13條第2項但書關於法院毋庸諭知感訓期間之規定，有導致受感訓處分人身體自由遭受過度剝奪之虞，相關機關應予以檢討修正之。

本條例第2條第3款關於欺壓善良，第5款關於品行惡劣、遊蕩無賴之規定，及第12條第1項關於過度限制被移送人對證人之對質、詰問權與閱卷權之規定，與憲法意旨不符部分，應至遲於本解釋公布之日起一年內失其效力。

二、理由書（節錄）

……審查委員會組成之多元化，固然有助於提升其審查之客觀性，惟欲保障被提報人之防禦權，必須賦予被提報人辯護之機會，除應保障其於受不利益之決定時，得以獲得事

後之救濟外，更須於程序進行中使其享有陳述意見之權利。是故於審查委員會之流氓審查程序中，法律自應賦予被提報人陳述意見之機會，始符合正當法律程序原則。……

　　……查刑事被告詰問證人之權利，旨在保障其在訴訟上享有充分之防禦權，乃憲法第8條第1項正當法律程序規定所保障之權利，且為憲法第16條所保障人民訴訟權之範圍（本院釋字第582號解釋參照）。刑事案件中，任何人（包括檢舉人、被害人）於他人案件，除法律另有規定外，皆有為證人之義務，證人應履行到場義務、具結義務、受訊問與對質、詰問之義務以及據實陳述之義務（刑事訴訟法第166條第1項、第166條之6第1項、第168條、第169條、第176條之1、第184條第2項、第187條至第189條參照）。檢肅流氓程序之被移送人可能遭受之感訓處分，屬嚴重拘束人身自由之處遇，其對證人之對質、詰問權，自應與刑事被告同受憲法之保障。故任何人於他人檢肅流氓案件，皆有為證人之義務，而不得拒絕被移送人及其選任律師之對質與詰問。惟為保護證人不致因接受對質、詰問，而遭受生命、身體、自由或財產之危害，得以具體明確之法律規定，限制被移送人及其選任律師對證人之對質、詰問權利，其限制且須符合憲法第23條之要求。

　　本條例第12條第1項僅泛稱「有事實足認檢舉人、被害人或證人有受強暴、脅迫、恐嚇或其他報復行為之虞」，而未依個案情形，考量採取其他限制較輕微之手段，例如蒙面、變聲、變像、視訊傳送或其他適當隔離方式為對質、詰問（證人保護法第11條第4項參照），是否仍然不足以保護證人之安全或擔保證人出於自由意志陳述意見，即驟然剝奪被移送人對證人之對質、詰問權以及對於卷證之閱覽權，顯已對於被移送人訴訟上之防禦權，造成過度之限制，而與憲法第23條比例原則之意旨不符，有違憲法第8條正當法律程序原則及憲法第16條訴訟權之保障。

🔍 焦點5　釋字第664號

一、解釋文

　　少年事件處理法第3條第2款第3目規定，經常逃學或逃家之少年，依其性格及環境，而有觸犯刑罰法律之虞者，由少年法院依該法處理之，係為維護虞犯少年健全自我成長所設之保護制度，尚難逕認其為違憲；惟該規定仍有涵蓋過廣與不明確之嫌，應盡速檢討改進。又少年事件處理法第26條第2款及第42條第1項第4款規定，就限制經常逃學或逃家虞犯少年人身自由部分，不符憲法第23條之比例原則，亦與憲法第22條保障少年人格權之意旨有違，應自本解釋公布之日起，至遲於屆滿一個月時，失其效力。

二、理由書（節錄）

　　依少年事件處理法第26條第2款及第42條第1項第4款規定，使經常逃學或逃家而未觸犯刑罰法律之虞犯少年，收容於司法執行機構或受司法矯治之感化教育，與保護少年最佳利益之意旨已有未符。而上開規定對經常逃學或逃家之虞犯少年施以收容處置或感化教育處分，均涉及對虞犯少年於一定期間內拘束其人身自由於一定之處所，而屬憲法第8條第1項所規定之「拘禁」，對人身自由影響甚鉅，其限制是否符合憲法第23條規定，應採嚴格

標準予以審查。查上開第26條之規定，旨在對少年為暫時保護措施，避免少年之安全遭受危害，並使法官得對少年進行觀察，以利其調查及審理之進行，目的洵屬正當。同條第2款雖明定收容處置須為不能責付或責付顯不適當者之最後手段，惟縱須對不能責付或責付顯不適當之經常逃學逃家少年為拘束人身自由之強制處置，亦尚有其他可資選擇之手段，如命交付安置於適當之福利或教養機構，使少年人身自由之拘束，維持在保護少年人身安全，並使法官調查審理得以進行之必要範圍內，實更能提供少年必要之教育輔導及相關福利措施，以維少年之身心健全發展。上開第42條第1項規定之保護處分，旨在導正少年之偏差行為，以維護少年健全成長，其目的固屬正當；惟就經常逃學或逃家之虞犯少年而言，如須予以適當之輔導教育，交付安置於適當之福利或教養機構，使其享有一般之學習及家庭環境，即能達成保護經常逃學或逃家少年學習或社會化之目的。是少年事件處理法第26條第2款及第42條第1項第4款規定，就限制經常逃學或逃家虞犯少年人身自由部分，不符憲法第23條之比例原則，亦與憲法第22條保障少年人格權，國家應以其最佳利益採取必要保護措施，使其身心健全發展之意旨有違，應自本解釋公布之日起，至遲於屆滿一個月時，失其效力。

🔍 焦點6　法治國原則與正當法律程序

　　法治國原則與正當法律程序保障乃刑事訴訟法之核心價值暨指導原則，基此衍生之重要原則包括：證據裁判主義（無罪推定、罪疑唯輕）、不自證己罪、控訴原則、嚴格證明法則（直接、言詞、公開、集中）等。

🔍 焦點7　控訴原則之內涵與違反效果

一、控訴原則包括不告不理與告即應理，所謂「告」即起訴之意，「理」即審判之意。
二、不告不理→不告而理→未受請求事項予以判決→無效判決→屬刑事訴訟法第379條第12款之判決當然違背法令→應上訴救濟。
三、告即應理→告而不理→已受請求事項未予判決：
(一) 漏判→數罪案件→應聲請補判（不論形式或實質均無判決存在，法院僅係「違法」，但非「違法判決」，故不得上訴）。
(二) 漏未判決→單一案件→屬刑事訴訟法第379條第12款之判決當然違背法令→應上訴救濟（因為判決效力所及，故形式有判決存在，惟實質上法院就該部分並未審理，故屬有判決存在之違法判決，得對之上訴）。

🔍 焦點8　國家追訴原則之衍生

　　犯罪追訴與否由國家決定（非告訴乃論之罪），例外由被害人決定（告訴乃論之罪）：

一、公訴優先原則，告訴乃論爲例外（§323Ⅰ）。

二、告訴權人範圍大於自訴權人範圍（§232～236，319Ⅰ）。

三、非告訴乃論或告訴乃論之罪均得提起公訴、自訴；但撤回告訴、自訴則僅限於告訴乃論之罪（§238，325）（撤回公訴不限制，§269）。

四、檢察官介入自訴程序。

🔎 焦點9　不起訴法定原則之目的性

不起訴法定原則之目的在避免檢察官濫權起訴，故以此制度原則爲監督規範，蓋檢察官之濫權起訴，將導致如下之不利影響：

一、對被告應訴造成負擔。

二、對被告名譽之損害。

三、國家審判資源的虛耗。將排擠到真正須審判之案件，以致於造成公平正義，實體真實發現之影響。

🔎 焦點10　釋字第392號與評析

一、解釋文

司法權之一之刑事訴訟、即刑事司法之裁判，係以實現國家刑罰權爲目的之司法程序，其審判乃以追訴而開始，追訴必須實施偵查，迨判決確定，尚須執行始能實現裁判之內容。是以此等程序悉與審判、處罰具有不可分離之關係，亦即偵查、追訴、審判、刑之執行均屬刑事司法之過程，其間代表國家從事「偵查」、「追訴」、「執行」之檢察機關，其所行使之職權，目的既亦在達成刑事司法之任務，則在此一範圍內之國家作用，當應屬廣義司法之一。憲法第8條第1項所規定之「司法機關」，自非僅指同法第77條規定之司法機關而言，而係包括檢察機關在內之廣義司法機關。憲法第8條第1項、第2項所規定之「審問」，係指法院審理之訊問，其無審判權者既不得爲之，則此兩項所稱之「法院」，當指有審判權之法官所構成之獨任或合議之法院之謂。法院以外之逮捕拘禁機關，依上開憲法第8條第2項規定，應至遲於二十四小時內，將因犯罪嫌疑被逮捕拘禁之人民移送該管法院審問。是現行刑事訴訟法第101條、第102條第3項準用第71條第4項及第120條等規定，於法院外復賦予檢察官羈押被告之權；同法第105條第3項賦予檢察官核准押所長官命令之權；同法第121條第1項、第259條第1項賦予檢察官撤銷羈押、停止羈押、再執行羈押、繼續羈押暨其他有關羈押被告各項處分之權，與前述憲法第8條第2項規定之意旨均有不符。

二、理由書

所謂「逮捕」，係指以強制力將人之身體自由予以拘束之意；而「拘禁」則指拘束人身之自由使其難於脫離一定空間之謂，均屬剝奪人身自由態樣之一種。至於刑事訴訟法上

所規定之 「拘提」云者，乃於一定期間內拘束被告（犯罪嫌疑人）之自由，強制其到場之處分；而「羈押」則係以確保訴訟程序順利進行為目的之一種保全措置，即拘束被告（犯罪嫌疑人）身體自由之強制處分，並將之收押於一定之處所（看守所）。故就剝奪人身之自由言，拘提與逮捕無殊，羈押與拘禁無異；且拘提與羈押亦僅目的、方法、時間之久暫有所不同而已，其他所謂「拘留」、「收容」、「留置」、「管收」等亦無礙於其為「拘禁」之一種，當應就其實際剝奪人身（行動）自由之如何予以觀察，未可以辭害意。茲憲法第8條係對人民身體自由所為之基本保障性規定，不僅明白宣示對人身自由保障之重視，更明定保障人身自由所應實踐之程序，執兩用中，誠得制憲之要；而羈押之將人自家庭、社會、職業生活中隔離，「拘禁」於看守所、長期拘束其行動，此人身自由之喪失，非特予其心理上造成嚴重打擊，對其名譽、信用、人格權之影響亦甚重大，係干預人身自由最大之強制處分，自僅能以之為「保全程序之最後手段」，允宜慎重從事，其非確已具備法定條件且認有必要者，當不可率然為之。是為貫徹此一理念，關於此一手段之合法、必要與否，基於人身自由之保障，當以由獨立審判之機關依法定程序予以審查決定，始能謂係符合憲法第8條第2項規定之旨意。

三、學者評析（王兆鵬，台灣本土法學第74期，頁27以下）

　　隱私、財產、意思自由、言論自由，若與人身自由相較，皆為憲法所保障之基本權利，只有性質的差異，而無輕重之不同。在憲法理論上，殊難想像憲法第8條之人身自由權，必然應較第10條之居住及遷徙權、第11條之言論自由權、第12條之秘密通訊權等等，受更多制度性的憲法保障；殊難想像憲法有意只將人身自由之干預，交由中立、超然之審判機關審查決定，但將人民之隱私、財產、意思自由、言論自由交由法律上、工作性質上皆非中立、超然之警察或檢察機關審查決定。所以，只要是憲法保障之基本權利干預，皆「宜慎重從事，非有必要者，當不可率然為之，當以由獨立審判之機關依法定程序予以審查決定」。而其原因即在該號解釋之基礎法理，檢察官或其他行政機關在法律上、工作性質上，皆非超然及中立的機關，與審判機關完全不同。至於檢察官或其他機關依法必須客觀公正，則非所問。以羈押權為例，將羈押之「聲請者」與「決定者」分離，得迫使聲請者非有必要，不提出羈押之聲請，減少對人民無必要的羈押。因此自制度而言，其他基本人權之干預，將「聲請機關」與「決定機關」分離，得避免無必要的干預行為，確保人民權利。

　　據上論述，第392號解釋最重大的意義，不在於檢察官是否有羈押權，而在於因為該解釋之憲法原則，刑事訴訟許多強制處分規定顯然有違憲的嫌疑。例如刑事訴訟法第77條規定檢察官有簽發拘票之權，羈押與拘提，俱為以國家之強制力拘束人民之身體自由，相異者僅拘束自由期間長短不同，故二者本質無異，僅程度有別。身體自由之重要性，釋字第384號解釋言：「人民身體自由享有充分保障，乃行使其憲法上所保障其他自由權利之前提，為重要之基本人權。故憲法第8條對人民身體自由之保障，特詳加規定。」釋字第436號解釋言：「人民身體自由在憲法基本權利中居於重要地位，應受最周全之保護。」因此，如羈押之決定權，依憲法解釋應由獨立審判之法官行使，同涉及人民身體自由之拘

提決定權，依相同法理，亦應由法官決定。刑事訴訟法規定檢察官有拘提人民之決定權，即有違憲之嫌。依第392號解釋之憲法原則，除急迫情形及現行犯外，檢察官應無「率然」干預人民身體自由之權，不論其為長期間之人身自由拘束（羈押）或短期間之人身自由拘束（拘提），皆同。

同此原則，現行刑事訴訟法第93條授權檢察官在無急迫情形下，毋須法院事先許可，得無限期限制人民住居及出境（刑事訴訟法未規定限制之期限）、甚至任意要求人民提出巨額保證金之規定（除刑事訴訟法第112條外，並無上限規定），顯然牴觸憲法對人民居住及遷徙之保障。

第三章 刑事訴訟之構造

第一節 刑事訴訟構造

一、糾問主義→兩面關係（糾問法官兼具追訴者與審判者）

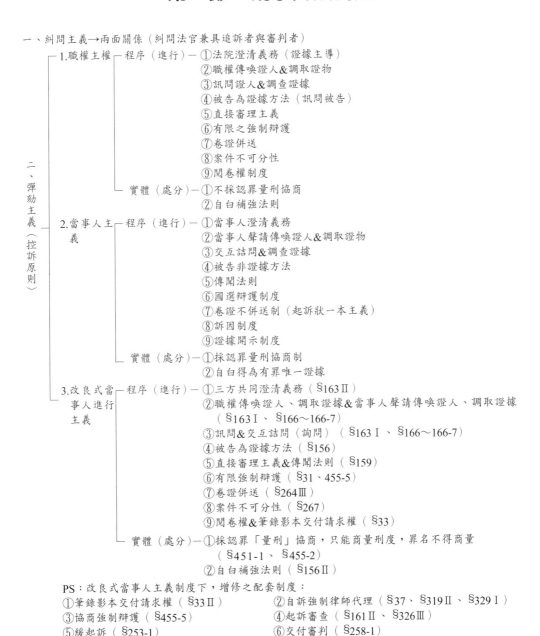

  ┌1.職權主權─┬程序（進行）─①法院澄清義務（證據主導）
  │   ②職權傳喚證人&調取證物
  │   ③訊問證人&調查證據
  │   ④被告為證據方法（訊問被告）
  │   ⑤直接審理主義
  │   ⑥有限之強制辯護
  │   ⑦卷證併送
  │   ⑧案件不可分性
  │   ⑨閱卷權制度
  │   └實體（處分）─①不採認罪量刑協商
二、 │   ②自白補強法則
彈 2.當事人主─┬程序（進行）─①當事人澄清義務
劾 義 │   ②當事人聲請傳喚證人&調取證物
主   │   ③交互詰問&調查證據
義   │   ④被告非證據方法
（   │   ⑤傳聞法則
控   │   ⑥國選辯護制度
訴   │   ⑦卷證不併送制（起訴狀一本主義）
原   │   ⑧訴因制度
則   │   ⑨證據開示制度
）   └實體（處分）─①採認罪量刑協商制
           ②自白得為有罪唯一證據
  3.改良式當─┬程序（進行）─①三方共同澄清義務（§163Ⅱ）
   事人進行 │   ②職權傳喚證人、調取證據&當事人聲請傳喚證人、調取證據
   主義   │   （§163Ⅰ、§166～166-7）
       │   ③訊問&交互詰問（詢問）（§163Ⅰ、§166～166-7）
       │   ④被告為證據方法（§156）
       │   ⑤直接審理主義&傳聞法則（§159）
       │   ⑥有限強制辯護（§31、455-5）
       │   ⑦卷證併送（§264Ⅲ）
       │   ⑧案件不可分性（§267）
       │   ⑨閱卷權&筆錄影本交付請求權（§33）
       └實體（處分）─①採認罪「量刑」協商，只能商量刑度，罪名不得商量
            （§451-1、§455-2）
            ②自白補強法則（§156Ⅱ）

  PS：改良式當事人主義制度下，增修之配套制度：
  ①筆錄影本交付請求權（§33Ⅱ） ②自訴強制律師代理（§37、§319Ⅱ、§329Ⅰ）
  ③協商強制辯護（§455-5）   ④起訴審查（§161Ⅱ、§326Ⅲ）
  ⑤緩起訴（§253-1）   ⑥交付審判（§258-1）

第二節　採行當事人進行主義之配套措施

一、起訴狀一本主義（卷證不併送）：檢察官起訴時，僅提出起訴書，至含筆錄卷宗、前科資料及文書物
　　　　　　　　　　　　　　　　證等均不併送，避免法官有預斷偏見→§264則採卷證併送

二、訴因制度：將犯罪之日時、場所、方法均特定，使被告防禦對象與法院審判對象均特定，避免突襲性
　　　　　　　裁判→§267（擴張起訴事實）、§300（變更起訴法條）均未採該制

三、傳聞法則與交互詰問制度→§159 I、§166採之

四、嚴格證明程序（法定證據方法＋法定調查程序）→§155 II

五、落實法庭活動→§161 I（檢察官負實質舉證責任）、釋字384號（被告受實質正當法律程序，保障其
　　　防禦權）

六、當事人處分主義→量刑協商程序

七、證據開示制度：在證據無被破壞或偽證或　　　(一)反對詰問之保障
　　　　　　　　　危害證人之虞時，採此制　　　(二)偵查透明化
　　　　　　　　　可達攻防實質平等，其效　　　(三)防止證據不當隱匿，避免突襲性證據提出
　　　　　　　　　果為　　　　　　　　　　　(四)被告可知被訴事實

※以秘密證人為例：(一)關於卷宗內得用以辨識證人身分之資料應保密，故不開示
　　　　　　　　　(二)關於證人陳述內容之資料，被告得知悉以行防禦，故應予開示

🔍 焦點1　刑事訴訟構造之基本觀念

　　法院進行刑事訴訟審判之模式，可分別為糾問主義與彈劾主義。前者之訴訟構造係由起訴者同時兼任審判者而與被告形成對立，惟因起訴者與審判者為同一人，經起訴之被告幾無獲得公平審判之可能，此種兩面關係之弊端顯而易見，故而有後者之產生。彈劾主義（控訴原則）係謂訴訟構造由起訴者（檢察官或自訴人），被告與審判者（法院）形成三面關係，被告經起訴者控訴後，另由兩者以外之第三者職司審判，而為使該審判之第三者儘量保持客觀中立，彈劾主義遂主張：不告不理原則與告即應理原則，即無控訴者之控訴即無審判者之審判，若控訴者提出控訴，則審判者即應為審判，蓋若法院竟得就未經檢察官（或自訴人）起訴之案件逕行審判，法院豈非自任控訴者兼審判者？如此無異回復糾問主義之兩面關係矣。

　　彈劾主義控訴原則下，刑事訴訟結構之三面關係包含法院、控訴者（檢察官或自訴人）與被告，故此三者即為刑事訴訟之主體，其中法院並為審判程序主體，檢察官則為偵查程序主體及訴訟當事人，至被告亦為訴訟當事人，故其不論在偵查或審判程序均居於主體地位而非訴訟客體，若非如此，將嚴重影響被告訴訟防禦權與實質正當法律程序所保障之權利。承上所述，偵查程序之主體為檢察官，至偵查程序中受檢察官指揮從事犯罪調查與證據蒐集之輔助機關則有檢察事務官與司法警察（官）。不論法院、檢察官、檢察事務官或司法警察（官），均屬實施刑事訴訟程序之公務員，故應負有客觀性義務，即依本法第2條第1項所稱「實施刑事訴訟程序之公務員，就該管案件，應於被告有利及不利之情形，一律注意」。除此，尚參與刑事訴訟程序而地位較為重要者有辯護人、代理人與輔佐人，因渠等非屬訴訟主體，故以訴訟關係人稱之。其中辯護人乃具有專業法律知識，為被告利益存在，協助被告於訴訟程序中為事實與法律防禦之人；代理人則為受本人（被告、

告訴人、自訴人）委任，於訴訟程序代本人為訴訟行為之人；輔佐人係與被告或自訴人具一定關係，於審判程序中輔佐被告或自訴人為訴訟行為暨陳述意見之人。

　　彈劾主義之控訴原則依其審判程序構造之差異，復區別為職權主義（調查制）與當事人主義（對抗制）。前者認為法院負有澄清事實真相之義務，是故蒐集與調查證據以釐清實體真相乃為其法定性義務，因之，法院乃主導審判程序中證據調查之進行，並積極為訴訟程序之指揮，而為使此項主導與指揮順暢無礙，遂由檢察官於起訴時將偵查所得之卷證（證人或被告筆錄、書證與其他物證）併送法院，俾法院於審判前充分掌握熟悉，此際，被告成為被調查之證據與被訊問之對象，然此卻易造成法院尚未審判即已形成偏頗之心證，進而影響將來審判之公平客觀。後者主張兩造當事人（檢察官與被告）就其主張之事實，各自肩負蒐集與調查證據之義務，檢察官並不以卷證併送之方式進行起訴，法院於審判前就所有有利或不利被告之證據均未知悉，其僅居於被動聽訟與指揮訴訟之地位，復因當事人主導證據調查之進行，被告自不成為被訊問之對象（除非其放棄被告地位以證人身分作證陳述，惟此項放棄需出於其自願）。此外，當事人主義之內涵亦包括當事人得合意處分訴訟標的（犯罪事實），認罪量刑協商制度即屬之。

　　另就審判主體觀之，職權主義之審判主體有採職業法官制與參審制。前者之審判法院均由職業法官（在我國即係經司法官特考及格後受訓完成者）組成，後者則由職業法官與平民法官或職業法官與專家法官（對待證事實具專業知識經驗者，如環保、光電、醫療、半導體等等專業領域之專家）共同擔負審判工作，此專家法官之性質無異於鑑定人，僅鑑定人無參與審判認定事實之權利而已；參審制之目的，原在以平民法官加入制衡職業法官獨斷之偏見或以專家法官之參與審判彌補職業法官特定專業知識之不足。至當事人主義之審判主體有採職業法官制與陪審制，陪審制係由具資格（通常為業經登記之合格選民或納稅義務人）之六至十二名平民組成陪審團；陪審制之目的仍屬權力制衡之設計，審判程序中，由法官負責訴訟指揮與證據能力排除與其他法律層面（如阻卻違法事由）之認定，另由陪審團為犯罪事實有無之裁判，甚至於一級謀殺案件，陪審團並為死刑量與否之評決。然因此制耗費金錢時日甚鉅，故採行此制之國家亦漸於多數非重罪案件改行職業法官制；應注意者，某些國家（如美國）則將人民受陪審團審判視為憲法保障之基本權利，故縱屬非重罪案件，倘若被告要求陪審制審判，法院即不得拒絕。

　　又司法院擬議中之觀審制，參與觀審之人民所為投票結果，僅供審判法院參考，並無拘束力，與參審制、陪審制有異。

🔍 焦點2　訴因制度之涵義與判斷（黃朝義，刑事訴訟法，頁345以下）

一、**涵義**：檢察官之起訴書應具體記載犯罪主體、犯罪客體、犯罪之日時、場所、方法、行為與結果等足以特定該當犯罪構成要件之具體事實。如是將得使法院審判對象得以確定，並使被告防禦範圍具體，除此尚可明確界定起訴效力所及之範圍和一事不再理（既判力）所及之範圍。

二、**補正**：起訴書之訴因特定倘有欠缺時，該起訴應為無效，惟此際法院如逕予駁回，將

有違訴訟經濟原則，檢察官勢必仍再行起訴被告，並使被告陷於不安定狀態，因之，法院應行使訴訟指揮權，命檢察官就訴因之特定爲釋明，倘檢察官未明確釋明，法院方得爲駁回或不受理之諭知。又此項補正應於案件實體審理前爲之，然若當事人對此欠缺未爭執者，此欠缺瑕疵將因實體審理而治癒。

三、作用：訴因制度與卷證不併送（起訴狀一本主義）將得貫徹當事人主義精神之落實。

四、判斷：

(一) 區隔特定說：訴因所表示之犯罪事實有無可能與其他犯罪事實得以清楚區隔，且須將區隔功能是爲訴因之重要機能（黃師採之）。只要得以與其他犯罪事實達可區別之程度，任何簡潔方式記載訴因均可。

(二) 防禦權說：被告對於犯罪事實可以行使防禦至何種程度，且認爲此種防禦之賦予爲訴因最重要之機能。

🔍 焦點3　卷證併送與卷證不併送（起訴狀一本主義）之內涵比較
（黃朝義，刑事訴訟法制度篇，頁64以下；刑事訴訟法，頁328以下）

一、採行卷證併送制度之訴訟構造

此訴訟構造，法官之審理猶如偵查程序之延續，亦即起訴時卷證一旦併送，不論係在審前程序或公判程序中，法官手中早已持有被告被訴之相關卷證，在法庭中法官儼然成爲另一個追訴者或追訴者的幫助者。因此，法官在面對審前之程序調整或證據提出之順序、方法之決定，以及公判程序中詰問程序之進行等相關程序之進行，法官宛如電影中之導演，而拍片過程中對導演而言，其劇本早已牢記在心，演員是否稱職並不重要，因此，起訴時只要卷證併送，法庭中訴訟活動，諸如交互詰問程序等皆無法落實。

二、採行卷證不併送制度之訴訟構造

此構造否定法院得繼續承接檢察官偵查所得證據之職權概念，偵查所得之證據資料僅能於公判庭中經由證據之調查程序由檢察官提出。其與卷證併送最大之差異在於法院之主要責任並非在於作爲事實的探究者，僅單純的在於判斷犯罪事實存在與否扮演著仲裁人（聽訟者）之角色，而檢察官之主要角色在於明確的立於訴訟當事人之地位以實行公訴。如此在制度上，對於被告之無罪推定保障將較易落實，且可避免法院事先接觸傳聞或違法蒐集之證據，以免形成不當心證。此制度乃有如下之優點：

(一) 會使得偵查的過程精緻化，檢警機關必須盡全力蒐集與案件有關的各種證據，並且在蒐集之過程中嚴守證據蒐集之相關法則，以避免辛苦蒐集到的證據於審判中被排除而不被適用。如此一來可以防止檢察官的輕率起訴。

(二) 檢察官的蒞庭不再是消極的監督法院之運作，而是必須積極的扮演稱職的追訴者之角色，且必須負擔實質性的舉證責任。

(三) 由於檢察官盡職的舉證，法院即能以客觀的第三者的角色形成心證，案件因而得以詳細且明確的確定而獲得速審速決的效果，進而得確立第一審爲堅實的事實審，第二審

亦毋庸爲重複之審理之覆審。

🔍 焦點4 陪審制與參審制之探討（王兆鵬，搜索扣押與刑事被告的憲法權利，頁311以下；黃朝義，刑事訴訟法制度篇，頁297以下；刑事訴訟法，頁63以下）

一、陪審制度

(一) 所謂陪審制乃由自平民選出之陪審員組成陪審團，爲審判案件之犯罪事實有無之認定，職業法官僅爲訴訟程序之指揮與法庭秩序之維持，並於被告經陪審團認定有罪後爲宣告刑之量定；此制較適合於當事人進行主義之訴訟構造。

(二) 英美法系（並非所有採行當事人主義之國家）藉由陪審制度創立公平客觀之審判環境，此於政治性案件尤然，除可避免裁判權集中一人而專斷恣意外，並可防止審判者之主觀偏頗，美國聯邦憲法甚而規定，受陪審團審判乃人民本於憲法之基本權利。

(三) 採行陪審制度之優點包括：
  1. 陪審團較法官更能發現實體眞實。
  2. 陪審團較法官客觀中立。
  3. 增進人民對判決結果之信心。
  4. 達到社會之眞正正義。
  5. 達到國民司法教育之目的。

二、參審制度

(一) 所謂參審制乃由平民法官或專家法官與職業法官共同組成法庭爲訴訟案件之事實與法律之審理，此際平民法官扮演對職業法官衡平監督之角色，專家法官則就案件之待證事實提供專門之知識經驗；此制較適合於職權進行主義之訴訟構造。

(二) 專家參審制之專家即類同於現行法中之鑑定人，惟鑑定人僅得就待證事實提供專門知識以供職業法官參考外，其意見並無拘束法官認定事實之效力，至專家法官則得參與犯罪事實之認定，其以專門知識經驗就待證事實所爲之意見，於判決結果具相當之影響力，故專家參審於特殊刑事案件（醫療、海事、科技、環保、交通、金融、營繕工程、智慧財產權等）有其必要之實益。

🔍 焦點5 學者主張之兩造對等訴訟構造應具備之配套（黃朝義老師）

一、偵查程序

(一) 強制處分之司法審查（由法官審查判斷）。

(二) 犯罪嫌疑人之緘默權保障與自白法則（§95、§98、§156）。

(三) 犯罪嫌疑人之辯護人選任權與接見通信權（國選辯護制度之建立、辯護人不受監視限制之接見通信權）。

(四) 羈押理由開示之強化。

(五) 證據保全制度。

二、審判程序

(一) 公訴提起原則（卷證不併送、訴因制度之導入）。

(二) 公訴程序（當事人主導法庭活動、法院訊問被告制度之修正或廢止、傳聞法則之採
用、自由心證之限制）。

(三) 上訴程序構造（覆審制改為事後審查制）。

(四) 再審程序構造（本於雙重危險禁止原則，應限制為受判決不利益之再審）。

三、具保制度

(一) 保障被告防禦自由。

(二) 確保被告無罪推定之地位。

第四章　刑事訴訟法之效力

第一節　刑事訴訟法之效力

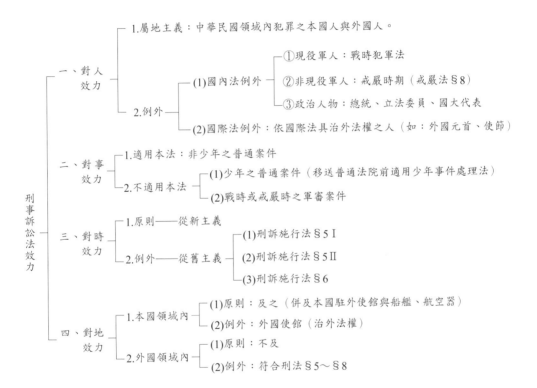

🔍 焦點1　少年事件之法院（何賴傑，月旦法學教室第36期，頁26以下）

　　應起訴於少年法院卻誤向普通法院起訴，實務多認係屬刑事訴訟法第379條第1款之法院組織不合法，惟少數實務見解與學者則認，不論少年法院與普通法院之分究屬事物管轄或功能管轄，此均應為同條第4款之管轄權有無認定不當，至第1款之法院組織不合法僅指狹義之刑事審判法庭不合法，非指廣義法院。

【附錄】100年台上第2753號

　　少年刑事案件之第二審訴訟，自應由具有前開特殊學識、經驗之庭長、法官組織對法院予以審判，方為合法。少年刑事案件之第二審訴訟若非由少年法庭予以審判，其法院之組織即不合法，其判決當然為違背法令。

🔍 焦點2　普通審判權與軍事審判權之探討

一、相關條文規定

(一) 軍事審判法第1條

現役軍人戰時犯陸海空軍刑法或其特別法之罪，依本法追訴、處罰。

現役軍人非戰時犯下列之罪者，依刑事訴訟法追訴、處罰：

1. 陸海空軍刑法第44條至第46條及第76條第1項。
2. 前款以外陸海空軍刑法或其特別法之罪。

非現役軍人不受軍事審判。

(二) 軍事審判法第34條

犯罪事實之一部應依刑事訴訟法追訴、審判時，全部依刑事訴訟法追訴、審判之。

(三) 軍事審判法第237條

本法中華民國102年8月6日修正之條文施行前，已依本法開始偵查、審判或執行之第1條第2項案件，依下列規定處理之：

1. 偵查、審判程序尚未終結者，偵查中案件移送該管檢察官偵查，審判中案件移送該管法院審判。但本法修正施行前已依法定程序進行之訴訟程序，其效力不受影響。
2. 裁判確定之案件，不得向該管法院上訴或抗告。但有再審或非常上訴之事由者，得依刑事訴訟法聲請再審或非常上訴。
3. 刑事裁判尚未執行或在執行中者，移送該管檢察官指揮執行。

本法中華民國102年8月6日修正之條文，除第1條第2項第2款自公布後五個月施行外，自公布日施行。

二、判定原則

(一) 戰時，現役軍人，犯陸海空軍刑法——程序法依軍事審判法，實體法依陸海空軍刑法。

(二) 戰時，現役軍人，犯普通刑法——程序法依刑事訴訟法，實體法依普通刑法。

(三) 非戰時，現役軍人，犯軍審法第1條第2項所列之罪——程序法依刑事訴訟法，實體法依陸海空軍刑法。

(四) 非戰時，現役軍人，犯普通刑法——程序法依刑事訴訟法，實體法依普通刑法。

(五) 非現役軍人，不論戰時或非戰時——均不受軍事審判。

三、注意事項

(一) 被告離營（如逃兵）逾一個月，縱尚未退伍，仍失軍人身分。

(二) 軍事審判法第5條第1項但書所規定之程序轉換（即軍事初審轉換為普通法院第一審，軍事上訴審則轉換為普通法院第二審），限於：1.犯罪在服役前，發覺在服役中之情形；2.倘犯罪之發生與發覺均在服役中，即無需為程序之轉換，仍依軍事審判法審判之。

(三) 應注意戒嚴法第8條與第9條之規定。

四、軍事審判法第5條適用之爭議

軍事審判法第5條第1項本文規定「犯罪在任職服役前，發覺在任職服役中者，依本法追訴審判」；第2項規定「犯罪在任職服役中，發覺在離職離役後者，由法院審判」。此等規定之眞正涵義爲何，通說向來認爲：第1項係指非軍人不論犯普通刑法或陸海空軍刑法之罪，其犯罪於具軍人身分時被發覺者，即應受軍事審判；第2項乃具軍人身分時犯罪，而於退役非軍人時犯罪始經發覺者，應受普通法院審判。然果否得爲如是解釋，本文則持不同意見，其理由如後：

(一) 立法技術面

刑事訴訟法第1條與軍事審判法第1條均明定現役軍人犯軍法始受軍事審判。易言之，犯罪是否受軍事審判機關審判，非僅以具備現役軍人身分否爲斷，尚需視所犯爲軍刑法或普通刑法之罪而定；惟犯軍刑法案件之被告，於受審判時亦具現役軍人身分，始有軍事審判法之適用。或謂軍事審判法第5條爲同法第1條之特別規定，然軍事審判法第1條與第5條皆規定於該法之法例一章，倘立法者有意使非現役軍人所犯普通刑法之罪，於服役軍職後受軍事審判機關之審判，則僅需於該法有關軍事審判適用範圍之第1條本文附加但書即可，實無庸另隔數法條之後另爲特別規定，此就立法技術而言，顯有相悖。

(二) 法制史觀面

軍事審判權與普通審判權之區別標準，自法制史以觀，已自民國24年之身分區別標準說（軍人犯）逐漸轉向犯罪區別標準說（軍事犯），民國88年修訂之軍事審判法第237條明定國家安全法第8條之停止適用，更爲明證。大法官會議釋字第436號稱「非謂軍事審判機關對於軍人之犯罪有專屬之審判權」，亦明示其傾向採取犯罪標準說，即唯有犯軍刑法罪之被告始受軍事審判機關之審判。實務見解亦認應兼採身分區別標準說（軍人犯）與犯罪區別標準說（軍事犯）。

(三) 憲法位階面

被告本於憲法第8條正當法律程序與第16條訴訟權，有受超然中立法院爲公平審判之權利，軍事審判程序乃基於特定因素所設而有別於普通審判程序之特別訴訟程序，應屬普通審判程序之例外。其於審判程序中對被告權利之保障不若普通審判程序周全嚴密，此由大法官會議釋字第436號解釋作成前，軍事審判法以行政權介入司法權之參與審判軍官之選任標準及審檢未分立（形同糾問主義）等違反公平審判之相關規定即足證之，是以在爲軍事審判法第5條第1項條文義解釋時，應綜合憲法保障人民權利之意旨及相關法律規定（刑事訴訟法第1條；軍事審判法第1條、第5條；陸海空軍刑法第1條、第2條等）謹愼爲之，不宜任意擴大其適用範圍。承前(一)所述，軍事審判法第5條並非第1條之特別規定，僅係爲使軍事審判程序得周延適用之配合規定。

(四) 本文主張

軍事審判法第5條第1項應係爲配合陸海軍刑法第2條之規定，非現役軍人於戰地或戒嚴區域犯該條所列之罪，而於服役軍職時經發覺時，受軍事審判機關之審判（受審判時具備現役軍人身分，所犯亦爲軍刑法案件）。至若軍人犯軍刑法之罪，而於退職離役後受審者，則依第5條第2項受普通法院之審判（受審判時非現役軍人），蓋此時被告既已不具軍

人身分，即無再受軍事審判之必要。

(五) 實務相關判決

　　最高法院93年台非字第241號判決要旨謂：「按陸海空軍刑法之立法體例，兼採軍人犯主義及軍事犯主義，除以違背軍事義務之軍事犯罪行為為主要規範內容外，並因軍人亦負有一般國民及社會責任，為維護軍事安全、軍紀管理及社會治安，對於觸犯刑法或其他法律之部分犯罪行為，按其犯罪性質有納入陸海空軍刑法，有依軍事審判程序追訴處罰之必要。故陸海空刑法於第二編分則中明定純粹軍事犯之處罰；另設第三編附則，就非純粹軍事犯亦加以處罰。其中第76條規定現役軍人犯刑法下列各罪者，除本法另有規定外，依各該規定處罰，即係將刑法之處罰規定，引置為陸海空軍刑法之處罰，並以現役軍人為界定審判權之範圍。亦即現役軍人犯陸海軍刑法第76條所列各罪者，衹要發覺在任職服役中，即應依軍事審判法第1條第1項前段、第5條之規定，由軍事審判法院審判⋯⋯。」足見最高法院亦認犯有軍刑法案件（軍事犯）之現役軍人（軍人犯），始有軍事審判法之適用而受軍事法院之審判。

【附錄】釋字第436號

一、解釋文（摘錄）

　　憲法第8條第1項規定，人民身體之自由應予保障，非由法院依法定程序不得審問處罰。憲法第16條並規定人民有訴訟之權。現役軍人亦為人民，自應同受上開規定之保障。又憲法第9條規定：「人民除現役軍人外，不受軍事審判」，乃因現役軍人負有保衛國家之特別義務，基於國家安全與軍事需要，對其犯罪行為得設軍事審判之特別訴訟程序，非謂軍事審判機關對於軍人之犯罪有專屬之審判權。至軍事審判之建制，憲法未設明文規定，雖得以法律定之，惟軍事審判機關所行使者，亦屬國家刑罰權之一種，其發動與運作，必須符合正當法律程序之最低要求，包括獨立、公正之審判機關與程序，並不得違背憲法第77條、第80條等有關司法權建制之憲政原理；規定軍事審判程序之法律涉及軍人權利之限制者、亦應遵守憲法第23條之比例原則。本於憲法保障人身自由、人民訴訟權利及第77條之意旨，在平時經終審軍事審判機關宣告有期徒刑以上之案件，應許被告直接向普通法院以判決違背法令為理由請求救濟。⋯⋯

二、補充說明

　　通說見解依審判權二元制認應區分為普通審判權與軍事審判權，故若繫屬審判權錯誤，即應依第303條第6款為不受理判決；少數學者（黃朝義師、黃東熊師）則採審判權一元化說，認國家審判權單一，兩者之間應管轄權劃分問題，故如繫屬錯誤，應依第304條為管轄錯誤判決。又現行實務運作，軍刑案件之終審法院仍為普通法院：

(一) 士兵、士官、尉官軍刑案件

　　1. 地方軍事法院→高等軍事法院（有期徒刑）→普通高等法院。
　　2. 地方軍事法院→高等軍事法院（無期徒刑、死刑）→最高法院。

(二) 校官、將官軍刑案件

高等軍事法院→最高軍事法院（有期徒刑、無期徒刑、死刑）→最高法院。

【附錄】58年第1次民刑庭決議

刑四庭提案：我國人民在我國駐外使領館內犯罪，究應視為在我國領域內犯罪，抑係在我國領域外犯罪？

決議：刑法第3條所稱中華民國之領域，依國際法上之觀念，固有其真實的領域及想像的（即擬制的）領域之分，前者如我國之領土、領海、領空等是，後者如在我國領域外之我國船艦及航空機與我國駐外外交使節之辦公處所等是，但同條後段僅規定在我國領域外船艦及航空機內犯罪者，以在我國領域內犯罪論，對於在我國駐外使領館內犯罪者，是否亦屬以在我國領域內犯罪論，則無規定，按國際法上對於任何國家行使的管轄權，並無嚴格之限制，在慣例上本國對於本國駐外使領館內之犯罪者，能否實施其刑事管轄權，常以駐在國是否同意放棄其管轄權為斷。是以對於在我國駐外使領館內犯罪者，若有明顯之事證，足認該駐在國已同意放棄其管轄權，自得以在我國領域內犯罪論。

【附錄】79年台非第277號

依國際法上領域管轄原則，國家對在其領域內之人、物或發生之事件，除國際法或條約另有規定外，原則上享有排他的管轄權；即就航空器有關之犯罪言，依我國已簽署及批准之1963年9月14日東京公約（航空器上所犯罪行及若干其他行為公約）第3條第1項規定，航空器登記國固有管轄該航空器上所犯罪行及行為之權；然依同條第3項規定，此一公約並不排除依本國法而行使之刑事管轄權。另其第4條甲、乙款，對犯罪行為係實行於該締約國領域以內、或係對於該締約國民所為者，非航空器登記國之締約國，仍得干涉在飛航中之航空器，以行使其對該航空器上所犯罪行之刑事管轄權。因此，外國民用航空器降落於我國機場後，我國法院對其上發生之犯罪行為，享有刑事管轄權，殆屬無可置疑。

【衍生實例】

台北地方法院檢察署檢察官偵查李四「殺人」一案，認為應歸板橋地方法院管轄，且認為其與板橋地方法院檢察署檢察官係「檢察一體」，於是直接向板橋地方法院提起公訴，但板橋地方法院審理時卻發現被告李四是台北縣泰山鄉某部隊之現役軍人，請問依法應如何處理？

考點提示：因軍審法修正，故本案仍由板橋（新北）地院為實體審判。

🔍 焦點3　釋字第627號與總統刑事豁免權（楊雲驊，台灣本土法學第97期，頁66以下）

一、性質

憲法第52條規定總統之「不受刑事上之訴究」，屬於具有憲法層級的明文訴訟障礙事由，相當於德國基本法第42條第2項以下規定之「豁免權」（Immunität）。惟總統之「不受刑事訴究之豁免權」係保障總統之「功能運作正常」以及其「尊嚴」，僅是暫時性保障其不受訴究而已，此與立法委員之「言論免責權」係對外不負責任的實體保障不同。釋字第388號解釋：「如所犯爲內亂或外患罪以外之罪，僅發生暫時不能爲刑事上訴追之問題，並非完全不適用刑法或相關法律之刑罰規定。」釋字第627號：「總統不受刑事上之訴究，乃在使總統涉犯內亂或外患罪以外之罪者，暫時不能爲刑事上訴究，並非完全不適用刑法或相關法律之刑罰規定，故爲一種暫時性之程序障礙。」並認爲總統之刑事豁免特權「乃針對其職位而設，故僅擔任總統一職者，享有此一特權；擔任總統職位之個人，原則上不得拋棄此一特權」。解釋理由書說明：「所謂原則上不得拋棄，係指總統原則上不得事前、概括拋棄其豁免權而言，以免刑事偵查、審判程序對總統之尊崇與職權之有效行使，造成無可預見之干擾。」本號解釋認爲刑事豁免特權必非全然保障總統之「職位」，部分情況下，亦保障總統「個人」，故總統得拋棄部分之刑事豁免特權，亦即「除以總統爲被告之刑事起訴與審判程序，或其他客觀上足認必然造成總統尊崇之損傷與職權行使之妨礙者」以外，其餘個別證據調查行爲總統可以「自願配合其程序之進行」，即是拋棄刑事豁免特權。又訴訟要件是否具備，原則上應由各訴訟階段，亦即自偵查之開始直至法院爲終局判決，負責之國家機關依職權加以審查，如於偵查之開始即發現，檢察官應在刑事豁免權範圍內，停止偵查。如已開始偵查，檢察官應立刻停止偵查，如案件已起訴至法院，法院應該停止審判，待日後再行恢復審判。

二、機密特權之判斷

我國憲法並未明文規定總統之「國家機密特權」，但釋字第627號解釋承認總統享有此一特權：「總統亦爲憲法上之行政機關，總統於憲法及憲法增修條文所賦予之行政權範圍內，爲最高行政首長，負有維護國家安全與國家利益之責任。是總統就其職權範圍內有關國家安全、國防及外交資訊之公開，認爲有防礙國家安全與國家利益之虞者，應負保守秘密之義務，亦有決定不予公開之權力，此爲總統之國家機密特權。」

又釋字第627號解釋將總統爲保護國家機密行使「國家機密特權」以拒絕證言或拒絕提出證物時，區分爲以「書面合理釋明」以及「未能書面合理釋明」二種狀況而分別處理，簡言之，總統如以書面合理釋明，相關證言之陳述與證物之提交，有妨害國家利益之虞者，檢察官及法院應予以尊重。其未能合理釋明者，該管檢察官或受訴法院應審酌具體個案情形，依刑訴法第134條第2項、第179條第2項及第183條第2項規定爲處分或裁定。對於此一處分學者認爲，總統基於「行政特權」所享有之「國家機密特權」，雖然非憲法上之絕對權力，其行使應符合權力分立與制衡之憲法基本原則，但在個案判斷上應認爲具有

相當程度的「判斷餘地」，刑事司法機關對此應該只能進行有限度之審查，因此，本號解釋內所謂「書面合理釋明」以及「未能書面合理釋明」之區分，宜以「明顯恣意」或「重大瑕疵」為基準，只有當構成此一情形時，總統之釋明不生效力，司法機關始不受一無效釋明之拘束，此時法院可以依刑訴法第134條第2項、第179條第2項及第183條第2項規定為處分或裁定，並決定強制處分，例如搜索扣押等，以取得該些資料。

三、豁免權保障人之範圍

　　總統之豁免權係保障總統之「功能運作正常」以及其「尊嚴」，則此一權利保障人的範圍，當指「總統一人」，釋字第627號解釋對此指出：「總統不受刑事訴究之特權或豁免權，乃針對總統之職位而設，故僅擔任總統一職者，享有此一特權。」解釋理由書指出：「其保障不及於非擔任總統職位之第三人。共同正犯、教唆犯、幫助犯以及其他參與總統所涉犯罪之人，不在總統刑事豁免權保障之範圍內；刑事偵查、審判機關對各該第三人所進行之刑事偵查、審判程序，自不因總統之刑事豁免權而受影響。」

四、豁免權保障之事物範圍

(一) 偵查階段

1. 不同意見
   否定說從確保有效的刑罰權實施來看，偵查階段距離犯罪較其他司法程序最為接近，往往是蒐集、保全證據的重要階段，因此偵查階段不應包含在此一特權內，否則重要之證據如遭湮滅、變造，或是證人與涉案總統已經串供完畢，產生之後果可能實質上與「不負實體刑事責任」等同。
   肯定說認為從字義解釋，應係指為負起刑事責任所進行相關司法程序的總稱，亦即實現國家刑罰權為目的之司法程序整體而言。按照現行刑事訴訟法「控訴原則」之設計，應包括偵查、訴追、審判、刑之執行等階段均屬刑事司法之過程。從憲法賦予現任總統「不受刑事上之訴究」特權之目的出發，如謂保障範圍不及於偵查階段，恐怕憲法此一條文的設計目的就要大打折扣。既然此一憲法明定特權的目的主要在確保總統身分之尊崇與職權之行使，亦即「功能運作正常」，則所有可能妨礙總統職權行使的訴追措施，均應受到此一限制，尤其是偵查行為強制處分之實施。

2. 釋字第627號解釋明確認為憲法第52條規定「不受刑事上之訴究」，係指「刑事偵查及審判機關，於總統任職期間，就總統涉犯內亂或外患罪以外之罪者，暫時不得以總統為犯罪嫌疑人或被告而進行偵查、起訴與審判程序而言」，包括偵查以及起訴在內，自屬正確。因此，刑訴法第228條第1項：「檢察官因告訴、告發、自首或其他情事知有犯罪嫌疑者，應即開始偵查」以及法院組織法第63條之1相關之「最高法院檢察署設特別偵查組，職司下列案件：一、涉及總統之貪瀆案件」等規定，於總統受刑事豁免權保障時，自應限縮解釋與謹慎適用，或則對之不得開始，或則不得繼續進行，以免違憲。

(二) 非司法程序

　　學者認為，刑事豁免特權的保護範圍不應該僅限於刑事上之訴究而已，而應採較為廣

義之解釋，包含所有帶有制裁作用以及限制人身自由之措施在內。解釋文中所稱「即基於憲法第52條對總統特殊身分尊崇及對其行使職權保障之意旨，上開因不屬於總統刑事豁免權範圍所得進行之措施及保全證據之處分，均不得限制總統之人身自由，例如拘提或對其身體之搜索、勘驗與鑑定等，亦不得妨礙總統職權之正常行使」之保護，不應該僅限於解釋文中僅指「發現總統有犯罪嫌疑」之情形，而是所有之公權力措施（如行政執行法之拘提管收等），於總統受刑事豁免權保護之時間內，均不得限制總統之人身自由，亦不得妨礙總統職權之正常行使。

(三) 保全程序

1. 釋字第627號解釋理由書內論及總統可否拋棄刑事豁免特權時，亦認為「以總統為被告之刑事起訴與審判程序」屬不容拋棄之部分。但偵查程序則可以作不同之考量，因為偵查行為種類廣泛，並非所有之偵查措施均直接且明顯的針對總統而為，也不一定均強烈的干預基本權利，如並不侵及總統之「功能運作正常」以及其「尊嚴」，或對之造成重大妨礙，似無一律禁止之必要，以至過度犧牲國家刑罰權有效實施。

2. 對於案件之終結，例如檢察官對於刑訴法第252條所列「應不起訴」之案件，自訴法院認為案件有第326條第3項「得以裁定駁回自訴」或第334條「不得提起自訴而提起者，應諭知不受理判決」等情形，可否為不起訴處分、駁回之裁定或諭知不受理判決？德國通說認為，對於顯然不受允許或無理由之程序予以不起訴者，並不受刑事豁免權之限制。

3. 當總統與他人同涉犯罪，或偵查他人犯罪時發現總統有犯罪嫌疑者，由於其他犯罪參與者不在刑事豁免權範圍內，故對之進行刑事訴追自無疑問。即使可能涉及到總統犯罪部分，釋字第627號解釋對此強調：「雖不得開始以總統為犯罪嫌疑人或被告之偵查程序，但得依本解釋意旨，為必要之證據保全」。

五、解釋文

(一) 總統之刑事豁免權

憲法第52條規定，總統除犯內亂或外患罪外，非經罷免或解職，不受刑事上之訴究。此係憲法基於總統為國家元首，對內負統率全國陸海空軍等重要職責，對外代表中華民國之特殊身分所為之尊崇與保障，業經本院釋字第388號解釋在案。

依本院釋字第388號解釋意旨，總統不受刑事上之訴究，乃在使總統涉犯內亂或外患罪以外之罪者，暫時不能為刑事上訴究，並非完全不適用刑法或相關法律之刑罰規定，故為一種暫時性之程序障礙，而非總統就其犯罪行為享有實體之免責權。是憲法第52條規定「不受刑事上之訴究」，係指刑事偵查及審判機關，於總統任職期間，就總統涉犯內亂或外患罪以外之罪者，暫時不得以總統為犯罪嫌疑人或被告而進行偵查、起訴與審判程序而言。但對總統身分之尊崇與職權之行使無直接關涉之措施，或對犯罪現場之即時勘察，不在此限。

總統之刑事豁免權，不及於因他人刑事案件而對總統所為之證據調查與證據保全。惟

如因而發現總統有犯罪嫌疑者，雖不得開始以總統爲犯罪嫌疑人或被告之偵查程序，但得依本解釋意旨，爲必要之證據保全，即基於憲法第52條對總統特殊身分尊崇及對其行使職權保障之意旨，上開因不屬於總統刑事豁免權範圍所得進行之措施及保全證據之處分，均不得限制總統之人身自由，例如拘提或對其身體之搜索、勘驗與鑑定等，亦不得妨礙總統職權之正常行使。其有搜索與總統有關之特定處所以逮捕特定人、扣押特定物件或電磁紀錄之必要者，立法機關應就搜索處所之限制、總統得拒絕搜索或扣押之事由，及特別之司法審查與聲明不服等程序，增訂適用於總統之特別規定。於該法律公布施行前，除經總統同意者外，無論上開特定處所、物件或電磁紀錄是否涉及國家機密，均應由該管檢察官聲請高等法院或其分院以資深庭長爲審判長之法官五人組成特別合議庭審查相關搜索、扣押之適當性與必要性，非經該特別合議庭裁定准許，不得爲之，但搜索之處所應避免總統執行職務及居住之處所。其抗告程序，適用刑事訴訟法相關規定。

　　總統之刑事豁免權，亦不及於總統於他人刑事案件爲證人之義務。惟以他人爲被告之刑事程序，刑事偵查或審判機關以總統爲證人時，應準用民事訴訟法第304條：「元首爲證人者，應就其所在詢問之。」以示對總統之尊崇。

　　總統不受刑事訴究之特權或豁免權，乃針對總統之職位而設，故僅擔任總統一職者，享有此一特權；擔任總統職位之個人，原則上不得拋棄此一特權。

(二) 總統之國家機密特權

　　總統依憲法及憲法增修條文所賦予之行政權範圍內，就有關國家安全、國防及外交之資訊，認爲其公開可能影響國家安全與國家利益而應屬國家機密者，有決定不予公開之權力，此爲總統之國家機密特權。其他國家機關行使職權如涉及此類資訊，應予以適當之尊重。

　　總統依其國家機密特權，就國家機密事項於刑事訴訟程序應享有拒絕證言權，並於拒絕證言權範圍內，有拒絕提交相關證物之權。立法機關應就其得拒絕證言、拒絕提交相關證物之要件及相關程序，增訂適用於總統之特別規定。於該法律公布施行前，就涉及總統國家機密特權範圍內國家機密事項之訊問、陳述，或該等證物之提出、交付，是否妨害國家之利益，由總統釋明之。其未能合理釋明者，該管檢察官或受訴法院應審酌具體個案情形，依刑事訴訟法第143條第2項、第179條第2項及第183條第2項規定爲處分或裁定。總統對檢察官或受訴法院駁回其上開拒絕證言或拒絕提交相關證物之處分或裁定如有不服，得依本解釋意旨聲明異議或抗告，並由前述高等法院或其分院以資深庭長爲審判長之法官五人組成之特別合議庭審理之。特別合議庭裁定前，原處分或裁定應停止執行。其餘異議或抗告程序，適用刑事訴訟法相關規定。總統如以書面合理釋明，相關證言之陳述或證物之提交，有妨害國家利益之虞者，檢察官及法院應予以尊重。總統陳述相關證言或提交相關證物是否有妨害國家利益之虞，應僅由承辦檢察官或審判庭法官依保密程序爲之。總統所陳述相關證言或提交相關證物，縱經保密程序進行，惟檢察官或法院若以之作爲終結偵查之處分或裁判之基礎，仍有造成國家安全危險之合理顧慮者，應認爲有妨害國家利益之虞。

　　法院審理個案，涉及總統已提出之資訊者，是否應適用國家機密保護法及「法院辦理

涉及國家機密案件保密作業辦法」相關規定進行其審理程序，應視總統是否已依國家機密保護法第2、4、11及12條規定核定相關資訊之機密等級及保密期限而定；如尚未依法核定為國家機密者，無從適用上開規定之相關程序審理。惟訴訟程序進行中，總統如將系爭資訊依法改核定為國家機密，或另行提出其他已核定之國家機密者，法院即應改依上開規定之相關程序續行其審理程序。其已進行之程序，並不因而違反國家機密保護法及「法院辦理涉及國家機密案件保密作業辦法」相關之程序規定。至於審理總統核定之國家機密資訊作為證言或證物，是否妨害國家之利益，應依前述原則辦理。又檢察官之偵查程序，亦應本此意旨為之。

(三) 暫時處分部分

本件暫時處分之聲請，因本案業經作成解釋，已無須予以審酌，併予指明。

【附錄】97年台抗第465號

釋字第627號解釋……所創設之「高等法院或其分院以資深庭長為審判長之法官五人組成特別合議庭」（下稱特別合議庭），其管轄之事項有二，其一為：檢察官因他人刑事案件而對總統所為之證據調查與證據保全；或因發現總統有犯罪嫌疑（不得開始以總統為犯罪嫌疑人或被告之偵查程序）為必要之證據保全；其有搜索與總統有關之特定處所以逮捕特定人、扣押特定物件或電磁紀錄之必要時，檢察官除經總統同意者外，無論上開特定處所、物件或電磁紀錄是否涉及國家機密，均應由該管檢察官「聲請」「特別合議庭」審查相關搜索、扣押之適當性與必要性，非經該「特別合議庭」裁定准許，不得為之。其二為：總統依其國家機密特權，就國家機密事項於「刑事訴訟程序中拒絕證言、拒絕提交相關證物」，因未能合理之釋明，經該管檢察官或受訴法院審酌具體個案情形，依刑事訴訟法第134條第2項、第179條第2項及第183條第2項規定為處分或裁定，總統對檢察官或受訴法院駁回其上開拒絕證言或拒絕提交相關證物之處分或裁定如有不服，得向該「特別合議庭」聲明異議或抗告，其餘異議或抗告程序，適用刑事訴訟法相關規定。查上開「特別合議庭」及其相關特別程序之創設，依該號解釋文之文義，係因總統身分尊崇，並為尊重總統國家機密特權之行使，考量立法機關在關於因他人刑事案件而對總統所為之證據調查與證據保全，或因發現總統有犯罪嫌疑（不得開始以總統為犯罪嫌疑人或被告之偵查程序）為必要之證據保全等之相關特別規定，尚未制定施行前，就檢察官聲請對總統為相關搜索、扣押之准許與否，及總統對檢察官或受訴法院駁回「拒絕證言或拒絕提交相關證物」之處分或裁定不服，創設「特別合議庭」及其相關特別程序，自有憲法層次之意義。但除上開關於對總統所為之證據調查與必要之證據保全等特別程序外，並未排除現行有效之法院組織法、刑事訴訟法等相關規定之適用。就本件而言，並非檢察官因有搜索與總統有關之特定處所以逮捕特定人、扣押特定物件或電磁紀錄之必要，而有「聲請」法院准予相關搜索、扣押之情形；又本件系爭之扣押物等均係檢察官依法扣押，已提起公訴，並隨案移送第一審法院審理中（台灣台北地方法院95年度囑重訴字第4號吳淑珍等貪污案件），並非總統對檢察官或受訴法院駁回「拒絕證言或拒絕提交相關證物」之處分或裁定不服之情形，亦即並無「拒絕證言」或「拒絕提交相關證物」之情形，自非上開解釋意旨所指：總

統對檢察官或受訴法院駁回其依國家機密特權，就國家機密事項於刑事訴訟程序中，因「拒絕證言」或「拒絕提交相關證物」之處分或裁定而提起異議或抗告之情形；依上開說明，並無組織「特別合議庭」及適用相關特別程序之事由。且該號解釋公布前，法院審理之個案，涉及總統「已提出之資訊者」，法院應如何辦理？該號解釋文亦明示：「法院審理個案，涉及總統已提出之資訊者，是否應適用國家機密保護法及『法院辦理涉及國家機密案件保密作業辦法』相關規定進行其審理程序，應視總統是否已依國家機密保護法第2條、第4條、第11條及第12條規定核定相關資訊之機密等級及保密期限而定；如尚未依法核定為國家機密者，無從適用上開規定之相關程序審理。惟訴訟程序進行中，總統如將系爭資訊依法改核定為國家機密，或另行提出其他已核定之國家機密者，法院即應改依上開規定之相關程序續行其審理程序。其已進行之程序，並不因而違反國家機密保護法及『法院辦理涉及國家機密案件保密作業辦法』相關之程序規定。」並未解釋在該號解釋公布前法院審理之個案，涉及總統已提出之資訊者，其返還之相關程序應由「特別合議庭」審理。且明示：僅發生應如何適用國家機密保護法及「法院辦理涉及國家機密案件保密作業辦法」相關規定進行其審理程序之問題，並未排除現行有效之法院組織法、刑事訴訟法等相關規定之適用。本件原裁定就再抗告人聲請發還扣押物等（包括國務機要費單據及偵查中之供述等證據）案件，由五位法官組成「刑事特別合議庭第五庭」為之，與上開解釋意旨不合，亦與法院組織法第3條第2款規定「高等法院審理案件以法官三人合議行之」不符，有刑事訴訟法第379條第1款法院之組織不合法之違背法令。

　　本件再抗告人甲○○為中華民國第十、十一任總統，其於民國96年6月28日以華總一義字第09610037930號函，聲請台灣台北地方法院發還台灣高等法院檢察署檢察官前至總統府所扣押之總統府89年1月至95年6月30日關於國務機要費支付之全部單據（含原始憑證相關支出憑證黏存單、黏貼憑證用紙、支付報告單或其他內簽等支出憑證）；又總統府秘書長依再抗告人指示，於96年9月6日以華總一義字第09610051490號函表示：「89年1月起至95年6月30日止總統府會計處關於國務機要費之支出憑證簿（內含原始憑證及相關支出憑證黏存單、黏貼憑證用紙、支付報告單或其他內簽等支出憑證、支出傳票）、「總統及承總統之命執行相關案件同仁，因案列入台灣台北地方法院檢察署95年度偵字第23708號起訴書所附編號卷十至十二卷內之筆錄、錄音、電磁紀錄及書面資料及其複製物各項資料中，涉及對外機密工作之資訊」，業依國家機密保護法第7條、第12條之規定，補核定為絕對機密事項，應永久保密，不得公開等語。經查上開聲請發還扣押物等（包括國務機要費單據及偵查中之供述等證據）案件，係再抗告人以「總統甲○○」名義，依司法院釋字第627號解釋意旨及憲法賦予總統之國家機密特權，於台灣台北地方法院審理吳淑珍等貪污案件（該院95年度矚重訴字第4號）中所聲請，其聲請書中亦載明應將上開系爭扣押物等發還聲請人「本人」，此有該96年6月28日華總一義字第09610037930號函送之總統甲○○聲請書在卷可稽（見台灣台北地方法院96年度聲字第1373號卷(一)第一至四頁），因所稱發還聲請人「本人」之真意不明，致其聲請發還總統「本人」是否適法，仍有疑問，自應先加辨明。又上開扣押物等（包括國務機要費單據及偵查中之供述等證據）發還之聲請，再抗告人係以司法院釋字第627號解釋意旨及憲法賦予總統之國家機密特權為由，自

以具有總統之身分，聲請發還總統（或總統府），始爲適法。茲再抗告人已於97年5月20日卸任中華民國第十一任總統，已不再掌有憲法賦予總統之國家機密特權，已喪失聲請發還上開扣押物等之身分，如其係以總統之身分聲請發還總統（或總統府），於此情形，該案件即有自其卸任該日起，已由具有總統身分之現任總統承受續行問題。」

第五章　訴訟主體與訴訟關係人

第一節　法院（審判主體）

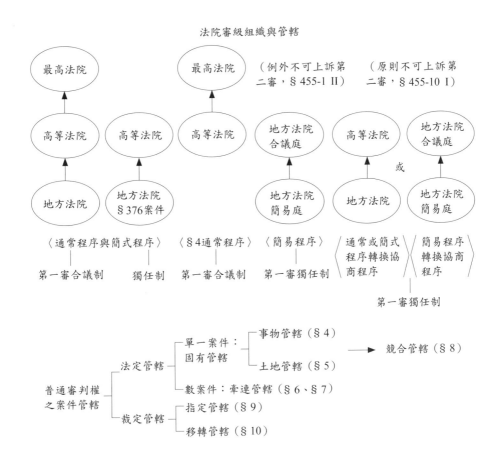

法院審級組織與管轄

【附錄】99年台上第3833號

　　刑事訴訟法第2條第1項規定：「實施刑事訴訟程序之公務員，就該管案件，應於被告有利及不利之情形，一律注意。」則旨在注意應本於客觀性義務，就與事實認定及法律適用相關之必要事項，促使被告提出或聲請調查有利之證據，或對其陳述有利之事實，命提出證明之方法，並給予辯明犯罪嫌疑之機會，或分別基於發見真實、維護公平正義之目的，對客觀上有調查必要或與被告之利益有重大關係等事項，依職權加以調查，俾盡澄清及照料義務，係對實施刑事訴訟程序之公務員之訓示規定。至被告是否自白，屬其訴訟上之基本權利，法院既無促使被告為自白之權能，則被告是否因己意發動或律師協助而自白

以邀獲減輕其刑之寬典，要屬自白後之實體法適用之問題，法院訴訟程序中並無曉諭之義務。

【附錄】99年台上第5531號

刑事訴訟法為發現實體真實，並保障被告之訴訟權，乃於第2條明定：實施刑事訴訟程序之公務員，應於被告有利及不利之情形，一律注意，被告並得請求為有利於己之必要處分。本此立法意旨，法院於訴訟程序進行中，對涉及擬制規定之適用，而可能對被告產生無法預見之不利益時，即應善盡訴訟照顧義務，告知所擬制之法律效果，以促請注意，使被告能合法行使訴訟防禦權，兼顧被告對於裁判效力之信賴及國家刑罰權之正確行使。關於楊○凌警詢筆錄之證據能力，上訴人之辯護人已於第一審聲明異議，明確表示不同意作為證據，上訴人實難預見於原審未再次聲明異議，會發生同意得為證據之擬制效果，原審未將刑事訴訟法第159條之5第2項擬制同意之法律效果告知上訴人，遽認上訴人及辯護人於原審對楊○凌警詢筆錄之證據能力均不爭執，視為同意其有證據能力，致上訴人受無法預見之不利益，亦非妥適。

競合管轄之處理

	1	2	3	4	5
繫屬時點	先，後	先，後	先，後	先，後	先，後
第一次判決時點	先，後 (5.1)(6.1)	先，後 (5.1)(5.30)	後，先 (5.30)(5.1)	後，先 (5.30)(5.1)	後，先 (6.1)(5.1)
確定時點	先，後 (5.30)(6.30)	先，後 (6.1)(6.30)	先，後 (6.5)(6.30)	後，先 (6.30)(6.1)	後，先 (6.30)(5.30)
不得為審判法院應為之合法判決	免訴 (§302①)	不受理 (§303②⑦)	不受理 (§303②⑦)	不受理 (§303②⑦) ↓	免訴 (§302①) ↓
					釋字168號	釋字47號

【附錄】釋字第47號

刑事訴訟法第8條之主要用意，係避免繫屬於有管轄權之數法院對於同一案件均予審判之弊。據來呈所稱，某甲在子縣行竊，被在子縣法院提起公訴後，復在丑縣行竊，其在丑縣行竊之公訴部分原未繫屬於子縣法院，自不發生該條之適用問題。又丑縣法院係被告所在地之法院，對於某甲在子縣法院未經審判之前次犯行，依同法第5條之規定，得併案受理，其判決確定後，子縣法院對於前一犯行公訴案件，自應依同法第294條第1款規定，諭知免訴之判決。

【附錄】釋字第168號

已經提起公訴或自訴之案件，在同一法院重行起訴者，應諭知不受理之判決，刑事訴訟法第303條第2款，定有明文。縱先起訴之判決，確定在後，如判決時，後起訴之判決，尚未確定，仍應該就後起訴之判決，依非常上訴程序，予以撤銷，諭知不受理。

【附錄】98年台上第1127號

案件由犯罪地或被告住所、居所或所在地之法院管轄，刑事訴訟法第5條第1項定有明文。而所謂被告所在地，乃指被告起訴當時所在之地而言，以起訴時即訴訟繫屬時為標準，至其所在之原因，係出於任意抑或由於強制，在所不問。本件被告之住所地在台北縣三重市，犯罪地在台北市區、台北縣三重市，不在第一審法院即台灣嘉義地方法院管轄區域內，檢察官於97年11月5日將被告起訴而繫屬於第一審法院時，被告已因台灣板橋地方法院借提而寄押於台灣台北監獄台北分監，亦不在第一審法院管轄區域內，從而原判決維持第一審諭知本件管轄錯誤，移送於台灣板橋地方法院之判決，駁回檢察官在第二審之上訴，核無不合。

【附錄】99年台非第315號

刑事訴訟法第379條第4款所規定「法院所認管轄之有無係不當者」之違背法令情形，不問其為土地管轄抑事務管轄，均有其適用。

【附錄】106年台上第3021號

土地管轄，係以起訴時為準。若由一法院析而為二，其屬於新法院轄區之案件，舊法院業經受理者，應由何法院終結，僅屬司行行政上事務分配之範圍，故舊法院為原繫屬之法院，未嘗不可予以辦結，而新法院原為舊法院之一部，就其管轄區域而言，係繼受舊法院之地位，同有管轄權，自亦得將舊案改分新法院辦理。

🔍 焦點1　競合管轄

一、除繫屬在後之法院於繫屬在先之法院為第一次判決時已判決確定者外（如5之情形），其餘均以繫屬在先之法院為得為審判之法院（如1～4）。

二、表述之5，繫屬在先之法院於第一次判決時（6月1日），繫屬在後之法院已判決確定（5月30日）依第302條第1款規定，案件曾經判決確定者應為免訴判決，故此時繫屬在先之法院例外為不得審判之法院。

三、不得為審判之法院之處理步驟（先確認其發現時點為何）：

(一) 為第一次判決時已發現：視得為審判法院之判決進度，自為合法判決，尚未判決確定則為不受理（同法院§303②，不同法院§303⑦），已判決確定則為免訴（§302①）。

(二) 第一次判決後始發現：上訴撤銷已爲之違法判決，再回溯至第一次判決時點爲同上述(一)之處理自爲合法判決。

(三) 判決確定後始發現：非常上訴撤銷已爲之違法判決，再同(一) 之處理爲合法判決。

四、第303條第2款重行起訴與第303條第7款競合管轄僅係同一法院或不同法院之區別，實則其本質均屬相同。

🔎 焦點2　指定管轄（§9）與移轉管轄（§10）

一、原因

(一) 指定管轄

1. 數法院於管轄權有爭議者。
2. 有管轄權之法院經確定裁判爲無管轄權，而無他法院管轄該案件者。
3. 因管轄區域境界不明，致不能辨別有管轄權之法院者。
4. 本法第9條第2項：指關係之數法院各有其直接上級法院不相統屬，不能由一個直接上級法院予以指定且不能依第5條定其管轄法院者。
5. 不能依本法第5條定其管轄法院者：例如在中華民國領域外犯罪，犯人在中華民國境內無住所、居所、所在地之情形。

(二) 移轉管轄

1. 有管轄權之法院因法律或事實不能行使審判權者。
2. 因特別情形由有管轄權之法院審判，恐影響公安或難期公平者。

二、方式

(一) **依職權**：由直接上級法院裁定。

(二) **依聲請**：由當事人應以書狀敘述理由向該管法院爲之。

三、移轉管轄之實務見解爭議

　　有管轄權之法院因法律或事實不能行使審判權者，由直接上級法院以裁定將案件移轉於其管轄區域內與原法院同級之他法院；福建高等法院金門分院編制僅有一合議庭，現僅有兩名法官，均曾參與本件偵查中羈押抗告之審理，依上開規定不得辦理同一案件之審判事務，從而該院已無其他法官得以審理本案，該院請求裁定移轉管轄，即無不合（106台聲4）。所謂因法律不能行使審判權，宜爲目的性限縮解釋，倘若因法律之變動，致法官編制員額較少之法院辦理審判事務之法官，產生常態性不足時，應由司法院調派法官支援辦理，除非無其他可調派之法官，否則難謂因法律不能行使審判權，無異使被告無法適用土地管轄之規定，造成案件遲滯，不符訴訟救濟及妥速審判原則（106台聲14）。

【附錄】106年台聲第4號

　　有管轄權之法院因法律或事實不能行使審判權者，由直接上級法院，以裁定將案件移轉於其管轄區域內與原法院同級之他法院。福建高等法院金門分院編制僅有一合議庭，現

僅有2名法官，均曾參與本件偵查中羈押抗告之審理，依上開規定，不得辦理同一案件之審判事務，從而該院已無其他法官得以審理本案，該院以其因法律之規定不能行使審判權為由，請求本院裁定移轉管轄，即無不合。（最高法院106年度第5次刑事庭決議採之）

【附錄】106年台聲第14號

所謂因法律不能行使審判權，宜為目的性限縮解釋。倘若因法律之變動，致法官編制員額較少之法院辦理審判事務之法官，產生常態性不足時，應由司法院調派法官支援辦理，除非無其他可調派之法官，否則難謂有因法律不能行使審判權之情形。從而，不得僅因法官編制員額不足，即逐案以因法律不能行使審判權，而聲請移轉管轄。若不然，無異使被告無法適用土地管轄之規定，容易造成案件遲滯，不符訴訟經濟及妥速審判原則。

🔍 焦點3　無管轄權之效果（§12）

於法院諭知管轄錯誤前所進行之訴訟程序仍屬有效：
一、因下級諭知管轄錯誤之不當，而依第369條第1項但書、第399條、第400條撤銷或發回、發交前之前審訴訟程序，仍屬有效。
二、諭知管轄錯誤判決前所蒐集或調查之證據亦有證據能力。

🔍 焦點4　普通法院審判權及管轄權欠缺之處理

一、審判權欠缺
- 偵查中——不起訴處分（§252⑦）
- 審判中
  - 公訴——不受理判決（§303⑥）
  - 自訴——不受理判決（§343準用§303⑥）

二、管轄權欠缺
- 偵查中
  - 規定——通知或移送該管檢察官（§250）
  - 學理——本於檢察一體，偵查程序無管轄權
- 審判中
  - 公訴——管轄錯誤判決並移送有管轄權法院（§304）
  - 自訴——管轄錯誤判決，惟須自訴人聲明方移送（§335、§343準用§304）

三、原審法院對審判權或管轄權誤認之救濟

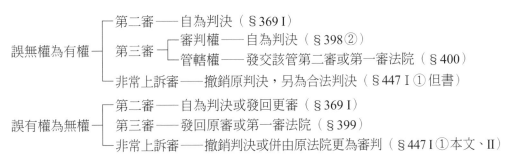

誤無權為有權
- 第二審——自為判決（§369Ⅰ）
- 第三審
  - 審判權——自為判決（§398②）
  - 管轄權——發交該管第二審或第一審法院（§400）
- 非常上訴審——撤銷原判決，另為合法判決（§447Ⅰ①但書）

誤有權為無權
- 第二審——自為判決或發回更審（§369Ⅰ）
- 第三審——發回原審或第一審法院（§399）
- 非常上訴審——撤銷判決或併由原法院更為審判（§447Ⅰ①本文、Ⅱ）

焦點5　管轄權之法定法官原則（林鈺雄，刑事訴訟法（上），頁101）

　　何等案件由何位法官承辦之問題，必須事先以抽象的、一般的法律明定，不能等待具體的個案發生後才委諸個別處理，否則，司法行政只要控制少數的法官，再令其承辦重要敏感案件，則法官獨立性原則也成空談。為達上述的要求，刑事訴訟法或法院組織法中必須儘可能明確規範法官的事務、土地等等管轄規定及事務分配規則。在法定法官原則之下，案件由何人承辦是依法決定，因此，司法行政上級並無將具體刑事案件指定給特定法官承辦的權限。簡言之，刑事訴訟法中的管轄規定，其法理基礎正是法定法官原則。

焦點6　相牽連案件合併審判之情形

一、**同時起訴**：檢察官將刑事訴訟法第7條所列之相牽連案件合併起訴，使法院合併審判。
二、**追加起訴**：檢察官於已起訴而繫屬於法院之案件，在第一審辯論終結前，追加起訴相牽連案件，使法院合併審判。
三、**分別起訴**：檢察官對相牽連案件分別起訴，致案件分別係屬於不同法院（包括廣義法院與狹義法院），經各繫屬法院於法定條件下，合併由同一法院審判。

焦點7　釋字第665號與評析

一、解釋文

　　台灣台北地方法院刑事庭分案要點第10點及第43點規定，與憲法第16條保障人民訴訟權之意旨，尚無違背。

　　刑事訴訟法第101條第1項第3款規定，於被告犯該款規定之罪，犯罪嫌疑重大，且有相當理由認為有逃亡、湮滅、偽造、變造證據或勾串共犯或證人之虞，非予羈押，顯難進行追訴、審判或執行者，得羈押之。於此範圍內，該條款規定符合憲法第23條之比例原則，與憲法第8條保障人民身體自由及第16條保障人民訴訟權之意旨，尚無牴觸。

　　刑事訴訟法第403條第1項關於檢察官對於審判中法院所為停止羈押之裁定得提起抗告之規定部分，與憲法第16條保障人民訴訟權之意旨，並無不符。

　　本件關於聲請命台灣台北地方法院停止審理97年度金矚重訴字第一號刑事案件，改依該法院中華民國97年12月12日之分案結果進行審理之暫時處分部分，已無審酌之必要；關於聲請命該法院立即停止羈押聲請人之暫時處分部分，核與本院釋字第585號及第599號解釋意旨不符，均應予駁回。

二、理由書（節錄）

　　憲法第16條規定保障人民之訴訟權，其核心內容在於人民之權益遭受侵害時，得請求法院依正當法律程序公平審判，以獲得及時有效之救濟。為確保人民得受公平之審判，憲法第80條並規定，法官須超出黨派以外，依據法律獨立審判，不受任何干涉。

　　法院經由案件分配作業，決定案件之承辦法官，與司法公正及審判獨立之落實，具有密切關係。為維護法官之公平獨立審判，並增進審判權有效率運作，法院案件之分配，如依事先訂定之一般抽象規範，將案件客觀公平合理分配於法官，足以摒除恣意或其他不當干涉案件分配作業者，即與保障人民訴訟權之憲法意旨，並無不符。法官就受理之案件，負有合法、公正、妥速處理之職責，而各法院之組織規模、案件負擔、法官人數等情況各異，且案件分配涉及法官之獨立審判職責及工作之公平負荷，於不牴觸法律、司法院訂定之法規命令及行政規則（法院組織法第78條、第79條參照）時，法院就受理案件分配之事務，自得於合理及必要之範圍內，訂定補充規範，俾符合各法院受理案件現實狀況之需求，以避免恣意及其他不當之干預，並提升審判運作之效率。

　　訴訟案件分配特定法官後，因承辦法官調職、升遷、辭職、退休或其他因案件性質等情形，而改分或合併由其他法官承辦，乃法院審判實務上所不可避免。按刑事訴訟法第7條規定：「有下列情形之一者，為相牽連之案件：一、一人犯數罪者。二、數人共犯一罪或數罪者。三、數人同時在同一處所各別犯罪者。四、犯與本罪有關係之藏匿人犯、湮滅證據、偽證、贓物各罪者。」第6條規定：「數同級法院管轄之案件相牽連者，得合併由其中一法院管轄。（第1項）前項情形，如各案件已繫屬於數法院者，經各該法院之同意，得以裁定將其案件移送於一法院合併審判之。有不同意者，由共同之直接上級法院裁定。（第2項）不同級法院管轄之案件相牽連者，得合併由其上級法院管轄。已繫屬於下級法院者，其上級法院得以裁定命其移送上級法院合併審判。但第7條第3款之情形，不在此限。（第3項）」上開第6條規定相牽連刑事案件分別繫屬於有管轄權之不同法院時，得合併由其中一法院管轄，旨在避免重複調查事證之勞費及裁判之歧異，符合訴訟經濟及裁判一致性之要求。且合併之後，仍須適用相同之法律規範審理，如有迴避之事由者，並得依法聲請法官迴避，自不妨礙當事人訴訟權之行使。惟相牽連之數刑事案件分別繫屬於同一法院之不同法官時，是否以及如何進行合併審理，相關法令對此雖未設明文規定，因屬法院內部事務之分配，且與刑事訴訟法第6條所定者，均同屬相牽連案件之處理，而有合併審理之必要，故如類推適用上開規定之意旨，以事先一般抽象之規範，將不同法官承辦之相牽連刑事案件改分由其中之一法官合併審理，自與首開憲法意旨無違。

　　法院組織法第79條第1項規定：「各級法院及分院於每年度終結前，由院長、庭長、法官舉行會議，按照本法、處務規程及其他法令規定，預定次年度司法事務之分配及代理次序。」各級法院及分院之處務規程係由法院組織法第78條授權司法院定之。台灣台北地方法院刑事庭分案要點（下稱系爭分案要點）乃本於上開法院組織法規定之意旨，並經台灣台北地方法院法官會議授權，由該法院刑事庭庭務會議決議，事先就該法院受理刑事案件之分案、併案、折抵、改分、停分等相關分配事務，所為一般抽象之補充規範。系爭分案要點第10點規定：「刑事訴訟法第7條所定相牽連案件，業已分由數法官辦理而有合併審理之必要者，由各受理法官協商併辦並簽請院長核准；不能協商時，由後案承辦法官簽請審核小組議決之。」其中「有合併審理之必要」一詞，雖屬不確定法律概念，惟其意義非難以理解，且是否有由同一法官合併審理之必要，係以有無節省重複調查事證之勞費及避免裁判上相互歧異為判斷基準。而併案與否，係由前後案之承辦法官視有無合併審理

之必要而主動協商決定，由法官兼任之院長（法院組織法第13條參照）就各承辦法官之共同決定，審查是否為相牽連案件，以及有無合併審理之必要，決定是否核准。倘院長准予併案，即依照各受理法官協商結果併辦；倘否准併案，則係維持由各受理法官繼續各自承辦案件，故此併案程序之設計尚不影響審判公平與法官對於個案之判斷，並無恣意變更承辦法官或以其他不當方式干涉案件分配作業之可能。復查該分案要點第43點規定：「本要點所稱審核小組，由刑事庭各庭長（含代庭長）組成，並以刑一庭庭長為召集人。（第1項）庭長（含代庭長）不能出席者，應指派該庭法官代理之，惟有利害關係之法官應迴避。（第2項）審核小組會議之決議，應以過半數成員之出席及出席成員過半數意見定之；可否同數時，取決於召集人。（第3項）」審核小組係經刑事庭全體法官之授權，由兼庭長之法官（法院組織法第15條第1項參照）組成，代表全體刑事庭法官行使此等權限。前述各受理法官協商併辦不成時，僅後案承辦法官有權自行簽請審核小組議決併案爭議，審核小組並不能主動決定併案及其承辦法官，且以合議制方式作成決定，此一程序要求，得以避免恣意變更承辦法官。是綜觀該分案要點第10點後段及第43點之規定，難謂有違反明確性之要求，亦不致違反公平審判與審判獨立之憲法意旨。

　　綜上，系爭分案要點第10點及第43點係依法院組織法第78條、第79條第1項之規定及台灣台北地方法院法官會議之授權，由該法院刑事庭庭務會議，就相牽連案件有無合併審理必要之併案事務，事先所訂定之一般抽象規範，依其規定併案與否之程序，足以摒除恣意或其他不當干涉案件分配作業之情形，屬合理及必要之補充規範，故與憲法第16條保障人民訴訟權及第80條法官依據法律獨立審判之意旨，尚無違背。

三、學者評論（陳運財，月旦法學第176期，頁40）

(一) 依憲法第16條訴訟權之保障及第80條法官依法獨立審判之精神，可導出法定法官原則所欲防止恣意審判相同之意旨；就刑事程序而言，憲法8條第1項更直接賦予國民有依法接受法院刑事審判之權利，以防止恣意操控審判，侵害被告接受公平審判之權利。換言之，案件管轄之決定、審判庭之組成及事務分配等事項，均應事先以一般抽象之規範予以明定，以防止恣意操控，此即法定法官原則之精神所在，刑事訴訟法第6條第2項、第287條第1項均係本此而制定，同法第103條之1第1項有關羈押處所變更應由法院裁定為之，亦具有相同涵義。故刑事案件之管轄、審判庭組成、相牽連數案件之合併或分離審判等事項，均應事先以法律明文規定，變更時亦應以法院裁定方式為之，乃法定法官原則之要求；未可認屬於法院內務事務分配而逕以行政規章、命令、內部會議決議或院長個人決定為之。

(二) 相牽連之數刑事案件已先後繫屬於同一法院者，是否及如何合併審判，事涉變更不同案件之間原有法定法官原則所規範之狀態，自應有合併審判之正當事由（共同被告間證據資料共通性與利害相反、避免先後判決之預斷偏見、被告同一之應訴便利等訴訟經濟、避免裁判矛盾、檢察官舉證及各被告防禦權益之考量），以及合於正當程序之併案程序，始得為之。此與單純之法官職務調動或升遷等事務性因素，續依法定法官原則下所為同一案件之改分並不相同。前者（相牽連案件之合併）需實質審酌案件之情節、性質態樣、案件審理之證據調查階段等因素，以判斷合併或分離審判對於各被

告及其他情事之影響，是否有助於公平且迅速審判之實現而決定，此等審酌因素既屬於審判權核心領域，乃個案裁判之問題，與後者（同一案件之法官更易）形式上繫屬案件之機械性、例行性分案之司法行政事務性質自屬不同，故刑事訴訟法第6條第2項規定，相牽連案件已係屬於數法院者，經各該法院同意，得以裁定將其案件移送於一法院合併審判，其理在此。換言之，相牽連之數刑事案件已先後繫屬於同一法院者，是否及如何合併審判，不得逕行認定屬於法院內部事務之分配，而不受正當法律程序之規範，而應類推適用上開本法第6條第2項有關相牽連案件先後繫屬於不同法院合併審判之規定，經各法官同意後，以裁定將其案件移送由一法官合併審判。且因併案與否涉及當事人攻擊防禦之訴訟利益及審判公平性，解釋上應認為當事人有聲請權；若係法院依職權裁定，裁定亦應徵詢當事人之意見。總言之，釋字第665號解釋將相牽連案件先後繫屬同一法院而併案更換法官之情形，本應屬變更法定法官原則規範之訴訟繫屬狀態，卻將之矮化為法院內部事務分配，不僅不受法律保留之拘束，甚至容許法院院長或庭長會議有准駁或決定涉及審判個案內容之判斷事項，任令被告接受公平及獨立審判之權利可能蒙受侵奪之危險，顯已背離國民對大法官作為人權守護神之期待。

【附錄】81年台非第422號

惟學說與傳統實務見解認為，本法第7條第4款既明定犯與本罪有關係之「贓物罪」，可認為相牽連案件，而一併由本罪之法院管轄，則若本罪為贓物罪時，竊盜罪無論是否可認與本罪有關係，亦難認係上開條款規定之相牽連案件。

【附錄】87年台上第540號

追加自訴係就與已經自訴之案件無單一性不可分關係之相牽連犯罪（指刑事訴訟法§7所列案件），在原自訴案件第一審辯論終結前，加提獨立之新訴，俾便及時與原自訴案件合併審判，以收訴訟經濟之效，此觀刑事訴訟法第343條準用同法第265條自明；如追加自訴之犯罪，經法院審理結果，認定與原自訴案件之犯罪有實質上或裁判上一罪之單一性不可分關係，依同法第343條準用第267條，既為原自訴效力所及，對該追加之訴，自應認係就已經提起自訴之案件，在同一法院重行起訴，依同法第343條準用第303條第2款，應於判決主文另為不受理之諭知，始足使該追加之新訴所發生之訴訟關係歸於消滅，而符訴訟（彈劾）主義之法理。

【附錄】97年台聲第23號

法院組織法第63條之1第4項規定，最高法院檢察署特別偵查組檢察官執行職務時，得執行各該審級檢察官之職權，不受該法第62條規定檢察官於其所屬檢察署管轄區域內執行職務之限制。係指案件不論應由何審級或何法院管轄，其均可執行檢察官之職權。並非謂其行使職權，不受刑事訴訟法第4條、法院組織法第9條、第32條、第48條之事物管轄，刑事訴訟法第5條之土地管轄規定限制。故其於偵查中，如認有搜索或羈押被告之必要，仍

應向案件之管轄法院聲請核發搜索票或羈押被告。如依偵查所得之證據，足認被告有犯罪嫌疑者，應向管轄法院提起公訴。（註：102年台聲第142號同旨）

【附錄】97年台上第3142號

「有數人共犯一罪或數罪情形者，為相牽連之案件」，「數同級法院管轄之案件相牽連者，得合併由其中一法院管轄」刑事訴訟法第7條第2款，第6條第1項定有明文。而所謂數人共犯一罪或數罪情形，並不以判決結果認定為共犯者為限，祇須從偵查結果，形式上認係具有廣義共犯關係，亦即具有共同正犯、教唆與被教唆關係及正犯與幫助之犯罪關係者，均屬相牽連之案件，又相牽連案件中，如有固有管轄權者已先起訴，另相牽連之他案件，因得合併由已先起訴之法院管轄，該法院即因而取得相牽連他案件之管轄權。

【附錄】98年台上第2776號

刑事訴訟法第12條……規定之立法目的，乃基於訴訟經濟與辦案時效性之考量，使無管轄權法院已進行之訴訟程序，不致因法院間對具體案件審判權範圍之劃分而歸於無效，俾免有管轄權之法院尚須重覆為之，徒增無謂勞費甚或因此失其調查之先機，是其所謂不因無管轄權而失其效力之訴訟程序，應指無管轄權法院於訴訟程序進行中所為之各個訴訟行為，例如：拘提、羈押等強制處分、證據之蒐集與調查等，但應不包括為管轄錯誤以外之終局裁判在內，此觀同法第304條規定自明。

【附錄】98年台上第4679號

數同級法院管轄之案件相牽連者，得合併由其中一法院管轄，如各該案件已繫屬於數法院者，經各該法院之同意，得以裁定將其案件移送於一法院合併審判，刑事訴訟法第6條第1項、第2項固定有明文。但合併管轄與否，各該法院本有裁酌之權。上訴人在台灣苗栗地方法院另有偽造文書等案件，縱與本案為相牽連之案件，曾請求第一審法院合併審理，第一審不予合併審理，乃其審判職權之合法行使，雖未於判決內說明不予合併審判之理由，究於判決本旨無生影響，自不得據為上訴第三審之適法理由。

【附錄】101年台上第2455號

當事人不服高等軍事法院宣告死刑、無期徒刑之上訴判決者，得以判決違背法令為理由，向最高法院提起上訴，軍事審判法第181條第4項定有明文。又當事人不服高等軍事法院宣告有期徒刑之上訴判決者，得以判決違背法令為理由，向高等法院提起上訴。對於前項（即宣告有期徒刑之上訴判決）高等法院之判決，不得再上訴，同法條第5項、第6項亦規定甚詳。亦即最高法院管轄死刑、無期徒刑判決之第三審，高等法院管轄有期徒刑判決之第三審，均屬第三審。於此情形，最高法院與高等法院就上開案件而言，既非同級法院，亦無上下級審之審級關係。

【附錄】102年台上第3463號

　　關此管轄之有無，固以起訴時爲準，但起訴時雖欠缺管轄權，倘在法院未爲管轄錯誤之判決前，復適法取得管轄權，則原管轄權之瑕疵即因此治癒，不得認法院無管轄權。以檢察官就相牽連案件中無管轄權部分之案件起訴爲例，倘於起訴後法院判決前，隨即將相牽連而有管轄權部分之案件追加起訴，則此時應認其已補正先前案件管轄權之欠缺，而得對相牽連之兩案既經爲合併管轄，並予受理在案，則經審理結果，縱認原有管轄權部分之案件應爲無罪、免訴或不受理之判決，法院仍應就合併管轄之他案續行審理，不得認原適法取得管轄之他案因此喪失其管轄權。否則，相牽連案件合併管轄之有無，竟繫於各案件事後審理之結果。

【附錄】106年台上第1976號

　　刑事訴訟法第6條規定就數同級法院管轄之相牽連案件，得合併由其中一法院管轄，重在避免多次調查事證之勞費及裁判之歧異，以符合訴訟經濟及裁判一致性之要求；然而，倘其中有部分案件已經先行判決者，自無從合併管轄、合併審判。

🔍 焦點8　法院職員之迴避

一、法官迴避

(一) 自行迴避

1. 第17條：推事於該管案件有下列情形之一者，應自行迴避，不得執行職務：
(1)推事爲被害人者。
(2)推事現爲或曾爲被告或被害人之配偶、八親等內之血親、五親等內之姻親或家長、家屬者。
(3)推事與被告或被害人訂有婚約者。
(4)推事現爲或曾爲被告或被害人之法定代理人者。
(5)推事曾爲被告之代理人、辯護人、輔佐人或曾爲自訴人、附帶民事訴訟當事人之代理人、輔佐人者。
(6)推事曾爲告訴人、告發人、證人或鑑定人者。
(7)推事曾執行檢察官或司法警察官之職務者。
(8)推事曾參與前審之裁判者。
2. 法院組織法第14條之1規定，地方法院與高等法院分設刑事強制處分庭，辦理偵查中強制處分聲請案件之審核。但司法院得視法院員額及事務繁簡，指定不設刑事強制處分庭之法院。承辦前項案件之法官，不得辦理同一案件之審判事務。此係配合偵查構造朝向彈劾偵查所爲之修正。

(二) 聲請迴避

第18條：當事人遇有下列情形之一者，得聲請推事迴避：

1. 推事有前條情形而不自行迴避者。

2. 推事有前條以外情形，足認其執行職務有偏頗之虞者。

(三) 職權裁定迴避

第24條第1項：「該管聲請迴避之法院或院長，如認推事有應自行迴避之原因者，應依職權爲迴避之裁定。」

(四) 違反效果

1. 不得執行職務應即停止訴訟程序，不得爲裁判上之一切行爲。

(1)於裁判上無影響之訴訟行爲→仍得執行。例如：宣判。

(2)有爲急速處分之必要時→無明文；（陳）仍不宜概予禁止。

2. 若仍執行職務：

(1)所進行之訴訟程序：（陳）違法；（黃）違法且無效，須更新審判程序。

(2)所參與之裁判：當然違背法令（§379②）。

二、法院書記官、通譯之迴避（§25）

(一) 關於推事迴避之規定，於法院書記官及通譯準用之。但不得以曾於下級法院執行書記官或通譯之職務，爲迴避之原因。

(二) 法院書記官及通譯之迴避，由所屬法院院長裁定之。

三、檢察官及辦理檢察事務書記官之迴避（§26）

(一) 第17條至第20條及第24條關於推事迴避之規定，於檢察官及辦理檢察事務之書記官準用之。但不得以曾於下級法院執行檢察官、書記官或通譯之職務，爲迴避之原因。

(二) 檢察官及前項書記官之迴避，應聲請所屬首席檢察官或檢察長核定之。

(三) 首席檢察官之迴避，應聲請直接上級法院首席檢察官或檢察長核定之。其檢察官僅有一人者亦同。

四、相關爭議問題

(一) 若法官「現爲」被告之代理人、辯護人須否迴避？倘自本法第17條第5款推知，法官「曾爲」當事人之訴訟關係人，即應迴避，依「舉輕明重」之法理，則法官「現爲」當事人之訴訟關係人更應迴避。又若法官現爲案件之告訴人、告發人時，依同條第6款亦同此理。

(二) 若偵查中證人無故不到庭，檢察官聲請法院對證人科以罰鍰，法官依第178條第2項爲科罰鍰之裁定；或依檢察官之聲請而爲第108條第1項之延押裁定。此際法官縱曾參與前揭檢察官聲請事項之裁判，仍不屬於第17條第7款法官應自行迴避之範圍。

(三) 倘法院曾執行司法警察之職務應否自行迴避？雖有學者主張司法警察無決定是否起訴被告或是否將案件移送檢察署之權限（第229條司法警察官有將偵查結果移送檢察官之權限，而第231條之司法警察僅有將犯罪嫌疑向檢察官或司法警察官報告之權限），故認不屬本法第17條第7款之迴避原因；惟淺見以爲，司法警察職司證據之蒐集，爲偵查輔助機關，常與被告處於對立狀態，如許其爲本案之審判法院，必難期公

平理念之實現。

(四) 再審法官曾參與確定判決前之裁判者（第一審，下級審），學說與實務見解均認應迴避。但若係曾參與原確定判決者（第二審，同級審），學說仍認應迴避，實務見解採否定說。（李榮耕，台灣本土法學第245期，頁204以下）

(五) 刑事訴訟法就檢察事務官與司法警察（官）遇有相同情形時應否迴避，並無明文規定，惟此二者均屬偵查輔助機關，受檢察官指揮實際參與犯罪調查與證據蒐集，其執行職務之立場客觀與否，影響被告偵查程序之權益甚鉅；又依本法第26條規定，辦理檢察事務而未參與偵查工作之書記官尚須迴避，則舉輕以明重，檢察事務官與司法警察（官）宜類推適用推事迴避之規定為當。

【附錄】釋字第178號

一、解釋文

刑事訴訟法第17條第8款所稱推事曾參與前審之裁判，係指同一推事，就同一案件，曾參與下級審之裁判而言。

二、理由書

刑事訴訟法為確定國家具體刑罰權之程序法，以發現實體真實，俾刑罰權得以正確行使為目的，為求裁判之允當，因有特殊原因足致推事執行職務有難期公平之虞時，特設迴避之規定。其第17條第8款所定：推事曾參與前審之裁判者，應自行迴避，不得執行職務，乃因推事已在下級審法院參與裁判，在上級審法院再行參與同一案件之裁判，當事人難免疑其具有成見，而影響審級之利益。從而該款所稱推事曾參與前審之裁判，係指同一推事，就同一案件，曾參與下級審之裁判而言。惟此不僅以參與當事人所聲明不服之下級審裁判為限，並應包括「前前審」之第一審裁判在內。至曾參與經第三審撤銷發回更審前裁判之推事，在第三審復就同一案件參與裁判，以往雖不認為具有該款迴避原因，但為貫徹推事迴避制度之目的，如無事實上困難，該案件仍應改分其他推事辦理。

【附錄】釋字第256號

民事訴訟法關於法官應自行迴避之規定，乃在維持審級之利益及裁判之公平。對於確定終局判決提起再審之訴者，其參與該確定終局判決之法官，於再審程序，亦應自行迴避，惟各法院法官員額有限，其迴避以一次為限，最高法院26年上字第362號判例，與上述意旨不符部分，應不再援用，以確保人民受公平審判之訴訟權益。

【附錄】29年上第3276號

刑事訴訟法第17條第8款所謂推事曾參與前審之裁判應自行迴避者，係指其對於當事人所聲明不服之裁判，曾經參與，按其性質，不得再就此項不服案件執行裁判職務而言，至推事曾參與第二審之裁判，經上級審發回更審後，再行參與，其前後所參與者，均為第二審之裁判，與曾參與當事人所不服之第一審裁判，而再參與其不服之第二審裁判者不

同，自不在應自行迴避之列。

【附錄】81年台抗第396號

按對於確定判決提起再審之訴者，其參與該確定判決之法官，於再審程序，應自行迴避。業經司法院大法官會議以釋字第256解釋在案。該釋字第256雖係就民事訴訟法第32條第7款之規定而為解釋，但其解釋文及解釋理由書已指明：訴訟法關於法官應自行迴避之規定，乃在使法官不得於其曾參與之裁判之救濟程序執行職務，以保持法官客觀超然之立場，而維審級之利益及裁判之公平。依同一理由，於刑事訴訟程序，自亦有其適用。

【附錄】29年上第414號

上訴意旨謂，推事曾參與前審裁判者，不得執行職務，刑事訴訟法第17條第8款定有明文，茲原審仍委託縣司法處參與前審之審判官，訊問證人，殊不合法云云，查上述條款規定之精神，係以推事既曾參與前審之裁判，慮其挾有先入為主之成見，定為不得就該案件再執行審判之職務，至第二審法院囑託原第一審推事訊問人證，雖為調查證據之方法，但該項證據採用與否，仍須由第二審法院經過調查程序，自由判斷，其執行受託推事之職務，殊無成見可執，自與上述規定不相違背。

【附錄】79年台抗第318號

刑事訴訟法第18條第2款規定，得聲請法官迴避原因之所謂「足認其執行職務有偏頗之虞者」，係指以一般通常之人所具有之合理觀點，對於該承辦法官能否為公平之裁判，均足產生懷疑；且此種懷疑之發生，存有其安全客觀之原因，而非僅出諸當事人自己主觀之判斷者，始足當之。至於訴訟上之指揮乃專屬於法院之職權，當事人之主張、聲請，在無礙於事實之確認以及法的解釋適用之範圍下，法院固得斟酌其請求以為訴訟之進行，但仍不得以此對當事人之有利與否，作為其將有不公平裁判之依據，更不得以此訴訟之進行與否而謂有偏頗之虞聲請法官迴避。

【附錄】100年台聲第22號

法官曾參與被告刑事案件相關之民事事件裁判，不能僅以有此情形，即認法官在刑事案件執行職務時即有偏頗之虞，仍應具體指出法官於訴訟之結果，有利害關係或與當事人有親交嫌怨，或基於其他情形，客觀上足以使人疑其為不公平之審判者，始得認合於刑事訴訟法第18條第2款規定之聲請法官迴避事由。

【附錄】101年台抗第547號

刑事訴訟法第19條第2項：「前條第2款情形（即足認法官執行職務有偏頗之虞），如當事人已就該案件有所聲明或陳述後，不得聲請推事迴避。但聲請迴避之原因發生在後或知悉在後者，不在此限。」之規定，係指案件業已繫屬，尚未為裁判之宣告前，有聲請迴避之原因發生在後或知悉在後之情形而言。

【附錄】101年台上第2616號

　　法官參與前審裁判之應自行迴避原因，係指同一法官，就同一案件曾參與下級審之裁定或判決者而言。是如法官係在同一審級參與數人共犯一罪之相牽連案件，縱當事人認其執行職務有偏頗之虞，亦僅為得聲請迴避之原因，在未經有應迴避之裁判前，即便該法官參與審判，既非係法律規定應迴避之法官而參與審判，自無違背法令可言。

【附錄】104年台聲第134號

　　聲請法官迴避原因之所謂「足認其執行職務有偏頗之虞者」，係指以一般通常之人所具有之合理觀點，對於該承辦法官能否為公平之裁判，均足產生懷疑；且此種懷疑之發生，必須存有其完全客觀之原因，而非僅出諸當事人自己主觀之判斷，始足當之。

第二節　檢察官（當事人、偵查主體）之任務與義務

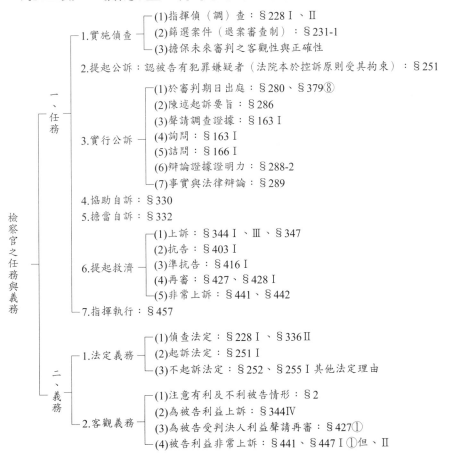

檢察官之任務與義務
├─ 一、任務
│　　├─ 1.實施偵查
│　　│　　├─ (1)指揮偵（調）查：§228Ⅰ、Ⅱ
│　　│　　├─ (2)篩選案件（退案審查制）：§231-1
│　　│　　└─ (3)擔保未來審判之客觀性與正確性
│　　├─ 2.提起公訴：認被告有犯罪嫌疑者（法院本於控訴原則受其拘束）：§251
│　　├─ 3.實行公訴
│　　│　　├─ (1)於審判期日出庭：§280、§379⑧
│　　│　　├─ (2)陳述起訴要旨：§286
│　　│　　├─ (3)聲請調查證據：§163Ⅰ
│　　│　　├─ (4)詢問：§163Ⅰ
│　　│　　├─ (5)詰問：§166Ⅰ
│　　│　　├─ (6)辯論證據證明力：§288-2
│　　│　　└─ (7)事實與法律辯論：§289
│　　├─ 4.協助自訴：§330
│　　├─ 5.擔當自訴：§332
│　　├─ 6.提起救濟
│　　│　　├─ (1)上訴：§344Ⅰ、Ⅲ、§347
│　　│　　├─ (2)抗告：§403Ⅰ
│　　│　　├─ (3)準抗告：§416Ⅰ
│　　│　　├─ (4)再審：§427、§428Ⅰ
│　　│　　└─ (5)非常上訴：§441、§442
│　　└─ 7.指揮執行：§457
└─ 二、義務
　　├─ 1.法定義務
　　│　　├─ (1)偵查法定：§228Ⅰ、§336Ⅱ
　　│　　├─ (2)起訴法定：§251Ⅰ
　　│　　└─ (3)不起訴法定：§252、§255Ⅰ其他法定理由
　　└─ 2.客觀義務
　　　　├─ (1)注意有利及不利被告情形：§2
　　　　├─ (2)為被告利益上訴：§344Ⅳ
　　　　├─ (3)為被告受判決人利益聲請再審：§427①
　　　　└─ (4)被告利益非常上訴：§441、§447Ⅰ①但、Ⅱ

🔍 焦點1　檢察官之職權與義務（林鈺雄，刑事訴訟法（上），頁118以下）

一、檢察官職權之行使

　　檢察官自偵查、起訴、審判至執行之刑事訴訟程序，均扮演積極之角色，行使下列之職權：

(一) 實施偵查：控制司法警察活動合法性、確保程序客觀性

　　基於偵查程序主體之地位，檢察官應全程主導偵查活動之進行，包括指揮司法警察（官）之調查、客觀嚴格過濾案件與證據，促使司法警察（官）強化蒐證能力，並擔保未來審判之客觀性與正確性；同時因檢察官擁有偵查中部分強制處分權（傳喚、拘提、通緝、鑑定處分、具保、責付、限制住居等）與聲請權（搜索聲請、羈押、通訊監察、鑑定留置），亦可藉此監督調查程序之合法性，保障被告人權。

(二) 提起公訴：審判入口篩選

　　檢察官既爲彈劾主義之控訴者，職司審判程序入口之控制，應綜合偵查所得之證據，爲法定訴訟條件是否具備之認定，如被告有犯罪嫌疑且案件無本法第252條或第255條第1項所列情形，檢察官原則上即應提起公訴，法院本於告即應理原則，自受該起訴之拘束。

(三) 落實法庭活動與舉證責任：院檢制衡

　　檢察官爲實現公訴之目的，應確實於審判程序中蒞庭進行法定活動，包括於審判期日出庭（§280、§379⑧）、陳述起訴要旨（§286）、聲請調查證據（§163 I）、對證人與鑑定人或被告之詢問與詰問（§163 I、§166 I、§166-6 I）、辯論證據證明力（§288-2），及就事實與法律之綜合辯論（§289）。

(四) 協助與擔當自訴：自訴監督（防免被告與自訴人勾串）

　　犯罪追訴具有維護社會秩序，增進公共利益之作用，故身爲國家追訴原則架構下之代表人，檢察官得於自訴案件到庭陳述意見以爲協助（§330），並於自訴人喪失行爲能力或死亡，且無人或逾期不承受自訴時，擔當自訴以填補控訴原則之空缺（§332）。

(五) 提起救濟：院檢制衡

　　檢察官代表國家行使刑罰權，應居於客觀地位爲實體眞實之發現，故其對法院之處分、裁定或判決如有不服，不論爲被告之利益或不利益，亦不論公訴或自訴案件，均提起救濟，包括上訴（§344 I、III、§347）、抗告（§403 I）、準抗告（§416 I）、再審（§427、§428 I）與非常上訴（§441、§442）。

(六) 指揮執行：代表國家執行刑罰

　　被告經有罪判決確定後，該有罪判決刑罰之執行，原則上由檢察官指揮之（§457 I）。

二、檢察官之義務
(一) 法定義務

　　1. 偵查法定原則：不論因告訴、告發、自首或其他情事知有犯罪嫌疑者，應即開始偵查（§228 I、§336 II）。

2. 起訴法定原則：檢察官依偵查所得之證據，足認被告有犯罪嫌疑者，除有法定裁量情形（§253、§253-1、§254）外，即應提起公訴（§251Ⅰ）。

3. 不起訴法定原則：案件欠缺法定條件（訴訟條件或處罰條件）時，即應為不起訴處分（§252、§255Ⅰ其他法定理由）。

(二)客觀義務

　　被告本於法治國實質正當程序保障，偵審程序均有無罪推定原則之適用，故任何實施刑事訴訟程序之公務員，皆應對有利或不利被告之情形，一律注意此等客觀義務之要求，除彰顯檢察官公益代表人之地位外，並有助於實體真實之真正發現，而使刑罰權之發動毋枉毋縱，以達公平正義之目的，本法第344條第4項、第427條第1款、第441條等，即係檢察官本於客觀義務而為被告利益所提起之救濟。

🔍 焦點2　偵查中之檢警關係定位（黃朝義、陳運財、余振華，月旦法學第108期，頁57以下；黃朝義，刑事訴訟法，頁133）

一、現行檢察關係定位之矛盾

(一) 依法而言，檢察官所為者為偵查主體之偵查，需負偵查成敗之責；司法警察協助偵查之調查，無須負偵查成敗之責，惟實際運作卻係相反。

(二) 檢察官與司法警察分別隸屬於不同行政系統，其上下關係之定位與屬性顯不一致。

(三) 強制處分之聲請程序不符實際運作，蓋實際負責案件證據蒐集之司法警察如欲聲請搜索票須得檢察官同意，反延誤搜索之時效性。

(四) 刑事訴訟法第131條第2項之緊急搜索排除司法警察顯脫離實務需求，蓋發動緊急搜索者多為司法警察而非檢察官。

二、近年修法對檢察官續為偵查主體之影響

(一) 當事人化之影響：依刑事訴訟法第161條第1項與第163條之規定，檢察官需主導證據調查之進行並肩負實質舉證責任，故其不宜再於偵查中扮演積極主導偵查與糾問之角色，而應著重證據之審查篩選。

(二) 緩起訴之影響：此制度之增訂使檢察官之裁量權擴大，不宜使其糾問角色影響特別預防之落實。

(三) 證據保全規定之影響：偵查中證據保全應向檢察官聲請為之，賦予檢察官客觀性義務，倘檢察官仍為偵查主體，將難以善盡此責。

(四) 違法證據排除法則之影響：此排除法則之建立可使法院於審判中自正當法律程序為事後審查，抑制司法警察機關之違法偵查，可減輕檢察官需扮演偵查主體對司法警察為法律監督之負擔。

三、現行法規定之不當

(一) 所有的案件理應由檢察官主動偵查，或者主動偵查後再發動指揮命令，亦即對於案件的處理過程，檢察官為偵查主體，對案件處理非但最為清楚，尚且應負所有偵查成敗

之責任，依法絕對無法想像有所謂的「退回」案件之情形，檢察官亦不應將案件退回。蓋因所有偵查之主導權既然由身具「唯一偵查主體」之檢察官擁有，自然不應將自己本身應作之事，推由他人辦理，刑事訴訟法第231條之1所規定之「退案」規範，顯然屬於不當之立法。

(二) 檢察官為唯一偵查機關，有無必要聲請搜索票純屬犯罪偵查之範圍，警察機關僅在於調查犯罪之階段非但尚無所謂「聲請搜索票」之情事，尚且偵查階段檢察官為偵查之主導機關，有無必要發動搜索之強制處分，亦應由檢察官自行向法院聲請，在基於請求協助或指揮命令警察機關之法制設計下，交由警察機關執行。因此，警察機關只需將是否要發動搜索之事實告知檢察官即可，並無向法院聲請搜索票之必要，亦無聲請搜索票之權限。

四、重新建構檢警關係之芻議

(一) 重新檢討勘察、勘驗與鑑定之屬性，前者係司法警察所為，次為檢察官所為，後者乃鑑定人所為，然三者之內涵常有重疊性，應予釐清，且該三者之實施具強制處分之性質，宜同採司法審查（法官保留原則）確保人權。

(二) 將偵查中之所有強制處分均採法官保留原則，藉法院之司法審查與監督，確保偵查程序之正當合法。至聲請程序上，宜使一定層級之司法警察官得逕向法院聲請監聽（通訊監察）、搜索、扣押與勘驗等強制處分，蓋此均屬蒐集證據之一環，為偵查程序之前階段行為，拘提、通緝與羈押則應由檢察官直接聲請，因此涉及重大人身自由之拘束須審慎而行，且此多屬偵查程序之後階段之故。

(三) 採偵查程序雙主體制，由司法警察負責偵查程序中證據之蒐集，檢察官本其客觀法定義務，負責調查程序中證據之篩選與起訴裁量暨審判程序中之舉證活動，惟若係易受政治力介入或需較高度之法律知識而不宜或不便由司法警察機關偵辦之案件，檢察官必要時得主動偵查。

(四) 在建立適當監督機制並經被害人與告訴人同意等條件下，賦予司法警察微罪處分權（政策面可有效運用司法資源及犯罪嫌疑人之再社會化，主體面確立司法警察為具有偵查權限之偵查主體，理論面可類推適用檢察官之起訴裁量原則，實然面偵查機關偵辦案件均先行過濾方移送檢察官）與微罪現行犯不解送權。

(五) 改採雙偵查主體制下，檢察官不再積極主導一般案件之偵查，為維持其客觀審查之角色，並保有提升偵查品質之作用，不宜再使檢察官得直接退案指揮司法警察偵查，而應參酌刑事訴訟法第161條第2項之規定，其認司法警察調查未臻完備時，得指出不備之處限期命補足，逾期未補或認移送之案件顯不足認定犯罪嫌疑人有成立犯罪之可能者，應逕為不起訴處分。

【衍生實例1】

刑事訴訟法上，誰是偵查機關的主體？檢察官與司法警察（官）的關係如何？論者有謂檢察官為法律上的偵查機關，司法警察（官）為事實上的偵查機關；或謂司法警察

（官）爲第一線的偵查機關，檢察官爲第二線的偵查機關，試分析此種論點是否正確？

（94律師檢覈）

考點提示：參見上述焦點說明。

【衍生實例2】

刑事訴訟法第2條第1項規定：「實施刑事訴訟程序之公務員，就該管案件，應於被告有利及不利之情形，一律注意。」何謂「實施刑事訴訟程序之公務員」？何謂「有利及不利之情形」？

（92警特）

考點提示：

一、┬偵查中┬檢察官：①實施偵查（控制司法警察活動合法性、確保程序客觀性）②提起公訴（審判入口篩選）③落實法庭活動與舉證責任（院檢制衡）④協助與擔當自訴（自訴監督與協助）⑤提起救濟（院檢制衡）⑥指揮執行⇨調查證據，過濾、篩選案件

　　　├檢察事務官：①實施搜索、扣押、勘驗或執行拘提②詢問告訴人、告發人、被告、證人或鑑定人③襄助檢察官執行其他第60條所定事項

　　　└司法警察（官）：①通知與詢問②執行拘提③逮捕④緊急拘捕⑤搜索⑥扣押⑦檢查與穿刺處分⑧執行偵查與調查⇨調查犯罪，蒐集證據

　　└審判中─法院：調查證據，認定事實，適用法律，適確判決。

二、有利與不利之情形

　　┬偵查─客觀獨立⇨蒐集與調查有利與不利被告之證據，不應存有預斷偏見，抗拒不當之干預與影響

　　└審判─超然中立⇨調查有利與不利被告之證據，不應有預斷偏見，保障落實被告之訴訟防禦權

　　⇨懲罰有罪，釋放無辜，發現眞實

🔍 焦點3　檢察獨立與檢察一體（陳運財、吳巡龍、林麗瑩，月旦法學第124期，頁14以下；吳巡龍，月旦法學教室第50期，頁20；林鈺雄，檢察官論，頁192以下）

一、檢察獨立與審判獨立之異同

(一) 實務見解：釋字第392號謂：「我國現制之檢察官係偵查之主體，其於『刑事』爲公訴之提起，請求法院爲法律正當之適用，並負責指揮監督判決之適當執行；另於『民事』復有爲公益代表之諸多職責與權限，固甚重要（參看法院組織法§60、刑訴法

§228以下）；惟其主要任務既在犯罪之偵查及公訴權之行使，雖其在『訴訟上』仍可單獨遂行職務（法院組織法§61）；但關於其職務之執行則有服從上級長官（檢察長）命令之義務（法院組織法§63），此與行使職權時對外不受任何其他國家機關之干涉，對內其審判案件僅依據法律以為裁判之審判權獨立，迥不相侔。」釋字第530號更進一步直接於解釋文中明白指出：「檢察官偵查刑事案件之檢察事務，依檢察一體之原則，檢察總長及檢察長有法院組織法第63及64條所定檢察事務指令權，是檢察官依刑訴法執行職務，係受檢察總長或其所屬檢察長之指揮監督，與法官之審判獨立尚屬有間。」可見大法官會議基於：1.檢察權與審判權本質的不同；2.檢察權之行使有檢察一體原則之適用，而認為檢察官獨立行使職權與審判獨立不能混為一談。

(二) 學者見解：檢察職權的主要內容既在犯罪偵查及公訴權的行使，雖與審判權具有密切關係，而亦有排除外力干涉，以確保其公正行使的必要，惟其事務本質具權利侵害性、積極性、密行性以及適用檢察一體、上命下從等特徵，與審判權之權利保護性、不告不理之消極性、公開性以及事後救濟之擔保（上訴、抗告等）相異其趣，是以，所謂檢察官獨立行使職權，與所謂審判獨立自不宜等同視之。審判權是司法權的核心領域，審判獨立乃基於權力分立及制衡之原則，為憲法所直接保障的價值；不應將檢察獨立的保障無限上綱至憲法層次。

二、檢察獨立之內涵

基於檢察職權的內容與憲法保障之審判權具密接性，為確保此項權力公正的行使，不僅對檢察官應為身分上之保障，就其職權之行使，亦應擔保其獨立性，不受非法或不當之干涉。

所謂的公正行使，是指檢察官職權的行使除應符合合法性原則及客觀義務外，檢察官得以自己名義獨立對外行使檢察職權，不受任何外力不當或非法的干涉；惟因偵查的積極性、權利侵害性，以及起訴裁量的不明確性，檢察權的行使應受制約，以符合平等原則及比例原則。採行所謂檢察一體的目的，即應定位在防制濫權及統一偵查及追訴方針的基礎上，而非作為外力干涉檢察職權的藉口或墊腳石。另一方面，檢察獨立一詞，亦不可無限上綱。特別是，偵查作為貴在經驗與時效，裁量權的行使則重在公平及比例原則，故作為獨立官署的檢察官自應遵守內部相關準則，依案件複雜或重大程度，實施偵查並應習於團隊合作協同辦案的精神，培養尊重富有經驗之資深檢察官意見的謙虛態度，而非一味的執行檢察獨立作為自己虛張聲勢或掩飾辦案不力的藉口。

另關於檢察官未經上級書類審核，逕以自己名義起訴或不起訴，是否合法，對此司法院字第2550號解釋意旨係認為：「檢察官之偵查程序，以就所偵查案件為起訴或不起訴處分而終結，刑事訴訟法（下稱刑訴法）第315條所謂之終結偵查，自係指該案件曾經檢察官為起訴或不起訴之處分者而言，不能僅以其在點名單內記載偵查終結字樣，即認為終結偵查，但其所為之起訴或不起訴處分，只須對外表示，即屬有效，該起訴書或不起訴處分書之製作與否，係屬程式問題，不影響終結偵查之效力。」

法院組織法第61條規定：「檢察官對於法院，獨立行使職權。」刑訴法第264條第1、

3項規定：「提起公訴，應由檢察官向管轄法院提出起訴書爲之。」「起訴時，應將卷宗及證物一併送交法院。」並未規定「應經檢察長核定」。根據前述規定，應認檢察官得以自己名義對外行使職務。

三、檢察一體之內涵

(一) 檢察一體之適用，應以確保檢察權之公正行使爲前提，合於防止權力濫用及統一檢察權行使方針爲其目的，並以不違背檢察官之眞實性義務及合法性義務爲其界限。指令權發動之要件、程序及其救濟等，應予以明確規範（法官法已有明文），務必使檢察首長「職務承繼權」及「職務移轉權」的行使能在一定條件下審愼爲之，同時藉由書面指揮原則、客觀化分案原則及協同辦案等規定內涵法制化，避免外力干預個案。尤其，如能落實偵查處分採行令狀原則以及對追訴權的外部制衡機制，則透過檢察一體內部監督以防止權力濫用的必要性，應可相對的大幅減低，檢察一體的目的應著重在統一運作方針及追求效率上。

(二) 指令權行使之界限，大體上：

1. 從實定法上的合法性或法定原則，對指令權的行使，設定第一道可謂是不容逾越的外圍防線。

2. 視程序進行的階段如何，或與審判作用的鄰接程度不同，容許指令權行使的範圍有異。例如偵查中的案件，如爲統一偵查的策略或方針，可容許的指令權行使範圍愈寬，進行至偵查終結，決定是否提起公訴時，指令權的行使即受到相當的制約。至於起訴後，案件在審判中的證據調查或辯論等程序，檢察官自應享有充分依自我責任行使實行公訴的權限，而不受上級指令權的拘束。至檢察官之處分確定時，除非有特別規定，上級檢察長不得再以檢察一體之原則介入。

3. 依訴訟行爲的性質不同，容許指令權行使的空間，亦有不同。形成訴訟行爲的決定，指令權不宜介入，例如個案是否開始偵查、有無具備偵查終結起訴或不起訴的要件，應充分尊重檢察官行使職權的獨立性。相對的，程序進行中的訴訟行爲，容許指令權行使的空間則較大。

4. 另外在程式上，對於上級指令權的行使，檢察官如認爲違法或不當者，得向上級表示意見，如該上級檢察長仍確認係合法者。檢察官如仍有疑義，應容許向再上級檢察首長陳述意見，如再上級亦支持指令權爲合法者，則檢察官應有服從之義務，或由上級行使職務移轉或收取權，交出該系爭之檢察事務。

四、檢察官職權之監督

檢察官之職權具有積極主動與密行侵害性，故宜設計有效之監督，內部監督方面，依刑事訴訟法之檢察官法定原則（§228Ⅰ、§251、§253）與再議制度（§256、§256-1）與法院組織法之檢察一體；外部制衡方面，則爲交付審判制度（§258-1）與令狀審查法官保留原則。

【附錄】104年台上第965號

　　檢察官代表國家提起公訴，依檢察一體原則，到庭實行公訴之檢察官如發現起訴書認事用法有明顯錯誤，亦非不得本於自己法律上之確信，於不影響基本社會事實同一之情形下，更正或補充原起訴之事實。至於檢察官之更正，是否符合同一性要件，則以其基本的社會事實是否相同作為判斷之基準；若其基本社會事實關係相同，縱然犯罪之時間、處所、方法、共犯人數等細節，略有差異，無礙其同一性。

第三節　被告之權利與義務（當事人、訴訟主體）

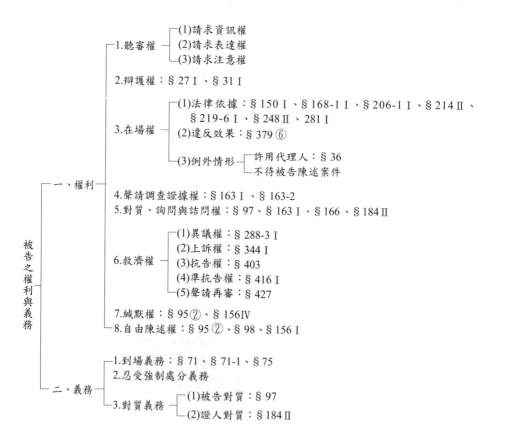

第四節　刑事訴訟法對被告正當法律程序之保障

一、告知義務之踐行（§95）
- 1.緘默權（§95②、§156IV）
- 2.自由陳述權（§95②、§98、§156 I）
- 3.辯護權與請求法律扶助權（§95③）
- 4.請求調查有利證據權（§2、§95④）
- 5.罪名及犯罪嫌疑，如有變更應再告知（§95①）

二、不正訊問方法之禁止（§98）與夜間詢問之禁止（§100-3 I）與羈押審查深夜訊問之禁止（§93）

三、訊（詢）問筆錄全程錄音必要時錄影（§100-1 I、§100-2）

四、詰問證人權（§248 I，辯護人於偵查中不得為之）

五、證據排除法則（§156 I、§158-2、§158-3、§158-4）

六、偵查不公開原則（§245 I）

七、偵（調）查程序之辯護權
- 1.選任權（§27）
- 2.在場權（§101III、§101-1 II、§245 II）
- 3.陳述意見權（§245 II）
- 4.交通權（§34、§34-1）
- 5.聲請調查證據權（§163 I）

八、禁止先行傳訊之保障（§228III）

九、訴訟條件保護（§252②～④、§302②～④）

十、資訊請求權（§33 II）

十一、救濟權（聲請再議、上訴、抗告、準抗告、聲明異議、聲請再審、非常上訴）

🔍 焦點1　釋字第654號

一、解釋文

羈押法第23條第3項規定，律師接見受羈押被告時，有同條第2項應監視之適用，不問是否為達成羈押目的或維持押所秩序之必要，亦予以監聽、錄音，違反憲法第23條比例原則之規定，不符憲法保障訴訟權之意旨；同法第28條之規定，使依同法第23條第3項對受羈押被告與辯護人接見時監聽、錄音所獲得之資訊，得以作為偵查或審判上認定被告本案犯罪事實之證據，在此範圍內妨害被告防禦權之行使，牴觸憲法第16條保障訴訟權之規定。前開羈押法第23條第3項及第28條規定，與本解釋意旨不符部分，均應自中華民國98年5月1日起失其效力。

看守所組織通則第1條第2項規定：「關於看守所羈押被告事項，並受所在地地方法院及其檢察署之督導。」屬機關內部之行政督導，非屬執行監聽、錄音之授權規定，不生是否違憲之問題。

聲請人就上開羈押法第23條第3項及第28條所為暫時處分之聲請，欠缺權利保護要件，應予駁回。

二、理由書

憲法第16條規定人民有訴訟權，旨在確保人民有受公平審判之權利，依正當法律程序

之要求，刑事被告應享有充分之防禦權，包括選任信賴之辯護人，俾受公平審判之保障。而刑事被告受其辯護人協助之權利，須使其獲得確實有效之保護，始能發揮防禦權之功能。從而，刑事被告與辯護人能在不受干預下充分自由溝通，為辯護人協助被告行使防禦權之重要內涵，應受憲法之保障。上開自由溝通權利之行使雖非不得以法律加以限制，惟須合乎憲法第23條比例原則之規定，並應具體明確，方符憲法保障防禦權之本旨，而與憲法第16條保障訴訟權之規定無違。

　　受羈押之被告，其人身自由及因人身自由受限制而影響之其他憲法所保障之權利，固然因而依法受有限制，惟於此範圍之外，基於無罪推定原則，受羈押被告之憲法權利之保障與一般人民所得享有者，原則上並無不同（本院釋字第653號解釋理由書參照）。受羈押被告因與外界隔離，唯有透過與辯護人接見時，在不受干預下充分自由溝通，始能確保其防禦權之行使。羈押法第23條第3項規定，律師接見受羈押被告時，亦有同條第2項應監視之適用。該項所稱「監視」，從羈押法及同法施行細則之規範意旨、整體法律制度體系觀察可知，並非僅止於看守所人員在場監看，尚包括監聽、記錄、錄音等行為在內。且於現行實務運作下，受羈押被告與辯護人接見時，看守所依據上開規定予以監聽、錄音。是上開規定使看守所得不問是否為達成羈押目的或維持押所秩序之必要，予以監聽、錄音，對受羈押被告與辯護人充分自由溝通權利予以限制，致妨礙其防禦權之行使，已逾越必要程度，違反憲法第23條比例原則之規定，不符憲法保障訴訟權之意旨。惟為維持押所秩序之必要，於受羈押被告與其辯護人接見時，如僅予以監看而不與聞，則與憲法保障訴訟權之意旨尚無不符。

　　羈押法第28條規定：「被告在所之言語、行狀、發受書信之內容，可供偵查或審判上之參考者，應呈報檢察官或法院。」使依同法第23條第3項對受羈押被告與辯護人接見時監聽、錄音所獲得之資訊，得以作為偵查或審判上認定被告本案犯罪事實之證據，在此範圍內妨害被告防禦權之行使，牴觸憲法保障訴訟權之規定。前開羈押法第23條第3項及第28條規定，與本解釋意旨不符部分，均應自98年5月1日起失其效力，俾兼顧訴訟權之保障與相關機關之調整因應。如法律就受羈押被告與辯護人自由溝通權利予以限制者，應規定由法院決定並有相應之司法救濟途徑，其相關程序及制度之設計，諸如限制之必要性、方式、期間及急迫情形之處置等，應依本解釋意旨，為具體明確之規範，相關法律規定亦應依本解釋意旨檢討修正，併此指明。

　　看守所組織通則第1條第2項規定：「關於看守所羈押被告事項，並受所在地地方法院及其檢察署之督導。」乃係指看守所為執行羈押之場所，看守所之職員僅實際上負責羈押之執行。其執行羈押於偵查中仍依檢察官之指揮，審判中則依審判長或受命法官之指揮（刑事訴訟法第103條參照）。而看守所組織通則係有關負責執行羈押之看守所組織編制、內部單位掌理事項、人員編制與執掌等事項之組織法，其第1條第2項僅在說明法院或檢察官併具指揮執行羈押之法律地位，純屬機關內部之行政督導，非屬執行監聽、錄音之授權規定，不生是否違憲之問題。

　　本件聲請人因涉嫌違反貪污治罪條例第4條第1項第5款之罪，業經台灣板橋地方法院檢察署檢察官於97年11月3日提起公訴，並於同月6日移審後，已由台灣板橋地方法院法官

於同日諭知交保候傳。聲請人聲請宣告定暫時狀態之暫時處分，核與本院釋字第585號及第599號解釋意旨不符，顯然欠缺權利保護要件。故聲請人就上開羈押法第23條第3項、第28條所為暫時處分之聲請，應予駁回。

🔍 焦點2　被告於偵審程序之正當法律權利

一、偵查階段

(一) 告知義務之踐行（各階段第一次告知後，原則無庸再告知）：
　　基於不自證己罪原則，偵查人員（檢察官、檢察事務官與司法警察官）於訊（詢）問被告或犯罪嫌疑人之前，需先踐行本法第95條所列事項之告知，其內容包括：
　　1. 犯罪嫌疑及所犯所有罪名。此在使被告得就被指涉事實與罪名充分行使防禦權，故罪名如有變更應再告知。
　　2. 得保持緘默，無須違背自己之意思而為陳述。故若偵訊人員企圖以不正當方法使被告放棄緘默，則因此取得之自白即無證據能力，而為充分保障被告此項不自證己罪之防禦權，自白出於自由意志之任意性，應由檢察官負舉證責任（§98、§156Ⅳ）。
　　3. 得選任辯護人，對得請求法律扶助者並應告知。辯護人得藉其專業之法律知識，協助被告進行訴訟防禦，以稍平衡被告面對強大公權力之弱勢地位，並監督偵查人員之程序合法性。
　　4. 得請求調查有利之證據。本於刑事訴訟法第2條之客觀性義務，偵查人員原當主動依職權調查於被告有利之證據，則被告當然亦得請求偵查人員為之。
(二) 法定訊問程序之保障：訊問被告不得以不正方法為之（§98），為確保被告陳述之任意性，應全程連續錄音或錄影（§100-1Ⅰ），又為保障被告之人權，原則上於夜間及本法第93條之1所定之障礙期間，均不得訊（詢）問被告（§93-1、§100-3）；另羈押審查亦不得於深夜訊問被告。
(三) 辯護權：被告於偵查中得隨時選任辯護人，此辯護人具在場權（§27、§245Ⅱ）、陳述意見權（§245Ⅱ）、與被告通信接見之交通權及聲請調查證據權（§163Ⅰ），惟本於偵查不公開原則，辯護人於偵查中並無資訊請求權（閱卷權）。
(四) 詰問證人權：依本法第248條第1項規定，偵查中被告仍有詰問證人之權利，惟辯護人似僅得於審判中為之。
(五) 偵查不公開原則：偵查不公開之目的除為避免偵查內容外洩，致共犯潛逃或證據遭湮滅偽變造，影響偵查程序順暢進行外，亦在保護被告名譽（§245Ⅰ）。
(六) 禁止先行傳訊：為避免偵查人員未經充足證據之調查，即先行傳訊被告，使被告蒙受訴訟程序之不當干擾與名譽損害，故非有必要不得先行傳訊被告（§228Ⅲ）。

二、審判階段

(一) 告知義務之踐行：同偵查中之告知義務。

(二) 法定訊問程序之保障：同偵查中之程序保障。

(三) 辯護權：除偵查中擁有相同之辯護權外，審判中並有閱卷權、詢問與詰問權、陳述與辯論權及上訴權。又如為強制辯護案件，或低收入戶提出聲請或審判長認為有必要者，國家尚需為未選任辯護人之被告指定辯護人，如有違反即屬本法第379條第7款之判決當然違背法令。

(四) 證據排除法則：任何證據資料均需經過證據排除法則（詳證據章）之檢驗，取得證據能力，始得提呈公判庭接受合法調查。

(五) 提出有利之證據：被告得提出有利之證據，以為訴訟防禦（§288-1 II）。

(六) 聲請調查證據權：被告得請求法院為有利於己之必要處分及聲請法院調查證據，除有欠缺調查必要性、關聯性與可能性之情形外，法院不為調查，即屬本法第379條第10款之判決當然違背法令。

(七) 對證據之意見陳述權：被告於法院調查證據後並得就調查結果陳述意見（§288-1 I）。

(八) 詰問、詢問與對質權：因發現真實之必要，被告有請求與其他被告或證人對質之權利（§97 I、§184 II），並得於法院調查證據時詢問與詰問證人、鑑定人（§163、§166 I、§166-6 I），此均屬憲法保障被告之訴訟防禦權。

(九) 在場權：審判期日除依法許用代理人之案件（§36）即得不待被告陳述逕行判決之案件外，被告未到庭即不得予以審判（§281 I），否則即屬本法第379條第6款之判決當然違背法令。此外，被告並得於司法機關為證據保全、搜索、扣押等強制處分，及審判中訊問證人、鑑定人行鑑定、勘驗時在場（§150 I、§168-1 I、§206-1 I、§219、§219-6 I）。另偵查中，檢察官如預料證人或鑑定人審判時不能訊問，亦應於訊問時命被告在場（§248 II）。

(十) 證據證明力與事實法律之辯論權：法院調查證據後，應予被告及其辯護人、代理人、輔佐人就證據證明力暨事實與法律綜合辯論之機會。

(十一) 最後陳述權：被告於辯論終結前有最後陳述之權利（§290），法院未予被告此項權利即行判決，則屬本法第379條第11款之判決當然違背法令。

(十二) 救濟權：被告就法院所為之裁定、判決或處分如有不服，並有異議權（§288-3 I）、上訴權（§344 I）、抗告權（§403）、準抗告權（§416 I）、聲請再審權（§427）。

(十三) 資訊請求權：參照焦點說明。

(十四) 訴訟條件之保護。

【附錄】104年台上第2745號

倘法院僅就原起訴之犯罪事實及罪名調查、辯論終結後，擅自擴及起訴書所記載以外之犯罪事實及罪名而為判決，就此等未經告知之犯罪事實及罪名而言，無異剝奪被告依同法第96條、第288條之1、之2、第289條等規定所應享有之辨明罪嫌等程序權，所踐行之訴訟程序，即謂於法無違。

【附錄】105年台上第427號

　　學理上所稱之「在場權」，屬被告在訴訟法上之基本權利之一，兼及其對辯護人之倚賴權同受保護。故事實審法院行勘驗時，倘無法定例外情形，而未依法通知當事人及辯護人，使其有到場之機會，所踐行之訴訟程序自有瑕疵。

【附錄】105年台上第969號

　　刑事訴訟係對於被告之特定犯罪事實，經由審判程序確定國家刑罰權存否及其範圍之程序。而為保障被告之防禦權，避免法院突襲性裁判，刑事訴訟法明文規定訊問被告，應與以辯明犯罪嫌疑之機會，並就辯明事項之始末連續陳述；於審判期日調查證據完畢後，更得就事實及法律辯論之（第96條、第288條第3項、第289條第1項參照）。此等基於保障被告防禦權而設之辯明及辯論權，既係被告依法所享有基本訴訟權利，且法院復有闡明告知之義務，從而事實審法院若違反上開義務，所踐行之訴訟程序即屬於法有違。如於審判過程中，事實審法院實際上並未對其所認定之構成要件事實踐行實質之調查及辯論程序，僅就第一審判決書所載之犯罪事實調查、辯論終結後而為判決，就此等未經調查、辯論之犯罪事實而言，無異剝奪被告依同法第96條、第289條等規定所應享有而屬於憲法第16條訴訟基本權保障範圍內之辯明罪嫌及辯論等程序權，抑且直接違背憲法第8條第1項所稱「非由法院依法定程序不得審問處罰」之規定，難謂於判決無影響，自應該判決為違背法令。

【附錄】105年台上第1020號

　　所謂「告知犯罪嫌疑及所犯所有罪名」，除起訴書所記載之犯罪事實及所犯法條外，自包含依刑事訴訟法第267條規定起訴效力所及，因而擴張之犯罪事實及新增之罪名。法院應於認為有擴張犯罪事實或新增、變更犯罪名之情形時，隨時、但至遲於審判期日，踐行上開告知程序，使被告知悉而充分行使訴訟防禦權，以避免突襲性裁判，俾確保訴訟權益；否則，如僅就原起訴之犯罪事實及所犯罪名調查、辯論終結後，擅自擴張或新增、變更起訴書所記載以外之犯罪事實、罪名而為判決，就此等未經告知而擴張之犯罪事實或新增、變更之罪名而言，無異剝奪被告依同法第96條、第289條等規定所應享有之辯明犯罪嫌疑及就事實與法律辯論等程序權，其所踐行之訴訟程序，即難謂於法無違。

🔎 焦點3　被告之卷證資訊獲知權

一、刑事訴訟法第33條第2項
(一) 條文規定

　　無辯護人之被告於審判中得預納費用請求付與卷內筆錄之影本。但筆錄之內容與被告被訴事實無關或足以妨害另案之偵查，或涉及當事人或第三人之隱私或業務秘密者，法院得限制之。

(二) 立法理由

在改良式當事人進行主義之訴訟架構下，證據之提出與交互詰問之進行，均由當事人主導，而依現行本法規定，被告有辯護人者，得經由其辯護人閱卷，以利防禦權之行使，被告無辯護人者，既同有行使防禦權之必要，自應適當賦予無辯護人之被告閱錄卷證之權利。惟因被告本身與審判結果有切身利害關係，如逕將全部卷證交由被告任意翻閱，將有必須特別加強卷證保護作爲之勞費，其被告在押者，且將增加提解在押被告到法院閱卷所生戒護人力之沉重負擔，爲保障無辯護人之被告防禦權，並兼顧司法資源之有效運用，爰增訂第2項前段，明定無辯護人之被告得預納費用請求付與卷內筆錄之影本。至筆錄以外之文書等證物仍應經由法官於審判中依法定調查證據方法，使無辯護人之被告得知其內容，俾能充分行使其防禦權，併予敘明。

又筆錄之內容如與被告被訴事實無關或足以妨害另案之偵查或當事人或第三人之隱私或業務秘密者，爲免徒增不必要之閱卷勞費、妨害另案之偵查、或他人之隱私資料或業務秘密，允宜由法院得就前開閱卷範圍及方式爲合理之限制，爰增訂第2項但書。

(三) 立法評析

刑事訴訟法第33條第2項增訂審判中之被告如未選任辯護人者，得預納費用請求交付筆錄影本，乃賦予被告資訊請求權，蓋如允被告於審判中閱卷可能發生湮滅、僞造、變造或隱匿證據之情事，有礙實體眞實之發現，然若不許，無異剝奪無資力選任辯護人之被告本於憲法第8條正當法律程序與第16條之訴訟防禦權，爲能兼顧上揭考量，本次修法所增訂者係資訊請求權而非閱卷權。此項修法仍有深值討論之處：

1. 被告資訊請求權之保護未盡周延：本次修法增訂之被告資訊請求權僅限於供述證據之筆錄部分，此於書證與物證部分之相關資訊檢閱與取得仍付諸闕如，被告即無從於審判期日前爲訴訟防禦之完善準備，而有蒙受檢察官突襲性攻擊之嫌，自亦難澈底落實改良式當事人進行主義之精神。

2. 修正條文但書謂，如有與被訴事實無關聯性或涉及隱私與業務秘密或妨礙另案偵查者，法院得限制被告之資訊請求權云云。然綜此條文觀之，被告如選任辯護人者，辯護人之閱卷權並未受此限制，換言之，被告若欲窺視他人隱私與業務秘密或妨礙另案偵查，僅需選任辯護人即得達此目的，強制辯護案件（通常爲重大案件）並得透過指定辯護人爲之，顯見此項限制並無意義，且於共同被告案件，更可能有違憲法平等則（例如：若一共同被告選任辯護人，另一共同被告未選任辯護人，則選任辯護人者得藉由閱卷途徑查知他人隱私或業務秘密或妨礙另案偵查，立法防範目的並無從達成，且未選任辯護人者反受不平等限制）；甚且有無前開限制之事實，係由法院衡酌裁量，即可能因不同認知或偏頗立場而藉此變相侵奪被告之訴訟防禦權。淺見以爲，資訊請求權攸關兩造當事人對等構造之實現與公平審判環境得否建立，亦影響被告得否充分行使憲法保障之訴訟防禦權。故如同學者之建議，當事人進行主義之落實須採用國選辯護制度爲配套，蓋任何刑事案件被告皆有具備專業法律能力之辯護人協助防禦並取得完整控方不利於己之訴訟資訊，方能有效縮減被告與檢察官訴訟地位之懸殊落差。

二、釋字第762號

刑事訴訟法第33條第2項前段規定，未使被告得以適當方式適時獲知其被訴案件之卷宗及證物全部內容，是否違憲？

(一) 解釋文

刑事訴訟法第33條第2項前段規定：「無辯護人之被告於審判中得預納費用請求付與卷內筆錄之影本」，未賦予有辯護人之被告直接獲知卷證資訊之權利，且未賦予被告得請求付與卷內筆錄以外之卷宗及證物影本之權利，妨害被告防禦權之有效行使，於此範圍內，與憲法第16條保障訴訟權之正當法律程序原則意旨不符。有關機關應於本解釋公布之日起1年內，依本解釋意旨妥為修正。逾期未完成修正者，法院應依審判中被告之請求，於其預納費用後，付與全部卷宗及證物之影本。

(二) 解釋理由

聲請人經臺灣高等法院臺南分院98年度重更（四）字第42號刑事判決判刑確定後，認該判決認定犯罪事實有誤，為進行訴訟救濟，向臺灣高等法院臺南分院聲請交付卷內照片，經該院105年度聲字第20號刑事裁定駁回，抗告後經最高法院105年度台抗字第205號刑事裁定，認判決確定後，無辯護人之被告閱錄卷證之權利，雖可類推適用刑事訴訟法第33條第2項前段規定：「無辯護人之被告於審判中得預納費用請求付與卷內筆錄之影本」（下稱系爭規定），請求付與卷內筆錄之影本，但因刑案照片依其性質，應屬書證或證物，是其聲請付與刑案照片影本，於法不合，乃以其抗告無理由駁回確定。憲法第16條規定人民有訴訟權，旨在確保人民有受公平審判之權利，依正當法律程序之要求，刑事被告應享有充分之防禦權（本院釋字第654號解釋參照），包括被告卷證資訊獲知權，俾受公平審判之保障。據此，刑事案件審判中，原則上應使被告得以適當方式適時獲知其被訴案件之卷宗及證物全部內容。系爭規定明定：「無辯護人之被告於審判中得預納費用請求付與卷內筆錄之影本。」是得直接獲知卷證資訊（請求付與筆錄影本）之人，僅限於審判中無辯護人之被告，而未及於有辯護人之被告；而得獲知卷證資訊之範圍，僅限卷內筆錄之影本，未及於筆錄以外其他被告被訴案件之卷宗及證物全部內容；又得獲知卷證資訊之方式，僅預納費用請求付與筆錄影本一途，未容許被告得以檢閱並抄錄或攝影等其他方式獲知卷證資訊。上開卷證資訊獲知權之主體、範圍及行使方式，是否符合正當法律程序之要求，須視被告充分防禦之需要、案件涉及之內容、卷證之安全、有無替代程序及司法資源之有效運用等因素，綜合判斷而為認定。先就卷證資訊獲知權之主體而言，被告之卷證資訊獲知權，屬被告受憲法訴訟權保障應享有之充分防禦權，自得親自直接獲知而毋庸經由他人輾轉獲知卷證資訊，不因其有無辯護人而有異。況被告就其有無涉案及涉案內容相關事實之瞭解，為其所親身經歷，且就卷證資料中何者與被告之有效防禦相關，事涉判斷，容有差異可能，故辯護人之檢閱卷證事實上亦不當然可以完全替代被告之卷證資訊獲知權。系爭規定以「被告有辯護人者，得經由其辯護人閱卷，以利防禦權之行使」為由（立法院公報第96卷第54期，第137頁至第138頁參照），而未賦予有辯護人之被告直接獲知卷證資訊之權利，與上開憲法保障訴訟權應遵循正當法律程序原則之意旨有違。次就卷證資訊獲知權之範圍而言，刑事案件之卷宗及證物全部內容，係法院據以進行審判程序之重要

憑藉。基於憲法正當法律程序原則，自應使被告得以獲知其被訴案件之卷宗及證物全部內容，俾有效行使防禦權。系爭規定以「筆錄以外之文書等證物，仍應經由法官於審判中依法定調查證據方法，使無辯護人之被告得知其內容」為由（立法院公報第96卷第54期，第137頁至第138頁參照），而未使被告得適時獲知卷內筆錄以外之卷宗及證物全部內容，致被告無法於法院調查證據時，對筆錄以外卷宗及證物相關證據資料充分表示意見，有礙其防禦權之有效行使，與上開憲法保障訴訟權應遵循正當法律程序原則之意旨有違。末就卷證資訊獲知權之行使方式而言，查96年增訂系爭規定時，係以「因被告本身與審判結果有切身利害關係，如逕將全部卷證交由被告任意翻閱，將有特別加強卷證保護作為之勞費，其被告在押者，且將增加提解在押被告到法院閱卷所生戒護人力之沈重負擔，為保障無辯護人之被告防禦權，並兼顧司法資源之有效運用，爰增訂第2項前段。」為由（立法院公報第96卷第54期，第137頁至第138頁參照），未賦予被告親自檢閱卷證原本之權利，其考量尚屬有據。惟時至今日複製技術、設備已然普及，系爭規定所稱之影本，在解釋上應及於複本（如翻拍證物之照片、複製電磁紀錄及電子卷證等）。基於影本與原本通常有同一之效用，故系爭規定所定預納費用付與影本（解釋上及於複本）之卷證資訊獲知方式，無礙被告防禦權之有效行使，與憲法保障正當法律程序原則之意旨尚無牴觸。至被告如有非檢閱卷證不足以有效行使防禦權之情事時，並得經審判長或受命法官許可後，在確保卷證安全之前提下，適時檢閱之，以符憲法保障被告訴訟權之意旨，自屬當然。綜上，除有刑事訴訟法第33條第2項但書規定所示得限制之情形外，系爭規定未賦予有辯護人之被告直接獲知卷證資訊之權利，且未賦予被告得請求付與卷內筆錄以外之卷宗及證物影本之權利，妨害被告防禦權之有效行使，於此範圍內，與憲法第16條保障訴訟權之正當法律程序原則意旨不符。有關機關應於本解釋公布之日起1年內，依本解釋意旨妥為修正。逾期未完成修正者，法院應依審判中被告（不論有無辯護人）請求，於其預納費用後，付與全部卷宗及證物之影本。

三、歸納整理

(一)偵查程序：原則上被告不得有卷證資訊獲知權，但羈押審查程序例外。

(二)審判程序：不論有無委任辯護人之被告，原則上均有卷證資訊獲知權，範圍包含卷宗（筆錄、書證）與物證，取得方法除得請求交付影本外，如適當且經法官許可後並得檢閱之。

(三)再審程序（再審審查階段與再審審判階段）：與審判程序同。

【附錄】103年台抗第334號

　　刑事訴訟法第33條第2項規定：「無辯護人之被告於審判中得預納費用請求付與卷內筆錄之影本。但筆錄之內容與被告被訴事實無關或足以妨害另案之偵查，或涉及當事人或第三人之隱私或業務秘密者，法院得限制之。」則被告於判決確定後，縱類推適用上開規定，亦僅得請求付與卷內筆錄之影本，而不及於其他卷內證物。本件原裁定以抗告人甲○○因犯妨害性自主罪，經判刑確定，為聲請再審，請求付與「其與被害人詹○詩所簽立

之和解書影本」，性質上屬於檢閱、抄錄卷內之證物，而非筆錄影本，不合上開規定，不應准許，予以駁回。經核於法尚無違誤。

【附錄】104年台抗第732號

判決確定後，無辯護人之被告已聲請再審或非常上訴等理由，求預納費用，並付與卷內筆錄之影本，既無禁止之明文，自宜類推適用相關規定，從寬解釋，以保障其獲悉卷內資訊之權利，並符合便民之旨。

【附錄】105年台抗字第1012號

參酌我國實務對於「聲請再審或抗告之刑事案件，如有當事人委任律師請求抄閱『原卷』及『證物』，現行法並無禁止之明文，為符便民之旨及事實需要，自應從寬解釋，准其所請」之同一法理，暨日本刑事訴訟法第53條第1項規定之立法例，於判決確定後，無辯護人之被告以聲請再審或非常上訴等理由，請求預納費用付與卷內筆錄或文書資料之影本，既無禁止之明文，自宜類推適用刑事訴訟法第33條第1項規定，予以從寬解釋。

🔍 焦點4　功能訊問與權利告知（何賴傑，台灣本土法學第179期，頁63以下）

一、實務見解

(一) 99年台上第1893號

惟查：……(二)、犯罪嫌疑人在刑事調查程序中享有緘默權（拒絕陳述權）、辯護人選任權與調查有利證據之請求權，為行使其防禦權之基本前提，屬於人民依憲法第16條所享訴訟保障權之內容之一。國家調查機關對於此等訴訟基本權，應於何時行使告知之義務，攸關犯罪嫌疑人利益之保護甚鉅。刑事訴訟法第100條之2規定，於司法警察官或司法警察「詢問」犯罪嫌疑人時，準用同法第95條有關告知事項及第100條之1錄音、錄影之規定，俾犯罪嫌疑人能充分行使防禦權，以維程序之公平，並擔保其陳述之任意性。此等司法警察官或司法警察應行遵守實踐之法定義務，於其製作犯罪嫌疑人詢問筆錄時固不論矣；即犯罪嫌疑人經司法警察官或司法警察拘提或逮捕之後，舉凡只要是在功能上相當於對犯罪嫌疑人為案情之詢問，不論係出於開聊或教誨之任何方式，亦不問是否在偵訊室內，即應有上開規定之準用，而不能侷限於製作筆錄時之詢問，以嚴守犯罪調查之程序正義，落實上開訴訟基本權之履踐，俾與「公民與政治權利國際公約」第9條第2款規定於拘捕時應受告知權利之精神相契合，並滿足擔保此階段陳述任意性之要求。如有違反，並有刑事訴訟法第158條之2第2項規定之適用。

(二) 99年台上第6562號

最高法院即認為，「蒐證錄音」即屬詢問之開始，該「蒐證錄音」為筆錄之替代。警員為詢問時，有無踐行相關法定程序，應以該錄音為據。如錄音時未踐行刑事訴訟法第95條之告知義務，縱警察於逮捕時已告知被告其權利，亦不能補正該瑕疵。

二、學者評析

(一) 學者主張訊問係國家偵審機關為獲得被告陳述所為之發問行為。細部分析訊問行為，可能包含三種要件：形式上係以機關外觀出現於被訊問人面前（因而被告亦得從外觀獲知）、實質上係行使國家機關訊問權限（因而訊問機關必須具有訊問權限且有行使訊問權限之意思）、功能上係為獲得被訊問人陳述以作為判決依據（而非僅供偵查參考，因而該等陳述內容必然涉及被訊問人之犯罪行為）。雖然依刑事訴訟法第41條規定，訊問必須當場製作筆錄，不過，縱未製作筆錄，亦不能因此否認其為訊問。訊問亦未必須採言詞方式，如國家機關以書面提問，或被告以書面答覆，亦屬訊問，因而對聽覺障礙、語言障礙被告，亦能訊問。訊問功能上係為獲得將來可為判決依據之陳述，不過，縱使將來判決不採用或因無證據能力而無法採用，亦無損其訊問性質。

(二) 學者對訊問概念採取三種觀點予以理解：即形式意義（稱為形式訊問）、實質意義（稱為實質訊問）、功能意義（稱為功能訊問），完全符合此三種觀點之訊問，當然是訊問，不過，不限於此。基本上，此三種訊問概念，並非選擇適用（互斥關係），而是累積適用。解釋上，只要符合其中一種定義，即得成立訊問，並非一定要全部滿足三種定義。

(三) 以我國案例而論，司法警察在開始詢問前與被告聊天，警察係以司法警察外觀出現於被告面前而向被告提問，被告對警察外觀亦無誤認可能，因而若依形式訊問概念，此為訊問，應無疑義。而警察訊問前與被告聊天，縱係只是要預先瞭解被告涉案情形，以作為正式訊問時之訊問內容，但由於法院將警察與被告聊天內容作為有罪判決依據，因而此聊天依功能訊問概念，即屬訊問。

(四) 此外，我國案例並可能成立不正方法之訊問、規避告知義務及違反不自證己罪情形：

1. 警察有意先以聊天、溝通方式要逼迫被告承認犯行。權利告知義務要保護被告免於被強迫為有罪陳述，如警察認為聊天並非訊問，因而不適用刑事訴訟法第98條而脅迫被告為有罪陳述，即屬警察故意以法律未明文禁止之方法，產生該法律所不允許之結果，依上述德國聯邦最高法院見解，此即屬規避法律。而此種強迫被告陳述，當然亦屬不自證己罪原則之違反。

2. 警察在詢問前，透過聊天方式，以不正方法影響被告之陳述自由，即使於正式詢問時，警察並無實施不正方法，不過，如聊天時施予被告之不正方法，其效力仍持續影響到詢問時，當然即有刑事訴訟法第156條第1項之適用（參照最高法院關於不正方法之繼續效力之見解，例如99年台上第4905號）。

【衍生實例】

甲當街搶奪乙皮包，警員A正好在附近巡邏，即將甲制伏並帶往派出所。在警局，A不急於製作筆錄，反而先與甲聊天以瞭解案情，並以錄音筆將聊天內容錄音。甲在聊天時，坦白承認搶奪路人乙皮包。其後，A要開始詢問，律師R匆匆趕到警局。R向A表示係受甲配偶委任要為甲辯護。R表示要先跟甲談一談，但A表示要開始詢問，沒時間讓

R跟甲先談話。R表示異議，但A不理。甲於A詢問時，仍自白犯罪。案經檢察官起訴，法院依警員A之聊天錄音內容、A詢問甲之自白及其他證據判決甲有罪。試問法院採證之合法性。　　　　　　　　　　　　　　　　　　　　　　　　　　　　（104警特）

考點提示：

一、學者主張偵審機關訊問被告之類型，包含形式訊問（以國家機關形式為訊問）、實質訊問（有訊問權限且以行使國家機關訊問權限之意思為訊問）、功能訊問（為獲得被訊問人之陳述以作為判決依據之訊問）三種。本例即屬功能訊問，應踐行對被告訊問之正當法律程序保障（踐行告知義務等）否則即有刑事訴訟法第158條之2第2項之適用，最高法院99年台上字第1893號判決亦同此見解。

二、限制暫緩被告與辯護人之接見交通權，於偵查中僅檢察官有權為該項處分，故司法警察所為，即違反憲法對被告辯護之保障（參見本法§34Ⅱ）。

三、綜上所述，本例詢問被告取得之自白無證據能力，法院判決之採證自不合法。

🔍 焦點5　被告說謊、辯解權與法院量刑之關係

一、**被告辯解權與法院量刑之關係**：刑事被告於審判程序中之防禦權，包含消極不陳述（緘默）、積極陳述（自由意志陳述）之辯明與辯解（護）等權，故法院不得因被告否認或抗辯即於量刑中為負面評價。

二、**實務對被告說謊辯解之見解**（98台上3630）：刑事訴訟法為保障被告之防禦權，尊重其陳述之自由，包括消極不陳述與極陳述之自由，前者賦予保持緘默之權，後者則享有無須違背自己之意思而為陳述之權。此外，被告尚得行使辯明權，以辯明犯罪嫌疑，並就辯明事項之始末連續陳述；於審判期日調查證據完畢後，更得就事實及法律辯論之（同法第95條第2款、第96條、第289條第1項參照）。此等基於保障被告防禦權而設之陳述自由、辯明及辯解（辯護）權，既係被告依法所享有基本訴訟權利之一，法院復有闡明告知之義務。則科刑判決時，對刑之量定，固應以被告之責任為基礎，本於比例、平等及罪刑相當等原則，並審酌刑法第57條所列各款情狀為輕重之標準，然其中同條第10款所稱犯罪後之態度，係指被告犯罪後，因悔悟而力謀恢復原狀，或與被害人和解，賠償損害等情形而言，應不包括被告基於防禦權之行使而自由陳述、辯明或辯解（辯護）時之態度。是自不得因被告否認或抗辯之內容與法院依職權認定之事實有所歧異或相反，即予負面評價，逕認其犯罪後之態度不佳，而採為量刑畸重標準之一。原判決以上訴人於犯罪經查獲並經證人指證歷歷，仍「強詞卸飾」，依現有卷證尚無可認於犯後有何悔悟意思之態度，作為量刑審酌情狀之一（見原判決第25頁），此顯係將上訴人上開自由陳述、辯明、辯解（辯護）權之合法行使內容作為審酌量刑之標準，自與刑法第57條第10款規定意旨有違。

🔍 焦點6　被告與辯護人之接見通信權（交通權）

一、**刑訴法第34條**：「辯護人得接見羈押之被告，並互通書信。非有事證足認其有湮滅、偽造、變造證據或勾串共犯或證人者，不得限制之。辯護人與偵查中受拘提或逮捕之被告或犯罪嫌疑人接見或互通書信，不得限制之。但接見時間不得逾一小時，且以一次為限。接見經過之時間，同為第九十三條之一第一項所定不予計入二十四小時計算之事由。前項接見，檢察官遇有急迫情形且具正當理由時，得暫緩之，並指定即時得為接見之時間及場所。該指定不得妨害被告或犯罪嫌疑人之正當防禦及辯護人依第二百四十五條第二項前段規定之權利。」

二、**立法理由**：「一、現行條文關於羈押之被告之規定改列為第1項。二、辯護人與羈押之被告，能在不受干預下充分自由溝通，為辯護人協助被告行使防禦權之重要內涵，應受憲法之保障。參照司法院釋字第六百五十四號解釋意旨，此自由溝通權利雖非不得以法律加以限制，惟應合乎憲法第二十三條比例原則規定，並應具體明確，方符憲法保障防禦權之本旨。爰就第一項為文字修正，揭明辯護人與羈押之被告得為接見或互通書信，暨得予限制之條件。至犯罪嫌疑人部分，於增訂之第二項、第三項中規範。三、偵查中之被告或犯罪嫌疑人經拘提或逮捕到場者，為保障其訴訟上之防禦權，對其與辯護人之接見或互通書信，不得限制之。惟偵查具有時效性，為免接見時間過長，或多次接見，致妨礙偵查之進行，接見時間及次數宜有限制。又辯護人接見受拘提、逮捕到場之被告或犯罪嫌疑人之時間，並非檢察官或司法警察官使用之偵查時間，與第九十三條之一第一項各款情形相當，自不應列入第九十一條及第九十三條第二項所定之二十四小時，爰增訂第二項，以資兼顧。四、辯護人與偵查中受拘提或逮捕之被告或犯罪嫌疑人接見或互通書信，依第二項規定，固不得限制。惟有急迫情形，且有正當理由，例如，辯護人之接見將導致偵查行為中斷之顯然妨害偵查進行之情形時，宜例外允許檢察官為必要之處置。爰於第三項前段明定檢察官遇有急迫情形且具正當理由時，得暫緩辯護人之接見，並指定即時得為接見之時間及場所，以兼顧偵查之必要及被告之辯護依賴權。又檢察官所為之指定，應合理、妥適，不得妨害被告或犯罪嫌疑人正當防禦之權利，及辯護人依第二百四十五條第二項前段規定之權利，爰第三項後段明定之。至司法警察（官），因調查犯罪及蒐集證據，如認有上開暫緩及指定之必要時，應報請檢察官為之。五、如辯護人、被告或犯罪嫌疑人不服檢察官依第三項所為指定之處分，依第四百十六條第一項第四款規定提起救濟，經法院以其指定不符合『有急迫情形且具正當理由』之要件，或妨害被告或犯罪嫌疑人正當防禦或辯護人依第二百四十五條第二項前段規定之權利，予以撤銷或變更者，既屬指定不當，即屬違背法定程序之一種，期間所取得之證據，其證據能力之有無，應依第一百五十八條之四規定，審酌人權保障及公共利益之均衡維護定之，附此敘明。六、本條僅以辯護人對人身自由受拘束之被告或犯罪嫌疑人之接見或互通書信為規範內涵，至於人身自由未受拘束之被告或犯罪嫌疑人，辯護人本得與之自由接見或互通書信，而無本條之適用，自屬當然。」

三、**同法第34條之1**：「限制辯護人與羈押之被告接見或互通書信，應用限制書。限制書，應記載下列事項：一、被告之姓名、性別、年齡、住所或居所，及辯護人之姓名。二、案由。三、限制之具體理由及其所依據之事實。四、具體之限制方法。五、如不服限制處分之救濟方法。第七十一條第三項規定，於限制書準用之。限制書，由法官簽名後，分別送交檢察官、看守所、辯護人及被告。偵查中檢察官認羈押中被告有限制之必要者，應以書面記載第二項第一款至第四款之事項，並檢附相關文件，聲請該管法院限制。但遇有急迫情形時，得先為必要之處分，並應於二十四小時內聲請該管法院補發限制書；法院應於受理後四十八小時內核復。檢察官未於二十四小時內聲請，或其聲請經駁回者，應即停止限制。前項聲請，經法院駁回者，不得聲明不服。」

四、**立法理由**：「一、本條新增。二、限制辯護人與羈押之被告接見或互通書信，應經法院許可，為求適用上之明確，爰增訂本條第一項至第四項。至辯護人與偵查中受拘提或逮捕之被告或犯罪嫌疑人接見或互通書信，依第三十四條第二項規定，不得限制，自無本條之適用。三、第二項第一款之辯護人之姓名，係指接見或互通書信權利受限制之辯護人，不及於未受限制之辯護人。四、第二項第四款之限制方法，即係司法院釋字第六百五十四號解釋理由書所謂之限制方式及期間。至應採何種限制方法，本法未予明定，偵查中案件，應由檢察官於聲請時，敘明具體之限制方法及理由，由法院就個案予以審酌，並為具體明確之決定。另為維持押所秩序之必要，於受羈押被告與其辯護人接見時，如僅予以監看而不與聞，參酌同號解釋意旨，尚未侵害憲法保障之訴訟權，非屬本款之限制方法，毋庸經法院許可限制。五、案件於偵查中，檢察官如認有限制辯護人與羈押之被告接見或互通書信之必要者，應以書面記載第二項第一款至第四款之事項，並檢附相關文件，聲請該管法院許可之，爰增訂第五項前段。六、偵查中遇有急迫情形時，為免緩不濟急，應容許檢察官先為必要之處分。惟為落實法院之審核機制，檢察官應以書面記載第二項第一款至第四款之事項，並檢附相關文件，於二十四小時內聲請該管法院補發限制書。並參考通訊保障及監察法第六條第二項，明定法院應於受理後四十八小時內核復，以維人權。如檢察官未於二十四小時內聲請補發限制書，或法院審核後，認不符要件，而予以駁回者，自應即時停止限制，以維程序正義，爰增訂第五項但書。七、法院於審理中依職權核發限制書，或受理檢察官之聲請，於必要時，得先聽取當事人或辯護人之意見。八、為確保羈押之被告之防禦權，限制辯護人與之接見或互通書信，應屬例外，故不論檢察官係依第五項前段聲請限制，或依同項但書聲請補發限制書，一經法院駁回，均以不得聲明不服為宜。若檢察官認有應予限制之新事證，自得據以重新聲請，不生一事不再理之問題，乃屬當然。爰增訂第六項。九、法院核發或補發限制書之程序，除偵查中特重急迫性及隱密性，應立即處理且審查內容不得公開外，其目的僅在判斷有無限制辯護人與羈押之被告接見或互通書信之必要，尚非認定被告有無犯罪之實體審判程序，參照第一百五十九條第二項規定，無須嚴格證明，僅以自由證明為已足。」

五、**同法第404條**：「對於判決前關於管轄或訴訟程序之裁定，不得抗告。但下列裁定，

不在此限：一、有得抗告之明文規定者。二、關於羈押、具保、責付、限制住居、搜索、扣押或扣押物發還、因鑑定將被告送入醫院或其他處所之裁定及依第一百零五條第三項、第四項所爲之禁止或扣押之裁定。三、對於限制辯護人與被告接見或互通書信之裁定。」

六、**立法理由**：「一、第一款、第二款未修正。二、憲法第十六條保障人民訴訟權，係指人民於其權利遭受侵害時，有請求法院救濟之權利。基於有權利即有救濟之原則，人民認爲其權利遭受侵害時，必須給予向法院請求救濟之機會，此乃訴訟權保障之核心內容，不得因身分之不同而予以剝奪（司法院釋字第六百五十三號解釋參照）。故對於接見或互通書信權利受限制之辯護人或被告，自應給予救濟機會，爰增訂第3款。」

七、**同法第416條**：「對於審判長、受命法官、受託法官或檢察官所爲下列處分有不服者，受處分人得聲請所屬法院撤銷或變更之。一、關於羈押、具保、責付、限制住居、搜索、扣押或扣押物發還、因鑑定將被告送入醫院或其他處所之處分及第一百零五條第三項、第四項所爲之禁止或扣押之處分。二、對於證人、鑑定人或通譯科罰鍰之處分。三、對於限制辯護人與被告接見或互通書信之處分。四、對於第三十四條第三項指定之處分。前項之搜索、扣押經撤銷者，審判時法院得宣告所扣得之物，不得作爲證據。第一項聲請期間爲五日，自爲處分之日起算，其爲送達者，自送達後起算。第四百零九條至第四百十四條之規定，於本條準用之。第二十一條第一項之規定，於聲請撤銷或變更受託法官之裁定者準用之。」

八、**立法理由**：「一、第一項第一款、第二款、第二項至第五項未修正。二、憲法第十六條保障人民訴訟權，係指人民於其權利遭受侵害時，有請求法院救濟之權利。基於有權利即有救濟之原則，人民認爲其權利遭受侵害時，必須給予向法院請求救濟之機會，此乃訴訟權保障之核心內容，不得因身分之不同而予以剝奪（司法院釋字第六百五十三號解釋參照）。故對於接見或互通書信權利受限制之辯護人或被告，自應給予救濟機會。上開限制如係以法院裁定爲之者，得依第四百零四條第三款提起抗告救濟之；如係由審判長或受命法官所爲者，自得聲請所屬法院撤銷或變更之，爰增訂第一項第三款。三、辯護人、被告或犯罪嫌疑人對於檢察官依第三十四條第三項規定指定接見之時間、場所之處分，如有不服，亦應給予救濟之機會，爰增訂第一項第四款。」

【衍生實例】

甲爲任職於某公務機關之公務員，因涉嫌對於違背職務之行爲，向承包廠商收賄新台幣9千萬元，嗣因案情爆發，即逃逸無蹤，經檢察事務官指揮調查局偵辦，於民國101年6月30日，至甲家起出賄款，並當場逮捕甲到案，甲之辯護人於檢察官偵查中聲請接見甲，惟檢察官認甲之辯護人之接見將導致偵查中斷，顯然妨害偵查進行，因而諭知暫緩接見。試問：

> (一) 檢察官之該項處分是否合法？並說明其理由及其法律依據。
> (二) 甲或甲之辯護人有何救濟方法？並說明其理由及其法律依據。
> (三) 如甲係羈押中之被告，試問：
> 　1. 檢察官諭知暫緩接見之處分是否合法？
> 　2. 甲或甲之辯護人有何救濟方法？並分別說明其理由及法律依據。
> 　　　　　　　　　　　　　　　　　　　　　　　　　　（101檢事官）

考點提示：參見上述焦點說明。

【附錄】102年台上第3984號

　　刑事訴訟法第455條之5……本件第一審法院於審判程序中亦係諭知「指定公設辯護人陳○明協助被告進行協商」，有該院102年4月9日簡式審判筆錄可稽，且參以上開刑事訴訟法第455條之2第1項之規定，檢察官於經法院同意後，得於審判外就該條項所列各款事項與被告進行協商，亦足認檢察官於此情形與被告進行協商，與協商不成立後法院踐行之本案審理程序乃屬各別之二程序。是本件第一審法院為上訴人指定公設辯護人係專就上訴人進行協商部分提供協助，不及於協商程序以外之本案審理之辯護，應無疑義，則該法院於協商不成立後，續行簡式審判程序，未由原指定協助進行協商之公設辯護人為上訴人辯護，所踐行之訴訟程序即無違法，無庸先予撤銷上開協商程序之指定辯護，自不待言。

【附錄】修正條文與說明

〈刑事訴訟法第95條〉

　　訊問被告應先告知下列事項：
一、犯罪嫌疑及所犯所有罪名。罪名經告知後，認為應變更者，應再告知。
二、得保持緘默，無須違背自己之意思而為陳述。
三、得選任辯護人。如為低收入戶、中低收入戶、原住民或其他依法令得請求法律扶助者，得請求之。
四、得請求調查有利之證據。
　　無辯護人之被告表示已選任辯護人時，應即停止訊問。但被告同意續行訊問者，不在此限。

〈修法理由〉

一、憲法增修條文、原住民族基本法及國際發展趨勢都強調保護原住民族權利的重要性，而國內原住民族普遍認為目前的司法制度欠缺考量原住民族傳統文化及風俗習慣，加上原住民族因本身所處環境、文化、語言隔閡或經濟弱勢之故，難以提供相對應之法律知識，而不諳法律及訴訟程序，及無能力聘任律師為其主張訴訟上權利，都導致原住民族無法透過訴訟制度保護權利，原住民族司法人權亟待保障。
二、修正「刑事訴訟法」第三十一條、第九十五條，是以法律增訂原住民族及經濟弱

勢的特別救濟制度，透過強制辯護或法律扶助，維護原住民族、低收入戶及中低收入戶等經濟弱勢之訴訟權，並保障其人權。又自民國一百零二年起，將設置原住民族之專責檢察官與專業法庭。

第五節　偵查程序中被告與證人地位之轉換

I.通說見解

一、被告與證人刑事訴訟法律地位之區別
- 1.被告
  - 權利：同正當法律程序保障之防禦權
  - 義務
    - (1)在場義務（§71II、§71-1、§75）
    - (2)對質義務（§97、§184II）
    - (3)忍受強制處分義務
- 2.證人
  - 權利：領取證人費
  - 義務
    - (1)到場義務§168、§175II、§178 I
    - (2)陳述義務
    - (3)具結真實義務§186、§187、§193

二、偵查人員惡意隱瞞被告而故以證人身分違法訊問之效果

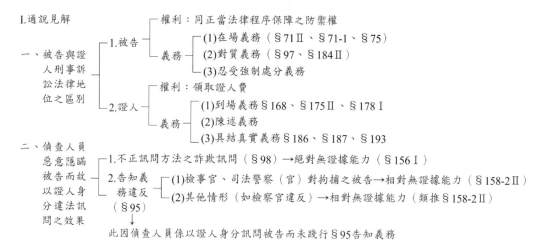

- 1.不正訊問方法之詐欺訊問（§98）→絕對無證據能力（§156 I）
- 2.告知義務違反（§95）
  - (1)檢事官、司法警察（官）對拘捕之被告→相對無證據能力（§158-2II）
  - (2)其他情形（如檢察官違反）→相對無證據能力（類推§158-2II）
  - ↓
  - 此因偵查人員係以證人身分訊問被告而未踐行§95告知義務

II.王兆鵬師見解（新刑訴新思維，頁124）

偵查中檢察官先以證人身分傳喚訊問，但之後改列為被告而提起公訴，其偵查中陳述之證據能力
- 依不自證己罪理論
  - 若未踐行§186II之告知義務→依§156規定無證據能力
  - 若踐行§186II之告知義務→原則上具證據能力，但有可能違反正當程序
- 依正當程序理論
  - 若蓄意規避§95告知義務→無證據能力
  - 若非蓄意規避§95告知義務→原則上具證據能力，但仍應檢驗是否違反不自證己罪理論

III.綜合整理
- 惡意錯置
  - 未告知—違反拒絕證言權§186II之告知義務&不正訊問方法之詐欺、脅迫§156 I&憲法§8之正當法律程序⇒無證據能力
  - 有告知—已踐行拒絕證言權§186II之告知義務，但違反不正訊問方法之詐欺§156 I&憲法§8正當法律程序⇒無證據能力
- 非惡意錯置
  - 發現前
    - 未告知—違反拒絕證言權§186II告知義務&不正訊問方法之脅迫§156 I⇒無證據能力
    - 有告知—已踐行拒絕證言權§186II之告知義務→原則（仍應審酌個案有無正當法律程序之違反）
  - 發現後
    - 未轉換地位—以詐欺、不正詢問方法之詐欺、脅迫§156 I&憲法§8正當法律程序⇒無證據能力
    - 有轉換地位
      - 未告知—違反§95告知義務，依§158-2⇒原則無證據能力
      - 有告知—已踐行§95告知義務⇒有證據能力

（PS.另詳見證據章之不自證己罪原則）

第六節　被告於刑事程序之能力

🔍焦點1　訴訟能力與當事人能力

一、有訴訟能力者未必具有辯論能力。
二、當事人地位乃指當事人在刑事訴訟上得行攻擊、防禦之地位而言。
三、有當事人能力者未必有當事人地位，蓋當事人地位乃因公訴或自訴之提起而成立。
四、有當事人地位者未必有當事人能力，如限制行為能力人提起自訴，雖有當事人地位，但欠缺當事人能力。
五、當事人能力之喪失不影響當事人之地位，如自訴人喪失行為能力，於承受訴訟人尚未承受訴訟前，其當事人地位尚未喪失。

🔍焦點2　被告於刑事訴訟程序中死亡之處理情形（陳樸生，刑事訴訟法實務，頁70～74）

一、**偵查中死亡**：檢察官應依第252條第6款為不起訴處分。
二、**偵查中死亡未為檢察官發現而被起訴或偵查終結後起訴前死亡**：
　　甲說（實務）：第303條第5款。
　　乙說（少數說）：第303條第1款。
三、**起訴後判決前死亡**：第303條第5款。
四、**判決後送達前死亡**：應將判決附卷不予送達，判決無從確定，故不得提起非常上訴（50年8日8決議）。
五、**送達後上訴前死亡**：上訴不合法，原審法院應依第362條、第384條以裁定駁回該不合法上訴，上級審法院則應依第367條、第395條以判決駁回該不合法上訴。
六、**上訴後死亡**：若上訴合法，上級審法院應依第369條第1項、第398條第3款撤銷原判決，改諭知第303條第5款之不受理判決；若上訴不合法，原審法院應以裁定駁回，上級審法院應以判決駁回。
七、**判決確定後死亡**：不得以被告死亡為由提起非常上訴（60年6月15日決議）。但得為受判決人之利益聲請再審，至為受判決人之不利益則不可。

【附錄】50年第4次民刑庭決議

　　法院為科刑之判決後，發見被告已死亡，即將判決附卷，不予送達，檢察長能否對之提起非常上訴，本院可否將原判決撤銷改判不受理，茲有甲、乙兩說：
　　甲說：查被告死亡者，應諭知不受理之判決，刑事訴訟法第295條第5款（舊法）定有明文。故凡被告在起訴前或訴訟進行中死亡者，法院不論案情如何，應為不受理之判決，否則即係當然違背法令，應以非常上訴程序將該違法判決撤銷，改判諭知不受理，被告既

已死亡，則對之送達判決已成為絕對不可能之事，任何訴訟程序，如在事實上成為絕對不可能實施時，只須註明其事由，即與已實施有同一效力，故對於已死亡之被告，誤為科刑之判決，不應以其未經送達，而解為不確定判決，不得對之提起非常上訴。

乙說：查刑事訴訟法第295條第5款（舊法）所謂被告死亡者應諭知不受理之判決，係指法院在訴訟進行中知悉被告已死亡者而言；若法院為科刑之判決後，方知被告已死亡，則該判決對於被告根本不發生判決之效力，焉用對之提起非常上訴。故民國37年3月19日民、刑庭會議決議，對於死亡之被告，不得提起非常上訴；又非常上訴非對確定判決不得為之，此觀刑事訴訟法第434條（舊法）之規定甚明。不確定判決可註明事由作為確定，不但法律無此規定，司法院及本院亦尚未有此解釋或判例；故對於不確定判決，不得提起非常上訴。

決議：法院為科刑之判決後發見被告已死亡，即將判決附卷，不予送達，對於未經送達之不確定判決，不得提起非常上訴。

【附録】60年第1次民刑庭決議

對已死亡之被告不得提起非常上訴，固經本院迭次民刑庭總會決議有案（37年3月19日、50年8月8日、53年8月18日）；因其適用範圍不甚明顯，致各庭所持之見解尚欠一致，為求統一適用起見，可否歸納歷來決議，為「得上訴之案件，因被告死亡未經送達，或雖送達而被告在上訴期間內死亡，致未確定，或判決確定後，被告方死亡者，不得對之提起非常上訴（參看28年8月15日、50年8月8日決議）；但不得上訴之案件（如刑法第61條所列各罪案件之第二審判決，或煙毒案件之終審判決或第三審判決）經判決即告確定，如被告在判決前死亡，仍得提起非常上訴」之補充決議。

決議：得上訴之案件，因被告死亡未經送達，或雖送達而被告在上訴期間內死亡，致未確定，或判決確定後，被告方死亡者，不得對之提起非常上訴（參看28年8月15日刑庭總會決議(三)、50年8月8日第4次民、刑庭總會會議決議(一)）。但不得上訴之案件（如刑法第61條所列各罪案件之第二審判決，或煙毒案件之終審判決或第三審判決）一經判決即告確定，如被告在判決前死亡，仍得提起非常上訴。

【附録】101年第5次刑庭決議

院長提議：被告於第二審審理中死亡，第二審誤為實體判決，檢察官以被告死亡應諭知不受理判決為由，提起第三審上訴，本院應如何判決？

甲說：上訴駁回。

按刑事訴訟乃國家實行刑罰權所實施之訴訟程序，係以被告為訴訟之主體，如被告一旦死亡，其訴訟主體即失其存在，訴訟程序之效力不應發生。因之，被告死亡後，他造當事人提起上訴，應認為不合法予以駁回。（28年8月15日決議 (一)、33年上字第476號判例參照）

乙說：撤銷改判，諭知公訴不受理。

按被告死亡者，應諭知不受理之判決，為刑事訴訟法第303條第5款所明定。又檢察官

為刑事訴訟法第344條第1項前段規定之當事人，代表國家職司偵查，對被告利益、不利益均應一併注意，訴訟上具公益角色，負有監督並請求糾正判決違法情形之職責，其上訴權自不因被告死亡而受有限制。至於被告之配偶依法固得為被告之利益獨立上訴，但此項獨立上訴權之行使，必以被告之生存為其前提，若被告業已死亡，則訴訟主體已不存在，被告之配偶即無獨立上訴之餘地，雖經本院著有判例，但與檢察官為當事人具有單獨上訴權並不相同，自不能援引適用。且本院60年6月15日60年度第1次民、刑庭總會決議（95年9月5日95年度第17次刑事庭會議決議修正文字）認：不得上訴之案件，一經判決即告確定，如被告在判決前死亡，仍得提起非常上訴。舉重以明輕得上訴之案件，自得依上訴程序救濟，由上級審改判公訴不受理。

　　決議：採甲說。

第七節　被告辯護人之類型

```
辯護制度之目的—保護被告利益、充實被告防禦權、彌補被告法律知識之落差、促成實體發現、確
　　　　　　　　保國家刑罰權之適當行使。

辯護人於刑事程序之作用
　　　偵查
　　　　　1.消極性作用
　　　　　2.在場權，讓被告有依賴權
　　　　　3.因偵查階段還在建構犯罪事實，故無從行使辯論權及詰問權
　　　審判
　　　　　1.積極性作用
　　　　　2.辯護權
　　　　　3.犯罪事實已建構出來，需法院驗證，故進行攻防且採公開程
　　　　　　序，故有辯護權與詰問權

辯護體系
　指定辯護
　　1.意義
　　　指定辯護者，由審判長指定公設辯護人或律師代被告而為辯護，否則即屬判決當然違背
　　　法令（§379Ⅰ⑦）
　　2.種類
　　　(1)所犯最輕本刑為三年以上有期徒刑，或高等法院管轄第一審之案件，被告或其法定
　　　　代理人、配偶等未經選任辯護人者（§31Ⅰ前段）
　　　(2)被告因精神障礙或心智缺陷無法為完全陳述，於偵查或審判中未經選任辯護人者（§
　　　　31Ⅰ前段、Ⅴ）
　　　(3)低收入戶或中低收入戶，被告未選任辯護人而聲請指定者（§31Ⅰ）
　　　(4)其他審判案件，審判長認為有必要者（§31Ⅰ）
　　　(5)被告具原住民身分，經依通常程序起訴或審判者（§31）
　　　(6)前述案件選任辯護人於審判期日無正當理由而不到庭者，審判長得指定公設辯護人
　　　　（§31Ⅱ）
　　　(7)協商刑度逾六個月且未受緩刑宣告而被告未選任辯護人者（§455-5Ⅰ）
　　　(8)偵查中羈押審查程序（§31-1）

　選任辯護
　　1.意義
　　　由被告、犯罪嫌疑人或其法代、配偶、直系或三等親內之旁系血親、家長、家屬選任辯
　　　護人為被告辯護
　　2.種類
　　　(1)被告得隨時選任辯護人，犯罪嫌疑人受司法警察官或司法警察調查者，亦得選任辯
　　　　護人（§27Ⅰ）
　　　(2)被告或犯罪嫌疑人之法定代理人、配偶、直系或三親等內旁系血親或家長、家屬得
　　　　獨立為被告或犯罪嫌疑人選任辯護人（§27Ⅱ）
　　　(3)每一被告，選任辯護人不逾三人（§28）
```

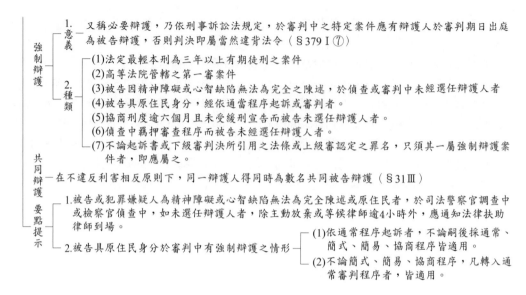

強制辯護
　1.意義 — 又稱必要辯護，乃依刑事訴訟法規定，於審判中之特定案件應有辯護人於審判期日出庭為被告辯護，否則判決即屬當然違背法令（§379Ⅰ⑦）

　2.種類
　　(1)法定最輕本刑為三年以上有期徒刑之案件
　　(2)高等法院管轄之第一審案件
　　(3)被告因精神障礙或心智缺陷無法為完全之陳述，於偵查或審判中未經選任辯護人者
　　(4)被告具原住民身分，經依通常程序起訴或審判者。
　　(5)協商刑度逾六個月且未受緩刑宣告而被告未選任辯護人者。
　　(6)偵查中羈押審查程序而被告未經選任辯護人者。
　　(7)不論起訴書或下級審判決所引用之法條或上級審認定之罪名，只須其一屬強制辯護案件者，即應屬之。

共同辯護 — 在不違反利害相反原則下，同一辯護人得同時為數名共同被告辯護（§31Ⅲ）

要點提示
　1.被告或犯罪嫌疑人為精神障礙或心智缺陷無法為完全之陳述或原住民者，於司法警察官調查中或檢察官偵查中，如未選任辯護人者，除主動放棄或等候律師逾4小時外，應通知法律扶助律師到場。
　2.被告具原住民身分於審判中有強制辯護之情形
　　(1)依通常程序起訴者，不論嗣後採通常、簡式、簡易、協商程序皆適用。
　　(2)不論簡式、簡易、協商程序，凡轉入通常審判程序者，皆適用。

🔍 焦點1　辯護人、輔佐人及代理人之修法評析

　　本章增修條文包括第31、35、37及38條。主要意旨乃為實現改良式當事人進行主義之精神，蓋訴訟構造既改由當事人主導整個刑事訴訟程序之進行，自應使當事人具有參與暨主導之能力，惟除代表國家行使追訴權之檢察官外，其餘被告與自訴人均非具法律專業知識，且前者係受調查、追訴之對象，相較於熟悉法庭活動並擁有國家公權力之檢察官而言乃處於絕對弱勢地位，為促進當事人實質地位對等，允應由辯護人協助其訴訟防禦，以確保正當法律程序之保障得以實現，故特對無資力選任辯護人之低收入戶增設衡平措施；至後者則另具有防止濫行自訴之含意。又輔佐人亦具輔助訴訟當事人之地位，為使其功能得以充分發揮，故擴大其得為之訴訟行為，非僅侷限於事實與法律之攻防意見陳述，惟因其仍非訴訟當事人，是其所為訴訟行為與陳述即不得與被輔佐之當事人明示之意思相反。

【附錄】修正條文

〈刑事訴訟法第31條〉

　　有下列情形之一，於審判中未經選任辯護人者，審判長應指定公設辯護人或律師為被告辯護：

一、最輕本刑為三年以上有期徒刑案件。
二、高等法院管轄第一審案件。
三、被告因精神障礙或心智缺陷無法為完全之陳述。
四、被告具原住民身分，經依通常程序起訴或審判者。
五、被告為低收入戶或中低收入戶而聲請指定者。
六、其他審判案件，審判長認有必要者。

前項案件選任辯護人於審判期日無正當理由而不到庭者，審判長得指定公設辯護人或

律師。

　　被告有數人者，得指定一人辯護。但各被告之利害相反者，不在此限。

　　指定辯護人後，經選任律師為辯護人者，得將指定之辯護人撤銷。

　　被告或犯罪嫌疑人因精神障礙或心智缺陷無法為完全之陳述或具原住民身分者，於偵查中未經選任辯護人，檢察官、司法警察官或司法警察應通知依法設立之法律扶助機構指派律師到場為其辯護。但經被告或犯罪嫌疑人主動請求立即訊問或詢問，或等候律師逾四小時未到場者，得逕行訊問或詢問。

〈修法分析〉

1. 審判中增列「原住民」強制指定辯護。惟應注意，限於「依通常程序起訴（不論嗣後是否轉換為簡式、簡易或協商）」或「依通常程序審判（包括原採簡式、簡易或協商，再轉換為通常審判）」，此與低收入戶或中低收入戶不同（未限制）。尚應注意，「原住民」係不待被告聲請；至「低收入戶或中低收入戶」則須被告聲請，故後者雖屬指定辯護，但非強制辯護。

2. 「智能障礙與原住民」被告之偵查程序強制辯護權，自「檢察官偵查」階段延伸至「司法警察（官）調查」階段，可謂是重大里程碑，對於犯罪嫌疑人第一次（亦是最重要之初供）受詢（訊）問之防禦權保障」深具重要意義。

〈刑事訴訟法第31條之1〉

　　偵查中之羈押審查程序未經選任辯護人者，審判長應指定公設辯護人或律師為被告辯護。但等候指定辯護人逾四小時未到場，經被告主動請求訊問者，不在此限。

　　前項選任辯護人無正當理由而不到庭者，審判長得指定公設辯護人或律師。

〈立法說明〉

一、偵查中檢察官向法院聲請羈押被告，係起訴前拘束人身自由最嚴重之強制處分，是自應予以最高程度之程序保障。爰參酌司法院釋字第七三七號解釋意旨，增訂第一項規定，將強制辯護制度擴及於偵查中檢察官聲請羈押、延長羈押、再執行羈押被告之法院審查及其救濟程序，原則上採強制辯護制度。但考量偵查中之羈押審查程序有其急迫性，與本案之審理程序得另定相當之期日者有別，法院如現實上無公設辯護人之設置，指定辯護人事實上又有無法及時到庭之困難時，若被告無意願久候指定辯護人到庭協助辯護，自應予以尊重，爰配合增訂第一項但書，俾資彈性運用。至於抗告審如未開庭，而採書面審理，自無但書等候指定辯護人規定之適用；又本於司法資源之合理有效利用，且如被告業經羈押，其後續所面臨之程序，已與檢察官聲請羈押當時所面臨之急迫性有所不同，自應有不同之考量。是以，第一項所謂偵查中之羈押審查程序，自不包括法院已裁准羈押後之聲請撤銷羈押、停止羈押、具保、責付或限制住居等程序，附此敘明。

二、偵查中之羈押審查程序，選任辯護人無正當理由不到庭者，為免延宕羈押審查程序之進行，審判長自得另行指定公設辯護人或律師為被告辯護，爰參考第三十一條第二項之規定，增訂第二項。

三、第三十一條第三項、第四項之規定，於第一項之指定辯護及選任辯護亦同斯旨，

　　爰增訂第三項，明定亦準用之。

🔎 焦點2　辯護人、輔佐人與代理人之綜合比較

	辯護人	輔佐人	代理人
適用對象	被告、犯罪嫌疑人	被告、犯罪嫌疑人、自訴人	被告、自訴人、告訴人
行使權限	法律與事實之防禦	事實之攻防（因其未具法律專業能力，如詰問即不得為之）	代為訴訟行為
選任方式	提出委任書狀	書狀或言詞陳明	提出委任書狀
選任權人	第27條第2項	無限制規定	被告、自訴人、告訴人
被選任人之資格	律師或經審判長許可之非律師	第35條	律師或經審判長或檢察官許可之非律師，自訴代理人限律師
選任人數限制	三人	無限制規定	三人
行為方式	以自己名義	以自己名義	以本人名義
適用限制	無限制規定	無限制規定	被告：限拘役或罰金案件始得代理 自訴人：強制律師代理 告訴人：除聲請交付審判外，餘均任意代理
權　限	有閱卷權（限偵查中之羈押審查及審判中）及交通權、詰問權（限審判中）	得為本法所定之訴訟行為並陳述意見（限審判中，偵查中僅有在場權)	有閱卷權（告訴代理人偵查中無，審判中有）、詰問權（告訴代理人無）但無交通權

🔎 焦點3　訴訟關係人（辯護人、輔佐人、代理人）之基本觀念

一、辯護人

(一) 權利（吳巡龍，台灣本土法學第119期，頁167）

　　1. 卷宗與證物之檢閱權與抄錄權：本法規定「辯護人於偵查中之羈押審查程序及審判中得檢閱卷宗及證物並得抄錄或攝影」（§33、§33-1）。閱卷權之目的在於確保被告得以有效行使防禦權，因此作為檢察官控訴依據及裁判基礎的所有卷證，必須賦予辯方充分檢閱的機會。若不准被告或其辯護人檢閱偵訊光碟，一旦該光碟內容被法院採為有罪裁判的基礎，即會導致審判不公。學者主張對於偵訊光碟，辯護人

僅能在法院當場檢閱播放而不能拷貝攜出，如此限制既不會阻礙辯方瞭解光碟內容，又能夠適度保護訴訟參與者的秘密、聲音及肖像人格權，避免偵訊光碟遭他人濫用。

2. 與被告之接見通信（交通權）：參見本章第四節之焦點6。

3. 攜同速記到庭記錄權：辯護人經審判長之許可，得於審判期日攜同速記到庭記錄（§49）。

4. 證據提出權及聲請調查證據權：辯護人得於審判期日前提出證據，並聲請法院於審判期日前傳喚證人、鑑定人或通譯及調取或命提出證物（§275）。辯護人並得請求調查證據（§163Ⅰ前）。

5. 出庭辯護權：辯護人於審判期日出庭，在事實審中，於調查證據完畢後，就事實及法律辯論之（§271、§289Ⅰ）。

6. 偵查訊問被告時之在場權：辯護人得於檢察官、檢察事務官、司法警察官或司法警察訊問該被告或犯罪嫌疑人時在場，並得陳述意見（§245Ⅱ）。偵查中訊問被告或犯罪嫌疑人時，應將訊問之日、時及處所通知辯護人。但情形急迫者，不在此限（§245Ⅳ）。此外，偵查中法官為羈押決定之被告訊問時，辯護人亦有在場權。審判中之辯護人得於搜索、扣押時在場（§150Ⅰ、§219）。

7. 詢問權：辯護人得於調查證據時，詢問證人、鑑定人或被告（§163Ⅰ後）。

8. 詰問權：辯護人得於審判期日直接詰問證人或鑑定人，或聲請審判長詰問之（§166Ⅰ）。

9. 聲請權：辯護人之聲請權包括：(1)聲請法官與檢察官迴避（§18、§26）；(2)聲請回復原狀（§67Ⅰ）；(3)聲請停止羈押（§110）；(4)聲請繼續審判（§298）。

10. 異議權：行合議審判之案件，辯護人對於審判長或受命法官之處分得向法院聲明異議（§288-3Ⅰ）。又法院應就辯護人聲明異議當否裁定之（§288-3Ⅱ）。

11. 提起上訴權與撤回上訴權：辯護人得為被告之利益而上訴，但不得與被告明示之意思相反（§346）。對此上訴，經被告之同意得以撤回（§354、§355）。

(二) 義務：辯護人在刑事訴訟程序上應負之義務計有：1.忠實辯護之義務；2.服從訴訟指揮之義務；3.守密之義務（包含§245Ⅲ之偵查不公開與為被告守密）。

二、輔佐人

(一) 輔佐人乃與被告或自訴人具有一定身分關係，而在法庭陳述意見，輔助被告或自訴人之人。所謂與被告或自訴人具有一定身分關係之人，係被告或自訴人之配偶、直系或三親等內旁系血親或家長、家屬或被告之法定代理人（§35Ⅰ前）。

(二) 上述之人乃是「得為輔佐之人」，欲取得輔佐人地位，應於起訴後，向法院以書狀或於審判期日以言詞陳明（§35Ⅰ後）。

(三) 輔佐人之設乃在輔助被告從事防禦，或輔助自訴人從事攻擊，故輔佐人可於言詞辯論時在場，並可陳述意見（§35Ⅱ）。其所陳述之意見包括事實或法律之意見。

(四) 現行法修正時，爲確保精神障礙或心智缺陷之犯罪嫌疑人或被告之權益，乃增設「被告或犯罪嫌疑人因精神障礙或心智缺陷無法爲完全之陳述者，應有第1項得爲輔佐人之人或其委任之人或主管機關指派之社工人員爲輔佐人陪同在場。但經合法通知無正當理由不到場者，不在此限」（§35 III）。

三、代理人

代理人乃受被告或自訴人之委託，而代理其訴訟行爲之人。

(一) 被告之代理人：最重本刑爲拘役或專科罰金之案件，被告於審判中或偵查中得委任代理人到場。但法院或檢察官認爲必要時，仍得命本人到場（§36）。

(二) 自訴人之代理人：自訴人應委任代理人提起（§319 II），並委任代理人於審判期日到場及爲訴訟行爲（§37、§329）且該代理人僅限律師。

(三) 告訴代理人：告訴得委任代理人，但必要時本人應到場（§236-1）。

(四) 準用辯護人規定：每一被告或自訴人委任之代理人不得逾三人（§38、§28）。代理人應委任律師充任，若於審判中欲委任非律師充任者，則應得審判長之許可（§38、§29）。代理人之委任應於每審級爲之。並應提出委任狀於法院（§38、§30）。被告或自訴人有數代理人者，送達文書處分別爲之（§38、§32）。代理人於審判中得檢閱卷宗及證物，並得抄錄或攝影（§38、§33）。

【附錄】98年台上第2550號

第288條之3第1項……調查證據處分之異議，有其時效性，如未適時行使異議權，致該處分所爲之訴訟行爲已終了者，除該項瑕疵係屬重大，有害於訴訟程序之公正，而影響於判決之結果者外，依刑事訴訟法第380條規定，不得執爲上訴第三審之理由。……刑事訴訟法第164條第1項、第165條第1項……所稱之「代理人」，係指被告或自訴人之「代理人」而言。至於告訴人依同法第271條之1第1項前段規定，雖得於審判中委任「代理人」到場，但僅限於到場「陳述意見」，並不發生應對告訴人或其代理人「提示」證物，或將筆錄及可爲證據之文書「宣讀或告以要旨」之問題。

【附錄】102年台上第2882號

被告與檢察官固均爲刑事訴訟程序之當事人，俱爲訴訟之主體，然檢察官擁有專業之法律素養及充分之事實陳述能力；而心智障礙之被告非但不具法律上專門知識，更欠缺完整自我辯護之事實陳述之能力，甚或爲法律制約之對象，爲確保其有依法定程序受公平審判之權利，除賦予辯護人倚賴權，俾其免於不必要之處罰外，刑事訴訟法第35條第3項復規定：被告或犯罪嫌疑人因智能障礙無法爲完全之陳述者，應有得爲輔佐人之人或其委任之人或主管機關指派之社工人員爲輔佐人陪同在場。但經合法通知無正當理由不到場者，不在此限。旨在輔助被告對事實意見陳述、聲請調查證據、詢問證人、辨認證物、辯論證據證明力等權利（刑訴法§35 II、§163 I、§164 I、§288-2參照），爲憲法第16條所定訴訟基本權所派生之權利，用以增強被告事實上防禦能力，俾能與檢察官或自訴人立於

平等地位，享有接受法院公平審判之權利，如恣意漠視，即不足維護程序正義，且有害於其審級利益。

【附錄】106年台上第696號

訴訟繫屬繼續中，訴訟關係固然存在，該繫屬法院自應加以審判，但一經終局裁判，原有審級之訴訟關係即歸於消滅，是案件縱經上級法院發回更審，乃為另次訴訟程序之開始。自訴人委任律師為代理人之委任狀，應於每一審級提出，則發回更審之審級程序既已重新開始，自應針對重新開始之審級程序，重新委任律師為代理人，並提出新的委任狀予更審法院，始為適法。

🔎 焦點4　辯護權之侵害與效果（陳運財，月旦法學教室第24期，頁115～120）

一、未踐行選任辯護權告知義務違法效果

通說認為辯護人選任權之告知規定，係為使犯罪嫌疑人或被告能充分基於自由意思決定是否接受或放棄辯護人援助之重要機制，屬辯護權保護的範圍，稱之為「實質權利說」。基於此項理解，導出所謂有效放棄之法理，主張只有當犯罪嫌疑人或被告充分理解辯護權之存在及內容，且在獲有自由行使此項權利之機會下，明示且無瑕疵的以書面表示放棄行使權利之意思，否則不得認定已為有效之放棄；只要未為有效之放棄，凡未賦予被告接受辯護人援助之機會者，乃構成辯護權之侵害。

二、侵害辯護人權利之違法效果

關於違反第95條告知義務以外之侵害辯護人援助之權利，例如違法禁止被告與辯護人之接見通信權時，雖得依第416條提出準抗告，惟其取得之自白有無證據排除之適用？關此，與前述違反告知規定之情形不同，因刑訴法對此並無直接之特別排除規定，故應類推適用第158條之2之排除規定，決定侵害接見通信權取得之自白或其他證據，有無證據能力。蓋因接見交通權及偵訊在場權，均屬辯護人選任權之重要內容，國家機關倘違法剝奪辯護人接見通信或在場之機會，致犯罪嫌疑人或被告與法律援助之機會隔絕，顯構成違反憲法正當程序之重大違法，於此種非法剝奪法律援助狀態下詢問取得之犯罪嫌疑人或被告之自白，如不予排除，將不足以嚇阻偵查機關的違法偵查。更何況，違反辯護人選任權之告知規定，依第158條之2第2項尚且原則上即導出排除自白之效果，則侵害辯護權之核心內容者，更應有排除法則之適用，始為合理。

三、救濟途徑

現行刑訴法第404條第2款及第416條第1項第1款規定，羈押之被告對於法院或檢察官違反第34條、第105條第3項、第4項之規定，不當限制其與外人接見通信之權利者，得提出抗告或聲明不服，以資救濟。惟卻未將違反第33條之閱卷權及第245條之訊問在場權等直接列為得請求救濟之範圍，應屬立法上之疏漏。解釋上，閱卷權及偵訊中之在場權等辯護人選任權之實質內容，其重要性顯優於第105條第2項所定之對外接見通信權，故遇有該

等權利遭受國家機關不當或違法之侵害，應更賦予被告或辯護人得立即請求司法救濟之機會，是以此種情形，仍應有第404條第2款及第416條第1項第1款之類推適用。

四、公設辯護與強制辯護

　　公設辯護制度，旨在避免因被告經濟能力不佳於防禦權之保護上蒙受差別的待遇，以維護法之實質平等，故賦予無資力之被告得請求國家機關提供辯護人援助之機會。至於後者，稱為「強制辯護制度」，乃針對特定之重大案件或被告之身心特性，為維護訴訟程序的公正及必要保障，強制程序的進行應有辯護人在場協助防禦。前者著重在人的身分，為權利性規定；後者著重於案件性質，為義務性規定。惟兩者均在補充選任辯護制度的不足，構成整體刑事辯護制度的重要一環。學者建議應適用於偵查階段。

【衍生實例】

> 被告在刑事訴訟中有受律師協助的權利，此一權利在我國立法及實務上之重大變革為何（請多著墨於這十年內之發展）？這些重大變革所代表之思想為何？目前是否仍有值得檢討之處？
>
> （100台大法研）

考點提示：

一、偵查中智能障礙者之強制辯護制度適用、辯護人與受羈押或偵查中受拘捕之被告之接見通信權之具體規範保障及救濟權利、辯護人交互詰問權與程序異議權之具體賦予之規定。

二、偵查中重罪案件（至少羈押審查程序）宜有強制辯護制度之適用、偵查中辯護人之資訊請求權與詰問權宜適當賦予、強化辯護人實質有效辯護之功能。

🔍 焦點5　偵查程序之強制辯護權（陳運財，月旦法學第137期，頁125）

一、學說見解

　　辯護制度為保障被告正當法律程序之防禦權之重要措施，且具有刑事程序合法性之監督與制衡作用，同時平衡檢察官與被告於偵查程序地位之不對等，此於偵查或審判程序均無不同，故宜認刑事訴訟法第31條強制辯護制度於偵查程序亦有其適用。現行法已修正規定聲請羈押之案件於審查程序中，被告未經選任辯護人者，法院應指定公設辯護人或律師在場。此因偵查中之羈押審查，乃關係被告人身自由是否受拘束之重大關鍵程序，應使該被告能有接受辯護人援助的機會，以維護程序之正當及被告防禦權之保障。

　　學者並主張賦予偵查中犯罪嫌疑人及被告之辯護人有閱卷之權利，如辯護人無法知悉案件偵查的相關資訊，顯無法為有效協助防禦之活動，同時考慮到與偵查機關之間因蒐集證據武器的懸殊所造成的資訊不對稱的狀態，適度賦予辯護人有檢閱偵查卷宗及證物的機會，顯較合於程序的公正。是以，應修正現行刑訴法第33條之規定，偵查階段辯護人亦得檢閱偵查卷證，果真有事實足認辯護人因檢閱卷證而有串證或湮滅證據之虞者，予以適當的限制即可。

二、實務見解

　　刑事訴訟法第31條立法理由謂：本條係關於強制辯護之規定。惟按何種案件應行強制辯護，須憑起訴法條而為認定，在偵查階段，被告未經起訴，尚不發生強制辯護的問題。且在偵查階段之檢察官、司法警察官或司法警察，僅對被告或犯罪嫌疑人之犯罪情形加以偵查或調查及蒐集證據，尚無需就法律或證據互為辯論，與審判程序必須公開辯論之規定情形不同，故在偵查程序中被告或犯罪嫌疑人選任辯護人，已足保護其權益。

三、現行法之規範

　　刑事訴訟法第31條第5項已增訂被告智能障礙無法為完全陳述者或原住民，偵查中適用強制辯護制度，亦即若被告於此情形未選任辯護人者，檢察官應依法為被告指定辯護人或通知法扶律師到場；此外，羈押審查程序亦同採強制辯護制度。此項立法顯採折衷主義，一方面肯定偵查中被告辯護權之需求性，一方面迴避罪名認定之爭議（偵查階段，因尚未起訴，如何認定重罪案件與高等法院管轄第一審案件之罪名）。

【附錄】97年台上第1976號

　　在偵查中，被告因智能障礙無法為完全之陳述者為限，始應指定公設辯護人或律師為被告辯護，此觀同法第31條第1項、第5項之規定自明。是在偵查中，除被告因智能障礙無法為完全之陳述，而未選任辯護人之情形，應由檢察官指定律師為其辯護外，其他案件在偵查階段，因檢察官、司法警察官或司法警察，僅對被告或犯罪嫌疑人之犯罪情形為偵查、調查或蒐集證據，既尚未起訴，被告或犯罪嫌疑人並無需就法律之適用或證據能力、證據證明力等事項與檢察官互為辯論，不發生強制辯護之問題，自無指定公設辯護人或律師為其辯護之必要。本件依各次警詢筆錄所載，警方於詢問上訴人，製作警詢筆錄時，均已踐行告知刑事訴訟法第95條各款所定（包括「得選任辯護人」等）事項，並經上訴人陳稱毋庸請辯護律師或通知家屬到場等語在卷，上訴人當時既未選任律師為其辯護，致於警詢時未有辯護人在場，自不能因此即謂該警詢筆錄為違背法律規定而無證據能力。又警方於製作警詢筆錄時，另要求犯罪嫌疑人模擬其犯案過程，無非為印證其供述之憑信性，資以啟發查察犯罪證據之正確方向，期能充分發現真實，早日破案，純屬警方為調查犯罪證據得視情況需要所使用之一種手段；倘犯罪嫌疑人於模擬過程中，自由供述並配合動作表示其犯案之經過，性質仍屬被告於警詢之自白，在未有選任辯護人之情形，法律上亦非須有辯護人到場，始得命犯罪嫌疑人為該犯罪過程之模擬，以免警方調查犯罪工作之遲滯難行。

　　（評析：此判決未明辯護人於偵審程序之功能，蓋辯護人於偵查中具有在場權以確保被告得受偵查機關公平合理之正當法律程序對待，且平衡被告與檢警機關之地位，屬消極性作用；與審判中為被告行證據檢驗和事實法律辯論之積極性功能，完全不同，否則偵查程序之辯護制度豈非形同虛設。）

【附錄】103年台上第3094號

刑事訴訟法第245條第4項規定：「偵查中訊問被告或犯罪嫌疑人時，應將訊問之日、時及處所通知辯護人。但情形急迫者，不在此限。」固賦予偵查程序中之被告律師倚賴權，期由律師在場，督促程序公正進行，保障受訊問人陳述之任意性。惟若疏未通知律師到場，法律並未特別規定其效果，自當依同法第158條之4關於權衡法則之規定，判斷該筆錄之證據適格與否。上開警詢筆錄未通知辯護人到場，雖有瑕疵，惟上訴人於該次警詢陳述之任意性，未因而受影響，已如前述，原審依上開規定權衡後，認有證據能力，乃其採證職權之適法行使，並無不合。

🔍 焦點6　辯護人於刑事訴訟程序之定位（林鈺雄，刑事訴訟法（上），頁190以下）

一、辯護人之訴訟程序地位，有認係當事人利益之代理人，利益與否取決於被告自主之決定，故辯護人僅居於輔助被告達成利益與目的，需完全以被告之意思爲準。

二、林鈺雄老師認辯護人係屬於自主性司法單元，亦即其爲保護被告利益仍得與被告意思相反，例如被告頂替他人罪行而爲虛偽之自白，此時辯護人在不違反其保密義務前提下，仍有必要爲被告利益但違反被告意思而爲辯護（採前說則否）；除此，藉由辯護人之介入，亦得促成實體眞實發現及確保國家司法程序之法治國性，促成被告利益之保障，故其亦具公益色彩。據此，辯護人不負客觀性義務（僅爲被告利益），惟仍負最低度眞實義務（有別於檢察官），是其不得積極說謊，亦不得協助被告逃亡、串證、湮滅證據，但仍得消極隱瞞不利被告之事實（保密義務）。

🔍 焦點7　被告受律師有效協助之權利（王兆鵬，月旦法學第123期，頁148以下；月旦法學第137期，頁119）

一、大法官釋字第396號認爲公務員於懲戒程序應採辯護制度，符合憲法第16條之訴訟權保障。學者主張公務員懲戒程序涉及人民之財產與名譽權，刑事訴訟程序涉及人民之生命、自由、財產及名譽，依舉輕以明重法理，自得推論刑事被告受辯護制度保障亦爲憲法上之權利。

二、所謂實質且有力之辯護，包括：(一)辯護人應於審判期日到場，否則不得審判（檢察官陳述起訴要旨、審判長就被訴事實訊問被告、調查證據、事實與法律辯論、被告最後陳述等程序、辯護人皆需在場），違反即構成刑事訴訟法第379條第7款之判決當然違背法令。(二)辯護人未陳述意見或未提出辯護狀，即與未辯護無異。(三)辯護人於審判期日僅辯稱「請庭上明察，依法判決」或「引用辯護狀所載」，亦與未眞正辯護無異。(四)共同被告利害相反時，不得指定同一辯護人爲共同辯護，蓋此乃法院指定，而非被告自由意志，故法院有職責避免。此於選任辯護時，法院應告知每一被告

受有效辯護之權利，包括由不同律師辯護，若法院發現有利害相反情事，應主動禁止共同辯護。(五)法院為被告指定辯護人時，倘自指定之時間與情狀整體觀察，辯護人不可能提出有效辯護，即屬被告未受有效辯護之協助。(六)我國刑事訴訟構造自職權主義調整為改良式當事人進行主義，訴訟程序之進行非僅強調當事人形式上對等，尚須強而有力之辯護人協助被告，故除有上揭(一)至(五)明顯瑕疵情形外，法院不應主動介入辯護人之辯護行為，而有不合理干預或限制辯護人權限。

至若為達到實質平等辯護之理想，亦應有如下配合：

1. 被告與律師間為辯護之目的，得完全充分及自由之溝通。
2. 訊問被告前，除告知被告有權選任辯護人，並應告知如無資力得選任辯護人，得請求指定辯護人。
3. 國家為貧窮被告指定辯護人之義務，不限於審判階段，偵查中之羈押程序、拘提或逮捕後之訊（詢）問程序，只要被告提出請求，國家即應有此義務。
4. 不論選任辯護人或指定辯護人，在審判中皆應提供實質、有效之辯護。
5. 偵查中，受拘提或逮捕之被告，如要求與律師見面，偵查機關應允許被告至少一次與律師會談之機會後，始得訊問。（修正刑事訴訟法第34條已明定，辯護人得接見羈押之被告，並互通書信。非有事證足認其有湮滅、偽造、變造證據或勾串共犯或證人者，不得限制之。辯護人與偵查中受拘提或逮捕之被告或犯罪嫌疑人接見或互通書信，不得限制之。）

三、倘辯護人不能為實質有效辯護，應使被告得請求上級審法院撤銷原判決以為救濟。此目的非在改善律師之執業水準，而在確保我國改良式當事人進行主義得產生公平正義之審判結果。所謂辯護協助之要件包括：(一)行為瑕疵。被告須具體指出辯護人之行為有瑕疵，致未發揮辯護人應有之審判功能。(二)結果不利。瑕疵行為嚴重至審判不公平，審判結果因此不可信。

【附錄】47年台上第1531號

第一審雖變更起訴法條，論上訴人以竊盜及傷害罪，但經檢察官以上訴人應構成刑法第329條、第330條第1項之罪為理由，提起上訴，該條之罪其最輕本刑為五年以上有期徒刑，自屬應用辯護人之案件，既未經選任辯護人，原審亦未指定公設辯護人為其辯護而逕行判決，按之刑事訴訟法第371條第7款（舊）之規定，其判決當然為違背法令。

【附錄】97年台上第561號

刑事辯護制度係為保護被告之利益，藉由辯護人之專業介入，以充實被告防禦權及彌補被告法律知識之落差，使國家機關與被告實力差距得以適度調節，促成交互辯證之實體發現，期由法院公平審判，確保國家刑罰權之適當行使而設；辯護人基於為被告利益及一定公益之角色功能，自應本乎職業倫理探究案情，盡其忠實辯護誠信執行職務之義務。刑事訴訟法第379條第7款規定「依本法應用辯護人之案件，辯護人未經到庭辯護而逕行審判者」，其判決當然違背法令。此所謂未經辯護人到庭辯護，依辯護制度之所由設，除指未

經辯護人到庭外，尚包括辯護人雖經到庭而未盡其忠實辯護之義務在內。本件上訴人涉犯毒品危害防制條例第4條第1項之販賣第一級毒品罪，屬於應用辯護人之強制辯護案件，上訴人委任余○○律師為辯護人，於96年9月5日審判期日，余○○律師到庭，審判筆錄記載：「選任辯護人余○○律師起稱：為被告辯護，辯護意旨詳如刑事準備書狀所載」等語。然稽之案內資料，上開準備書狀僅止於表明聲請傳喚證人陳○○，乃準備程序期日應行處理之事項（參見刑事訴訟法第163條第1項、第273條第1項），辯護人於原審審判長調查證據後，並未就法律上或事實上意見為上訴人盡其忠實辯護之義務，此與辯護人雖經到庭而未置一詞辯護者無異，原審遽予審判，其判決當然違背法令。（註：68台上1046、101台上2963、102台上1662同旨）

【附錄】98年台上第4461號

　　刑事訴訟為使當事人之地位對等，於刑事訴訟法第一編第四章，特設辯護人、輔佐人及代理人（或稱訴訟關係人），以輔助當事人為訴訟行為。刑事辯護制度係為保護被告之利益及維持審判之公平而設，其功能在輔助被告防禦對造檢察官或自訴人對被告所實施之攻擊，囿於被告一般均欠缺法律智識，且處於被訴立場，難期能以冷靜態度，克盡防禦之能事，故由辯護人補其不足，俾與檢察官或自訴人立於平等之地位而受法院公平之審判，此為人民依憲法第16條享有之訴訟權所衍生之基本權。辯護人於審判期日，得為被告行使其辯護權者，除依刑事訴訟法第298條規定，於調查證據完畢後，就事實及法律所為之辯論外，於審判長踐行調查證據程序時，現行刑事訴訟法（92年2月6日修正公布、同年9月1日施行）併擴張賦予當事人、代理人、辯護人或輔佐人之「參與調查證據權」，亦即將原第164條、第165條，僅曰「證物應提示被告命其辨認」、「筆錄文書應向被告宣讀或告以要旨」等規定，修正為審判長「應將證物提示當事人、代理人、辯護人或輔佐人，使其辨認」、「應向當事人、代理人、辯護人或輔佐人宣讀或告以要旨」，使當事人及訴訟關係人於調查證據程序中有陳述意見及參與辯論證據力之機會，以示公平法院不存有任何之主見，落實當事人對等原則；並使被告倚賴其辯護人為其辯護之權利，得以充分行使其防禦權。是法院對於此項辯護權之實踐，不得恣意漠視，否則即不足以維護訴訟上之程序正義。

【附錄】102年台上第3984號

　　刑事訴訟法第455條之5……本件第一審法院於審判程序中亦係諭知「指定公設辯護人陳○明協助被告進行協商」，有該院102年4月9日簡式審判筆錄可稽，且參以上開刑事訴訟法第455條之2第1項之規定，檢察官於經法院同意後，得於審判外就該條項所列各款事項與被告進行協商，亦足認檢察官於此情形與被告進行協商，與協商不成立後法院踐行之本案審理程序乃屬各別之二程序。是本件第一審法院為上訴人指定公設辯護人係專就上訴人進行協商部分提供協助，不及於協商程序以外之本案審理之辯護，應無疑義，則該法院於協商不成立後，續行簡式審判程序，未由原指定協助進行協商之公設辯護人為上訴人辯護，所踐行之訴訟程序即無違法，無庸先予撤銷上開協商程序之指定辯護，自不待言。

【附錄】102年台上第4604號

　　刑事訴訟法第379條第7款所謂強制辯護之案件，辯護人未經到庭辯護而逕行審判者，其判決當然違背法令，係指該類案件，辯護人未於審判期日言詞辯論時，到庭為被告辯護而言。本件原審於102年7月3日係進行準備程序，非行審判程序，而原審早於庭期前之同年6月19日，已合法通知其辯護人應到庭執行職務，其辯護人雖未於當日到庭，但已於102年8月6日審判期日出庭為乙○辯護，有審判期日筆錄可憑，原審自無未經公設辯護人到庭辯護逕行審判情形。上訴意旨指摘原判決違法，顯有誤會，核非第三審上訴之適法理由。

【附錄】102年台上第5092號

　　刑事被告在訴訟上有依賴律師為其辯護之權，此為人民依憲法第16條規定賦予訴訟權所衍生之基本權，功能在使被告充分行使防禦權，俾與檢察官或自訴人立於平等之地位，而受法院公平之審判。基此，我國立法政策上，採多數辯護制度，於刑事訴訟法第28條規定：「每一被告選任辯護人，不得逾三人。」即同一被告至多得選任三位辯護人為其辯護。而每位辯護人之辯護權，均各自獨立，可居於自身之辯護權能，從不同之面向，展現不同之辯護內容，自主、充分地為被告辯護，彼此無法取代，以彰顯多數辯護制度之目的。本件於原審，上訴人選任王○聖律師、其弟為上訴人選任呂○賢律師為辯護人，各有委任狀附卷可憑。原審民國102年6月14日審判期日，呂○賢律師雖到庭為上訴人辯護，而王○聖律師於當日上午11時40分進行至「就被告之科刑範圍有無意見？」程序始到庭，其僅就此部分陳述意見，有當日審判筆錄可稽。然王○聖律師當日到庭時之審判程序，既未辯論終結，參照刑事訴訟法第289條第2項：「已辯論者，得再為辯論，審判長亦得命再行辯論。」設有得再為辯論、再行辯論之規定。審判長當時本得命王○聖律師為上訴人辯護。且呂○賢律師雖已為上訴人辯護，但無法取代或兼及王○聖律師之辯護。乃原審竟未注意刑事訴訟法第2條第1項：「實施刑事訴訟程序之公務員，就該管案件，應於被告有利及不利之情形，一律注意。」之規定，未令王○聖律師為上訴人辯護，即諭知辯論終結，致王○聖律師未能為上訴人辯護，顯不足以維護訴訟上之程序正義，影響上訴人充分行使其防禦權，不符上開多數辯護制度之旨，難謂適法。

【附錄】103年台上第1922號

　　刑事辯護制度係為保護被告之利益，期待法院公平審判，確保國家刑罰權之適當行使而設，被告在訴訟上有依賴辯護人為其辯護及不受不法審判之權，此為人民依憲法第16條享有訴訟權所衍生之基本權。而刑事訴訟法第33條第1項，辯護人於審判中得檢閱卷宗及證物並得抄錄或攝影之規定，其目的在於保障辯護權之行使。雖證人保護法第11條規定：「有保密身分必要之證人，除法律另有規定者外，其真實姓名及身分資料，公務員於製作筆錄或文書時，應以代號為之，不得記載證人之年籍、住居所、身分證統一編號或護照號碼及其他足資識別其身分之資料。該證人之簽名以按指印代之。（第1項）」「載有保密證人真實身分資料之筆錄或文書原本，應另行製作卷面封存之。其他文書足以顯示應保密

證人之身分者，亦同。（第2項）」「前項封存之筆錄、文書，除法律另有規定者外，不得供閱覽或提供偵查、審判機關以外之其他機關、團體或個人。（第3項）」然不能執此排除辯護人依刑事訴訟法第33條第1項檢閱秘密證人筆錄之權限。

【附錄】103年台上第2443號

刑事被告有受律師協助之權利，此觀刑事訴訟法第一編「總則」編於第四章定有「辯護人、輔佐人及代理人」專章即明。所謂被告律師協助權，係指被告於各審級有受律師實質、有效協助之權利，其內涵應包括國家機關不得否定被告有此項權利，國家機關不得干涉辯護人的重要辯護活動，例如被告與律師的充分溝通權，以及辯護人應提供有效之協助，以確保被告辯護倚賴權應有的功能，並應排除辯護人利益衝突之情形。被告律師所提供之辯護如非實質、有效的辯護，即屬無效之律師協助，固得構成合法上訴之理由，以維護公平正義與被告利益。惟是否構成無效之律師協助，除應由被告具體指出辯護人之辯護行為有瑕疵，致未發揮辯護人應有的功能外，必也該瑕疵行為嚴重至審判已不公平，審判結果亦因而不可信，亦即，所謂無效之辯護應同時具備「行為瑕疵」與「結果不利」二要件，始足語焉。（註：102年台上第3050號同旨）

【附錄】103年台上第3755號

刑事被告在訴訟上有依賴律師為其辯護之權，此為人民依憲法第16條規定賦予訴訟權所衍生之基本權，功能在使被告充分行使防禦權，俾與檢察官或自訴人（有律師為代理人）立於平等之地位，而受法院公平之審判。基此，我國立法政策上，採多數辯護制度，於刑事訴訟法第28條規定：「每一被告選任辯護人，不得逾三人。」即同一被告至多得選任三位辯護人為其辯護。而每位辯護人之辯護權，均各自獨立，可居於自身之辯護權能，從不同之面向，展現不同之辯護內容，自主、充分地為被告辯護，彼此無法取代，以彰顯多數辯護制度之目的。而刑事司法之實踐，即應藉由程序之遵守，確保裁判之公正，以保障人權。

【附錄】105年台上第1855號

被告所選任的律師，於法院指定的訴訟期日已到場協助被告，審判長依法告知涉嫌罪名，可能有如何之變更，辯方（包含被告及其辯護人）漏未注意此情，自難謂被告之訴訟防禦權遭受剝奪，逕指法院踐行之訴訟程序不合法。

【附錄】106年台上第1057號

我國採多數辯護制度同一被告至多得選任3位辯護人為其辯護。而每位辯護人之辯護權，均各自獨立，可居於自身之辯護權能，從不同之面向，展現不同之辯護內容，自主、充分地為被告辯護，彼此無法取代，以彰顯多數辯護制度之目的。王○○律師無法到庭為被告辯護，係導因於天候及金門地區特殊交通因素，無其他適合之交通工具到場，此項不利益不應由被告承擔。故斯時雖已辯論終結，但仍未宣判。審理期日雖經陳○○律師、鄭

○○律師為卓○○辯護，由鄭○○律師為劉○○辯護，但無法取代或兼及王○○律師之辯護。為保障被告辯護依賴權，非不得依刑事訴訟法第291條規定再開辯論，原審遽行終結，顯不足以維護訴訟上之程序正義，影響卓○○、劉○○充分行使其防禦權，不符上開多數辯護制度之旨，其所踐行之訴訟程序，難謂適法。卓○○、劉○○上訴意旨執此指摘原判決違背法令，為有理由。且上述違背法令情形，涉及上訴人等訴訟防禦權及程序正義之保障，本院無從據以為裁判，應認原判決有撤銷發回更審之原因。

🔎 焦點8　近年來我國辯護權之發展與展望（王兆鵬，月旦法學第200期，頁 324～338）

一、國家不得禁止或干擾律師參與訴訟程序（確保辯護權功能之實質發揮）

(一) 近來發展

1. 偵查中得委任辯護人，選任之辯護人得接見羈押之被告或犯罪嫌疑人並互通書信（§27、§34）。
2. 辯護人與羈押被告之自由溝通權。釋字第654號對律師接見羈押被告之錄音錄影，認定違法憲法比例原則，將內容資訊作為證據更牴觸憲法訴訟權保障之規定。
3. 辯護人與被拘捕被告之自由溝通權。依刑事訴訟法第34條之規定，拘提逮捕被告與辯護人之接見權，警察無權限制之。檢察官非具備「急迫」及「正當理由」二要件，亦不得限制之。檢察官也只能「延緩」而不能「禁絕」被告與辯護人之接見，在緊急事由消滅後，必須立即准許接見。
4. 限制辯護人與羈押被告接見之理由與程序皆趨嚴謹合理。刑事訴訟法第34條就限制要件、第34條之1要求具備限制書並採法官保留、第404至416條之救濟途徑，均有明文規定。

(二) 未來展望

1. 禁止律師陪同證人參與偵查訊問應改善，此因證人可能成為共同被告或偽證罪被告，故有權利保護必要。
2. 偵查機關對於受拘提或逮捕之被告，不但應依第95條規定告知其有權選任律師，且當被告主張要選任律師時，偵查機關應依第34條第2項規定，允許被告最少有一次與律師會談之機會，以使被告知悉其法律上應有之權利。只有在被告與律師會談之後，偵查機關始得再為訊問。違反此一原則所取得之自白，應推定無證據能力。

二、國家應為弱勢族群被告主動提供辯護人協助（並主動告知有此權利而不待其請求）

(一) 近來發展

1. 國家指定辯護人之義務延伸至智能或經濟弱勢之被告之審判案件（§31）。
2. 國家指定辯護人之義務延伸至偵查中之智能障礙被告（§31）。
3. 部分協商程序案件，國家有指定辯護人之義務（§455-5）。
4. 對受拘捕之人應主動告知有受律師協助之權利，否則取得之自白原則上不得為證據（§158-2）。

(二) 未來展望

1. 應改採權利放棄理論，主動告知並提供弱勢族群被告予律師協助，除非其明示放棄。
2. 偵查中之羈押程序，國家應主動提供律師協助。
3. 死刑案件之第三審應有強制辯護適用。

三、國家應確保律師善盡其責（否則應生相當法律效果；此適用於強制、指定、選任辯護案件）

(一) 近來發展

1. 強制辯護案件之指定辯護人或選任辯護人，均應為實質辯護，而非形式辯護（最高法院96年台上第3922號、97年台上第561號判決參照）。
2. 辯護人有撰寫上訴理由狀之義務，且法院有主動告知上訴人之責任（最高法院98年台上第5354號、99年台上第1836號判決參照）。

(二) 未來展望

最高法院要求辯護人必須為「實質辯護」，否則原審有罪判決應予撤銷，目前僅適用於強制辯護案件（包括「指定」或「選任」辯護人）。學者主張此一理論，應普遍適用於所有的案件；如不能適用於全部案件，最少在所有得上訴第三審之案件中應一律適用。

第六章 訴訟客體單一性與同一性

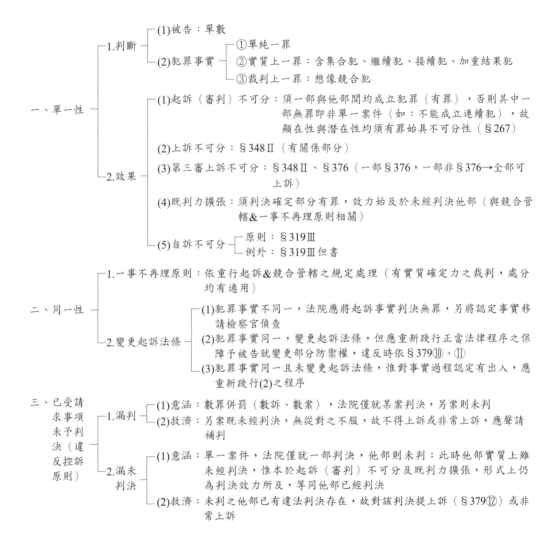

一、單一性

　1.判斷
　　(1)被告：單數
　　(2)犯罪事實
　　　①單純一罪
　　　②實質上一罪：含集合犯、繼續犯、接續犯、加重結果犯
　　　③裁判上一罪：想像競合犯

　2.效果
　　(1)起訴（審判）不可分：須一部與他部間均成立犯罪（有罪），否則其中一部無罪即非單一案件（如：不能成立連續犯），故顯在性與潛在性均須有罪始具不可分性（§267）
　　(2)上訴不可分：§348Ⅱ（有關係部分）
　　(3)第三審上訴不可分：§348Ⅱ、§376（一部§376，一部非§376→全部可上訴）
　　(4)既判力擴張：須判決確定部分有罪，效力始及於未經判決他部（與競合管轄&一事不再理原則相關）
　　(5)自訴不可分
　　　原則：§319Ⅲ
　　　例外：§319Ⅲ但書

二、同一性

　1.一事不再理原則：依重行起訴&競合管轄之規定處理（有實質確定力之裁判，處分均有適用）

　2.變更起訴法條
　　(1)犯罪事實不同一，法院應將起訴事實判決無罪，另將認定事實移請檢察官偵查
　　(2)犯罪事實同一，變更起訴法條，但應重新踐行正當法律程序之保障予被告就變更部分防禦權，違反時依§379⑩、⑪
　　(3)犯罪事實同一且未變更起訴法條，惟對事實過程認定有出入，應重新踐行(2)之程序

三、已受請求事項未予判決（違反控訴原則）

　1.漏判
　　(1)意涵：數罪併罰（數訴、數案），法院僅就某案判決，另案則未判
　　(2)救濟：另案既未經判決，無從對之不服，故不得上訴或非常上訴，應聲請補判

　2.漏未判決
　　(1)意涵：單一案件，法院僅就一部判決，他部則未判；此時他部實質上雖未經判決，惟本於起訴（審判）不可分及既判力擴張，形式上仍為判決效力所及，等同他部已經判決
　　(2)救濟：未判之他部已有違法判決存在，故對該判決提上訴（§379⑫）或非常上訴

🔍 焦點1　控訴原則

```
┌─事實┬─範圍（法院受拘束）    ┌─不告不理→不告而理（未受請求事項予以判決）→
│     │ →控訴原則─案件─┤  無效判決→上訴（§379⑫）
│     │ （被告+犯罪事實）│
│     │                  └─告即應理→告而不  ┌─單一案件→漏未判決→上訴
│     └─有無（法院不受拘       理（已受請求事項 │ （§379⑫）
│       束，得為有罪或無      未予判決）      └─數罪案件→漏判→聲請補判
│       罪判決）
├─法律（罪名）→（法院不受拘束，變更起訴法條）
├─單一案件→競合管轄→函請併辦→漏未判決→上訴
└─數罪案件（相牽連案件）→牽連管轄→追加起訴→漏判→聲請補判
```

【附錄】97年台上第4810號

　　到庭實行公訴之檢察官如發現起訴書認事用法有明顯錯誤，固得本於自己確信之法律見解，於論告時變更起訴之法條。惟法院審判之範圍，基於不告不理原則，應以經起訴之被告犯罪事實為界限。被告犯罪事實是否已經起訴，依刑事訴訟法第264條第2項規定，係以起訴書之犯罪事實欄，已否就特定犯罪之構成要件具體事實為記載為斷，與所犯法條欄有無記載起訴法條或記載是否正確不生影響。

🔍 焦點2　案件單一性之解題要訣

一、一案一訴一判原則

　　一案件僅得有一起訴一審判（每審級一次），此與控訴原則密切相關。一案二訴即屬競合管轄或重行起訴（視情形分別為免訴或不受理判決），一訴二判則屬未受請求事項予以判決（無效判決），至二訴一判即為已受請求事項未予判決（數罪案件之漏判），另單一案件則有漏未判決之問題。

二、起訴審判不可分原則

　　所謂單一案件之一案，包括單純一罪、實質一罪、裁判上一罪，其中裁判上一罪包括想像競合犯、牽連犯與連續犯，此三者本質上均為數罪，其犯罪事實原均為數個，因刑法總則之規定將之擬制為一個犯罪事實，檢察官起訴其中一罪之犯罪事實，其餘未經起訴之他罪犯罪事實本於控訴原則之不告不理，法院原不得予以審判，惟復因其屬單一案件，應受一案一訴原則拘束而不得另為起訴，故藉由起訴不可分原則之效力，使起訴顯在性事實之效力及於未起訴之潛在性事實（有控訴存在），法院本於審判不可分原則與控訴原則之告即應理，自得就潛在性事實併予審判。

三、各部犯罪事實均有罪原則

　　被告必犯數罪且經證明確均有罪，方有適用裁判上一罪（想像競合犯與刑法修正前之

牽連犯與連續犯）之可能與必要，倘一部有罪一部無罪，即未成立數罪，自非屬之裁判上一罪之單一案件，而係一「單純一罪案件」與一「無罪案件」（共有兩個案件）。單一案件方有起訴不可分與審判不可分，兩個案件本可有二訴二判，自無不可分原則適用之餘地，又刑法修正前之連續犯除應符合前揭各犯罪事實均爲有罪之要件外，尚需被告本於概括犯意爲之，若係被告分別起意，則仍屬數罪案件，即應有數訴數判。

四、不一定原則（倒果爲因原則）

　　承上所述，刑法修正前之想牽連犯罪需各犯罪事實均屬有罪，連續犯尚需被告基於概括犯意爲之，如是方屬裁判上一罪之單一案件，惟法院本不受檢察官起訴見解之拘束，各犯罪事實是否均屬有罪，應由法院認定之，上級審法院復得推翻下級審法院之判決認定，故被告是否有罪，是否基於概括犯意爲之，不得以檢察官之起訴或下級審之判決爲斷。國考試題常以此設陷阱，謂檢察官起訴被告想牽連犯罪云云，或下級審認定被告想牽連犯罪等等，致使考生誤認確係單一案件而有起訴審判不可分之適用；此時應謹記不一定原則，即是否各犯罪事實均有罪且被告係基於概括犯意而爲想牽連之單一案件，抑或係數案件（數有罪或部分有罪部分無罪），應以上級審法院之認定爲據，故應分別不同情形爲論述。

【附錄】64年台非第142號

　　被告所犯之法條，起訴書中雖應記載，但法條之記載，究非起訴之絕對必要條件，若被告有兩罪，起訴書中已載明其犯罪事實則僅記載一個罪名之法條，其他一罪雖未記載法條，亦應認爲業經起訴。

【附錄】89年台上第3073號

　　刑事訴訟法第264條第2項第1款規定檢察官起訴書應記載被告之姓名、年齡等人別資料，旨在界定檢察官請求法院審判之人，故同法第266條又規定「起訴之效力，不及於檢察官所指被告以外之人」。是必檢察官於起訴書之被告人別欄將其人列爲「被告」，並於犯罪事實欄及證據並所犯法條欄對其有所敘述，始能謂爲對該人已經起訴；否則，如其人未經起訴書被告人別欄列爲被告，縱令犯罪事實欄記載其與其他已列爲被告之人共同犯罪，亦不能謂爲其人已經檢察官起訴，自非法院審判之對象。

【附錄】76年台非第112號

　　判決確定後，發見該案件之審判係違背法令者，始得提起非常上訴，故檢察官所起訴之數個獨立犯罪事實，應併合處罰，而法院僅就其中一部分之犯罪事實予以判決，就其餘部分之犯罪事實，漏未判決者，純屬漏判而應補行判決之問題，該漏判部分，既未經判決，自不發生判決確定之情形，依法不得提起非常上訴。

【附錄】82年第8次刑庭決議

院長提議：確定判決僅就起訴之犯罪事實論罪科刑，對檢察官認係裁判上一罪之他部分犯罪嫌疑事實函請併案辦理部分，未一併審判。非常上訴意旨指原判決有刑事訴訟法第379條第12款所定「已受請求之事項未予判決」之違法。本院應如何判決有甲、乙兩說：

甲說：刑事訴訟法第379條第12款所謂已受請求之事項未予判決，其在第一審法院，係指起訴、自訴（或反訴）之事項而言。至案件起訴後，檢察官認有裁判上一罪關係之他部分事實，函請併辦，此項公函非屬訴訟上之請求，目的僅在促使法院之注意，法院如果併同審判，固係審判不可分法則之適用所使然，如認不成立犯罪或無裁判上一罪關係，縱其未為任何論知及說明，亦不能指為違法。

乙說：犯罪事實之一部已經提起公訴，檢察官復發現他部分犯罪事實，認為與已起訴部分有連續犯關係，移送原審併案審理，惟原審僅就原起訴部分判處被告罪刑，對於已受請求併案審理部分，則未予審判，難謂無已受請求之事項未予判決之違背法令。

應以何說為當，敬請　公決

決議：採甲說。

【附錄】80年台上第2703號

裁判上一罪，基於審判不可分之原則，其一部事實起訴者，依刑事訴訟法第267條之規定，其效力應及於全部，受訴法院對於未經起訴之他部分犯罪事實，自應一併審判，此為犯罪事實之一部擴張；基於審判不可分之同一訴訟理論，其全部事實起訴者，受訴法院認為一部犯罪不能證明或行為不罰時，僅於判決理由內說明不另為無罪之論知即可，亦毋庸於主文內無罪之宣示，此為犯罪事實之一部縮減。至於刑事訴訟法第300條所謂變更起訴法條，係指在不擴張及減縮原訴之原則下，法院得就有罪判決，於不妨害基本社會事實同一之範圍內，得自由認定事實，變更檢察官所引應適用之法條而言，基於同一事實，三者不能混為一談，併存適用。

【附錄】97年台非第131號

法院不得就未經起訴之犯罪審判，刑事訴訟法第268條固定有明文，而犯罪事實是否已起訴，應以檢察官起訴書犯罪事實欄之記載為準，而此具有侵害性之社會事實，則須依一般通常社會認知觀念解釋之，其依一般通常社會認知觀念解釋，如足以解讀某具有侵害性之社會事實已為起訴書所敘明者，法院自得於不妨害事實同一之範圍內，自由認定事實及適用法律。

【附錄】97年台上第1640號

裁判上一罪，實質上一罪之單一性案件，既不許為一部之起訴，當然不許為訴之一部撤回，若為一部撤回，法院依刑事訴訟法第267條規定，仍可全部予以審判，此乃因一罪之一個刑罰權，訴訟上無從分割，從而，此種案件若為一部撤回，既不生撤回之效力，法

院就該部分仍應予審判，否則，即有已受請求之事項未予判決之違法。另刑事訴訟法並無如民事訴訟法「擴張或減縮應受判決事項之聲明」之規定，如須追加起訴或撤回起訴，亦應分別依刑事訴訟法第265條、第269條之規定為之，不得於準備程序或審判期日以言詞為減縮起訴之犯罪事實之請求代替撤回起訴，否則，其減縮之請求亦不生效力。（註：99年台上第4789號、104年台上第206號同旨）

【附錄】97年台上第1830號

依刑事訴訟法第302條第1款規定，案件曾經判決確定者，應為免訴之判決，此係以同一案件，已經法院為實體上之確定判決，該被告應否受刑事制裁，即因前次判決而確定，不能更為其他有罪或無罪之實體上裁判，此項原則，關於實質上一罪或裁判上一罪，其一部事實已經判決確定者，對於構成一罪之其他部分，固均有其適用。然此所謂「曾經判決確定」，就裁判上一罪言，乃專指「有罪」確定判決而言，如非經有罪判決確定，即無刑事訴訟法第267條所規定之一部、全部之關係，既無一部、全部之關係，自亦不發生既判力所及之問題。此於裁判上一罪之部分事實，前經檢察官處分不起訴者，亦同。

【附錄】98年台上第2544號

有罪之判決書所應記載之事實，並非構成要件之本身，而係符合構成要件之具體的社會事實，亦即經賦予法律之評價而為取捨選擇使之符合構成要件之社會事實。構成要件乃單純之法律上概念，其內容應依刑罰法規之解釋而定；而符合構成要件之具體的社會事實，則指在一定之時、地所發生，可滿足法律上構成要件之具體的歷史性事實而言。

【附錄】104年台上第1895號

起訴書依刑事訴訟法第264條第2項第2款所應記載之犯罪事實，苟與其他犯罪不致相混，足以表明其起訴之範圍者，即使記載為詳，法院仍不得以其內容簡略，及認起訴當然違背法律必備之程式，而不予受理。

【附錄】104年台上第3982號

犯罪是否已經起訴，應以起訴書犯罪事實欄所記載「犯罪事實」為準，而非以「所犯法條」為斷。如起訴以記載符合特定犯罪機構要件具體事實之「犯罪事實」，縱然漏載部分或全部「所犯法條」，仍應認為業已起訴。

焦點3　訴訟標的（案件）單一性與同一性之內涵

一、訴訟標的概念之目的
(一) 案件：乃國家與個人間之具體刑罰權之關係，即處罰者與被處罰者之關係，又稱之為訴訟客體，例如甲竊取乙財物之竊盜案件。
(二) 訴：乃為確定具體刑罰權而進行之訴訟的關係，即裁判者與被裁判者之關係，訴之目

的在請求法院對被告之特定事實，以裁判確定其具體刑罰權之有無及範圍，例如前開竊盜案件經檢察官提起公訴。

(三) 訴訟繫屬：乃基於控訴原則，法院對於未經起訴之案件，不得爲任何審判，此即不告不理原則。惟若經檢察官向法院起訴，即生訴訟繫屬，此際不論是否具備形式或實體訴訟條件，法院均應受其拘束並加以審判，此爲告即應理。又訴訟繫屬狀態則因終局裁判或訴之撤回而消滅。

二、案件單一性

案件是否單一之認定標準在於被告與犯罪事實是否單一。

(一) 被告單一：以人數爲判斷，縱使合併起訴之數被告仍非案件單一。

(二) 犯罪事實單一：實務見解係以實體法上是否一罪爲斷，由法院依職權調查，不受自訴人或公訴人起訴認定事實之拘束，且案件上訴後，第二審法院亦不受第一審法院認定之拘束，其包括如下情形：

1. 法律上一罪

(1)實質上一罪（包括一罪）：含接續犯、繼續犯、集合犯、結合犯、加重結果犯等。

(2)裁判上一罪：所謂裁判上一罪，乃本質上係數罪，惟因刑事上基於政策考量與裁判便利，於刑法規定裁判時視爲一罪，例如想像競合：所謂想像競合犯者，即以一犯意，爲一行爲，而侵害數法益，該當數個犯罪構成要件，發生數相同或不同結果，成立數罪名，應從一重罪處斷。

2. 事實上一罪（單純一罪）：即以一犯意，爲一行爲，侵害一法益實現特定構成要件，成立一罪名。

(三) 效果：審判權不可分、管轄權不可分（管轄權競合）、起訴不可分（潛在性與顯在性之事實）、自訴不可分（§319III、§319III但、§321）、審判不可分（須潛在性與顯在性事實皆屬有罪而其不可分關係，即以審判不可分來定起訴不可分）、上訴不可分（§348II，有關係部分指在審判上無從分割）、第三審上訴不可分（§376不分輕重均可上訴）、既判力擴張（須以經法院判決部分係諭知有罪，既判力始及於未經判決部分）。

三、訴之同一性

指兩個以上已經起訴之案件，是否同一案件；或法院判決之範圍與檢察官起訴之範圍是否同一。訴是否同一之認定標準亦在於被告與犯罪事實是否同一。

(一) 被告同一：以起訴狀所指被告之人是否同一爲準（以實質爲斷，不論其形式姓名）。

(二) 犯罪事實同一：以訴之目的及侵害性行爲之內容爲據，如搶奪→強制猥褻即非同一，除此尚有法律同一，即實質一罪與裁判上一罪亦屬同一性（以原告請求確定之具侵害性的社會事實關係爲準）。

(三) 效果

1. 一事不再理（重複起訴禁止）（管轄競合）→同一案件（犯罪事實）僅得由司法機

關為一次確定判斷，以維持其安定性。

(1)不同法院重複起訴，由繫屬在先法院為實體判決，繫屬在後者為不受理判決（§303⑦），但須先訴合法。

(2)同一法院重複起訴，應就後訴諭知不受理判決（§303②），但須先訴合法。

(3)若同一案件已經判決確定，重行起訴應為免訴判決（§302①、§343），須注意裁判上一罪，須確定判決有罪，效力方及於他部分。

(4)已經起訴之同一案件，在判決確定前又起訴（前提：先訴合法）：

先公訴→後公訴：§303②或⑦不受理判決。

先自訴→後公訴：§303②或⑦不受理判決。

先公訴→後自訴：§334、§323自訴不受理判決。

先自訴→後自訴：§343準用§303②或⑦。

2. 起訴法條之變更——指法院於檢察官起訴之同一犯罪事實範圍內，變更檢察官所引應適用之法條（§300），例如起訴強制猥褻（刑§224）變更為強制性交未遂（刑§221Ⅱ）；此乃因法院應本於職權適用法律，不受檢察官法律見解之拘束，惟其前提乃犯罪事實必須具同一性。

【附錄】104年台上第2674號

所謂「同一案件」不得重新起訴或自訴，指被告同一、犯罪事實同一而言。犯罪事實同一，除事實上一罪（接續犯、繼續犯、集合犯等）外，亦包括裁判上一罪（想像競合犯、刑法修正前之牽連犯、連續犯等）在內，良以裁判上一罪之案件，因從一種罪處斷結果，在實體法上係一個罪，刑法權祇有一個，故舊僅就其一部份起訴，效力仍及於全部為審判，對於其他部分不得重複起訴。

【附錄】105年台上第433號

自訴案件之所謂「同一案件」應指被告同一、犯罪事實同一。所謂犯罪事實同一，實務見解多採「基本社會事實同一說」或「兼顧訴之目的與侵害性行為內容同一說」，視自訴人請求確定其具有侵害性之社會事實是否同一，以經自訴人擇為訴訟客體之基本社會事實關係為準。

🔎 焦點4　單一案件不可分之整理

一、偵查不可分

原則上，檢察官基於代表國家公權，實施犯罪之偵查，是故只要有犯罪嫌疑，即應偵查，並無偵查不可分之限制。

二、告訴不可分（§239）

告訴不可分僅為避免告訴權之割裂，故與單一性並無關係，且係適用於告訴乃論之罪

有共犯之案件，故屬於數案件之範圍。

三、起訴不可分或審判不可分（§ 267）

(一) 通說：所謂起訴不可分，乃檢察官就犯罪事實一部起訴者，其效力及於全部；若從法院之立場視之，則稱爲審判不可分，凡對檢察官起訴書所記載之犯罪事實在單一性認定構成一罪者，縱僅起訴犯罪事實之一部，其效力仍及於全部，法院對此不可分割之同一事件，均應加以審判。

(二) 學者評論：控訴原則之下，審判範圍必須與起訴範圍一致，否則即屬過大或過小之違法，因此，單一案件之起訴不可分，結果便是審判不可分。不過，我國傳統見解又認爲，所謂的擴張性，以顯在性事實與潛在性事實「皆屬有罪且具不可分之關係」爲前提，所謂的「有罪」，是指法院認爲有罪之「審理結果」而言，因此，理論上雖由起訴不可分來定審判不可分，但是，由於取決於審判結果之故，因此實際上則由審判不可分來定起訴不可分（林鈺雄，刑事訴訟法（上），頁218）。

四、自訴不可分（§ 319 III）

(一) 犯罪事實之一部提起自訴者，他部雖不得自訴亦以得提起自訴論（本文）。

(二) 但不得提起自訴部分係較重之罪，或其第一審屬於高等法院管轄，或第321條之情形者，不在此限（但書）。

五、審判不可分

(一) 以數罪起訴時不生未經起訴之問題。

(二) 以一罪起訴時，就一部事實起訴：

    1. 法院認係數罪時：起訴效力不及於未起訴之部分——即使該未起訴之他部事實有罪，亦不得爲審判。

    2. 法院認係一罪時：

    (1)起訴部分和未經起訴部分均爲有罪者，兩者具審判不可分者→依第267條應全部審判。

    (2)起訴部分有罪，未經起訴部分無罪、不受理或免訴者→不得就未經起訴部分加以審判。

    (3)起訴部分爲無罪、不受理，縱未起訴部分爲有罪者→亦不得加以審判。

六、上訴不可分之有關係部分（§ 348 II）之標準

(一) 罪、刑與保安處分：例如第二審認第一審判決處刑不當予以撤銷改判者，依罪刑不可分之原則，應將罪名一併撤銷。又如竊盜犯經第一審判決諭知保安處分爲不當，應將罪、刑與保安處分一併撤銷改判。

(二) 其刑之執行部分：對於數罪中之一罪上訴者，刑之執行部分亦爲有關係之部分。

(三) 主刑與從刑。

(四) 緩刑：犯罪、科刑。

(五) 刑之量定與犯罪：以量刑輕重提起上訴者，應視爲認定之事實與科刑部分均上訴。惟

學者有不同意見，認為免訴訟浪費，允宜單就科刑部分上訴。

(六) 執行刑與宣告刑：對於數罪併罰案件，對判決所定應執行刑表示不服者，其效力及於所有宣告之罪刑。

(七) 認定事實與適用法律及科刑：以認定事實為不當而上訴者，於適用法律及科刑均有關係，視為一併上訴。

(八) 就實質上或裁判上一罪之犯罪事實一部上訴者，如與其他部分具有審判不可分之關係，視為已上訴。

（注意：第348條第1項規定上訴得對於判決一部為之；未聲明為一部者，視為全部上訴，係指相牽連之數案件合併審判之情形，上訴權人得聲明僅就其中一罪上訴，惟其若未特別聲明，則視為全部上訴，如檢察官依牽連案件關係合併起訴甲涉嫌殺人罪與詐欺罪，法院合併審判後認犯罪成立而以數罪併罰論處，此時甲得僅聲明就殺人罪部分上訴，否則即視為其就殺人罪與詐欺罪均提起上訴。而同條第2項則適用於單一案件，指上訴不可分關係。）

七、漏判與漏未判決

漏判與漏未判決均屬已受請求事項未予判決（蓋均經檢察官提起公訴請求判決），惟何以後者構成第379條第12款而前者則否？此除上開涵義之說明外，純就法條文義言，第379條係謂「有下列情形之一者，其判決當然為違背法令」，亦即須先以有判決存在為前提，否則如該被訴之事實並無判決存在，如何有違背法令可言！漏未判決部分因屬單一案件而為判決效力所及，故該漏未判決部分已存在有判決，反之漏判部分則無，是以漏判不構成第379條第12款事由。

【衍生實例】

檢察官以強盜罪嫌起訴被告甲。第一審法院判決甲成立刑法第328條第1項強盜取財罪，甲不服提起上訴。被害人乙於第二審審理中因此強盜行為而死亡，檢察官認為甲之致乙死亡行為與原起訴事實具有一罪關係而函請併案辦理，但第二審法院並未就此死亡結果審判，仍維持原審之罪名及宣告刑。試附理由回答下列問題：第二審法院之判決有無違法？若此第二審判決因有上訴權之當事人均未合法上訴而確定，是否有救濟途徑？又，倘判決確定後，乙之配偶丙對乙死亡結果，對甲提起告訴，檢察官偵查後起訴，法院應為如何判決？　　　　　　　　　　　　　　　　　　　　（104檢事官）

考點提示：

一、單一案件依函請併辦處理，數案件則應追加起訴。單一案件之漏未判決，應以上訴或非常上訴救濟（刑訴法§379⑫），數案件之漏判，應聲請補充判決。

二、本例是否為單一案件，應視上訴審法院審理結果而定，若認係單一事件，則應併予審理，否則即有漏未判決之違背法令；如認係數案件，則對未經起訴部分即不得審理（不告不理），否則即屬未受請求而予以判決之為背法令。

三、同理，對丙之告訴且經檢察官起訴部分，如與原強盜案件屬同一案件，因係既判力所

及之範圍，本於一事不再理原則，法院對此重行起訴應爲刑訴法第302條第1款之免訴判決；若非同一案件，則應另爲實體審理判決。

【附錄】106年台上第3601號

刑事訴訟法第455條之27第1項後段所謂：「對於沒收之判決提起上訴者，其效力不及於本案判決」，係爲避免因第三人參與沒收程序部分之程序延滯所生不利益，乃明定僅就參與人財產沒收事項之判決提起上訴者，其效力不及於本案之判決部分，並非指對於本案被告財產沒收事項之判決提起上訴者，其效力亦不及於本案之判決部分。當事人縱使僅就沒收部分提起上訴，依刑事訴訟法第348條第2項規定，相關連之本案判決仍屬有關係之部分，亦應視爲已經上訴。再者，如非單獨宣告沒收之情形，沒收與罪刑間即具有一定之依存關係，在訴訟上倘合一審判，而未割裂處理，自難謂爲違法。

焦點5　案件單一性與同一性之學說新解（林鈺雄，月旦法學第122期，頁45以下；楊雲驊，前揭書，頁61以下；陳運財，前揭書，頁85以下）

一、案件係由被告與犯罪事實組成，本於控訴原則，被告與犯罪事實均須於檢察官起訴之範圍內，法院始得爲審判。

二、就檢察官起訴之案件，法院是否應受檢察官起訴意思所拘束，應區分不同層次判斷；就事實範圍而言，本於控訴原則，法院應受檢察官起訴範圍之約束，法院僅得在此範圍內爲判決，如法院另行發現超越此範圍之犯罪事實，因不告不理原則，需另行移請檢察官偵查起訴，而在檢察官起訴之事實範圍內，犯罪事實之有無法院則不受拘束，法院得本於職權自行認定起訴之事實有無而分爲有罪與無罪之判決，又當法院認定事實存在而欲爲有罪判決時，其法律見解（即被告所犯究係何罪名）亦不受檢察官起訴時所引應適用之法條。

三、變更起訴法條須於事實同一範圍內爲之，爲事實同一性之認定標準迭有爭議，失之過寬，易造成對被告突襲性裁判，趨之過嚴，則不免浪費司法資源（法院須先將檢察官起訴部分諭知無罪，復將認定事實移請檢察官另行起訴再行判決），淺見主張宜採較爲寬鬆之標準，盡可能容許法院得變更，嗣後應使被告對變更後罪名重新實施防禦權，踐行對被告正當法律程序之保障，如此即可避免突襲性裁判之發生。

四、於起訴同一犯罪事實即起訴效力所及範圍內（§267），檢察官應就原來起訴之他部函請法院併辦，蓋此本爲法院應審判之範圍；惟若非訴訟上同一犯罪事實之部分，檢察官應以相牽連案件而追加起訴（§265）。

五、一事不再理原則乃係就特定被告之特定犯罪事實，僅應受到國家「一次性」之追訴處罰，故國家不得重複追訴、處罰相同被告之相同犯罪事實，免使被告受雙重評價之風險。

六、單一性與同一性之內涵並無不同，至於「犯罪事實單一性或同一性」之判斷，宜與實體法上之罪數概念有區分（實務將單純一罪、實質一罪與裁判上一罪於訴訟法上均視

為單一案件）。訴訟法上犯罪事實同一性之標準在於：行為人之整體舉止、根據自然的觀點、足以合成為一個相同的生活過程或者成為一個自然之生活事件時，即屬訴訟法上之犯罪事實，其判決關鍵在於緊密的事理關聯性，包括行為時間、地點、被害客體及攻擊目的、保護法益等考量，蓋具有事理之緊密關聯性方有審理可能性，此亦為既判力擴張之基礎，不容許無審理可能性卻具既判力之情形。

例如：甲計畫搶奪，著手時不慎觸及乙胸部，則搶奪與強制猥褻非屬訴訟上同一犯罪事實（因不符上揭各項判斷因素，不具緊密事理關聯）（不同學者之相類似見解：縱為數罪併罰之各犯罪行為，若時間場所密接、方法類似、機會同一、行為反覆、意思持續及其他各行為具有密接關係者，則有一事不再理之適用；反之，雖裁判上一罪仍無）。

又如：甲欲對乙強制性交，而先行觸摸乙之胸部，則強制猥褻與強制性交未遂，屬訴訟上同一犯罪事實。

故本法第264條第2項第2款前段與第300條之「起訴之犯罪事實」乃指起訴書所記載之同一自然生活歷程之事件，即同一訴訟上之犯罪事實，本法第268條所稱之「犯罪」亦同此概念，又若數個不同生活歷程間存在特定牽連關係，其中之一已經起訴者，檢察官得依本法第265條追加起訴。

訴訟上犯罪事實（自然生活歷程）之判斷與實體法上罪數認定，原則上重疊一致；惟仍有例外情形，茲分述如下：

(一) 訴訟上同一犯罪事實，實體法亦為一罪：如檢察官起訴甲開車不慎撞傷共乘一車之乙、丙，審判中另發現同車之丁死亡，則訴訟上自然生活歷程同一，實體法上屬想像競合犯亦為一罪。

(二) 訴訟上數犯罪事實，實體法亦為數罪：如檢察官起訴甲殺害乙，並於數日後竊盜丙財物，此屬截然不同之生活歷程，實體法上亦為數罪併罰。

(三) 訴訟上同一犯罪事實，實體法為數罪：如酒醉駕車並於肇事後逃逸，此前後階段之事實歷程於空間與時間上均具緊密關聯，為免造成不自然割裂，訴訟上屬單一犯罪事實，倘檢察官僅起訴酒醉駕車（刑法第185條之3），審判中得函請併辦肇事逃逸部分（刑法第185條之4、第294條第1項），法院於踐行變更起訴法條程序後併予審理，有一事不再理原則之適用，惟實體法上則屬數罪併罰。

(四) 訴訟上數個犯罪事實，實體法為一罪：如甲強盜A後，將在場之B挾持至他處強制性交，因前後階段事實之行為時地分隔，被害客體、攻擊目的與被害法益均有差異，故依自然生活歷程判斷，訴訟上非同一犯罪事實，然實體法上因屬結合犯（刑法第332條）而為一罪。

(五) 繼續犯與狀態犯之特殊類型：如檢察官起訴丙非法持有制式手槍，判決確定後另發現丙持槍期間曾用以殺丁，此應為數個生活歷程，訴訟上為數個犯罪事實且實體法上亦為數罪併罰。

(六) 擇一互斥之特殊類型：如甲至A宅行竊，因贓物頗豐，乃電請友人乙前往A宅協助搬運，則乙究為竊盜物或搬運贓物？此時檢察官應以「選擇合併」方式起訴，使法院選

擇判決。

七、關於上訴不可分部分，學者認為由上訴之目的言，上訴乃提供當事人聲明不服之管道，以糾正錯誤判決，倘上訴審不於當事人所聲明不服之範圍內審理，擴大上訴審之調查範圍，不僅造成上訴審過度職權化，亦將助長當事人輕視第一審而至第二審始提出證據聲請調查之傾向，而使下級審的重要性受到輕忽。且基於法安定性的政策考量，第一審已經兩造攻防，未經聲明不服部分之原判決結果，應予以尊重，發生確定效果。倘真有誤判情事，尚有非常救濟程序可為因應，故：

(一) 關於第348條第2項之有關係部分之解釋，不應純粹以上訴審理結果認定有無審判不可分之關係為判斷基準，具體而言：

　　1. 第348條第2項不應與第267條公訴不可分原則採相同解釋，而應在符合上訴性質之範圍內，始有「準用」公訴不可分之原則。

　　2. 上訴審法院，不應單從形式上審理結果的基點，以有無裁判上一罪或包括一罪的關係，溯及的界定是否容許一部上訴，而應實質思考是否為求判決確定時期的一致性及科刑的妥當性，而認應有第348條第2項之適用。

(二) 倘檢察官未提起不利於被告之上訴（亦即欠缺追訴意思），而僅被告對有罪部分提起一部上訴者，即使上訴審法院認為未經上訴之部分與一部上訴具有科刑上一罪之關係，基於保障被告的上訴利益，特別是對原審無罪或較輕判決的信賴利益的維護，未經上訴之部分，仍應認為無第348條第2項之適用，不發生移審效力。

(三) 有罪無罪之事實與量刑事實並非不可分，故量刑部分仍有其自主性，僅對量刑部分上訴，無須將無罪部分視為不可分理由。

(四) 不利益變更禁止原則之目的在使被告得不遲疑提起上訴，本法第370條但書之規定已損及被告之上訴利益，尤其是原審較輕判之信賴利益，並不當增加其程序上之危險負擔，違背上訴目的，故若檢察官既未就原判決為被告之不利益提起上訴，則不論原判決適用法條有無不當之情形，關於由被告上訴或為被告之利益而上訴之案件，上訴審均不得諭知較重於原審判決之刑。

八、學者關於上訴不可分之另一見解為（楊雲驊，台灣本土法學第140期，頁97）
刑事訴訟法第7條之相牽連案件得合併審判之目的在於避免重複調查事證之勞費及裁判之分歧，以符合訴訟經濟與裁判一致性之要求。故如當事人僅就相牽連案件之其中一案件上訴，未上訴部分即告確定，有可能導致判決矛盾（如甲、乙共犯侵入住宅竊盜罪，一審均經判決有罪，甲未上訴而確定，乙上訴改判無罪），學者乃建議應類推適用本法第348條第2項視為有關係部分，併同為第二審審理範圍；此於具有事理緊密關聯性之其他相牽連案件（如一人犯數罪之牽連犯情形）亦然。

九、楊雲驊老師於《台灣本土法學》第74期另舉案例說明如下
離職員工某甲因積欠賭債被催討甚急，遂於某夜間於暗巷持槍抵住原先雇主某乙，將其身上5,000元強行取走後，隨即離開現場。某甲走至巷口後，突然覺得剛才某乙似乎多看了他幾眼，為恐日後遭到指認，某甲隨即返回現場，將尚待在原地之某乙殺死。設檢察官僅起訴甲強盜部分，法院亦僅就甲強盜部分判決有罪確定後，才發現殺

人部分並對此起訴，法院應如何判決？

從本題所舉之事實來看，某甲似乎構成刑法第332條第1項之「犯強盜罪而故意殺人」之罪。按照傳統之見解，此屬結合犯而為「實質上一罪」之一種，本諸案件單一性之觀念，「強盜」與「殺人」屬單一不可分，因此雖然法院僅就甲強盜部分判決確定，而未論及殺人部分，此一強盜罪確定判決之判決效力亦及於殺人，故如檢察官因日後發現甲另外涉及殺人而再就此部分起訴，法院應依據刑事訴訟法第302條第1款「曾經判決確定者」為免訴判決。惟訴訟法上之「犯罪事實」概念本來就不是與實體法之罪數判斷劃上等號，也不是完全依從實體法判斷，而是基本上以「按照自然生活觀點的一個單一生活事實」作為一個訴訟法上之「犯罪事實」才是。本題中被告某甲於強盜罪得逞以後，復又另行起意到現場殺害某乙，後者無論從「犯罪行為時間」以及「侵害之目的」等觀察，均與之前的強盜罪有所不同，應屬於訴訟法意義上另一獨立之「犯罪事實」，故檢察官再就某甲另涉及殺害某乙事實起訴，法院自應依法就實體審理，而非逕為「免訴」判決。

十、我國實務有關審判範圍之見解，有以下諸多缺點：(一)浪費訴訟資源；(二)破壞法院中立形象；(三)陷法院於履行告知義務的困窘；(四)紊亂舉證責任的設計；(五)莫衷一是的認定標準。

🔍 焦點6　投票行賄罪與訴訟法之「犯罪事實」認定（楊雲驊，台灣本土法學第179期，頁59）

一、學者認為，選罷法規定之選舉，均具有廣大民眾擁有投票權，且必須相當多之票數，始能當選之特色，故行為人在該次特定選區之選舉活動中，主觀上係以該次選舉當選為唯一目標，其具有買票之單一或概括犯意，乃屬當然，而客觀上須有多次之作為，始能達到預期效果，絕少有行為人僅買一票或少數幾票為足。

二、最高法院99年度第5次刑事庭會議內亦描述「苟行為人主觀上基於單一之犯意，以數個舉動接續進行，而侵害同一法益，在時間、空間上有密切關係，依一般社會健全觀念，難以強行分開」等，此雖為刑法接續犯之構成要件，但其描述與「一自然觀點下的單一生活歷程」亦有若干重疊之處。因此，程序法上之「犯罪事實」如採以「一自然觀點下的單一生活歷程」，通常投票行賄罪會被認為是一行為人在某次選舉為達勝選目的，進行一整體的破壞選舉公平性的活動，其個別買票行為（向選舉權人A1、A2、A3……）均屬於其「一個生活歷程」下的部分，若一定要將之強行分開，在訴訟上分別處理，反而顯的不自然。故將之視為一個整體事件起訴並裁判之，並讓被告享有「一事不二罰」原則之保障，較為合理。

🔍 焦點7　學說對變更起訴法條相關問題之重要見解（林鈺雄，台灣法學 第276期，頁147以下）

　　變更起訴法條乃指法院於檢察官起訴之同一犯罪事實範圍內，變更檢察官所引應適用之法條。至所謂同一犯罪事實係以訴之目的及侵害性行為之內容為據，亦即以原告請求確定之具侵害性的社會事實關係為標準。至其適用上，除不得變更起訴之犯罪事實外，尚限於有罪（科刑、免刑）、免訴、不受理判決，倘無罪判決依其性質自無適用餘地。而應否變更起訴法條之判斷標準向有不同見解，法條說、罪名說之同章次說、同條說、同項款說等，異見分歧，陳樸生師似採同項款說（例：刑法第271條第1項與同條第2項間）。林鈺雄師之見解認為：

一、若法院所認定之犯罪事實與檢察官起訴所認定之事實非屬同一，則訴訟標的（案件）即不具同一性，此際在控訴原則「無起訴即無裁判」之基礎下，法院自不得予以審判，否則即係「不告而理」，而對未受請求之事項予以判決，屬刑事訴訟法第379條第12款之當然違背法令；反之，就檢察官起訴之犯罪事實乃生漏判問題（注意與漏未判決區別），而應向原審法院聲請補判。

二、若被告與犯罪事實均具同一性，僅法院對該犯罪事實之法律評價不同時，即係本法第300條所規定之「得就起訴之犯罪事實，變更檢察官所引應適用之法條」，此乃法院本於控訴原則及依法獨立審判原則，不受檢察官起訴法條拘束之故，而法院於此情形應充分保障被告之防禦權及聽審權，防止突襲性裁判，因是，法院欲變更起訴法條時，應踐行如下之程序：

(一) 告知被告罪名變更，此觀諸本法第95條第1款「訊問被告應先告知犯罪嫌疑及所犯所有罪名。罪名經告知後，認為應變更者，應再告知」之規定可明其必要性，蓋非如此，被告當無從實行其防禦權。

(二) 給予被告充分辯明犯罪嫌疑之機會，即被告得就變更後之罪名請求調查證據、詰問證人及鑑定人、對證據調查結果表示意見、並為事實與法律之辯論，以及最後陳述。

(三) 判決書引用本法第300條。如法院未踐行上開法定程序而為變更起訴法條之判決，即屬本法第377、378、379條第9、10及11款之違背法令，可為上訴第三審之理由。

三、若在案件同一性內不涉法律評價變之事實基礎變更時，由於此種變更對被告防禦權及免受突襲性裁判之權利影響甚大，實應比照前揭法律評價變所需踐行之告知（事實基礎變更）及予被告充分辯明之程序，亦即就重要之事實爭點類推適用本法第95條及第300條之規定。

四、實務判決與評析

(一) 最高法院104年台上第965號判決

　　刑事訴訟法第264條第2項關於起訴書程式之規定，旨在界定起訴之對象及起訴之範圍，亦即特定審判之客體，並兼顧被告行使防禦權之範圍，其中屬於絕對必要記載事項之犯罪事實，係指符合犯罪構成要件之具體基本社會事實。苟起訴書所記載之犯罪事實與其他犯罪不致混淆，足以表明其起訴之範圍者，即使記載未詳或稍有誤差，事

實審法院亦應依職權加以認定，不得以其內容簡略或記載不詳，而任置檢察官起訴之犯罪事實於不顧。同法第268條所謂法院不得就未經起訴之犯罪審判，係指犯罪完全未經起訴者而言。犯罪曾否起訴，雖應以起訴書狀所記載之被告及犯罪事實為準，但法院在起訴事實同一之範圍內，得依職權認定被告犯罪事實。而檢察官代表國家提起公訴，依檢察一體原則，到庭實行公訴之檢察官如發現起訴書記事用法有明顯錯誤，亦非不得本於自己法律上之確信，於不影響基本社會事實同一之情形下，更正或補充原起訴之事實。至於檢察官之更正，是否符合同一性要件，則以其基本的社會事實是否相同作為判斷之基準；若其基本社會事實關係相同，縱然犯罪之時間、處所、方法、共犯人數等細節，略有差異，無礙其同一性。

本件起訴書所載之犯罪事實(二)部分，既經第一審法院以調查相關證據及經由訊問上訴人之方式，由檢察官於審理期日，當庭更正上訴人上開犯罪事實，則起訴書所載之販賣毒品對象、有無共犯、交易價金等細節，雖有誤載或不正確，惟其基本之社會事實並無不同，足以辨識起訴範圍，不致混淆其他事實，法院自應依法予以審理。復因其犯罪構成要件之具體基本社會事實同一，未涉及不同犯罪事實之變更，而第一審法院於審判期日，業以更正後之犯罪事實為審理，並給予上訴人及其辯護人充分陳述、辯護機會，對於上訴人訴訟防禦權之行使無何影響。

(二) 學者評析

1. 刑法總則所定各種犯罪參與型態之變更，如同刑分（含特別刑法）罪名之變更一樣，屬於應與踐行變更起訴法條程序的法律評價變更。從文義解釋而言，刑訴法第300條僅稱有罪判決得變更「檢察官所引適用之法條」，並未將其限定在刑分法條，亦無概括排除刑總法條之依據。其次，變更法條程序的規範目的及法理基礎，在於充分維護被告的防禦權並免於被告受突襲，是公平審判原則及法官的訴訟上照料義務之體現。這種包含告知法條變更在內的訴訟照料義務，同時也是法官依職權認事用法的制度之下，對於被告防禦權所應為的「補償措施」。

2. 由於各種犯罪參與型態於實體法的成立要件不同，在訴訟上的待證事項與防禦方向也有別。正犯與（狹義）共犯的變更不論，縱是同屬正犯的單獨正犯與共同正犯，辯護重點也不同，例如，實物認為共同正犯適用直接的交互歸責原則，且不以自己實現犯罪構成要件為必要，此與直接的單獨正犯有別，防禦方向自是迥異。據此，判決關於正犯或共犯（如從幫助犯變更為共同正犯）、單獨正犯或共同正犯，若欲與檢察官起訴認定有別時，必須完整踐行變更起訴法條的程序（告知罪名變更、給予被告充分辯明機會及判決書引用第300條），以符合保障被告防禦權並避免突襲性裁判之立法目的。

3. 類此考量，針對販毒時間地點（稍有不同）、交易對象（增加一人）、所得金額（顯著增加）的事實認定不同，即便如裁判所認定仍在同一性範圍之內，起訴事實與判決事實也已經產生了基礎變更，不能歸類為毫不影響防禦權的事實細節變更而已；就此法律漏洞，事實審法院宜類推適用刑訴法第300條規定，踐行事實變更告知義務、給予被告辯明機會並於判決書表明類推適用之意旨。

🔍 焦點8　偵審程序中變更法條之限制性標準（王兆鵬，月旦法學第223期，頁101以下）

學者為防免檢察官偵查或審判階段，因被告合法行使其訴訟防禦權，而報復性為追加起或變更法條（輕卜變更為重罪），乃主張應區分不同訴程序，對檢察官之追加起訴或變更法條各酌定不同之限制性標準：

一、偵查程序： 由於偵查中尚處於事實不清與證據不明之情況，為免不當限制檢察官之裁量權行使，故在限制檢察官追加起訴或變更追訴罪名上，應採「事實報復」標準。所謂「事實報復」標準，係被告應舉證證明：

(一) 檢察官所為乃報復之意圖。

(二) 在被告行使權利後，檢察官起訴重罪或多數罪，與檢察官之報復意圖及被告權利之行使間有因果關係。

二、協商程序： 不論偵查或審判中之協商程序，均有兩造當事人討價還價之自由談判性質，此期間之證據皆已不得於未來協商不成時、作為追加起訴或變更法條之證據，既有如是保障，則在協商程序亦應同採「事實報復」標準。

三、審判程序

(一) 我國檢察官擁有極長的偵查期限，法律上對偵查期限毫無限制，甚且偵查中之羈押期間最長得至四個月，是故應認為在偵查終結起起訴公訴時，檢察官已完整掌握全部的事實及證據，不應再有變更或追加起訴之情形，若在起訴後的審判程序中，於被告行使權利後，檢察官即相對應為追加或變更起訴之行為，此時應推定係報復性起訴，對被告較為公允。若不採此標準，而採「事實報復」標準，要求被告必須證明檢察官行為係出於報復之意圖，且檢察官行為與被告行使權利行為二者之間有因果關係，對被告乃幾無可能之舉證。再者，「推定報復」標準，僅推定有報復性起訴行為，檢察官若仍得舉證證明其行為非基於報復性，例如有新事實或新證據的發生，得正當化其變更或追加起訴的行為。

(二) 若未經檢察官符合標準而請求變更起訴法條，則法院欲主動變更起訴法條時，僅得將較重之起訴罪名變更為較輕之罪名，反之即不得為之。

【附錄】43年台上第62號

有罪之判決，只得就起訴之犯罪事實，變更起訴法條，為刑事訴訟法第292條所明定（註：現行法§300），本件起訴書認定之事實，為被告見被害人右手帶有金手鍊，意圖搶奪，拉其右手，同時取出剪刀，欲將金手鍊剪斷奪取等情，顯與原判決認定被告強制猥褻之犯罪事實兩歧，其另行認定事實，而變更起訴書所引應適用之法條，自屬於法有違。

【附錄】87年台上第4140號

刑事訴訟法第95條第1款（修正前第95條）規定「訊問被告應先告知犯罪嫌疑及所犯所有罪名。罪名經告知後，認為應變更者，應再告知。」乃犯罪嫌疑人及被告在刑事程序

上受告知及聽聞之權利之一，爲行使防禦權之基本前提，屬於人民依憲法第16條所享訴訟權保障之內容之一，旨在使犯罪嫌疑人及被告能充分行使防禦權，以維程序之公平。法院如欲依刑事訴訟法第300條規定而爲判決，尤須於審判期日前踐行上開條款後段規定之程序，始能避免突襲性裁判，而確保被告之權益；否則，如於辯論終結後，逕行變更起訴書所引之法條而爲判決，就新罪名而言，實已連帶剝奪被告依同法第96、173、289條等規定所應享有而同屬上開憲法上訴訟基本權保障範圍內之辯明罪嫌及辯論（護）等程序權，尤屬直接違背憲法第8條第1項所稱「非由法院依法定程序不得審問處罰」之規定，剝奪其正當法律程序之保障，而於判決顯然有影響，自應認該判決爲違背法令，非僅訴訟程序違法而已。

【附錄】94年台上第261號

刑法常業竊盜罪與常業故買贓物罪之社會基本事實並非同一，社會評價亦不同，若檢察官起訴書之犯罪事實欄僅記載被告常業竊盜之犯罪事實，甚且敘及被告竊盜得手後處分贓物之情形，而並未就被告故買贓物之行爲請求法院審判，法院自無變更檢察官所引常業竊盜罪之法條，改依常業故買贓物罪論處之餘地。惟法院審判之對象爲起訴之犯罪事實，並不受起訴法條之拘束，檢察官如於起訴書所犯法條欄有所主張並記載，固可供法院之參考，如無主張並明確記載，即應由法院就起訴之記載內容予以判斷，若法院就起訴書已記載之被告及犯罪事實予以審判，自不能謂係訴外裁判。

【附錄】104年台上第452號

刑事訴訟法第300條所謂變更起訴法條，係指罪名之變更而言。又共同正犯與幫助犯，僅係犯罪形態與得否減刑有所差異，其適用之基本法條及所犯罪名並無不同，僅行爲態樣有正犯、從犯之分，毋庸引用刑事訴訟法第300條變更檢察官起訴之法條。

第七章　偵查與公訴

第一節　偵查程序與公訴程序

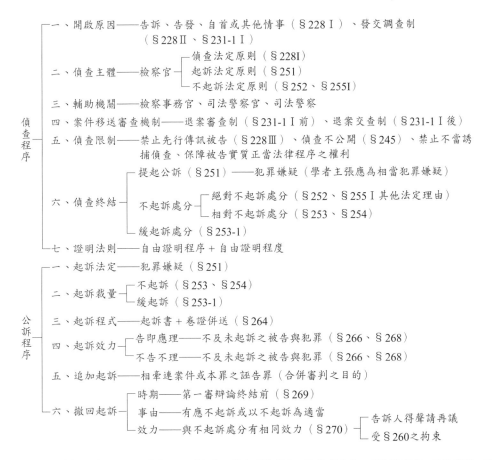

偵查程序

一、開啟原因──告訴、告發、自首或其他情事（§228 I）、發交調查制
（§228 II、§231-1 I）

二、偵查主體──檢察官
- 偵查法定原則（§228I）
- 起訴法定原則（§251）
- 不起訴法定原則（§252、§255 I）

三、輔助機關──檢察事務官、司法警察官、司法警察

四、案件移送審查機制──退案審查制（§231-1 I 前）、退案交查制（§231-1 I 後）

五、偵查限制──禁止先行傳訊被告（§228 III）、偵查不公開（§245）、禁止不當誘
捕偵查、保障被告實質正當法律程序之權利

六、偵查終結
- 提起公訴（§251）──犯罪嫌疑（學者主張應為相當犯罪嫌疑）
- 不起訴處分
  - 絕對不起訴處分（§252、§255 I 其他法定理由）
  - 相對不起訴處分（§253、§254）
- 緩起訴處分（§253-1）

七、證明法則──自由證明程序＋自由證明程度

公訴程序

一、起訴法定──犯罪嫌疑（§251）

二、起訴裁量
- 不起訴（§253、§254）
- 緩起訴（§253-1）

三、起訴程式──起訴書＋卷證併送（§264）

四、起訴效力
- 告即應理──不及未起訴之被告與犯罪（§266、§268）
- 不告不理──不及未起訴之被告與犯罪（§266、§268）

五、追加起訴──相牽連案件或本罪之誣告罪（合併審判之目的）

六、撤回起訴
- 時期──第一審辯論終結前（§269）
- 事由──有應不起訴或以不起訴為適當
- 效力──與不起訴處分有相同效力（§270）
  - 告訴人得聲請再議
  - 受§260之拘束

（註：刑事訴訟法§245 III 偵查不公開之修正條文「檢察官、檢察事務官、司法警察官、司法警察、辯護人、
告訴代理人或其他於偵查程序依法執行職務之人員，除依法令或為維護公共利益或保護合法權益有必要者
外，偵查中因執行職務知悉之事項，不得公開或揭露予執行法定職務必要範圍以外之人員。」）

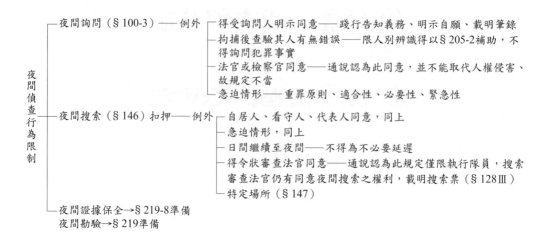

夜間偵查行為限制
├─ 夜間詢問（§100-3）── 例外 ┬ 得受詢問人明示同意── 踐行告知義務、明示自願、載明筆錄
│   ├ 拘捕後查驗其人有無錯誤── 限人別辨識得以§205-2補助，不得詢問犯罪事實
│   ├ 法官或檢察官同意── 通說認為此同意，並不能取代人權侵害、故規定不當
│   └ 急迫情形── 重罪原則、適合性、必要性、緊急性
├─ 夜間搜索（§146）扣押── 例外 ┬ 自居人、看守人、代表人同意，同上
│   ├ 急迫情形，同上
│   ├ 日間繼續至夜間── 不得為不必要延遲
│   ├ 得令狀審查法官同意── 通說認為此規定僅限執行隊員，搜索審查法官仍有同意夜間搜索之權利，載明搜索票（§128Ⅲ）
│   └ 特定場所（§147）
└─ 夜間證據保全→§219-8準備
   夜間勘驗→§219準備

🔍焦點1　偵查程序之基本觀念

　　刑事訴訟控訴原則中之無起訴即無審判，此所謂之起訴依本法之規定包括公訴與自訴。就公訴而言，必先經過偵查程序，並由偵查主體檢察官於案件具備法定條件下方得提起。偵查程序存在之目的，在於蒐集並保全與刑事案件具關聯性之證據，復由檢察官為證據之調查與篩選，以認定該案件是否符合法定條件而予起訴，抑或因訴訟條件欠缺或本於刑事訴訟法賦予之裁量權而不予起訴，期能避免濫行公訴所導致被告名譽與基本人權受損（蓋被告一旦經提起公訴，極易為媒體貼上有罪標籤，且冗長之審判程序亦對被告之工作權與自由權形成諸多限制）及審判資源之浪費，甚而造成無可彌補之冤判。是以慎重嚴謹之偵查程序，得使刑事訴訟之實體真實發現、法治人權保障與回復法之和平性等目的較易充分落實。

【附錄】98年台抗第97號

　　刑事訴訟之目的，在實現國家刑罰權，端由檢察官之起訴，經法院確認其存否及範圍；法律為保障人權，雖賦與被告適當之防禦權，但被告尚無請求確認其刑罰權存否之權利，此與民事訴訟之被告得請求消極確認之訴究有不同。就告訴乃論之罪而言，如案經告訴人合法撤回告訴者，已欠缺訴追條件，檢察官之起訴權因之消滅，國家刑罰權業已不存在，被告即不得請求為實體上之判決；且以此罪既因欠缺訴追條件，第三審法院縱准許上訴並發回更審，更審法院仍不能為實體判決，而僅能於理由內敘明不另為不受理諭知，對被告並無客觀之法律上利益可言。

【附錄】98年台上第2290號

　　刑事訴訟法第228條第1項所規定，檢察官因其他情事知有犯罪嫌疑者，應即開始偵查，係檢察官發動偵查之原因。同法第241條規定：「公務員因執行職務，知有犯罪嫌疑者，應為告發。」則屬公務員之義務，並無裁量權。所謂「因執行職務」，係指犯罪之發現

與其執行職務內容有關之意，若與其執行職務無關，雖係公務員，其告發與否，仍任由其自由爲之，即非其義務。此項義務，對檢察官而言，因其原有偵查犯罪之職權與義務，並不須再經由告發，應即開始偵查。因此，檢察官如因執行職務知有犯罪嫌疑，故意不開始實施偵查者，固足認爲失職，而認係違背職務；如非因執行職務而知悉者，自不在此限。

🔍 焦點2　偵查構造之探討（黃東熊，刑事訴訟法論，頁136以下；陳樸生，刑事訴訟法專題研究，頁123以下；林鈺雄，刑事訴訟法（下），頁24；月旦法學第157期，頁220以下）

一、學者認爲偵查構造如同審判構造，亦有糾問模式與彈劾模式之分：

(一) 糾問模式屬兩面關係，檢察官爲偵查主體，被告則純爲偵查客體，不具當事人性質，審判程序中之防禦權於此階段均付諸闕如，且辯護權益受限，故檢察官擁有訊問被告權利及強制處分權，其得逕爲強制處分而無須令狀（司法警察則向其聲請令狀）。

(二) 彈劾模式則認爲偵查程序僅係爲將來之審判預作準備，檢察官於偵查程序所扮演者爲追訴者之角色，證據之搜集僅爲審判中彈劾立證之用，其與被告同爲當事人地位，被告並非單純之偵查客體，而係具有訴訟主體性，其於偵查階段應如審判階段同受正當法律程序之權利保障（包括緘默權、辯護權、強制處分令狀主義、聲請具保權、聲請保全證據權），故檢察官所爲者乃任意性偵查，若需以強制處分蒐集或保全證據，除少數強制處分因特殊考量（如時效性、急迫或干預性輕微），應得超然中立之法院審查並核發令狀始可，且檢察官之起訴或不起訴、緩起訴處分應受法院審查。此時乃有偵查法官之設置，大部分之強制處分（尤其干預性較重大或廣泛者，如搜索、拘捕、羈押、通訊監察等），由其核發令狀，且檢察官之不起訴、緩起訴處分亦受其監督審查。

二、我國之偵查**構造**界於兩者之間，重要干預性之強制處分如搜索、通訊監察、羈押由法官審查令狀，拘提逮捕亦有憲法保障之提審制度，檢察官之不起訴、緩起訴處分並受法院審查（交付審判制度），然偵查中檢察官仍得訊問被告並以之爲審判證據，且辯護人亦無閱卷權。

三、林鈺雄教授則認爲偵查法官設置之目的在於實現法官保留原則（偵查程序之強制處分仍受法官獨立原則、法定法官原則、聽審原則之拘束，惟偵查法官仍居於被動地位，需檢察官主動聲請始爲令狀審查）及保全供述證據（經檢察官聲請而訊問被告、證人或鑑定人，取得供述證據，以爲審判程序有供述不能情事時之替代）。其亦主張偵查**構造**採行三面關係（彈劾主義），並賦予被告充分之防禦權（包含閱卷權）。

其爲如下之建議：

(一) 偵查主體：檢警關係於現行刑事訴訟法上已有相當平衡，亦即檢察官爲偵查主體，司法警察（官）則具有第一線偵查機關之自主性。而自加強對司法警察偵查活動合法性以觀，雙偵查主體並非世界主流之趨勢，反應引進偵查法官介入某些偵查行爲，例如緩起訴制度（其條件負擔具有處罰性質）與下述之強制處分。

(二) 偵查中強制處分主體：干預性強制處分應遵循法律保留原則，較重大之強制處分更應採法官保留原則，由偵查法官審查令狀之核發，同時應設置合理且週延之救濟途徑（現行法對司法警察所爲之強制處分則無任何救濟規定）。

(三) 偵查程序之參與權（參與式偵查）：被告與辯護人應賦予參與偵查程序之權利，使審判程序之辯方權利得以全面延置至偵查階段，被告不致錯失有效辯護之關鍵點，且因前開權利之賦予暨踐行，使偵查程序具可信性，進而可使審判階段援引偵查程序之結果，而使部分特定替代證據有證據能力。故應於偵查中開放：被告與辯護人對被告訊問筆錄之閱覽權、羈押審查程序相關卷證之閱覽權、對證人之對質詰問權（此於傳聞法則之例外認定上尤爲重要，如本法第159條之1第2項）。

🔎 焦點3　誘捕偵查適法性之探討

一、理論
- 1.主觀理論（機會提供型）→誘捕偵查實施者僅提供本有犯意者實現犯意之機會
- 2.客觀理論（犯意誘發型）→誘捕偵查實施者誘發犯罪者產生犯意

二、正當法律程序之抗辯：違法之誘捕偵查，係侵犯憲法第8條保障人民之正當法律程序之權利。

三、實施誘捕偵查之要件：原則上必須具備：(一)被告自己犯罪或被告自己主動式的意欲犯罪之情形；(二)誘捕之實施僅在於爲取得證明該犯罪之證據；(三)非實施誘捕偵查無法取得欲得到之證據或幾乎無法取得之情形；(四)誘捕偵查係針對重大、隱密、不易發現之犯行方得以實施（例如所犯最輕本刑爲五年以上之重罪）等要件方被認爲屬於合法之誘捕行爲。

四、犯意誘發型之違法誘捕偵查（陷害教唆）所得證據：因此項偵查侵犯相對人之憲法基本權，故應逕予排除其證據能力。

五、92年台上第4558號判決要旨認：(一)引發犯意型，屬陷害教唆，因逾偵查必要且違憲法基本人權，故認其取證無證據能力；(二)已有犯意型，屬釣魚偵查，其取證有證據能力。

六、99年台上第3771、5202號判決要旨進一步就「已有犯意型之釣魚偵查」提出區分見解，認爲此類偵查行爲係因司法警察之加工介入，故仍應就司法警察之蒐證作爲，檢驗其取證要件是否符合法定程序，以判斷其證據適格（能力），必要時依本法第158條之4衡酌之，並非一概可無條件承認其證據能力。

七、另有學者認此種偵查程序嚴重違反法治國原則，該項起訴根本違反公平正義，宜以不受理或免訴終結，非僅認定該取得之證據無證據能力。

🔎 焦點4　線民挑唆之陷害教唆（林鈺雄，月旦法學第213期，頁230以下）

一、學者認爲挑唆犯罪與預防犯罪正是二律背反命題：如果容許國家機關爲追訴犯罪而以

違法挑唆手段製造犯罪，無疑是澈底顛覆預防理論的作法，因為預防理論欲藉由刑罰手段來達到消除人民犯罪誘因之目的，但違法犯罪挑唆卻是反向操作來創設犯罪誘因並製造犯罪。

二、線民作為挑唆者，因線民不具國家公務員身分，故其行為可否歸責於國家，不可一概而論，必須依照個案中線民與國家機關的合作關係而判斷。判斷基準主要在於「國家對於系爭犯罪挑唆的支配程度」，即個案中國家對於該線民的委託、指使關係及控制程度的強弱；若已在國家實質支配底下，該線民之行為即等同於國家之行為，其實就是「國家機關手足之延伸」，具有「國家性」。

三、公務員違法甚或以故意犯罪方法執行職務，本來就不會改變其公權力的屬性，否則整部「國家」賠償法豈非可以直接報廢，憑什麼讓國家承擔公務員違法行為所致的損害賠償？同理，國家干預人民基本權的行為，也不會因為公務干預行為的違法性，而改變其國家性。

四、學者提出用以判斷挑唆犯罪合法性之客觀基準：

(一) 是否已存有被告之犯罪嫌疑：若國家機關客觀上已經先對被鎖定人（即後來的被告）系爭個案犯罪開始偵（調）查（須先有發動偵查的客觀事實，但可針對尚在計畫中或進行中的系爭犯罪），之後始以誘餌者接觸被鎖定人，才是此處所稱存有犯罪嫌疑。

(二) 誘餌之被動性。

(三) 誘餌行為之方式及強度：國家的誘發行為，是否對於被鎖定人造成過當的壓力而促使其犯罪？甚至強大到使其居於類似被利用工具之地位？亦是審查重點。以常見之金錢利誘手段為例，強度是否過當，除客觀數額外，仍應視被鎖定人之經濟需求狀況而定。此外，不當的方式也包含積極卸除被鎖定人擔心犯罪被查獲的心防，誘餌者對被鎖定人關於犯罪不會被查獲的擔保，常是被鎖定人終究決定鋌而走險的最後一根稻草。換言之，除了犯罪傾向的主觀檢驗之外，亦考量國家誘陷行為是否達到過當壓力的客觀判斷（若是，則屬正當法律程序之違反），並構成公平審判原則之違反。

(四) 被告最終之犯罪範圍是否超過挑唆行為：例如線民佯裝欲向被告買五小包毒品，而被告家中交易現場也被查獲五小包毒品，此時，犯罪範圍與挑唆範圍相同，更加「證明」系爭毒品交易是挑唆而來。反之，如果現場查獲了五百包毒品（已超過一般吸食者的日常消耗範圍），即屬對被告挑唆抗辯不利的證據，因為從扣案毒品可能推斷，被告並不是因為被挑唆才從事販毒行為。

五、學說認為在國家違法挑唆犯罪的陷唆情形，瑕疵不但存在於整個訴訟，而且還是來自於刑罰權本身產生的實體事由，並非僅止於某個個別取證行為的違法性而已。故於此應採個人排除刑罰事由說，蓋國家機關違法挑唆犯罪，其重大違反法治國的瑕疵（尤指國家的禁反言，即國家不得為了追訴犯罪而製造犯罪），存在於實體刑罰權發生的事由本身以及發生當時，因此有別訴訟法解決方案，而應從瑕疵源頭的實體法層著手。就刑法體系言，個人排除刑罰事由屬於不法（構成要件該當性、違法性）與罪責（有責任性）以外的犯罪成立要件。系爭犯罪若因國家違法挑唆所致，構成要件仍然該當且具違法性。換言之，被挑唆人整體行為評價仍具不法性（亦即雖然你是被國家

違法挑唆而犯罪，但你仍然是不對的）。惟因於行為當時，對行為人而言就已存在特殊例外情形，因此自始就排除其刑罰，結論即是不成立犯罪。簡言之，明確否定被挑唆者的實體犯罪，才是嚇阻違法及犯罪的最佳預防理論。

【附錄】94年台上第5479號

刑事偵查技術上所謂之「釣魚」者，係指對於原已犯罪或具有犯罪故意之人，以設計引誘之方式，使其暴露犯罪事證，而加以逮捕或偵辦者而言；而所謂「陷害教唆」者，則指行為人原不具犯罪之故意，純因司法警察之設計教唆，始萌生犯意，進而實施犯罪構成要件之行為者而言。前者純屬偵查犯罪技巧之範疇，並未違反憲法對於基本人權之保障，且於公共利益之維護有其必要性存在，故依此所蒐集之證據資料，原則上非無證據能力；而後者係以引誘或教唆犯罪之不正當手段，使原無犯罪故意之人因而萌生犯意而實施犯罪行為，再進而蒐集其犯罪之證據而予以逮捕偵辦，其手段顯然違反憲法對於基本人權之保障，並已逾越偵查犯罪之必要程度，對於公共利益之維護並無意義，其因此所取得之證據資料，應不具有證據能力。

【附錄】99年台上第2673號

由許○嘉、趙○傑及趙○良、廖○堅所採取之誘捕偵查手段，從比例原則加以審查，就目的性而言，甲○○本無走私槍械之意，亦無實際採取走私之手段，本無防止槍械從外國流入國內危害秩序之虞，何須由許○嘉、趙○傑大費周章自菲律賓採購槍枝提供於甲○○，況且許○嘉果真係線民，亦即為偵查機關手足之延伸，由公權力擔當走私者，再將走私之罪責，強加甲○○之身上，無異甲○○該當何罪名，並非本於甲○○自身之行為，而係繫於公權力之手上，此顯有悖於罪責原則。至於乙○○此前僅有毒品及偽造貨幣等前科紀錄（參照卷附乙○○前案紀錄表），從未涉及槍械，其涉犯本案乃係因許○嘉與趙○傑等人為達詐領檢舉獎金之目的，所設計安排之槍械最後持有人，其原本並無走私、販賣或運輸槍械之犯意，其因許○嘉誘以三十萬元酬勞之挑唆，隨同前往菲律賓，嗣後並在許○嘉等人之設計安排下遭到逮捕，乃屬「陷害教唆」之被陷害者，其一時貪圖三十萬元之報酬而涉案，雖有可議，惟本案隱藏檢調人員與線民勾結，此等「陷害教唆」行為，係恣意為之，且已侵害憲法保障人民內在精神自由權、正當程序之基本權，侵害法益情節實屬重大，基於縱使為了追訴並對抗槍械犯罪之公共利益，亦不可犧牲正當程序及憲法保障人民基本權之基本要求；且如僅因被告等二人所犯係屬重罪，走私、運輸槍械數量眾多，即容忍該「陷害教唆」行為存在，則不免鼓勵檢調人員於有上開情事存在時，即可任意、恣意採取違反程序、侵害基本權之方式實行犯罪，則偵查人員之偵查行為無法抑制，人民將因國家機關之陷人於罪而一再落入法網，為使檢調人員知所警惕，並兼顧憲法保障人民基本權之要求，因認本件因違法「陷害教唆」所取得之證據，應無證據能力。

【附錄】102年台上第3288號

法院組織法第62條規定，檢察官於其所屬檢察署管轄區域內執行職務，但遇有緊急情

形或法律另有規定者，不在此限。足見除非有但書情形外，否則檢察官僅於其所屬檢察署管轄區域內，始有行使偵查犯罪之職權。而刑事訴訟法第229條第1項第1款規定，警政署署長、警察局局長或警察總隊總隊長於其管轄區域內為司法警察官，有協助檢察官偵查犯罪之職權。可見該款司法警察官，於管轄區域內，才有協助檢察官偵查犯罪之職權。又同法第230條第1項第1款、第2項、第231條第1項第1款、第2項，雖僅規定警察官長、警察知有犯罪嫌疑者，應即開始調查。但既規定警察官長應將犯罪嫌疑調查之情形報告該管檢察官及協助偵查犯罪之司法警察官；警察應將犯罪嫌疑調查之情形報告該管檢察官及司法警察官；警察官長應受檢察官之指揮，偵查犯罪；警察應受檢察官及司法警察官之命令，偵查犯罪。顯見上開警察官長、警察知有犯罪嫌疑者，應即開始調查之職權，亦應限於管轄區域內，始得為之。再警察勤務條例第3條規定，警察勤務之實施，應晝夜執行，普及轄區。各級警察機關通報越區辦案應行注意要點第1點規定，為發揮各級警察機關整體偵防力量，提升打擊犯罪能力及避免於越區辦案時，因執行、配合不當，引致不良後果，特訂定本要點。第3點第1項前段規定，各級協助偵查犯罪人員，於管轄區外執行搜索、逮捕、拘提等行動時，應通報當地警察機關會同辦理。第6點第2項規定，各級警察機關搜獲他轄犯罪確切情報，可通報當地警察機關偵處，因而偵破刑案或緝獲逃犯，視同共同偵破。均可見警察官長、警察原各有管轄區域，於管轄區域內始有調查犯罪之職權，因調查犯罪，如欲於管轄區外執行搜索、逮捕、拘提等行動時，應通報當地警察機關會同辦理。而於搜獲他轄犯罪確切情報，則可通報當地警察機關偵處，並非得於管轄區域外調查犯罪。否則，無異較檢察官與協助偵查犯罪之司法警察官，擁有更廣泛不受轄區限制之調查犯罪權限，顯非適宜。

【附錄】103年台上第972號

　　「陷害教唆」，係指行為人原不具犯罪之故意，純因國家偵（調）查機關或具司法警察權者之主動設計教唆，始萌生犯意，並於其實行犯罪行為時，再加以逮捕偵辦，其手段顯然違反憲法對於基本人權之保障，且已逾越偵查犯罪之必要程度，對於公共利益之維護並無意義，所取得之證據應無容許性可言。倘司法警察係利用依警察職權行使法第12條、第13條規定及警察遴選第三人蒐集資料辦法中經核准與警察合作關係之第三人，或事先受警察委託、指使，非出於私人動機協助偵查犯罪工作之線民，配合實施挑唆引誘無犯罪傾向之人著手犯罪之查緝行為，因已違實質正當性，且可歸責於警察，仍在警察職權行使法第三條第三項規範「警察行使職權，不得以引誘、教唆人民犯罪或其他違法之手段為之」之列。惟若舉發人出於私人動機主動設計教唆犯罪，司法警察僅被動地接收所通報之犯罪活動，並未涉及挑唆亦無事實上支配犯罪，則與誘捕偵查之情形，尚屬有間。

【附錄】104年台上第266號

　　警察職權行使法第3條第3項規定：「警察行使職權，不得以引誘、教唆人民犯罪或其他違法之手段為之。」明定禁止違法之「誘捕偵查」。「誘捕偵查」必須是可歸於國家機關之行為，至線民（或以其他名稱如「檢舉人」、「告發人」而與國家機關合作）所為之

挑唆行為，是否可視為國家機關之行為，應視國家機關對系爭犯罪挑唆之支配程度而定，即個案中國家機關對該線民之委託、指使關係以及控制程度之強弱，倘若挑唆犯罪係在國家機關實質支配底下，該線民之行為同屬國家機關手足之延伸而具有國家性。

【附錄】105年台上第811號

　　所謂「陷害教唆」與警方對於原已具有犯罪故意並已實行犯罪行為之人，以所謂「釣魚」之偵查技巧蒐集其犯罪證據之情形有別。倘誘捕偵查之方法如尚屬合乎法律規範之目的，且不違背受教唆者之自由意志，復不違反比例原則，而以巧妙之手段、方法，使潛在化之犯罪現形，並加以查獲情形下，所取得之證據，非不得作為認定犯罪之依據。

🔍 焦點5　偵查不公開原則與禁止先行傳訊被告之立法目的（林鈺雄，刑事訴訟法論（下），頁13以下）

一、**保障被告權利**：被告於刑事訴訟程序應受無罪推定原則之保障，何況偵查僅為刑事訴訟程序之開啟，尚未經犯罪嫌疑門檻之檢驗，任意公開被告涉案資訊，將易造成媒體審判之偏頗誤導，甚而影響偵查與審判結果之客觀性與正確性，對被告受無罪推定原則保護及其名譽權與訴訟防禦權利之影響甚鉅。

二、**保障關係人之權利**：不論告訴人、告發人或證人或其他關係人，因向偵查機關提供案情資訊，為保障其隱私、身家與性命之安全，故偵查資訊應嚴格予以守密。

三、**保障偵查程序之順暢**：偵查資訊之洩漏，將易導致證據之湮滅、偽造、變造或被告與證人、共犯之勾串，甚而使被指涉犯案之被告潛逃，而阻礙被告與證據之保全，從而影響偵查程序之順暢進行。

🔍 焦點6　偵查不公開原則之評析（王兆鵬，台灣本土法學第186期，頁33～38；李佳玟，月旦法學教室第185期，頁40）

一、學者認為並非所有偵查程序中在場之人，皆有保守偵查秘密之義務，應只有偵查機關或偵查輔助機關之公務員始有保守秘密之義務，一般人民在遭偵查機關訊問或調查後，並無守密之義務。故被告、證人、辯護人、輔佐人、代理人、告訴人等皆不應在限制之列。

二、學者主張

(一) 原則上，法院為揭露與否之終局決定機關。亦即，掌握偵查秘密資訊者，為檢察官；但決定偵查秘密應否揭露者，為另一中立、超然之司法機關。美國制度之設計，得避免球員兼裁判，能有效權衡偵查秘密與公共利益，又可制衡檢察官對偵查資訊之壟斷。

(二) 偵查資訊揭露之要件和程序可參考美國法，包括：1. 為其他司法程序之必要性，且符合「特定需要」要件，法院在權衡相關要素後，得裁定准予揭露；2. 為其他特殊或重

大之公共利益，在經法院核准後，得予揭露；3. 檢察官得逕行將資料揭露予其他執行刑事訴訟法之檢察官，毋須法院之事先核准；4. 檢察官為刑事訴訟之目的，欲求得警察機關或其他政府官員之協助，得揭露資料給這些政府官員，雖毋須法院之事先核准，但應將所揭露對象之名單提供法院備查。

三、若偵查人員洩漏資訊而違反偵查不公開原則時，學者亦舉美國法供參考，即所謂之民事調查程序。人民只要證明其為偵查秘密不當洩漏之被害人，法院即必須開啟調查程序，檢察官必須舉證反駁，法院甚至可以指派特別調查官為深入之調查，當發現確有洩密之情形時，法院得裁定適當之救濟措施。

四、學者另提出見解，偵查秘密之維持，有為個案之利益，亦有為制度上之利益。前者，係為達到某特定個案能順利終結之目的，例如為防止該案嫌疑犯不致逃亡等，就此目的而言，當該個案不起訴終結後，即無繼續維持秘密性之必要。然偵查秘密亦有為偵查整體制度之目的，即令某特定個案終結，偵查秘密仍有繼續維持之必要。如：當國家向證人宣示維持偵查秘密以確保其「無所畏懼自由陳述」時，不但是向此個案證人宣示，也是向將來所有證人宣示，請證人大膽而無畏懼將其所知告訴檢察官以偵查犯罪，國家有保護其陳述秘密之義務。因此，美國聯邦最高法院認為，偵查秘密之利益，只因為偵查終結而告減少，但並不是消滅，法院仍應考慮揭露對「未來」證人之影響為何，例如證人擔心其證詞可能為他人所知悉、是否會受報復、抵制或排擠。

🔍 焦點7　檢察官傳喚後之司法警察初訊與檢察官複訊（吳巡龍，月旦法學教室第66期，頁20～21）

一、實務情形

被告或犯嫌雖有緘默權，但並無阻止檢察官指揮輔助機關調查的權利，訊問者變更時並無徵得受訊者同意之理由。被告或證人受檢察官之傳訊，不論是否信任，均有到場義務，檢察官傳喚受訊人到庭後是否交警察初訊，係由檢察官本於職權指揮認定，但不能強制受訊人前往其他處所接受訊問，故若傳喚受訊人到地檢署後，要求受訊人到司法警察機關接受初步詢問，應事先徵求其同意，並以錄音（影）並記明筆錄存證為宜。

二、依刑訴法第88條之1

若證人或犯罪嫌疑人經通知或傳喚到司法警察機關接受詢問，初訊後除非有刑訴法第88條之1第1項緊急拘提事由被拘捕，否則彼等並未被逮捕拘提，應不得解送檢察署。但詢問完畢後經受詢問人同意，由司法警察陪同到地檢署複訊，此屬自行到場任意偵查之性質，並無違法。

三、依刑訴法第76條

檢察官發動搜索後，查證方向已經曝光，為防止受訊問者相互串證，如果有刑訴法第76條規定逕行拘提被告事由，可無庸先經傳喚程序直接拘提，為保護當事人尊嚴並避免現場發生抗拒，實務上檢察官可能選擇以傳票傳喚，但為防止串證，要求被告與執法人員同

行，若被告不願配合再出示拘票實施拘提。此執法方式有利於防止串證及維護當事人尊嚴，屬檢察官的偵查裁量範圍，縱雖同時備妥傳票及拘票，並無違法。

四、依刑訴法第75條

若對受傳喚人別無拘捕原因，傳喚被告或證人時出示拘票要脅被傳喚人不立即到庭即以「合法傳喚無正當理由不到場」的理由拘提，受傳喚人可能有正當理由不願立即到場，但迫於拘票而不得不配合，結果將造成以傳喚之名，行拘提之實；若備妥傳喚不到即拘提之拘票交警執行，如何事先判斷有「無正當理由不到場」拘提之正當理由？故此種情形同時備妥傳票及拘票強迫受訊人到場，應視為非法拘提。

【衍生實例】

選舉將屆，里長甲在某餐廳與一群椿腳高談闊論，過程中，提及打算以團體旅遊方式，為某特定候選人進行賄選。恰被剛下班之檢察官乙在旁用餐，清楚聽到對話內容，乃據此向法院聲請搜索票，試問法院應否核發？設檢察官已取得搜索票，並指揮警察搜索甲宅，果然發現名冊等可疑證物，進而掌握鄰長A、B、C與里長D、E、F、G均可能涉案，檢察官擔心如不立即偵訊，可能會有串證或滅證之虞，遂傳喚A～G，試問檢察官於彼等到庭後，能否交由警察先為初訊？若初訊後，警察徵得後詢問人同意，陪同至地檢署說明案情，豈料檢察官複訊後，竟將渠等改列為被告，並聲請羈押，是否合法？

（99東吳法研）

考點提示：

一、雖刑事訴訟法第122條第1項規定，對被告或犯罪嫌疑人之搜索，僅需必要時即得為之。然學者認為，法院審查強制處分之令狀核發時，應以具備相當理由為前提，所謂相當理由應有客觀之標準。搜索之相當理由乃就所知之事實情況，有合理可信之訊息，足使一般謹慎之人，相信所欲扣押之物品，得於被搜索之場所發現。至拘提逮捕之相當犯罪嫌疑，亦就所知之事實情況，有合理可信之訊息，足以使一般謹慎之人，相信犯罪已發生，而嫌疑犯為犯罪行為人。換言之，應以有犯罪嫌疑存在，且具備適合性與必要性時，方許為之。

二、關於警察初訊與檢察官複訊部分，參照上述焦點6之說明。

三、本例涉及形式證人與實質被告地位認定問題，偵查機關如實質上已認定為犯罪嫌疑人或被告，卻以證人或關係人形式通知或傳喚到場，顯係惡意規避實質被告本於憲法第8條正當法律程序與第16條訴訟防禦權所賦予之基本權利保障。如此，檢察官於複訊後始將上列A～G改列為被告聲請羈押，此等對實質被告之突襲性強制處分與憲法基本權之侵害，即屬違法。

🔎 焦點8　任意偵查（吳巡龍，月旦法學教室第65期，頁16～17）

一、涵義

傳喚係有附隨政府高權作用壓制個人意思的強制處分而非任意偵查，我國常見的任意偵查方式包括：約談或訪談相關人，此約談或訪談因無強制性，故不得限制其離去；函調電話申登資料、通聯紀錄、銀行開戶資料及往來明細、旅客艙單等文件資料或監視錄影帶等證物；履勘現場並製作勘驗筆錄、拍攝照片或錄影帶作為證據；函送鑑定機關作指紋比對、聲紋比對、筆跡比對、精神狀況、死因等鑑識。

二、檢察官於審判中所為訴訟行為之定位

檢察官發現真實之義務並不因偵查程序終結而結束，檢察官因負有舉證責任，對被告涉嫌之案件提起公訴後，就繫屬法院之案件，其為補強心證或發現真實，仍得繼續蒐集證據，以便提出審判庭作為證據。

為保護被告及公平審判之需要，檢察官於起訴後只能作任意偵查（此時已非偵查階段，或應稱為「任意調查」），而非有政府高權作用之強制偵查。若檢察官起訴後發現有實施強制處分之必要者，審判期日前應依刑訴法第219條之4規定聲請法院保全證據，本案進入審判程序時應依刑訴法第163條第1項聲請法院調查證據。

🔍 焦點9　司法警察偵查行為之法律依據探討（薛智仁，月旦法學第235期，頁236以下）

一、實務判決（102年台上第3522號）

(一)「跟監」係指國家機關為防止犯罪或犯罪發生後，以秘密而不伴隨國家公權力之方式，對無隱私或秘密合理期待之行為或生活情形，利用目視或科技工具進行觀察及動態掌握等資料蒐集活動（警察職權行使法第11條規定參照）。是所謂「跟監」包括對人民行動為追蹤、監視及蒐證等活動。無論係基於調查犯罪之必要所為司法警察偵查犯罪性質之活動；或係為預防犯罪所為之行政警察活動，對於被跟監者之隱私權、資訊自決權等憲法所保留之基本權固有不當之干預，然偵查犯罪及預防罪之發生均係維持社會秩序及增進公共利益所必要，自得以法律限制之。

(二) 刑訴法第230條、第231條第2項既規定司法警察官、司法警察知有犯罪嫌疑者，應開始調查。而「跟監」復係調查及蒐集犯罪證據方法之任意性偵查活動，不具強制性，苟「跟監」後所為利用行為與其初始之目的相符，自無違法可言。況警察職權行使法第11條係規定為「防止犯罪」所必要而進行觀察動態、掌握資料等蒐集活動，與本件警方係因已發生違法監察他人通訊之犯罪行為，為進行蒐證，始對被告為跟監，並伺機蒐集證據，不盡相符，本件核與警察職權行使法第11條所規範之目的不同，自不能比附援引。

二、學者評析

(一) 偵查跟監之法律依據與合法性

　　1. 警察為了執行危害防止與犯行追緝任務進行跟監埋伏，以蒐集罪證或掌握特定人之行蹤，已是行之有年的警察勤務。對於「防止犯罪」之警察跟監，警察職權行使

法第11條明定發動要件（觸犯重罪或集團性等犯罪之虞）、程序要求（警察局長書面同意）、期間限制（一年為限，但得延長一次）及資料銷毀義務，授權警察跟監。但是對於「追緝犯行」之警察跟監（下稱「偵查跟監」），無法直接適用或類推適用上開規定，刑事訴訟法亦無直接的明文規定，因此，現行法是否存在偵查跟監的法律授權基礎，是一個尚待澄清的問題。

2. 依通說見解，刑事訴訟法並不適用罪刑法定原則，但其中涉及干預公民基本權的規定，應適用公法上的一般法律保留原則。依此原則，干預憲法基本權的國家高權行為，不僅在形式上應有法律根據，系爭干預基本權的授權法律必須符合明確性原則及比例原則。據此，司法警察之偵查措施是否應有法律授權基礎，標準在於其是否為刑事訴訟上的基本權干預，而不在於係強制處分或任意處分。如果跟監侵入他人住宅，係侵害居住自由（憲法第10條），如果跟監時輔佐竊錄他人電話通訊，係侵害秘密通訊自由（憲法第12條）。至如果跟監停留在隱密蒐集他人在公開場合之活動或位置，有無干預基本權的性質？就此，我國大法官基於人性尊嚴理念、維護個人主體性與人格自由發展，承認個人享有生活密領域及資訊自主權之保障，屬於非憲法明文列舉之自由權（憲法第22條）。大法官並將此一保障擴及個人於公共場域中，享有依社會通念得不受他人持續注視、監看、監聽、接近等侵擾之私人活動領域及個人資料自主，但是強調以得合理期待於他人者為限。因此，跟監行為蒐集他人在公開場合的活動或位置資訊，有可能因為干預「生活私密領域不受侵擾之自由」及「個人資料之自主權」，而成為干預基本權的國家高權行為。

3. 換言之，偵查跟監的合法性無法一概而論。短期的目視跟監欠缺干預基本權性質，固然無須明文的授權基礎，但較長期的目視跟監以及輔助使用科技設備的跟監，不論是照相、錄影或衛星定位等等，至少有干預資訊自主權的性質，必須有明文的授權基礎始可為之，現行刑事訴訟法對此尚無規定，故不得為之。而如何區分長短期跟監，抽象而言取決於社會相當的界線，若是要設定具體標準，解釋上或可參考德刑訴法第162條之6第1項，將超過二十四小時的連續性跟監以及超過二天的間歇性跟監視為較長期之跟監。

(二) 司法警察偵查行為之法律依據

1. 雖最高法院及部分學說肯認刑訴法第230及221條第2項是偵查概括條款，在某範圍裡得以成為干預基本權之偵查措施的授權基礎。不過，在現行法對於新興隱密或科技偵查措施幾乎制訂個別授權條款底下，上述規定欠缺充分明確性，也會加強偵查程序警察化的趨勢。因此，認為上述規定應被定性為單純的任務規範，無法成為任何干預基本權之偵查措施的授權基礎。且若將其容許跟監適用系爭規定的理由一般化，將會把所有欠缺直接或間接強制力的司法警察偵查措施，通通都透過系爭規定被合法化。法律保留原則對於刑事訴訟之基本權干預應有的節制效果，在最高法院的見解底下，已經徹底被摧毀。

2. 若貫徹刑事訴訟法的原始構想，堅持司法警察的偵查活動合法性必須受到檢察官的事前監督，那麼在立法政策上，就不應朝向削弱檢察官在偵查程序的主導地位，使

警察成為偵查主體，而是應該化檢察官合法性監督的配套措施，使檢察官成為真正的偵查主體。而承認司法警察偵查概括條款，極可能會助長偵查程序之警察化，提升司法警察濫權偵查的風險。

3. 再就相關規定的體系關聯來說，系爭規定性質上確實比較接近於單純的任務分配規範。我們綜觀刑訴法第228至231條的規定內容，可推知立法者主要是藉此確立，檢察官與司法警察（官）在知悉犯罪嫌疑時有立即偵查的義務（法定偵查義務），由檢察官主導偵查程序，特定警察與憲兵作為司法警察，必須協助與受檢察官指揮偵查犯罪。除了司法警察之職務內容及指揮監督關係的規定之外，看不出進一步授權司法警察採取干預基本權之偵查措施的意思。而此結論，亦能從刑訴法第230條與第231條第3項「實施前項調查有必要時，得封鎖犯罪現場，並為即時之勘察」反面推論得出。因封鎖犯罪現場並非單純的保全證據措施，而是偶爾會干預他人居住自由或行動自由（例如封鎖命案現場民宅並禁止屋主或他人進出），如果立法者認為同條第2項「知有犯罪嫌疑者，應即開始偵查」已內含干預授權，並無額外制訂第3項的必要性。既然立法者已經制定第3項，我們可以合理推知，其無意透過第2項概括授權司法警察採取干預基本權之偵查措施。

4. 最高法院上述見解等於是放任警察的偵查權力不受法律、檢察官及法官的監督，助長人民權利被警察濫權侵害的風險。長遠的根本解決之道，是由立法者負起其立法義務，為各式新興的隱密或科技偵查措施制訂個別的授權條款，具體規定發動的實體、程序要件及救濟途徑，若是認為有必要制定偵查概括條款，也應該考慮配套的監督機制。而在所有未明文的隱密或科技偵查措施中，凡是欠缺干預基本權性質者，例如警察從犯罪嫌疑人周遭親朋鄰居取得的自願供述（以告知得拒絕回答者為限）、蒐集犯罪現場遺留的跡證等，司法警察固然得自由為之，直接以任務分配條款為法律根據。但若是具有干預基本權性質者，例如線民的安置與活動、誘陷偵查等，都亟待立法者未來增訂個別授權條款或充分明確的偵查概括條款始得為之。

🔍 焦點10　撤回公訴之效力

一、檢案官本於國家追訴原則，不論就告訴乃論或非告訴乃論之罪均得於第一審辯論終結前，撤回公訴（§269）。

二、撤回起訴等同不起訴處分（§270），故準用不起訴處分之規定；除有本法第260條第1、2款情形可再行起訴外，否則即不可，若再起訴應依本法第303條第4款諭知不受理。

三、準用聲請再議、職權送再議及交付審判之相關規定，亦即告訴人得依循相關規定表示不服。

四、對共同被告一人撤回效力不及其他被告，蓋數案件間無不可分性。

五、對數罪併罰案件一案撤回效力不及他案，若實質或裁判上一罪一部撤回則不生效力。（因起訴不可分，未撤回部分之起訴效力仍及於全部）

六、撤回起訴後不得再自訴（依§323Ⅰ，且§343並未準用§260）。

第二節　告訴之提起

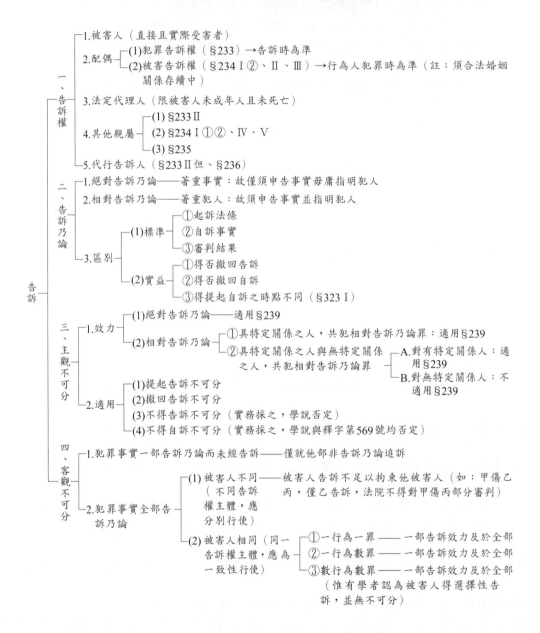

告訴

一、告訴權
- 1.被害人（直接且實際受害者）
- 2.配偶
  - (1)犯罪告訴權（§233）→告訴時為準
  - (2)被害告訴權（§234Ⅰ②、Ⅱ、Ⅲ）→行為人犯罪時為準（註：須合法婚姻關係存續中）
- 3.法定代理人（限被害人未成年人且未死亡）
- 4.其他親屬
  - (1) §233Ⅱ
  - (2) §234Ⅰ①②、Ⅳ、Ⅴ
  - (3) §235
- 5.代行告訴人（§233Ⅱ但、§236）

二、告訴乃論
- 1.絕對告訴乃論——著重事實：故僅須申告事實毋庸指明犯人
- 2.相對告訴乃論——著重犯人：故須申告事實並指明犯人
- 3.區別
  - (1)標準
    - ①起訴法條
    - ②自訴事實
    - ③審判結果
  - (2)實益
    - ①得否撤回告訴
    - ②得否撤回自訴
    - ③得提起自訴之時點不同（§323Ⅰ）

三、主觀不可分
- 1.效力
  - (1)絕對告訴乃論——適用§239
  - (2)相對告訴乃論
    - ①具特定關係之人，共犯相對告訴乃論罪：適用§239
    - ②具特定關係之人與無特定關係之人，共犯相對告訴乃論罪
      - A.對有特定關係人：適用§239
      - B.對無特定關係人：不適用§239
- 2.適用
  - (1)提起告訴不可分
  - (2)撤回告訴不可分
  - (3)不得告訴不可分（實務採之，學說否定）
  - (4)不得自訴不可分（實務採之，學說與釋字第569號均否定）

四、客觀不可分
- 1.犯罪事實一部告訴乃論而未經告訴——僅就他部非告訴乃論追訴
- 2.犯罪事實全部告訴乃論
  - (1)被害人不同（不同告訴權主體，應分別行使）——被害人告訴不足以拘束他被害人（如：甲傷乙丙，僅乙告訴，法院不得對甲傷丙部分審判）
  - (2)被害人相同（同一告訴權主體，應為一致性行使）
    - ①一行為一罪——一部告訴效力及於全部
    - ②一行為數罪——一部告訴效力及於全部
    - ③數行為數罪——一部告訴效力及於全部（惟有學者認為被害人得選擇性告訴，並無不可分）

🔍 焦點1　告訴期間（§237）

一、須知悉犯罪行為及犯人
(一) 連續犯：自知悉最後一次行為時起算
(二) 繼續犯：自行為終了時起算
(三) 牽連犯：期間分別起算

二、犯人有數人┬ 1.自知悉最後一人（學說）：採此說較符合告訴不可分性之法理
　　　　　　　└ 2.分別起算（實務上採）：採此說於告訴不可分效力之適用上恐有疑
　　　　　　　　　義

三、期間┬ 1.固有：告訴權六個月
　　　　├ 2.代理：告訴權依本人為準，須受本人拘束，蓋代理人不得有大於本人之權
　　　　│　　利
　　　　└ 3.代行：告訴權仍受本人告訴期間限制，蓋其代行權仍源自本人

🔍 焦點2　告訴之補正

一、**時點**
(一) 甲說：得於第二審辯論終結前補行告訴。
(二) 乙說：只得於一審辯論終結前補行告訴。
　　因本法第238條第1項規定，告訴僅得於第一審辯論終結前撤回之，若於第二審方補行告訴，將無從適用該撤回告訴之規定。
二、**方式**
　　以言詞或書狀向檢察官或司法警察官補行後再移送法院。（74年台上字第431號判例）
三、**效力**：溯及既往。
四、**學說見解**
　　若檢察官以告訴乃論之罪起訴而未有合法告訴，不論法院認為係告訴乃論或非告訴乃論罪，均不應允許補正告訴，應逕為不受理判決；縱檢察官以非告訴乃論之罪起訴，然法院認屬告訴乃論之罪，如未經合法告訴，亦應為不受理判決。

🔍 焦點3　告訴乃論之罪與刑法從舊從輕原則（何賴傑，台灣本土法學第77期，頁312以下）

一、最高法院一貫見解認為，刑法第2條第1項但書規定之適用，亦須比較新舊法之犯罪是否屬告訴乃論之罪。如依舊法規定，某犯罪係屬告訴乃論之罪，新法將該犯罪改為非告訴乃論之罪，則依刑法第2條第1項但書規定，應適用對被告較為有利之舊法。學者

認為就信賴保護原則之正當性基礎而言，並無不妥。惟實務另區分告訴權人已否為合法告訴為如何適用法律之判斷，顯造成審查上之困難度。其判斷標準為：

(一) 依舊法為告訴乃論之罪，尚未經合法告訴，則舊法有利於被告，依刑法第2條第1項規定，應適用舊法。

(二) 承上若經合法告訴，則比較新舊法之實體規範內容（構成要件與法定刑等），依刑法第2條第1項但書為輕重比較之適用判斷。

二、德國通說認為，告訴既非犯罪構成要件要素，亦非可罰性條件，只屬程序法性質之法律制度——訴訟條件，因而告訴乃論規定之變更，不屬德國刑法第2條第3項之「法律變更」，蓋「法律變更」只指實體刑法之變更，不包括刑事程序法之變更。既然告訴乃論規定之變更，不屬於刑法第2條第1項刑罰法律之變更，即不受禁止溯及既往原則之拘束，因而應依一般法律原則，尤其是依程序從新原則處理。

【附錄】院字第2261號

刑法第245條第2項之縱容與宥恕，其不得告訴之範圍相同，如有告訴權人對於共犯中一人宥恕，按照告訴不可分之原則，對於其他共犯，自亦不得告訴。

【附錄】73年台上第4314號

告訴乃論之罪，被害人未向檢察官或司法警察官告訴，在法院審理中，縱可補為告訴，仍應向檢察官或司法警察官為之，然後再由檢察官或司法警察官將該告訴狀或言詞告訴之筆錄補送法院，始得謂為合法告訴。如果被害人不向檢察官或司法警察官提出告訴，而逕向法院表示告訴，即非合法告訴。本件被害人於偵查中就上訴人過失傷害部分，迄未向檢察官或司法警察官提出告訴，迨第一審法院審理中，始當庭以言詞向該法院表示告訴，依前開說明，本件告訴自非合法。上訴人所犯過失傷害部分，尚欠缺追訴要件，即非法院所得受理審判。

【附錄】94年台上第5375號

按被告所犯之罪，法律是否規定須告訴乃論，其內容及範圍之劃定，暨其告訴權之行使、撤回與否，事涉國家刑罰權，非僅屬單純之程序問題，如有變更，應認係刑罰法律之變更，即有刑法第2條第1項但書之適用。如其行為時之舊法原規定屬告訴乃論之罪，裁判時之新法經修正變更為非告訴乃論之罪，如未經告訴（包括告訴不合法），則舊法對國家刑罰權之發動所做一定限制之規定，即其追訴條件之具備與否，依舊法之規定觀察，較有利於被告，自應適用舊法之規定，認須告訴乃論，法院亦應在其追訴條件完備下始得為實體判決。必已依法告訴且未經撤回告訴時，始應就其罪刑有關之一切情形，綜合全部之結果，而為比較適用對其最有利之法律。

第三節　告訴之撤回

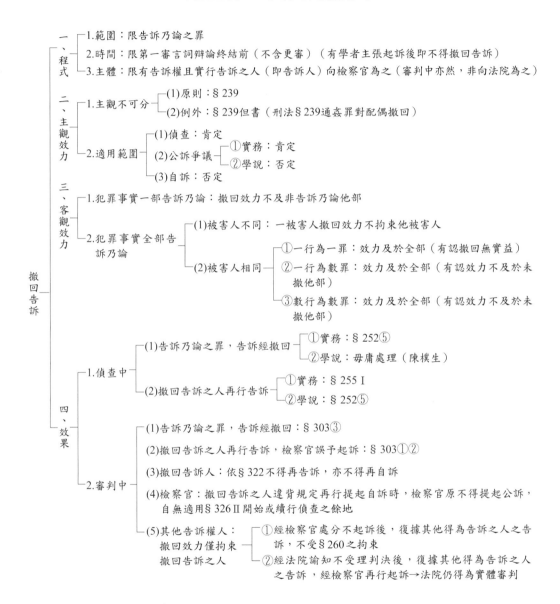

撤回告訴

一、程式
　　1.範圍：限告訴乃論之罪
　　2.時間：限第一審言詞辯論終結前（不含更審）（有學者主張起訴後即不得撤回告訴）
　　3.主體：限有告訴權且實行告訴之人（即告訴人）向檢察官為之（審判中亦然，非向法院為之）

二、主觀效力
　　1.主觀不可分
　　　　(1)原則：§239
　　　　(2)例外：§239但書（刑法§239通姦罪對配偶撤回）
　　2.適用範圍
　　　　(1)偵查：肯定
　　　　(2)公訴爭議
　　　　　　①實務：肯定
　　　　　　②學說：否定
　　　　(3)自訴：否定

三、客觀效力
　　1.犯罪事實一部告訴乃論：撤回效力不及非告訴乃論他部
　　2.犯罪事實全部告訴乃論
　　　　(1)被害人不同：一被害人撤回效力不拘束他被害人
　　　　(2)被害人相同
　　　　　　①一行為一罪：效力及於全部（有認撤回無實益）
　　　　　　②一行為數罪：效力及於全部（有認效力不及於未撤他部）
　　　　　　③數行為數罪：效力及於全部（有認效力不及於未撤他部）

四、效果
　　1.偵查中
　　　　(1)告訴乃論之罪，告訴經撤回
　　　　　　①實務：§252⑤
　　　　　　②學說：毋庸處理（陳樸生）
　　　　(2)撤回告訴之人再行告訴
　　　　　　①實務：§255Ⅰ
　　　　　　②學說：§252⑤
　　2.審判中
　　　　(1)告訴乃論之罪，告訴經撤回：§303③
　　　　(2)撤回告訴之人再行告訴，檢察官誤予起訴：§303①②
　　　　(3)撤回告訴人：依§322不得再告訴，亦不得再自訴
　　　　(4)檢察官：撤回告訴之人違背規定再行提起自訴時，檢察官原不得提起公訴，自無適用§326Ⅱ開始或續行偵查之餘地
　　　　(5)其他告訴權人：撤回效力僅拘束撤回告訴之人
　　　　　　①經檢察官處分不起訴後，復據其他得為告訴之人之告訴，不受§260之拘束
　　　　　　②經法院諭知不受理判決後，復據其他得為告訴之人之告訴，經檢察官再行起訴→法院仍得為實體審判

【附錄】94年台上第1727號

　　告訴乃論之罪，僅對犯罪事實之一部告訴或撤回者，其效力是否及於其他犯罪事實之全部，此即所謂告訴之客觀不可分之問題，因其效力之判斷，法律無明文規定，自應衡酌訴訟客體原係以犯罪事實之個數為計算標準之基本精神，以及告訴乃論之罪本容許被害人決定追訴與否之立法目的以為判斷之基準。犯罪事實全部為告訴乃論之罪且被害人相同

時，若其行為為一個且為一罪時（如接續犯、繼續犯），其告訴或撤回之效力固及於全部。但如係裁判上一罪，由於其在實體法上係數罪，而屬數個訴訟客體，僅因訴訟經濟而予以擬制為一罪，因此被害人本可選擇就該犯罪事實之全部或部分予以追訴，被害人僅就其中一部分為告訴或撤回，其效力應不及於全部。

【附錄】103年台非第317號

　　理論上不經言詞辯論之判決，告訴人須於第一審判決前，撤回其告訴，始屬合法。刑事訴訟法第七編「簡易程序」對於「撤回告訴」固無明文，亦無準用同法第238條之規定，惟基於告訴權人有自由決定告訴與否之權，自無不許撤回之理。則告訴人於簡易判決前撤回告訴，應認仍有刑事訴訟法第238條第1項規定之適用。然於簡易判決後，上訴管轄第二審之地方法院合議庭審理程序中撤回告訴者，是否發生撤回效力？因對於簡易判決有不服者，依同法第455條之1第1項規定，得上訴於管轄之第二審地方法院合議庭。於此管轄第二審之地方法院合議庭依同條第3項規定，應準用同法第三編「上訴」，第一章「通則」及第二章「第二審」之規定，依通常程序審理之，即不屬於「第一審」程序。是於地方法院簡易判決後，上訴於管轄第二審之地方法院合議庭，因不屬於「第一審」程序，自無適用同法第238條第1項規定之餘地。此與該簡易判決上訴案件，因法院認有同法第452條情形（即有同法第451條之1第4項但書情形），而應撤銷原判決，改依通常程序為第一審判決者（參見司法院訂頒「法院辦理刑事訴訟簡易程序案件應行注意事項14」），尚屬有別。

第八章 自 訴

第一節 自訴之提起

```
        ┌─ 一、自訴權 ┌─ 1.犯罪直接被害人（限實際被害人，§319Ⅰ）
        │            │
        │            └─ 2.被害人之法代、配偶、直系 ┌─(1)須被害人尚未行使自訴權
        │               血親（限被害人無或限制行  │
        │               為能力或死亡，§319Ⅰ但）   └─(2)告訴乃論之罪不得與被害人明示意思相反
        │                                            （§343準用§233Ⅱ）
        │
        │  二、律師強 ┌─ 1.自訴提起（§319Ⅱ）、上訴提起（§364準用，否則命補正，未補正則撤銷原判
        │     制代理  │    決改諭知不受理，第三審上訴依§387亦同）
        │            └─ 2.審判期日到場及應為訴訟行為（§37、§329Ⅰ）
        │
        │  三、程式──應以自訴狀記載犯罪事實（具體事實及犯罪之日、時、處所、方法及）證據並所犯法條
        │            ┌─ 1.§321 ┌─(1)直系尊親屬或配偶（注意通姦罪）
        │            │         │
        │            │         ├─(2)非告訴乃論之罪，無告訴主觀不可分原則之適用（如：甲之配偶乙與丙
 自     │            │         │    共同對甲搶奪）
 訴─────┤            │         └─(3)相對告訴乃論之罪，是否有告訴主觀不可分原則之適用，須視共犯間之
        │            │              訴訟條件是否一致（如：甲之配偶乙與丙共同對甲竊盜）
        │            │
        │            │ 2.§322 ┌─(1)已不得告訴或請 ┌─①於告訴期間內未經合法告訴（§237Ⅰ）
        │            │         │    求之情形       ├─②告訴或請求已經撤回（§238Ⅱ）（§243準用§238Ⅱ）
        │            │         │                  ├─③刑法§245Ⅱ依法不得告訴
        │            │         │                  └─④刑訴§233Ⅱ但，被害人生前表示不願告訴，被害
        │            │         │                       人之直系血親、配偶不得再行自訴
        │            │         └─(2)須自訴人為原告訴人時方有本條適用
        │            │
        │  四、限制 ─┤ 3.§323Ⅰ ┌─(1)開始偵查前已提自訴 ┌─①若仍予起訴──依§303②⑦為不受理判決
        │            │          │                     └─②若仍予不起訴──處分無效
        │            │          └─(2)開始偵查後 ┌─①非告訴乃論之罪──§323Ⅰ本文。（不得再行自訴）
        │            │                          └─②告訴乃論之罪──§323Ⅰ但書，惟緩起訴期間則例外
        │            │                               （§253-1Ⅳ）
        │            │
        │            └─ 4.§326Ⅲ、Ⅳ ┌─(1)以案件具§252、§253、§254情形裁定駁回自訴確定（自訴程
        │                           │    序之起訴審查制）
        │                           └─(2)非有§260各款情形，不得再行自訴（實質確定力）
        │
        │            ┌─ 1.要件 ┌─(1)反訴人──限自訴被告且為自訴人犯罪之被害人
        │            │         │
        │            │         ├─(2)反訴被告──限以被害人提起自訴（案件中）自訴人為反訴被告（註：
        │            │         │    故非被害人提起之自訴，即無成立反訴之可能）
        └─ 五、反訴 ─┤         └─(3)相對告訴乃論之罪，是否有告訴主觀不可分原則之適用，須視共犯間之
                     │              訴訟條件是否一致（如：甲之配偶乙與丙共同對甲竊盜）
                     │
                     ├─ 2.時間──第一審言詞辯論終結前
                     │
                     └─ 3.程式──委任律師為代理人並以反訴狀為之，言詞為之則不許（§338、§339）
```

（註：§319Ⅰ自訴權人限制、§319Ⅱ強制律師代理限制、§319Ⅲ但書亦屬自訴之限制範圍）

🔎 焦點1　自訴之基本觀念

　　自訴人與檢察官同居於刑事訴訟原告之地位，在訴訟程序採行當事人進行主義之構造下，二者均應就被告之被訴事實負形式與實質之舉證責任並確實踐行法庭活動，則自訴人即應如檢察官般於自訴狀具體陳明構成犯罪之事實與被告犯罪之日、時、處所、方法及證據並所犯法條，除此，更應於審判程序中聲請調查證據，對被告以外之人實施詰問與詢問，並就事實與法律為綜合之辯論等訴訟行為，然此對不具專業法律知識之自訴人而言，顯有事實之困難，且因現行自訴制度常為民眾誤用或濫用為解決私人爭執之手段，非但虛耗國家司法資源，更徒令被告承受不必要之訟累，故而本法第37條、第319條第2項及第329條乃明定，自訴之提起應委由律師提起，並由其到場代為訴訟行為，如自訴人未為前項委任時，法院應定期間命其補正，逾期未補正則諭知不受理判決，此即與91年修正新法所增訂之交付審判制同採「律師強制代理」，亦因如此，新法亦刪除原第327條第2項有關「自訴人經合法傳喚，無正當理由不到場者，得拘提之」之規定，蓋自訴程序既以自訴代理人到場為原則，當無再拘提自訴人之必要，反之，倘自訴代理人經二次合法傳喚無正當理由不到庭時，依本法第331條規定，法院即應諭知不受理判決，至原條文所定：自訴人不到庭或到庭不陳述時，告訴或請求乃論之罪以撤回自訴論、非告訴或請求乃論之罪則視情形分為不待陳述逕行判決或通知檢察官擔當訴訟之處理等情形，已不再適用。又新法第320條基於被告得充分行使其訴訟防禦權且為有助於法院審理範圍之具體明確，乃定自訴狀應增列被告所犯法條，並記載構成犯罪之具體事實及其犯罪之日、時、處所與方法，而本法第338條之反訴既為獨立自訴之一種，且依同法第339條準用自訴之規定，則反訴自訴之提起，即應以自訴狀為之，並詳載本法第320條第2、3項所列事項，是以修正新法乃刪除原第340條「提起反訴、得於審判期日以言詞為之」之規定。

　　又依實務見解，92年9月1日前已提起自訴者，法院無庸於新制實施後裁定命自訴人補正委任律師為代理人，其自訴權不應受此限制，故縱其未委任律師為代理人，法院亦不得諭知不受理判決。

🔎 焦點2　犯罪之直接被害人有提起自訴之權，其中「直接」與「被害」之認定標準為何？

一、直接標準（陳樸生，刑事訴訟法實務，頁297以下）

　　個人法益之犯罪個人固然直接被害，然國家或社會法益之犯罪，個人是否直接被害？須區分情形以觀：

(一) 單純性法益

　　1. 僅侵害國家或社會法益，個人僅係間接被害。
　　2. 如偽證罪（然林山田教授認為被偽證之個人亦直接被害）、湮滅證據、圖利罪、違法剋扣罪。

(二) 關聯性法益

1. 數法益同時被侵害，刑法上雖擇一保護，但在程序上不失為被害人，個人得以被害人身分提出告訴。
2. 如誣告罪、準誣告罪、放火罪、違法徵收罪。

(三) 重層性法益

1. 數法益同時被侵害，在刑法上均受保護，程序上亦同時為被害人，個人得以被害人身分提出告訴。
2. 如濫權羈押罪、凌虐人犯罪、姦淫罪和略誘罪。

二、被害標準

(一) 舊見解（46年台上第1305號）

依其所訴事實在實體法上足認為被害人為已足，不以實際上有加害行為及受害事實為必要。若無，法院應判無罪。

(二) 新見解（75台上742、80年第3次刑庭決議）

須以實際被害為必要，否則即屬不得提起自訴而提起，且須為直接被害人方得提起自訴，間接或附帶被害人則否，又是否為被害人應自客觀上認定，而非自自訴狀主張之內容為形式判斷，如依法院審理結果認定非被害人時，即應對之為不受理判決。

(三) 何賴傑老師見解（刑事訴訟法實例研習，頁308）

對於自訴程序之被害人之解釋，須考慮體系解釋與目的解釋，即相對於自訴程序之犯罪被害人之概念，現行法於告訴程序亦有犯罪被害人得為告訴之規定，就體系解釋而言，同為刑事訴訟上之犯罪被害人概念，其概念內容不應為不同之認定，因而於告訴程序享有告訴權之被害人，於自訴程序亦得提起自訴。惟就此體系解釋，仍應基於自訴程序之功能及目的，而依目的解釋予以限縮或補充，即若考慮自訴程序之功能，若被告所犯之罪與公共利益並無太大關聯時，應盡量予被害人自訴機會；若被告所犯之罪與公共利益息息相關，而認由檢察官以公訴程序追訴較為適宜時，則應限縮被害人之自訴權。

(四) 通說見解

學者主張凡權利領域直接受系爭犯罪侵害之人，均得提起告訴與自訴，例如偽證罪、濫權追訴罪、枉法裁判等雖保護國家司法權法益，但本案被告之人格權、人身自由權、名譽權、財產權等均受該犯罪行為直接侵害，故均得提起告訴、自訴，並得對檢察官之不起訴聲請再議，否則檢察官開啟偵查或為不起訴處分時，即無外部力量可監督。學者另評論，關於侵害國家或社會法益之犯罪，個人是否為直接被害人，實務見解認定標準過於恣意，例如誣告罪中被誣告人屬於直接被害人（但事實上誣告行為僅在主管公務員採信後，被誣告人才需承受法律制裁），而偽證罪之被害人則屬間接被害（事實上偽證內容常直接損害被告之名譽）；另又認為濫權追訴罪僅是保護國家刑事司法權實行之嚴正性及公平性，兼有保護公務員對國家服務之忠信規律，個人屬於間接被害人，有別於濫權羈押罪。

【附錄】釋字第134號

　　自訴狀應按被告人數提出繕本，其未提出而情形可以補正者，法院應以裁定限期補正，此係以書狀提起自訴之法定程序，如故延不遵，應諭知不受理之判決。惟法院未將其繕本送達於被告，而被告已受法院告知自訴內容，經為合法之言詞辯論時，即不得以自訴狀繕本之未送達而認為判決違法。本院院字第1320號解釋之(二)應予補充釋明。

【附錄】院字第1826號

　　撤回自訴與判決確定之情形不同，某乙自訴某甲傷害，於審判進行中，將自訴撤回，並非判決確定，其後某乙因傷致死，檢察官自得偵查起訴，不適用刑事訴訟法第231條第1款（註：現行法§260）之規定。

【附錄】46年台上第1305號

　　刑事訴訟法第311條所稱之被害人，祇須自訴人所訴被告犯罪事實，在實體法上足認其為被害之人為已足，至該自訴人實際曾否被害及被告有無加害行為，並非自訴成立之要件，上訴人訴稱被告強行拆毀其所建築之堤防，並搶奪材料等情，自係以被害人資格提起自訴，即難謂非合法。原審認其所訴不實，縱令無訛，亦祇屬被告不成立犯罪，而竟謂上訴人非因犯罪而受損害之人，不得提起自訴，為不受理之諭知，顯就自訴是否合法與被告有罪無罪混為一談，殊有未合。

【附錄】106年台上第2594號

　　我國刑事訴訟審判，雖然仍兼採公訴、自訴並行，然為避免自訴程序被用以干擾檢察官偵查犯罪，或用以恫嚇被告，已將自訴優先的舊制，改採公訴優先原則。刑事訴訟法第319條前段規定：「犯罪之被害人得提起自訴。」此所稱被害人，係指因「犯罪」「當時」法益「直接」受到侵害之人而言，不包括間接被害人。

相關實務

　　實務上對於自訴案件的「被害人」定義，多採取嚴格限縮解釋，可參最高法院75年台上字第742號判例：「刑事訴訟法第319條第1項規定犯罪之被害人始得提起自訴，而所謂犯罪之被害人以因犯罪而直接被害之人為限，司法院院字1306號解釋有案，刑法第129條第2項抑留或剋扣應發給之款物罪，其直接被害者為公務機關之公信，亦即國家之法益，至於得受領該項應發給之款項、物品之人，雖亦因此受有損害，但乃間接被害人，依上開解釋，自不得提起自訴。」

　　另一方面，犯罪被害人之判斷，實務則採取客觀說，可參最高法院80年度第3次刑事庭會議決議：「按『犯罪之被害人得提起自訴。』刑事訴訟法第319條第1項前段定有明文。故必須係因犯罪而被害之人，始得提起自訴；非因犯罪而被害之人，不得提起自訴，乃當然之解釋。該條項所稱犯罪之被害人，以因犯罪而直接被害之人為限，於財產法益被

侵害時，必須其財產之所有權人，或對於該財產有事實上管領力之人，因他人之犯罪行為，而其管領權受有侵害時，始能認為直接被害之人（本院68年台上字第214號判例，32年非字第68號判例參照）。甲自訴其建築物，被乙強行拆毀，法院既已查明甲並非該建築物之所有權人，亦非有管領權之人，逕予諭知不受理之判決。本院46年台上字第1305號判例不再援用。」

相關學說

學者有主張，自訴制度的存在，係為發揮衡平檢察官獨佔刑事追訴權之功能，因此只要權利領域足認為受到侵害者，應賦予提起自訴之權，而不是僅以個人法益或超個人法益截然劃分。

另一方面，亦有認為實務見解對於被害人定義所採取的客觀說，似在審查提起自訴的程序合法性時，即應預先判斷犯罪事實存否，實際上應難以想像，而有流於法院恣意認定自訴合法性之疑慮。

🔎 焦點3　自訴調查程序之探討（柯耀程，月旦法學教室第28期，頁101以下）

一、自訴程序包括調查程序（刑事訴訟法第326條第1項，用以代替偵查程序，過濾不適合進入審判程序之案件並保護被告人之權益）、準備程序、審判程序。

二、故自訴案件之調查程序應如同偵查程序不予公開且不得先行傳訊被告（同法第326條第2項），但僅限於訊問被告與自訴人時，並不影響辯護人之閱卷權，又法院不得如同偵查檢察官為證據之蒐集。

三、第326條第3項之規定等同自訴案件之起訴審查制，故該條第4項駁回自訴之裁定即如第161條第3項，同具實質確定力。至同條第4項與同法第260條所稱之同一案件，依通說見解僅限事實同一之案件，不包括法律同一之案件（如連續犯與牽連犯），該檢察官偵查中並無不可分原則之適用。

🔎 焦點4　自訴之強制律師代理制度（94年度第6、7次刑庭會議決議）

一、決議文

(一) 自訴案件第二審應委任律師為代理人。

修正刑事訴訟法自民國92年9月1日施行後，採強制委任律師為代理人之自訴制度，為自訴制度之重大變革，旨在限制濫訴，提高自訴品質，當無分別各審級而異其適用之理。總則編第四章第37條第1項明定：自訴人應委任代理人「到場」，在事實審之第二審同應適用。第364條規定：第二審之審判，除本章有特別規定外，準用第一審審判之規定，自亦應準用第319條第2項、第329條第1項規定，由律師為代理人，提起第二審上訴。至自訴案件，被告不服第一審判決，提起第二審上訴，自訴人並未上訴，惟第二審為事實審，仍須由自訴代理人為訴訟行為。或認此有強迫自訴人選任律師為代理人之嫌，但自訴人既選

擇自訴程序，即有忍受之義務，自應採肯定見解。

(二) 自訴人提起第三審上訴，應委任律師爲代理人。

　　提起第三審上訴，上訴書狀應敍述上訴之理由（第382條第1項前段），上訴理由應依據卷內訴訟資料，具體指摘原判決不適用何種法則或如何適用不當，否則其上訴爲違背法律上之程式。且第387條規定，第三審之審判，除本章有特別規定外，準用第一審審判之規定，故除所提之第三審上訴不合法，得不命補正委任律師爲代理人外，當應準用自訴須委任律師爲代理人之規定。

(三) 92年9月1日前提起自訴或上訴，其後於該審審理時無須委任律師爲代理人。自訴或上訴是否合法，係以提起時之法律規定爲準，其提起時爲法所准許者，既屬合法之自訴或上訴，自不因嗣後法律修正對自訴權有所限制而受影響。

(四) 92年9月1日前提起自訴，經判決後，提起上訴時新法已施行，應委任律師爲代理人。

　　刑事案件，一經提起公訴、自訴或上訴而繫屬於法院，訴在該審級法院繫屬中，訴訟主體相互間即發生訴訟上之權利義務關係，此訴訟關係，法院與當事人均應受其拘束，故訴訟繫屬繼續中，訴訟關係固然存在，該繫屬法院自應加以審判，但一經終局裁判，審級訴訟關係即已消滅。從而自訴案件倘經繫屬之第一審或第二審法院爲終局判決，原有審級之訴訟關係即歸於消滅，當事人若提起第二審或第三審上訴，乃繫屬於另一審級之開始，與該上訴審發生另一審級之訴訟關係，自訴人應依修正後之規定委任律師爲代理人。

(五) 自訴代理人未經特別委任，不得爲自訴之撤回、捨棄上訴或撤回上訴。

　　本法自訴章僅規定自訴之提起，應委任律師行之（第319條第2項），檢察官於審判期日所得爲之訴訟行爲，於自訴程序，由自訴代理人爲之（第329條第1項），及總則編規定「自訴人應委任代理人到場」（第37條第1項），可見自訴代理人之權限重在到庭爲訴訟行爲，實施攻擊、防禦，提出證據及陳述法律意見，以提高訴訟之品質。至攸關訴訟關係發生、消滅等訴訟權最重要事項，仍應由自訴人決定。此觀第325條第1項之撤回自訴、第326條第1項之曉諭撤回自訴，條文均明定應由自訴人或對自訴人爲之甚明。參諸在委任人喪失行爲能力或死亡時，民、刑事訴訟法雖均有停止訴訟或承受訴訟之規定，惟民事訴訟於有訴訟代理人時，不當然停止（民事訴訟法第173條前段），訴訟代理權不因本人死亡而消滅（同法第73條前段）；刑事訴訟則須由得爲提起自訴之人，於一個月內承受訴訟，否則法院應逕行判決或通知檢察官擔當訴訟（刑事訴訟法第332條），自訴代理人無暫爲訴訟之權。可見刑事訴訟對代理人之權限限制甚於民事訴訟，舉輕以明重，涉重大權限消滅之撤回行爲，更應受有限制。故本法雖無如民事訴訟法第70條第1項但書之規定，不宜視爲明示其一排斥其他。本院25年9月22日民刑庭總會決議(一)應爲補充決議：自訴代理人有自訴人之特別委任時，可代自訴人撤回上訴；自訴之撤回或捨棄上訴亦同。

(六) 92年9月1日前提起第二審上訴之自訴案件，經本院發回更審時，新法已施行，應委任律師爲自訴代理人。

　　案件經本院發回第二審更審，爲另一審級訴訟程序之開始，新法既已施行，自應適用，並無刑事訴訟法施行法第7條之3但書之適用。參照刑事訴訟法第38條準用第30條規定及司法院院字第1755號解釋，自訴人委任律師爲代理人之委任狀，應於每一審級提出，第

二審審級程序既已重新開始，自應委任律師為代理人。

(七) 92年9月1日前提起第二審上訴之自訴案件，如自訴人經再行通知仍不到庭者，第二審法院應諭知不受理。

　　自訴人既不須委任律師為代理人，自為訴訟行為，即以自訴人兼自訴代理人地位，準用第一審程序，適用刑事訴訟法第331條規定，自訴人經合法通知無正當理由不到庭，應再行通知，如仍不到庭者，應為不受理之判決。

(八) 自訴人提起自訴或上訴不合法時，得不命補正委任律師為代理人。

　　刑事訴訟法第319條第2項規定，自訴之提起，應委任律師行之，第329條第2項規定：「自訴人未委任代理人，法院應定期間以裁定命其委任代理人；逾期仍不委任者，應諭知不受理之判決。」惟若所提起之自訴，係不得提起自訴而提起者，如非犯罪被害人，對配偶自訴等，或其上訴有第362條、第367條、第384條、第395條之情形，法院應以上訴不合法而駁回者，自訴人未委任代理人是否仍應先依第329條第2項規定，命其補正？法條雖未明定所提起之自訴或上訴以合法者為限，惟參照本院61年台上字第387號判例認：「刑事訴訟法第303條第2款所謂已經提起公訴或自訴之案件在同一法院重行起訴者，必須先起訴之案件係合法者始足當之，若先起訴之案件係不合法，則後起訴之案件，自無適用本條款規定之餘地。」27年上字第792號判例謂：「刑事訴訟法第316條（舊法）雖規定同一案件經提起自訴者，不得再行告訴。但該項自訴如因不合程序，經諭知不受理之判決而確定者，即回復未自訴前之狀態，仍得由被害人依法告訴。」29年上字第1328號判例稱：「本件被告之上訴係不合法，已在應行駁回之列，雖據被告之子狀稱，被告於上訴中在所身故，即使屬實，但第三審法院限於上訴有理由時，始應將原審判決撤銷，該被告死亡前之上訴，既非合法，即不得適用刑事訴訟法第389條（舊法）將其撤銷，自應仍以上訴不合法，予以駁回。」均認以合法之自訴或上訴為前提，適用有關之法律；在自訴未委任代理人時，亦應為相同之解釋。自訴或上訴不合法時，得不命補正委任律師為代理人。

(九) 自訴人具有律師資格者，無須委任律師為代理人。

　　本法雖無如民事訴訟法第466條之1第1項於第三審上訴採強制律師代理制，但上訴人或其法定代理人具有律師資格者，不在此限之規定。據此法理，亦應為同一解釋。

(十) 自訴代理人之性質及權限。

　　新法第37條第1項規定：「自訴人應委任代理人到場。」並應選任律師充之（同條第2項）。惟對自訴代理人之性質及權限，並無專條明定，除散見本法之規定，如第38條規定準用第28條（每一自訴人委任代理人不得逾三人）、第30條（應提出委任書狀）、第32條（數代理人送達應分別為之）、第33條審判中得檢閱卷宗及證物並得抄錄或攝影、第44條之1審判期日轉譯文書核對更正權（第49條之辯護人經許可攜同速記到場並未準用）、第67條第2項（代理人過失視為本人之過失）、第十二章之調查證據聲請權、交互詰問權等、第227條之收受裁判正本權外，自訴章第319條第2項規定自訴之提起應委任律師行之，第327條第1項規定，命自訴代理人到場應用通知，第329條第1項檢察官於審判期日所得為之訴訟行為，於自訴程序，由自訴代理人為之，此為自訴代理人最重要之權限，依第343條準用公訴章第三節審判之規定，舉凡該章檢察官得為之行為，解釋上自訴代理人自

得爲之，如第273條之參與準備程序、第273條之1之簡式審判程序意見表示、第275條之舉證權利等。惟關於提起上訴權，自訴代理人無如第346條規定，辯護人得爲被告之利益提起上訴之權，自不應爲同一解釋。其餘如聲請再審權更應爲否定見解。抑有進者，提起自訴雖應由自訴代理人之律師爲之，惟提起與否，決定權則在自訴人，亦不待言。

(十一) 反訴準用自訴部分之決議。

二、評析

(一) 憲法第16條訴訟權就被害人而言，乃在保障其蒙受犯罪不法侵害時，得有請求國家司法機關救濟之途徑，本此刑事訴訟法即設置有告訴（向檢察官提出）與自訴（向法院提出）之制度，惟修正後之刑事訴訟法第37條第1項、第319條第1項、第329條第1項規定，自訴之提起、到場與爲訴訟行爲均應委任律師爲代理人爲之，故若經濟弱勢之被害人因欠缺資力未能委任律師，顯即未得提起自訴，則其憲法第16條之訴訟權自受限制。按憲法保障人民之基本權利，並非不得限制，惟須符合第23條之形式要件（法律保留）與實質要件（目的合理），上開自訴強制委任律師代理之制度，係以刑事訴訟法規定而符合法律保留原則，故應探究者，乃在該限制自訴規定之目的是否合理，淺見以爲基於下述原因應認合理：

1. 確保審判程序之順暢進行：刑事訴訟法採改良式當事人進行主義，證據調查程序原則上即由當事人主導，且自訴人於自訴程序與檢察官於公訴程序同，均肩負實體舉證責任並應確實踐行法庭活動（包括聲請調查證據、實施詢問與詰問、進行事實與法律之辯論等等），故由具專業法律知識之律師爲之，將使審判程序得以順暢進行。

2. 防止濫行自訴並提升自訴品質：避免人民誤用或濫用自訴程序以解決其私人民事爭議之手段。

3. 法院審判範圍明確暨被告防禦對象具體：由具專業法律知識之律師撰寫自訴狀並到場爲訴訟行爲，得具體陳明構成犯罪之事實與被告犯罪之日、時、處所，方法與證據並所犯法條，使法院審判範圍明確，不致有違反控訴原則之情事，且亦使被告防禦之事實與法律對象均得具體。

(二) 此項決議之其他重點摘要

1. 第二審被告提上訴（原判決對被告不利）：被告合法上訴後，進入第二審審判程序，自訴人即應委任代理人，因第二審爲事實審需行言詞辯論，應由自訴代理人爲訴訟行爲，若未委任，應以訴訟條件欠缺，撤銷不利被告之原判決，改爲不受理論知。

2. 第二審自訴人提上訴（原判決對自訴人不利）：自訴人提起上訴與第二審之言詞辯論等訴訟行爲，均應由代理人爲之，故應委任代理人，若未委任代理人，應以上訴不合法而駁回上訴，使有利被告之原判決因此確定。

3. 第三審被告提上訴：提起上訴人非自訴人，且第三審爲法律審，其審理不經言詞辯論，故自訴人無需委任代理人。

4. 第三審自訴人提上訴：第三審之審理雖不經言詞辯論，然因係自訴人提起上訴（第三審上訴需提出理由狀具體指摘原判決如何違背法令），故應委任代理人，若未委任，應以上訴不合法駁回上訴。

5. 自訴代理人之權限：產生訴訟繫屬（提起自訴，上訴，聲請再審）或終結訴訟繫屬（撤回自訴，撤回上訴，捨棄上訴）之訴訟行為，自訴代理人須得特別授權，否則均不得為之，除此，檢察官得為之訴訟行為，自訴代理人即得為之。

6. 自訴案件應否委任代理人，以該自訴案件之每一審級為判斷，審級繫屬在92年9月1日新法實施前，該審級無庸委任代理人，審級繫屬在92年9月1日新法實施後，該審級應委任代理人，此包括第一審，第二審，第三審或發回更審。

🔍 焦點5　自訴強制律師代理制度於上訴審之適用（陳運財，月旦法學教室第53期，頁20）

陳師認為倘自訴人對於原審判決並未上訴，僅被告不服而提起上訴之情形，應無上開律師強制代理規定之準用。

一、基於上訴權獨立行使的法理。被告提起上訴，其上訴是否合法，應以有無上訴權、是否於上訴期間內提起以及其他上訴之提起是否合於上訴之程序要件為斷，倘形式要件具備，即應為實體審查判斷上訴有無理由，與其他當事人有無提起上訴及所提之上訴是否合法，應各別審查認定。倘被告上訴合法，法院即應就上訴為實體判決，不應張冠李戴，以未上訴之自訴人並未委任律師為由，反將被告合法上訴，以不受理判決之形式裁判終結。倘被告及自訴人均提起第二審上訴，遇有自訴人未委任律師之情形，第二審法院亦僅能就自訴人之上訴因不合法律上之程式準用第329條為不受理，對於被告合法上訴之部分，仍應為實體審理。

二、被告上訴利益之觀點。被告不服原審判決，為爭取獲判無罪或較輕之刑而提起上訴，如其上訴合乎法律上之程式，則上訴審法院即應就其合法之上訴為實體上之裁判，以維護被告上訴之權益。倘以與被告無關之其他上訴權人之程序瑕疵為由，而以程序判決終結程序，實質上顯然不當侵害被告上訴權益。且自訴人極有可能於上訴審不受理判決後，再依法提起自訴或告訴，則被告將陷於同一案件遭受兩次追訴之負擔，如此不僅不符合訴訟經濟，更置被告過度程序負擔及無從迅速獲得上訴之救濟。

三、造成自訴人委任律師之過度負擔。自訴程序採律師強制代理制度，旨在防止濫訴，提高追訴犯罪效能，並合於當事人進行的訴訟構造。惟假設第一審法院諭知被告傷害有罪，第二審上訴係由被告提起，而自訴人認已達追訴之目的而未提起上訴，自訴人並無濫訴之情形，自無再次強制其應委任律師為代理人之負擔。

四、可能衍生之副作用。若採取最高法院上開決議見解，則被告於第一審自訴程序判決有罪後，可能對自訴人施壓或關說使其放棄上訴，而僅由被告上訴，以取得上訴審改判不受理判決。

【附錄】94年台抗第535號

自訴之提起，乃為刑事訴訟程序進行之開始，此與再審之聲請，並非即為原審級通常程序之開始，有所不同。又再審程序並無準用自訴章之規定，自不能援引；而同法第37條第1項僅規定自訴人應委任代理人到場，於原則上採書面審理之再審程序，亦難適用，故自訴人聲請再審尚不須委任代理人為之。

【附錄】98年台上第2351號

自訴採強制由律師代理之制度，其主要目的亦係在保護被害人權益。於審判程序交互詰問時，自訴人為訴訟主體，其有詰問權，固不待言。然自訴人之代理人，既得代自訴人為一定之訴訟行為，當亦有詰問權。惟有關交互詰問之進行方式，詰問之範圍、次序、方法、限制，聲明異議之方式等，均屬證據法則之一環，為審判程序進行之最核心部分。以自訴人言之，其代理人對於詰問規則之運作，自較自訴人為專業、熟稔，為避免重複詰問、浪費法庭時間，自應由其代理人踐行詰問之程序。

🔎 焦點6　釋字第569號與評析

一、解釋文

憲法第16條明定人民有訴訟之權，旨在確保人民權益遭受不法侵害時，有權訴請司法機關予以救濟，惟訴訟權如何行使，應由法律規定；法律於符合憲法第23條意旨之範圍內，對於人民訴訟權之實施自得為合理之限制，刑事訴訟法第321條規定，對於配偶不得提起自訴，係為防止配偶間因自訴而對簿公堂，致影響夫妻和睦及家庭和諧，乃為維護人倫關係所為之合理限制，尚未逾越立法機關自由形成之範圍；且人民依刑事訴訟法相關規定，並非不得對其配偶提出告訴，其憲法所保障之訴訟權並未受到侵害，與憲法第16條及第23條之意旨尚無牴觸。刑事訴訟法第321條規定固限制人民對其配偶之自訴權，惟對於與其配偶共犯告訴乃論罪之人，並非不得依法提起自訴，本院院字第364號及院字第1844號解釋相關部分，使人民對於與其配偶共犯告訴乃論罪之人亦不得提起自訴，並非為維持家庭和諧及人倫關係所必要，有違憲法保障人民訴訟權之意旨，應予變更；最高法院29年上字第2333號判例前段及29年非字第15號判例，對人民之自訴權增加法律所無之限制，應不再援用。

二、理由書

刑事訴訟法第239條前段規定：「告訴乃論之罪，對於共犯之一人告訴或撤回告訴，其效力及於其他共犯」，此為就告訴乃論罪之告訴，對人之效力，又稱為主觀之效力，亦即上開解釋及判例所稱之告訴不可分原則。惟所謂告訴係由犯罪被害人或其他有告訴權之人，向刑事司法偵查機關人員陳述犯罪嫌疑事實，請求追訴嫌疑人，其乃偵查起因之一（同法第228條第1項），於告訴乃論罪案件，並為訴訟之條件，非經合法告訴，不得提起公訴及為事實判決（同法第252條第5款、第303條第3款參照）；而自訴則係由犯罪被害人

或其他有自訴權之人自任當事人之原告，對被告犯罪案件向法院起訴，請求審判，其性質與告訴有別，而與公訴相似；故同法第343條規定：「自訴程序，除本章有特別規定外，準用第246條、第249條及前章第二節、第三節關於公訴之規定」，不惟不準用同法第239條告訴不可分原則，且自訴對人之效力（即主觀之效力）自應準用同法第266條「起訴之效力，不及於檢察官所指被告以外之人」之規定，亦即主觀上可分，從而同法第321條禁止人民對於配偶提起自訴之規定，自不應擴張解釋，使及於與其配偶共犯告訴乃論罪之人。況如夫妻之間為維持家庭和諧，不願對配偶進行追訴，在無法單獨對相姦人自訴之情形下，若提出告訴，依同法第239條前段之規定，其效力必及於其配偶，於人倫關係之維護，反有不利之影響。如必於告訴之後，再對配偶部分撤回告訴（同法第239條後段），以勉力維持婚姻關係，則亦有虛耗司法資源之虞。是上開解釋相關部分對人民自訴權之限制，並非為維持家庭和諧及人倫關係所必要，與憲法第23條規定之意旨不符，應予變更；最高法院29年上字第2333號判例前段及29年非字第15號判例，對人民之自訴權增加法律所無之限制，應不再援用。

三、評析

(一) 被害人本於憲法第16條訴訟權之保障，其得提起告訴與自訴之刑事程序尋求救濟，故告訴權或自訴權之限制，依憲法第23條之規定，應具備合理之目的（實質要件），且以法律限制（形式要件之法律保留原則），否則即有違憲之虞。

(二) 刑事訴訟法第321條規定對配偶不得自訴，其立法目的在防止配偶間對簿公堂致影響夫妻和睦與家庭和諧，故屬維護人倫關係之合理限制，且因被害人尚保有對其配偶之告訴權，是其本於憲法所賦予之訴訟權並未被剝奪。

(三) 傳統實務見解（29年上字第2333號、29年非字第15號）認被害人對與配偶共犯告訴乃論罪之人亦不得提起自訴，惟此等限制並無如上述係為維護人倫關係之合理性存在，且非以法律規定為之，亦違反法律保留原則，自與憲法規定相為牴觸。

🔍 焦點7 公訴優先條款之相關探討（林鈺雄，刑事訴訟法（下），頁147；林俊益，刑事訴訟法概論（下），頁202；何賴傑，刑事訴訟法實例研習，頁309；朱石炎，刑事訴訟法（上），頁380）

一、依刑事訴訟法第323條第1項之開始偵查，其判定標準

(一) 學者認為至遲在客觀上已經為告訴、告發或自首等訴訟行為之時期，即屬開始偵查，不論偵字案他字案均無礙偵查開始之認定（林鈺雄、實務見解最高法院91年台上字第6936號判決）。

(二) 另有學者認為係檢察官受理告訴、告發、自首或其他情事分案後而言，包括依第228條第2項之發交偵查與第231條之1之退案交查，惟不包括司法警察機關蒐證調查階段在內（林俊益、朱石炎、何賴傑）。

二、告訴乃論罪被害人提起自訴之截止點，其判斷標準

(一) 多數學者見解認為偵查終結後即不得再行自訴，縱檢察官尚未提出起訴書或不起訴處
分確定前，仍不得為之，以符合公訴優先原則之旨（林俊益、林鈺雄、實務見解）。
(二) 少數說認為檢察官提起公訴後當不得自訴，惟若檢察官為不起訴處分，刑事訴訟法法
理，不應賦予不起訴處分過大之確定力，故倘被害人不服該不起訴處分，仍有提起自
訴之權能。

三、所謂同一案件有認包含事實同一與法律同一（朱石炎），亦有認限於事實同一（何賴
傑）

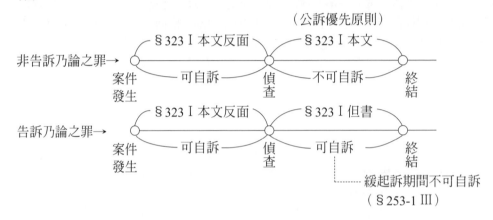

【附錄】99年台上第4488號

　　刑事訴訟法第323條……所謂「開始偵查」，應認至遲在客觀上已經為告訴、告發、
自首或其他情事知有犯罪嫌疑者等訴訟行為之時起，即謂已經開始偵查，而檢察機關之分
案，雖區分為「偵字案」、「他字案」或「相字案」等，然僅為其內部事務分配之方式，
並無礙於業已開始偵查之效力。

【附錄】101年度台上字第5259號

　　刑事訴訟法第323條第1項規定……所謂「開始偵查」，自應認在客觀上已經為告訴、
告發、自首或其他情事知有犯罪嫌疑者等訴訟行為，始得謂已經開始偵查。亦即檢察官實
質上已開始偵查犯罪而言，如尚未知悉犯罪或特定犯罪嫌疑者，自無干擾偵查或恫嚇被告
可言，難認係開始偵查行為。

【附錄】105年台上第1617號

　　所謂開始偵查，除由檢察官自行實施之偵查行為外，尚包括依第228條第2項由檢察官
限期命檢察事務官或司法警察官、司法警察調查犯罪情形及蒐集證據在內，開始偵查與
否，應就其實質行為而定，不因行政上之所謂「偵字案」或「他字案」而有異，即便檢察
官係以簽結之便宜方式暫時終結其偵查，亦不能使已經開始偵查之事實溯及消滅。

焦點8 被害人之法定代理人、直系血親及配偶之自訴權

一、性質
(一) 獨立自訴權（65年第5次決議）：不受被害人意思拘束。
(二) 代理自訴權（陳樸生、褚劍鴻）：應受被害人意思拘束。
(三) 若被害人死亡則為代理性質（黃東熊）。

二、行使要件
　　須被害人無行為能力或限制行為能力或死亡時，上述人方有自訴權；倘被害人未成年但已婚（有行為能力），則法定代理人可提告訴，不得自訴；易言之，自訴人必屬具完全行為能力之人。此乃本於國家追訴原則，而限制自訴之提起。

三、行使限制
(一) 須被害人尚未行使自訴權。
(二) 告訴乃論之罪不得與被害人明示意思相反（§233II）。

四、權限
(一) 起訴前→提起自訴（§319 I 後）。
(二) 起訴後辯論終結前→承受訴訟（§332）。
(三) 判決後確定前→提起上訴（§344II）。
(四) 判決確定後→聲請再審（§428II）。
(五) 開始再審後→承受再審（§437 I）。

焦點9 同一案件再行告訴、公訴、自訴之處理

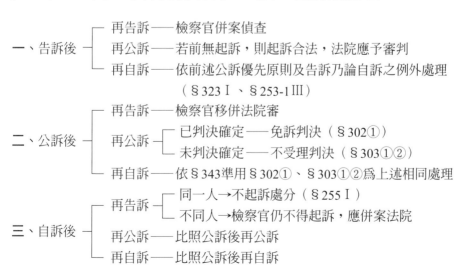

一、告訴後
├─ 再告訴——檢察官併案偵查
├─ 再公訴——若前無起訴，則起訴合法，法院應予審判
└─ 再自訴——依前述公訴優先原則及告訴乃論自訴之例外處理（§323 I 、§253-1III）

二、公訴後
├─ 再告訴——檢察官移併法院審
├─ 再公訴
│　├─ 已判決確定——免訴判決（§302①）
│　└─ 未判決確定——不受理判決（§303①②）
└─ 再自訴——依§343準用§302①、§303①②為上述相同處理

三、自訴後
├─ 再告訴
│　├─ 同一人→不起訴處分（§255 I）
│　└─ 不同人→檢察官仍不得起訴，應併案法院
├─ 再公訴——比照公訴後再公訴
└─ 再自訴——比照公訴後再自訴

四、撤回告訴後
（必為告訴
乃論之罪）

- 再告訴
  - 同一人→不起訴處分（§252⑤或§255 I）
  - 不同人→檢察官仍得提起公訴
- 再公訴——有合法告訴時，檢察官仍得提起公訴
- 再自訴
  - 同一人→不受理判決（§334）
  - 不同人→仍得自訴

五、撤回公訴後
（與不起訴
具相同效力）

- 再告訴
  - 有§260→檢察官得再起訴
  - 無§260→不起訴處分（§255 I）
- 再公訴
  - 有§260→起訴合法，法院應予審判
  - 無§260→不受理判決（§303③）
- 再自訴——不受理判決（§334）

六、撤回自訴後
（必為告訴
乃論之罪）

- 再告訴
  - 同一人→不起訴處分（§255 I）
  - 不同人→檢察官仍得再起訴
- 再公訴
  - 同一人告訴→不受理判決（§303②）
  - 不同人告訴→告訴與公訴均合法，法院應予審判
- 再自訴
  - 同一人→不受理判決（§334）
  - 不同人→自訴合法，法院仍應審

🔍 焦點10　公訴程序與自訴程序

一、公訴

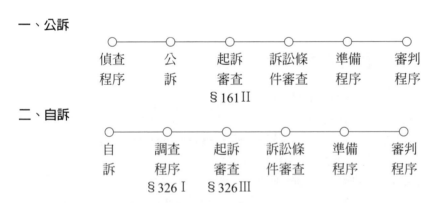

偵查　　公　　起訴　　訴訟條　　準備　　審判
程序　　訴　　審查　　件審查　　程序　　程序
　　　　　　　§161 II

二、自訴

自　　調查　　起訴　　訴訟條　　準備　　審判
訴　　程序　　審查　　件審查　　程序　　程序
　　　§326 I　§326 III

🔍 焦點11　自訴不可分

一、單一案件之不可分性於自訴案件同有適用，故自訴人就一部事實提起自訴者，效力亦及於全部；惟應注意他部若為告訴乃論之罪，是否具合法告訴。
二、一部得自訴與一部不得自訴之不可分性（§319III）。

（甲駕車不慎撞傷共乘一車之A、B）

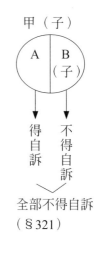

甲（子）

| A | B（子） |

得自訴　不得自訴

全部不得自訴
（§321）

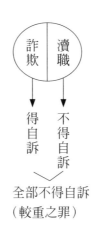

| 詐欺 | 瀆職 |

得自訴　不得自訴

全部不得自訴
（較重之罪）

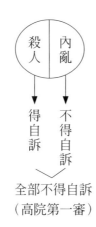

| 殺人 | 內亂 |

得自訴　不得自訴

全部不得自訴
（高院第一審）

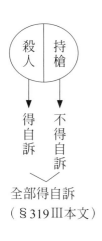

| 殺人 | 持槍 |

得自訴　不得自訴

全部得自訴
（§319Ⅲ本文）

【衍生實例】

甲於民國98年1月1日騎機車超速，煞車不及，撞倒共同騎機車之乙、丙二人，致丙受重傷下半身癱瘓、乙受輕傷，甲為卸免責任，加速逃逸，警局依路人記下之車牌號碼，同時約談甲、乙、丙三人，甲、丙均未到場，乙則前往警局表示要追究甲之刑責。全案經警局移送檢察官偵辦，檢察官多次傳喚甲、乙、丙三人，均無人到場，丙因不耐檢察官偵查已滿一年不結案，遂自行委任律師代理，於99年3月1日以甲觸犯肇事逃逸罪與過失重傷罪，向管轄之地方法院提起自訴。試問法院應如何判決？　　　　（99北大法研）

考點提示：

一、過失致傷罪與過失致重傷罪均屬侵害個人法益且為告訴乃論之罪；至肇事逃逸罪則屬侵害公共安全法益之犯罪。本例甲一行為犯過失致傷罪與過失致重傷罪，屬想像競合犯，無論依實體法說或緊密事理關聯性說，均屬單一案件；又所犯之肇事逃逸罪則與前述之罪併罰之，依實體法說屬於兩案件，依緊密事理關聯性說屬於單一案件。

二、依刑事訴訟法第323條第1項規定，同一案件經檢察官開始偵查者，除告訴乃論之罪之被害人外，不得再行自訴。本例甲過失犯罪部分因屬告訴乃論，故乙提起告訴而進入偵查程序後，丙仍得就過失致重傷罪委任律師為代理人提起自訴。

三、本法第319條第1項規定，犯罪之被害人得提起自訴，此指直接被害人而言。另本於自訴不可分，同條第3項規定，犯罪事實一部提起自訴者，他部雖不得自訴亦以得提起自訴論。但不得提起自訴部分係較重之罪者，不在此限。本例如依實體法說，過失犯罪部分與肇事逃逸部分屬不同案件，丙對前者得提起自訴，法院應併就過失致傷（甲對乙）與過失致重傷（甲對丙）為實體判決（均有合法告訴）；至丙對後者不得提起自訴（非直接被害人），法院應依本法第334條為不受理判決。倘依緊密事理關聯性說，過失犯罪部分與肇事逃逸部分屬單一案件，不得自訴之肇事逃逸罪較得自訴之過失致重傷罪為重，全部均不得自訴，法院應對丙之全部自訴為不受理判決。

🔍 焦點12　檢察官於自訴程序之地位與行為

一、本法第330條（協助自訴）
(一) 法院應將自訴案件之審判期日通知檢察官。
(二) 檢察官對於自訴案件，得於審判期日出庭陳述意見。

二、本法第332條（擔當自訴）
　　自訴人於辯論終結前，喪失行為能力或死亡者，得由第319條第1項所列得為提起自訴之人，於一個月內聲請法院承受訴訟；如無承受訴訟之人或逾期不為承受者，法院應分別情形，逕行判決或通知檢察官擔當訴訟。

三、本法第336條（啓動偵查）
(一) 自訴案件之判決書，並應送達於該管檢察官。
(二) 檢察官接受不受理或管轄錯誤之判決書後，認爲應提起公訴者，應即開始或續行偵查。

四、本法第347條（獨立上訴）
　　檢察官對於自訴案件之判決，得獨立上訴。包括為被告利益或不利益。

五、本法第356條（撤回同意）
　　自訴人上訴者，非得檢察官之同意，不得撤回。

六、本法第427、428、442條（非常救濟）
　　自訴案件判決確定後，檢察官本於實體眞實發現與公共利益考量，得聲請再審或聲請檢察總長提非常上訴。

第二節　自訴之撤回

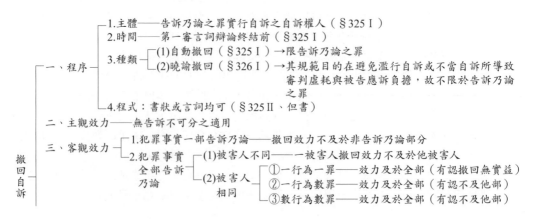

<table>
<tr><td rowspan="7">四、限制</td><td>1.撤回自訴之人再行自訴者，法院應依刑事訴訟法§334諭知不受理之判決。且該案件亦不得再行告訴或請求，檢察官不得依§336Ⅱ開始或續行偵查</td></tr>
</table>

1.撤回自訴之人再行自訴者，法院應依刑事訴訟法§334諭知不受理之判決。且該案件亦不得再行告訴或請求，檢察官不得依§336Ⅱ開始或續行偵查
2.撤回自訴之人再向檢察官告訴者，檢察官應依本法§255Ⅰ其他法定理由為不起訴處分；如檢察官誤為起訴，法院應依本法§303②諭知不受理
3.撤回自訴後，檢察官亦不得依本法§260之規定，以具有該條所列情形之一，對於同一案件再行起訴（因撤回自訴並無撤回公訴之相同效力）
4.自訴經撤回者，本法§343並無準用第二編第一章偵查程序之規定，與不起訴處分不同。故自訴人不得以具有本法§260所列情形之一，對於同一案件再行自訴
5.撤回自訴之效力，不及於撤回自訴人以外之自訴人
6.撤回自訴之效力，僅撤回之人受其拘束，此觀之本法§325Ⅳ之規定自明。故案件經自訴人撤回自訴後，由其他得為告訴之人依法告訴者，檢察官仍得偵查起訴，並不受§260之拘束；他自訴權人自亦得另提自訴
7.撤回自訴，與確定判決之情形不同，故其效力，僅及於撤回之部分。故撤回自訴後，發生之新事實若為非告訴乃論之罪，如某乙自訴某甲傷害撤回自訴後，某乙因傷致死，檢察官仍得偵查起訴

第三節　自訴不受理之事由

自訴不受理

一、一般事由
1.起訴程序違背規定
2.已提起公訴或自訴案件，在同一法院重行起訴
3.告訴或請求乃論之罪，其告訴、請求經撤回或已逾期者
4.曾為不起訴處分、撤回起訴或緩起訴期滿未撤銷者，而違背§260之規定再行起訴者
5.被告死亡或為被告之法人已不存續者
6.對被告無審判權者
7.依§8之規定不得為審判者

二、特別事由
1.非犯罪之被害人提起自訴者（§319Ⅰ）
2.犯罪之被害人為無行為能力或限制行為能力或死亡者，非由其法定代理人、直系血親或配偶提起自訴者（§319Ⅰ但）
3.對於直系尊親屬或配偶提起自訴者（§321）
4.告訴或請求乃論之罪，已不得為告訴或請求而再行自訴（§322）
5.同一案件（非告訴乃論之罪）經檢察官開始偵查，而提起自訴者（§323Ⅰ）
6.駁回自訴之裁定已確定，無§260各款情形之一，而再行自訴（§326Ⅳ）（注意：§333之駁回自訴裁定不屬之）
7.撤回自訴之人，再行自訴者（§325Ⅳ）
8.非公法人或私法人之團體或機關，而提起自訴者（§319Ⅰ）
9.自訴之被告對於非提起自訴之被害人而提起反訴者（§338）
10.對於少年刑事案件之被告提起自訴者（少事法§65Ⅱ）
11.對自訴之提起未委任律師行之者（§319Ⅱ）
12.審判期日自訴人未委任律師代理人為訴訟行為，經法院裁定補正而逾期未補正者（§329Ⅱ）
13.自訴代理人經二次合法通知無正當理由不到庭者（§331Ⅱ）
14同一案件之一部不得自訴，且該部分係屬§319Ⅲ但書情形者

第九章 審 判

第一節 準備程序與審判期日應踐行之法庭活動

一、準備程序
（法院得處理事項）
- 1. §273 I
- 2. §274（調取或命提出證物）
- 3. §275
- 4. §276 I（預料證人不能於審判期日到場而提前訊問之）
- 5. §277（搜索、扣押、勘驗、含§219-4證據保全）
- 6. §278（就必要事項請求該管機關報告）

- (1)起訴效力所及之範圍與有無應變更檢察官所引應適用法條之情形
- (2)訊問被告、代理人及辯護人對檢察官起訴事實是否為認罪之答辯，及決定可否適用簡式審判程序或簡易程序
- (3)案件及證據之重要爭點
- (4)有關證據能力之意見
- (5)曉諭為證據調查之聲請
- (6)證據調查之範圍、次序及方法
- (7)命提出證物或可為證據之文書
- (8)其他與審判有關之事項

二、審判期日程序（應踐行之法庭活動）
- 1. 朗讀案由（§285）
- 2. 確認各訴訟參與者到場
- 3. 對被告行人別訊問（§286）
- 4. 檢察官陳述起訴要旨（§286）
- 5. 審判長對被告踐行§95之告知義務（§287）
- 6. 依情形裁定將共同被告之調查程序分離或合併（§287-1）
- 7. 開始調查證據程序（嚴格證明程序之調查），且每調查一證據完畢應詢問當事人有無意見並告知被告得提出有利之證據（§288 I、§288-1），此亦包括§161 I檢察官之舉證責任，§163 I、II當事人之調查證據主導與詢問及§166之交互詰問制度
- 8. 法院予當事人、代理人、辯護人或輔佐人辯論證據證明力之適當機會（§288-2）
- 9. 當事人、代理人、辯護人或輔佐人對審判長或受命法官有關證據調查或訴訟指揮之處分不服時得聲明異議（§288-3）
- 10. 審判長就被告被訴事實訊問被告，適用§96～§100-1（§288 III）
- 11. 審判長就被告科刑資料之調查（§288 IV）
- 12. 綜合辯論（§289 I），可合併或分離辯論
- 13. 當事人就科刑範圍表示意見（§289 III）
- 14. 控辯雙方進行結辯
- 15. 審判長詢問被告有無最後陳述（§290）
- 16. 辯論終結
- 17. 辯論終結後十四日內宣示判決（§224 I、§311）並告知上訴期間與提出上訴狀之法院（§314 I）

🔍 焦點1　審判程序之基本觀念

　　刑事訴訟目的之一在於發現真實，而實體真實之發現則須依證據為之，此用以認定事實之證據需經法院審判程序之合法調查始可，故刑事訴訟之重心顯在於審判程序。又我國刑事訴訟法所規定之審判程序包括通常審判程序、簡式程序、簡易程序與協商程序，其中

通常審判程序需遵循直接、言詞、公開、集中原則，踐行嚴格證明，其餘三者簡易型程序則僅需自由證明即可。再爲使法院之審判期日得順暢進行，本法另明文由法院指定受命法官一人，於第一次審判期日前，集合檢察官、自訴代理人（自訴人）、被告、辯護人、代理人、輔佐人等，處理本法所規定事項或預爲證據之調查，是爲準備程序。

【附錄】98年台上第715號

　　所謂更新審判程序，係指審判程序之重新審理，依直接審理主義與言詞辯論主義精神，須重新進行之謂，其目的除在保障當事人之訴訟權益外，並使參與審判之法官獲得清晰明確之心證。從而於更新審判程序後，應依前揭規定調查證據及命言詞辯論。上開正當法律程序之保障，不能因當事人未聲明異議，即認爲可以省略。

【附錄】98年台上第3064號

　　當事人、代理人、辯護人或輔佐人對於審判長或受命法官有關證據調查或訴訟指揮之處分不服者，依刑事訴訟法第288條之3第1項規定，得向法院聲明異議，由法院依同條第2項規定裁定之，以進行詰問證人、鑑定人程序，就證人、鑑定人之詰問及回答，以及審判長或受命法官所爲證據調查或訴訟指揮之處分，聲明異議，重在及時行使，俾審判長、受命法官或法院得以立即處分、裁定，如未適時行使，除所踐行訴訟程序有重大瑕疵，明顯妨礙程序公正及眞實發見，足認影響於判決結果者外，依刑事訴訟法第380條規定，不得執爲上訴第三審之理由。

【附錄】99年台上第1441號

　　違背夜間訊問禁止規定所取得之供述證據資料，原則上雖然不得作爲證據，但於證明其違背非出於惡意，且屬自由意志陳述之例外情形，仍可作爲證據，觀諸刑事訴訟法第158條之2第1項規定即明，上揭例外，即屬學理上所稱之「善意例外允許原則」之一種。所謂惡意，係對於違背禁制規定之作爲，具有直接之故意，其判斷應依該詢問過程與相關之外在附隨條件客觀認定之，例如詢問前，是否已掌握得強而有力之非供述性表面證據？詢問中，詢答雙方互動之態度、語氣、聲調是否正常？有無律師陪同在場？詳言之，倘犯罪嫌疑人或被告已遭搜獲諸多不利之證物，且有律師陪同進行警詢程序，嗣在不知不覺之和緩氣氛中，從白天繼續至夜間者，尚難認爲司法警察（官）具有惡意可供情形。又此非出於惡意之證明，固應由檢察官負責提出，但犯罪嫌疑人或被告爲此惡意抗辯之時機，仍非毫無限制，若其選任辯護人已經閱卷得悉，至遲應於最後事實審法院言詞辯論終結前主張之，斯能及早調查，並符訴訟經濟之要求，自無許在法律審中再事爭執。

【附錄】99年台上第3037號

　　性侵害犯罪防治法第15條第1項固規定，被害人之法定代理人、配偶、直系或三親等內旁系血親、家長、家屬、醫師、心理師、輔導人員或社工人員得於偵查或審判中，陪同被害人在場，並得陳述意見。惟當事人、代理人、辯護人或輔佐人對於審判長或受命法官

有關證據調查或訴訟指揮之處分不服者，除有特別規定外，得向法院聲明異議，刑事訴訟法第288條之3第1項定有明文。此調查證據、訴訟指揮處分之異議，有其時效性，如未適時行使異議權，致該處分所為之訴訟行為已終了者，除該項瑕疵係屬重大，有害於訴訟程序之公正，而影響於判決之結果者外，依刑事訴訟法第380條規定，不得執為上訴第三審之理由。

【附錄】99年台上第6418號

認定事實，所以應憑證據，在於避免誤認事實，並使當事人知悉其認定事實之憑據；基於無罪推定原則，待證事實之認定，自應歸由控訴之一方負舉證責任，惟依刑事訴訟法第157條及第158條規定，公眾週知之事實，及事實於法院已顯著或為其職務上所已知者，則毋庸舉證，產生免除舉證義務之法效，法院得予主動適用。但何種事實為無庸舉證之事實，如任由法院逕行認定，判決結果極易引起當事人爭議，故同法第158條之1規定，法院應予當事人就該等事實有陳述意見之機會，以昭公信。上開毋庸舉證之事實，苟審判長在審判期日未予當事人就此而為陳述意見，因當事人對於審判長此種消極性之有關調查證據之處分，無由依刑事訴訟法第288條之3之規定，得以適時向法院聲明異議，則其處分之瑕疵自難謂已因當事人之不責問而被治癒，倘併採為判斷之論據，究仍難謂其判決無法律上之瑕疵。

【附錄】101年台上第1088號

法院預料證人不能於審判期日到場者外，不得於審判期日前訊問證人（本法§276Ⅰ）調查證據，以貫徹合議庭審判採直接、言詞及集中審理之精神。因之，受命法官逾越權限，於訴訟程序中僭行審判長職權，致法院組織不合法所為之審判，非但所踐行之程序顯然違法，抑且足使被告應受法院依相關法律規定與程序公平審判之訴訟權受有侵害。此項侵害被告訴訟權之不合法審判之重大瑕疵，當亦不能因上訴於上級法院審判或事先在準備程序、事後於審判程序，雖曾徵詢在場之公訴檢察官、上訴人及其選任辯護人得同意，而得以治癒。

【附錄】102年台抗第1077號

刑事訴訟法第18條第2款對於不公正法官拒絕事由之規定，係從當事人之觀點質疑法官有不能期待公平為客觀性之審判，冀使其不得參與特定之審判程序，或者應從所參與之審判程序退出，乃規範法官之個案退場機制，為法定法官原則之例外容許。法官執行職務是否有偏頗之虞，足以構成迴避之原因，應本諸客觀之情事，就各種情形，作個別具體之觀察，亦即應以個案之訴訟上全部行為有無足生不公平之裁判為判斷標準。憲法第16條保障人民有訴訟之權，旨在確保人民有依法定程序提起訴訟及受公平審判之權利（司法院釋字第512號解釋理由書），是案件於審判長終結言詞辯論前，亦即案件尚未解明以前，合議庭法官若一致性地或多數意見潛露出被告為有罪之見解，則此一行為因已經以違反無罪推定方式形成被告有罪心證之預斷，顯然不當侵害被告受憲法保障公平審判之權利，固應

認為足資懷疑其公平審判之理由，構成迴避之原因。惟設若在言詞辯論之前，僅受命法官一人於準備程序就有關調查證據或訴訟指揮為不法或不當之處分，或即令受命法官在與辯護人就有關調查證據程序之詢答中，有予人預想為不利判決之感覺者，被告亦不得以之有「不為公平審判」之虞，而聲請該受命法官迴避。蓋現行刑事訴訟法為強化當事人訴訟上地位，於第288條之3第1項賦予當事人、代理人、辯護人或輔佐人（下稱當事人等）異議聲明權（此異議之對象，立法理由固僅限「不法」之處分，不及於「不當」之處分，惟有關證據調查等相關程序，如所為措置有「預斷」之虞者，因與真實之發見至有關係，故就此之情形，當事人等宜以促請法院注意之方式出之，俾其能依職權自我約制而為適法且適當之處置），並於第2項明定法院（即所屬合議庭）對此異議，應予以裁定，俾當事人等為維護自己之利益，對於法院所為調查程序得加以監督。此之聲明異議，並且不僅限於積極之「作為」，即關於消極的「不作為」之證據調查，亦屬之。是以，當事人等尤其是具有專業之辯護人對於此一專為訴訟主體利益而設，能及時、迅速糾正訴訟程序違背法令之情形，而使程序適法進而達到妥適目的之「異議權」，自應依法、適時地行使，據以落實被告有受律師協助保障其權益之機制，並得以藉此導正部分法官流於情緒或不經意的逸脫程序之行止。又行合議審判之案件，受命法官在準備程序對於當事人等聲請調查之證據，如認有調查之必要者，於經當事人等依刑事訴訟法第161條之2提出所謂「證據排棒」之意見後，固得依同法第279條第2項、第273條第1項第6款規定，裁定排定審判程序中「證據調查之範圍、次序及方法」，惟同法第163條之2所定當事人等聲請調查之證據，法院認為不必要者，得以裁定駁回之，此之「法院」當係專指合議庭而言。故受命法官於準備程序，或審判長於審判中，對於當事人等聲請調查之證據，逕自認為不必要而予以駁回者，即屬有關調查證據之處分違法，應依聲明異議之方式請求救濟，由所屬合議庭裁定。凡此尚屬在該次程序中有關調查證據或訴訟指揮之處分有所違法或不當之範疇，辯護人如有不服，自應依法、適正地聲明異議，再由所屬合議庭裁決，尚難謂得作為聲請該法官迴避之事由。

【附錄】104年台上第1931號

　　法院為發現真實，「得」依職權調查證據。但於公平正義之維護或對被告之利益有重大關係事項，法院「應」依職權調查之，此觀刑事訴訟法第163條第2項之規定自明。故法院於當事人主導之證據調查完畢後，認為事實未臻明白，有待澄清時，得斟酌具體個案之情形，無待聲請，即「得」依職權調查證據，其於公平正義之維護或對被告之利益有重大關係事項，法院尤「應」依職權調查證據，以為認定事實之依據。所謂「得」調查，即指是否調查，法院有自由斟酌裁量權，而「應」調查，則屬法院應為之義務，無斟酌自由裁量之餘地，如違反「應」為之義務，則屬於法有違，而得為上訴理由。換言之，法院於當事人主導之證據調查完畢後，認事實仍未臻明白，為發現真實，仍「得」就當事人未聲請部分，依職權為補充、輔佐性之調查。惟此調查職權發動與否，法院有裁量權，且此調查係因事實仍未臻明白，有待釐清，而有調查之必要，故法院得斟酌具體個案情形，無待聲請，即得依刑事訴訟法第163條第2項前段規定，依職權調查證據。因此，該項證據於調查

前，於被告有利或不利，尚不明確，不得因調查之結果對於被告不利，即謂法院違法調查證據；亦非謂本院101年度第2次刑事庭會議關於「刑事訴訟法第163條第2項但書所指法院應依職權調查之『公平正義之維護』事項，依目的性限縮之解釋，應以利益被告之事項為限」之決議後，法院均不得依刑事訴訟法第163條第2項前段規定，依職權調查證據。

【附錄】105年台上第1154號

如審判長為不當之誘導訊問，當事人等依同法第288條之3之規定，應得向法院聲明異議，並由法院就前項異議裁定之。囿於交互詰問過程中，有關詰問之異議，有其時效性，如未適時行使異議權，除其瑕疵係重大，有害訴訟程序之公正，而影響於判決結果者外，應認其異議權已喪失，瑕疵已被治癒，自不能事後執為上訴第三審之理由。

【附錄】105年台上第2304號

審判期日，應由參與之推事（法官）始終出庭；如有更易者，應更新審判程序。又審判非一次期日所能終結者，除有特別情形外，應於次日連續開庭；如下次開庭因事故間隔至十五日以上者，應更新審判程序，刑事訴訟法第292條第1項、第293條分別定有明文。上開規定，依同法第364條規定，為第二審之審判所準用。所謂更新審判程序，係指審判程序之重新整理，依直接審理主義與言詞辯論主義精神，須重新進行之謂，其目的除在保障當事人之訴訟權益外，並使參與審判之法官獲得清晰明確之心證。故在第二審之更新審判程序，審判長於依同法第365條規定訊問被告，及命上訴人陳述上訴要旨後，應按照前次審判程序進行之程度，準用同法第287條至第290條之規定，重新進行各項程序，其訴訟程序始屬合法，又為貫徹直接審理主義與言詞辯論主義之精神，自不得僅以命書記官朗讀以前筆錄或引用以前筆錄等方式，取代應實際重新進行之各項審判程序。

【附錄】106年台上第129號

法院於當事人主導之證據調查完畢後，認為事實未臻明白，有待澄清時，得斟酌具體個案之情形，無待聲請，即「得」依職權調查證據。惟此調查職權發動與否，法院有裁量權。因此，該項證據於調查前，於被告有利或不利，尚不明確，不得因調查之結果對於被告不利，即謂法院違法調查證據。

相關實務

最高法院作成101年度第2次刑事庭決議：「刑事訴訟法第163條第2項但書所指法院應依職權調查之『公平正義之維護』事項，依目的性限縮之解釋，應以利益被告之事項為限，否則即與檢察官應負實質舉證責任之規定及無罪推定原則相牴觸，無異回復糾問制度，而悖離整體法律秩序理念。」準此，法院應依職權調查之證據，僅限於利益被告之事項，至於不利於被告之證據，則非屬法院之應依職權調查事項。

相關學說

　　有認為無罪推定原則與法院是否應職權調查證據屬於不同層次之概念，不容混淆；有認為在判決之前，根本不宜預先判斷證據資料係屬有利或不利於被告，有證據預判之風險；更有論者認為上開見解已有法官造法之問題，而逾越司法機關解釋法律之權限。

🔍 焦點2　準備程序之相關探討（柯耀程，月旦法學教室第19期，頁260以下；黃朝義，月旦法學第113期，頁11以下；林俊益，月旦法學第148期，頁265～267）

一、學者認第276條有關「法院預料證人不能於審判期日到場者，得於審判期日前訊問之」之規定，雖依第171條準用第166條仍進行交互詰問，惟仍有濫行擴張傳聞法則例外之虞，故保障被告到場權與交互詰問權為必要條件。

二、避免審判期日與準備程序混淆，並確立法院中立客觀形象，準備程序中受命法官不得訊問被告，第273條第1項第2款應限縮對「已自白」之被告始得為訊問（確認自由意志、告知自白之不利後果、告知適用簡式簡易程序後所喪失之程序保障）。

三、倘公訴檢察官僅依起訴書之證據清單內容提出證據（亦即提證或出證），忽略了偵查卷證內其餘之重要證據時，被忽略之證據部分，不僅在準備程序中無須就該等證據有無證據能力表示意見，即連未來之審判亦不得引用此些疏未被列舉或聲請調查之證據作為判決之依據。亦即未被列舉之責任應由當事人一方之檢察官負責，檢察官不得援引刑訴法第163條第2項但書之規定以為卸責之依據。甚且判決後，檢察官亦不得引用此些疏未列舉之證據作為上訴或非常救濟之依據。

四、依第277條、第279條規定，受命法官得於準備程序為勘驗；此之「勘驗」乃指形式要件之判斷，如被告抗辯警詢中遭刑求，則法院勘驗警詢錄音帶以確認被告自白任意性與否，惟不得調查自白之實質內容，因此屬證據調查之範疇，應於審判期日為之。

五、關於準備程序中證據能力之取捨：

(一) 證據與待證事實具關聯性否，得於準備程序取捨。

(二) 證據取得正當性之證據能力，有學者認應由合議庭於審判期日審查；惟另有學者與實務見解則主張得於準備程序為取捨判斷，然學者主張宜由合議庭以外法官為之，避免產生預斷之偏見。為能使準備程序發揮處理證據能力之功能，有以下之具體作法：1.受命法官整理本案爭執之證據與不爭執（合意）之證據；2.被告抗辯證據係偵查機關違法偵查取得，被告應對違法偵查之過程為必要之釋明，此時，法官應可對被告，就被告是否受到違法偵查之範圍內，為犯罪事實以外事實之訊問；3.被告抗辯證據能力時，受命法官對檢察官應就證據非違法偵查所取得負舉證責任，進行調查；4.為意見表示與辯論，例如被告是否為適格之異議者、偵查有無違法、取得之證據有無證據能力；5.受命法官於審議後，應當庭宣示系爭證據之有無證據能力。同時亦應容許當事人在審判期日前得提起抗告（或準抗告）程序以為救濟；6.經宣告為無證據能力之

證據，嗣後即不得於往後之審判程序中提出調查證據之聲請，或以之爲辯論之基礎（黃朝義，刑事訴訟法證據篇，頁211以下；陳運財，月旦法學第113期，頁45）。

六、對準備程序中無證據能力之證據未聲明異議，有無失權效果

(一) 無證據能力之證據縱進入審判程序亦無意義，故除有不可歸責當事人之事由，否則審判程序不得再行異議（黃朝義）。

(二) 準備程序非強制程序，刑事訴訟法亦未設失權規定，故仍得於審判程序主張，而無失權效果（陳運財）。

七、其他要點

(一) 受命法官於準備程序之「有限」權限：通常程序之合議審判案件，受命法官於行準備程序之功能，僅在於開始審判前應爲相當之準備，所得處理之事項，應以刑訴法第273條第1項各款及第274條、第276條至第278條所規定之事項爲限，非但不負責證據之蒐集，更不在從事證據之實質調查。

(二) 訊問證人原則上應於審判期日爲之：證人之訊問，原則上均應於審判期日行之，俾使證人於審判期日當庭所行之訊問及交互詰問程序，法院依其言詞陳述語氣及反應等態度證據，能直接獲取正確之心證，以爲證言價值判斷之準據。從而受命法官於準備程序除有第276條第1項例外情形，並無逕行傳喚並對證人進行訊問及交互詰問之權限。

(三) 刑訴法第276條第1項「審判期日前訊問證人」應採限縮解釋：第276條第1項所定「預料證人不能於審判期日到場者，得於審判期日前訊問」之例外情形，以確有正當理由足以預料證人不能於審判期日到場者爲限，例如因疾病即將住院手術長期治療，或行將出國，短期內無法返國，或路途遙遠，因故交通恐將阻絕等爲限。

(四) 刑事訴訟法第273條第1項所列各款，係規定準備程序得處理之事項內容，非規定行準備程序之次序。

(五) 關於「事實上爭點之陳述」，僅係請被告就檢察官起訴事實指出有爭執之事項，俾利整理被告「有爭執之事項」與「不爭執之事項」而已，由於整理事實之爭點，僅在於整理、彙整，並不涉及實質調查證據，故事實上之爭點整理得於準備程序進行之。

(六) 關於「被告之本案訊問」，乃對被告本案事實之調查證據，屬於五種法定證據方法之一種，爲免破壞直接審理原則，故不得於準備程序對被告爲本案之訊問。

【衍生實例】

甲因涉嫌殺人而被提起公訴。準備程序時，檢察官向受命法官表示，目擊證人乙希望能儘早接受訊問，因爲乙工作會越來越忙，甚而可能會奉派出國受訓。受命法官徵詢被告及辯護人意見，其皆表示無意見後，即定第二次準備程序期日以傳喚乙到庭訊問。受命法官行第二次準備程序時，乙準時到庭接受當事人交互詰問。最後，法院亦採納乙於準備程序之證言。試問該準備程序之合法性？　　　　　　　　　　　　　　　（101廉政）

考點提示： 參見上述焦點說明與實務見解。

【附錄】89年台上第1877號

地方法院審判案件，以法官一人獨任或三人合議行之，為法院組織法第3條第1項所明定。故地方法院審判案件，如行合議審判，應以法官三人合議行之，始屬適法。而地方法院於審理個別案件時，經裁定行合議審判，並為準備審判起見，指定受命法官於審判期日前訊問被告及蒐集或調查證據後，該受理新訟之（狹義）法院組織即確定，不容任意加以變更。受命法官於訴訟程序上之職權，復設有一定之限制，並非等同於（狹義）法院或審判長，觀之刑事訴訟法第279條、第167條、第168條、第178條及第416條第1項第1款等相關規定甚明。因之，受命法官踰越權限，於訴訟程序中規避合議審判，僭行審判長職權，致法院組織不合法所為之審判，非但所踐行之程序顯然違法，抑且足使被告應受法院依相關法律規定與程序公平審判之訴訟權受有侵害。此項侵害被告訴訟權之不合法審判之重大瑕疵，當亦不能因上訴於上級法院審判而得以治癒。本件第一審法院係採合議審判，由審判長法官陳某、法官簡某、法官吳某組織合議庭，並裁定由受命法官吳某於審判期日前，訊問被告及蒐集或調查證據。乃受命法官逕自指定審判期日，自為審判長進行言詞辯論，定期宣判，其法院之組織及所踐行之審判程序，即非合法。

【附錄】93年台上第2023號

依刑事訴訟法第279條第1項規定，準備程序處理之事項，原則上僅限於訴訟資料之聚集及彙整，旨在使審判程序能密集而順暢之進行預作準備，不得因此而取代審判期日應踐行之直接調查證據程序。調查證據乃刑事審判程序之核心，改良式當事人進行主義之精神所在；關於證人、鑑定人之調查、詰問，尤為當事人間攻擊、防禦最重要之法庭活動，亦為法院形成心證之所繫，除依同法第276條第1項規定，法院預料證人不能於審判期日到場之情形者外，不得於準備程序訊問證人，致使審判程序空洞化，破壞直接審理原則與言詞審理原則。

【附錄】93年台上第5185號

刑事訴訟法第279條第1項、第276條第1項規定預料證人不能於審判期日到場，而受命法官得於審判期日前行準備程序時訊問證人之例外情形，其所稱「預料證人不能於審判期日到場」之原因，須有一定之客觀事實，可認其於審判期日不能到場並不違背證人義務，例如因疾病即將住院手術治療，或行將出國，短期內無法返國，或路途遙遠，因故交通恐將阻絕，或其他特殊事故，於審判期日到場確有困難者，方足當之。必以此從嚴之限制，始符合集中審理制度之立法本旨，不得僅以證人空泛陳稱：「審判期日不能到場」，甚或由受命法官逕行泛詞諭知「預料該證人不能於審判期日到庭」，即行訊問或詰問證人程序，為實質之證據調查。

【附錄】94年台上第1998號

合議庭審判長之職權係存在於訴訟程序之進行或法庭活動之指揮事項，且以法律明文

規定者爲限，此外則屬法院之職權，依法院組織法第101條規定，必須經由合議庭內部評議，始得形成法院之外部意思決定，並以判決或裁定行之，不得僅由審判長單獨決定。從而刑事訴訟法第163條之2第1項規定：「當事人、代理人、辯護人或輔佐人聲請調查之證據，法院認爲不必要者，得以裁定駁回之。」即以證據是否應予調查，關乎待證事實是否於案情具有重要性，甚或影響相關證據之價值判斷，已非純屬審判長調查證據之執行方法或細節及法庭活動之指揮事項，故應由法院以裁定行之，並非審判長所得單獨決定處分。至同法第288條之3第1項規定：「當事人、代理人、辯護人或輔佐人對於審判長或受命法官有關證據調查或訴訟指揮之處分不服者，除有特別規定外，得向法院聲明異議。」其中所稱之「調查證據處分」，係專指調查證據之執行方法或細節（包括積極不當行爲及消極不作爲）而言，二者顯然有別，不容混淆。

【附錄】95年台上第53號

(一) 受命法官於準備程序之「有限」權限；行合議審判之案件，爲準備審判起見，審判長固得指定庭員一人爲受命法官，於審判期日前，使行準備程序，但受命法官所得處理者以進行審前會議，及其他有助於審判之進行，且僅屬準備性而非替代性之法定事項爲限；受命法官祇有在行準備程序處理準備事項時，始與審判長有同一之權限。

(二) 審判長對證人之「主導訊問權」與陪席法官「補充訊問權」：審判長有指揮法庭之開閉、訴訟進行，及審理訴訟，宣示裁判之權，故訊問權亦屬之審判長。訊問證人、鑑定人，乃調查證據之一種，屬審判長之職權，故對於證人、鑑定人之訊問，應由審判長於審判期日行之。其他陪席法官（包括先前準備程序之受命法官）僅能於審判長之訊問尚不能判明事實者，爲明瞭案情，形成正確之心證，便於參與評議，依據刑訴法第170規定，得於告知審判長後具有「補充訊問權」。

(三) 陪席法官對證人行「主導訊問權」屬違法：合議審判庭之陪席法官於審判期日自不能主導訊問證人、鑑定人，而僭行審判長職權，此與現行刑事訴訟制度，受命法官於準備程序中，已不得再從事實質之證據調查，同爲法庭活動中調查證據程序之重要一環。如於證人具結後，卻全由陪席法官（即行準備程序之受命法官）行使其審判長職權以訊問證人，進行的審判程序即屬違法。（註：101年台上第590號同旨）

【附錄】97年台上第2537號

　　遠距視訊係利用法庭與其所在處所之聲音及影像相互同步傳送之科技設備，進行直接訊問。現行遠距視訊係在監獄或看守所設置一個視訊終端，作爲「視訊法庭」，而「審判法庭」則爲另一個視訊終端，連線之結果，「視訊法庭」即屬於「審判法庭」之延伸，如利用遠距視訊踐行交互詰問，不能謂非當庭詰問。又利用遠距視訊踐行交互詰問時，行詰問人與受詰問人之語音、表情或態度均能透過電子設備完全呈現，與法庭審判現場無異，自難認足以影響反詰問權之正當行使。至於遠距視訊，旨在增益訴訟效率並避免人犯提解之危險等理由而設置，採行與否，視個案之具體情形而定，刑事訴訟法第177條第2項規定：（略）是遠距視訊之採行，純屬審判長調查證據之執行方法或細節之指揮事項，爲審

判長訴訟指揮權行使範圍。

【附錄】台灣高等法院暨所屬法院97年法律座談會刑事類提案第47號

　　法律問題：審判長於審判期日每一調查證據完畢後，是否應請被告之辯護人表示意見？

討論意見：

　　甲說：肯定說。

　　刑事訴訟法採直接審理主義，故採為判決基礎之證據資料，必須經過調查程序而顯現出於審判庭者，始與直接審理主義相符，否則其所踐行之訴訟程序即屬違背法令；依刑事訴訟法第164條規定：審判長應將證物提示當事人、代理人、辯護人或輔佐人，使其辨認。同法第165條第1項規定：卷宗內之筆錄及其他文書可為證據者，審判長應向當事人、代理人、辯護人或輔佐人宣讀或告以要旨。是審判長於審判期日調查證據，應就物證及筆錄或文書證據向當事人、代理人、辯護人或輔佐人，提示、宣讀或告以要旨，其訴訟程序始為合法。上開規定，依同法第364條之規定，為第二審審判所準用；因之第二審法院自應踐行該項程序，使被告及辯護人等瞭解該證據之內容及意義，並為充分之辯論，始得採為判決之基礎，倘未依法向辯護人宣讀、提示或告以要旨，均有違背同法第155條第2項：「未經合法調查之證據，不得作為判斷之依據」之規定。依原審民國96年11月14日審判筆錄之記載，就有關作為本件判決基礎之證據，僅向張○○、李○○及檢察官提示並告以要旨，並未向上訴人等之辯護人提示、宣讀或告以要旨及「逐一詢問辯護人意見」，致剝奪上訴人等之訴訟防禦權，其踐行之訴訟程序，難謂適法；原審遽採為判決基礎，不但與直接審理法則有違，且有應於審判期日調查之證據而未予調查之違誤（最高法院97年度台上字第1052號判決參照）。

　　乙說：否定說。

　　民國92年2月6日總統令修正公布之刑事訴訟法，其第164條第1項前段文字「證物應示被告令其辨認」，修正為「審判長應將證物提示當事人、代理人、辯護人或輔佐人，使其辨認」；原第165條第1項「卷宗內之筆錄或其他文書可為證據者，應向被告宣讀或告以要旨」，其後段文字修正為「審判長應向當事人、代理人、辯護人或輔佐人宣讀或告以要旨」；修正前第173條規定移列為第288條之1，其第1項「審判長每調查一證據畢，應詢問被告有無意見」，後段文字修正為應詢問「當事人有無意見」。是審判長於審判期日調查證據，應就每一證據逐一調查，並依證據種類分別「提示當事人、代理人、辯護人或輔佐人，使其辨認」、「向當事人、代理人、辯護人或輔佐人，宣讀或告以要旨」及「詢問當事人有無意見」，其訴訟程序之進行，始（即）為適法（最高法院97年度台上字第2622號判決、96年度台上字第4217號判決參照）。現行刑事訴訟法第288條之1，既明文規定「詢問當事人有無意見」，則證據之調查，詢問當事人意見即可，不需請辯護人表示意見。

審查意見：

(一) 採乙說。

(二) 補充理由如下：

1. 民國92年2月6日修正公布之刑事訴訟法，其第164條第1項前段文字「證物應示被告令其辨認」，修正為「審判長應將證物提示當事人、代理人、辯護人或輔佐人，使其辨認」；原第165條第1項「卷宗內之筆錄或其他文書可為證據者，應向被告宣讀或告以要旨」，其後段文字修正為「審判長應向當事人、代理人、辯護人或輔佐人宣讀或告以要旨」；修正前第173條規定移列為第288條之1，其第1項「審判長每調查一證據畢，應詢問被告有無意見」，後段文字修正為應詢問「當事人有無意見」。修正刑事訴訟法既將第164條第1項、第165條第1項提示證物、宣讀或告以要旨之對象，由原規定之「被告」，修正為「當事人、代理人、辯護人或輔佐人」，而詢問意見之對象，僅由「被告」修正為「當事人」，不修正為「當事人、代理人、辯護人或輔佐人」，與前者有別。修正立法理由，說明：「條次變更，由現行條文第173條移列，並將第1項應詢問『被告』有無意見，修正為應詢問『當事人』有無意見，以資周延」。從修法意旨及「明示其一、排除其他」之法則，現行刑事訴訟法第288條之1第1項「審判長每調查一證據畢，應詢問『當事人』有無意見」，所稱當事人，依同法第3條規定，係指檢察官、自訴人及被告，則詢問意見之對象，應不包括被告之選任辯護人或輔佐人。

2. 檢察官及自訴人，在訴追被告之罪責，依刑事訴訟法第161條第1項規定，自應負舉證責任，被告為證明自己清白，自應予以辯解說明之機會，是以，法院應予當事人對於證據表示意見之機會。至於辯護人，係被告事後聘請之法律專業人，其案發當時不在現場，未目擊事情之經過，對經過事實未親自與聞，對在場之人證、物證難以明瞭，其所爭執者厥為證據之證明力（及證據能力），修正刑事訴訟法第288條之2規定，審判長賦予「辯論證據證明力之適當機會」即可，在證物提示、宣讀或告以要旨過程，實毋庸請辯護人表示意見。

3. 辯護律師於言詞辯論期日，除證人詰問權、調查證據聲請權及其他權利外，對於證據能力、證據證明力有權表示意見，並在最後言詞辯論階段，依刑事訴訟法第289條規定，就事實及法律綜合辯論之，此所謂事實辯論，當然及於證據（林永謀氏著刑事訴訟法釋論中冊第256頁）。由此觀之，法律對律師及被告權益之保障相當完備，並有程序重複之嫌，而訴訟程序相對地冗長，更加重法官及書記官工作之負擔，似無必要於每一證據調查完畢，再予詢問辯護人表示意見。

4. 實務界林俊益法官大作認為：審判長每調查一證據畢，應詢問當事人有無意見（第288條之1第1項）。審判長應告知被告得提出有利之證據（第288條之1第2項）。「當事人」包括檢察官、被告、自訴人在內。如僅向「被告」提示並告以要旨，致「當事人」難以逐一表示意見，其訴訟程序之進行顯屬違法（刑事訴訟法概論下冊第288頁，原文、標點符號照錄）。林永謀大法官認為：（證據調查）第288條之1第1項規定：「審判長每調查一證據畢，應詢問當事人有無意見。」第288條之2規定：「法院應予當事人、代理人、辯護人或輔佐人，以辯論證據證明力之適當機會。」後者或可認係狹義言詞辯論之一部分，至於前者（第288條之1）實仍係證據調查之一部分；第288條之2之設，應係為加強當事人訴訟上地位而參考日本刑訴法

第308之規定而來，所謂「辯論證據證明力」，應係指「爭辯」、「辨明」證據證明力之意，至於「適當機會」為何？法無明文，原則上委諸於法院之合理認定，但其非絕對必須於每調查一證據完畢，即應予此一機會，其於一方當事人聲請調查之同一事實之證據告一段落後，綜合的依第288條之1第1項「詢問當事人有無意見」，應亦無不可（刑事訴訟法釋論中冊第473頁、第474頁、第256頁）。刑事訴訟法學者朱石炎氏（刑事訴訟法上冊第340頁）、林鈺雄氏（刑事訴訟法下冊第200頁）、褚劍鴻氏（刑事訴訟法論第303頁）、李知遠氏（刑事訴訟法釋論第276頁）、黃朝義氏（刑事訴法增補一版第409頁、第410頁）、林國賢氏、李春福氏（合著刑事訴訟法論下冊第355頁）、陳宏毅氏（刑事訴訟法理論與實務第370頁）、蔡墩銘氏（刑事訴訟法概要增訂七版第207頁、第208頁），均認為每一調查證據，詢問「當事人」有無意見即可。學者及坊間著作無人主張應詢問辯護人之意見。

5. 證據之提示、宣讀或告以要旨，與表示意見，屬不同階段之訴訟行為，甲說漏未注意刑事訴訟法第288條之1、第288條之2規定，僅援引刑事訴訟法第164條第1項、第165條第1項之規定，即推論審判長應「逐一詢問辯護人有無意見」，其推演過程不合邏輯，並有違法律規定，尚不足取。

6. 綜上，本件以乙說為當。研討結果：多數採甲說（經付表決結果：實到72人，採甲說40票，採乙說21票）。

(三) 補充說明：上開審查意見引述拙著「刑事訴訟法釋論」之內容，乃認淺見主張審判長每一調查證據完畢，僅需詢問當事人有無意見即可，無需另詢問辯護人云云，此項推論對拙著之詮釋顯有誤會。蓋辯護人乃協助被告進行訴訟防禦，縮減被告與檢察官訴訟攻防實力，確保被告得受實質正當程序公平審判之最重要機制，而對審判長調查證據後之意見陳述，當然為辯護人為被告進行防禦協助之主要法庭活動，並為辯護內容之重要部分之一（辯護內容包括：詰問證人、對證人證物之調查表示意見、事實與法律辯論），亦即被告之防禦權與辯護人之辯護權乃屬一體。故若被告無辯護人時（無論選任或指定），審判長於每一調查證據後，當然應詢問被告意見，至如被告有辯護人時，所謂審判長應詢問被告之意見，當然包含辯護人在內。

【附錄】97年台上第4599號

刑事訴訟法係採真實發現主義，審理事實之法院應自行調查證據，以為事實之判斷，並不受民事判決之拘束，如當事人聲明之證據方法與認定事實有重要關係，仍應予調查，就其心證而為判斷，不得以民事確定判決所為之判斷，遂援為刑事判決之基礎（本院56年台上字第118號判例參照）。

【附錄】98年台上第1025號

審判期日之訴訟程序，專以審判筆錄為證。審判長於宣示辯論終結前，最後應詢問被告有無陳述。又審判筆錄應由審判長簽名，審判長有事故時，由資深陪席法官簽名，獨任

法官有事故時，僅由書記官簽名，書記官有事故時，僅由審判長或法官簽名，並分別附記其事由，刑事訴訟法第47條、第290條、第46條規定甚明。本件原審移送之卷宗均屬影印之卷宗，而卷內審判筆錄並不完整，依卷內筆錄，未見命上訴人為最後之陳述及審判長之簽名，其所踐行之訴訟程序，顯難謂無違誤。

【附錄】98年台上第1379號

就審期間，係為保障被告之訴訟權益而設，使被告有充分時間行使其防禦權，自不得因被告受羈押而予剝奪。上訴人於原審審判時，已因本案羈押中，而本件係論以毒品危害防制條例第4條第1項之運輸第一級毒品等罪，其法定本刑為死刑或無期徒刑，依前揭規定，第一次審判期日之傳票至遲應於七日前送達，方為合法，乃原審簽發提票於98年1月13日上午十時十分許，提解上訴人到庭進行準備程序後，隨即於同日上午十時十五分許開始審判程序，有該準備程序筆錄及審判筆錄在卷可稽……，並未另行訂定第一次審判期日，及依法於七日前送達該期日之傳票。雖上訴人於前開審判期日已到庭辯論，但不能與自願拋棄此項就審期間之利益而自動到庭為訴訟行為者同視，其審判程序之瑕疵，不能因而治癒，所踐行之訴訟程序，自有違誤。

【附錄】98年台上第1450號

勘驗為法院或檢察官，因調查證據及犯罪情形，所為之檢驗處分，勘驗於審判中由法院，偵查中由檢察官實施之，此觀刑事訴訟法第212條之規定自明。本件……第一審指派「法官助理」勘驗上開證人警詢之錄影帶，而以其所製作勘驗筆錄，資為論斷上開證人警詢陳述之證據能力，揆之上開說明，其採證自非適法。（註：99年台上第5930號同旨）

【附錄】99年台上第5541號

審判期日，應傳喚被害人或其家屬並予陳述意見之機會，但法院認為不必要或不適宜者，不在此限，刑事訴訟法第271條第2項定有明文。蓋審判期日係以檢察官代表國家為控方當事人，有到庭實行公訴、參與調查證據之職責，至犯罪被害人或其家屬到場陳述意見，係基於被害人利益之考量，於公訴程序賦予其得以輔助檢察官達成追訴目的之機會，然究止於公訴之輔助，僅為促請法院為對其有利之注意，故有無必要、是否適宜，法院本有斟酌之權限，非必踐行之訴訟程序，是原審審判期日縱未傳喚到場，亦無違法可言。

【附錄】102年度台上字第4742號

所謂「科刑資料」，係指刑法第57條或第58條規定刑之量定有關之事實而言，其中科刑情狀有關之事由，如已屬於犯罪構成要件之要素者，固應予嚴格證明，於論罪證據之階段依各項證據方法之法定調查程序（如刑訴§164至§166等規定）進行調查；倘為單純科刑情狀之事實，諸如犯罪行為人之生活狀況、犯罪行為人之品行、犯罪時所受之刺激、犯罪後之態度等等，則以自由證明為已足。此部分科刑資料調查之方法如何，法無明文，然單純作為科刑應審酌情狀之事實，僅其調查證據之程序不受嚴格限制而已，因此凡與科刑

有關之事項與資料，自仍必須在此一階段經過一定之調查，使當事人、辯護人等有陳述意見之機會，並得以對不利之科刑資料進行防禦，而非僅限於調查屬於被告品格證據之前案判決執行情形之一項，且此之調查，解釋上當然亦包括依刑事訴訟法第288條之1第2項規定，審判長應告知被告得以提出或聲請調查對其有利之科刑證據，始與同法第288條第4項修法意旨相契合。

【附錄】103年台上第1826號

審判長於宣示辯論終結前，最後應詢問被告有無陳述。未與被告以最後陳述之機會者，其判決當然違背法令，刑事訴訟法第290條、第379條第11款分別訂有明文。又被告經合法傳喚，無正當之理由不到庭者，得不待其陳述，逕行判決，同法第371條亦有規定。是刑事訴訟法第290條所稱「與被告最後陳述之機會」，當指被告業經到庭辯論者而言。倘被告經合法傳喚而無正當理由不到庭，法院既得依同法第371條規定不待其陳述逕行判決，自不生與被告最後陳述機會之問題。

【附錄】103年台上第3473號

審判期日，應傳喚被害人或其家屬並予陳述意見之機會。但經合法傳喚無正當理由不到場，或陳明不願到場，或法院認為不必要或不適宜者，不在此限，刑事訴訟法第271條第2項定有明文，此依同法第364條規定，於第二審審判亦有適用。其用意在於被害人或其家屬對於案情之瞭解及其中之利害關係，實質上最為深切，被告有罪與否及對其之量刑，除關乎國家刑罰權，亦與被害人及其家屬自身之利益息息相關，且法院於審判期日傳喚被害人或其家屬到場給予陳述意見之機會，可明瞭其等因被告之犯罪，致身、心、財產等所受損害程度，有無獲得撫平、回復，以及被告果否已踐行賠償責任，被害人或其家屬願否寬宥等情形，而得資為事實審法院量刑輕重妥適與否之參考。因此，法院自有義務賦予被害人或其家屬到場陳述意見之機會，以保障其參與審判之權益。此即學理上稱為被害人或其家屬之到場陳述意見權，法院除有該條但書情形外，不應恣意剝奪，否則所踐行之訴訟程序即非適法。

【附錄】104年台上第1371號

法院或檢察官因調查證據及犯罪情形，得實施勘驗，刑事訴訟法第212條定有明文。檢察官對於證物之勘驗，其勘驗筆錄係就檢察官對該證物之感官或認知作用結果所為之紀錄，依上開刑事訴訟法之規定觀之，自屬證據之一種，惟此勘驗究不能等同法院所為之勘驗，猶不得僅以同一證物業經檢察官於偵查中進行勘驗，且被告與其辯護人於偵查中未對該勘驗結果表示異議，即逕認法院無再為勘驗之必要。蓋檢察官職司犯罪之偵查及訴追，法院則係中立、公正之審判機關，兩者在刑事訴訟程序上之屬性及角色各自不同，檢察官勘驗所得之結果，自不當然能取代法院之勘驗。

【附錄】104年台上第2770號

　　準備程序之進行與否，乃合議庭法院所「應為」；是合議庭法院倘認為案件並無進行程序之必要，逕定期日進行審判，尚不生程序違法或有剝奪、妨礙被告訴訟防禦權之問題。

【附錄】105年台上第1335號

　　刑事訴訟法第164條第1項、第165條第1項分別規定：「審判長應將證物提示當事人、代理人、辯護人、輔佐人，使其辨認。」「卷宗內之筆錄及其他文書可為證據者，審判長應向當事人、代理人、辯護人或輔佐人宣讀或告以要旨」；同法第288條之1第1項並規定：「審判長每調查一證據畢，應詢問當事人有無意見。」是審判長於審判日期調查證據，應就每一證據逐一調查，並依證據種類分別「提示當事人、代理人、辯護人或輔佐人，使其辨認」、「向當事人、代理人、辯護人或輔佐人，宣讀或告以要旨」，及「詢問當事人有無意見」，其訴訟程序之進行，始為適法。本件原審於提示相關證據時，多以包裹式為之（原審卷第125頁背面至第126頁），揆諸上揭說明，其踐行之程序有可議。

🔍 焦點3　各審級訴訟行為補正之依據

一、第一審→§273Ⅵ。
二、第二審→§362但書。
三、第三審→§384但書。

第二節　簡式審判程序

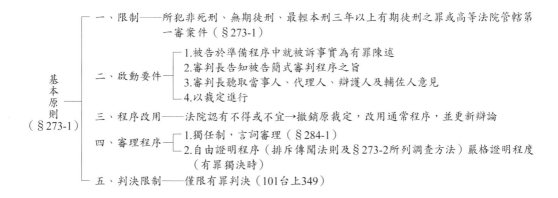

第三節　簡易程序

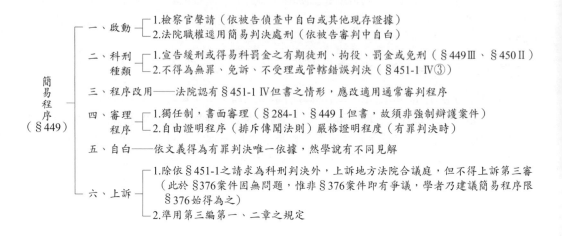

簡
易
程
序
（§449）

一、啟動
1. 檢察官聲請（依被告偵查中自白或其他現存證據）
2. 法院職權逕用簡易判決處刑（依被告審判中自白）

二、科刑種類
1. 宣告緩刑或得易科罰金之有期徒刑、拘役、罰金或免刑（§449Ⅲ、§450Ⅱ）
2. 不得為無罪、免訴、不受理或管轄錯誤判決（§451-1 Ⅳ③）

三、程序改用——法院認有§451-1 Ⅳ但書之情形，應改適用通常審判程序

四、審理程序
1. 獨任制，書面審理（§284-1、§449 Ⅰ但書，故須非強制辯護案件）
2. 自由證明程序（排斥傳聞法則）嚴格證明程度（有罪判決時）

五、自白——依文義得為有罪判決唯一依據，然學說有不同見解

六、上訴
1. 除依§451-1之請求為科刑判決外，上訴地方法院合議庭，但不得上訴第三審（此於§376案件固無問題，惟非§376案件即有爭議，學者乃建議簡易程序限§376始得為之）
2. 準用第三編第一、二章之規定

第四節　協商程序

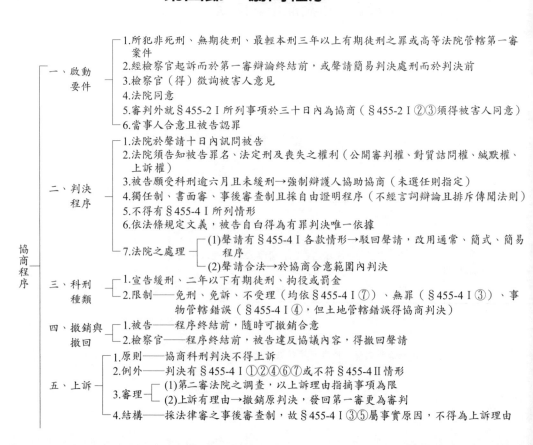

協
商
程
序

一、啟動要件
1. 所犯非死刑、無期徒刑、最輕本刑三年以上有期徒刑之罪或高等法院管轄第一審案件
2. 經檢察官起訴而於第一審辯論終結前，或聲請簡易判決處刑而於判決前
3. 檢察官（得）徵詢被害人意見
4. 法院同意
5. 審判外就§455-2 Ⅰ所列事項於三十日內為協商（§455-2 Ⅰ②③須得被害人同意）
6. 當事人合意且被告認罪

二、判決程序
1. 法院於聲請十日內訊問被告
2. 法院須告知被告罪名、法定刑及喪失之權利（公開審判權、對質詰問權、緘默權、上訴權）
3. 被告願受科刑逾六月且未緩刑→強制辯護人協助協商（未選任則指定）
4. 獨任制、書面審、事後查制且採自由證明程序（不經言詞辯論且排斥傳聞法則）
5. 不得有§455-4 Ⅰ所列情形
6. 依法條規定文義，被告自白得為有罪判決唯一依據
7. 法院之處理
　(1)聲請有§455-4 Ⅰ各款情形→駁回聲請，改用通常、簡式、簡易程序
　(2)聲請合法→於協商合意範圍內判決

三、科刑種類
1. 宣告緩刑、二年以下有期徒刑、拘役或罰金
2. 限制——免刑、免訴、不受理（均依§455-4 Ⅰ⑦）、無罪（§455-4 Ⅰ③）、事物管轄錯誤（§455-4 Ⅰ④，但土地管轄錯誤得協商判決）

四、撤銷與撤回
1. 被告——程序終結前，隨時可撤銷合意
2. 檢察官——程序終結前，被告違反協議內容，得撤回聲請

五、上訴
1. 原則——協商科刑判決不得上訴
2. 例外——判決有§455-4 Ⅰ①②④⑥⑦或不符§455-4 Ⅱ情形
3. 審理
　(1)第二審法院之調查，以上訴理由指摘事項為限
　(2)上訴有理由→撤銷原判決，發回第一審更為審判
4. 結構——採法律審之事後查制，故§455-4 Ⅰ③⑤屬事實原因，不得上訴理由

```
  └六、啟動 ┬ 起訴後～言詞辯論終結前（通常、簡式）   檢察官請求
          └ 聲請簡易處刑後～簡易處刑前（簡易）  ➡ 被告請求
```

```
➡ 法院同意 ➡ 審判外協商 ┬ 內容合意 ┬ 科刑
                      │         └ 條件負擔
                      └ 被告自白認罪 ➡ 檢察官聲請
```

```
➡ 法院訊問被告 ➡ 轉換為   ➡ 法院為獨任書面 ┬ 協商判決（§455-4 Ⅱ科刑範圍）
  （罪、刑與權利    協商程序     審查         └ 駁回聲請，轉換為通常、簡式或簡易
  喪失之告知）               （§455-4 Ⅰ①～      （更新審判）
  ├ 緘默權                    ⑦、消極要件）
  ├ 公開審判權
  ├ 對質詰問權
  └ 上訴權
```

第五節　不同審判程序與緩起訴制度之比較

```
一、通常審 ┬ 1.前者第一審（除§376①②外）行合議制審判，後者第一審行獨任制審判，惟二者均採
  判與簡 │    言詞、公開審理主義
  式審判 │ 2.前者為嚴格證明程序（直接審理）嚴格證明程度；後者為自由證明程序（間接審理、
         │    排斥傳聞法則）＋嚴格證明程度
         │ 3.後者當事人、代理人、辯護人及輔佐人無須就證據調查之範圍、次序及方法提出意見
         │    （§273-2、§161-2Ⅰ）
         │ 4.前者被告自白應於調查證據程序最後調查（§161-3、§288Ⅲ）；後者被告自白應先
         │    於準備程序為調查（§273Ⅰ②）
         │ 5.後者當事人、代理人、辯護人或輔佐人聲調查證據無須遵守§163-1所定程式
         │    （§273-2、§163-1）
         │ 6.後者證據調查程序亦排除§164～§170之規定，包括文書與筆錄之調查、詰問程序
         │    （§273-2）
         └ 7.後者限有罪判決
```

```
二、通常審 ┬ 1.適用案件：前者適用任何未經裁定改用簡式審判程序之刑事案件；後者限刑事訴訟法
  判與簡 │           §449所規定之情形
  易程序 │ 2.程序開啟：前者經檢察官提起公訴或自訴人之自訴而開啟；後者包括檢察官聲請及法
         │           院職權依簡易程序
         │ 3.管轄法院：前者第一審法院為地方法院或高等法院；後者為地方法院簡易庭
         │ 4.審理程序：前者原則須經言詞辯論，且（除§376①②外）以合議行之；後者原則獨任
         │           書面審理
         │ 5.科刑種類：前者不受限制；後者限宣告緩刑、得易科罰金之有期徒刑及拘役或罰金之
         │           有罪判決或免刑判決
         │ 6.自白效力：前者不得做為認定被告為有罪之唯一證據；後者例外允許（學說有否定見解）
         │ 7.上訴法院：前者上訴高等法院或最高法院；後者上訴終審為地方法院合議庭
         └ 8.傳聞法則：前者依修正新法§159Ⅰ規定採之；後者依同條Ⅱ規定排斥（此為書面審
                     理之必然），蓋後者係自由證明程序及嚴格證明程度
```

三、簡式審
　判與簡
　易程序

1. 適用條件：前者須被告所犯非死刑、無期徒刑，最輕本刑為三年以上有期徒刑之罪或高等法院管轄第一審案件；後者依刑事訴訟法§449所定情形（即未限制）
2. 程序開啟：前者由法院依裁定為之（§273-1 I）；後者包括檢察官聲請及法院依職權改用（§451 I、II、§449 I、II）
3. 管轄法院：前者第一審為地方法院；後者為地方法院簡易庭
4. 審理程序：前者原則須經言詞辯論；後者原則書面審理（§449 I）。惟均係獨任制
5. 科刑種類：前者限有罪判決；後者限宣告緩刑、得易科罰金之有期徒刑及拘役或罰金之有罪判決（§449 III）或免刑判決（§450 II）
6. 自白效力：前者不得為認定被告有罪之唯一證據；後者例外允許（§449 I），惟學說有不同意見
7. 上訴法院：前者上訴高等法院或最高法院；後者上訴終審為地方法院合議庭
8. 傳聞法則：依92年修正新法§159 II規定，簡式審判程序與簡易程序均排斥傳聞法則，亦即均採自由證明程序及嚴格證明程度

四、協商程
　序與通
　常程序

1. 被告於公開法庭言詞辯論之權利
2. 對證人交互詰問與對質
3. 上訴救濟之權利與結構不同（協商原則不得上訴，且第二審採事後審查制。通常原則為三審制，第二審為覆審制；第三審為事後審查制）
4. 前者不受傳聞法則與嚴格證明程序拘束；後者有之
5. 前者採書面審、獨任制；後者採言詞審、除§376①②外採合議制

五、協商程
　序與簡
　式程序

1. 適用案件相同
2. 適用時期均在起訴後
3. 均以被告認罪為前提，但簡式無須檢察官聲請
4. 均應訊問被告並為權利告知（因只採自由證明程序易犧牲被告防禦權所以應先告知被告）
5. 均不受傳聞法則與嚴格證明程序拘束
6. 簡式採言詞審，協商採書面審，惟二者均採獨任制
7. 兩者皆限有罪判決，但前者之科刑種類與範圍有限制
8. 簡式判決可上訴，且採覆審制。協商原則不可上訴，且採事後法律審查制

六、協商程
　序與簡
　易程序

1. 簡易依法無案件限制，協商則有之。惟自科刑範圍觀之，簡易程序適用範圍較小
2. 簡易除有必要，不訊問被告，協商則應為之
3. 簡易與協商均限有罪判決
4. 簡易判決除§451-1外均可上訴，協商程序除依§455-10例外，原則不得上訴
5. 簡易程序之協商含偵查與審判階段，協商只限審判中
6. 二者均不受傳聞法則與嚴格證明程序之拘束
7. 二者均採書面審，獨任制

七、協商程
　序與緩
　起訴制
　度

1. 目的：前者減輕審理負擔與一般預防；後者著重特別預防，限無再犯之虞
2. 性質：前者在當事人雙方合意，具求刑對價；後者乃檢察官單方處分權行使
3. 程序要件：前者須法院同意，且協商刑度逾六個月須強制辯護；後者則否
4. 實質要件：前者重在被告認罪；後者重在有無再犯之虞

第六節　不同審判程序之審理原則

一、通常審判程序（嚴格證明程序）：直接、言詞、公開、集中。

二、簡式審判程序（自由證明程序）：間接、言詞、公開、集中。

三、簡易程序（自由證明程序）：間接、書面。

四、協商程序（自由證明程序）：間接、書面。

🔍 焦點1　審判程序章修法評析（92年）

本章增修條文包括第229條、第236條之1、第236條之2、第258條之1、第271條之1、第273條、第273條之1、第273條之2、第274條、第276條、第279條、第284條之1、第287條、第287條之1、第287條之2、第288條、第288條之1、第288條之2、第288條之3、第289條、第303條、第307條。其中引人矚目之要點乃審判程序相關規定之重新整編、準備程序內涵之明確定位及簡式審判程序新制之創設，茲將上揭增修精義分析如下：

一、告訴

修法前告訴人並未有委任代理人之權，惟鑑於告訴人法律知識欠缺或由於地域、隱私等因素，致限制告訴人於刑事訴訟程序中到場行使其權利，甚或告訴人根本未得提起告訴，實務上常以提起附帶民事訴訟再委任訴訟代理人於刑事審判程序中出庭之方式主張其權利，本次修法爰明定告訴權人自偵查程序之始即得委任代理人代爲告訴（本法第236條之1參照），告訴人並得於審判中委任代理人到場陳述意見（本法第271條之1第1項參照），惟倘係代行告訴時，因其具有公益之性質，且檢察官於指定代行告訴人時已爲諸多考量，故無上開新增委任代理人之適用（本法第236條之2參照）。除此，關於告訴代理人之資訊請求權（檢閱、抄錄或攝影卷證），基於偵查不公開原則，其與被告辯護人同均闕如，然告訴人聲請交付審判時，雖仍屬偵查期間，爲使其委任之律師充分瞭解案情俾能提出聲請理由狀，故特許告訴代理人有資訊請求權，但仍受偵查不公開之限制（本法第258條之1參照）；另告訴代理人爲律師時，審判中則與被告辯護人同有該權利，以能掌握訴訟攻防之資料，維護告訴人權益（本法第38條、第33條參照）。

二、準備程序

實務法院長期爲人所垢病者，乃藉由刑事訴訟準備程序爲實質之證據調查、以規避審判程序中應有之法庭活動，尤其在合議審判案件，輒以受命法官先於準備程序爲實質審理，合議法庭多僅虛應形式而已；修正新法爲建構第一審爲堅強之事實審，乃明定除本法第376條第1、2款案件外其原則上應行合議審判，且爲革除前揭弊習，遂明確規範前述受命法官行準備程序時，所得處理事項包括：(一)本法第273條第1項所列8款事項；(二)得調取或命提出證物（本法第274條參照），以利審判期日證據之調查；(三)得命鑑定、通譯、搜索、扣押、勘驗及請求該管機關就必要事項爲報告（本法第276條第2項、第277條、第278條參照），以爲審判期日調查證據之準備；(四)預料證人不能於審判期日到場者，得於準備程序先行訊問（本法第276條第1項參照）。反面言之，受命法官原則上已不得於準備程序爲證人之訊問調查，且縱符合例外規定而先行爲之，亦應使兩造當事人就該證人有對質詰問之機會，以確保證人供述之憑信性。

三、簡式審判程序

除簡易程序外，倘被告所犯非爲死刑、無期徒刑、最輕本刑爲三年以上有期徒刑之罪或高等法院管轄第一審案件者，即有適用簡式審判程序之可能，惟另須具備如後之要件：

1. 被告先就被訴事實為有罪之陳述。然嗣後進入審判程序（無論通常或簡式）時，法院仍應就前開被告有罪陳述（自白）之真實性為具體調查；且法院亦不得為達減輕訴訟程序負擔之目的，致有脅迫、利誘被告自白之不正方法，否則即違本法第156條第1項之禁止規定；2. 審判長告知被告簡式審判程序之旨並聽取當事人、代理人、辯護人及輔佐人之意見。此應注意者，首為被告於準備程序中向受命法官為認罪答辯時，依本法第279條第2項規定，受命法官與審判長有同一之權限，是其自得裁定進行簡式審判程序。其次，被告之代理人或辯護人倘欲於準備程序中為被告認罪答辯，解釋上須不得違反被告明示之意思，蓋此非僅影響被告訴訟程序之權利，更涉及犯罪事實之自白效力。此外，若當事人或代理人、辯護人、輔佐人均反對本案適用簡式審判程序時，基於當事人進行主義之精神，淺見乃認，此際法院或審判長應尊重當事人等之意願。

　　有關簡式審判程序之要件即如上述，至其程序特色茲另詳為析述：

(一) 簡式審判程序非係採書面審理，其仍與通常審判程序同採言詞、公開、集中主義之審理，此與簡易程序不同。

(二) 簡式審判程序之第一審乃採獨任制，此同於簡易程序而與通常程序採合議制相異。

(三) 簡式審判程序之救濟審級與通常程序同依本法第376條所規定之標準以定其得否上訴第三審，與簡易程序僅以地方法院合議庭為終審（第二審）法院不同。

(四) 簡式審判程序與簡易程序均排斥傳聞法則，亦即所有傳聞法則僅適用於通常程序。

(五) 簡式審判程序之證據調查依本法第273條之2規定尚有下列特色：

1. 排斥傳聞法則。

2. 關於證據得為之次序、方法之預定及證據調查之請求均不受本法第161條之2、第161條之3、第163條之1限制，其中被告自白得優先於有關犯罪事實之其他證據為調查尤為重要，此因欲進行簡式審判程序須以被告就被訴事實為有罪答辯為前提要件，被告既已自白其犯罪事實，法院允宜先為查核。

3. 本法第166條至第170條有關證人之詰問、訊問與對質之規定，簡式審判程序亦無適用。應說明者，乃傳聞法則係因傳聞證據無從受當事人詰問程序之檢驗而否定其證據能力，蓋簡式審判程序既排斥傳聞法則即無再適用詰問制度之必要，此為解釋上所當然。

4. 茲有疑義者厥乃何以簡式審判程序不適用本法第164條至第165條之1有關文書與影音二種法定證據方法之規定？倘依本法第273條之2之文義解釋，審判長於審判程序中無須將證物提示當事人等辨認，對被告不解其義之文書不必告以要旨，卷宗內之筆錄及其他文書可為證據者亦毋庸對當事人等宣讀或告以要旨，甚或影音證據亦不須以適當設備顯示其內容使當事人等辨認或告以要旨。然則上開文書與影音證據究應如何調查？新法卻無明文規範，如認完全無須調查，恐有架空直接審理主義之虞，且若當事人等對該文書或影音證據內容有爭執時，法院未予調查即採為認事用法之判決基礎，是否構成本法第379條第10款「依本法應於審判期日調查之證據而未予調查者」之判決當然違背法令？諸多爭議勢將於將來實務運作時衍生。

5. 簡式審判程序進行中，法院認有不得或不宜之情形者，應撤銷原裁定改依通常程序

審判，除當事人無異議外，應更新審判程序。

四、第一審審判程序

修正新法將原散置於其他章節而屬審判期日應踐行之程序重新統合整編於第一審審判章節，並基於強化當事人進行主義之色彩、被告訴訟利益之維護、交互詰問制度之落實及法院預斷偏見之導正（被告自白與前科資料之調查順序）等考量，新增部分程序規定，其於第一審審判期日所應踐行之程序即如體系表所載。觀諸新法重訂之第一審審判程序，有數項要點應予說明：

(一) 被告自白依本法第156條第3項規定「被告陳述其自白係出於不正之方法者，應先於其他事證而為調查。該自白如係經檢察官提出者，法院應命檢察官就自白之出於自由意志，指出證明之方法」，如再配合同法第161條之3、第288條第3項「審判長就被告被訴事實為訊問者，應於調查證據程序之最後行之」，及第4項「審判長就被告科刑資料之調查，應於前項事實訊問後行之」之規定，足認現行法確欲降低偵審實務過度偏重被告自白之弊習，且我國因採卷證併送制度，法院過早對被告為被訴事實之訊問與前科資料之調查，勢將影響其審判之公正客觀，故是項修正方向應值肯定，惟淺見以為釜底抽薪之策似宜擇採起訴狀一本主義方屬的論。

(二) 當事人、代理人、辯護人或輔佐人對審判長或受命法官有關證據調查或訴訟指揮之處分有異議權，至該異議權之對象，依修正前第174條第2項之規定係包括不法或不當之處分，惟修正後第288條之3第2項則刪除「當否」之規定，顯已否定當事人等對不當處分之異議權，然審判長或受命法官對訴訟指揮裁量權之妥當性影響當事人之訴訟權益甚鉅，新法斷絕當事人等置喙之餘地，似待商榷。

五、判決

首先，依91年修法增訂之緩起訴制度，倘被告所受之緩起訴處分期滿未經撤銷者，該緩起訴處分即與具實質確定力之不起訴處分有相同效力，又為自然人之被告死亡或為法人之被告已不存續者，同屬人格之消滅；上揭兩種情形，均屬本法第303條法院應諭知不受理判決之事由，故修正新法乃增補原規定之缺漏。其次，法院依本法第161條第2項為起訴審查時，如其認檢察官指出之證明方法顯不足認定被告有成立犯罪之可能，應以裁定定期通知檢察官補正，惟若檢察官逾期未補正，經法院裁定駁回起訴確定後，檢察官於無本法第260條各款情形再行起訴時，法院應諭知不受理判決，此項不受理判決既與本法第303條之不受理判決同為形式而非本案判決，依本法第307條規定得不經言詞辯論為之，91年新增之起訴審查制立法者疏未制定此項配套規定，乃於本次修法另予補正。

【附錄】93年台上第2033號

準備程序之主要功能為整理爭點，原則上不得進行實質證據調查，否則將導致審判程序空洞化，有違直接審理與言詞審理原則。

🔍 焦點2　審判程序章修法評析（96年）

　　修正新法第284條之1規定：「除簡式審判程序、簡易程序及第376條第1款、第2款所列之罪之案件外，第一審應行合議審判。」按簡易訴訟制度（簡式審判程序、簡易程序、協商程序）採行自由證明程序，其第一審均採獨任制，此次修法在使其審級法院組織之規定依據更為明確；應注意者，乃刑事訴訟法第376條第1款與第2款乃係不得上訴第三審案件，具有案件輕微性（法定刑輕微或法益侵害性輕微）特徵，此等案件均有可能適用通常審判程序或簡易訴訟制度，倘適用後者，其第一審自採獨任制無疑，惟若適用通常審判程序，第一審原應採合議制，上開修法顯基於案件輕微性之特質，認為縱適用嚴格證明之通常審判程序，亦宜採獨任審判制，以減輕法院審案之負擔。就此，應考量是否適用上衍生諸多爭議，蓋是否屬於本法第376條第1款與第2款之案件，究應由何人認定，檢察官起訴傷害罪（第1款）或竊盜罪（第2款），惟第一審法院可能於辯論終結後變更起訴法條為殺人未遂罪或準強盜罪，反之亦然，甚且該等案件上訴第二審後，第二審法院亦可能為不同見解之認定，此時是否即生原審法院組織不合法之問題，頗值深思，易言之，將通常審判程序之第一審法院組織多元複雜化，其適當性尚有檢討之餘地。

🔍 焦點3　簡易訴訟制度之相關探討（黃朝義，月旦法學教室第34期，頁77以下；月旦法學教室第35期，頁87以下；陳運財，月旦法學第110期，頁234；何賴傑，刑事訴訟法實例研習，頁363）

一、大法官會議釋字第491及591號解釋認為，憲法第16條之訴訟權係依法定程序提起訴訟及受公平審判之權利，另釋字第384號並認為，憲法第8條第1項規定非由法院依「法定程序」不得審問處罰，此之「法定程序」包括：被告自白須出於自由意志、證據裁判主義、同一行為不得重複處罰、當事人有與證人對質或詰問證人之權利、審判與檢察之分離、審判過程以公開為原則及對裁判不服提供審級救濟等。

二、嚴格證明程序在確保被告之上揭訴訟防禦權得獲具體落實，簡易訴訟制度（簡式審判程序、簡易程序、協商程序）即在規避嚴格證明之調查程序，勢將影響被告之正當法律程序之防禦權，惟於探究考量下列合理目的之條件下，仍未違憲法第23條之規範：

(一) 訴訟經濟之考量

　　簡易訴訟制度侵犯到憲法、刑事訴訟原理原則之程度，倘與訴訟經濟相比較，兩者在價值衡量上顯然不符合比例要求。以被告為例，基於憲法正當法律程序以及訴訟權之保障，任何刑事案件之被告，均應享有接受法院公平審判、言詞辯論、與證人對質詰問之權利，簡易訴訟制度之經濟考量並不足以成為限制剝奪上開權利之合理化依據。

(二) 司法正義與平等原則

　　刑事實體法上所涉及之法益侵害性質與程度不一，且案件之態樣眾多，輕重、繁易未必相同，若所有的案件皆以上開「法定程序」進行追訴審判，勢將造成訴訟拖延，反而不利真實發現，將有違司法正義。此種「齊頭式」的平等，不能符合憲法第7條平等原則。

因此，在訴訟資源的分配上，可以根據案件性質不同而做不同的處理，此乃平等原則的要求，亦為簡易訴訟制度合憲的基礎之一。

(三) 被告程序主體地位之保障

　　直接、言詞及公開審理等原則支配下之公判程序，通常對於被告訴訟權利的保障較為完整。惟參與通常的審判程序未必對被告皆屬有利，例如，出庭應訊的義務，公開審理將對被告產生「烙印效應」，相對地，集中而快速的審理，使被告免於訟累，法律關係的早日確定，對於被告盡早復歸社會亦有正面意義。因此，簡易程序亦可減輕被告之程序負擔，此亦為簡易程序合憲的基礎之一。故宜尊重被告身為程序主體地位之自由意願。

(四) 綜上所述，簡易訴訟制度之適用前提必須符合：1.案件輕微性；2.犯罪事實明確性；3.限制科刑範圍與科刑資料充足（此一目的在於法官之科刑、量刑具預測可能性）；4.被告同意以簡易訴訟制度之審理。

三、簡式審判程序

(一) 被告就被訴事實為有罪陳述即等同自白；惟應注意者，被告自白係指被告承認自己犯罪事實之供述，並不代表被告放棄憲法所欲保障的基本權。況且，自白具有相當高的虛偽可能，自白本身所存在之爭議，必須透過證據調查程序以驗證其真實性，絕無可能因為自白，而容許國家機關逕以簡易之程序終結案件。因此，現行簡易訴訟制度雖多以自白或認罪作為開啟簡易程序的要件，但不得逕自認為其與簡易程序同意權劃上等號。學者並認為被告自白犯行，惟抗辯有阻卻違法或責任事由時，即不宜適用簡式審判程序。

(二) 審判者告知被告簡式審判程序之旨，其目的在於使被告明瞭案件適用簡式審判程序後，其所可能喪失的訴訟權利。蓋因被告通常並非知曉法律，且在現行法下，簡式審判未全面施行強制辯護，被告權益恐將受害。立法者遂科法官須負此一「特別告知義務」以保障被告。被告在明瞭所喪失的訴訟權利後，應讓其決定是否以簡式程序進行審判。故本法第273條之1第2項所謂之案件適宜性應包括被告同意進行簡式審判程序。

四、簡易程序

(一) 在解釋上應認為，若檢察官未經被告同意逕行為簡易判決處刑之聲請，很可能成為屬於刑訴法第451條之1第4項第4款之檢察官之請求顯有不當之情形。法院遇有此等情形，自應適用通常程序審判之。

(二) 刑訴法第449條第1項但書規定，「有必要時」，法院應於處刑前訊問被告。對於該條之解釋，在適用上法院理應全面性的訊問被告。蓋因，在處罰之前，應讓被告有最後陳述之機會，讓其可以對自己的犯行辯解，且透過法官之訊問，可讓法官對於刑罰之量定亦有正面之意義。此訊問之目的之一在於被告訴訟權之擔保，在於確認相關事實。例如，被告之自白可能出於非任意性，又如可能涉及違法強制處分之情事，被告在此可主張該證據應加以排除，因而為保障該等被告之權益，法官在處刑之前應訊問被告。

(三) 從文義觀之，「自白」或「其他現存之證據」似乎為擇一關係，且就簡易程序之立法

目的「迅速」而言，或有認為僅依被告自白即可認定被告之犯罪事實。惟簡易程序所簡化的只是「證據調查程序」，對於有罪判決的心證程度是不容打折扣的，法院無法僅閱讀被告自白筆錄而據此達到有罪判決之確信；再者，自白法則業經釋憲實務認為此乃憲法正當法律程序原則所涵蓋之範圍，因而基於自白本身存有高度之虛偽性，絕無理由放寬補強證據之要求。因此，補強法則在簡易判決處刑程序中亦應適用。

(四) 簡易程序之協商處刑判決不得上訴第二審（§455-1II），惟若有重大違法之科刑判決仍不容上訴，顯非妥當。

(五) 有學者另認為檢察官依通常程序起訴之案件，法官因被告重病不能到庭，為免停止審判而影響案件迅速終結，經被告同意，而依第449條第2項規定，逕以簡易判決處刑，該程序轉換方式，仍應係合法。另檢察官適用第451條之1第2項，於法理上，恐有違反無罪推定原則及一罪不兩罰原則之嫌。惟若於法院審判程序，由法官徵詢被害人意見，並徵求檢察官及被告同意，由法官類推適用該規定，即可彌補該規定適用上之缺失。

(六) 第441條做為非常上訴對象之判決，應係包括確定之簡易判決，並無疑義。而非常上訴審依第445條第2項規定，只準用第394條規定而未包括第393條但書規定，惟解釋上，仍應認非常上訴審對該但書所規定之事項負有職權調查義務，且該但書所規定之第4款及第5款事項皆應包括之。

🔍 焦點4　協商程序之相關探討（吳巡龍，台灣本土法學第50期，頁91以下；劉秉鈞、余振華，法學講座第28期，頁57以下；林鈺雄，月旦法學教室第25期，頁78以下；月旦法學教室第26期，頁83以下；王兆鵬，新刑訴新思維，頁179以下；何賴傑，月旦法學第118期，頁10以下；楊雲驊，月旦法學第119期，頁26以下；黃朝義，月旦法學教室第35期，頁87以下）

一、協商程序之種類

(一) 控訴罪名協商

　　1. 垂直式罪名協商：原起訴重罪，協商改起訴輕罪。

　　2. 水平式罪名協商：原起訴多數罪，協商改起訴少數罪。

(二) 量刑協商：不得處分訴訟標的，僅得於被告就檢察官起訴之罪名認罪後，兩造當事人為宣告刑之協商，我國現行制度採之。

(三) 另有學者依協商事項區分為量刑協商與負擔協商，就前者而言，並非量定刑罰之一切事由皆可協商，如刑罰加重事由（累犯），需具備一定之法定事實方始可成立，故應僅限於刑罰裁量事由（如刑法第57條）。另保安處分雖非刑罰，惟學者主張考量保安處分乃有利於被告之刑事處分，故得列入協商事項。至後者，得協商事項應不限於第455條之2第1項，亦即該條係屬例示規定而非列舉規定。

二、是否為非重罪案件（死刑、無期徒刑、三年以上有期徒刑以外之罪），應以法院認定之罪名為據，此因法院有變更起訴法條之權。

三、當事人協商之事實，係指賦予法律評價之法律概念之事實；至法院認定之事實則指犯罪事實，故實際具體之犯罪事實不得為協商對象（即我國不採控訴協商，僅得為量刑協商），惟學者認為檢察官可藉由與被告於犯罪事實同一性範圍內變更起訴罪名而為協商，以達控訴協商之目的。

四、承上所述，法院對檢察官公訴意旨認定之事實有所不同時，於同意協商程序開始前，應先告知兩造當事人，如有罪名變更時亦同。

五、被告先行認罪再協商固可，倘先協商，被告再行認罪，亦為新法所允許。

六、協商程序開啟前，依法檢察官「得」徵詢被害人意見，然非徵得被害人同意。

七、法院除有例外情事，原則上必應同意協商，且不宜介入協商合意，否則易影響被告之自由意志，且有違當事人主義之精神，更易形成不公平審判，故協商程序主體為檢察官而非法院，且法院亦不得逕行指示當事人為協商。又當事人之協商合意依現行法對法官具有拘束力，法官於合意範圍內量定刑度，亦即對法官具有刑期上限之拘束力。惟學者主張，如有第455條之4第1項所列情形或協商程序有不當情事，法院均得駁回協商判決之聲請。

八、學者認檢察官得與被告就第455條之2第1項所列各款以外事項進行協商（例如被告辭議員職務換取協商），此由第455條之3第2項規定稱協議與上揭之（合意）不同可明，亦即協議包括法定事項以外之協商協議。惟應注意，倘就法定事項以外協商，檢察官僅具撤回協商聲請之權但無請求強制執行該協商協議之權（法定事項之協商協議則可強制執行）。

九、檢察官與被告為協商合意後，被告業已履行協商協議之內容，惟檢察官竟未為協商之聲請，此時應予被告適當之救濟，若被告履行之部分係不得撤銷且對被告造成不利益，秉公平正義精神，檢察官有義務為協商程序之聲請，反之則排除被告認罪及因此所為不利益之陳述即可。惟有學者持不同意見，認為被告倘信賴國家公權力，國家公權力之行使應依誠信原則，並保護人民正當合理之信賴（行政程序法§8），並不能因為刑事訴訟程序而規避此一原理原則。因此，檢察官若恣意不依協商合意聲請協商判決，應保障被告之合理信賴，應認檢察官有聲請協商判決之義務。若是出於正當事由，檢察官始可不依協商合意聲請協商判決，不宜以被告負擔得否回復為判斷。

十、現行法規定，法院未為協商判決者，被告協商過程中之陳述不得為本案或他案被告或共犯之不利證據，但仍得為彈劾證據。又若法院為協商判決，則被告於協商程序之供述即得為其他共犯之證據，惟此際應認係屬傳聞證據，可依本法第159條之1第2項認其具證據能力，但仍應予共犯對質詰問之權。又此協商過程中之陳述，包含協商程序中被告於法官訊問時之陳述，及被告與檢察官在審判外協商時之陳述。

十一、現行法於協商程序中規定之十日與三十日期間均屬訓示規定。

十二、為免人民操縱自訴程序致一事不再理而使被告脫免追訴，自訴案件不得為協商。除此，排除自訴協商之理由在於，協商涉及高度專業性，刑罰發動之正當性在於應報與預防，如何在被告罪責與刑罰間平衡，私人間恐無法擔負此一重任；再者，自訴未經偵查程序，在被告犯罪事實無法獲得確保時，何來刑之協商；此外，協商之條件除科

刑之範圍與緩刑宣告外，亦得命被告支付相當數額之賠償金，一旦自訴得允許協商，恐將導致假借自訴程序達以刑逼民之結果。

十三、被告於協商程序終結前得不附任何理由撤銷合意，至於程序終結後即應具有正當理由始可主張撤銷，另檢察官於程序終結後一律不得以被告違反協議為由請求撤回聲請。又本於協商程序尊重當事人之精神，於法院未為協商判決前，被告仍得撤銷合意，又撤銷之意思表示應同時向檢察官與法院為之，但不得僅為一部之撤銷（如僅撤銷負擔協商而不撤銷量刑協商）

十四、協商程序採事後審查制，不經言詞辯論，僅為判決宣示，故被告撤銷合意之時點如何認定即有爭議。

十五、現行法就協商制度採雙軌制進行

(一) 簡易程序之第451條之1包含偵查階段與審判階段之量刑協商。

(二) 協商程序之第455條之2則僅限於審判階段之量刑協商。

十六、協商程序之上訴審係採事後審查制，故其調查範圍以上訴理由指摘事項為限，第455條之4第3款與第5款既屬事實認定，自不得為上訴理由，惟有學者認此兩款情形乃重大偏離法治國原則與合憲性解釋，故更應列為上訴理由接受審查。且上訴審是否為事後審與法律審，與上訴審的調查範圍是否應受限制，並無太大之關聯性，以現行第三審為例，第三審法院之調查，原則上以上訴理由所指摘之事項為限。但在例外時仍得依職權調查（刑訴法第393條），且其調查之方式，第三審法院應以第二審判決所確認之事實為判決基礎。但關於訴訟程序及得依職權調查之事項，得調查事實（刑訴法第394條第1項）。況且，此兩種違法的情形相當重大，尤涉及被告之權益與實體真實。在我國採行量刑協商的前提下，犯罪事實不容當事人協商，當法院認定之事實與當事人合意的事實不符時，本應讓當事人有上訴的機會，無法以上訴審係採行事後審與法律審為由，而將此些事由排除在外。另學者主張，若法院未依第455條之3第1項規定向被告告知罪名與喪失之權利，應類推得為上訴之理由（蓋未踐行告知義務將妨害被告訴訟防禦權之進行且違背正當法律程序）；又上訴有理由一律發回更審亦有不當，如有第455條之4第1項第1款情形，宜為免訴判決。

十七、採行協商制度可能衍生之弊端

(一) 學者認為現行協商程序之規定顯已架空法官保留原則，且剝奪被告之訴訟權（接受法院審判權、防禦權、救濟權等），違背法治國原則下之實質正當法律程序，亦有悖於憲法保留之法官審問處罰原則、嚴格證明法則（包括直接、言詞、公開審理與合法調查）、訴訟權核心保障（上訴權之縮減與喪失）、無罪推定、罪疑唯輕、不自證己罪、聽審及參與原則（包括被告之辯護權與被害人之在場權）、自白任意性與補強法則、自由心證原則。而此等憲法保留事項，縱立法機關亦不得制定法律加以限制（釋字第443號），且被告與法院之同意亦不得取代之。倘再就立憲民主國家之權力分立而言，亦無從讓代表行政權之檢察官入侵代表司法權之法官之審判權力。且依憲法第23條規定，對人民基本權之限制需符合目的正當性、手段必要性、限制妥當性，如此方與比例原則無違（釋字第476號），協商程序之規定似均不具備之。

(二) 破壞刑法犯罪成立三階段檢驗理論之架構，因僅需被告認罪即屬犯罪成立（違反罪責原則與實體實質原則。學者認此際法院並未解除其澄清事實之義務，對於被告自白仍應調查其他補強證據）。

(三) 倘協商未成改適用通常或簡式或簡易程序，易生報復性審判之流弊（違反法官之中立性與無偏頗性、檢察官之客觀性與法定性義務），反之亦可能有重罪輕罰之虞（違反罪刑相當主義）。

十八、協商判決必爲有罪科刑判決，至免刑、免訴、不受理判決（§455-4 I ⑦）、無罪判決（當事人協商之實體事實與法院認定之實體事實不符，即屬顯失公平，如法院認被告無罪，當事人卻聲請協商判決，§455-4 I ③）、事物管轄錯誤判決（不符§455-2 I 所列案件，§455-4 I ④）等均不得爲協商判決。倘土地管轄錯誤，因協商判決乃基於當事人合意所爲，故縱無土地管轄權之法院亦得逕爲協商判決。

【附錄】95年台非第281號

檢察官審酌案件情節，認爲宜以簡易判決處刑者，應即以書面爲聲請，刑事訴訟法第451條第1項定有明文；另依同法第451條之1第1項、第3項之規定，其第451條第1項之案件，被告於偵查中自白者，得向檢察官表示願受科刑之範圍或願意接受緩刑之宣告，檢察官同意者，應記明筆錄，並即以被告之表示爲基礎，向法院求刑或爲緩刑宣告之請求；被告自白犯罪，未爲第1項之表示（即未於偵查中向檢察官表示願受科刑之範圍或願意接受緩刑之宣告）者，在審判中得向法院爲之。是開啓簡易程序並非專屬於檢察官之權限，法院亦具有開啓簡易程序之權限；法院既有開啓簡易程序之權限，自亦有於簡易程序審判中進行求刑協商程序之權限。簡易程序案件，被告自白犯罪者，得於偵查中或審判中表示願受科刑之範圍或願意接受緩刑之宣告；於偵查中，經檢察官同意記明筆錄，並以被告之表示爲基礎，向法院求刑或爲緩刑宣告之請求者，法院於裁判時，應先審查被告自白之文書資料或筆錄（法院辦理刑事訴訟簡易程序案件應行注意事項第5點），然其對於簡易程序審判中，始進行協商是否需經檢察官同意，並未明確規定，惟參酌認罪、求刑協商制度之法意，係藉由賦予被告表示願受刑罰範圍之機會，並使檢察官得衡酌案情決定是否予以同意及相應爲具體之求刑，而於法院依其所請科刑後限制其上訴權，以兼顧被告權益及公平正義，使輕微案件簡速審結確定，自應認爲於審判中始進行協商，仍應獲得檢察官之同意以及對被告之具體求刑。亦即，於法院開啓簡易程序之情形下，檢察官具有就該案件是否適用協商程序之同意權。而所謂檢察官之「求刑」，本有「抽象求刑」與「具體求刑」之區別；所謂「抽象求刑」，指檢察官所爲之求刑並不涉及刑度或刑之執行方式，諸如檢察官表示被告素行良好，請求法院從輕量刑等等；而「具體求刑」則指檢察官向法院所爲之求刑，已涉及具體刑度或刑之執行方式。當事人依刑事訴訟法第451條之1第1項或第3項規定表示願受科刑範圍（指被告）或爲求刑或爲緩刑宣告之請求（指檢察官）者，法院如於被告所表示範圍內科刑，或依檢察官之請求（求刑或請求宣告緩刑）爲判決者，依第455條之1第2項規定，各該當事人不得上訴（法院辦理刑事訴訟簡易程序案件應行注意事項第12點），乃採「禁反言」之方式立論。質言之，被告於偵查中向檢察官表示願受科刑之範

圍，經檢察官據以向法院爲具體求刑者，或被告於審判中逕向法院爲科刑範圍之具體表示並經檢察官同意爲求刑者，如法院於其表示之範圍內爲科刑判決時，被告對之即不得上訴；再者，檢察官於偵查中或審判中依被告之表示爲基礎，向法院爲具體之求刑者，如法院就求刑之範圍而爲科刑判決時，檢察官對之亦應不得上訴。

【附錄】96年台上第6861號

　　刑事訴訟法第451條之1所定簡易程序求刑協商制度，不論其第1項「偵查中求刑協商」或第3項「審判中求刑協商」，皆在擴大簡易程序力求迅速審結之功能，同條第4項乃定明除有該條但書情形外、法院判決時，應受檢察官求刑或緩刑請求範圍之限制。又基於已尊重當事人意願而爲判決，同法第455條之1第2項復規定：「依第451條之1之請求所爲之科刑判決，不得上訴。」此所謂「依第451條之1之請求」，自包括該法條第1項「偵查中求刑協商」及第3項「審判中求刑協商」所爲之科刑判決，皆不得上訴，以落實此等輕微明確案件早日定之立法目的。而該第451條之1第1項所稱「前條第1項之案件」，應係指法院得以簡易判決處刑之案件而言，並非祗限檢察官以書面聲請簡易判決處刑之案件，同法第449條第2項法院逕以簡易判決處刑之案件亦屬之，否則同法第451條之1第3項審判中求刑協商之規定，勢將成爲具文，殊違立法之本意，至案件如有同法第451條之1第4項但書之情形，因法院並不受檢察官聲請以簡易程序求刑協商之拘束，依同法第452條之規定，仍應改以通常程序審判之，苟法院誤以簡易程序並依被告之表示或檢察官之請求而爲判決者，同法第七編簡易程序，雖未如同法第七編之一協商程序第455條之10第1項但書有例外「得上訴」之明文規定，然爲兼顧裁判之正確妥適及當事人之訴訟權益，當事人仍得依法提起上訴，此乃法理所當然。

【附錄】98年台非第83號

　　協商之案件，被告表示所願受科之刑逾有期徒刑六月，且未受緩刑宣告，其未選任辯護人者，法院應指定公設辯護人或律師爲辯護人，協助進行協商。……刑事訴訟法第455條之5第1項……有明文規定。前開所稱「被告所願受科之刑」，係指法院所爲協商判決之宣告刑，並非法院另依罪犯減刑條例有關減刑規定減其宣告刑後，所減得之刑。是協商判決原宣告刑逾有期徒刑六個月者，縱減刑後所減得之刑在六個月以下，苟未受緩刑宣告，復未選任辯護人，仍應依上揭規定指定辯護人。再依刑事訴訟法應用辯護人之案件或已經指定辯護人之案件，辯護人未經到庭辯護而逕行審判者，其判決當然違背法令，刑事訴訟法第379條第7款並著有明文，而同法第441條所謂「案件之審判係違背法令」，包括原判決違背法令及訴訟程序違背法令，後者係指判決本身以外之訴訟程序違背程序法之規定，與前者在實際上時相牽連。非常上訴審就個案之具體情形審查，如認其判決前之訴訟程序違背上開應用辯護人之案件而未經辯護人到庭辯護逕行審判之規定，致有依法不應爲判決而爲判決之違誤，顯然於判決有影響者，該項確定判決，即屬判決違背法令。

【附錄】99年台上第2665號

認罪協商程序中所謂「被告認罪」，僅係被告爲達成協商合意，因應該法定程序條件所爲之訴訟行爲，並非自白犯罪之意，自不能解爲被告承認犯罪。是故同法第455條之7亦規定：「法院未爲協商判決者，被告或其代理人、辯護人在協商過程中之陳述，不得於本案或其他案件採爲對被告或其他共犯不利之證據。」在證據方面，關於被告於認罪協商過程中之陳述，並無證據能力，不得作爲不利被告或其他共犯之判斷依據。

【附錄】100年台上第5948號

「認罪協商」係基於公共政策之考量，法院以訴訟當事人之意願就「罪」與「刑」之協議爲基礎，而作成判決之一種制度；爲確保法院裁判之客觀性及公正性，刑事訴訟法不採法官直接介入協商之體制。又「認罪協商」並不以「事實」或「證據」作爲必要基礎，所謂「認罪」，與被告對於自己犯罪事實之自白不同，不能解釋爲承認犯罪。

【附錄】102年台上第4999號

自白，係指被告對於自己所爲已經構成犯罪要件之事實，在偵查及審判中向有偵查、審判犯罪職權之公務員坦白陳述而言；至於對該當於犯罪構成要件事實在法律上之評價，或對阻卻責任或阻卻違法之事由，有所主張或辯解，乃辯護權之行使，仍不失爲自白。且自白著重在使過去之犯罪事實再現，與該事實應受如何之法律評價，係屬二事。

【附錄】103年台上第4162號

協商判決例外可以上訴者，第二審法院之調查以上訴理由所指摘之事項爲限，爲事後審，非一般之覆審制，亦非續審制，第二審縱認上訴爲有理由，依同條第3項規定，亦僅能撤銷發回，不自爲審判，其功能及構造幾與第三審同，自無再許提起第三審上訴之必要。蓋現行法增訂協商程序，立法目的乃因採改良式當事人進行主義制度後，第一審原則上採合議制，並行交互詰問，對有限之司法資源造成重大負荷，則對無爭執之非重罪案件，宜明案速判，以資配合，故原則上限制上訴，並在上訴審之第二審定爲事後審，排除第三審上訴程序之適用甚明。

🔑 焦點5　審判程序之轉換（柯耀程，月旦法學教室第44期，頁17）

不論是通常程序轉換爲簡易或簡式程序、或是簡式或簡易程序轉回通常程序，法院均應爲程序進行方式之諭知，且須載明於審判筆錄之中，否則即不得視其程序有發生變更。故若第一審程序經法院依刑訴法第449條第2項之規定，將通常程序轉換爲簡易程序，經處刑判決後，亦完全合於簡易處刑判決之要求，後經檢察官上訴於地方法院合議庭，此時地方法院合議庭在程序之要求上，應屬於上訴審之性質，其未諭知程序轉換時，儘管所爲判決逾越簡易處刑判決之要求（如有期徒刑三年），仍僅能視其判決有所違誤，且簡易程序

屬於二審終結之程序，一經上訴審判決即生確定，根本無由對該案件不服而向通常程序之高等法院提起上訴，故高等法院對此一上訴，應認上訴非法律所允許，而依第367條判決駁回上訴。惟本案第二審之地方法院合議庭判決，顯然有判決違背法令之情事，但案件已經確定，其救濟方式僅能以非常上訴救濟之。就此，實務有如下不同見解（最高法院93年度台非字第224號）：

　　法院得為簡易判決處刑者，以所科之刑係宣告緩刑、得易科罰金之有期徒刑及拘役或罰金者為限；於檢察官聲請以簡易判決處刑之案件，經法院認應為無罪判決之諭知者，應適用通常程序審判之，刑事訴訟法第449條第3項、第451條之1第4項但書第3款、第452條分別規定甚明。是地方法院簡易庭對被告為簡易判決處刑後，經提起上訴，而地方法院合議庭認應為無罪判決之諭知者，依同法第455條之1第3項準用第369條第2項之規定意旨，應由該地方法院合議庭撤銷簡易庭之判決，改依第一審通常程序審判。其所為判決，應屬於「第一審判決」，檢察官仍得依通常上訴程序上訴於管轄第二審之高等法院。

【附錄】93年台非第224號

　　法院得為簡易判決處刑者，以所科之刑係宣告緩刑、得易科罰金之有期徒刑及拘役或罰金者為限；於檢察官聲請以簡易判決處刑之案件，經法院認應為無罪判決之諭知者，應適用通常程序審判之，刑事訴訟法第449條第3項、第451條之1第4項但書第3款、第452條分別規定甚明。是地方法院簡易庭對被告為簡易判決處刑後，經提起上訴，而地方法院合議庭認應為無罪判決之諭知者，依同法第455條之1第3項準用第369條第2項之規定意旨，應由該地方法院合議庭撤銷簡易庭之判決，改依第一審通常程序審判。其所為判決，應屬於「第一審判決」，檢察官仍得依通常上訴程序上訴於管轄第二審之高等法院。

🔍 焦點6　被告錯誤之類型說明

檢察官起訴所指之人
- 一、表示說：即起訴書所記載之人
- 二、行動說：法庭所審判之人
- 三、併用說（通說）
  - 原則：表示說
  - 例外：記載錯誤時，採行動說
- 四、意思說：以檢察官之意思為準

Q1：甲殺人，甲冒乙名應訊（冒名未頂替），法院以乙名判決
- 確定前→判決前自行更正；判決後撤銷改判訂正（將乙名改為甲名）
- 確定後→裁定更正（釋43）

Q2：甲殺人，乙頂替到庭受審（乙用自己名頂替），法院以乙名判決
- 確定前→判決前自行更正；判決後撤銷改判訂正（將乙名改為甲名）
- 確定後→依§420Ⅰ⑥（為被告利益聲請再審），另行將甲之殺人罪與乙之頂替罪移送偵查

Q3：甲殺人，乙冒甲名頂替受審（冒名頂替），法院以甲名判決
┌ 確定前→判決前將乙飭回，另傳甲到庭；判決後，撤銷原判決，發回更審以維被告之
│　　　　審級利益
└ 確定後→依§379⑥提起非常上訴，再依§447Ⅱ更為審判
Q4：檢查官誤為甲、乙二人（實際上僅甲一人、同一被告），分別起訴
┌ 確定前→§303②、⑦
└ 確定後→§303②、⑦、釋168、47
Q5：檢察官誤為甲、乙二人（實際上僅甲一人、同一被告），乙起訴，將甲不起訴
┌ 原則→不起訴無效
└ 例外（不起訴在先時）→§303④做出不受理判決

🔎 焦點7　頂替案件判決確定之救濟

　　甲頂替殺人犯乙到案，若經法院誤為有罪判決確定，則對甲之有罪確定判決應如何救濟？觀諸甚多見解均認應提起非常上訴救濟，惟淺見以為：

一、按確定判決之救濟，再審係對事實層面，非常上訴則屬法律層面，甲經法院誤諭知有罪確定，若欲使其改獲無罪判決，顯需事實之救濟途徑方得有成，蓋有罪無罪乃為事實認定之範疇，非常上訴似無從為其救濟。

二、次按非常上訴如有理由，非常上訴審（最高法院）應為刑事訴訟法第447條所列之如下判決：

(一) 第1項第1款本文：原判決違背法令者，將違背部分撤銷（易言之，原確定判決未違法部分仍繼續存在）。且依第448條規定，此撤銷部分效力不及被告，既然效力不及於被告，等同無益於被告，顯然不適用於本題頂替罪之救濟（注意：此款通常係指原確定判決有利於被告之情形）。

(二) 第1項第2款：訴訟程序違背法令者，撤銷其程序（原確定判決仍然繼續存在）。且該部分之撤銷效力不及被告，此當然亦無益於被告，況本題並非訴訟程序違背法令，是亦未得適用於頂替罪之救濟。

(三) 第1項第1款但書：原判決違背法令而原判決不利於被告者，就該案件另為判決。該判決之效力雖及於被告，然此時既由最高法院另為判決，依最高法院法律審之性質（無論第三審或非常上訴審），其不得為言詞辯論、犯罪證據之調查，更無從改變事實之認定，當不得將本題被告甲之有罪判決遽改諭知無罪判決，故本題亦不適用此一救濟方法。

(四) 第2項：原判決違背法令者，將原判決撤銷，由原審法院依判決前之程序更為審判。該判決之效力亦及於被告，且此一途徑顯較具救濟本題案例之可能。然揆諸本項規定，需係以誤認無審判權（本題並非無審判權問題）或其他維持被告審級利益（所謂審級利益乃被告接受有罪無罪實體判決之利益，如原審誤為管轄錯誤、不受理、免訴

等形式判決時，被告之審級利益即有欠缺。本題被告既已受有罪判決，其審級利益顯
無欠缺，自無由原審法院更為審判以維持之必要）為前提，本題既未符合前揭要件，
難謂有本項救濟之適用。

綜上所述，非常上訴之判決顯亦未能使被告得獲無罪判決之救濟，故認以本法第420
條第1項第6款之事由為受判決人之利益聲請再審為宜。

【附錄】98年台非第67號

倘犯罪行為人持用他人之身分證，冒名接受警詢未被發覺，檢察官並未實施偵查訊
問，即依憑該他人身分證所示姓名、性別、年齡、住所等資料，記載於聲請簡易判決處刑
書。於此情形下，因檢察官未為偵查行動，其內心本意無從依外觀上客觀之事證憑斷，自
僅得依聲請書所載者為審判對象；而第一審簡易判決純為書面審理，行為人未為實際之訴
訟行為，亦無從認定其即為審判之對象。是卷內既無任何客觀上足資分辨其他犯罪嫌疑人
之人別資料，而現存之證據又已足認定犯罪事實，依刑事訴訟法第453條之規定，法院應
立即處分，則該所受請求確定刑罰權範圍之被告，自應認係被冒名之人，而非真正之行為
人。若被冒名者對於該簡易判決不服，上訴於該管第二審地方法院合議庭，一旦發現實
情，該第二審法院應即撤銷第一審之不當判決，改為被告無罪之諭知，不能任由檢察官當
庭或事後以言詞或書面變更其所指之被告為真正之行為人，否則非但有違訴訟關係當事人
恆定原則，亦有損冒名者之審級利益。

🔍 焦點8　起訴程序欠缺之處理

法院收受起訴書及併送之卷證後，首應形式審查起訴程式有無欠缺。起訴或其他訴訟
行為，於法律上必備之程式有欠缺而其情形可補正者，法院應定期間，以裁定命其補正
（§273Ⅵ）。程式若有欠缺，法院應分別為不可補正、不必補正以及應命補正三種情形
處理：
一、**不可補正者**：如非檢察官而提起公訴（§264Ⅰ）或以商號、不得為被告之法人或機
　關為刑事被告。於此，法院應逕行諭知不受理判決（§303①）。
二、**不必補正者**：如起訴書漏未記載被告年齡、籍貫或住居所（§264Ⅱ①），但其缺漏
　並不影響被告之特定者，法院毋庸命為補正即得逕行審判。
三、**應命補正者**：如起訴書漏未記載證據或法條（§264Ⅱ②）。於此，法院應先以裁定
　命為補正（§273Ⅵ），逾期不補正者，諭知不受理判決（§303①）。

【附錄】100年台上第4903號

起訴或其他訴訟行為，於法律上必備之程式有欠缺而其情形可補正者，法院應定期
間，以裁定命其補正，刑事訴訟法第273條第6項定有明文。此項關於第一審審判之規定，
依同法第364條，亦為第二審所準用。又提起公訴，依刑事訴訟法第264條第1項規定，應
由檢察官向管轄法院提出起訴書為之，同法第265條第2項雖例外規定，追加起訴，得於審

判期日以言詞爲之，惟審判期日以外，仍須提出起訴書，方符合法律上必備之程式。所謂審判期日，當不包括準備程序期日，倘於準備程序期日，逕以言詞追加起訴者，其追加起訴之程序即有欠缺。

🔍 焦點9　再開辯論與更新辯論之比較

一、**涵義**：前者乃審判程序之重新踐行，更新前程序所得之訴訟資料，不得採爲判決基礎，更新時由審判長諭知並記明筆錄，惟若未諭知或無記載，然事實上已踐行者，仍屬合法。後者乃回復辯論終結前之訴訟狀態，再開前程序所得之訴訟資料得採爲判決基礎。

二、**啓動**：前者應具備上揭法定事由。後者於法院認有必要依職權或聲請爲之。

三、**目的**：前者在使法院獲致明確心證，以符合直接、言詞、集中審理主義之精神。後者在尋求證據調查完備與心證之形成。

🔍 焦點10　更新辯論之情形

一、簡式程序、簡易程序或協商程序改用通常程序（§273Ⅰ、Ⅲ、§452、§455-6Ⅰ）→直接、言詞、公開審理原則。

二、審判期日參與法官有更易（§292Ⅰ）→直接審理原則。

三、審判期日因事故間隔十五日以上（§293）→集中審理原則。

四、法院變更起訴法條→被告正當法律程序之權利。

【附錄】103年台上第1823號

經核閱第一審卷宗，第一審於民國102年8月20日辯論終結後，經裁定再開辯論，迄102年9月17日續行審判程序時，雖已逾十五日，惟實際上已依序重新告知刑事訴訟法第95條規定之事項、命檢察官陳述起訴要旨、調查證據並行言詞辯論等，有該次審判筆錄爲憑，顯已重新實施審判期日之程序，而踐行更新審理之實質作爲，自不能因第一審審判長未於形式上諭知「更新審理」之故，指爲違法。何況，我國第二審係採覆審制，第二審法院係重複第一審之審判程序，縱第一審所踐行之訴訟程序有瑕疵，亦因業經第二審爲重複之審理及調查而治癒。

🔍 焦點11　認定事實之言詞辯論與陳述意見之言詞辯論（陳運財，台灣本土法學第230期，頁138）

學者依法院行言詞辯論之目的，將言詞辯論區分類型爲：

一、**認定事實之言詞辯論**：實踐證據裁判主義，而於審判期日詰問證人、訊問被告等，有關調查證據、認定犯罪所爲之言詞辯論。例如刑事訴訟法第96條、第166條，皆基於

證據裁判主義與嚴格證明法則。

二、**陳述意見之言詞辯論**：聽取當事人主張或意見陳述之言詞辯論。例如刑事訴訟法第286、290、365條，皆基於意見陳述權與聽審權之保障。

🔍 焦點12　審判程序之停止與違反效果

一、**應停止審判情形**：(一)被告心神喪失；(二)被告因疾病不能到庭；(三)自訴案件，犯罪是否成立或刑罰應否免除，以民事法律關係為斷，而民事未起訴；(四)法官被聲請迴避。

二、**得停止審判情形**：(一)犯罪是否成立以他罪為斷，而他罪已經起訴；(二)被告犯有他罪已經起訴應受重刑之判決；(三)公訴案件犯罪是否成立或刑罰應否免除，以民事法律關係為斷，而民事已起訴；(四)自訴案件，犯罪是否成立或刑罰應否免除，以民事法律關係為斷，而民事已起訴。

三、**應停止未停止**：判決當然違背法令；得停止未停止——屬法院裁量權，無違法問題。

🔍 焦點13　被告暫時性缺席審判（隔別訊問證人）

一、聽審保障與在場權利，乃當代法治國共同之程序要求，所有刑事審判程序進行中之相關規定，法院皆應先聽取審判參與者之意見，此聽審權保障無關職權主義或當事人主義。刑事訴訟法第169條之暫時性缺席審判，屬於同法第281條第1項之例外，此規定勢必影響被告防禦權之行使，包含聽審權、在場權與質問權。

二、此隔別訊問證人時，不得行其他訴訟行為（文書、勘驗等證據調查）。隔別訊問後，應命被告入庭且證人在場，由被告對證人行對質詰問權，否則即屬「應於審判期日調查之證據未予調查」及「除有特別規定外，被告未於審判期日到庭而逕行審判者」之判決當然違背法令。

🔍 焦點14　刑事妥速審判法重點說明

一、預防侵害被告之速審權

本於被告速審權與憲法比例原則之保障，刑事妥速審判法第5條乃對所犯最重本刑為死刑、無期徒刑或逾有期徒刑十年之案件被告，明文限制受羈押之期限，使涉嫌重罪案件之被告不再受無期限的羈押（日出條款二年）：

(一) 第一、二審延長羈押次數：限6次（即3月+12月=15月）。

(二) 第三審延長羈押次數：限1次（即3月+2月=5月）。

(三) 總羈押期間不得逾八年。

二、嚴重侵害被告速審權之救濟

案件繫屬法院已逾八年而未能判決確定，除應諭知無罪判決者外，經被告聲請，法院於審酌相關事項後，認被告受迅速審判之權利受侵害，情節重大者，得酌量減輕其刑（第7條）：

(一) 死刑，減爲無期徒刑。

(二) 無期徒刑，減爲十五至二十年有期徒刑。

(三) 有期徒刑，最多減至二分之一。

三、檢察官上訴權之限制

案件繫屬法院六年且更三審以上之案件，如有下列情形者，禁止檢察官上訴（第8條）：

(一) 第一審判決無罪&最後一次判決無罪（包括更三審）。

(二) 第一審判決有罪&第二審曾判決無罪二次&最後一次判決無罪（包括更三審）。

四、檢察官上訴理由之限制

本於被告速審權之保障，刑事妥速審判法對於第一、二審均判決被告無罪之案件，乃嚴格限制檢察官如欲對第二審判決提起上訴，需以下列事由爲限，使被告不致受訴訟所累（第9條第1項）。惟因涉及嚴格法律審之上訴變革，故另訂有一年之日出條款以爲緩衝：

(一) 判決所適用之法令牴觸憲法者。

(二) 判決違背司法院解釋者。

(三) 判決違背判例者。

【附錄】刑事妥速審判法修正條文

第5條　法院就被告在押之案件，應優先且密集集中審理。

　　　　審判中之延長羈押，如所犯最重本刑爲死刑、無期徒刑或逾有期徒刑十年者，第一審、第二審以六次爲限，第三審以一次爲限。

　　　　審判中之羈押期間，累計不得逾八年。

　　　　前項羈押期間已滿，仍未判決確定者，視爲撤銷羈押，法院應將被告釋放。

　　　　犯最重本刑爲有期徒刑十年以下之罪者，審判中之限制出境期間，累計不得逾八年。但因被告逃匿而通緝之期間，不予計入。

第7條　自第一審繫屬日起已逾八年未能判決確定之案件，除依法應諭知無罪判決者外，法院依職權或被告之聲請，審酌下列事項，認侵害被告受迅速審判之權利，且情節重大，有予適當救濟之必要者，應減輕其刑：

　　　　一、訴訟程序之延滯，是否係因被告之事由。

　　　　二、案件在法律及事實上之複雜程度與訴訟程序延滯之衡平關係。

　　　　三、其他與迅速審判有關之事項。

🔍 焦點15　刑事妥速審判法第8條、第9條不對稱上訴之評析（陳運財，月旦法學第209期，頁64～73）

一、學者不認同刑事妥速審判法第8、9條之立法理由，陳師在評析中提及限制檢察官或自訴人對無罪判決的上訴權，理論上使用禁止雙重危險的法理最為簡便明瞭。禁止雙重危險之理念係認為擁有龐大資源及權力的政府不應被容許重覆地企圖追訴同一個人之同一行為，否則將迫使被告持續處於被騷擾、折磨的焦慮及不安的狀態。甚至，可能因此提升無辜被告被誤判有罪的危險。

但陳師更主張下述理由作為不對稱上訴之法理依據：起訴案件於判決確定前，係一整體遂行追訴的程序，檢察官的追訴權並未因無罪判決而完全喪失，但因檢察官追訴權的實體基礎，已經法院拒絕一次，基於無罪推定的保障，被告之無罪應具事實上推定之拘束力，不應以事實誤認為由再蒙受第二次被追究的風險。此種情形下，檢察官所剩餘的追訴權，乃基於公益代表人監督裁判統一法律解釋之目的，得以原審判決違背法令提起上訴。要言之，源自於追訴權之檢察官上訴權，為衡平被告之權利保障及一定的政策考量，關於無罪判決，對檢察官應形成相當程度的上訴障礙。

二、若原判決所適用之法令並未牴觸憲法，而是該判決或其訴訟程序本身違反憲法之規定時，檢察官或自訴人得否執此事由聲請第三審上訴？基於下述理由，學者認為解釋上應採肯定見解：

(一) 基於糾正個案判決或訴訟程序違憲之必要性。

(二) 基於與同項第2款及第3款之間之衡平觀點。速審法第9條第2款及第3款既容許檢察官或自訴人以判決違背司法院解釋或判例為由提起第三審上訴，舉輕明重，對於原判決或訴訟程序直接違反憲法之情形，解釋上自無不容許提起上訴之理，否則顯失均衡。

三、關於速審法第9條第1項各款規定之適用，是否應以原判決之瑕疵顯然於判決有影響者，作為合法上訴之要件？最高法院曾有判決指摘：「各該得上訴於第三審之重大違法，尚須影響於原判決，即控方上訴理由所指摘者，對原判決產生動搖，足以構成撤銷之原因，始符上訴制度之立法目的。」此項判決見解認為，速審法第9條第1項各款所定之牴觸憲法、違背司法院解釋或判例之瑕疵，必須足以影響判決者，始得提起第三審上訴。惟學者認為速審法第9條乃容許檢察官或自訴人對無罪判決上訴第三審之特別規定，其目的並非在於救濟具體個案之被告，而是著重於維護刑事程序應遵守憲法或司法院解釋，以及統一法令解釋之必要，因此，即便違背司法院解釋或判例之錯誤不影響於判決結果，無庸撤銷原判決，惟仍可由最高法院於駁回之判決中宣示原判決所持的法律見解違背司法院解釋或判例，以資糾正。

四、最高法院多數判決依據速審法第9條第2項規定之解釋，將與刑事訴訟法第379條等規定有關的判例或司法院解釋排除在得上訴事由之範圍外的論據，主要是參照立法意旨，並進一步鋪陳指出案件「在針對歷經第一審、第二審（更審亦屬之）之二次事實審審理，就事實認定已趨一致，且均認被告無罪之案件，為貫徹無罪推定原則，乃特

別限制控方之檢察官或自訴人提起第三審上訴，須以嚴格法律審之重大違背法令情形為理由，用資彰顯第三審維護抽象正義之法律審性質，而不再著重於實現具體正義之個案救濟，俾積極落實控方之實質舉證責任，以減少無謂訟累，保障被告接受公正、合法、迅速審判之權利。」惟學者基於下述理由持不同見解：

(一) 由研擬草案的立法過程觀察，原司法院所提之速審法草案第9條第5項（相當於現行速審法第9條第2項）規定之立法理由說明曾略謂：「至於與上開刑事訴訟法第377條至第379條、第393條第1款等規定有關之解釋及判例，本屬本條第2項第2款、第3款之解釋及判例範圍，自仍屬最高法院審查是否具備上訴理由之範圍。

(二) 只要原判決有違背司法院解釋或判例等之情形，不論該項系爭解釋或判例與刑事訴訟法何項條文相關，均可作為上訴理由。至於，同條第2項之規定之目的，係出於在同條第1項採取所謂嚴格法律審的前提下，因非所有判決違背法令之情形均得提起第三審上訴，故宣示性的指出刑事訴訟法第377條至第379條、第393條第1款等規定，與嚴格法律審不符的範圍內不再適用，並非謂連同與第379條等規定有關的司法院解釋或判例，一併排除在得上訴第三審的範圍外。

(三) 自維護自訴人訴訟權益的觀點而言。倘要進一步限制自訴人上訴權益，排除與刑事訴訟法第379條等條文有關之司法院解釋或判例之適用，應有更充分的目的正當性及其限制係合乎比例原則的要求，否則將過度妨害自訴人依憲法第16條之規定提起上訴之訴訟權益。

(四) 基於與非常上訴救濟管道之間之衡平觀點。原確定判決違反判例或司法院解釋之情形，一般而言可謂具有統一適用法令之原則上之重要性，因此，即便原確定判決尚非不利於被告，惟因涉及統一適用法令之原則上之重要性，故檢察總長對其仍得提起非常上訴。相對的，在案件尚未確定前，無罪判決如有違反與刑事訴訟法第379條等條文有關的司法院解釋或判例之情形，卻謂不得上訴第三審。將形成案件未確定前上訴第三審困難；俟確定後提起非常上訴容易的不均衡現象，徒然造成統一解釋法令功能的遲滯。

🔍 焦點16　基於無罪推定原則之不對稱上訴（陳運財，月旦法學第215期，頁182～183）

一、學者認為，相對於被告憲法上訴訟權及審級救濟之正當程序的保障，檢察官之上訴權主要係源自於國家具體實現刑罰權之追訴權。追訴權固附有請求權之性質，惟更具權力之本質，當因時效完成或案件曾經判決確定等訴訟障礙之事由，致追訴權消滅或欠缺追訴利益之情形，追訴權即應消極的不行使。因此，源自於追訴權之檢察官上訴權，特別是對無罪判決，亦應因衡平被告之權利保障及一定的政策考量，而形成上訴障礙。

二、本於無罪推定所形成的上訴門檻，案件既經事實審法院諭知無罪，即便案件尚未確定，檢官之追訴權仍未完全耗盡，然而作為當事人之檢察官既已於原審盡其主張及調

查證據之能事，猶無法說服法院確信被告有罪，則其基於追訴權而得提起上訴的範圍，應受推定無罪之阻隔。換言之，被告於無罪推定原則下，應享有受該無罪判決保護的安定地位，實不宜再容許檢察官以事實誤認為由提起上訴。

三、基於被告受正當程及訴訟權之保障、追訴權力節制的觀點以及審判結構兼採當事人進行，有關上訴之目的，應以具體救濟被告權益為主；透過檢察官監督裁判的角色，由上級審撤銷原審違法判決以統一法令之解釋的功能，應退居其次。

四、政策上試圖窮盡有限的國家資源，不斷地對無罪判決提起上訴，無法建立民眾對司法的信賴。至於所謂的訴訟平等原則或武器對等原則，係指於合法的訴訟繫屬中，當事人之間主張、聲請或調查證據上之攻擊防禦的地位應力求對等的見解；相對的，有關上訴權的限制，係是否形成訴訟之前提，屬上位概念，兩者分屬不同層次的問題，故要難以所謂訴訟對等原則，主張檢察官之上訴權不可單獨加以限制。

五、基於以上論述，學者主張現行刑事訴訟法未區別檢察官及被告之上訴權而分設不同聲明不服的機制，並非妥適。在立法論上，一方面，對於檢察官之上訴，應立於權力節制的觀點，為求落實其實質舉證責任及無罪推動原則，有必要進一步研議限制檢察官對無罪判決之上訴，除了已公布實施之刑事妥速審判法第8條及第9條限制檢察官上訴第三審外，立法論上，應進一步修正刑事訴訟法，規定對於第一審所為之無罪判決，限於原審法院有關自白法則或違法證據能力有無之認定有誤，或有判決違背法令之情形，否則不得提起第二審上訴。

【附錄】99年第9次刑庭決議

一、本條規定旨在就久懸未決案件，從量刑補償機制予被告一定之救濟，以保障被告受妥速審判之權利。法院於審酌本條各款規定之事項後，認被告之速審權確已受侵害，且情節重大，有予適當救濟之必要時，始得酌量減輕其刑，並非案件逾八年未能判刑確定，即得當然減輕。

二、本條僅限於仍在法院訴訟繫屬中之案件，始有其適用，對已經判刑確定之案件，不得提出酌減其刑之聲請。

三、本條所稱已逾八年未能確定之案件，自第一審繫屬日起算，第二審、第三審及發回更審之期間累計在內，並算至最後判決法院實體判決之日止。所稱第一審，包括高等法院管轄第一審之案件。其於再審或非常上訴之情形，自判決確定日起至更為審判繫屬前之期間，應予扣除，但再審或非常上訴前繫屬法院之期間，仍應計入。

四、本條酌量減輕其刑，僅受科刑判決之被告有聲請權，法院不得依職權審酌。被告得以言詞或書面聲請，其於案件尚未逾八年聲請時，為不合法；但於該審級判決前已滿八年者，宜闡明是否依法聲請。其經合法聲請者，效力及於各審級。

五、檢察官或被告之辯護人、代理人、輔佐人為被告之利益主張依本條酌減其刑者，法院宜適度闡明，以究明被告是否依法聲請。其以被告名義聲請，但書狀無被告簽章時，應先命補正。

六、本條各款所定法院應審酌之事項，非犯罪構成要件之要素，以經自由證明為已

足，惟須與卷存資料相符。

　　七、被告提出聲請時，對於酌減其刑之事由毋庸釋明，事實審法院如認有調查之必要，應於被告被訴事實為訊問後行之，並給予當事人、辯護人、代理人、輔佐人表示意見之機會。但法院認為不合酌減之要件者，關於此部分之聲請，不得於本案或其他案件採為對被告或其他共犯不利之證據。

　　八、依本條酌減其刑者，應於裁判內記載衡酌之具體理由；數罪併罰案件，應就各別之數罪分別審酌。酌減其刑者，應援引本條為適用法律之依據。

　　九、本條酌量減輕其刑，得宣告法定本刑以下之刑期，仍得再適用刑法第59條酌減，然應符合罪刑相當原則。對於刑之減輕，適用刑法總則有關規定。

　　十、案件於第二審判決前已逾八年，被告未聲請酌減其刑，或繫屬於第三審始逾八年，而於上訴第三審後為聲請者，如第三審法院得自為判決時，由第三審酌是否酌減其刑；若案件經發回更審者，由事實審法院為審酌。

【附錄】101年台上第950號

　　刑事妥速審判法第9條第1項規定，除同法第8條所列禁止上訴第三審之情形外，對第二審法院所為維持第一審無罪之判決提起上訴之理由，僅限於：「一、判決所適用之法令牴觸憲法。二、判決違背司法院解釋。三、判決違背判例」。而所稱「判決違背判例」，則指判決之意旨違背本院歷來就具體案件中關於法令重要事項，為統一法律見解，所為補充法令不足，闡明法令真意，具有法拘束力之刑事判例，且影響於原判決，足以構成撤銷之原因而言，用符嚴格法律審之立法本旨。（註：101年台上第4849號同旨）

【附錄】102年台上第1528號

　　刑事妥速審判法第9條第1項規定，除同法第8條所列不得上訴於第三審之情形外，對第二審法院所為維持第一審無罪之判決提起上訴之理由，以：「一、判決所適用之法令牴觸憲法。二、判決違背司法院解釋。三、判決違背判例。」為限。所稱「判決違背判例」，除判決之意旨違背本院歷來就具體個案關於適用法令疑義之重要事項，為統一法律見解，所作成現行有效之刑事判例外，就刑事訴訟程序依法應適用（如刑訴法§65期間之計算）或準用（如刑訴法§62送達文書之準用規定）之民事法律，因實質上已等同刑事訴訟程序應適用之刑事法律，其所形成之相關民事判例，亦應包含在內。且為符合首揭條項所彰顯嚴格法律審之立法本旨，所指違背判例，均應以足以影響於判決本旨而得構成撤銷原因者為限，自不待言。

【附錄】102年台上第3577號

　　案件自第一審繫屬日期已逾六年且經最高法院第三次以上發回後，第二審法院更審維持第一審所為無罪判決，或其所為無罪之更審判決，如於更審前曾經同審級法院為二次以上無罪判決者，不得上訴於最高法院，刑事妥速審判法第8條定有明文，此乃刑事訴訟法第344條第1項之特別規定，其目的在保護被告有接受迅速審判之權。所稱無罪判決，係指

經法院為實質之審理，不能證明被告犯罪或其行為不罰者之實體判決而言。除單純一罪或數罪併罰案件以判決主文宣示者外，實質上或裁判上一罪案件，如就其中一部分為有罪之判決，其餘部分已於判決理由內敘明不能證明被告犯罪或其行為不罰，惟因與有罪判決部分，有實質上或裁判上一罪之關係，爰不另為無罪之諭知者，仍應認為已經實體審理之無罪判決。

【附錄】104年台上第2762號

訴訟程序之延滯，必須屬於「被告個人事由所造成」者，始與前開規定相當。又繫屬之案件，因其事實、法律關係及案情繁雜，所需調查之人證、事證甚多，歷審法院為釐清犯罪經過以發現實質真實，致案件前後持續之訴訟歷程逾八年之久，縱認法院無怠惰延宕之情事，亦不能認係被告之因素所肇致。

【附錄】105年台上第805號

刑事妥速審判法第9條第1項規定，係第三審上訴理由一般限制規定之特別法，應優先適用，故同條第2項明揭斯旨，就刑事訴訟法第377條至第379條、第393條第1款等規定，於第1項案件之審理，不適用之，即不得執為上訴第三審之理由。

【附錄】106年台上第1187號

依速審法第9條第1項規定，除同法第8條所列禁止上訴第三審之情形外，對第二審法院維持第一審所為無罪之判決提起上訴之理由，僅限於：「一判決所適用之法令牴觸憲法。二判決違背司法院解釋。三判決違背判例。」考其立法理由，無非以刑事訴訟法已改採改良當事人進行主義，檢察官或自訴人對於起訴或自訴之案件，均應負實質之舉證責任。案件於第一審判決無罪，第二審法院仍維持第一審所為無罪判決，若仍允許檢察官或自訴人就無罪判決一再上訴，被告因此必須承受更多之焦慮及不安，有礙被告接受公正、合法、迅速審判之權，因此合理限制檢察官、自訴人之上訴權，使其等於上開情形下，提起上訴之理由必須以落實嚴格法律審之理由為限，可使檢察官、自訴人更積極落實實質舉證責任等旨。而所謂舉證責任，必須檢察官、自訴人（或其代理人）親自出庭，以言詞說明有何等證據足以證明被告有充足之犯罪嫌疑，並指出證明之方法，參與證據之調查及辯論，始得謂已盡實質舉證責任；受理訴訟之法院則須依法定程序，就兩造當事人之攻防進行調查、辯論，方足以確定國家具體刑罰權之有無及其範圍。從而檢察官、自訴人有無就被告之犯罪事實盡實質之舉證責任，及第一審之無罪判決有無認事、用法之違誤，均須經第二審法院實體審理，始足明瞭；倘第二審法院僅為形式審查，即認為上訴程序不合法，以判決駁回之，並未踐行傳喚、調查、辯論等實體審理之程序，自無從判斷第一審之無罪判決有無違誤，應否維持。故首揭「維持第一審所為無罪判決」，應係指第二審法院經實體審理結果，認為第一審判決被告無罪，在認事用法上，並無不當，而駁回檢察官或自訴人在第二審之上訴者而言，不包括未經實體審理，逕以上訴程序不合法，而判決駁回上訴之情形。本件檢察官不服第一審諭知被告無罪之判決，提起第二審上訴，原審既係以檢察

官之第二審上訴未敘述具體理由爲據，從程序上駁回檢察官之第二審上訴，按諸上開說明，自無速審法第9條第1項規定之適用，先予敘明。

第十章 偵審主體之處分與裁判

第一節 訴訟條件與處分、裁判之關係

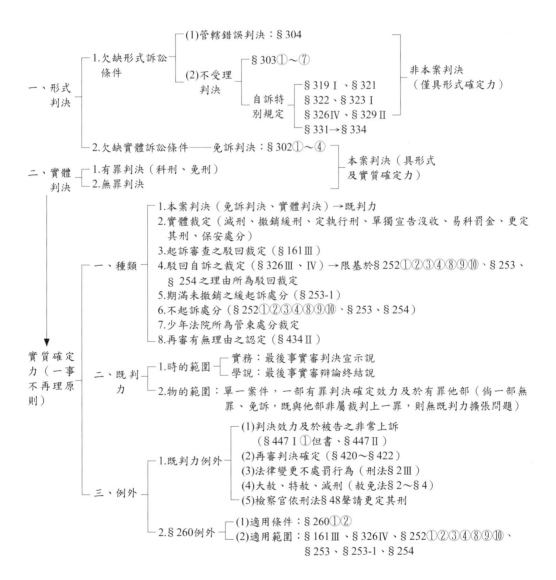

一、形式判決

1.欠缺形式訴訟條件
　(1)管轄錯誤判決：§304
　(2)不受理判決　§303①～⑦
　　　自訴特別規定　§319Ⅰ、§321
　　　　　　　　　§322、§323Ⅰ
　　　　　　　　　§326Ⅳ、§329Ⅱ
　　　　　　　　　§331→§334
　　　　　　　　　　　　　非本案判決（僅具形式確定力）

2.欠缺實體訴訟條件——免訴判決：§302①～④

二、實體判決

1.有罪判決（科刑、免刑）
2.無罪判決
　本案判決（具形式及實質確定力）

實質確定力（一事不再理原則）

一、種類

1.本案判決（免訴判決、實體判決）→既判力
2.實體裁定（減刑、撤銷緩刑、定執行刑、單獨宣告沒收、易科罰金、更定其刑、保安處分）
3.起訴審查之駁回裁定（§161Ⅲ）
4.駁回自訴之裁定（§326Ⅲ、Ⅳ）→限基於§252①②③④⑧⑨⑩、§253、§254之理由所為駁回裁定
5.期滿未撤銷之緩起訴處分（§253-1）
6.不起訴處分（§252①②③④⑧⑨⑩、§253、§254）
7.少年法院所為管束處分裁定
8.再審有無理由之認定（§434Ⅱ）

二、既判力

1.時的範圍　實務：最後事實審判決宣示說
　　　　　　學說：最後事實審辯論終結說
2.物的範圍：單一案件，一部有罪判決確定效力及於有罪他部（倘一部無罪、免訴，既與他部非屬裁判上一罪，則無既判力擴張問題）

三、例外

1.既判力例外
　(1)判決效力及於被告之非常上訴（§447Ⅰ①但書、§447Ⅱ）
　(2)再審判決確定（§420～§422）
　(3)法律變更不處罰行為（刑法§2Ⅲ）
　(4)大赦、特赦、減刑（赦免法§2～§4）
　(5)檢察官依刑法§48聲請更定其刑

2.§260例外
　(1)適用條件：§260①②
　(2)適用範圍：§161Ⅲ、§326Ⅳ、§252①②③④⑧⑨⑩、§253、§253-1、§254

🔍 焦點1　法院裁判之基本觀念（林鈺雄，刑事訴訟法（上），頁548以下；黃朝義，刑事訴訟法，頁529以下）

　　裁判之意義：代表國家行使司法審判權之法院或法官（審判長、受命法官、受託法官），就其審理案件之事實判斷與法律適用所為之意思決定與表示，裁判係裁定與判決之合稱。唯有法院或法官方為裁判之主體，至其他參與實施刑事訴訟程序之機關，包括檢察官、檢察事務官、司法警察（官）則均不得為之，渠等所為於刑事訴訟法上僅得以處分稱之（如附帶扣押處分、具保處分等強制性處分、不起訴處分、緩起訴處分）。

一、裁定種類

(一) 中間裁定：訴訟程序進行中所為之裁定，未得終結審級之訴訟繫屬，如羈押強制處分之裁定、法官迴避之裁定、命補正訴訟行為之裁定。

(二) 終局裁定：得終結審級訴訟繫屬之裁定，如駁回起訴裁定、駁回自訴裁定、駁回不合法上訴之裁定。

(三) 程序裁定：裁定內容屬程序法之判斷者，如科處證人罰鍰、搜索扣押等裁定。

(四) 實體裁定：裁定內容屬實體法之判斷者，如更定其刑、定執行刑、撤銷緩刑宣告等裁定。

二、判決種類

(一) 終局判決：刑事訴訟所有判決均得終結審級之訴訟繫屬，包括管轄錯誤、不受理、免訴、無罪、有罪、駁回上訴、撤銷發回等判決。

(二) 程序判決（形式判決）與實體判決：自判決結果有無就犯罪事實之實體為判斷而區分。前者乃法院就程序法事項為意思決定與表示，通常係因該起訴案件欠缺訴訟條件所致，如管轄錯誤、不受理、免訴、駁回上訴等判決，此等判決結果均未涉及被告被訴之犯罪事實實體有無存在或實體刑罰權有無適用之判斷，不經言詞辯論；後者乃法院就犯罪事實實體之存否或實體刑罰權適用與否為意思決定與表示，如有罪科刑或免刑判決，即謂被告經指訴之犯罪事實存在而有實體刑罰權之適用，無罪判決則謂犯罪事實之實體不存在而無實體刑罰權適用，均經言詞辯論方得為之。

(三) 本案判決與非本案判決：自判決結果是否顯示本案訴訟目的完成與否而區分。前者意謂本案訴訟目的已完成，如有罪科刑或免刑判決、無罪判決、免訴判決，此等判決之本案訴訟目的已完成，故判決確定後兼具形式確定力（不得再以通常救濟程序救濟而改變原確定判決）與實質確定力（不得再另行起訴審判而改變原確定判決）；後者則否，如管轄錯誤、不受理、駁回上訴等判決，此等判決之本案訴訟目的尚未完成，故判決確定後，僅有形式確定力而無實質確定力，故雖不得再以通常救濟方式改變原確定之非本案判決，然仍得於訴訟條件具備之繫屬法院（如另行起訴原法院或他法院或移送有管轄權法院或為受判決人利益聲請再審之法院）另為實體判決而改變原確定之非本案判決。茲另詳論說明如下：

1. 免訴判決：依本法第302條規定，案件曾經判決確定、時效已完成、曾經大赦、或

犯罪後法律已廢止其刑罰者，應為免訴判決。蓋訴訟之目的在於確認犯罪事實之實體有無存在，有無刑罰權之適用，則案件既曾經實體（有罪或無罪）判決確定過，即表示該案之訴訟目的已完成，無再行訴訟之必要，至時效已完成、曾經大赦或犯罪後法律已廢止其刑罰，均謂被告被訴之犯罪事實縱屬存在，亦無刑罰權適用之餘地，故其訴訟目的亦屬完成而無再行訴訟之必要。故為本案判決之一種而有實質確定力，應受一事不再理原則之拘束，縱再行起訴仍應為免訴判決，原免訴確定判決並未改變。

2. 管轄錯誤判決：訴訟繫屬之法院就起訴案件因無管轄權而為管轄錯誤判決，惟本案之訴訟目的並未完成（犯罪事實實體有無存在、實體刑罰權有無適用），如不得再行訴訟，顯與公平正義有違，故若移送或另行起訴於有管轄權法院，仍應許其就該案件為犯罪事實實體之有無或實體刑罰權適用與否之判斷，不受一事不再理原則之拘束。是以該管轄錯誤判決確定後，雖具形式確定力，不得再以通常救濟方式救濟，惟案件經另行移送或起訴後，仍得為實體判決而改變原管轄錯誤確定判決，而無實質確定力。

3. 不受理判決：所謂不受理判決乃經起訴之案件於該繫屬法院因欠缺特定訴訟條件而不得為審理，然仍得於具備訴訟條件之他法院或補正欠缺之訴訟條件後另行起訴為實體審理，其法理與上述之管轄錯誤判決同，此判決並未完成本案訴訟之目的，縱判決確定亦僅有形式確定力，仍得另行訴訟為實體判決，故無實質確定力，茲就本法第303條所列各款析論於後：

(1)起訴程序違背規定者，若能補正應先命補正，否則諭知不受理判決後，仍得於具備起訴程序規定之要件下另行起訴。

(2)已經提起公訴或自訴之案件，在同一法院重行起訴者，然已經先提起之合法公訴或自訴案件，繫屬法院則仍得為實體判決。

(3)告訴或請求乃論之罪，未經告訴、請求或其告訴，請求經撤回或已逾告訴期間者，經有告訴權人提出合法告訴後，檢察官仍得起訴，法院亦應為實體審理判決。

(4)曾經不起訴處分、撤回起訴或緩起訴期滿未經撤銷，而違背第260條之規定再行起訴者，該案件於具備本法第260條各款情形之一時，仍得再行起訴。

(5)被告已死亡或為被告之法人已不存續者，雖於該繫屬法院不得為審理，然如該案件另有為受判決人之利益聲請再審情形，再審法院仍得就案件為實體判決，進而改變原不受理判決。

(6)對於被告無審判權者，如普通審法院對軍事審判案件無審判權，則仍得起訴於有審判權之軍事法院。

(7)依本法第8條（競合管轄）之規定不得為審判者，有管轄權而得為審判法院仍得為實體判決。

(四) 缺席判決：缺席判決為言詞辯論主義之例外，其又可分為不經言詞辯論判決與不待陳述判決，茲分述如下：

1. 不經言詞辯論之判決：指兩造缺席判決，故毋庸指定審判期日命當事人及辯護人到庭辯論。雖未經傳喚當事人，其判決亦難指為違法。其情形有：案件應諭知免訴、不受理或管轄錯誤之判決者（§307、§329II、§331、§343、§334、§335）。第二審法院對於不合法之上訴及對於原審諭知管轄錯誤、免訴或不受理之判決上訴時，認其為無理由而駁回上訴或認為有理由而發回該案件之判決者（§372）。第三審法院之判決（§389 I）。非常上訴之判決（§444）。為受判決人之利益聲請再審之案件，受判決人已死亡或於再審判決前死亡者（§437 I 前、II）。簡易判決（§449 I）。協商判決（§455-4）。

2. 不待其陳述而為判決：指一造缺席判決，即其判決得僅由檢察官、自訴代理人或被告一造之辯論而為判決，其情形有：被告拒絕陳述者（§305前）。被告未受許可而退庭者（§305後）。法院認為應科拘役、罰金或應諭知免刑或無罪判決之案件，被告經合法傳喚無正當理由不到庭者。（§306）。被告心神喪失，或雖因疾病不能到庭，而顯有應諭知無罪或免刑判決之情形者（§294III）。第二審上訴，被告經合法傳喚無正當理由不到庭者（§371）。故於自訴案件若兩造均不到庭，除得通知檢察官擔當訴訟外，如許其逕行判決，其程序等於書面審理，而非言詞辯論，與立法主義有違背。另第332條則為自訴人死亡或喪失行為能力，而無人承受訴訟，法院逕行判決之情形。

【附錄】105年台非第130號

刑事訴訟法對於第二審上訴案件，不問被告應為何種判決，及應科何種之刑，凡其經合法傳喚，無正當理由不到庭者，無論為有利或不利於被告之諭知，均得不待其陳述，逕行判決。非如第一審法院一造缺席判決，尚有「法院認為應科拘役、罰金、或應諭知免刑或無罪之案件」之限制。

【附錄】106年台非第235號

管轄錯誤判決，乃屬形式判決，僅終結該無管轄權法院之形式上之訴訟關係，實體上之訴訟關係仍未消滅。在該案件移送於管轄法院時，續存於管轄法院，並視為檢察官已向管轄法院起訴。然因刑事訴訟法第12條規定，訴訟程序不因法院無管轄權而失其效力。故該案件仍應以無管轄權法院收受卷證時，為訴訟繫屬時間。

🔍 焦點2　法院對訴訟條件之審查與處理程序

一、訴訟條件是否具備應於訴訟程序之始終由法院依職權審查，不待當事人之聲明或異議。

二、法院審查時僅須經過自由證明程序即可，不須踐行嚴格證明程序。

三、偵查中檢察官如發現案件欠缺訴訟條件，則應依刑事訴訟法第252條第1至7款或第255條第1項其他法定理由為不起訴處分，惟如係得補正者應先命補正。

四、審判中法院則依欠缺訴訟條件之種類分為免訴、不受理或管轄錯誤之判決（本法第
　　302條至第304條），然得補正者亦應命補正，逾期不補正始依本法第303條第1款諭知
　　不受理。

🔑 焦點3　訴訟條件欠缺之競合

一、同一訴訟之競合

(一) 同種訴訟條件欠缺
　　　僅須並列理由而諭知一判決即可。
(二) 異種訴訟條件欠缺
　　　原則：管轄錯誤→不受理判決→免訴判決。
　　　例外：
　　　1. 先審判權後管轄權→不受理。
　　　2. 對判決確定案件重行起訴→免訴。
　　　3. 逾告訴期間且罹於時效→免訴。

二、不同訴訟之競合

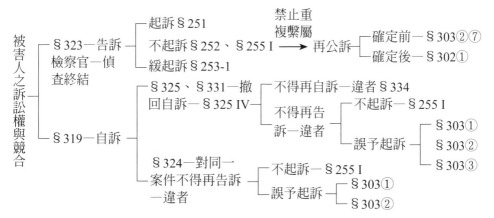

【附錄】68年第1次刑庭決議

　　法院對於訴訟之應否受理，以及有無管轄權，均有問題時，首應就有無管轄權審查，
如無管轄權，應即為諭知管轄錯誤之判決，不得逕為不受理之判決。

🔍 焦點4　形式訴訟條件與實體訴訟條件之區別異同

一、前者屬程序上事項；後者為實體上事項。

二、前者涉及訴是否存在；後者乃關係案件是否存在。

三、前者欠缺時應為不受理或管轄錯誤判決，均屬形式非本案判決；後者欠缺時應為免訴判決，此屬形式本案判決。

四、前者判決僅生訴訟上效果，不受一事不再理之拘束；後者判決俱生訴訟上及實體上效果，應受一事不再理之拘束。

🔍 焦點5　訴訟條件之相關探討（黃東熊，刑事訴訟法研究Ⅱ，頁25以下；陳樸生，刑事訴訟法實務，頁119以下；林永謀，法令月刊第47卷第4期）

一、訴訟條件可否補正？

　　陳樸生教授採否定說，其認起訴程序合法性之前提條件方得補正，惟實務與通說基於訴訟經濟考量則採肯定見解。故若告訴乃論之罪未具告訴而起訴時，可補正（陳樸生教授雖採否定說，然若裁判上一罪之非告訴乃論部分業經起訴，告訴乃論部分則容許補正），又非告訴乃論之罪起訴後，法院認係告訴乃論之罪亦容許補正而為判決，反之告訴乃論之罪起訴後，法院認係非告訴乃論之罪，實務認追訴條件既未欠缺則可逕為實體判決，陳樸生教授認不可倒果為因，故仍應為不受理判決。

二、刑事訴訟法第303條第1款之性質為何？

(一) 概括性訴訟條件欠缺（相較於第2至7款之具體列舉規定）。

(二) 前提條件欠缺（陳樸生教授認起訴程序合法之前提條件可補正，若係訴訟條件則不可補正）。

(三) 被告當事人能力欠缺（如以無犯罪能力之法人為被告，即以此款為不受理判決，否則即屬無效判決。自訴人當事人能力欠缺則依第334條為不受理判決）。

(四) 形式判決之確定力之違背（林永謀教授認形式判決對於後訴之拘束力應以訴訟一次性原則解決，不應求之於實體裁判之確定力及既判力之理論，此形式判決之內容判斷上並非當然可以拘束後訴，亦即形式判決之內容上並非當然可以拘束後訴，即形式判決內容之確定力，對於同一事項，並不在不許其為相異裁判，而係不許為重複裁判。故若未有事實之變更竟予再行起訴，應為本法第303條第1款之不受理判決，而無庸討論其仍未具備與前訴相同之訴訟條件欠缺，陳樸生教授則認應依同法第1、2、3款均可，惟以第2款優先。實例：如告訴乃論之傷害罪之告訴人於第一審辯論終結前撤回告訴，經法院依本法第303條第2款為不受理判決，該告訴人復向檢察官提告，並經檢察官誤予起訴，此際因事實未變更（告訴條件未有效補正），法院不得與先前為相異之判斷，此又稱禁反言原則。故若係撤回告訴後被害人傷重死亡，因事實已有變更，檢察官自得另行起訴，並由法院為實體判決）。

三、刑事訴訟法第303條第2款之適用範圍

陳樸生教授認為該款除適用於同一案件在同一法院重行起訴外，尚包括形式判決之確定力，亦即如前訴因訴訟條件欠缺經不受理判決，未經補正訴訟條件復再行起訴，此時應受前訴不受理判決確定力之拘束，依本款為不受理判決，此在避免事實未變更情形下對被告為雙重追訴之風險，故若告訴乃論之罪之自訴人撤回自訴後，該自訴人再行自訴或檢察官於未經合法告訴下再行起訴，即依此款為不受理判決（此依林永謀教授見解則依第303條第1款為不受理判決）。

四、**免訴判決之性質**（何賴傑，刑事訴訟法實例研習，頁257以下；黃東熊，刑事訴訟法論，頁407以下；褚劍鴻，刑事訴訟法論上，頁240；陳樸生，刑事訴訟法實務，頁222）

(一) 實體判決說：認為免訴判決與無罪判決相同，均屬於實體性公訴權之實體判決，唯免訴判決係其實體性之公訴權發生而嗣後消滅或其存否已因確定判決而已經確定時，與無罪判決之自始不發生，並不相同。

(二) 形式判決說：本說認為免訴判決之事由，均屬於法院對於起訴事實不宜為實體上審理之性質，亦即無維持追訴實益之情形，故仍屬形式判決。但其事由係因起訴事實之本身所發生，與管轄錯誤判決或不受理判決係因為起訴事實以外之程序事項不同。故其所欠缺者稱為實體訴訟條件，與不受理判決或管轄錯誤判決所欠缺者係形式訴訟條件不同。

(三) 二元說：認為免訴判決之事由，難以用統一之概念來加以理解。而認為如以第1款所為之免訴判決，應為形式判決；而依第2、3、4款所為之免訴判決，應為實體性形式判決（黃東熊師）。

(四) 實體關係之形式判決說（實務見解）：
　　1. 無罪之實體性形式裁判說：此說認為免訴判決不涉及有無犯罪事實之認定，性質上與無罪判決類似。而對於免訴判決則毋庸為實體上之審理，僅需形式審理即可。
　　2. 有罪之實體性形式裁判說：此說認為於欠缺實體性訴訟條件時，故無必要為犯罪事實之認定，但仍應對於有無相當之犯罪嫌疑加以調查，如認為有相當之犯罪嫌疑，因刑罰權之消滅而為免訴判決；如認為犯罪嫌疑不存在，則應為無罪之判決。故免訴判決之審理，仍屬於實體上之審理但僅止於表面上有無犯罪嫌疑之審理而已。

(五) 其調查方式，學者主張免訴事由雖係訴訟法上之事實（然仍具實體事項），得依自由證明方式為之，惟應予當事人就該免訴事由有無之事項，有陳述意見之機會，否則法院逕為免訴事由有無之認定，即屬調查程序之違誤。又事實審法院對免訴事由，依刑訴第163條第1項負有職權調查義務，即法律審法院對免訴事由，依刑訴法第393條但書規定，亦負有職權調查義務。若事實審違反該職權調查義務，其判決即有刑訴法第378條不適用法則之違法（然並不構成刑訴法第379條第10款之違法）。

(六) 原則上，免訴判決應優先於無罪判決而為諭知，但若依個案調查證據情形顯示，法院已可逕為無罪判決諭知（即已達無罪判決諭知成熟階段），則法院仍應優先諭知無罪

判決，不得以訴訟條件成就而諭知免訴，若案件審理已達無罪判決諭知成熟階段，即應賦予被告對該無罪判決享有訴訟法上之請求權。基此，被告對該免訴判決不服，而上訴請求無罪判決，即非無上訴利益。

🔍 焦點6　形式確定力與實質確定力之比較

一、前者係指裁判不得依通常方法聲明不服之狀態所生之效力；後者則指裁判確定內容為實體法律關係所生之效力。

二、前者之效果乃訴訟關係消滅而不得對該訴訟再聲明不服；後者之效果乃該案件不得再為訴訟客體，受一事不再理原則之拘束。

三、前者不論本案或非本案判決均有之；後者僅限本案判決有之。

四、前者屬程序法上之效力；後者屬實體法上之效力。

🔍 焦點7　實質確定力之相關探討（林鈺雄，刑事訴訟法上，頁562～565；陳樸生，刑事訴訟法專題研究，頁343以下；黃朝義，刑事訴訟法，頁536～537）

一、林鈺雄教授認為實質確定力僅限於判決主文而不及於理由，故判決理由所涉及之其他犯罪事實之判斷，仍得再行爭執。陳樸生教授認為實質確定力及於判決主文和與主文有直接相關之必要理由，實務見解採後說。

二、既判力時點有最後事實審辯論終結時說與最後事實審宣示判決時說（故若上訴第三審，因第三審不得提出新事實新證據，既判力並未延伸至第三審，仍以第二審辯論終結或宣示判決時為準。惟若第三審發回更審，則延展至更審），有認為實務基於我國前採職權主義而持後說見解（此係與事實審理可能性法理有關，實務認於辯論終結後至宣示判決前（通常為十四日），如有裁判上一罪之事實，可藉由再開辯論程序予以審理，仍有審理可能性，故持宣示判決說）。至當事人主義則持前說見解（法院以當事人提出之證據資料為判決基礎，無需依職權調查證據，辯論終結後當事人即無從提出證據資料），學說亦採之。

三、簡易判決之既判力時點有判決成立時說與判決送達時說，林俊益教授基於事實審理可能性法理，採前說見解。

四、第二審如經上訴人撤回上訴時，其既判力時點有撤回時說（既判力因合法上訴之提起而展延）與第一審宣示判決時說（雖判決於撤回時確定，惟確定力與拘束力不應等同視之，故既判力仍應以原審宣示判決時為準），實務見解採後說（最高法院84年第9次刑庭總會決議）。

五、甲傳述乙通姦之事實，經乙以誹謗罪提起自訴，嗣乙之通姦罪經有罪判決確定，則誹謗罪之審理法院應否受通姦罪有罪確定判決之拘束，有不同見解：

(一)否定說：確定判決之實質確定力僅限於該案件，不及其他案件，他案法院仍得本於自

由心證認定事實。

(二) 肯定說（確定判決證明力）：若採否定說將造成不合理結果，影響司法判決之安定性與信賴性，故若該傳述之事實經有罪或無罪判決確定，誹謗案件之審理法院即得以之為認定傳述事實是否真偽之依據。

🔍 焦點8　既判力範圍（物之範圍）解析

一、實質上或裁判上一罪，在實體法上為一罪，在訴訟上為一訴訟客體，無從分割，檢察官雖只就其一部起訴，效力及於全部，本屬法院得審判之範圍，雖只就其犯罪事實一部審判，效力仍及於未經審判之他部分，該他部分受一事不再理之限制，既判力範圍及於全部。

二、裁判上一罪之案件，其一部為告訴乃論之罪，未經告訴，一部非告訴乃論之罪，經檢察官起訴，此時法院僅得就非告訴乃論之罪為審判。告訴乃論之罪部分，因欠缺訴訟條件，不得對之為審判。惟兩者皆為既判力所及。

三、實質上或裁判上一罪，一部為有罪判決者，效力及於全部，然經「無罪」或「免訴」判決者，又可區分如下：

(一) 一行為者：如加重結果犯、想像競合犯等，前者既判力及於全部，惟想像競合犯部分則有爭議：

　　1. 肯定見解：認想像競合犯與連續犯之數行為及牽連犯有方法結果之情形不同，依一行為僅受一次審判之原則，不容再為其他有罪或無罪之判決，是對後起訴者應為免訴判決。

　　2. 否定見解：認想像競合犯，雖係一行為，但其所犯者，本係數罪，其效力所以及於全部，乃由於從一重處斷之結果，其一部既諭知無罪，則其效力自不及於未經判決之其他部分。

(二) 數行為數罪：因既與其他部分，並無結合、吸收、想像競合等關係，即非審判不可分，並非既判力所及，仍得就其他部分另行起訴。

【附錄】94年台上第1783號

　　按案件曾經判決確定者，應諭知免訴之判決，刑事訴訟法第302條第1款定有明文。此係因同一案件，既經法院為實體上之確定判決，其犯罪之起訴權業已消滅，依一事不再理之原理，不許再為訴訟客體，更為其他有罪或無罪之實體上裁判。而案件是否同一，以被告及犯罪事實是否均相同為斷，所謂事實同一，應從「訴之目的及侵害性行為之內容是否同一」為斷，即以檢察官或自訴人請求確定其具有侵害性之社會事實關係為準，亦即經其擇為訴訟客體之社會事實關係是。而判決理由之說明，縱使涉及其他犯罪事實之認定，因非檢察官或自訴人擇為訴訟客體之社會事實關係，自難認具有判決之實質確定力，即非既判力所及，亦不得資為認定是否同一案件之準據。

【附錄】82年第4次刑庭決議

院長提案：得上訴於高等法院之第一審刑事判決，如未據上訴，其既判力之時點，究係至宣判之日抑判決確定之時？有甲、乙二說：

甲說：應至宣判之日。

理由：按刑事訴訟法第302條第1款規定，案件曾經判決確定者，應為免訴之判決，係以同一案件，已經法院為實體上之確定判決，該被告應否受刑事制裁，既因前次判決而確定，不能更為其他有罪或無罪之實體上裁判，此項原則，關於實質上一罪或裁判上一罪，其一部事實已經判決確定者，對於構成一罪之其他部分，固亦均應適用，但此種事實係因審判不可分之關係在審理事實之法院，就全部犯罪事實，依刑事訴訟法第267條規定，本應予以審判，故其確定判決之既判力自應及於全部之犯罪事實，惟若在最後審理事實法院宣示判決後始行發生之事實，既非該法院所得審判，即為該案判決之既判力所不能及（最高法院32年上字第2578號判例參照），是既判力對於時間效力之範圍應以最後審理事實法院之宣示判決日為判斷之標準，而上開判例稱「最後審理事實法院」而非謂「最後事實審」，顯然不限於二審判決，因而在未經上訴於二審法院之判決，亦屬相同，否則，如認判決在一審確定者，其既判力延伸至確定之時則於第一審法院宣示判決後因被告逃匿無法送達延宕確定日期，在此期間，被告恣意以概括之犯意連續為同一罪名之犯行，而受免訴判決，其有違公平正義原則，實非確當。

乙說：應至判決確定之日。

理由：第一審管轄權屬於地方法院之刑事案件，除簡易判決外，就地方法院所為第一審判決，率得向管轄第二審之高等法院上訴，而管轄第二審之高等法院係採「覆審制」，是就上開一審判決，不論有無上訴，既有接受管轄第二審之高等法院審判之可能性，則甲說所引例中謂「最後審理事實法院」，自係指管轄第二審之高等法院而言，苟該判例非採「審理可能說」，則其既判力之時點即應限至言詞辯論終結之時，蓋言詞辯論終結後，如非再開辯論，已無人再調查事實證據。準此，上開一審判決宣示後，確定前發生之事實，苟與該案有實質或裁判上一罪之關係，當為該第一審確定判決效力所及，是其既判力之時點應至判決確定之日。

以上二說，應以何說為當，請公決。

研究報告：刑三庭，鍾日成，蔡詩文，楊文翰，黃武次，王德雲

(一) 犯罪事實具有連續性或繼續性者，在實體上為一罪，在訴訟法上為同一訴訟客體，具有不可分割性，故檢察官雖就其他犯罪事實之一部起訴，依刑事訴訟法第267條之規定，其效力及於全部，但其效力及全部之何一時點，自應予以界定，此即刑事既判力時之範圍，亦稱既判力時之基準點，或既判力之延展。

(二) 既判力時之範圍有下列三說：

1. 判決確定說：既判力及於最後事實審判決確定前之全部事實，此說重在實體關係，認為訴訟客體，應因裁判確定始歸予消滅，實質上或裁判上之一罪其既判力及於判決確定時之全部事實。惟事審法院自言詞辯論終結迄至宣示判決及文書送達並扣

除在途期間與假日，判決之確定耗時費日，予犯罪者在判決確定前恣意續行其犯罪，而受一事不再理原則之庇護，有違社會正義。

2. 最後事實審理可能說：此說重在程序關係，即應以其全部事實是否有審理之可能為準，既有審理之可能，雖未予審理，亦其判決效力之所及，此說又分為：

(1)既判力及於最後事實審言詞辯論終結前所發生之事實，均在原事實審法院調查審判之範圍。故在言語辯論終結後所發生之事實既非原事實審法院所能調查審判之範圍，自非原判決既判力之所及（參見褚劍鴻，刑事訴訟法論，頁332），黃東熊教授亦贊同此說（參見黃東熊，刑事訴訟法論，頁489）。

(2)既判力及於最後審理事實法院宣示判決前所發生之事實，此說為實務界所肯定（參本院32年上字第2578號刑事判例及39年台上字第214號民事判例），惟言詞辯論終結後所發生之事實，如何能為法院及時發覺而再開言詞辯論重為事證之調查，亦存疑問。

(三) 本院判例對下級審法院具有事實上之拘束力，不容任意變更，致紊亂法之秩序。本院上開32年上字第2578號判例在未變更之前，台灣高等法院台南分院81年度上易字第424號判決及台灣嘉義地方法院81年5月份法律問題提案所採甲說（應至宣判之日），其法律見解自無不當。

(四) 撤回上訴，若他造當事人本無上訴權，或依法已不得上訴，則上訴撤回之日，即原判決確定之日（13年統字第1898號），惟判決之確定力與判決之拘束力係屬兩事，故連續犯其既判力之延展為求理論上之一貫性，縱令於第二審撤回上訴，仍應以第一審宣示判決之時為準據。易言之，在判決宣示後所發生之犯罪事實，無一事不再理原則之適用，應由檢察官另行起訴，法院亦應為實體上之判決。

決議：採甲說。

第二節　法院裁判時點與效力

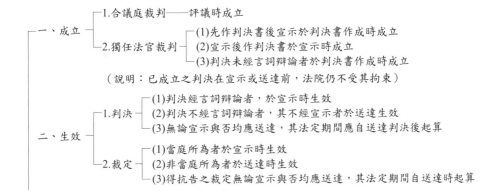

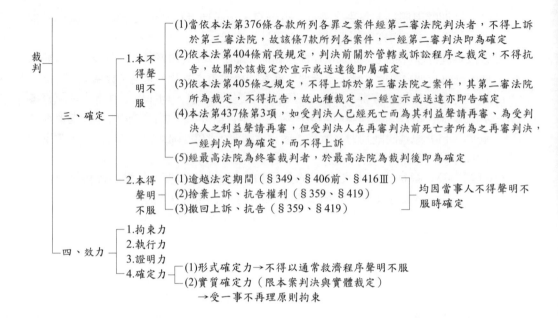

焦點　裁判之效力（黃朝義，刑事訴訟法，頁533以下；陳樸生，刑事訴訟法實務，頁256；黃東熊，刑事訴訟法論，頁523）

一、拘束力（裁判之自縛性，乃為司法判決之特徵）

(一) 時點：裁判經宣示或送達時。

(二) 效力：拘束力之拘束，使裁判者不得就其逕予撤銷、變更抑或補充、更改。

(三) 效力之例外

　　1. 大法官釋字第43號：顯係文字誤寫，而不影響於全案情節與判決本旨，此時裁定更正。

　　2. 就程序之裁定，許自行更正或另行裁定（§408 II）。

二、執行力

　　裁判之執行力，即依據裁判之內容，予以執行之效力也，裁判於確定後，即發生執行之效力。關於訴訟程序上之裁定，一經裁判後即可執行，而無待於其確定，縱因不服而提起抗告，亦不停止其裁判之執行。

三、證明力

　　證明力者，即裁判具有證據之證明力也，凡確定之判決，足為其他案件認定事實之證據。本法第500條明定，附帶民事訴訟之判決，應以刑事訴訟判決所認定之事實為據。審判中，如認為犯罪是否成立，以他罪為斷，而他罪已經起訴者，得於判決確定前，停止本罪之審判（§295），此均係確定判決具有證明力之證明。

四、確定力

包含形式確定力與實質確定力。

【附錄】96年台上第5174號

科刑判決之主文，係取捨證據、認定事實、適用法律之結果，以確認國家對被告犯罪事實之刑罰權存在及所論處之罪名、應科之刑罰等具體刑罰權之內容，是科刑判決之實體確定力，僅發生於主文。若主文未記載，縱使於判決之事實、理由確認之犯罪事實，仍不生實質確定力，即不得認已判決。

第三節　檢察官處分之種類

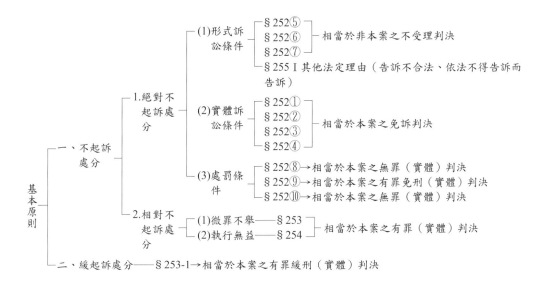

🔍焦點　檢察官處分之基本觀念

一、檢察官於偵查終結後，本於偵查程序主體地位，即應為起訴或不予起訴之決定。就不起訴法定原則而言，案件有本法第252條所列各款情形時，檢察官應為不起訴處分；另就起訴法定原則而言，檢察官於被告有犯罪嫌疑時，原應依本法第251條規定提起公訴，惟本於刑事政策考量（特別預防與一般預防）與訴訟經濟之要求，刑事訴訟法另賦予檢察官起訴便宜之權力，設置微罪不舉之不起訴處分與緩起訴處分制度，使檢察官於審酌特定條件後，縱被告具犯罪嫌疑，亦得裁量不予起訴。當然，刑事訴訟程序中，因程序主體之訴訟行為而受不利益之人，原則上均得有救濟之權利。茲檢察官為不起訴或緩起訴處分時，必將使欲尋求公訴救濟之告訴人蒙受不利益，故刑事訴訟

法亦設有內部救濟（聲請再議）與外部救濟（聲請交付審判）之途徑，又原受緩起訴處分利益之被告，如該處分嗣經撤銷，本法亦允其聲請再議之救濟。

二、本案判決具實質確定力，非本案判決僅具形式確定力；故上述具實質確定力之處分方有第260條之適用，亦即原則上不得再行起訴，惟具但書情形者方可；至僅具形式確定力之處分，則不受第260條拘束，隨時得再行起訴。

三、撤回起訴（應不起訴或以不起訴為適當）與不起訴處分有相同效力（§269 I）；準用聲請再議→職權送再議→交付審判制。

四、第260條第1款之新證據係指原檢察官或裁定法院對該證據是否「不知」及「未予斟酌」。

第四節　檢察官處分確定時點與效力

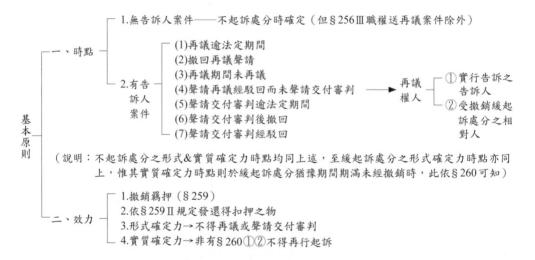

🔍焦點1　不起訴處分職權送再議之條件

　　不起訴處分職權送再議之條件：一、無告訴人；二、死刑、無期徒刑或最輕本刑三年以上有期徒刑之案件；三、犯罪嫌疑不足（§256 III）。

　　（說明：再議制度除提供告訴人對檢察處分之救濟途徑外，亦藉此監督檢察官，避免其濫權處分。）

🔍焦點2　特偵組處分之再議（王兆鵬，月旦法學教室第70期，頁18～19）

一、再議乃制衡檢察官起訴裁量權之內部監控機制，特偵組所為不起訴或緩起訴之決定，必須通過此機制之檢驗及制衡。

　　雖然特別偵查組檢察官起訴時應向管轄「地方法院」起訴，但既然設於最高法院檢察署，即不能據此推論特偵組所為具第一審性質之處分，應向「第二審」檢察署「檢察長」聲請再議或依職權送再議。

　　依刑事訴訟法第256條第1、3項、第256條之1規定，聲請再議或依職權送再議，應由原檢察官向直接上級法院檢察署檢察長或「檢察總長」為之。就條文之類推解釋，應向檢察總長聲請再議或依職權送檢察總長再議。

二、學者主張基於下列考量因素應向檢察總長再議：

(一) 政治責任性：身為此高度政治爭議案件在偵查程序的最終決定者，此一再議機關應具高度的政治責任。其意涵包括：該機關之產生應具政治上的可信性（足夠的民意性），該機關得對其決定負起政治上的責任。檢察總長之產生方式，依法院組織法第66條第7項規定：「最高法院檢察署檢察總長由總統提名，經立法院同意任命之，任期四年，不得連任。」符合之。

(二) 獨立性：特偵組之決定既涉高度政治爭議案件，審核其決定之再議機關，必須具備相當之獨立性，該機關首長不受太多上級長官或機關之管束或監督，該機關首長之職務不因為再議決定而受變動。檢察總長之任期受四年保障，無須憂心職務因為觸怒上意或民意而受影響；其任期不得連任，社會大眾或當事人亦無須猜疑其決定係迎合上意或曲合民意。

(三) 效率性：在特偵組做出決定後，之後的再議程序必須具高度效率以定紛止爭，否則社會大眾及當事人將長期處於動盪不安的猜疑狀態，有可能造成嚴重的政治抗爭，而阻礙國家社會的正常的發展。此目的似以檢察總長較易達成。

(四) 檢察一體性：若謂將特偵組之處分，交由高等法院檢察署再議，等於由下級檢察署審查上級檢察署之決定，令人嚴重質疑是否違反檢察一體原則。

【附錄】93年台上第6053號

　　不起訴處分已確定者，非有刑事訴訟法第420條第1項第1款、第2款、第4款或第5款所定得為再審原因之情形或發現新事實或新證據者，不得對同一案件再行起訴，固為該法第260條所明定。惟該法條所稱之同一案件，係指同一訴訟客體，即被告與犯罪事實均屬相同者而言，亦即係指事實上同一之案件，而不包括法律上同一案件在內；則裁判上一罪案件之一部分，經檢察官以行為不罰為不起訴處分者，即與其他部分不生裁判上一罪關係，自非刑事訴訟法第260條所稱之同一案件，檢察官就未經不起訴處分之其他部分，仍得再行起訴，並不受上開法條之限制。（註：103年台上第3120號同旨）

【附錄】98年台上第3756號

　　法院以檢察官指出之證明方法顯不足認定被告有成立犯罪之可能，裁定定期通知檢察官補正，檢察官逾期未補正而經法院裁定駁回起訴後，於檢察官就同一案件再行起訴之情形，因之前並無不起訴處分存在，檢察官再行起訴所提出之證據是否屬前開所謂「新證據」之範圍，自應以該法院裁定駁回起訴前該證據是否已經發現並經該法院斟酌為斷。如

檢察官再行起訴所提出之證據係原法院裁定駁回起訴前已提出，然未經原法院斟酌，且足認被告有犯罪嫌疑者，即屬「新證據」，應認屬刑事訴訟法第260條第1款所謂之「新證據」，檢察官得再行起訴。又證據是否經原裁定法院「斟酌」，係指原裁定駁回起訴之法院有無就該證據與檢察官提出之其它證據綜合爲形式上之斟酌，以判斷是否有顯不足認定被告有成立犯罪之可能而言，並非爲實質調查審酌。

【附錄】98年台上第4327號

刑事訴訟法第260條第1款所謂之新事實新證據，祇須爲不起訴處分以前未經發現，尚未經檢察官調查斟酌，且足認被告有犯罪嫌疑者爲已足，並不以確能證明犯罪爲必要，既經檢察官就其發現者據以提起公訴，法院即應予以受理，爲實體上之裁判。此項「新事證」標準，與刑事訴訟法第420條第1項第6款所謂應具「確實之新證據」，始足以聲請再審之高度證明程度，尙屬有別。

【附錄】101年台上第5003號

刑法第169條第1項之誣告罪，祇須具有誣告意思，及所告事實客觀上足以使人受刑事或懲戒處分，而其所爲之申告復已達到於該管公務員時，即完全成立。而刑事訴訟法第260條再行起訴之規定，乃在限制檢察官於受理告訴人以同一事實再行告訴時，必須符合「一、發現新事實或新證據者。二、有第420條第1項第1款、第2款、第4款或第5款所定得爲再審原因之情形者。」其一要件始能再行起訴，非謂告訴人必要提出符合該條件之證據方能向檢察官再爲告訴。故在所誣告之告訴經不起訴處分確定後，仍以同一事實，基於使人受刑事處分爲目的而再爲告訴時，不論有無附加符合該條再行起訴之證據，仍無解於犯罪之成立。此與被誣告者不受有刑事訴追危險之情形（如行爲不罰、無告訴權人之告訴、追訴權時效已完成、不得提起自訴而提起等），並非相同，自不得比附援引。

【附錄】102年台上第2415號

倘檢察官不察，將逾期請求再議之案件，卷送上級檢察署處理，該上級亦未察，未依同法第257條第3項駁回，卻誤依第258條撤銷原處分，命爲續行偵查者，仍屬違法命令，不能影響已然發生之確定力。

【附錄】104年台上第1896號

同一案件經檢察官不起訴處分確定後，如發現新事實或新證據，仍得再行起訴，此觀刑事訴訟法第260條第1款規定自明。所謂新事實或新證據，祇須於不起訴處分時，所未知悉之事實或未曾發現之證據，即足當之，不以於處分確定後新發生之事實或證據爲限。且該項新事實或新證據就不起訴處分而言，僅須足認被告有犯罪嫌疑爲已足，並不以確能證明其犯罪爲必要。

【附錄】104年台上第2944號

不起訴處分已確定者，非又刑事訴訟法第260條第1或2款之情形，不得對同一案件再行起訴，固為刑事訴訟法第260條所明定。惟所稱「同一案件」，係指被告相同，犯罪事實亦相同者而言，並不包括法律上之同一案件。蓋案件在偵查中，並無審判不可分原則之適用。

第五節　無效判決與不起訴處分

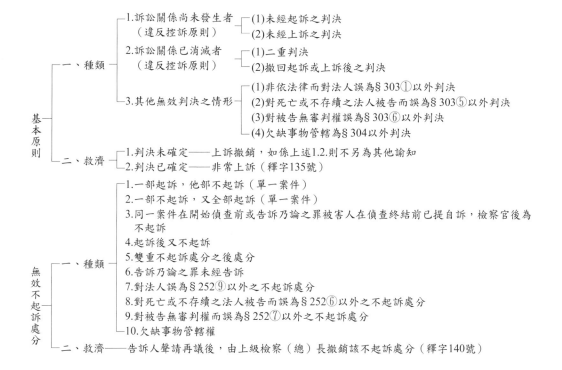

【附錄】釋字第135號

一、解釋文

民刑事訴訟案件下級法院之判決，當事人不得聲明不服而提出不服之聲明或未提出不服之聲明而上級法院誤予廢棄或撤銷發回更審者，該項上級法院之判決及發回更審後之判決，均屬重大違背法令，固不生效力，惟既具有判決之形式，得分別依上訴、再審、非常上訴及其他法定程序辦理。

二、補充說明

前者「當事人不得聲明不服而提出不服之聲明」之情形，除撤銷原判決，應另為駁回

判決；至後者「未提出不服之聲明而上級法院誤予廢棄或撤銷更審」之情形，屬違背控訴原則之無效判決，僅得撤銷該判決，無庸再爲任何諭知，否則將再衍生另一無效判決。

【附錄】釋字第140號

案經起訴繫屬法院後，復由檢察官違法從實體上予以不起訴處分，經告訴人合法聲請再議，上級法院首席檢察官或檢察長，應將原不起訴處分撤銷。

【附錄】55年第4次刑庭決議

院長交議：不得上訴於第三審之案件，如被告聲明上訴，本院誤將第二審法院之判決撤銷，發回更審，在法律上應發生何種效果？

決議：不得上訴第三審之案件，經第二審法院判決後，即告確定。被告聲明上訴，本院雖誤將第二審法院之判決撤銷，發回更審，仍不影響原判決確定之效力（同甲說）。

【附錄】99年台上第7330號

案件有因欠缺形式訴訟條件者（如刑事訴訟法第252條第5至7款）、有因欠缺實質訴訟條件者（如刑事訴訟法第252條第1至4款）、有因欠缺實體條件者（如刑事訴訟法第252條第8至10款），而爲不起訴處分。倘因欠缺形式訴訟條件而爲不起訴處分確定，因僅具有形式確定力，該形式訴訟條件若經補正（如告訴乃論之罪，未經合法告訴而不起訴處分，嗣經有告訴權人提出告訴），檢察官自得重行起訴而不受刑事訴訟法第260條之限制。至於因欠缺實質訴訟條件而爲不起訴處分確定，固具實質確定力，惟其前提要件須確有該實質條件欠缺之存在，若本無該實質條件之欠缺，檢察官誤認有欠缺（如案件未曾判決確定，或時效未完成，檢察官誤以爲已判決確定，或時效已完成）而爲不起訴處分確定，該不起訴處分即存有瑕疵。

第六節　緩起訴制度

一、要件
- 1.足認犯罪嫌疑（犯罪事實明確性）
- 2.非重罪要件（被告所犯爲死刑、無期徒刑或最輕本刑三年以上有期徒刑以外之罪）
- 3.參酌刑法§57之事項（平等性、比例性）
- 4.公共利益之維護
- 5.適當性（一般預防、個別預防）（適合性）

二、成就條件
- 1.猶豫期間（緩起訴期間）：1～3年→猶豫期間再犯罪或履行期間未履行指示負擔，即生撤銷緩起訴處分之效果，又被告對指示負擔之同意，不得爲將來審判之不利證據
- 2.履行期間：須短於緩起訴期間

三、效力
- 1.緩起訴期間內之效力
  - (1)告訴乃論之罪不得自訴（即§323Ⅰ但書之規定不適用）
  - (2)追訴時效停止進行（§253-1Ⅱ）
- 2.緩起訴期間屆滿之效力
  - (1)未撤銷：非有§260所列情形不得再訴（實質確定力）
  - (2)撤銷：繼續偵查或提起公訴（法定事由依§253-3所列各款）

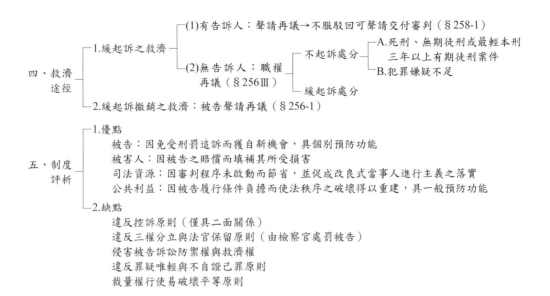

四、救濟途徑
1. 緩起訴之救濟
　(1)有告訴人：聲請再議→不服駁回可聲請交付審判（§258-1）
　(2)無告訴人：職權再議（§256Ⅲ）
　　　不起訴處分
　　　　A.死刑、無期徒刑或最輕本刑三年以上有期徒刑案件
　　　　B.犯罪嫌疑不足
　　　緩起訴處分
2. 緩起訴撤銷之救濟：被告聲請再議（§256-1）

五、制度評析
1. 優點
　被告：因免受刑罰追訴而獲自新機會，具個別預防功能
　被害人：因被告之賠償而填補其所受損害
　司法資源：因審判程序未啟動而節省，並促成改良式當事人進行主義之落實
　公共利益：因被告履行條件負擔而使法秩序之破壞得以重建，具一般預防功能
2. 缺點
　違反控訴原則（僅具二面關係）
　違反三權分立與法官保留原則（由檢察官處罰被告）
　侵害被告訴訟防禦權與救濟權
　違反罪疑唯輕與不自證己罪原則
　裁量權行使易破壞平等原則

🔍 焦點 1　學說對緩起訴制度相關問題之重要見解（何賴傑，檢察官不起訴職權修法之總檢討－緩起訴處分，法學講座第 6 期，頁 4～9；陳運財，緩起訴制度之研究，台灣本土法學第 35 期，頁 77～85；張麗卿，刑事訴訟法之最新增修與實踐，「評析新增訂之緩起訴制度」，頁 243～251；黃朝義，「起訴裁量之刑事政策意義」，頁 268～270；張麗卿，刑事訴訟法理論與運用，頁 425～466）

　　我國刑事訴訟法原於第253條（微罪不舉）及第254條（於執行刑無實益）規定有同屬起訴便宜原則之相對不起訴處分，91年修正新法另於第253條之1增設緩起訴制度，賦予檢察官更為廣泛之便宜裁量權，以使法院得有更充裕時間實施改良式當事人進行主義。關於該制度之規設內容與配套措施，除本法定有明文且為通說所共識，故非本文所擬討論，筆者所欲提醒同學們於此制應深入探知者乃：

一、緩起訴制度有其學理上之隱憂，張麗卿師提出包括悖離平等原則、違反無罪推定原則、喪失對犯罪驗證之可能與難符經濟效益等觀念，蓋在起訴裁量範圍擴大後，將社會某種階層（較具損害補償之經濟能力者）獲得利益，且該處分附有負擔及指示，具有非正式之制裁性質，然被告於考量承受審判程序之苦痛及對確定判決結果之不確定性，仍有不得不選擇接受緩起訴處分之無奈，此皆有悖於法治國家之平等原則與無罪推定原則，而檢察官決定緩起訴處分後，尚須歷經聲請再議、聲請交付審判程序，處分確定後並有一至三年之履行期間，如是冗長之時程亦顯然難符經濟效益。

二、在緩起訴制度之適用上，學者認為新法界定之適用範圍過於寬鬆似有失當，而決定是否緩起訴處分之要件之一「公共利益的維護」並無具體明確之依循標準，易流於檢察官恣意專斷之弊，且該制度給予檢察官為減輕案件負荷而罔顧犯罪嫌疑人之權益（如

原應依本法第252條第10款犯罪嫌疑不足之規定為絕對不起訴處分）逕予緩起訴處分之誘因；又檢察官為緩起訴處分時命被告於一定期間內遵守或履行之負擔，部分係屬對被告人身自由之限制，陳運財師認有侵犯法官保留原則之虞，並與憲法第8條之保障精神有所衝突。此外，在制度競合上，首就相對不起訴處分尤指本法第253條之微罪不舉而言，緩起訴處分得課以被告法定之負擔或不利益，相對不起訴處分則否，另緩起訴處分須待期滿未經撤銷時方具實質確定力，至相對不起訴處分於確定時即發生禁止再訴之實質確定力，故學者見解逐認屬於本法第376條之案件，宜優先考量為相對不起訴處分。次為與簡易程序之競合，此因二者之適用範圍有重疊，且依本法第451條之1第2項之規定，檢察官於簡易程序中向法院求刑或為緩刑宣告之請求時亦得課以被告與緩起訴處分相同之負擔；學者基於刑事政策、特別預防、訴訟經濟及被告權益（避免其受短期自由刑或緩刑宣告）之綜合考量，認於二者競合之情形，則以優先適用緩起訴處分為佳。

🔍 焦點2　起訴後之重為緩起訴（柯耀程，月旦法學教室第49期，頁19）

學者認為對於被告所犯連續竊盜之行為，其中一部犯行經檢察官為緩起訴處分；另一部為他檢察官所起訴，因犯罪行為具有連續關係時，在實體上屬於不能分割之一案件，則起訴雖為連續竊盜之一部，但起訴效力應及於全部之竊盜行為，惟有一部竊盜行為已經檢察官為緩起訴處分，雖未經撤銷，其起訴之效力仍舊存在，且法院對於所起訴之部分，亦無為不受理判決之餘地，亦即仍須為實體審判，又基於訴之不可分關係，法院所應審理之範圍，應為全部之連續竊盜事實，此時，經檢察官所為緩起訴處分之部分，其緩起訴之效力，應無法予以維持，而應視其為撤銷緩起訴，蓋此種情形之起訴，其法院繫屬效力具有優先性關係。

🔍 焦點3　緩起訴處分之撤銷與再行起訴（何賴傑，台灣本土法學第91期，頁94以下）

按最高法院認為，在緩起訴處分期間內，緩起訴處分效力未定（無實質確定力），倘發現新事實、新證據，而認已不宜緩起訴，無須先撤銷原緩起訴處分，自得就同一案件逕行起訴，原緩起訴處分並因此失其效力。

就第260條禁止再訴規定而言，緩起訴期間內，緩起訴處分既未期滿亦未撤銷，縱有新事實新證據，不必也不能適用該條規定。但最高法院於本案（94年台非字第119號判決）卻認為基於第260條法理（即判決理由所言「本於同一法理」）而認檢察官再行起訴合法。如檢察官於緩起訴期間內對於具撤銷事由之緩起訴處分，不撤銷該處分而逕行起訴時，依程序法理，該訴除因適用第260條而違法外，於其他情況，該訴並不當然違法，蓋緩起訴處分並無當然阻卻起訴之效力。

學者主張，檢察官提起公訴前，應傳訊被告，並告知緩起訴處分失其效力，讓被告就

此有陳述意見之機會，此亦爲保障被告聽審權之誡命，亦可避免逕行起訴恐有突襲被告之後果。

　　學者認爲本案一部緩起訴，後又全部起訴，只有事實上同一之犯罪事實部分，始有討論應否撤銷原緩起訴處分之實益。

　　如依最高法院94年台非字第119號判決所言，被告確已履行緩起訴處分所附條件，因而即無撤銷緩起訴處分之事由，緩起訴處分之撤銷即屬違法而無效，則原緩起訴處分仍生效力，從而檢察官嗣後聲請簡易判決處刑，其起訴之程序即屬違背規定。

　　而第303條第4款適用之前提要件係緩起訴處分期滿且未經撤銷。所謂「未經撤銷」，除指檢察官「未爲撤銷行爲」外，是否包括「已爲撤銷，但撤銷行爲不合法或無效」情形？如同本條第3款「未經告訴」，通說及實務皆解爲包括「已爲告訴，但告訴不合法」情形。於「未經撤銷」情形，理應爲相同解釋。

　　惟該違法之撤銷處分並不當然失效，否則即不須創設被告對該撤銷處分有聲請再議權。最高法院94年台非字第119號及第181號，皆認定如此撤銷係無效撤銷（重大違背法令），顯與學者見解不盡相同。

🔍 焦點4　緩起訴後又起訴之效力（柯耀程，月旦法學第156期，頁277以下；林鈺雄，月旦法學第173期，頁272以下）

一、實務見解

　　檢察官爲緩起訴處分者，得命被告於一定期間內遵守或履行刑事訴訟法第253條之2第1項各款所定事項；被告於緩起訴期間內如有違背上開應遵守或履行事項之規定時，檢察官得依職權或依告訴人之聲請，撤銷原緩起訴處分，繼續偵查或起訴，刑事訴訟法第253條之2第1項、第253條之3第1項第3款分別定有明文。按緩起訴與不起訴，皆係檢察官終結偵查所爲處分，檢察官得就已偵查終結之原緩起訴案件，繼續偵查或起訴，應以原緩起訴處分係經合法撤銷者爲前提，此乃法理上所當然。檢察官爲緩起訴處分，若係命被告於一定期間，向公庫或指定之公益團體支付一定之金額者，苟被告已遵命履行，但檢察官誤認其未遵命履行，而依職權撤銷原緩起訴處分，並提起公訴（或聲請簡易判決處刑）時，該撤銷原緩起訴處分之處分，即存有明顯之重大瑕疵，依司法院釋字第140號解釋之同一法理，應認此重大違背法令之撤銷緩起訴處分爲無效，與原緩起訴處分未經撤銷無異。其後所提起之公訴（或聲請簡易判決處刑），應視其原緩起訴期間已否屆滿，分別適用刑事訴訟法第303條第1款或第4款爲不受理之判決，始爲適法。亦即，如原緩起訴期間尚未屆滿，因其起訴（或聲請簡易判決處刑）係違背刑事訴訟法第253條之3第1項第3款以原緩起訴處分已經合法撤銷爲前提之規定，應認其起訴（或聲請簡易判決處刑）之程序違背規定，依同法第303條第1款之規定，爲不受理之判決；於原緩起訴期間已屆滿，應認其起訴（或聲請簡易判決處刑）違反「緩起訴期滿未經撤銷，而違背第260條之規定再行起訴」，依同法第303條第4款之規定，論知判決不受理（96年台非第232號）。

二、學者評析

I. 柯耀程老師

(一) 受緩起訴處分的案件，會被起訴的情形有五：1.緩起訴因法定事由被撤銷而被起訴者。2.緩起訴處分因告訴人之再議，認再議有理由而撤銷並起訴者。3.受緩起訴處分之案件，因有刑事訴訟法第260條之事由存在或發生，不論是在緩起訴期間內，或是緩起訴期滿，而對於受緩起訴案件所為之起訴。4.緩起訴處分雖未被檢察體系為撤銷，卻因告訴人聲請交付審判，經法院認定應進入審判體系接受審判，而為裁定交付審判者，此即被視為提起公訴。5.既無緩起訴之撤銷，也無交付審判之裁定，而單純是在緩起訴之後，於緩起訴期間內，另予以提起公訴，亦即同一案件既有緩起訴，又有起訴的關係存在。本案例緩起訴之錯誤撤銷應屬無效，故即生緩起訴與起訴併存之情形。

(二) 如不起訴處分已經確定或緩起訴已經期滿，未經撤銷，且並無刑事訴訟法第260條所定之事由時，則法院並不能審理此案件，僅能為不受理判決（刑訴§303④）予以終結。

(三) 如不起訴處分未確定，或是緩起訴未期滿，則法院仍須予以審理。當不起訴或緩起訴處分並未被撤銷時，乃產生既起訴又不予起訴同時存在的問題，由於同一案件之起訴與不予起訴，本質上是對立的關係無法並存。此時不起訴或緩起訴雖未經明示之撤銷宣告，其效力仍無法予以維持，蓋在法定條件之下，法院之繫屬應具有優先之效力，除非有刑事訴訟法第303條第4款之情形，否則案件繫屬於審判之法院，其效力具有優先性關係，法院自然必須予以受理。對於該案件所為之不起訴或緩起訴處分，應視為被撤銷，且該撤銷也不生再議的關係。

(四) 故當緩起訴未期滿，未經撤銷，被起訴的情況，此時緩起訴效力，乃因具體的程序進展關係，而發生效力消滅的結果，此種訴訟行為或處分的失效，不得遽認其具有節制法院受理案件的效力。故當檢察官所為的不予起訴處分，在尚未發生終局性的效力關係時，則起訴的效力具有優先性，法院不得因不起訴或緩起訴未經撤銷為由，而以起訴違背程序規定，將案件不予受理。

II.林鈺雄老師

(一) 實務上常發生之類型有：1.被告於履行期間業已履行負擔，檢察官誤為撤銷並起訴，嗣經法院有罪判決確定者，最高法院96年度台非字第232號判決認為該判決無效；95年度台非字第29號判決認為，被告對檢察官之錯誤撤銷處分，未依法聲請再議救濟，即生失權效果；林老師認為此情形應屬未合法撤銷緩起訴而仍再訴，乃起訴不合法，且被告依法得聲請再議卻未為之，即生失權效力。2.被告逾負擔期間惟仍在猶豫期間（緩起訴期間）之內履行負擔，而經檢察官撤銷緩起訴處分者，最高法院96年度台非字第166號判決認為該逾期履行是否與期限內履行不具同一效力，仍待審酌，未可一律逕行撤銷該緩起訴處分；林老師認為，應依捷足先登說判斷，如被告之履行先於檢察官之撤銷，則比照補提第三審上訴理由書之規定，認為履行有效，檢察官不得再撤銷緩起訴，但如檢察官先為撤銷者，該撤銷合法有效。3.猶豫期間發生撤銷事由，但

檢察官未及時發現或處理，及至猶豫期間屆滿（產生實質確定力）後始為撤銷者，最高法院94年度台非字第287號判決認為，該起訴程序違背規定，應為不受理判決；林老師持相同見解。

(二) 上述案例衍生之問題乃肇因於：1.緩起訴採行雙期間制度（猶豫期間與履行期間）。2.撤銷緩起訴處分未採聽審保障，致被告無陳述意見之機會。3.簡易程序之判決處刑未保障被告聽審權（諸多檢察官誤撤銷緩起訴而起訴，並經法院誤為有罪判決確定之案例，多屬簡易判決）。

(三) 長期而言，緩起訴制度應放棄撤銷緩起訴與雙期間之規定，簡化為「被告是否於履行期間內履行負擔」作為緩起訴成就之單一條件。短期而言，撤銷緩起訴程序應採聽審保障，亦即檢察官撤銷緩起訴處分之前，應先經訊問被告並予陳述意見之機會，同時建立院檢聯繫之司法行政配套措施，避免檢察官誤撤銷緩起訴而起訴之發生。此外，簡易程序如能保障被告聽審權，於判決前至少一次訊問被告，即不難發現被告已履行負擔而經檢察官誤撤銷緩起訴及誤起訴之情事，自得減少法院誤判之情形。

【附錄】94年台非第215號

刑事訴訟法為配合由職權主義調整為改良式當事人進行主義，乃採行起訴猶豫制度，於同法增訂第253條之1，許由檢察官對於被告所犯為死刑、無期徒刑或最輕本刑三年以上有期徒刑以外之罪之案件，得參酌刑法第57條所列事項及公共利益之維護，認為適當者，予以緩起訴處分，期間為一年以上三年以下，以觀察犯罪行為人有無施以刑法所定刑事處罰之必要，為介於起訴及微罪職權不起訴間之緩衝制度設計。其具體效力依同法第260條規定，於緩起訴處分期滿未經撤銷者，非有同條第1款或第2款情形之一，不得對於同一案件再行起訴，即學理上所稱之實質確定力。足見在緩起訴期間內，尚無實質確定力可言。且依第260條第1款規定，於不起訴處分確定或緩起訴處分期滿未經撤銷者，仍得以發現新事實或新證據為由，對於同一案件再行起訴。本於同一法理，在緩起訴期間內，倘發現新事實或新證據，而認已不宜緩起訴，又無同法第253條之3第1項所列得撤銷緩起訴處分之事由者，自得就同一案件逕行起訴，原緩起訴處分並因此失其效力。復因與同法第260條所定應受實質確定力拘束情形不同，當無所謂起訴程序違背規定之可言。

【附錄】98年台非第304號

按起訴之程序違背規定者，應諭知不受理之判決，刑事訴訟法第303條第1款定有明文。又檢察官為緩起訴處分者，得命被告於一定期間內遵守或履行刑事訴訟法第253條之2第1項各款所定事項；被告於緩起訴期間內如有違背上開應遵守或履行事項之規定時，檢察官固得依職權或依告訴人之聲請，撤銷原緩起訴處分，繼續偵查或起訴，但以原緩起訴處分已經合法撤銷為前提，刑事訴訟法第253條之3第1項第3款有明文規定。復按檢察官為緩起訴處分，若係命被告於一定期間，向公庫或指定之公益團體支付一定之金額者，苟被告已遵命履行，但檢察官誤為未遵命履行，而依職權撤銷原緩起訴處分，並提起公訴（或聲請簡易判決處刑）時，該撤銷原緩起訴處分之處分，即存有明顯之重大瑕疵，依司法院

釋字第140號解釋之同一法理，應認此重大違背法令之撤銷緩起訴處分爲無效，與原緩起訴處分未經撤銷無異。其後所提起之公訴（或聲請簡易判決處刑），因違背刑事訴訟法第253條之3第1項第3款以原緩起訴處分已經撤銷爲前提之規定，應認其起訴（或聲請簡易判決處刑）之程序違背規定，自應依刑事訴訟法第303條第1款之規定，爲不受理之判決，始爲適法。（註：103年台非第147號同旨）

【附錄】101年台非第67號

倘撤銷緩起訴之處分書，未合法送達於被告，該撤銷緩起訴之處分，難認已經確定生效，與未經撤銷原緩起訴處分無異，檢察官在原緩起訴處分仍有效情況下，遽就同一案件提起公訴，法院應認其起訴之程序違背規定，依同法第303條第1款規定，爲不受理之判決，始爲適法。（註：102年台非第150號同旨）

【附錄】103年台上第3183號

刑事訴訟法第253條之3第1項第1款緩起訴處分之撤銷，雖僅規定於緩起訴期間內故意更犯有期徒刑以上刑之罪，經檢察官提起公訴者，檢察官得依職權或依告訴人之聲請爲之，未明定被告更犯之罪經判刑確定爲要件。然查，我國緩起訴制度係爲使司法資源有效運用，填補被害人之損害、有利被告或犯罪嫌疑人之再社會化及犯罪之特別預防等目的，參考外國立法例，配合刑事訴訟制度探改良式當事人進行主義之起訴猶豫制度。倘上開更犯之罪，嗣經判決無罪確定，表示被告無違反犯罪特別預防目的之情事，如拘泥於該款得撤銷緩起訴處分之文字規定，而認撤銷爲合法，顯不符公平正義，無足以保障被告權益。基此，本院認爲該款得撤銷緩起訴處分規定，宜爲目的性限縮解釋。即被告更犯之罪，嗣經判刑確定，該撤銷固屬合法，但若經判決無罪確定，表示該撤銷自始存有重大瑕疵，係屬違誤。依司法院釋字第140號解釋之同一法理，應認該撤銷緩起訴處分自始無效，與緩起訴處分未經撤銷無異。則法院對該緩起訴處分案件，所提起之公訴，應視起訴時該緩起訴處分期間已否屆滿，而分別依刑事訴訟法第303條第1款起訴之程序違背規定，或同條第4款緩起訴期滿未經撤銷，而違背同法第260條之規定再行起訴，分別諭知不受理。

【附錄】104年台非第174號

檢察官爲緩起訴處分者，得命被告於一定期間內遵守或履行刑事訴訟法第253條之2第1項各款所定事項；被告於緩起訴期間內如有違背上開應遵守或應履行之事項時，據刑事訴訟法第253條之3第1項第3款規定，檢察官固得依職權或依告訴人之聲請，撤銷原緩起訴處分，繼續偵查或起訴，但此係以原緩起訴處分已經合法撤銷爲前提。復檢察官爲緩起訴處分，若係命被告於一定期間內，向公庫支付一定金額者，在該期間屆至之前，自不發生違背應遵守或應履行事項之情形；倘檢察官誤以被告未遵守或履行其應遵守或履行之事項而撤銷原緩起訴處分，該撤銷原緩起訴處分之處分即有明顯之重大瑕疵，應認爲無效，仍與原緩起訴處分未經撤銷無異。檢察官誤將原緩起訴處分撤銷後所提起之公訴（或聲請簡易判決處刑），因與刑事訴訟法第253條之3第1項第3款所定要件不符，自屬起訴之程序違

背規定，法院應諭知不受理之判決，始稱適法。

【附錄】105年台非第32號

倘撤銷緩起訴之處分書，未合法送達於被告，其再議期間無從起算，難認已經確定，檢察官如就撤銷緩起訴處分尚未確定之同一案件，另行提起公訴或聲請簡易判決處刑，法院應認其起訴或聲請之程序違背規定，依同法第303條第1款規定，為不受理之判決，始為適法。

【附錄】105年台非第52號

被告於緩起訴期間內違背刑事訴訟法第253條之2第1項各款之應遵守或履行事項者，而按同法第253條之3第1項第3款撤銷緩起訴者，倘該違背應遵守或履行事項，經判決無罪確定，表示被告無違反犯罪特別預防目的之情事，該撤銷自始存有重大瑕疵，係屬違誤。則所提起之公訴，應視起訴時該緩起訴處分期間已否屆滿，而分別依刑事訴訟法第303條第1款起訴之程序違背規定，或同條第4款緩起訴期滿未經撤銷，而違背同法第260條之規定再行起訴，分別諭知不受理。

【附錄】106年台非第209號

刑事訴訟法第253條之3第1項第1款得撤銷緩起訴處分規定，宜為目的性限縮解釋。即被告更犯之罪，若經判決無罪確定，表示該撤銷自始有重大瑕疵，係屬違誤。則法院對該緩起訴處分案件，所提起之公訴，應視起訴時該緩起訴處分期間已否屆滿而異其處理方式。

相關實務

最高法院103年度台上字第3183號判決指出，在被告因刑事訴訟法第253條之3第1項第1款情事遭撤銷緩起訴後，「被告更犯之罪，嗣經判刑確定，該撤銷固屬合法，但若經判決無罪確定，表示該撤銷自始存有重大瑕疵，係屬違誤。依司法院釋字第140號解釋之同一法理，應認該撤銷緩起訴處分自始無效，與緩起訴處分未經撤銷無異」。其他無效撤銷緩起訴類型，如誤認被告未履行負擔（96年度台非字第232號）、非可歸責被告未履行負擔（100年度台上字第2733號）。

法院應如何處理，過去實務曾認為一律以刑事訴訟法第303條第1款起訴程序違背規定，諭知不受理（94年度台非字第119號）。近來實務則採多區分說，視緩起訴期間是否屆滿，分別以同條第1、4款處理。

相關學說

學說上在此類情形，多主張應以第303條第4款「緩起訴期間期滿未經撤銷而違背第260條之規定再行起訴」來處理。有自第260條之解釋論出發，認為該條之「未經撤銷」應解為「未經合法撤銷」，故在前揭諸種違法撤銷緩起訴之情形，即是未經合法撤銷，在緩

起訴期間屆滿後，自會產生第260條禁止再訴之確定力。

【附錄】107年台非第14號

　　緩起訴前因故意所犯他罪，曾在緩起訴期間內受有期徒刑以上刑之宣告，然嗣經非常上訴將該判決撤銷者，因原確定判決已不存在，應認與未於前案緩起訴期間內受有期徒刑以上刑之宣告之情形無異，同非合於該規定之撤銷緩起訴要件。是法院對於檢察官就該緩起訴處分案件所提起之公訴，應視起訴繫屬法院時該緩起訴處分期間已否屆滿，而分別依刑事訴訟法第303條第1款起訴之程序違背規定，或同條第4款緩起訴期滿未經撤銷，而違背同法第260條之規定再行起訴，分別諭知不受理。

【衍生實例】

甲因酒後駕機車，遭警員臨檢查獲移送地檢署，檢察官偵查後，為緩起訴處分。嗣甲在緩起訴期間，向不詳姓名友人借用機車，未料竟係贓車，遭警員查獲移送偵辦，檢察官偵查數月，無法確認甲之辯解屬實，遂以甲涉犯竊盜罪提起公訴，其酒後駕駛罪之緩起訴處分，於緩起訴期滿後，遭撤銷，並就甲所犯酒後駕駛罪提起公訴。惟甲涉犯之竊盜罪，最後經法院判決無罪確定。試問：
(一)檢察官撤銷甲酒後駕駛罪之緩起訴處分是否合法？
(二)法院就甲所犯酒後駕駛罪之案件，應如何判決？　　　　　　　（104廉政）

考點提示：
一、實務見解多認本例情形之緩起訴撤銷處分為不合法之無效處分（依釋字第140號相同法理），故若原緩起訴已期滿，則法院對檢察官之再行起訴，即依刑事訴訟法第303條第4款之不受理判決；如尚未期滿，則依本法第303條第1款諭知不受理（最高法院96年台非第232號、103年台非第147號皆類同見解）。
二、學者對此則有不同見解，若原緩起訴已期滿，仍同實務見解為本法第303條第4款之不受理判決；但若尚未期滿，應以法院之訴訟繫屬有優先效力，法院應為實體審理，不得為不受理判決。

第七節　交付審判制

一、聲請要件┬1.告訴人對不起訴處分或緩起訴處分不服聲請再議經駁回（再議前置）
　　　　　　├2.接受處分書十日內
　　　　　　└3.委任律師提出理由狀（律師強制代理）

二、管轄法院──對該案件有土地及事物管轄之第一審法院，由法院以合議庭行之（§258-1Ⅰ，§258-3Ⅰ）

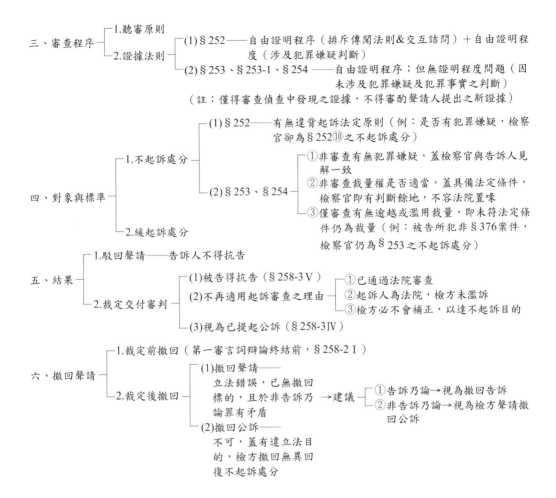

焦點1　學者對交付審判制相關問題之重要見解（柯耀程，刑事訴訟法「交付審判」制度問題研議，頁287～296；林鈺雄，刑事訴訟法2002年新法增修版，頁8～23）

　　交付審判制爲因應新增緩起訴處分規定之配套措施，在檢察官擁有更大之起訴裁量權，並致偵查中被告得獲較優厚之訴訟利益之際，該制爲告訴人於再議不得結果情形下另闢救濟管道，此制與前述起訴審查制可謂同爲法院對檢察官偵查結果之監督衡平機制。較諸起訴審查制，交付審判制似存在更多的立法爭議，柯耀程師認爲新法僅限適用於有被害人（告訴人）之案件，對無被害人者法院即無從對檢察官之不起訴或緩起訴處分加以監督，故上開限制有待商權，其次法院審查之對象包括不起訴及緩起訴處分，然不起訴處分爲檢察官偵查終結後所爲之意思決定，由法院依此制爲交付審判聲請之審查較無疑慮，至緩起訴係偵查程序中所爲處分，其既向非偵查終結如何使之適用本制而直接進入審判程序？學者更進一步批評指出，本法第258條之3第4項規定：「法院爲交付審判之裁定時，

視爲案件已提起公訴」，益使交付審判制顛覆我國刑事訴訟法之基本架構——「控訴原則」，致審判者竟須接續犯罪偵查工作而兼負追訴者之角色，何況視爲提起公訴後，原不欲爲起訴之檢察官又如何於審判程序中善盡修正後本法第161條之舉證責任？是以渠等乃認宜將准予交付審判後之程序換爲自訴程序方爲妥適。關於交付審判聲請之審查程序，學說認因對被告訴訟權益影響甚鉅，故應探聽審原則，給予被告陳述意見之機會，至其證據法則僅需自由證明即可，蓋其非屬本案犯罪事實之終局判決；而法院就此之審查範圍，林鈺雄師認宜有所區分，本法第253條、第254條及緩起訴處分應限裁量濫用或逾越情形，至於裁量適當與否，非法院所得審查，否則有侵害偵查權而破壞控訴原則之虞。另本法第252條則限於有無違反起訴法定原則之審查。除此，其對此制之其他重要見解包括：

一、法院裁定交付審判後，不應再適用起訴審查制，因該案件原已通過法院之審查而得交付審判，且起訴審查制之立法目的乃在監督檢察官濫行起訴，惟此際實係由法院爲起訴人，自無濫訴之問題，何況法院縱依起訴審查制之規定裁定命本不欲爲起訴之檢察官補正，其顯可能以不補正之方式達其原不爲起訴之目的，如此，交付審判制豈非形同虛設？

二、本法第258條之3第4項既將交付審判之裁定視爲提起公訴，從未明文禁止進入審判程序後不得撤回公訴，解釋上似係容許檢察官於第一審辯論終結前撤回公訴，然此不啻有違新法增設本制之立法目的，蓋原不欲起訴本案之檢察官焉有不於法院准予交付審判之裁定後撤回公訴之理？故宜認交付審判後，檢察官不得撤回公訴。

三、本法第258條之2第1項規定「交付審判之聲請，……於裁定交付審判後第一審辯論終結前亦同（得撤回）」，然該聲請之訴訟標的於法院交付審判之裁定確定後已消滅而不復存在，當係無從撤回？此項立法錯誤不言自明，法院應基於訴訟照料義務，於告訴乃論案件探詢告訴人是否代以撤回告訴。綜上所陳，將交付審判後之起訴轉換爲自訴程序實不失爲解決諸多爭議問題之良策。

🔍 焦點2　法院於交付審判之審查範圍

一、絕對不起訴處分（§252、§255Ⅰ其他法定理由）：審查有無違反起訴法定原則。

二、相對不起訴處分、緩起訴處分

	§253	§253-1	§254	法院之審查
行使裁量權之法定條件	§376案件	死刑、無期徒刑、三年以上有期徒刑以外案件	數罪中之一罪已受重刑確定判決	可審查（審查檢察官有無於法定條件不具備而逾越濫用裁量權）
前提條件	犯罪嫌疑	犯罪嫌疑	犯罪嫌疑	不須審查（因告訴人與檢察官對此無爭執）
裁量權	適當性	適當性	本罪起訴於執行刑無重大關係者	不可審查（倘可審查，無異剝奪檢察官之裁量權）

【附錄】91年聲判第3號

告訴人雖復以其未經合法傳喚以致無法到庭陳述意見等語，作爲聲請交付審判之理由，經核亦與法難謂有合。蓋傳喚告訴人到庭陳述之目的，乃在使告訴人可針對警詢中所爲之陳述外，更有所補充，並可就被告置辯各語再爲補述。是告訴人於刑事調查程序中，僅係立於補強之地位，事實之認定苟已有其他證據足資認定者，縱公訴人於偵查中未予傳訊告訴人到庭，亦非與法有違。又按刑事訴訟法新修正後所增訂第258條之1規定告訴人得向法院聲請交付審判，係此次修正刑事訴訟法新增對於「檢察官不起訴或緩起訴裁量權」制衡之外部監督機制，此時法院僅在就檢察官所爲不起訴或緩起訴之處分是否正確加以審查，以防止檢察機關濫權。依此立法精神，法院就聲請交付審判案件之審查，其中所謂「得爲必要之調查」，自應以偵查中曾顯現之證據爲限，不可就其新提出之證據再爲調查，亦不可蒐集偵查卷外以外之證據。台灣高等法院於91年5月6日以(91)院田文廉字第06701號函亦同此認定。

第八節　訴訟行爲之方式

```
一、文書 ─┬─1.筆錄→訊問筆錄&審判筆錄之區別
          └─2.裁判書→錯誤更正
二、送達 ── 法警、郵政、囑託、公示
三、期間 ─┬─1.行爲與不行爲期間
          ├─2.法定與裁定期間
          └─3.失權與訓示期間
```

🔍 焦點1　訴訟行爲之相關探討（林鈺雄，刑事訴訟法（上），頁176以下；陳樸生，刑事訴訟法實務，頁139以下）

一、訴訟行爲之種類
(一) 形成實體行爲（調查犯罪事實證據、辯論）、形成程序行爲（聲請羈押、上訴）。
(二) 法院行爲（傳喚、證據調查、判決）、當事人行爲（聲請之聲請迴避、立證之證據提出、陳述之事實陳述、主張之事實與法律辯論）、第三人行爲（告訴人之告訴、辯護人之辯論、證人之供述）。
(三) 代表（自訴人爲法人時應有代表人，其應有訴訟能力）、代理（程序形成行爲方許代理，包括告訴代理人、自訴代理人、被告代理人）、代行（第236條之代行告訴人）。

二、訴訟行爲之瑕疵
(一) 林鈺雄教授認爲若係因受不正方法（詐欺或脅迫等）而爲自白，則無證據能力，其他情形應視是否嚴重而定，需情事嚴重且涉及個案正義要求優於法安定性者（如恐嚇撤

回上訴），方否定其效力，此與法院公平審判原則之訴訟照料義務有密切關聯。陳樸生教授則基於保持程序之確實性而認爲，如訴訟行爲確係出於錯誤，或其他意思瑕疵，不可歸責於行爲人者，仍應認爲不生效力。

(二) 瑕疵治癒
　　1. 因除去而治癒瑕疵原因（如補正自訴代理人）。
　　2. 因程序進行而治癒瑕疵原因（如未符合審判期日七天之就審猶豫期間，然因當事人到庭陳述意見並參與辯論而治癒）。

(三) 文書瑕疵（錯誤）：裁判書原本與正本之更正、審判筆錄之更正（詳見文書章論述）。

🔎 焦點2　文書章修法評析

　　刑事訴訟程序中所爲之訴訟行爲可能以言詞或文字書面爲之，此等文書之種類包括裁判書、起訴書、不起訴書、拘票、傳票、羈押票、訊問筆錄、勘驗筆錄、審判筆錄等等，訴訟文書之內容涉及當事人權利甚鉅，故著重其確實性與有效性。此外，訴訟行爲之時間，因顧及共同行使之必要性與法之安定性，未得毫無限制，是以本法乃有期日期間之規定。

　　本章增修條文包括第43條、第43條之1、第44條及第44條之1。主要意旨乃因訴訟文書（尤指搜索、扣押、勘驗、詢問及訊問筆錄）之製作內容，攸關當事人之訴訟權益甚鉅，其記載詳實與否常影響法院對該筆錄內容之自由心證評斷，故宜有更爲嚴謹之規範，並予訴訟參與者（當事人、辯護人、代理人、輔佐人）就審判筆錄製作內容之正確性或完整性有爭執救濟之途徑；再者，審判筆錄若欲僅記載其要旨，審判長亦應徵詢訴訟關係人之意見後始得爲之，以求其周延妥當。應值肯定者乃第43條之1第2項之增訂，其謂「前項犯罪嫌疑人詢問筆錄之製作，應由行詢問以外之人爲之。但因情況急迫或事實上之原因不能爲之，而有全程錄音或錄影者，不在此限」。蓋司法警察（官）對犯罪嫌疑人製作之詢問筆錄常存有不正訊問方法或登載不實情事，本項規定限制行詢問之人原則不得爲筆錄製作，在詢問者與製作者相互監督制衡，不願爲對方違法行徑背書致擔負刑事責任考量下，或可減少上述不當取供之產生。

🔎 焦點3　訊問筆錄與審判筆錄之比較

	訊問筆錄	審判筆錄
適用	偵查與準備程序	審判期日
記載內容	§41Ⅰ	§44Ⅰ
應否當場製作	應（§41Ⅰ）	否（§45）
朗讀	應向受訊問人朗讀	受訊問人得請求朗讀（§44Ⅱ）

	訊問筆錄	審判筆錄
應否詢問記載有無錯誤	應詢問（§41Ⅱ）	無此規定
簽名	應命其簽名（§41Ⅳ）	無此規定
筆錄之證據力	與錄音、錄影不符則不得為證據（§100-1）	審判期日之訴訟程序專以此為證（§47）、（§100-1）

【附錄】釋字第43號

原判誤被告張三為張四，如全案關係人中，別有張四其人，而未經起訴，其判決自屬違背法令，應分別情形，依上訴非常上訴及再審各程序糾正之。如無張四其人，即與刑事訴訟法第245條（即現行法第266條）之規定未符，顯係文字誤寫，而不影響於全案情節與判決之本旨。除判決宣示前，得依同法第40條增刪予以訂正外，其經宣示或送達者，得參照民事訴訟法第232條，依刑事訴訟法第199條（即現行法第220條）由原審法院依聲請或本職權以裁定更正，以昭鄭重。

【附錄】81年台非第350號

查刑事判決正本送達後，發現原本之文字顯係誤寫，而不影響於全案情節與判決之本旨者，法院得本職權以裁定予以更正，有司法院大法官會議釋字第43號解釋可循。而訴訟程序中，於其應為訴訟行為而使訴訟狀態為一定之推移後，固發生一定之確定狀態；然此一確定狀態是否應賦予絕對性之效力，其有錯誤是否亦不得更正，則須就法的安定性與具體的妥善性兩者予以適當之衡量而定之，非可一概而論。衡以刑事訴訟重在國家刑罰權之實現，訴訟程序係對於判決目的之手段，於某一程度上，其手段自應隸屬於目的。以裁判之更正言，倘將更正之訴訟行為視為有效，反較視之為無效，更符合訴訟整體之利益，且對被告亦不致發生不當之損害者，為求訴訟之合目的性，自不能僅因訴訟狀態之確定，即不許其更正；前引司法院大法官會議釋字43號解釋所謂不影響於全案情節判決之本旨云云，亦即此意。

【附錄】97年台非第4400號

如係未經參與審理之法官參與判決，此種違法情形，並非判決有誤寫或其他類似之顯然錯誤，且已影響全案情節及判決本旨，自不得以裁定更正（本院21年上字第1988號判例參照）；如參與審理與參與判決之法官確屬相符，僅係書記官依據判決原本製作判決正本時，將部分法官姓名誤繕為其他未參與審理亦未參與判決之法官姓名，而有正本與原本不符之情形，此種情形，因與全案情節及判決本旨不生影響，為求訴訟之合目的性，固非不得以裁定更正。惟本件卷內並無原判決原本或影本等資料，本院無從判斷實際參與判決（評議及製作判決書）之法官為何人，亦無從判斷是否屬於上述判決原本與正本不符之情形，則原審之上開違法情形，自不能認為業因上開裁定更正而治癒，原判決仍無可維持。

【附錄】98年台上第3048號

刑事訴訟法第371條之逕行判決，須以被告經合法傳喚為必要條件。送達於住居所、事務所或營業所不獲會晤應受送達人者，得將文書付與有辨別事理能力之同居人或受僱人，為民事訴訟法第137條第1項前段所明文規定；此項規定依刑事訴訟法第62條，於刑事訴訟程序亦在準用之列。惟此所稱之「同居人」，須與應受送達人居住在一處，且繼續的為共同生活者，方為相當。若送達之處所，雖原為應受送達人之住居所、事務所或營業所，而實際上已變更者，該原住居所、事務所或營業所，已非應為送達之處所，原先在該處所與應受送達人共同居住生活之人，亦非所謂「同居人」，則其代為收受送達，自不能認為已合法送達。

【附錄】103年台上第882號

於刑事訴訟程序，被告之同居人或受僱人為告訴人或被害人時，固非被告之「他造當事人」，但其立場與被告具有潛在之利害衝突，無異於民事訴訟之他造當事人，如以其有代為收受送達文書之權限，顯與立法意旨有違，有侵害被告上訴權之虞，影響被告訴訟權之基本權益甚鉅，因此本於相同法理，此際亦應有上開規定之適用。至於告訴人、被害人為未成年人，而其法定代理人為被告配偶之情形，自應本於相同規範目的，為同一之解釋。又送達合法之效果，核屬程序事項，是否具有利害衝突之判斷，應以相關人之法律地位為形式觀察，至實質之利害關係如何，則非所問，否則無異將送達合法與否之判斷繫乎當事人之主觀意見，將危及程序之安定。

第十一章　強制處分

第一節　強制處分之基本概念

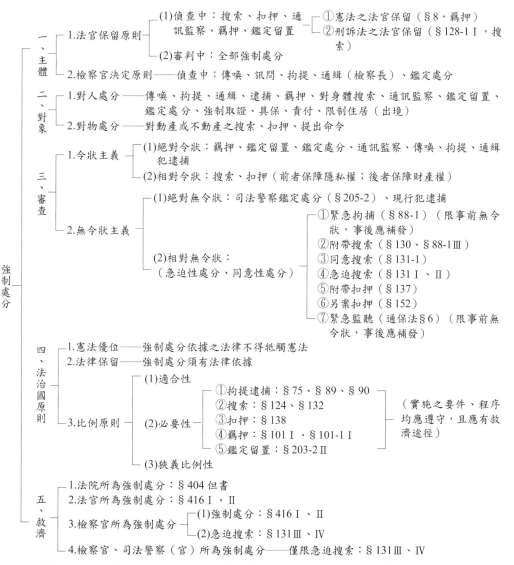

一、主體
- 1.法官保留原則
  - (1)偵查中：搜索、扣押、通訊監察、羈押、鑑定留置
    - ①憲法之法官保留（§8，羈押）
    - ②刑訴法之法官保留（§128-1Ⅰ，搜索）
  - (2)審判中：全部強制處分
- 2.檢察官決定原則——偵查中：傳喚、訊問、拘提、通緝（檢察長）、鑑定處分

二、對象
- 1.對人處分——傳喚、拘提、通緝、逮捕、羈押、對身體搜索、通訊監察、鑑定留置、鑑定處分、強制取證、具保、責付、限制住居（出境）
- 2.對物處分——對動產或不動產之搜索、扣押、提出命令

三、審查
- 1.令狀主義
  - (1)絕對令狀：羈押、鑑定留置、鑑定處分、通訊監察、傳喚、拘提、通緝犯逮捕
  - (2)相對令狀：搜索、扣押（前者保障隱私權；後者保障財產權）
- 2.無令狀主義
  - (1)絕對無令狀：司法警察鑑定處分（§205-2）、現行犯逮捕
  - (2)相對無令狀：（急迫性處分、同意性處分）
    - ①緊急拘捕（§88-1）（限事前無令狀，事後應補發）
    - ②附帶搜索（§130、§88-1Ⅲ）
    - ③同意搜索（§131-1）
    - ④急迫搜索（§131Ⅰ、Ⅱ）
    - ⑤附帶扣押（§137）
    - ⑥另案扣押（§152）
    - ⑦緊急監聽（通保法§6）（限事前無令狀，事後應補發）

四、法治國原則
- 1.憲法優位——強制處分依據之法律不得抵觸憲法
- 2.法律保留——強制處分須有法律依據
- 3.比例原則
  - (1)適合性
  - (2)必要性
    - ①拘提逮捕：§75、§89、§90
    - ②搜索：§124、§132
    - ③扣押：§138
    - ④羈押：§101Ⅰ、§101-1Ⅰ
    - ⑤鑑定留置：§203-2Ⅱ
    - （實施之要件、程序均應遵守，且應有救濟途徑）
  - (3)狹義比例性

五、救濟
- 1.法院所為強制處分：§404但書
- 2.法官所為強制處分：§416Ⅰ、Ⅱ
- 3.檢察官所為強制處分
  - (1)強制處分：§416Ⅰ、Ⅱ
  - (2)急迫搜索：§131Ⅲ、Ⅳ
- 4.檢察官、司法警察（官）所為強制處分——僅限急迫搜索：§131Ⅲ、Ⅳ

（說明：扣押之實施，原則上由法官於簽發搜索票時記載扣押標的，但執行搜索扣押人員依法仍得為附帶扣押，故可認定扣押為法官保留之相對令狀；然應注意，不論何種扣押，實施後均須製作扣押收據交付予相對人。）

🔍 焦點1　法治國原則與強制處分

一、偵查行為（如司法警察以誘騙方式拘捕犯罪嫌疑人）無詐欺禁止之適用，應依比例三原則檢驗其合法性。

二、依法治國原則之法律保留原則，任何干預限制人民基本權利之強制處分均應有法律之依據，實務長期以來欠缺此等明確認識，致對人民、被告、犯罪嫌疑人之採取血液、尿液、毛髮、指紋等視為無須法律保留之理所當然，92年修正新法對此終有匡正時弊之規定，除對諸多強制處分（採取分泌物、排泄物、血液、毛髮、指紋、腳印、筆跡、聲調、照相、掌紋、唾液、吐氣、測量身高及性質類同羈押之鑑定留置、類同搜索之鑑定人進入住居所等）賦予法律依據，並落實強制處分之令狀原則（除第205條之2外，至少應得法院或檢察官許可），有關92年修正新法就此部分之重要延伸說明，請另見證據章。

三、具突襲性質之無預警強制處分（搜索、拘捕、扣押）更應受憲法原則之嚴格檢驗。

四、就憲法精神而言，限制人民基本權利，應由超然中立之司法機關判斷，而非行政機關（檢察官），蓋本於檢察一體，檢察官雖應客觀獨立卻未必超然中立，本於法治國原則之要求，任何干預限制人民基本權利之強制處分，應具備如下要件始得發動：(一)相當犯罪嫌疑；(二)發動強制處分之法定理由（此為比例原則之適合性，亦即應有合理目的，如：保全被告或保全證據）；(三)法律依據（此為法律保留原則）。

五、王兆鵬老師並依強制處分之性質為如下分類

(一) 直接性（拘提、逮捕、羈押、搜索、扣押）與間接性（傳喚、提出命令）。

(二) 預警性（傳喚、提出命令、羈押）與無預警性（搜索、扣押、拘提、逮捕），後者之發動審查不經言詞辯論而具突襲性質。

六、柯耀程老師依程序阻礙之原因為如下分類（柯耀程，月旦法學教室第76期，頁91以下）

(一) 被告如逃匿或掩飾，使程序無法進行，故須對其人身自由限制乃至拘束之強制處分，包括拘提、逮捕、羈押、具保、責付、限制住居（含出境）。

(二) 刑事案件事實之認定應本於證據為之，若證據被刻意藏匿、移轉、改變性質，將造成對犯罪事實追訴之困難，故有強制取證之手段，包括搜索、扣押。

七、總結

　　強制處分啟動之基本要件：(一)有犯罪嫌疑存在；(二)已進入刑事程序而成為刑事案件（因刑事訴訟中方有強制處分）；(三)強制處分需有不違憲之法律依據；(四)需有合理性目的（即適合性），例如為保全被告或保全證據；(五)需有必要性而未逾越比例原則（即必要性與狹義比例性）。

🔍 焦點2　告訴乃論案件之強制處分（王兆鵬，當事人進行主義之刑事訴訟，頁31以下）

一、依法律經濟分析決定是否強制處分
- 1.政府實施強制處分之成本
- 2.實施強制處分對被害人名譽、隱私之損失
- 3.社會成本

二、羈押
- 1.已知被害人→探詢是否告訴
- 2.不知被害人→暫時留置，如限期內不能發現或無人告訴，則釋放

三、傳喚與提出命令→未經告訴亦可強制處分

四、拘捕
- 1.維持司法威信或公共秩序→可強制處分（§75、§87、§88、§88-1）
- 2.防止逃亡或湮滅證據→被害人告訴始可（§76）

五、搜索扣押
- 1.令狀搜索→被害人告訴始可強制處分
- 2.無令狀搜索→可強制處分

🔍 焦點3　強制處分之同意（林鈺雄，刑事訴訟法論上，頁278以下）

一、強制處分之同意，涉及人性尊嚴及公共利益

個人雖可拋棄財產權，但不能概括拋棄其自由權或生命權。如不符羈押要件，但得被告同意時，仍不可承認羈押之合法性。許多毫無授權依據之干預行為可能以同意為名而披上合法之外衣，以規避法律保留原則及比例原則，進而模糊干預人民基本權之界限。

二、合宜解決之道

(一) 排除同意可能性者

包括本質上不可能同意之處分（如監聽）及因為涉及公益而無法同意之處分（如羈押）。

(二) 他可容許同意之強制處分

需符合法定條件，包括搜索、扣押、採集並檢驗體液的穿刺或非穿刺措施（如抽血、驗尿）。此時，國家機關必須事先踐行一定程序之後，始能主張其處分因獲得同意而合法。如本法第131條之1之「同意」，國家機關需事先告知受處分人，其無配合或忍受之義務，因為此種同意必須為出於自由意思、自願的同意；或擬定書面之同意表格，以確定受處分人之真意，並杜絕未來爭議。

🔍 焦點4　強制處分之令狀審查制度

一、法官保留

(一) 意義：將特定之強制處分之決定權限，保留由法官為之，其他實施刑事訴訟程序之國家機關，僅具聲請權限。

(二) 起源：英國憲政史上之人身保護令狀，凡拘束人身自由的逮捕、拘禁，必須經由法官之審查，已成現代各法治國憲法之共通要求。

(三) 優點：防範濫權、保障人權。

1. 偵查機關之主要任務在於偵查犯罪、追訴犯人，而發動強制處分往往為偵查犯罪證據較容易（或唯一）之方法，故如由偵查機關審酌是否發動強制處分時，其認定標準較法官寬鬆，對當事人保障不周。

2. 法官決定發動強制處分與否時，受到人身及事物獨立性原則保障，另受法定法官原則及聽審原則之拘束。

3. 偵查階段所採行之法官保留原則，決定權保留給法官，但聲請權仍在偵查機關，訴訟上權力分立原則仍有適用，透過偵審分權而彼此制衡。

(四) 缺點：因偵查程序為求被告與證據之保全，著重實施效率，強制處分之聲請者與決定者分離，易影響效率與時機。

二、偵查機關決定模式

(一) 意義：由偵查機關自行發動強制處分，無庸事先得到法官之許可。

(二) 種類：

1. 檢察官決定：因檢察官較具專業法學知識且為偵查主體，並受法定性及客觀性義務之拘束，通常較司法警察（官）更能保障受處分人之基本權利。

2. 司法警察（官）決定：因司法警察（官）負責偵查階段證據之蒐集及被告保全之工作，由其決定可收迅速之效。

三、**學者對現行法評論**（黃朝義、刑事訴訟法，頁232）

按勘驗與鑑定兩者，或為偵查行為之一部分，或為其他偵查行為之延續行為，皆屬於偵查之範疇。因而只要屬於強制處分之屬性者，即應受法院司法審查之節制與監督。惟依現行法之規定，職司偵查之檢察官得以直接實施勘驗行為（刑訴§212），完全未受司法審查之監督與節制，為法制上之大漏洞；至於鑑定部分雖有鑑定許可書之規定，惟因檢察官得以在偵查階段對屬於強制處分之鑑定處分為許可與否之決定，顯然有違強制處分應受司法監督之原則。另私人並無法自行選任鑑定人，亦有違當事人實質對等之刑事訴訟原則。

第二節　通訊監察強制處分

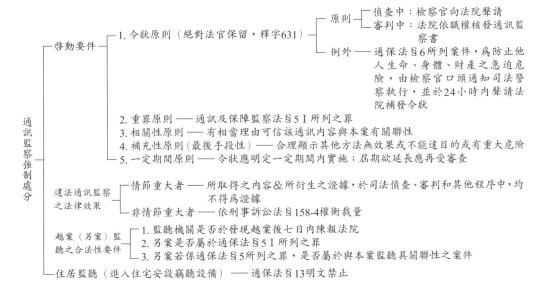

焦點1　通訊保障及監察法之修法要點與評析（李榮耕，月旦法學第227期，頁160；林鈺雄，台灣法學第239期，頁54、61；張麗卿，月旦法學第229期，頁35、36、44；陳運財，月旦法學第229期，頁17以下）

一、修法要點

(一) 通聯紀錄納入本法之保護客體且採相對法官保留原則

1. 依通保法第3條之1、第11條之1規定，通聯紀錄與通訊使用者資料之調取，原則上應具備如下要件

(1)最重本刑三年以上有期徒刑之罪，檢察官偵查犯罪或司法警察官調查犯罪情形及蒐集證據。

(2)有事實足認於本案偵查具必要性與關連性。

(3)檢察官向法院聲請調取票之令狀（核發程序不公開、應載明有效期間、駁回則不得聲明不服）

2. 例外情形

(1)急迫情形不及事先聲請者。但於原因消滅後，應聲請補發。

(2)最輕本刑十年以上有期徒刑以上之罪及強盜、詐欺、擄人勒贖、毒品、槍砲、走私、組織犯罪等（本法§11-1），由檢察官依職權或司法警察官聲請檢察官同意。

(3)本法第7條之情報工作。

(二) 通訊監察署（監聽案）之聲請嚴格化

　　1. 檢察官向法院聲請通訊監察書限本法第5條第1項所列之重罪案件。

　　2. 應檢附文件釋明「有相當理由可信通訊內容與本案之關連性」及「合理顯示其補充性或最後手段性」（其他方法無效果或不能達目的有重大危險）。

　　3. 採取「一人一票一監聽」原則。

　　4. 限定每次期間為三十日，有繼續必要時，應釋明具體理由，但不得逾一年，否則應重行聲請。

(三) 越案監聽之證據使用禁止與例外及其他違法監聽之證據禁止

　　1. 原則上不得為證據之情形

　　(1)依本法第5至7條執行通訊監察而取得其他案件（另案）之內容者。

　　(2)依本法第5至7條執行通訊監察所取得與監察目的無關之內容或所衍生之證據。（此指一切與刑事犯罪無關之衍生資訊，不得作為原偵查、審判、其他程序或其他用途，並銷毀之）。

　　(3)違反本法第5至7條進行通訊監察所取得之內容或衍生之證據（效果同上述(2)）。

　　2. 例外情形

　　(1)另案監督於發現後七日內補行陳報法院，並經法院審查認可該另案與本案具關連性者。

　　(2)另案監聽之另案，屬於本法第5條第1項所列各款之罪者。

(四) 通訊監察相對人之救濟途徑

　　依刑事訴訟法第404條第1項第2款或第416條第1項第1款之規定，提出抗告或準抗告。

(五) 無令狀緊急監聽之類型與要件

　　1. 有事實足信有其他通訊作為本法第5條第1項犯罪連絡而情形急迫者。

　　2. 有事實足認被告或犯罪嫌疑人犯本法第6條第1項所列之罪，為防止他人生命、身體、財產之急迫危險者。

　　3. 程序：司法警察機關報請檢察官以口頭通知執行機關先予執行，並於二十四小時內陳報法院補發通訊監案書，若未於四十八小時內補發，應即停止監察。

(六) 監督機制

　　1. 法官、檢察官之監督。

　　2. 本法第13條規定，原則上每三日派員取回監錄內容。與監察目的無關者，不可轉為譯文。

　　3. 本法第15條規定，事後通知義務。

　　4. 本法第18條規定，連續流程履歷紀錄與管理。

　　5. 本法第32條之1規定，國會監督。

二、修法評析

(一) 秘密通訊自由是我國憲法第12條明文保障的基本權利，各國際人權公約亦同，如歐洲人權公約第8條及具我國內國法效力的聯合國公民與政治權利國際公約第17條，為追

訴犯罪或維護國家安全的公共利益，國家雖得實施通訊監察之干預處理，但應符合干預的正當化事由，尤其是干預必須形式上符合法律保留原則，事先取得法律的授權並依照法定程序為之，事質上應符合比例原則。

(二) 學者借鑑外國立法例提出立法原則之建議

1. 重要性犯罪嫌疑的實體門檻。需有特定事實足認某人涉嫌具重要性之犯罪，尤其是得以發動通訊內容監察的列舉重罪者，但不以此為限。追訴輕微犯罪不得調取通聯紀錄。

2. 法官保留原則的實體門檻。由於調取通聯紀錄仍是對秘密通訊自由之干預，故程序門檻比照通訊內容之監察，同採法官保留原則；急迫情形檢察官得事先發動，但應補報法院確認。

3. 補充性原則及比例原則之要求。相較於其他干預較為輕微的調查或查明手段，調取通聯紀錄居於補充性地位，且其手段與目的亦必須符合比例原則的要求。

4. 調取統計之年度公告。比照通訊內容監察之要求，公告每年度調取實務的各分項統計，諸如程序數、命令數（區分第一次及延長次）、命令依據之罪名、調取期間，乃至於有調取而無結果的數據。

5. 事後通知、權利救濟及資料銷毀。亦比照或等同於通訊內容監察之要求。

6. 目前通訊監察的執行所採取之方式，乃一律以機器設備監錄下，特定門號在一定時間內所有的通訊內容的方式。然此違反了憲法第12條保障人民秘密通訊自由，依釋字第631號意旨，通保法所要求的最小侵害原則、特定明確原則及令狀原則等規定，並有恣意侵害人民通訊隱私及其他憲法權利（如受律師協助權），以及造成偵查時無效率及通訊監察的浮濫聲請等嚴重問題。釜底抽薪之計，應該是全面廢止現行的執行方式，改採線上即時監聽（錄），如此方合於憲法及通保法的誡命，方有可能即時停止與本案無關或錯誤之通訊監察，降低案件聲請量，妥適保障人民的隱私。

(三) 關於GPS定位問題，學者看法如下

1. 由於GPS定位係掌握被偵查對象的活動時間及地點，以了解其與所涉之犯罪事實的關係。雖然在客觀上並未使用違反被偵查對象自由意思之強制力，惟國人日常的生活型態及行止不受監視或紀錄追蹤，亦屬個人自主控制的隱私範圍，應享有免於受家機關干預的自由，此與傳統以人工方式跟蹤所具有的權利侵害性質，並無二致。惟GPS定位的範圍，如僅限於被偵查對象使用車輛於進出公共場所或公眾得出入之場所，且定位時間較短，而不足以解析出被偵查者生活型態或社交活動者，因在此種情形下，被偵查者所有的行止不欲人知的合理隱私期待相對較低，因此，基於調查犯罪嫌疑人犯罪情形之必要，於合於比例原則的範圍內，應可肯認此種情形之GPS定位對於重要的隱私權益並未造成實質的侵害，而可界定為任意處分。然其實施應經偵查機關之主要長官同意，且實施期間應合於比例原則，不得逾必要程度。

2. 但若GPS定位的範圍，非公共場所或公眾得出入處所，而已涉及被偵查對象於私人住宅或建築物內行止之掌握，應認已造成合理隱私期待的實質侵害；或是就GPS定

位的期間而言，長達足以解析出被偵查者生活型態或社交活動的類型者，此種情形，亦應認為對其重要的隱私權益已造成實質侵害，均應認為已逾越任意處分的界限，而構成強制處分。此時應立法明文規範，且為避免偵查機關濫用GPS定位過度干預個人隱私權益，程序上應先聲請法院許可。

【附錄】106台上第3788號

按維護人性尊嚴與尊重人格自由發展，乃自由民主憲政秩序之核心價值。隱私權雖非憲法明文列舉之權利，惟基於人性尊嚴與個人主體性之維護及人格發展之完整，並為保障個人生活私密領域免於他人侵擾及個人資料之自主控制，隱私權乃為不可或缺之基本權利，而受憲法第22條所保障。又對個人前述隱私權之保護，並不因其身處公共場域，而失其必要性。即他人之私密領域及個人資料自主，在公共場域亦有可能受到干擾，而超出可容忍之範圍，尤以現今資訊科技高度發展及相關設備之方便取得，個人之私人活動受注視、監看、監聽或公開揭露等侵擾之可能大為增加，個人之私人活動及隱私受保護之需要，亦隨之提升。是個人縱於公共場域中，亦應享有依社會通念得不受他人持續注視、監看、監聽、接近等侵擾之私人活動領域及個人資料自主，而受法律所保護，此觀司法院釋字第603號、第689號解釋意旨自明。故而隱私權屬於憲法所保障之權利，殆無疑義。而有無隱私權合理保護之期待，不應以個人所處之空間有無公共性，作為決定其是否應受憲法隱私權保障之絕對標準。即使個人身處公共場域中，仍享有私領域不被使用科技設備非法掌握行蹤或活動之合理隱私期待。再者，解釋法律條文時，除須斟酌法文之文義外，通常須斟酌規範意旨，始能掌握法文構成要件之意涵，符合規範之目的及社會演進之實狀，而期正確適用無誤。按刑法第315條之1第2款妨害秘密罪之立法目的，係對於無故竊錄他人非公開活動、言論、談話或身體隱私部位之行為，予以限制，以保障人民秘密通訊自由及隱私權。所謂「非公開之活動」，固指該活動並非處於不特定或多數人得以共見共聞之狀態而言，倘處於不特定或多數人得以共見共聞之狀態，即為公開之活動。惟在認定是否為「非公開」之前，須先行確定究係針對行為人之何種活動而定。以行為人駕駛小貨車行駛於公共道路上為例，就該行駛於道路上之車輛本體外觀言，因車體本身無任何隔絕，固為公開之活動；然由小貨車須由駕駛人操作，該車始得移動，且經由車輛移動之信息，即得掌握車輛使用人之所在及其活動狀況，足見車輛移動及其位置之信息，應評價為等同車輛使用人之行動信息，故如就「車內之人物及其言行舉止」而言，因車輛使用人經由車體之隔絕，得以確保不欲人知之隱私，即難謂不屬於「非公開之活動」。又偵查機關為偵查犯罪而非法在他人車輛下方底盤裝設GPS追蹤器，由於使用GPS追蹤器，偵查機關可以連續多日、全天候持續而精確地掌握該車輛及其使用人之位置、移動方向、速度及停留時間等活動行蹤，且追蹤範圍不受時空限制，亦不侷限於公共道路上，即使車輛進入私人場域，仍能取得車輛及其使用人之位置資訊，且經由所蒐集長期而大量之位置資訊進行分析比對，自可窺知車輛使用人之日常作息及行為模式，難謂非屬對於車輛使用者隱私權之重大侵害。而使用GPS追蹤器較之現實跟監追蹤，除取得之資訊量較多以外，就其取得資料可以長期記錄、保留，且可全面而任意地監控，並無跟丟可能等情觀之，二者仍有本質上之

差異，難謂上述資訊亦可經由跟監方式收集，即謂無隱密性可言。再者，刑法第315條之1所謂之「電磁紀錄」，係指以電子、磁性、光學或其他相類之方式所製成，而供電腦處理之紀錄；而所謂「竊錄」，則指暗中錄取之意，亦即行為人以某種設備置於被錄者難以查覺之暗處，暗中錄取被錄者之聲音、影像或其他不欲人知之資訊而言，不以錄取者須為聲音或影像為限。查GPS追蹤器之追蹤方法，係將自人造衛星所接收之資料透過通訊系統傳至接受端電腦，顯示被追蹤對象之定位資訊，透過通訊網路傳輸，結合地理資訊系統對於個人所在位置進行比對分析，而獲取被追蹤對象之所在位置、移動方向、移動速度以及滯留時間之電磁紀錄，固非為捕捉個人之聲音、影像，但仍屬本條所規範之「竊錄」行為無疑。原判決以公共場所亦有隱私權，進而用「隱私受侵害」取代「非公開」構成要件要素之涵攝，固有微疵，但不影響本件判決本旨。而檢察官上訴意旨，以陳○聰駕駛小貨車行駛在外，其行蹤為公眾可共見，且以GPS追蹤器所錄取之上述資訊，並非聲音或影像，即認不屬於非公開之活動，並以現實跟監追蹤之方式，亦同可收集使用GPS追蹤器所獲得之上開資訊，而謂無隱密性云云，按之前揭說明，自有誤會，其因此指摘原判決違法，自非適法之第三審上訴理由。

查偵查機關非法安裝GPS追蹤器於他人車上，已違反他人意思，而屬於藉由公權力侵害私領域之偵查，且因必然持續而全面地掌握車輛使用人之行蹤，明顯已侵害憲法所保障之隱私權，自該當於「強制偵查」，故而倘無法律依據，自屬違法而不被允許。又刑事訴訟法第228條第1項前段、第230條第2項、第231條第2項及海岸巡防法第10條第1項、第2項、第3項之規定，僅係有關偵查之發動及巡防機關人員執行犯罪調查職務時，視同刑事訴訟法第231條司法警察（官）之規定，自不得作為裝設GPS追蹤器偵查手段之法源依據。而原判決復已依據卷證資料詳細說明警察職權行使法第11條第1項之規定，如何不得作為被告安裝GPS追蹤器偵查之依據，且被告事前亦未立案調查或報請長官書面同意，在無法律授權下，擅自藉口犯罪偵查，自行竊錄蒐證，不能認為有法律上之正當理由。因認被告並無法律授權，即透過GPS追蹤器蒐集陳○聰車輛位置等資訊，嚴重侵害告訴人之隱私權，且無法律上之正當理由，業已構成刑法第315條之1第2款「無故」之要件，核無不合。檢察官上訴徒憑己意，漫指安裝GPS追蹤器之作為，應屬偵查作為，屬於依法令之行為云云，自與法律所規定得上訴第三審之理由不相適合。

至GPS追蹤器之使用，確是檢、警機關進行偵查之工具之一，以後可能會被廣泛運用，而強制處分法定原則，係源自憲法第8條、第23條規定之立憲本旨，亦是調和人權保障與犯罪真實發現之重要法則。有關GPS追蹤器之使用，既是新型之強制偵查，而不屬於現行刑事訴訟法或其特別法所明定容許之強制處分，則為使該強制偵查處分獲得合法性之依據，本院期待立法機關基於強制處分法定原則，能儘速就有關GPS追蹤器使用之要件（如令狀原則）及事後之救濟措施，研議制定符合正當法律程序及實體真實發現之法律，附此敘明。

🔍 焦點 2　得通訊一方同意之無令狀監聽（王兆鵬，刑事訴訟講義，頁 240；陳運財，刑事訴訟法實例研習，頁 77 以下；楊雲驊，月旦法學教室第 28 期，頁 23；吳巡龍，月旦法學第 136 期，頁 240 以下；黃朝義，刑事訴訟法，頁 265）

一、有學者認為通訊監察法之目的在保障通訊當事人意志決定與形成自由狀態下之陳述權，使當事人雙方秘密通訊之隱私性得獲不受外界干預之保障，但於通訊雙方間即無秘密可言，易言之，倘經通訊一方同意時，憲法保障之秘密通訊狀態即不存在，故偵查人員經通訊一方同意進行之無令狀監聽，非屬不正方法取得自白，亦未違反告知義務之踐行，並不構成秘密通訊自由之干預，該通訊內容應具證據能力。

二、另有學者認為受通訊監察法保護之通訊需具有「隱私或秘密之合理期待」者（通訊監察法§3 II），如當事人間之通訊內容不具有隱私或秘密之合理期待，應認為不具有權利之侵害性，則無秘密通訊保障之必要，縱然未事先取得通訊監察書，仍屬合法。而若當事人之間之通訊具有隱私或秘密之合理期待，如未事先取得通訊監察書，縱令具有當事人之一的同意，仍具有侵害性，但警察機關得援引通訊保障監察法第29條第3款之事由，主張監聽出於正當目的而阻卻刑事違法，但仍屬違法取證。陳運財教授舉下列二例說明：

(一) 經通話一方同意，由第三人監聽：如擄人勒贖案件，嫌犯已預知被害人或警方必將為電話監聽錄音，此無合理之隱私期待，縱無令狀亦屬合法。

(二) 通話一方擅自秘密將對話錄音：如偵辦毒品案件之警方喬裝購毒而秘密將與毒販之對話錄音，此時對方僅放棄對另一方之通話內容之秘密，並未希望內容洩漏其他人，故除非對方已知悉另一方為警察，否則仍有合理隱私期待，需有令狀始得為之。但有認為此時內容本有外洩可能，已無合理隱私期待。

三、實務見解有持肯定說者，如最高法院97年台上字第2743號判決；亦有持相反意見者，如最高法院93年台上字第2949號判決，其認為：通訊保障及監察法之得通訊一方同意可免責之規定，僅係基於衡平原則對於通訊一方之保護措施，非謂司法警察機關得藉此為無令狀監聽，迴避通訊保障監察法之規範，故該監聽內容之證據能力有無，應依刑事訴訟法第158條之4規定權衡裁量。

有學者基於如下理由亦持反對見解：

(一) 通訊他方之隱私期待亦應予以保障：在對話進行的當時，當事人一方僅對於對話之他方放棄其對話內容的秘密性，建立在特殊信賴關係上，對於非對話之當事人，因欠缺此種信賴，無法認為當事人亦對第三人放棄對話內容的秘密性。亦即當事人不論在主觀上或客觀上，對於非其所選定之對話者，仍有其對於隱私權不受干擾之期待。因此，對話內容秘密性的放棄，也僅存在已經對話之一方與由其所選定之他方當事人之間。

(二) 當事人間「即時性」的對話應予保障：縱使對話的內容事後透過他方當事人加以洩漏而失去秘密性，此時失去秘密性的，並非當事人間的「即時性對話」本身，而是洩漏

對話之他方當事人「依其記憶所建構的對話內容」，在範圍上，兩者仍有不同。

🔍 焦點3　釋字第631號

一、解釋文

憲法第12條規定：「人民有秘密通訊之自由。」旨在確保人民就通訊之有無、對象、時間、方式及內容等事項，有不受國家及他人任意侵擾之權利。國家採取限制手段時，除應有法律依據外，限制之要件應具體、明確，不得逾越必要之範圍，所踐行之程序並應合理、正當，方符憲法保護人民秘密通訊自由之意旨。中華民國88年7月14日制定公布之通訊保障及監察法第5條第2項規定：「前項通訊監察書，偵查中由檢察官依司法警察機關聲請或依職權核發」，未要求通訊監察書原則上應由客觀、獨立行使職權之法官核發，而使職司犯罪偵查之檢察官與司法警察機關，同時負責通訊監察書之聲請與核發，難謂為合理、正當之程序規範，而與憲法第12條保障人民秘密通訊自由之意旨不符，應自本解釋公布之日起，至遲於96年7月11日修正公布之通訊保障及監察法第5條施行之日失其效力。

二、理由書

按人民於其憲法上所保障之權利，遭受不法侵害，經依法定程序提起訴訟，對於確定終局裁判所適用之法律或命令發生有牴觸憲法之疑義者，得聲請解釋憲法，司法院大法官審理案件法第5條第1項第2款定有明文。查本件據以聲請之確定終局判決係以監聽取得之證據作為不利於聲請人判決證據之一，而監聽合法與否，係依88年7月14日制定公布之通訊保障及監察法（以下簡稱通保法）第5條之規定定之，故該規定亦屬上述判決所適用之法律，本院自得依首開規定受理解釋。

憲法第12條規定：「人民有秘密通訊之自由。」旨在確保人民就通訊之有無、對象、時間、方式及內容等事項，有不受國家及他人任意侵擾之權利。此項秘密通訊自由乃憲法保障隱私權之具體態樣之一，為維護人性尊嚴、個人主體性及人格發展之完整，並為保障個人生活私密領域免於國家、他人侵擾及維護個人資料之自主控制，所不可或缺之基本權利（本院釋字第603號解釋參照），憲法第12條特予明定。國家若採取限制手段，除應有法律依據外，限制之要件應具體、明確，不得逾越必要之範圍，所踐行之程序並應合理、正當，方符憲法保障人民基本權利之意旨。

通保法係國家為衡酌「保障人民秘密通訊自由不受非法侵害」及「確保國家安全、維護社會秩序」之利益衝突，所制定之法律（通保法第1條參照）。依其規定，國家僅在為確保國家安全及維護社會秩序所必要，於符合法定之實體及程序要件之情形下，始得核發通訊監察書，對人民之秘密通訊為監察（通保法第2條、第5條及第7條參照）。通保法第5條第1項規定：「有事實足認被告或犯罪嫌疑人有下列各款罪嫌之一，並危害國家安全或社會秩序情節重大，而有相當理由可信其通訊內容與本案有關，且不能或難以其他方法蒐集或調查證據者，得發通訊監察書」，此為國家限制人民秘密通訊自由之法律依據，其要件尚稱具體、明確。國家基於犯罪偵查之目的，對被告或犯罪嫌疑人進行通訊監察，乃是

以監控與過濾受監察人通訊內容之方式，蒐集對其有關之紀錄，並將該紀錄予以查扣，作為犯罪與否認定之證據，屬於刑事訴訟上強制處分之一種。惟通訊監察係以未告知受監察人、未取得其同意且未給予防禦機會之方式，限制受監察人之秘密通訊自由，具有在特定期間內持續實施之特性，故侵害人民基本權之時間較長，亦不受有形空間之限制；受監察人在通訊監察執行時，通常無從得知其基本權已遭侵害，致其無從行使刑事訴訟法所賦予之各種防禦權（如保持緘默、委任律師、不為不利於己之陳述等）；且通訊監察之執行，除通訊監察書上所載受監察人外，可能同時侵害無辜第三人之秘密通訊自由，與刑事訴訟上之搜索、扣押相較，對人民基本權利之侵害尤有過之。

鑑於通訊監察侵害人民基本權之程度強烈、範圍廣泛，並考量國家執行通訊監察等各種強制處分時，為達成其強制處分之目的，被處分人事前防禦以避免遭強制處分之權利常遭剝奪。為制衡偵查機關之強制處分措施，以防免不必要之侵害，並兼顧強制處分目的之達成，則經由獨立、客觀行使職權之審判機關之事前審查，乃為保護人民秘密通訊自由之必要方法。是檢察官或司法警察機關為犯罪偵查目的，而有監察人民秘密通訊之需要時，原則上應向該管法院聲請核發通訊監察書，方符憲法上正當程序之要求。系爭通保法第5條第2項未設此項規定，使職司犯罪偵查之檢察官與司法警察機關，同時負責通訊監察書之聲請與核發，未設適當之機關間權力制衡機制，以防免憲法保障人民秘密通訊自由遭受不必要侵害，自難謂為合理、正當之程序規範，而與憲法第12條保障人民秘密通訊自由之意旨不符，應自本解釋公布之日起，至遲於96年7月11日修正公布之通保法第5條施行之日失其效力。另因通訊監察對人民之秘密通訊自由影響甚鉅，核發權人於核發通訊監察書時，應嚴格審查通保法第5條第1項所定要件；倘確有核發通訊監察書之必要時，亦應謹守最小侵害原則，明確指示得為通訊監察之期間、對象、方式等事項，且隨時監督通訊監察之執行情形，自不待言。

【附錄】87年台上第4025號

刑事訴訟之目的，固在發現真實，藉以維護社會安全，其手段則應合法純潔、公平公正，以保障人權；倘證據之取得非依法定程序，而法院若容許該項證據作為認定犯罪事實之依據有害於公平正義時，因已違背憲法第8條、第16條所示應依正當法律程序保障人身自由、貫徹訴訟基本權之行使及受公平審判權利之保障等旨意（司法院大法官會議釋字第384、396、418號等解釋部分釋示參考），自應排除其證據能力。準此，實施刑事訴訟之公務員對被告或訴訟關係人施以通訊監察，如非依法定程序而有妨害憲法第12條所保障人民秘密通訊自由之重大違法情事，且從抑制違法偵查之觀點衡量，容許該通訊監察所得資料作為證據並不適當時，當應否定其證據能力（請注意本判決在證據排除法則之地位）。

【附錄】93年台上字2949號

通訊保障及監察法第29條第3款雖規定，監察他人之通訊，監察者為通訊之一方或已得通訊之一方事先同意，而非出於不法目的者，不罰。乃基於衡平原則，對於當事人之一方，所賦予之保護措施。並非謂司法警察機關於蒐集證據時，得趁此機會，於徵得通訊之

一方事先同意，即可實施通訊監察，而無須聲請核發通訊監察書，以規避通訊保障及監察法第5條、第6條所規定之限制。

【附錄】101年台上第3287號

惟查：(一)綜觀原判決事實及理由欄三、(一)所載之全部內容及其本旨，其係說明經參酌通訊保障及監察法第29條第3款「監察者為通訊之一方，而非出於不法目的者，不罰」之規定，係因受監察者對通訊之一方，並無通訊秘密及隱私期待可言，此與監察者在受監察者不知情之狀況下，截聽或截錄電話談話內容之情形有別。故公務員實施監察而為通訊之一方，如其所為非出於不法之目的，不惟在刑罰規範上屬於阻卻違法之事由，且因屬公務員基於保全證據之必要所實施之作為，即不發生違背法定程序取得證據之問題，其所取得之證據應有證據能力。另本件並非警員利用線民，徵得線民同意監聽線民與他人通訊，而以迂迴方式規避應取得通訊監察書之情形，毛○益之錄音作為並未違反通訊保障及監察法之立法目的，應認該通話錄音非屬違背法定程序所取得之證據，得作為證據。(二)……又警員毛○益以聯邦快遞人員名義與上訴人通話，係其偵辦刑事案件蒐證技巧之運用，並非依刑事訴訟法第95條之規定訊問上訴人。上訴意旨指稱：警員毛○益「隱密探話」之偵查方式，違反刑事訴訟法第95條第2款等之規定，毛○益與上訴人於電話中交談之錄音，依刑事訴訟法第158條之2第2項、第156條第1項之規定，不得作為證據云云。係以自己之說詞，任意指摘，亦難認為有理由。（註：此判決見解有極大爭議性）

【附錄】102年台上第2967號

通訊監察結束之通知受監察人程序，僅在使其得悉受通訊監察之情形，俾通訊監察得以透明化，則事後有無依法通知受監察人，顯與執行機關合法執行通訊監察所得證據之證據能力無涉。

【附錄】105年台上第1434號

刑法第315條之1第2款規定「無故以錄音、照相、錄影或電磁紀錄竊錄他人非公開之活動、言論、談話或身體隱私部位」之妨害秘密罪，其所謂「無故」，乃本款犯罪之違法性構成要件要素，是否該當此要素，自應為實質違法性之審查。易言之，所謂「無故」係指欠缺法律上之正當理由而言，而理由是否正當，則應依個案之具體情事，參酌生活經驗法則，由客觀事實資為判斷，並應符合立法之本旨，兼衡侵害手段語法益保障間之適當性、必要性及比例原則，避免流於恣意。從而，職司犯罪偵查之公務員，為上開竊錄他人非公開活動之行為，其目的縱係在偵查犯罪而非出於不法，其所為亦非當然有正當理由，仍應就上開各因素綜合判斷之。本件原判決雖以被告等人委由A1進入上開包廂之目的，係在確認與監察對象王志鑫接觸之對象，乃為偵辦貪瀆犯罪，保障國家社會法益，且貪瀆手法態樣多元，涉案人員難以掌控，須掌握最新情資，隨時因應事態變化而有不同之偵查作為，始能掌握嫌疑人之犯罪動態，而本件侵害人民隱私權之程度，只係包廂內人員唱歌樣貌、聲音為他人所窺知，且時程甚為短暫，兩相衡酌結果，其所欲保護之法益必要性顯

然優於上訴人等人隱私權遭些微侵害而須被保護之必要性等情，認被告與警員郭忠泰等人所爲，符合比例原則（見原判決第14頁第15列至次頁第10列）。然依原判決所認事實，A1受託爲竊錄行爲之目的，既僅在確認與王志鑫接觸之對象，則何以不能在該KTV之其他公共區域爲之，而須以上開喬裝進入包廂竊錄他人非公開活動而侵害他人隱私權之手段爲之？就此目的之達成而言，採取侵害他人隱私權手段之必要性何在？且此竊錄行爲所欲探知者，係在上開包廂內除王志鑫外，尚有何人在場，實係對當時在該包廂內之不特定對象爲竊錄之侵害行爲，如若事前在客觀上，無任何直接或間接之跡證，足資合理懷疑各該對象與原判決所稱貪瀆犯罪之間有所關聯，且於該犯罪之偵查存有相當之重要性或急迫性，而僅憑被告與警察人員主觀上之單純臆測，即對不特定對象之非公開活動進行竊錄，則無異於射倖性之蒐證行爲，其手段與目的之間之適當性及必要性均有可議，而與上開刑法規定保障人民隱私權之本旨亦不相合。實情如何，攸關本件竊錄行爲有無「正當理由」，是否合於刑法第315條之1所規定之「無故」，而得依該罪論處之判斷。原審未予究明釐清，復未說明理由，遽爲無罪判決，自有調查未盡及理由不備之違法。

【附錄】106年台上第2875號

通訊監察結束之通知受監察人程序，僅在使其得悉受通訊監察之情形，俾通訊監察得以透明化，則事後有無依法通知受監察人，顯與執行機關合法執行通訊監察所得證據之證據能力無涉。

第三節　拘束人身自由強制處分之流程

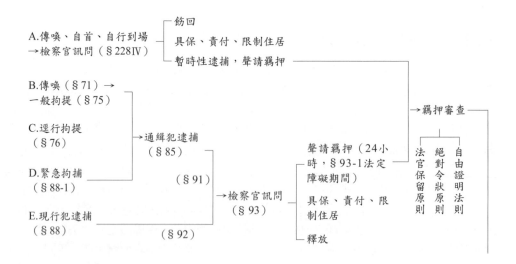

- 法官訊問
  - 程序合法性
    - 管轄權有無
    - 聲請權有無
    - 拘捕前置原則之合法否
    - →不合法，應裁定駁回，釋放
  - 實質要件
    - 1. 重大犯罪嫌疑
    - 2. 羈押法定理由（合理目的，§101 I ①②③，§101-1）
    - 3. 必要性
    - 釋放（無1. 或無2. 或無1. 與2.）
    - 具保、責付、限制住居（具備1.、2.、無3.）
    - 裁定羈押（具備1.、2.、3.）

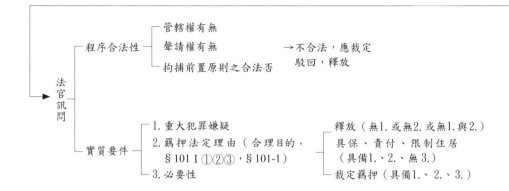

焦點1　拘捕強制處分之探討（王兆鵬，刑事訴訟講義，頁271以下）

一、拘提逮捕與羈押同為拘束人身自由之強制處分，僅係時間長短不同，本於釋字第384號解釋意旨，宜均採絕對法官保留原則。

二、第88條之1緊急拘捕之「情況急迫」，若於公共場所應可認定，然若於住宅為之，應具備如下要件

(一) 犯罪嚴重性。

(二) 合理懷疑嫌犯攜帶兇器。

(三) 有相當理由相信嫌犯確實涉案。

(四) 有相當理由相信嫌犯確實在建物內。

(五) 若不立即逮捕，嫌犯即可能逃逸。

三、自訴程序於自訴狀繕本未送達被告前，法院不得先行拘捕。

四、第93條之1第3、5款列為法定障礙事由有違憲之虞（容許檢察官為訊問之目的，而長時間拘束被告自由），蓋依憲法理論與釋字第130號解釋，障礙事由應限於「交通障礙」、「不可抗力」、「在途期間」等。

【附錄】釋字第90號

一、解釋文

(一) 憲法上所謂現行犯係指刑事訴訟法第88條第2項之現行犯，及同條第3項以現行犯論者而言。

(二) 遇有刑事訴訟法第88條所定情形，不問何人均得逕行逮捕之，不以有偵查權人未曾發覺之犯罪為限。

(三) 犯瀆職罪收受之賄賂，應認為刑事訴訟第88條第3項第2款所稱之贓物。賄賂如為通貨，依一般觀察可認為因犯罪所得，而其持有並顯可疑為犯罪人者，亦有上述條款之適用。

二、理由書

(一) 憲法第8條既有現行犯之逮捕由法律另定之明文，刑事訴訟法第88條第1項規定現行犯不問何人得逕逮捕之。其第2項復謂：犯罪在實施中或實施後即時發覺者，爲現行犯。而其第3項並規定有下列情形之一者，以現行犯論，一爲追呼爲犯罪人者；二爲因持有兇器、贓物或其他物件，或於身體、衣服等處，露有犯罪痕跡，顯可疑爲犯罪人者。是憲法第8條所稱之現行犯，係包括刑事訴訟法第88條第3項，以現行犯論者在內。憲法其他各條所稱之現行犯，其涵義亦同；殊難謂爲應將以現行犯論者，排除在外。蓋在憲法上，要不容有兩種不同意義之現行犯並存。

(二) 案件在偵查中，如發覺其他犯罪之人，固得依法傳拘；但遇有刑事訴訟法第88條所定情形，則不問何人均得逕行逮捕之，不以有偵查權人未曾發覺之犯罪爲限，因該條規定，旨在防止犯人逃亡、湮滅罪證，並未設有此項限制。

(三) 犯瀆職罪收受之賄賂，雖非刑法贓物罪之贓物，但係因犯罪所得，應認爲刑事訴訟法第88條第3項第2款所稱之贓物。賄賂如爲通貨，原有代替物之性質，若依一般觀察可認爲因犯罪所得，而其持有並顯可疑爲犯罪人者，自亦有上述條款之適用。

🔍 焦點2　現行犯逮捕之手段限制（楊雲驊，月旦法學教室第60期，頁21）

　　一般而言，限制身體的移動及自由自屬於適當之逮捕手段；對現行犯施以將對其健康造成損害的逮捕手段（例如將現行犯打傷），並非絕對禁止，但只有該手段不會造成「重大的健康損害」時，法律才允許採用之，如須動用到槍擊手段時，則須符合最後手段性的要求，也就是只有在確無其他有效手段可採用時，方得爲之；妨害或限制被逮捕人的財產法益（例如取走汽車鑰匙以有效阻止現行犯順利逃亡或增加其困難）亦可採行。但如果施用之手段擴及到造成「對第三人或公眾法益的損害」，是否仍爲一適法的逮捕手段，就有疑問。法條雖規定「得用強制力拘提或逮捕之」，但施用強制力的對象是否僅限於現行犯，似乎並不明確。學說上普遍認爲，逮捕現行犯所得使用的手段並不僅限於針對受逮捕人進行干預，對不相干之第三人（未經同意使用其交通工具、追捕時橫越其庭園），甚至公眾的法益造成干預（例如超過道路的速限限制追趕現行犯），亦在允許的範圍之列，只是在比例原則的審查上，須特別嚴格把關。只有在經由現行犯逮捕所欲保全的有效刑事訴追訴利益「明顯」大於受干預之第三人法益時，該逮捕手段方屬允許。

　　本焦點之情形，甲撬開丙之機車鎖後騎乘該車追趕現行犯乙，使用之逮捕手段已侵及第三人丙之財產法益，不過此舉只是暫時妨礙丙對該機車之使用權，欲保全的有效刑事訴追利益應屬「明顯」大於丙之利益，此一逮捕手段適法。

🔍 焦點3　司法警察（官）通知書之性質（何賴傑，刑事訴訟法實例研習，頁57）

　　通知書之偵查方式，僅係任意偵查處分，相對人不因此而有任何刑事程序上之義務。基於偵查自由形成原則，偵查機關於未干預人民基本權利前提下，縱無法律依據，亦可自

由決定偵查方式，惟仍須遵守法治國原則之誡命，例如比例原則。

【附錄】102年台上第447號

　　被追呼為犯罪人者，或因持有兇器、贓物或其他物件，或於身體、衣服等處露有犯罪痕跡，顯可疑為犯罪人者，為準現行犯。準現行犯以現行犯論，不問何人得逕行逮捕之，無須令狀，不受司法審查，故準現行犯之逮捕，在時間上須與犯罪行為終了有相當之密接性，始足以擔保犯人與犯罪之明確性，而與現行犯同視，以契合憲法所保障之正當法律程序。

第四節　羈押與限制性處分

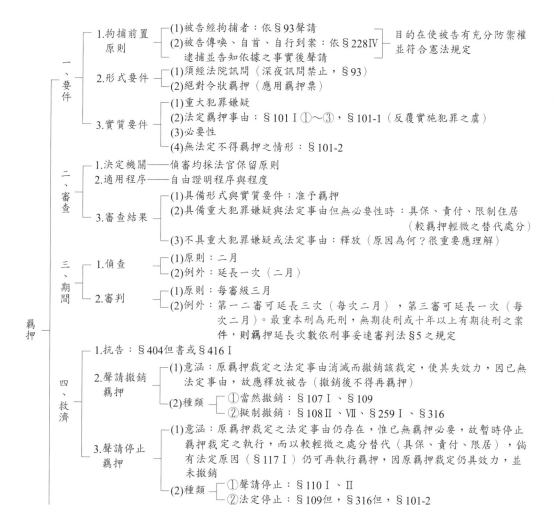

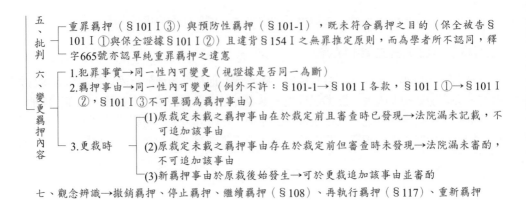

焦點1　法院之羈押審查

焦點1　法院之羈押審查（黃朝義，刑事訴訟法，頁178以下；同氏著，台灣本土法學第120期，頁40以下）

一、法院得審查拘捕前置程序，即法院可事後審查拘捕之形式與實質要件是否合法，如：有無違反比例原則之必要性（被拘捕人未抗拒而用強制力）或違反土地管轄或無令狀違法搜索而拘捕，法院應以羈押聲請不合法駁回。實務對此有採否定見解。前階段之拘提（逮捕）依法並不符合令狀原則之要求，檢察官具有「短暫拘束人身自由」處分（拘捕）之決定權，對拘提（逮捕）前置原則之落實，具有極大之「殺傷力」。蓋因檢察官得自行片面決定是否拘提（逮捕）被告（或犯罪嫌疑人），羈押聲請時，拘提（逮捕）所憑之犯罪嫌疑事實與羈押所憑之犯罪嫌疑事實，是否屬於相同，法院很難加以判斷。審查時概以檢察官之陳述為準，拘提（逮捕）前置原則因而淪為形式，此對被告而言，相當不利，實有違反正當法律程序（憲法§8）之虞。而係刑事訴訟法上並無任何規定法院得於審查羈押時先審查拘提（逮捕）之合法性，且立法者於刑事訴訟法中，並無具體「授權」，法院得逕予駁回不合法拘提（逮捕）所為之羈押聲請，如此一來造成實務上法院「無法可用」之窘境，無辜的是刑事訴訟程序下之被告。其實落實拘提（逮捕）前置原則之理念，係民主法治國家正當法律程序中所須達成之重要內容。我國目前法制上仍出現相當多之問題點，其中最大之「根源」乃為檢察官仍擁有拘提（逮捕）等強制處分之決定權。學者認為，在拘捕前置原則下，除拘提或逮捕所憑藉之犯罪嫌疑事實與羈押所憑藉之犯罪嫌疑事實必須相同外，並得藉由法院之雙重審查（包括拘捕是否合法及聲請羈押有無具備實質要件）以保障被告人身自由不受任意侵害，亦即若有不合法拘捕時，法院即無庸對檢察官之羈押聲請為實質裁定。

二、羈押審查程序對證據能力之認定

(一) 仍依第156條第1項排除非任意性自白→因屬虛偽。

(二) 惟容許違法取得之證據及傳聞證據（§159Ⅱ）→因非虛偽。

三、審查程序中，辯護人得到場陳述及聲請調查證據，但無詰問權；又學者認其得請求證據開示與檢閱卷宗（但§101Ⅰ②情形不可），至檢察官可不到場陳述，惟舉證不足時，法院即駁回聲請無需再調查。學者認為偵查中拘捕理由予羈押理由之書類，有必要賦予犯罪嫌疑人或辯護人有相關卷宗之閱覽權，但並非擴及全部卷宗，僅限於設及拘捕理由與羈押理由之範圍；另若有妨害偵查程序而需限制閱卷時，得先由法院審閱並由檢察官提出充分說明後，再由法院決定是否禁止或限制閱卷。

四、羈押准駁得以處分為之，未必須以裁定為之（學說見解）。但法官應將准、駁羈押決定之理由與心證事實於羈押審查程序中及准駁羈押之裁定（或押票）中予以闡明。

五、關於羈押之准駁雖得以合議制審查行之，但撤銷或停止羈押之裁定，學者認可獨任為之（因係對被告有利，且參酌第107條第4項檢察官可選釋放被告，何況獨任法官）。

六、數罪聲押→依案件單位數判斷
- 1. 數案聲押，分別明示各案件之羈押事由 →雙重羈押
- 2. 甲案拘捕，乙案聲押
- 3. 甲案拘捕，甲乙案聲押→可

七、羈押裁定與另案徒刑執行產生競合時，宜先執行另案徒刑，以終結該案之訴訟程序，此時羈押法院不應撤銷羈押，而係應中斷羈押（為達目的，仍得禁止接見通信），待另案執行期滿方繼續羈押。

八、偵查中之羈押審查程序應依檢察官聲押罪名採強制辯護制度，適用範圍審判程序強制辯護範圍。

九、為保障被告之基本人權，法院於受理羈押之聲請後，應即時訊問。但至深夜仍未訊問完畢，或深夜始受理聲請者，被告、辯護人及得為被告輔佐人之人得請求法院於翌日之日間訊問。法院非有正當理由，不得拒絕。

【衍生實例】

甲在某連鎖飯店集團乙所分設的A公司飯店與友人餐敘，因酒後亂性，毆打飯店員工丙，並砸毀飯店內酒櫃及名酒後，駕車逃離現場，丙經送醫救治，因腦部受撞擊而陷入昏迷。甲駕車逃離飯店途中因緊張而受酒精影響，無法專注駕駛，撞及前方丁所騎乘之機車，至丁摔地，遭後方急駛而來之車輛輾斃。甲肇事後駕車逃逸，躲藏於友人戊所投宿之某汽車旅館。翌日清晨，警察持搜索前往該旅館查緝旅客吸食毒品，查獲甲與戊涉嫌施用安非他命，當場扣得甲所持有之安非他命及吸食器，乃將2人逮捕，押回警局調查，查悉甲同時涉及前開犯行，遂將甲與戊解送地檢署，經檢察官訊問後，以甲酒後肇事逃逸，有逃亡之虞向法院聲請羈押。試問：

(一) 飯店集團乙以其A分公司及分公司經理B之名義對甲毀損飯店內酒櫃及名酒提出告訴，該告訴是否合法？

(二) 丙陷入昏迷，經查其成年已婚，父母雙亡，配偶C行方不明，僅有一就讀大學之子D。D於偵查中經檢察官依職權指定為代行告訴人，並表示要提出告訴，該告訴是否合法？

(三) 甲之辯護人E於法院審理羈押時抗辯稱：甲因涉嫌施用毒品而被逮捕，檢察官卻以
　　酒後肇事逃逸罪嫌聲請羈押，此部分罪嫌並未經合法逮捕。其抗辯是否有理由？
　　　　　　　　　　　　　　　　　　　　　　　　　　　　　　　　　　　（101律師）

考點提示：

一、毀損罪係告訴乃論之罪，須經合法告訴方得起訴審判。依刑訴法第232條規定，犯罪
被害人具獨立告訴權；此所謂「被害人」依實務與通說見解，包含自然人與法人，且
依民法實務，分公司具訴訟當事人能力，故A分公司之告訴合法；但分公司經理人B
僅得依本法第236條之1第1項規定，以告訴人（A分公司）代理人身分代理提告訴，
其以自己名義所提告訴即不合法。（B非被告人，無告訴權）

二、依本法第236條第1項規定，代行告訴須以「無得為告訴之人（即告訴權）或得為告訴
之人不能行使告訴權」為前提。本例被害人雖陷於昏迷而不能行使告訴權，惟其配偶
依本法第232條仍有告訴權，故檢察官尚不得指定代行告訴人。何況若被告人丙最終
受有重傷害，即非告訴乃論之罪，則檢察官自亦無指定代行告訴人之必要。

三、本於充分保障被告防禦權並符合憲法第8條正當法律程序之目的，羈押被告應以合法
之前置拘捕為前提要件（本法§93、§228IV），而此項合法拘捕復須告知「拘捕所
依據之事實」；另依學說通說見解，拘捕時所依據並告知之事實並須與嗣後聲請羈押
所依憑之事實相一致，否則易對被告造成突襲，影響被告於羈押審查程序中防禦權之
行使。故本例被告之辯護人抗辯應認有理由。

🔍 焦點2　羈押制度修法

〈刑事訴訟法第31條之1〉

　　偵查中之羈押審查程序未經選任辯護人者，審判長應指定公設辯護人或律師為被告辯
護。但等候指定辯護人逾四小時未到場，經被告主動請求訊問者，不在此限。

　　前項選任辯護人無正當理由而不到庭者，審判長得指定公設辯護人或律師。

　　前條第三項、第四項之規定，於第一項情形準用之。

〈修法理由〉

一、偵查中檢察官向法院聲請羈押被告，係起訴前拘束人身自由最嚴重之強制處分，是自
應予以最高程度之程序保障。爰參酌司法院釋字第七三七號解釋意旨，增訂第一項規
定，將強制辯護制度擴及於偵查中檢察官聲請羈押、延長羈押、再執行羈押被告之法
院審查及其救濟程序，原則上採強制辯護制度。但考量偵查中之羈押審查程序有其急
迫性，與本案之審理程序得另定相當之期日者有別，法院如現實上無公設辯護人之設
置，指定辯護人事實上又有無法及時到庭之困難時，若被告無意願久候指定辯護人到
庭協助辯護，自應予以尊重，爰配合增訂第一項但書，俾資彈性運用。至於抗告審如
未開庭，而採書面審理，自無但書等候指定辯護人規定之適用；又本於司法資源之合
理有效利用，且如被告業經羈押，其後續所面臨之程序，已與檢察官聲請羈押當時所

面臨之急迫性有所不同，自應有不同之考量。是以，第一項所謂偵查中之羈押審查程序，自不包括法院已裁准羈押後之聲請撤銷羈押、停止羈押、具保、責付或限制住居等程序，附此敘明。

二、偵查中之羈押審查程序，選任辯護人無正當理由不到庭者，為免延宕羈押審查程序之進行，審判長自得另行指定公設辯護人或律師為被告辯護，爰參考第三十一條第二項之規定，增訂第二項。

三、第三十一條第三項、第四項之規定，於第一項之指定辯護及選任辯護亦同斯旨，爰增訂第三項，明定亦準用之。

〈刑事訴訟法第33條之1〉

辯護人於偵查中之羈押審查程序，除法律另有規定外，得檢閱卷宗及證物並得抄錄或攝影。

辯護人持有或獲知之前項證據資料，不得公開、揭露或為非正當目的之使用。

無辯護人之被告於偵查中之羈押審查程序，法院應以適當之方式使其獲知卷證之內容。

〈修法理由〉

一、偵查中之羈押審查程序，係由檢察官提出載明羈押理由之聲請書及有關證據，向法院聲請裁准及其救濟之程序。此種聲請之理由及有關證據，係法官是否裁准羈押，以剝奪被告人身自由之依據，基於憲法正當法律程序原則，除第九十三條第二項但書規定，得予限制或禁止部分之卷證，以及其他法律另有特別規定之外，自應許被告之辯護人得檢閱檢察官聲請羈押時送交法院之卷宗及證物並得抄錄或攝影，俾能有效行使防禦權，爰參酌司法院釋字第七三七號解釋意旨，增訂第一項。

二、為擔保國家刑罰權正確及有效之行使，並兼顧被告及辯護人防禦權之維護，辯護人雖得檢閱、抄錄或攝影卷證資料，但因案件仍在偵查程序中，其檢閱、抄錄或攝影所持有或獲知之資料，自不得對外為公開、揭露並僅能為被告辯護目的之訴訟上正當使用，爰增訂第二項，明定其應遵守之義務，以明權責。至於如有刑法第一百三十二條第三項之情形者，即應依法追訴其刑責，自不待言。

三、被告有辯護人者，得經由辯護人檢閱卷宗及證物並得抄錄或攝影，以利防禦權之行使。惟如指定辯護人逾時未到，而經被告主動請求訊問者，此時被告無辯護人，既同有行使防禦權之必要，自亦應適當賦予無辯護人之被告有獲知檢察官據以聲請羈押所憑證據內容之權利。但因被告本身與羈押審查結果有切身之利害關係，如逕將全部卷證交由被告任意翻閱，將有必須特別加強卷證保護作為之勞費，為兼顧被告防禦權與司法程序之有效進行，爰增訂第三項，明定無辯護人之被告在偵查中之羈押審查程序，法院應以適當之方式使其獲知卷證內容，以利其行使防禦權。至於卷證內容究以採法官提示、告知或交付閱覽之方式，則由法官按個案情節依職權審酌之，附此敘明。

〈刑事訴訟法第93條〉

被告或犯罪嫌疑人因拘提或逮捕到場者，應即時訊問。

　　偵查中經檢察官訊問後，認有羈押之必要者，應自拘提或逮捕之時起二十四小時內，以聲請書敘明犯罪事實並所犯法條及證據與羈押之理由，備具繕本並檢附卷宗及證物，聲請該管法院羈押之。但有事實足認有湮滅、偽造、變造證據或勾串共犯或證人等危害偵查目的或危害他人生命、身體之虞之卷證，應另行分卷敘明理由，請求法院以適當之方式限制或禁止被告及其辯護人獲知。

　　前項情形，未經聲請者，檢察官應即將被告釋放。但如認有第一百零一條第一項或第一百零一條之一第一項各款所定情形之一而無聲請羈押之必要者，得逕命具保、責付或限制住居；如不能具保、責付或限制住居，而有必要情形者，仍得聲請法院羈押之。

　　前三項之規定，於檢察官接受法院依少年事件處理法或軍事審判機關依軍事審判法移送之被告時，準用之。

　　法院於受理前三項羈押之聲請，付予被告及其辯護人聲請書之繕本後，應即時訊問。但至深夜仍未訊問完畢，被告、辯護人及得為被告輔佐人之人得請求法院於翌日日間訊問，法院非有正當理由，不得拒絕。深夜始受理聲請者，應於翌日日間訊問。

　　前項但書所稱深夜，指午後十一時至翌日午前八時。

〈修法理由〉

一、偵查階段之羈押審查程序，係由檢察官提出載明被告所涉犯罪事實並所犯法條與羈押理由之聲請書及提出有關證據，向法院聲請裁准及其救濟之程序。此種聲請羈押之理由及有關證據，係法官是否裁准羈押以剝奪被告人身自由之依據，檢察官向法院聲請羈押時，自應以聲請書載明被告所涉之犯罪事實、法條、證據清單及應予羈押之理由，並備具聲請書繕本及提出有關卷證於法院，如未載明於證據清單之證據資料，既不在檢察官主張之範圍內，法院自毋庸審酌。此外，配合第三十三條之一規定，已賦予辯護人閱卷權。惟卷證資料如有事實足認有湮滅、偽造、變造證據或勾串共犯或證人等危害偵查目的或危害他人生命、身體之虞，而欲限制或禁止被告及其辯護人獲知者，檢察官為偵查程序之主導者，熟知案情與偵查動態，檢察官自應將該部分卷證另行分卷後敘明理由，並將限制或禁止部分遮掩、封緘後，由法官提供被告及辯護人檢閱、提示或其他適當方式為之，以兼顧偵查目的之維護以及被告及其辯護人防禦權之行使，爰參酌司法院釋字第七三七號解釋意旨，修正第二項及增訂但書規定。至於法院究採何種方式，使被告及其辯護人獲知檢察官據以聲請羈押之證據及理由為適當，自應審酌具體個案之情節後決定，附此敘明。

二、為及時使被告及辯護人獲知檢察官據以聲請羈押之理由，法院於受理羈押之聲請後，自應先付予其聲請書之繕本，俾被告及辯護人有所依憑。又為配合法院組織法第十四條之一關於強制處分庭之設置，且本法亦已增訂偵查中之羈押審查程序，辯護人就檢察官送交法院之卷宗及證物，原則上享有完整的閱卷權，則被告之辯護人於偵查中之羈押審查程序亦應有合理之閱卷及與被告會面時間，以利被告及辯護人有效行使其防禦權。再者，實務上被告經常於警察機關、檢察官接續詢（訊）問後，經檢察官聲請羈押，又須再度面臨法官深夜訊問，恐已有疲勞訊問之虞。為尊重人權，確保被告在充分休息且於意識清楚之情況下，始接受訊問，爰修正第五項規定，明定法院受理偵

查中檢察官聲請羈押案件之深夜訊問要件，以保障人權。

〈刑事訴訟法第101條〉

被告經法官訊問後，認為犯罪嫌疑重大，而有下列情形之一，非予羈押，顯難進行追訴、審判或執行者，得羈押之：

一、逃亡或有事實足認為有逃亡之虞者。

二、有事實足認為有湮滅、偽造、變造證據或勾串共犯或證人之虞者。

三、所犯為死刑、無期徒刑或最輕本刑為五年以上有期徒刑之罪，有相當理由認為有逃亡、湮滅、偽造、變造證據或勾串共犯或證人之虞者。

法官為前項之訊問時，檢察官得到場陳述聲請羈押之理由及提出必要之證據。但第九十三條第二項但書之情形，檢察官應到場敘明理由，並指明限制或禁止之範圍。

第一項各款所依據之事實、各項理由之具體內容及有關證據，應告知被告及其辯護人，並記載於筆錄。但依第九十三條第二項但書規定，經法院禁止被告及其辯護人獲知之卷證，不得作為羈押審查之依據。

被告、辯護人得於第一項訊問前，請求法官給予適當時間為答辯之準備。

〈修法理由〉

一、被告所犯為死刑、無期徒刑或最輕本刑為五年以上有期徒刑之罪者，其可預期判決之刑度既重，為規避刑罰之執行而妨礙追訴、審判程序進行之可能性增加，國家刑罰權有難以實現之危險，故如有相當理由認為其有逃亡、湮滅、偽造、變造證據或勾串共犯或證人等之虞，法院斟酌命該被告具保、責付或限制住居等侵害較小之手段，均不足以確保追訴、審判或執行程序之順利進行，非予羈押，顯難進行追訴、審判或執行，非不得羈押之，業經司法院釋字第六六五號解釋闡釋在案，爰配合修正第一項第三款之規定。

二、現行條文第三項規定，致偵查中羈押審查程序之被告及其辯護人僅受告知羈押事由所依據之事實，並未包括檢察官聲請羈押之各項理由之具體內容及有關證據，與憲法所定剝奪人身自由應遵循正當法律程序原則之意旨不符（司法院釋字第七三七號解釋意旨參照）。爰配合修正第三項，對於檢察官聲請羈押之各項理由之具體內容及有關證據，經法院採認者，均應將其要旨告知被告及其辯護人，俾利其有效行使防禦權，並記載於筆錄，使當事人提起抗告時有所依憑。至於卷證資料有第九十三條第二項但書所定應限制之部分，若能經以適當之方式，使被告及其辯護人獲知證據資訊之梗概者，則被告及其辯護人防禦權之行使，並未受到完全之剝奪，法院以之作為判斷羈押之依據，自與憲法第二十三條之比例原則無違；惟被告及其辯護人未能獲知之禁止部分，其防禦權之行使既受到完全之剝奪，則該部分自不得作為羈押審查之依據，附此敘明。

三、為使被告及其辯護人有效行使防禦權，法院於第一項之訊問前，自應給予被告及其辯護人相當之時間為答辯之準備，爰增訂第四項。

〈學者評析〉（李佳玟，月旦法學第251期，頁219以下；黃朝義，月旦法學第258期，頁156以下）

一、不論基於公平審判權或是正當法律程序，被告於羈押審查程序中之防禦權應受保障，故在此等程序中亦有武器平等原則之適用。而所謂之武器平等，乃指檢察官應提供與提出予法官相同之卷宗資訊，但不需提供檢察官未提出用以說服法院之卷宗資訊。如此，較能在保障被告資訊請求權與維護偵查利益（避免偵查內容外洩）間取得平衡。

二、從整體現行法制的解釋、推演下，被告及其辯護人有獲知檢察官聲請羈押理由之權利，而羈押理由係建構在相關證據資料上，被告及其辯護人辯護羈押理由是否充足時，必須有審查、獲知相關偵查中證據資料，方能有效行使辯護權，否則羈押審查程序完全不告知聲請羈押之理由及證據，形同資訊落差之秘密審查程序，與憲法正當法律程序與訴訟防禦權之保障相牴觸。不過，此項閱卷權與審判中之全面性閱卷權並不相同，需受偵查秘密與保護他人合法權利之限制，故學者稱之為「刑事證據資料獲知權」。

三、基於公平審判權、正當法律程序、被告訴訟防禦權之保障及兩造武器平等原則，檢察官應將偵查卷證提供辯護人閱卷，如基於偵查目的需求而分卷時，提供閱卷之證據固得於羈押審查程序中使用，但經法院禁止被告及其辯護人獲知之卷證，即不得作為羈押審查之依據。

四、已經具有我國內國法效力之公民與政治權利國際公約第9條第2項規定：「執行逮捕時，應當場向被捕人宣告逮捕原因，並應隨即告知被控案由」，人權事務委員會第35號一般性意見書（2014年）第25段進一步指出：「逮捕理由通知所有被捕者的一個重要目的就是使他們在認為逮捕理由無效或無根據的情況下能爭取被釋放。理由不僅要包括逮捕的一般法律依據，而且要包括足夠的具體事實以表明指控的實質，如有關不法行為和所稱受害者的身分。『理由』係指逮捕的官方依據，而不是執行逮捕之官員的主觀動機。」結合我國上開刑訴法、憲法（拘捕前置原則）體系結構觀察可以得知，羈押之前的逮捕程序，國家機關有告知理由之義務（前階段）；決定羈押後的相關理由與事實（後階段），法院亦有告知義務；但在決定是否羈押的審查程序時（中間階段），雖無明文告知理由之規定，但羈押審查程序為先前逮捕程序之延伸，法院應先審查拘捕程序是否合法，再決定羈押之合法及必要性，兩者無法實質上區分，只要獲知之前逮捕及後續聲請羈押之理由的關聯性，被告及其辯護人方有爭取釋放之機會。

五、刑訴法第33條第1項之「審判中」之閱卷權，應屬全面性的權利，但偵查中若有偵查秘密、保護他人合法權利之目的時，閱卷權就應該受到相對的限制，無法屬於全面性之權利，所謂的閱卷權應屬廣義之概念，或許可以稱為「刑事證據資料獲知權」較為妥適，獲知權的時間點、方式，都會隨著個案、訴訟進行程度有所不同。

【衍生實例】

公務員甲涉有貪汙犯罪嫌疑，偵查中檢察官檢具甲與行賄人A通聯的監聽譯文、訊問證人A之偵訊筆錄等證據，聲請法院羈押受賄之犯罪嫌疑人。地方法院合議庭訊問時，法官告知甲及其選任辯護人，檢察官聲請羈押之事由與所據之事實，甲之選任辯護人隨即

聲請法院准許閱覽監聽譯文及檢察官訊問證人A之偵訊筆錄，檢察官當場異議，表示偵查不公開，本案仍在偵查中，為避免甲串證、干擾證人，不同意辯護人之請求。法院遂駁回辯護人之聲請，並准許羈押犯罪嫌疑人甲。試問：

(一) 本件羈押審查程序是否適法？理由為何？

(二) 案件經起訴後，承辦偵查中羈押聲請案件之法官，就同一案件應否迴避？

考點提示：

一、偵查羈押程序之辯護人閱卷權賦予、限制與審查依據之禁止：大法官會議釋字第737號解釋&修正後刑事訴訟法第33條之1、第93條第2項、第101條第2、3項。

二、彈劾偵查構造下，偵查法官（強制處分審查）之設置與公平法院理念下之迴避制度：法院組織法第14條之1。

🔍 焦點3　偵查中檢察官聲請羈押被告之法律依據

一、被告經拘提、逮捕者→§93。

二、被告經傳喚、自首或自行到案→§228。

🔍 焦點4　刑事訴訟法第228條第4項但書（拘捕前置）之意涵（何賴傑，刑事訴訟法實例研習，頁50以下；黃朝義，台灣本土法學第120期，頁40以下）

一、聲請羈押須拘捕前置之意義在於將逮捕所依據之事實（罪名）告知被告，使其於羈押審查時得充分行使防禦權。

二、故檢察官拘捕時所告知依據之事實（罪名）應與聲請羈押所依據之事實（罪名）相同。

三、基於拘提逮捕前置原則，對於未受拘提逮捕之犯罪嫌疑人，不須檢察官之許可，即直接免除司法警察官之解送義務（本法第229條第3項）。因而對於未受拘提逮捕等拘束自由之強制處分之犯罪嫌疑人，司法警察官縱認其所犯為重罪而有羈押理由（例如本法第101條第1項第3項），但若無足認其有逃亡之虞之事實者，即無依刑訴法第88條之1第1項第4款予以緊急逮捕之可能，因而只能將該犯罪嫌疑人釋放而不能將其隨卷解送檢察官。

四、基於拘提逮捕前置原則，刑訴法第228條第4項雖賦予檢察官暫時逮捕權，惟該暫時逮捕權之行使，必須犯罪嫌疑人係自行到場而非因違法拘提逮捕解送等所致，且須檢察官為確保羈押之執行而有急迫情形，不得不先暫時拘束犯罪嫌疑人之人身自由時，始能行使。

五、就刑訴法第228條第4項規定，如犯罪嫌疑人自行到場後，檢察官於訊問時，又發現其另犯有其他重大案件，且就該他案有羈押理由及羈押必要，檢察官就此其他案件，仍

可聲請羈押，惟檢察官仍不應有恣意或濫權情形。又該條規定之「自首」，必須依目的性限縮而解為僅指犯罪嫌疑人因自首而自行到場情形。若犯罪嫌疑人因他案而人身自由已受到限制，於此狀態中，再就其他案件為自首，即非本條意旨之規範範圍。

🔍 焦點5　羈押中被告所受之管束

一、**管束原則**：以維持羈押目的及押所秩序所必要者為限（§105 I），即應合乎比例原則。惟其仍享有與外人接見、通信之權利（§105 II 前）。

二、**接見、通信權之限制與禁止**：被告之接見與通信，押所得監視或檢閱之（§105 II 但）。且法院認被告為前項之接見、通信及受授物件有足致其脫逃或湮滅、偽造、變造證據或勾串共犯或證人之虞者，得依檢察官之聲請或依職權命禁止或扣押之。但檢察官或押所遇有急迫情形時，得先為必要之處分，並應即時陳報法院核准（§105 III）。此項限制禁止，偵查中由檢察官決定，審判中由審判長或受命法官決定，惟均不得限制被告正當防禦之權利（§105 IV）；又與辯護人間仍有交通權，但法定情形下得限制之（§34但）。

偵查中：檢察官決定。

審判中：審判長或受命法官決定。

惟均不得限制被告正當防禦之權利（§105 IV）。

🔍 焦點6　無罪判決與羈押處分

一、犯罪事實之證明程度而言，犯罪嫌疑之證明僅須自由程度，有罪判決之事實證明則須嚴格程度，易言之，法院縱認被告有犯罪嫌疑（可能），惟尚未達「毫無合理懷疑確信」之嚴格程度，本於罪疑惟輕仍應諭知被告無罪。

二、故若羈押中被告經法院判決無罪，法院得依其心證為不同處理：

(一) 認係無犯罪嫌疑之無罪，不符第101條第1項所定「犯罪嫌疑重大」之要件，法院應撤銷羈押，釋放被告。

(二) 認係有犯罪嫌疑但未達確信程度之無罪，應停止羈押，命具保、責付、限制住居。

🔍 焦點7　羈押後得免具保與退保之情形

一、**免除具保責任**：§117-1 III、§119 I。

二、**准予退保**：§119 II。

🔍 焦點8　羈押程序（具保停止羈押）之抗告適格判斷（柯耀程，月旦法學第125期，頁220以下；陳運財，月旦法學第176期，頁37以下；黃朝義，刑事訴訟法，頁195；林鈺雄，月旦法學第207期，頁75～79）

一、偵查程序

(一) 羈押權在偵查程序中，區分為發動權與決定權的分權關係，這種分權關係的意義乃在於限制強制處分權的雙向節制之上，當一種強制處分權被區分為發動與決定的關係時，其彼此間乃形成相互節制的效應，一方面當未有強制處分權之發動時，雖有決定權者，已無法擅自對強制處分任意加以決定，此時決定權係屬於被動之消極權限；另一方面為強制處分之發動，而未有決定權之核可，或是未經決定權之作用時，則強制處分之發動，乃成為不合法。故法院對於偵查中檢察官所為之羈押聲請，基於分權關係，應僅能為羈押與否之決定，不應超出羈押聲請的範圍。

(二) 自程序階段的不同觀察，偵查程序本屬檢察官職權之階段，在偵查階段認為有羈押被告之必要時，自當以偵查中所存在之羈押事由為基礎，被告是否有羈押事由存在，在偵查中本屬檢察官最為清楚，基於此種事由與必要性之考量所為之羈押聲請，法院一方面不能涉入案件程序關係之認定，否則法院將有未審先判之嫌，且無異是未經起訴之前，即提前涉入案件之認定，恐與制度有所不符；另一方面倘若法院得以變更羈押之事由，而此一事由為檢察官所未提示者，則羈押後涉及撤銷羈押與停止羈押的原因審查，是否亦須容許法院依職權為之？恐在既有的法律規定上，無法尋得正當之基礎；又偵查中之羈押，既採用發動與決定之處理關係，未經發動之事項，具有決定權的法院本應受其拘束，否則分權關係將形同崩潰。

(三) 法院於羈押審查時，不宜為具保、責付，限制住居之裁定，蓋檢察官所聲請者為羈押，並非具保、責付或限制住居，法院所為之變更者，無異是超出聲請事項的範圍，且法官同樣涉入偵查之事項，恐有不宜；另一方面，依現行法的規定（本法§93Ⅲ），檢察官本具有具保、責付及限制住居之權，倘若欲為偵查中的具保、責付或是限制住居時，檢察官本得依法律之授權自行為之，毋須法院代其決定，否則將衍生出強制處分之執行問題，而造成程序階段與強制處分的失控狀態。故而，法院對於檢察官聲請羈押時，唯有准予羈押或駁回聲請，並無在免予羈押之外，橫生枝節地將聲請駁回，而另為具保、責付或限制住居裁定之餘地。

(四) 偵查中之羈押權對法院而言，係屬於消極性之被動權限，亦即必須先有聲請，方有決定之餘地，故即使羈押原因消滅之撤銷羈押，或是因其他原因所生之撤銷羈押事由，法院亦無法自為撤銷羈押之決定。原則上偵查中之羈押須予以撤銷者，有二種特定之原因：1.羈押期滿；2.羈押原因消滅。當羈押期滿時，此種撤銷羈押屬於本然性的效力，無待聲請撤銷，其羈押效力自然消失，此時被告即須釋放（本法§108Ⅶ）；另關於羈押原因消滅者，必須由檢察官或被告一方之人的聲請，法院不能自為羈押撤銷之決定。

(五) 偵查中羈押的形成，必須先經檢察官之聲請，而由法院以裁定之形式為決定，當法院裁定羈押被告時，檢察官之聲請被法院接受，而為被告羈押之裁定，此時權利受到干預者，為被告而非檢察官，故偵查中為羈押之裁定者，得以為抗告者，僅限於被告；反之，如法院駁回檢察官羈押之聲請，且未如實務操作之方式，以具保、責付或限制住居替代，則被告並未受權利之干預，但檢察官之聲請權受到阻礙，自然得以為抗告

者，僅爲檢察官；又若法院雖駁回羈押之聲請，但卻引用本法第101條之2之規定，而代之以具保、責付或限制住居之裁定，則檢察官與被告均爲適格之抗告權人。而當羈押被告後，依法律之規定，不論檢察官或被告均得向法院爲撤銷羈押或具保停止羈押之聲請，如係檢察官所聲請者，當法院有所不准時（撤銷羈押法院應准），得爲抗告者，依法理的關係而言，應及於檢察官與被告。反之，如係由羈押之被告或其辯護人等之聲請，倘若法院不准，則被告仍舊受羈押，此時得抗告者，限於聲請之被告一方；倘若法院經徵詢檢察官意見後（通常檢察官不會同意，但並無拘束法院之效力），而爲撤銷或停止羈押之裁定時，因原檢察官聲押的結果遭到變更，故得爲抗告之人爲檢察官，被告不得爲之，蓋被告在程序法中，並不允許爲自己之不利益之救濟。

二、審判程序

(一) 在審判中之羈押關係，純然屬於法院與被告之間的關係，亦即處分主體與受處分對象間之法律關係而已，而這也是強制處分權授權的法律關係，審判中之羈押的發動與決定權關係，完全屬於法院，這種強制處分的分配，自然有其一定合理性之基礎，蓋檢察官與被告在審判程序中被定位爲當事人，而強制處分權係干預性之程序手段，自然在授權上，宜超越當事人之外，專屬於法官。

(二) 刑事訴訟法第403條第1項之規定，當事人爲抗告之救濟權人，但該條僅是基本性概括之規定，並非表示只要是具備當事人身分者，均得以爲抗告，仍須觀察該當事人是否爲權利被干預之對象而定。關於審判中羈押及相關處分關係者，由於羈押權在審判中專屬於法院，既無檢察官得以聲請之問題，在審判中所爲羈押相關處分者，均屬於法院與被告間之雙向關係，並非涉及檢察官之三向關係，故審判中關於羈押及相關替代性處分的決定，得爲抗告之抗告權人，應僅爲受強制處分關係之人，並不及於檢察官，故檢察官並非適格之抗告權人。案件進入審判程序，法官是否爲被告羈押之裁定，乃屬法官程序衡量之專屬性授權，是以當法官裁定羈押被告之後，被告除對於羈押裁定得以提起抗告之外，亦得隨時聲請撤銷羈押，或是隨時具保向法院聲請停止羈押；而法院羈押被告之後，亦應隨時審查羈押原因是否消滅，羈押必要性是否仍舊存在。

(三) 故審判中之羈押，其發動與決定權都屬法官之手，是否爲被告之羈押，乃由法官基於審判程序的考量，而爲羈押被告與否之決定，此時檢察官既非受羈押權發動之被授權人，也非程序之主導者，自然對於審判中之羈押既無聲請權，也無對法院是否羈押之異議權限。就現行法之規定，檢察官並無羈押之聲請權，對於已經羈押之被告，檢察官亦無法爲撤銷羈押或停止羈押之聲請。

(四) 承上所述，法院對於審判中之羈押被告，予以停止羈押被告，其裁定之效力本不及於檢察官，故檢察官並非適格之抗告權人，倘若檢察官主張其具有公益代表的身分關係，而認爲應具有得爲抗告之權利，亦即要求法院必須繼續羈押被告，則無異承認檢察官在審判中得隨時聲請法院羈押被告，如此與法律之規定相違背，且會產生當法院

自始不為羈押被告之決定時，檢察官亦得藉公益之名，而加以抗告。若檢察官提起抗告，則原裁定法院應依本法第408條第1項（法律不允許）逕為駁回；抗告法院則依同法第411條前段駁回之。

(五) 林鈺雄老師則主張檢察官於審判中應有羈押聲請權，蓋若禁止檢察官於審判中聲請羈押，而由法院依職權發動，則此等審判已悖離控訴原則構造，違反法官中立性、公平審判原則、無罪推定原則，集羈押發動者、決定者及本案審判者三重混合角色於一身，形同糾問主義。林師所持理由為：

1. 羈押是憲法（第8條）的法官保留事項，法官保留係指「決定權」在於法院，非指發動的「聲請權」。為了貫徹控訴原則的構造，除了本案審判之外，如羈押等重大干預處分，採取「檢方聲請、法院決定」的模式，最能兼顧法官保留原則與控訴構造之下，藉由權力分立、檢審制衡以保障人權的本意。唯有檢方與院方一致認為有必要者，才會羈押。這正是控訴制度的雙保險設計。我國釋字第392號解釋後修改的刑事訴訟法，於偵查中羈押明文採取此一模式；對審判中羈押，則無檢察官提出聲請的明文規定。

2. 審判法官自行發動並決定羈押，反而會產生違反法官中立性要求與無罪推定原則的疑慮，而這兩者正好都是公平審判原則的基石。本來，同一法官先後擔任羈押決定者與本案審判者的雙重混合角色，就已經可能引起法官中立性的疑慮；審判法官同時決定羈押，自是加重情節；而不待檢察官聲請，再身兼羈押發動者（含依職權延押）的三重混合角色，更不可能再奢言法官中立性。如前所述，羈押以本案被告犯罪嫌疑重大為法定要件，當同一法官已在羈押決定作出肯定結論時，客觀上如何讓人相信法官審判本案並無偏頗之虞，並不違反無罪推定原則？

3. 惟大法官釋字第665號解釋卻肯定檢察官對審判中法院之停止羈押裁定有抗告權。對此，不少學者持反對意見；另有學者主張，若起訴移審時被告經裁定羈押，審判程序中法院認無羈押必要而為停止羈押之裁定者，檢察官如有不服，得依本法第403條第1項之規定提起抗告，此屬釋字第665號之解釋範圍。惟如被告起訴移審時之人身自由未受拘束，檢察官並無聲請羈押權，且倘嗣後法院依職權羈押被告，復又再裁定停止羈押或撤銷羈押，檢察官均無抗告權，此種情形即非釋字第665號解釋效力所及。另若人身自由未受拘束之被告於撤銷發回更審改判有罪，檢察官聲請羈押，法院應認為檢察官無羈押聲請權，該聲請僅屬促請法院依職權發動，故法院無庸對該聲請為任何裁定，若誤為駁回裁定，該裁定亦非屬實質裁定，檢察官並無抗告權。

4. 學者另認為，法官駁回羈押聲請後，犯罪嫌疑人之救濟途徑，不可與檢察官提起救濟途徑相提並論。蓋因，基於犯罪嫌疑人之人身自由保障，在「有權利必有救濟」的法理下，應給予犯罪嫌疑人救濟之機會。當原處分已經敘明理由，並給予檢察官充分陳述、提出事證之機會時，原則上應不容許檢察官再次提起救濟，僅當原處分之羈押理由不備或理由矛盾時，才得作為救濟之理由。換言之，應嚴格限定檢察官

之聲請，不得以證據之證明力之自由心證問題作為提起救濟之理由。因自由心證問題應適度尊重審查法官，當檢察官所提之證據無法說服法官，表示已不符合羈押之要件。

【附錄】釋字第653號

羈押法第6條及同法施行細則第14條第1項之規定，不許受羈押被告向法院提起訴訟請求救濟之部分，與憲法第16條保障人民訴訟權之意旨有違，相關機關至遲應於本解釋公布之日起二年內，依本解釋意旨，檢討修正羈押法及相關法規，就受羈押被告及時有效救濟之訴訟制度，訂定適當之規範。

理由書（節錄）

憲法第16條保障人民訴訟權，係指人民於其權利遭受侵害時，有請求法院救濟之權利（本院釋字第418號解釋參照）。基於有權利即有救濟之原則，人民權利遭受侵害時，必須給予向法院提起訴訟，請求依正當法律程序公平審判，以獲及時有效救濟之機會，此乃訴訟權保障之核心內容（本院釋字第396號、第574號解釋參照），不得因身分之不同而予以剝奪（本院釋字第243號、第266號、第298號、第323號、第382號、第430號、第462號解釋參照）。立法機關衡量訴訟案件之種類、性質、訴訟政策目的及司法資源之有效配置等因素，而就訴訟救濟應循之審級、程序及相關要件，以法律或法律授權主管機關訂定命令限制者，應符合憲法第23條規定，方與憲法保障人民訴訟權之意旨無違（本院釋字第160號、第378號、第393號、第418號、第442號、第448號、第466號、第512號、第574號、第629號、第639號解釋參照）。

羈押係拘束刑事被告身體自由，並將其收押於一定處所之強制處分，此一保全程序旨在確保訴訟程序順利進行，使國家刑罰權得以實現。羈押刑事被告，限制其人身自由，將使其與家庭、社會及職業生活隔離，非特予其心理上造成嚴重打擊，對其名譽、信用等人格權之影響亦甚重大，係干預人身自由最大之強制處分，自僅能以之為保全程序之最後手段，允宜慎重從事，其非確已具備法定要件且認有必要者，當不可率然為之（本院釋字第392號解釋參照）。刑事被告受羈押後，為達成羈押之目的及維持羈押處所秩序之必要，其人身自由及因人身自由受限制而影響之其他憲法所保障之權利，固然因而依法受有限制，惟於此範圍之外，基於無罪推定原則，受羈押被告之憲法權利之保障與一般人民所得享有者，原則上並無不同。是執行羈押機關對受羈押被告所為之決定，如涉及限制其憲法所保障之權利者，仍須符合憲法第23條之規定。受羈押被告如認執行羈押機關對其所為之不利決定，逾越達成羈押目的或維持羈押處所秩序之必要範圍，不法侵害其憲法所保障之權利者，自應許其向法院提起訴訟請求救濟，始無違於憲法第16條規定保障人民訴訟權之意旨。

【附錄】釋字第665號

一、台灣台北地方法院刑事庭分案要點第10點及第43點規定，與憲法第16條保障人民

訴訟權之意旨，尚無違背。

二、刑事訴訟法第101條第1項第3款規定，於被告犯該款規定之罪，犯罪嫌疑重大，且有相當理由認為有逃亡、湮滅、偽造、變造證據或勾串共犯或證人之虞，非予羈押，顯難進行追訴、審判或執行者，得羈押之。於此範圍內，該條款規定符合憲法第23條之比例原則，與憲法第8條保障人民身體自由及第16條保障人民訴訟權之意旨，尚無牴觸。

三、刑事訴訟法第403條第1項關於檢察官對於審判中法院所為停止羈押之裁定得提起抗告之規定部分，與憲法第16條保障人民訴訟權之意旨，並無不符。

四、本件關於聲請命台灣台北地方法院停止審理97年度金矚重訴字第一號刑事案件，改依該法院中華民國97年12月12日之分案結果進行審理之暫時處分部分，已無審酌必要；關於聲請命該法院立即停止羈押聲請人之暫時處分部分，核與本院釋字第585號及第599號解釋意旨不符，均應予駁回。

理由書（節錄）

二、刑事訴訟法第101條第1項第3款規定

憲法第8條第1項前段規定：「人民身體之自由應予保障。」羈押作為刑事保全程序時，旨在確保刑事訴訟程序順利進行，使國家刑罰權得以實現。惟羈押係拘束刑事被告身體自由，並將之收押於一定處所，乃干預身體自由最大之強制處分，使刑事被告與家庭、社會及職業生活隔離，非特予其心理上造成嚴重打擊，對其名譽、信用等人格權之影響甚為重大，自僅能以之為保全程序之最後手段，允宜慎重從事（本院釋字第392號、第653號、第654號解釋參照）。是法律規定羈押刑事被告之要件，須基於維持刑事司法權之有效行使之重大公益要求，並符合比例原則，方得為之。

刑事訴訟法第101條第1項規定：「被告經法官訊問後，認為犯罪嫌疑重大，而有左列情形之一，非予羈押，顯難進行追訴、審判或執行者，得羈押之：一、逃亡或有事實足認為有逃亡之虞者。二、有事實足認為有湮滅、偽造、變造證據或勾串共犯或證人之虞者。三、所犯為死刑、無期徒刑或最輕本刑為五年以上有期徒刑之罪者。」該項規定羈押之目的應以保全刑事追訴、審判或執行程序為限。故被告所犯縱為該項第3款之重罪，如無逃亡或滅證導致顯難進行追訴、審判或執行之危險，尚欠缺羈押之必要要件。亦即單以犯重罪作為羈押之要件，可能背離羈押作為保全程序的性質，其對刑事被告武器平等與充分防禦權行使上之限制，即可能違背比例原則。再者，無罪推定原則不僅禁止對未經判決有罪確定之被告執行刑罰，亦禁止僅憑犯罪嫌疑就施予被告類似刑罰之措施，倘以重大犯罪之嫌疑作為羈押之唯一要件，作為刑罰之預先執行，亦可能違背無罪推定原則。是刑事訴訟法第101條第1項第3款如僅以「所犯為死刑、無期徒刑或最輕本刑為五年以上有期徒刑之罪」，作為許可羈押之唯一要件，而不論是否犯罪嫌疑重大，亦不考量有無逃亡或滅證之虞而有羈押之必要，或有無不得羈押之情形，則該款規定即有牴觸無罪推定原則、武器平等原則或過度限制刑事被告之充分防禦權而違反比例原則之虞。

惟查依刑事訴訟法第101條第1項第3款及第101條之2之規定，法官決定羈押被告之要件有四：犯罪嫌疑重大，有法定之羈押事由，有羈押之必要（即非予羈押，顯難進行追

訴、審判或執行），無同法第114條不得羈押被告之情形。是被告縱符合同法第101條第1項第3款之羈押事由，法官仍須就犯罪嫌疑是否重大、有無羈押必要、有無不得羈押之情形予以審酌，非謂一符合該款規定之羈押事由，即得予以羈押。

　　刑事訴訟法第101條第1項第3款規定之羈押，係因被告所犯爲死刑、無期徒刑或最輕本刑爲五年以上有期徒刑之罪者，其可預期判決之刑度既重，該被告爲規避刑罰之執行而妨礙追訴、審判程序進行之可能性增加，國家刑罰權有難以實現之危險，該規定旨在確保訴訟程序順利進行，使國家刑罰權得以實現，以維持重大之社會秩序及增進重大之公共利益，其目的洵屬正當。又基於憲法保障人民身體自由之意旨，被告犯上開條款之罪嫌疑重大者，仍應有相當理由認爲其有逃亡、湮滅、僞造、變造證據或勾串共犯或證人等之虞，法院斟酌命該被告具保、責付或限制住居等侵害較小之手段，均不足以確保追訴、審判或執行程序之順利進行，始符合該條款規定，非予羈押，顯難進行追訴、審判或執行之要件，此際羈押乃爲維持刑事司法權有效行使之最後必要手段，於此範圍內，尚未逾越憲法第23條規定之比例原則，符合本院釋字第392號、第653號、第654號解釋意旨，與憲法第8條保障人民身體自由及第16條保障人民訴訟權之意旨，尚無違背。

三、刑事訴訟法第403條第1項關於檢察官對於審判中法院所爲停止羈押之裁定得提起抗告之規定部分

　　憲法第16條規定人民有訴訟權，旨在確保人民得依法定程序提起訴訟及受公平之審判。至於訴訟救濟應循之審級、程序及相關要件，應由立法機關衡量訴訟案件之種類、性質、訴訟政策目的以及訴訟制度之功能等因素，以法律爲合理之規定（本院釋字第442號、第512號、第574號解釋參照）。檢察官對於審判中法院所爲停止羈押之裁定是否得提起抗告，乃刑事訴訟制度之一環，衡諸本院上開解釋意旨，立法機關自得衡量相關因素，以法律爲合理之規定。

　　羈押之強制處分屬於法官保留事項，刑事訴訟法第403條第1項規定：「當事人對於法院之裁定有不服者，除有特別規定外，得抗告於直接上級法院。」第404條規定：「對於判決前關於管轄或訴訟程序之裁定，不得抗告。但下列裁定，不在此限：……二、關於羈押、具保、責付、限制住居、搜索、扣押或扣押物發還、因鑑定將被告送入醫院或其他處所之裁定及依第105條第3項、第4項所爲之禁止或扣押之裁定。」又第3條規定：「本法稱當事人者，謂檢察官、自訴人及被告。」是依上開法律規定，檢察官對於審判中法院所爲停止羈押之裁定自得提起抗告。檢察官依上開規定對於審判中法院所爲停止羈押之裁定提起抗告，並未妨礙被告在審判中平等獲得資訊之權利及防禦權之行使，自無違於武器平等原則；且法院就該抗告，應依據法律獨立公平審判，不生侵害權力分立原則之問題。是刑事訴訟法第403條第1項關於檢察官對於審判中法院所爲停止羈押之裁定得提起抗告之規定部分，乃立法機關衡量刑事訴訟制度，以法律所爲合理之規定，核與憲法第16條保障人民受公平審判之意旨並無不符。

【衍生實例】

某法院刑事裁定書如下：「被告王○○經本院認為犯強盜等罪嫌疑重大，有刑事訴訟法第101條第1項第3款情形，非予羈押，顯難進行審判，應自民國○○年○○月○○日起，延長羈押二月。」試問，此一裁定有哪些法律上的問題，試一一詳述之。

（100政大法研）

考點提示：

一、重罪羈押不符合羈押保全被告和保全證據之目的性，有違憲之虞，參照釋字第665號。

二、羈押裁定未開示羈押理由（包括犯罪嫌疑重大所依據之事實、羈押理由所依據之事實），致使被告難以提出救濟抗辯事由。

【附錄】96年台抗第593號

　　刑事訴訟法關於被告之羈押，分為偵查中之被告（或犯罪嫌疑人）及審判中之被告，前者應經由檢察官聲請，法院始得為羈押與否之裁定，不得逕依職權為之；後者則賦予法院本於職權以決定是否為羈押之裁定。蓋檢察官代表國家行使追訴權，於偵查中有無羈押被告之必要，自應由檢察官先行判斷後，對於因拘提或逮捕到場之被告（或犯罪嫌疑人），得依刑事訴訟法第93條規定，聲請該管法院羈押之；對於經傳喚、自首或自行到場之被告，依同法第228條第4項規定，得予逮捕，並將逮捕所依據之事實告知被告後，聲請法院羈押之；另被告於停止羈押後，有再執行羈押之事由者，依同法第117條第2項規定，檢察官亦僅得對於偵查中之被告，聲請法院行之。是依前揭規定，均限於對偵查中之被告，檢察官始有向法院聲請羈押或再執行羈押之權。至於案件經起訴後，已移由法院審理，有無羈押被告之必要，應由法院依職權決定，刑事訴訟法並無檢察官得於審判中聲請羈押被告之明文，縱為聲請，亦僅在於促使法院依職權發動而已。檢察官於審判中既無聲請羈押被告之權，倘提出聲請，除法院亦認有羈押之必要，無庸再為無益之駁回者外，應認其聲請為不合法。

【附錄】98年台抗第640號

　　按刑事訴訟法第101條第1項規定：「被告經法官訊問後，認為犯罪嫌疑重大，而有下列情形之一者，非予羈押，顯難進行追訴、審判或執行者，得羈押之。」第101條之1第1項規定：「被告經法官訊問後，認為犯下列各款之罪，其嫌疑重大，有事實足認為有反覆實施同一犯罪之虞，而有羈押之必要者，得羈押之。」第108條第1項規定：「羈押被告，偵查中不得逾二月，審判中不得逾三月。但有繼續羈押之必要者，得於期間未滿前，經法院依第101條或第101條之1之規定訊問被告後，以裁定延長之。」是法官於決定羈押之前，自須先行訊問關於被告有無羈押之原因及羈押之必要（即有無羈押之理由）等事項後，始得為之。此項訊問程序，屬羈押與否之言詞審查程序，乃羈押之前提要件。蓋有無羈押原因或有無羈押必要，自須先經訊問調查，方能認定；即令延長羈押，亦須踐行此一

「訊問」程序，使被告得有陳述意見機會，方得據以斟酌訴訟進行程度及其他一切情事而為有無繼續羈押必要之審認。

【附錄】98年台抗第668號

基於憲法保障人民身體自由之意旨，被告犯上開重罪條款且嫌疑重大者，仍應有相當理由認為其有逃亡、湮滅、偽造、變造證據或勾串共犯或證人等之虞，法院斟酌命該被告具保、責付或限制住居等侵害較小之手段，均不足以確保追訴、審判或執行程序之順利進行，此際予以羈押，方堪稱係屬維持刑事司法權有效行使之最後必要手段。是被告縱然符合上揭第3款之羈押事由，法官仍須就犯罪嫌疑是否重大、有無羈押必要、有無不得羈押之情形予以審酌，非謂一符合該款規定之羈押事由，即得予以羈押。業經司法院釋字第665號解釋釋明在案。上揭所稱「相當理由」，與同條項第1款、第2款法文內之「有事實足認有……之虞」（學理上解釋為「充分理由」）尚屬有間，其條件當較寬鬆。良以重罪常伴有逃亡、滅證之高度可能，係趨吉避凶、脫免刑責、不甘受罰之基本人性，倘一般正常之人，依其合理判斷，可認為該犯重罪嫌疑重大之人具有逃亡或滅證之相當或然率存在，即已該當「相當理由」之認定標準，不以達到充分可信或確定程度為必要。以量化為喻，若依客觀、正常之社會通念，認為其人已有超過百分之五十之逃亡、滅證可能性者，當可認具有相當理由認為其有逃亡、滅證之虞。此與前二款至少須有百分之八十以上，始足認有該情之虞者，自有程度之差別。再其認定，固不得憑空臆測，但不以絕對客觀之具體事實為限，若有某些跡象或情況作為基礎，即無不可。至相關之事實或跡象、情況，鑑於此非屬實體審判之核心事項，自以自由證明為已足，並不排斥傳聞證據，斯不待言。

【附錄】100年台抗第3號

法律規定羈押被告之要件，須基於維持刑事司法權有效行使之重大公益要求，並符合比例原則，方得為之。且無罪推定原則除禁止對未經有罪判決確定之被告執行刑罰，亦禁止僅憑犯罪嫌疑即施予被告類似刑罰之措施，倘以重大犯罪嫌疑為羈押之唯一要件，即可能違背無罪推定原則。……所謂「相當理由」，係指重罪羈押之發動，被告如何併存有逃亡或滅證之虞，於判斷具體個案之情況，應有「合理之依據」，不得出以揣測；與刑事訴訟法第101條第1項第1、2款之所定，僅止程度判斷上之差異（說服法院之程度），並非本質有何不同，而在整體評價上，針對所有不利於被告之情狀，舉凡得以任何方式之調查，本乎刑事科學之經驗為綜合判斷，而足以使具有一般社會通念之人多數認為具有相當高蓋然性之可信度者即可。固毋須達於足認確已存在之程度，但仍應高於「合理之懷疑」。

【附錄】100年台上第1851號

羈押裁定前之訊問程序，並無如刑事訴訟法第271條第1項、第273條第1項，於審判期日或於行準備程序時，應通知辯護人到庭之規定。則經裁定羈押之被告雖已選任辯護人，惟於訊問時未及時通知辯護人到庭，其程序固不無瑕疵，然仍難謂其訊問為不合法，進而影響其羈押裁定之效力。此與刑事訴訟法第379條第7款所定，辯護人未經到庭辯護而逕行

審判爲當然違背法令之情形有別，尚不得執此資爲上訴第三審之合理由。

【附錄】101年台抗第508號

　　刑事訴訟法第101條之2前段規定被告經法官訊問後，雖有第101條第1項或第101條之1第1項各款所定情形之一而無羈押之必要者，得逕命具保、責付或限制住居。所謂「被告經法官訊問後」，旨在確保被告之訴訟權、防禦權，俾其得於法院爲強制處分前，完整、詳細說明並舉證其個人具體情形、與案件關聯程度、有無強制處分之必要性等相關因素，以供法院妥爲審酌，並免發生突襲性裁判之結果。至法院已爲強制處分後，被告聲請解除、變更者，因被告爲處分之客體，且係主動聲請，依訴訟進行情形，就原處分所載之原因事實有無消滅、改變、強制處分之必要性是否依然存在等，既知之甚詳，亦能完整說明、舉證，以使法院爲其有利之處分，不虞因未經法院訊問致生對其不利之結果，倘法院認依被告提出之證據資料已足爲判斷之依據，自不以再經訊問被告爲必要，此與前開法院爲強制處分前應先訊問被告之情形有間。

【附錄】103年台抗第129號

　　預防性羈押，係因考慮該條所列各款犯罪，對於他人生命、身體、財產有重大之侵害，對社會治安破壞甚鉅。且從實證經驗而言，其犯罪行爲人大多有反覆實施之傾向，爲避免此種犯罪型態之犯罪行爲人，在同一社會環境條件下再次興起犯罪意念而反覆爲同一犯罪行爲，乃以拘束其身體自由之方式，避免其再犯。是法院依該條規定決定應否予以羈押時，並不須有積極證據證明其準備或預備再爲同一犯罪行爲，僅須由其犯罪之歷程觀察，其於某種環境或條件下已經多次再犯該條所列之罪行，而該某種環境或條件現尚存在，或其先前犯罪之外在環境或條件尚無明顯改善，足以使人相信在此等環境或條件下，被告仍可能有再爲同一犯罪行爲之危險，即可認定其有反覆實施該條犯罪行爲之虞。

【附錄】104年台抗第17號

　　刑事訴訟法第108條規定：「審判中之羈押期間，自卷宗及證物送交法院之日起算。起訴或裁判後送交前之羈押期間算入偵查中或原審法院之羈押期間。」所謂「送交」係指送達而非發送，亦即卷宗及證物抵達該管法院之日，才起算該管法院之羈押期間。

🔍 焦點9　羈押競合、羈押事由競合與有罪判決執行競合（林鈺雄，刑事訴訟法（上），頁321～322；陳樸生，刑事訴訟法實務，頁205～206；黃東熊，刑事訴訟法論，頁210以下）

一、羈押之競合

　　即對於同一被告施以二次以上之羈押。對於被告所犯之數罪，予以重複羈押，然實際上僅執行其一，其他則屬附停止條件執行之狀態。若實際執行之該羈押因故撤銷時，如受無罪判決時，另一羈押停止條件成就，使得持續作用並予執行。惟我實務上於此情形，往

往僅裁定一次羈押，此時，此第一次羈押撤銷時，若未及時裁定第二次羈押，將造成諸多困擾。

二、羈押事由競合

按同一次羈押審查中如具備多數法定羈押原因時，乃屬羈押原因之競合。若原審查法院係以被告有本法第101條第1項第1款所指「有逃亡之虞」之單一事由裁定准予羈押，則該裁定經抗告撤銷後，原審查法院得否以被告另具其他法定事由為裁定羈押之原因？本法就此雖無明文，惟學者見解乃認應區分不同情形認定：(一)其他羈押事由於原羈押裁定前已存在，且已為法院所發現時，該事由本應為法院依職權為整體審查，其既未記載於原裁定理由書，倘經抗告撤銷原裁定時，法院更為裁定時即不得復以其他漏未記載之事由更為羈押裁定。(二)其他羈押事由於原羈押裁定前已存在，但發現於裁定後，此亦與前述相同，既於原裁定時已存在，本均為法院應依職權審查範圍，法院就此漏未審酌，仍屬同一羈押事由所及範圍，自不得以比其他羈押原因更為不利被告之羈押裁定之基礎。(三)其他羈押事由如係發生在原裁定之後，因非原羈押裁定所得審查，法院更為裁定時當得將之列為據以羈押被告之事由。

三、有罪判決執行競合

羈押與另案有罪判決執行產生競合時，宜先執行另案徒刑，以終結該案之訴訟程序，此時羈押法院不應撤銷羈押，而係中斷羈押執行（為達目的，仍得禁止接見通信），待另案執行完畢再續執行羈押。蓋先執行有罪判決後，可能因原羈押事由消滅，即無需再另執行該羈押裁定，且先執行另案有罪判決可使被告儘早得假釋處遇，均對被告較為有利。但實務採相反作法，最高法院100年台抗第692號即認為，因案執行中之受刑人如因他案經裁定羈押，則得先轉為被告以執行羈押。

🔎 焦點10　羈押制度之檢討（王兆鵬，刑事訴訟講義，頁297以下；台灣本土法學第81期，頁156以下；月旦法學第172期，頁174以下；陳運財，月旦法學第176期，頁35以下）

一、附條件釋放（具保、限制住居）有些對人權影響甚鉅，賦予非超然中立之檢察官此權限顯不適當，應予高度規範與期限規定。

二、偵審程序中之附條件釋放均無期限限制，此種對人民基本權利之無限持續干預，顯違比例原則。

三、既採改良式當事人進行主義，若被告於偵查中未遭羈押，審判中非經檢察官聲請羈押，法院不得依職權為之（王師此見解與通說見解認為審判中羈押屬於法院職權發動，檢察官無聲請權或置喙之餘地，顯不相同）。

四、羈押應僅為確保審判與執行程序，不宜為追訴程序，否則易造成草率押人而再徐圖蒐證之情形。我國實務上與刑事訴訟法之條文次序上，均以羈押被告為優先，次再考慮附條件釋放（具保、責付、限制住居），非僅對被告形式上不公平（任意行使防禦與

蒐證之權利受到極大限制與侵害），且實質上更易使無辜人民無端被塑與訴訟糾纏，甚而造成冤獄（經羈押之被告亦受起訴與有罪判決），此與憲法正當程序有違，且侵犯人民本於憲法保障應受公平審判之權利。

五、重罪羈押係以被告所犯爲重罪而推定有逃亡、湮滅或勾串證據之虞，得無須再證明該等法定事由之存在，但如此易使檢察官故爲重罪指控，規避對被告逃亡或串證事實之舉證，此無異擬制涉嫌重罪之被告即有無逃亡等妨害刑事司法公正性之危險，完全未予被告反證之可能，妨礙被告防禦權之行使，逾越必要程度，自違反憲法第23條之比例原則，且於實務運作上增加偵查機關刑人取供之空間，不利被告緘默權之保障。大法官釋字第665號解釋乃認爲，需於被告涉犯刑事訴訟法第101條第1項第3款規定之罪，犯罪嫌疑重大，且有相當理由認爲有逃亡、湮滅、偽造、變造證據或勾串共犯或證人之虞，非予羈押，顯難進行追訴、審判或執行者，方得予以羈押，亦即單純以涉嫌重罪爲羈押事由顯屬違憲。另學者評論認爲，上開解釋雖值肯定，然其係以附條件爲重罪羈押合憲之方向，仍有不足與不當之處，蓋該解釋係以有「相當理由」認爲有逃亡或湮滅證據之虞爲重罪羈押之附條件，較諸第1款保全被告與第2款保全證據所要求之「有事實足認」之證明程度爲低，除因此減輕檢察官聲請羈押時舉證之負擔，同時相當程度課予聲押被告自行證明無妨礙司法權作用之負擔（檢察官對被告之逃亡或滅證僅需達到較低程度之證明，被告即有反證以避免被羈押之負擔），並未完全符合無罪推定原則。

六、因羈押涉及被告長期自由之拘束，爲貫徹平等原則，偵查中之羈押審查程序應有強制指定辯護之設置。

七、基於當事人進行主義與集中審理之精神，審判中羈押期限應高度尊重當事人雙方之合意。

八、學者（王兆鵬老師）認爲單獨以「被告涉有重嫌」固可爲逮捕之原因，但不可以之爲繼續羈押被告之理由，例如在經過一段期間之後，不可僅以被告涉有重罪嫌疑即認爲被告有逃亡之虞，而必須要有其他足夠的事實，例如被告沒有一定的家庭關係，方可認爲有羈押之理由。此外法院對於受羈押之被告須「於短期內」或是「於適當期間內」爲裁判之義務，也就是「迅速原則」的要求，以保障人權，並且藉此期使法和平性可以迅速的達成，而司法制度的可信度以及效率才受到保證。其中對於已受人身自由限制的被告，法院須「於適當期間內」受判決的義務，甚至遠較一般刑事訴訟進行之期限限制更加嚴格。故當羈押被告之時間越長，與此相應的，法院遵守「訴訟迅速要求」的壓力也就越大，因此，法官考慮是否構成刑事訴訟法第101條第1項「非予羈押，顯難進行追訴、審判或執行，得羈押之」之規定而要繼續延長羈押時，要特別注意訴訟迅速原則的要求也隨之增加，應該特別謹慎從事。亦即基於訴訟迅速原則以及比例原則之要求，隨著羈押被告期間的逐漸延長，決定延押的「說理負擔」應該愈重，並且在每一次延押決定內，都必須重新的說明理由才可，否則將難以充分平衡長久羈押被告的違憲疑慮，此於重罪羈押尤然。另有學者（陳運財老師）甚至認爲，大法官釋字第665號解釋之射程應及於本法第76條第4款因涉嫌重罪而逕行拘提之規定，

亦即本於無罪推定原則，拘提被告之要件需基於維持刑事司法權有效行使之重大公益要求，並符合比例原則，方得為之。單以涉嫌重罪而逕行拘提，有背離拘提做為暫時保全程序之性質，並違反比例原則。（按：除大法官釋字第665號解釋認定單純重罪羈押違憲外，司法院並擬修法限制重罪羈押期限不得逾於三十五個月）

九、縱使繼續羈押被告的充分理由依然存在，不代表延長羈押的合法要件均已構成，法院還要進一步審查國家機關在羈押被告期間內，是否對被告所涉案件繼續進行必要的蒐證、調查以及審判行為等，或是未盡其責，甚至是無任何作為的恣意怠惰，亦即前此之羈押期間內，司法機關有無合義務性的進行訴訟，蓋羈押被告直接造成公益與私益的嚴重衝突，只有在當公益要求「明顯的」超過個人私益保障時，才能使羈押合法化。

十、羈押裁定書中充分、清楚的記載羈押裁定的各項理由、事實等，有其憲法上的人權保護重要意義。簡言之，此涉及憲法「聽審權保障」、「資訊請求權」等要求的落實。而在刑事訴訟法上，程序資訊請求權係平衡國家與人民之間實力差距，以及人民有效行使訴訟權利的重要制度，如閱覽卷宗、告知義務、受通知及程序在場權等，故此除了負有「告知功能」，也就是讓被告瞭解此一羈押決定的重要內容等重要功能外，尚有(一)督促原決定法官必須慎重決定；(二)事後救濟時，救濟審法院較容易進行審查；(三)明確限制執行機關的執行範圍等作用。

【衍生實例】

> 甲以詐欺罪之犯意向某商家詐騙錢財，被商家向地檢署按鈴申告，經檢察官乙偵查後並傳喚甲至檢察署偵訊，認為有羈押甲之必要即予以逮捕，並將逮捕所依據之事實告知後，向管轄法院以甲有逃亡之虞聲請羈押，法官於未通知檢察官下訊問甲，認為甲雖無逃亡之虞，惟有事實足認為有偽造證據之虞，遂裁定羈押，且將甲有偽造證據之虞所依據之事實，告知甲及其所選任之辯護人。詳論法官所踐行之訴訟程序是否違法？
>
> （99輔大法研）

考點提示：

一、學者認為，羈押權在偵查程序中，區分為發動權與決定權的分權關係，這種分權關係的意義乃在於限制強制處分權的雙向節制之上，當一種強制處分權被區分為發動與決定的關係時，其彼此間乃形成相互節制的效應，一方面當未有強制處分權之發動時，雖有決定權者，已無法擅自對強制處分任意加以決定，此時決定權係屬於被動之消極權限；另一方面為強制處分之發動，而未有決定權之核可，或是未經決定權之作用時，則強制處分之發動，乃成為不合法。故法院對於偵查中檢察官所為之羈押聲請，基於分權關係，應僅能為羈押與否之決定，不應超出羈押聲請的範圍。故本例法院另行認定檢察官聲請羈押事由以外之其他事由而為羈押被告之依據，顯屬違法。

二、雖有學者主張，法院於羈押審查程序中，應依職權調查審酌被告有無羈押之事由，不受檢察官與被告聲明與陳述之限制，惟縱如此，本例法院自行認定羈押事由時，未經

通知偵查檢察官到庭陳述意見，且未先行告知被告與辯護人裁定羈押之事由（檢察官聲請事由以外之其他事由），雖裁定後將甲有偽造證據之虞所依據之事實，告知甲及其所選任之辯護人，但仍對被告之防禦權與辯護權造成侵害與突襲。

🔍 焦點11　繼續羈押之修法評釋（柯耀程，月旦法學教室第64期，頁75以下）

一、學者認為在現有的羈押規定中，增定撤銷羈押後繼續羈押的規定，是為填補羈押在程序中所可能存在的漏洞，以使得實務在運用羈押規定時，能有一個額外可用的手段。但法律的修正，並不能僅為實務或程序進行的方便，仍須兼顧權利保障的均衡關係，唯有在權利干預的正當性授權條件下，程序保全的強制手段，方有合法性之可言。在法理的檢視下，增訂「繼續羈押」的規定，會有三個亟待解決的疑慮存在：

(一) 撤銷羈押是否可以如同停止羈押一般，作附條件的處理？亦即撤銷羈押是否得以再為附具保、責付及限制住居的條件？倘若撤銷羈押可以再為附條件之處理，對於附條件違反時，得否作為羈押成立的事由？

學者認為受羈押之被告在法定羈押原因消失，或因程序進行的過程中，發生有不得或不能再續為羈押的情形時，乃必須為羈押之撤銷，而將被告釋放，此種撤銷羈押的情形，不同於停止羈押，蓋停止羈押是因法定羈押原因仍舊存在，僅因並無續為羈押必要，而以附條件釋放的程序保全方式為之；反觀撤銷羈押，並非單純無必要性的問題，而是發生在羈押原因消失，或者是程序的限制，造成無法續為羈押的情形，此時必須將羈押撤銷（不論是根本性撤銷事由，或是視為撤銷事由）。羈押被告因有撤銷羈押的情形存在時，必須立即將被告釋放（第107條第1項、第108條第2項及第7項）。故而撤銷羈押乃是法定的事由，並非程序保全必要性考量的問題。

(二) 固然撤銷羈押的事由各有不同，不論是法定撤銷羈押事由，或者是視為撤銷羈押的事由，終究都是撤銷羈押的情狀。在撤銷羈押的事由存在，且具有不可歸責於受羈押之被告時，可否任意在法律規定上，否認撤銷羈押之存在，而對於被告繼續為羈押？增定「繼續羈押」的規定，是否能夠得到合憲性的支持？倘若因程序保全限制性的逾越（第108條第2項、第7項），此種情形是因不可歸責於被告的事由存在，而發生羈押期滿的情形，既然羈押期滿未發生延長羈押的效力（第108條第2項），或是因羈押期滿而未有一定的訴訟行為（第108條第7項），此時羈押的正當性基礎已經被逾越，僅能視為撤銷羈押，故而視為撤銷羈押者，並非被告並無羈押原因，也不是沒有羈押必要，而是違反程序正當性的法治國原則的情形，此種情形，有若干是可歸責於司法機關，有些是不可歸責司法機關的事由，但終究都不可歸責於被告。故而當延長羈押不合法，或是羈押期滿未起訴或未判決時，則視為撤銷羈押，在此種情況下，自然也不得為附條件撤銷羈押。

(三) 雖然增定「繼續羈押」的期間，作終極性的規範，蓋「繼續羈押」並無可延長的可能，期間以二個月為嚴格界限，但不可否認者，刑事程序具有不同階段的區分，包括

　　偵查程序與一、二、三審的審判程序，將繼續羈押放諸於不同之程序階段時，即變成每一個程序階段，除卻法律規定得以延長羈押的範圍外，各增加一個「繼續羈押」可用的空間，如此一來，終極期間就變成非終極期間，而是自動變成一個羈押彈性的空間，也使得繼續羈押成為羈押期滿而無法終結程序的護身符，也成為因可歸責於司法機關延長羈押疏忽非難的救命丹，增訂「繼續羈押」的規定，是否在法理上站得住腳？或者是反而會造成羈押制度與相關性強制處分手段更形混淆？

二、基本上羈押與具保、責付或限制住居者，都是程序保全的強制手段，依現行法的規定，具保、責付或限制住居在性質上，是屬於羈押的替代性手段，其彼此間的關係，是建構在「有羈押原因且有羈押必要時，則為羈押；如有羈押原因，但無羈押必要者，則得為具保、責付或限制住居」的命題上（第93條及第101條之2參照），現行法中並無不能具保、責付或限制住居得轉變為羈押的機制，儘管刑事訴訟法第114條的規定，是以具保、責付或限制住居為優先，但前提是具有羈押可能的情形，其所謂無法具保、責付或限制住居，得以羈押者，並非具保、責付或限制住居得轉換成為羈押。故而，對於非有羈押可能的具保、責付或限制住居者，並不能因無法具保或責付或限制住居時，即得以為羈押。

三、被告所犯為死刑、無期徒刑或最輕本刑為七年以上有期徒刑之罪者，於視為撤銷羈押的情況下，法院就偵查中案件，得依檢察官之聲請；就審判中案件，得依職權，逕依第101條之規定訊問被告後繼續羈押。在這種重罪條件下，雖有因羈押期滿之視為撤銷羈押事由存在，仍得以繼續羈押，其所存在的正當性疑慮有二：

(一) 此類重罪羈押，既無羈押次數之限制（按：刑事妥速審判法已另明文限制），其所存在無法續為羈押的問題，僅在於程序上是否為合法之延長羈押而已，而羈押延長是否合法，本就屬於可歸責於法院或檢察官之事項，何以在無法為合法之延長羈押時，卻將此種不利益的關係，逕為轉嫁到受羈押的被告身上？這樣的義務負擔及權利的剝奪，是否具有合憲性的基礎，頗令人費解，此無異是以繼續羈押的期間，作為修復司法機關瑕疵的作法而已。根本毫無正當性可言。

(二) 既然所犯最輕本刑為七年以上有期徒刑之罪，得單純以其重罪之原因，作為羈押的正當性前提，則法律所規定的撤銷羈押，將完全喪失其意義，羈押將成為為達程序保全目的，即可以不擇手段的強制處分方式。

四、學者建議：宜重新檢討具保、責付與限制住居的屬性規定，將其在現有的規定中，僅具有羈押替代性性質，增訂作為獨立程序保全的規定，亦即被告所犯之案件，雖無羈押之原因，但確有程序保全必要時，得以獨立為具保、責付或限制住居的處分，如此一來，對於無羈押可能之情形，至少得以具保、責付或限制住居作為程序保全手段。

🔍 焦點12　刑事訴訟法第117條再執行羈押與第117條之1重新羈押之區別（黃朝義，刑事訴訟法，頁195）

　　刑事訴訟法第117條規定，被告經被羈押後，在某些條件下准其停止羈押，惟於發現

被告有違反停止羈押之相關事項時，法院不需要為有無羈押必要之審查，得命再執行羈押；刑事訴訟法第117條之1所規定者，無論偵查中或審判中，純屬於對原來並無羈押事實之處分行為，於發現被告有違反相關規定之情事時，法院重新審查有無羈押必要之羈押問題。換言之，再執行羈押之審查，原則上，法院只論被告有無違反相關規定（或遵守事項）；相對地，重新羈押之審查，法院必須為有無羈押必要之審查（含羈押理由與羈押必要性）。

🔍 焦點13　替代性處分之檢討（黃朝義，台灣本土法學第134期，頁141以下）

一、依現行刑事訴訟法規定，具保、責付、限制住居均屬於被告有犯罪嫌疑且具法定理由而無羈押必要時，或者羈押中被告停止羈押之附條件替代性處分。其中依本法第118條規定，沒入保證金係以犯罪嫌疑人逃匿為前提，而責付與限制住居乃屬促使被告到場之手段，亦即三者皆為保全被告之替代性處分。然羈押原因包括保全被告（逃亡之虞）、使案情昏暗之危險（串證或偽造變造湮滅證據之虞）、重罪及預防再犯等考量，則前述之替代性處分顯然無助於達成保全被告以外之其他目的，非僅不具適合性且增加被告不必要之負擔，與正當法律程序之憲法理念相背離。故若檢察官以被告有犯罪嫌疑且有勾串共犯之虞，但無羈押之必要所為之具保處分即屬違法。

二、刑事訴訟法第116條之2所規定之各款禁止命令均需依附於被告有逃亡之虞之替代性處分上，顯有不當。學者認為應將此等禁止命令放寬為獨立性之替代性處分，毋庸依附於具保、責付或限制住居，可單獨實施，亦可由院檢將該禁止命令與前三者替代性處分交互選擇運用。

🔍 焦點14　限制出境處分之相關探討（林輝煌，月旦法學第120期，頁67以下；吳巡龍，台灣本土法學第100期，頁166以下）

一、限制出境依其性質可區分為

「屬行政處分之限制出境」及「屬強制處分之限制出境」，屬強制處分之限制出境，依法律依據之不同，又可區分為「適用限制住居規定之限制出境」及「不適用限制住居規定之限制出境」。「適用限制住居規定之限制出境」法律依據為刑事訴訟法有關「限制住居」的規定：「不適用限制住居規定之限制出境」主要依據係入出國及移民法第6條第1項第1款、第2款及第6款。

二、適用限制住居規定之限制出境

為進行刑事追訴、審判並確保執行，刑事訴訟法有保全被告到庭之規定，而保全被告到庭方法有羈押、具保、責付及限制住居等。刑事訴訟法第228條第4項前段規定：「被告經傳喚、自首或自行到場者，檢察官於訊問後，認有第101條第1項各款或第101條之1第1項各款所定情形之一而無聲請羈押之必要者，得命具保、責付或限制住居。」又刑事訴訟

法第93條規定：「被告或犯罪嫌疑人因拘提或逮捕到場者，應即時訊問（第1項）。偵查中經檢察官訊問後，認有羈押之必要者，應自拘提或逮捕之時起二十四小時內，敘明羈押之理由，聲請該管法院羈押之（第2項）。前項情形，未經聲請者，檢察官應即將被告釋放。但如認有第101條第1項或第101條之1第1項各款所定情形之一而無聲請羈押之必要者，得逕命具保，責付或限制住居；……（第3項）。」依上開規定，檢察官傳喚或拘提被告到案，訊問被告後認有法定羈押事由，但無羈押之必要，斟酌案情得逕命具保、責付或限制住居。限制出境於實務與通說之見解認屬限制住居之一種執行方法，蓋憲法第10條所保障之居住遷徙自由包括出境或入境之權利，限制出入境即係侵害上開憲法基本權，具強制處分之性質，故如欲對人民為限制出境，應符合憲法第23條之適合性與必要性程度並以法律定之（即法治國比例原則與法律性原則）。此種限制出境既屬限制住居之執行方法，則均為用以替代羈押制度之較低度人身自由限制之強制處分，按於檢察官或法院訊問被告後，如被告有重大犯罪嫌疑，並有羈押之法定理由且具必要性時，即得對之為羈押處分，惟若有法定羈押理由而無必要時，應代之以具保、責付或限制住居（含限制出境）。本此，限制出境之法定條件包括有：(一)法官與檢察官保留原則，此處分僅得由法院或檢察官為之；(二)處分相對人限於被告；(三)處分前應先行訊問被告，以保障被告在刑事程序上受告知與聽聞之權利，俾使其有效進行防禦權；(四)需被告具重大犯罪嫌且有羈押法定事由而無必要時，倘無重大犯罪嫌疑或法定事由不具備，則應釋放被告。

　　綜上所述，「適用限制住居規定之限制出境」需符合「限制住居」要件始得為之，因此對於一般偵查案件未經檢察官訊問的被告，檢察官無權通知境管機關限制出境。但檢察官及權責機關所為職務上行為，並非僅以刑事訴訟法有明文規定者為限，其他法令另有規定者亦得為之。因重大經濟犯罪或重大刑事案件，嫌犯常常逃匿，傳、拘不到，若不對重大經濟犯罪或重大刑事案件嫌犯限制出境，其即可能潛逃出境。因此為防止重大經濟犯罪或重大刑事案件嫌犯潛逃出境，權責機關依據入出國及移民法第6條第1項第6款規定，函請境管機關對此類嫌犯限制出境，不僅合法，實務上也有其必要。

🔍 焦點15　限制出境（海）與限制住居（黃朝義老師，月旦法學第215期，頁107以下）

一、限制住居與限制出境之目的：兩者皆具有有保全被告，防止被告逃匿之目的。惟前者尚用以確保偵、審機關之傳票、判決書等訴訟文書送達之合法性。而在被告不任意遷移戶口致影響訴訟文書送達之情況下，倘其有短期出國旅遊或基於職工作（商務）、探親需要時，應容許其出國，保障其工作權、探視親人權利，故限制出境不應或為限制住居之方法、手段，兩者並無依附關係，各為獨立性強制處分，亦即限制住居不必然導出（擴及）限制出境。

二、限制出境之要件：基於其獨立性強制處分內涵，為符合正當法律程序，應具備如下要件始能發動：

(一) 令狀原則（法官訊問審查）。但符合法定要件下，例外容許檢察官為暫時性緊急處分

（限制出境），惟事後應受法官審查。

(二) 一定期間限制

    1. 若係檢察官暫時性緊急處分，以不逾二十四小時為宜。

    2. 若係代替羈押之限制出境處分，則不應逾越法定之羈押期間，以符比例原則。

    3. 刑事妥速審判法第5條第4項明定，犯最重本刑有期徒刑十年以下之罪者，審判中限制出境期間，累計不得逾八年（被告逃匿通緝期間不計入）。

(三) 救濟途徑：法院之令狀應載明限制出境之理由，使被告得據以提出抗告資為救濟。

第五節　鑑定處分之種類

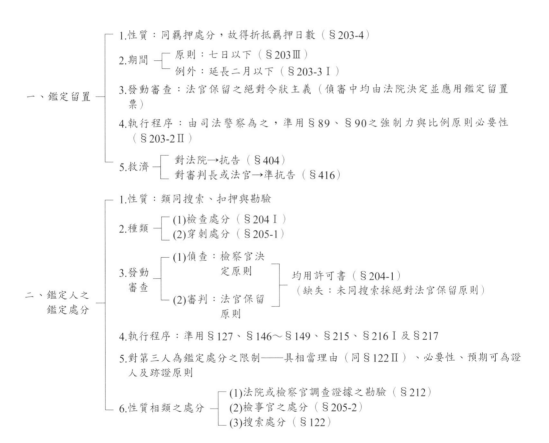

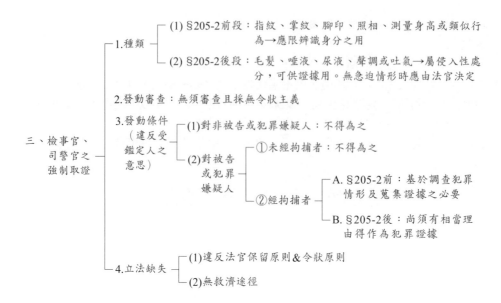

1. 種類
   - (1) §205-2前段：指紋、掌紋、腳印、照相、測量身高或類似行為→應限辨識身分之用
   - (2) §205-2後段：毛髮、唾液、尿液、聲調或吐氣→屬侵入性處分，可供證據用。無急迫情形時應由法官決定

2. 發動審查：無須審查且採無令狀主義

3. 發動條件（違反受鑑定人之意思）
   - (1) 對非被告或犯罪嫌疑人：不得為之
   - (2) 對被告或犯罪嫌疑人
     - ① 未經拘捕者：不得為之
     - ② 經拘捕者
       - A. §205-2前：基於調查犯罪情形及蒐集證據之必要
       - B. §205-2後：尚須有相當理由得作為犯罪證據

三、檢事官、司警官之強制取證

4. 立法缺失
   - (1) 違反法官保留原則&令狀原則
   - (2) 無救濟途徑

🔍 焦點1　鑑定留置之相關探討（林鈺雄，月旦法學第113期，頁64～65；張麗卿，司法周刊第1172期）

一、適用範圍： 刑事偵審程序、保安處分、再審有無理由之審查階段。

二、目的限制： 鑑定被告之心神或身體皆屬合法目的。

三、證據主題： 責任能力、就審能力、性犯罪者強制治療之必要，預防性羈押事由反覆犯罪之虞有無。

四、實質要件： 符合重大犯罪嫌疑與比例原則（適合性與必要性）。

五、形式要件： 不禁止重複或延長實施，惟不可逾二個月又七日、令狀主義。

六、執行措施： 同時有鑑定留置與身體檢查處分之必要時，均須有令狀授權，且本於不自證己罪原則，被告無須主動配合，此階段亦無庸接受治療措施（僅具判斷之作用）。

七、救濟途徑： 可提抗告（§404但）或準抗告（§416 I），救濟中停止執行可運用第409條第1項但書（註：依§203-1經拘捕到場且期間未逾二十四小時者，可無需令狀）。

🔍 焦點2　對第三人之勘驗或鑑定之身體檢查處分（林鈺雄，月旦法學第113期，頁65；張麗卿，司法周刊第1172期）

　　對被告以外人第三人為勘驗或鑑定之檢查身體處分（應限於身體表面之檢查，而不得為侵入性檢查），學者認為除有相當理由外，尚應具備必要性原則、預期可為證人原則、跡證原則（指在該第三人之身體發現有可罰性行為之特定痕跡或結果時，方得對其身體為檢查）。學者並建議賦予具有拒絕證言權之證人亦具有拒絕檢查特權。

🔍 焦點3　鑑定人與證人之區別

	證人	鑑定人
任務	陳述過去親自經歷之事實	就現在事實陳述其判斷意見
資格	無限制	須有特別知識經驗
性質	有不可代替性	無不可代替性
具結時期	原則上於訊問前，例外得於訊問後（§188）	應於鑑定前具結（§202）
得否拘提	經合法傳喚無正當理由而不到場得拘提之（§178 I）	不得拘提（§199）
得否拒卻	不得拒卻	得聲請拒卻（§200～§201）
權利	僅得請求日費及旅費（§194）	除日費、旅費外尚得請求報酬及所支出之費用，並得檢閱卷宗證物（§205、§209）

【附錄】100年台上第3292號

刑事訴訟法第205條之2規定……對犯罪嫌疑人或被告身體採證權。該條規定之立法意旨，乃在偵查階段若非於拘提或逮捕到案之時即為該條所規定之採集行為，將無從有效獲得證據資料，有礙於國家刑罰權之實現，故賦與警察不須令狀或許可，即得干預、侵害被告身體之特例。惟身體檢查處分，係干預身體不受侵犯及匿名、隱私權利之強制處分，適用上自應從嚴。其於干預被告身體外部之情形，須具備因調查犯罪情形及蒐集證據之必要性；於干預身體內部之時，則以有相當理由為必要。此等必要性或相當理由之判斷，須就犯罪嫌疑程度、犯罪態樣、所涉案件之輕重、證據之價值及重要性，如不及時採取，有無立證上困難，暨有無其他替代方法存在之取得必要性，所採取者是否作為本案證據，暨犯罪嫌疑人或被告不利益之程度等一切情狀，予以綜合權衡；於執行採證行為時，就採證目的及採證證據之選擇，應符合比例原則，並以侵害最小之手段為之。

【附錄】103年台上第447號

強制採取尿液，其屬侵入身體而作穿刺性或侵入性之身體採證者，因攸關人身不受侵害基本權之保障，學說上固有仍須取得令狀而排除在本條授權之外之主張，惟如屬一般強迫犯罪嫌疑人或被告自然解尿之方式採尿取證，例如警察命犯罪嫌疑人或被告喝水、喝茶或走動等以促其尿意產生，待其自然排泄之後再予扣押者，則以合乎刑事訴訟法有關告知緘默權之程序即可，依法並無事先取得令狀或許可之必要。至於有無相當理由之判斷，則應就犯罪嫌疑之存在及使用該證據對待證事實是否具有重要性、且有保全取得之必要性等情狀，予以綜合權衡。

第六節　搜索與扣押

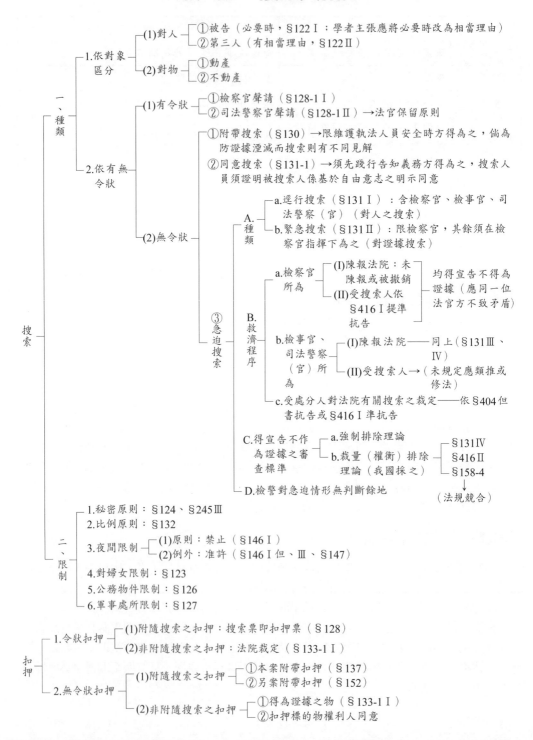

搜索

一、種類

1.依對象區分
(1)對人
①被告（必要時，§122Ⅰ；學者主張應將必要時改為相當理由）
②第三人（有相當理由，§122Ⅱ）
(2)對物
①動產
②不動產

2.依有無令狀
(1)有令狀
①檢察官聲請（§128-1Ⅰ）
②司法警察官聲請（§128-1Ⅱ）→法官保留原則

(2)無令狀
①附帶搜索（§130）→限維護執法人員安全時方得為之，倘為防證據湮滅而搜索則有不同見解
②同意搜索（§131-1）→須先踐行告知義務方得為之，搜索人員須證明被搜索人係基於自由意志之明示同意

③急迫搜索
A.種類
a.逕行搜索（§131Ⅰ）：含檢察官、檢事官、司法警察（官）（對人之搜索）
b.緊急搜索（§131Ⅱ）：限檢察官，其餘須在檢察官指揮下為之（對證據搜索）

B.救濟程序
a.檢察官所為
(I)陳報法院：未陳報或被撤銷
(II)受搜索人依§416Ⅰ提準抗告
均得宣告不得為證據（應同一位法官方不致矛盾）

b.檢事官、司法警察（官）所為
(I)陳報法院——同上（§131Ⅲ、Ⅳ）
(II)受搜索人→（未規定應類推或修法）

c.受處分人對法院有關搜索之裁定——依§404但書抗告或§416Ⅰ準抗告

C.得宣告不作為證據之審查標準
a.強制排除理論
b.裁量（權衡）排除理論（我國採之）
§131Ⅳ
§416Ⅱ
§158-4
↓
（法規競合）

D.檢警對急迫情形無判斷餘地

二、限制
1.秘密原則：§124、§245Ⅲ
2.比例原則：§132
3.夜間限制
(1)原則：禁止（§146Ⅰ）
(2)例外：准許（§146Ⅰ但、Ⅲ、§147）
4.對婦女限制：§123
5.公務物件限制：§126
6.軍事處所限制：§127

扣押

1.令狀扣押
(1)附隨搜索之扣押：搜索票即扣押票（§128）
(2)非附隨搜索之扣押：法院裁定（§133-1Ⅰ）

2.無令狀扣押
(1)附隨搜索之扣押
①本案附帶扣押（§137）
②另案附帶扣押（§152）
(2)非附隨搜索之扣押
①得為證據之物（§133-1Ⅰ）
②扣押標的物權利人同意

🔍 焦點1　刑事訴訟法就搜索強制處分採行之制度

一、**令狀主義**：依第128條第1項。

二、**法官保留原則**：依第128條第3項。對被告或犯罪嫌疑人應具備犯罪嫌疑與必要性，對被告或犯罪嫌疑人以外之第三人，應有相當理由認定證據或應扣押之物存在。

三、**審查程序秘密原則**：依第128條第4項。

四、**法官保留原則，執行拘捕之附帶例外**：依第130條（保障執法人員安全並防止隨身證據湮滅）。

五、**法官保留原則，急迫性之例外**：依第131條第1項及第2項。

六、**法官保留原則，相對人同意之例外**：依第131條之1（須出示證件、對有同意權人踐行得拒絕同意之告知義務，並將自願性與明示性同意載明筆錄）。

七、**事後審查制**：依第131條第3項。

八、**證據排除法則**：違法搜索取證違反法律程序之正當性，應依第131條第4項、第158條之4、第416條第2項處理。

🔍 焦點2　學說對急迫搜索（第131條）之重要見解（林鈺雄，刑事訴訟法之最新增修與實踐，「急迫性搜索之事後救濟」，頁155～174；搜索扣押注釋書，頁126；吳巡龍，新法下緊急搜索之心證門檻、要件及違法搜索之證據排除，頁127～139；王兆鵬，搜索扣押與刑事被告之憲法權利，頁167；路檢、盤查與人權，頁39；陳瑞仁，警察盤查之權源與界線，頁3以下）

本法第131條有關急迫搜索之規定因近年來迭次修正而備受實務與學界之矚目，就其發動程序以觀，當屬法官保留原則之例外而為無令狀搜索之一種，學者並將其析分為第1項之逕行搜索及第2項之緊急搜索，前者之權限機關包括檢察官、檢察事務官與司法警察（官）至後者則僅限檢察官，其餘之偵查人員均須在其指揮下為之。本條新修規定最引爭議者，厥為急迫搜索之事後救濟程序及違法搜索之證據排除問題，茲將相關見解列述如後：

一、急迫搜索之事後救濟程序為何？學者認應為不同區分，倘係檢察官所為（含本法第131條第1、2項），其未依規定陳報法院或陳報後經法院撤銷時，法院得依本法第131條第4項宣告搜索扣得物不得作為證據，此外受搜索人並得依本法第416條第1項之規定向檢察官所屬法院提起準抗告，如經法院撤銷該搜索，審判時法院亦得宣告扣得之物不得作為證據，而為免上述二種途徑之受理法院為分歧矛盾之判定，於受理法院不同之情形，宜由受陳報法院將案件移送至準抗告法院併同處理。若係檢察事務官或司法警察（官）所為（限本法第131條第1項），其未依規定陳報法院或陳報後經法院撤銷，亦同上述效果，法院得宣告扣得之物不得作為證據，惟此時本法卻未賦予受搜索

人提起準抗告之權利，顯有其不合理之處置（蓋實務上為無令狀搜索者多為司法警察），故學者建議應類推適用或修法解決上開難題。又受搜索人對法院有關搜索之裁定，另得依本法第404條規定提起抗告。

二、依本法第131條第4項規定審判時法院「得」宣告所扣得之物，不得作為證據。乃91年修法新增之違法搜索下證據排除之規定，吳巡龍師見解認此係採相對於美國強制排除理論立法例之裁量（權衡）排除理論，亦即違法搜索扣得之證據並非強制絕對不採，而是由法院權衡各種因素（如案情輕重、違法取證之情節等）決定是否排除該證據，然則法院之權衡標準為何？依立法院修法說明包括：(一)違反法定程序之情節；(二)違背法定程序時之主觀意圖；(三)侵害犯罪嫌疑人或被告權益之種類及輕重；(四)犯罪所生之危險及實害，(五)禁止使用證據對預防將來違法取證之效果；(六)偵審人員如依法定程序有無發現該證據之必然性；(七)證據取得之違法對被告訴訟防禦不利益之程度。但此七項裁量標準等同完全委由法官為自由評價，顯然不同法官對不同個案情形有不同認定當屬無可避免之現象，換言之，其任憑法院之主觀價值為結果高度不確定性之判斷，將致前揭審查標準毫無依循作用可言，是故其主張宜仿美國法例採強制排除理論，後佐以彈劾證據、警察善意、獨立來源、必然發現原則及稀釋原則（後三者為美國判例對毒樹果實理論所建立之三項例外）等例外規定，應屬客觀可行之立法方式（見刑事訴訟法之最新增修與實踐）。

【衍生實例】

刑事訴訟法所定無令狀搜索有那些情形？受搜索人如不服，可循那些救濟途徑提出救濟？　　　　　　　　　　　　　　　　　　　　　　　　　　（97地特政風）

考點提示：參見本章節之體系。

🔍 焦點3　搜索扣押與法治國原則

一、某大學校園MP3搜索扣押事件——違反比例原則必要性（因未先命提出或請求交付）。

二、壹週刊雜誌之搜索扣押事件——違反比例原則（扣押當期所有雜誌作證據即屬不妥）。

三、凡屬物理性侵入或隱私權侵犯者，即屬搜索之實施。

四、執行搜索之方法與範圍應於合理性標準內為之。

🔍 焦點4　司法警察聲請拘票或搜索票之核發要件（王兆鵬，搜索扣押與刑事被告的憲法權利，頁40以下）

一、法院審查強制處分之令狀核發時，應以具備相當理由為前提，所謂相當理由應有客觀

之標準。搜索之相當理由乃就所知之事實情況，有合理可信之訊息，足使一般謹慎之人，相信所欲扣押之物品，得於被搜索之場所發現。至拘提逮捕之相當犯罪嫌疑，亦就所知之事實情況，有合理可信之訊息，足以使一般謹慎之人，相信犯罪已發生，而嫌疑犯為犯罪行為人。

二、司法警察依線民密報訊息聲請拘票或搜索票時，法院欲判斷有無上揭之相當理由時，應探究該訊息之可信性與線民之信用性（例如線民自證犯罪而指證共犯），此即雙叉法則。惟若考量密報者身分曝光之安全與供述真實性之風險，得由聲請之司法警察官宣誓保證以代替密報者身分之提供。又倘若該聲請不符雙叉法則之標準，司法警察亦得提出補強證據以證明相當理由之存在，此補強證據容許傳聞證據之採用。

【附錄】102年台上第3127號

　　搜索、扣押，屬於強制處分權之一種，對於憲法所保障之人民居住安全、財產維護和隱私等基本人權，侵害非小，故負責犯罪調、偵查之人員，原則上必須有相當理由（對於第三人），且於必要之時，聲請法院核發搜索票，觀諸同法第122條、第128條及第128條之1規定即明，學理上稱之為令狀主義（例外時，始採無令狀主義）。鑑於搜索之發動，關乎偵查作為之方式與走向，法院對於聲請機關之請求，宜允尊重，然而仍有一定之限度。所稱相當理由，即必須有相當之情資、線報或跡象，作為基礎，據此可以合理相信犯罪之人、事、物存在，或然率要有百分之五十以上，既非憑空想像，亦非杯弓蛇影，自須有一定程度之把握；而所謂必要，乃指除此之外，別無他途可以取代，是應衡量可能之所得和確定所失之比例。從而，受理聲請之公平法院，必須居於中立、客觀、超然立場，在打擊犯罪及損害人民權益之間，對於聲請機關提出之資料，確實審核，善盡把關職責，不能一概准許，淪為檢、警之橡皮圖章。具體而言，倘祇有單項之情資、線報或跡象，既未經檢、警初步查對補強，應認聲請搜索之理由不相當；若另有其他較為便捷、有效之蒐證方法，當認無搜索之必要。

【附錄】105年台上第2224號

　　拘提，乃屬於對人之強制處分之一種，為示慎重，刑事訴訟法第77條規定：「拘提被告，應用拘票。」搜索、扣押係對物之強制處分，搜索原則上採令狀主義，應用搜索票，由法官審查簽名核發之，目的在保護人民免受非法之搜索，二者核發要件、性質均不同，非謂有搜索票即得拘提犯罪嫌疑人，員警持搜索票搜索上訴人住居所，非不得同時持拘票拘提上訴人。

相關實務

　　最高法院93台上字664號判例：「強制處分之搜索、扣押，足以侵害個人之隱私權及財產權，若為達訴追之目的而漫無限制，許其不擇手段為之，於人權之保障，自有未周，故基於維持正當法律程序、司法純潔性及抑止違法偵查之原則，實施刑事訴訟程序之公務員不得任意違背法定程序實施搜索、扣押；至於違法搜索扣押所取得之證據，若不分情

節，一概以程序違法為由，否定其證據能力，從究明事實真相之角度而言，難謂適當，且若僅因程序上之瑕疵，致使許多與事實相符之證據，無例外地被排除而不用，例如案情重大，然違背法定程序之情節輕微，若遽捨棄該證據不用，被告可能逍遙法外，此與國民感情相悖，難為社會所接受，自有害於審判之公平正義，因此，對於違法搜索所取得之證據，為兼顧程序正義及發現實體真實，應由法院於個案審理中，就個人基本人權之保障及社會安全之維護，依比例原則及法益權衡原則，予以客觀之判斷。」

🔎 焦點5　搜索票之有效期間與逾期（林鈺雄，月旦法學第114期，頁75）

一、學者認只要檢警在票載期間內「開始」執行搜索，容許其超過期間而終結搜索，並不會妨害搜索的明確性原則或概括搜索票禁止原則，也不會鼓勵檢警庫存搜索票或規避法官保留原則。簡言之，既不違反有效期間記載的規範目的，且有助於偵查目的之達成。

二、特別要注意的是搜索票的一次性原則，亦即一旦執行過有票搜索，除了合乎暫停執行（指本法第151條執行之暫時中止）者外，執行搜索即已終結，該搜索票亦因使用而失效，必須交還法院，縱使於票載有效期間之內，亦不得再持該搜索票而重新搜索。

🔎 焦點6　急迫搜索之相關探討（王兆鵬，路檢盤查與人權，頁64～86；當事人進行主義之刑事訴訟，頁85以下）

一、不論第131條第1項之逕行搜索、抑或第88條之1第3項（準用§131Ⅰ）為緊急拘捕而搜索，搜索標的僅限人而不包含其他證據，至搜索範圍則限住宅處所，不可對身體物件為之（因不可能藏人）。

二、第131條第2項緊急搜索之範圍則包含住宅、處所、身體、物件，惟搜得之文件或包裹，執行人員僅得扣押，不得檢視內容。

三、第131條第1項第1款（未限急迫情形）之規定，有以拘票取代搜索票之嫌，蓋入宅拘提即屬搜索，應由法官審查，檢察官無權為之，檢方拘票不可代搜索票，否則即有濫權規避搜索令狀審查之嫌，故學者見解認為：

(一) 第131條第1項第1款僅限法官拘票且對被拘提人住居處所為之。

原因┬1.法官具搜索審查核發權，且其於簽發拘票時依第77條應記載被拘提人住宅處所，故當時已審查過對拘提者住居處所之內搜索拘提之合法性。
　　└2.但仍不得以該法官拘票對第三人住所第131條第1項第1款之搜索，因法官簽發拘票時並未審查判斷過對第三人住所搜索拘提之可能（依§77Ⅱ①反面規定），故應另聲請搜索票或依第131條第1項第3款。

(二) 檢察官拘票僅得於急迫情形，依第131條第1項第3款規定入宅搜索拘提，抑或於公共場所為之。

承上所述，持檢察官拘票執行拘提時 ┌ 1.被拘提人逃入住宅→依第131條第1項第2款
└ 2.被拘提人本已在住宅內 ┌ 急迫情形→第131條第1項第3款
                         └ 無急迫情形→另向法官聲請搜索票

(三) 第131條第1項第1、3款進入住宅為通緝犯罪逮捕或緊急拘捕（§88-1），應具備之要件：

　　1. 犯罪嚴重性。

　　2. 合理懷疑嫌犯攜帶兇器。

　　3. 有明顯相當理由相信嫌犯確實涉案。

　　4. 有強烈理由相信嫌犯在建物內。

　　5. 若不立即逮捕，嫌犯極可能逃逸。

四、第131條第1項第2款之進入住宅為現行犯、脫逃犯逮捕之要件

(一) 熱追緝（自犯罪現場立即持續追緝）要件

　　1. 有相當理由相信犯罪之發生且有相當理由相信嫌犯在某處所內。

　　2. 情況緊急不及聲請令狀。

(二) 溫追緝（追緝行動距離犯罪時間過長）要件

　　1. 嚴重（暴力）犯罪。

　　2. 嫌犯攜帶兇器。

　　3. 有明顯相當理由。

　　4. 有強烈理由相信嫌犯在建物內。

　　5. 若未立即逮捕，嫌犯可能逃跑。

　　6. 警察和平進入。

五、王師主張司法警察亦得適用第131條第2項對物為搜索

(一) 進入住宅搜索應具備之要件

　　1. 聲請令狀所需花費時間。

　　2. 合理相信證據將被搬離或湮滅。

　　3. 若要求一方面把守現場，一方面聲請令狀，是否對警察造成危險。

　　4. 證據持有者是否知悉警察正追緝該證據或嫌犯。

　　5. 證據是否得輕易被湮滅。

(二) 入宅後欲對人之身體為侵入性搜索之要件

　　1. 有確實急迫情形存在。

　　2. 在明確相當理由會發現證據。

　　3. 取證方式與程序須合理。

　　4. 發現容器時（皮包、信封等），僅得先扣押，再聲請搜索票開啓。

(三) 不合法緊急搜索取得證據之情形：在住宅內拘捕而為搜索、在住宅外拘捕而對住宅搜索、非嚴重犯罪進入住宅搜索而無緊急性。

🔍 焦點7　無令狀搜索扣押之一目瞭然原則 （王兆鵬，路檢盤查與人權，頁50以下；黃朝義，刑事訴訟法，頁226）

一、定義

警方於合法搜索時，落入警方目視範圍之違禁物、證據，可無令狀搜索。此亦適用於附帶扣押（§137）及另案扣押（§152）。

二、要件

(一) 因合法搜索、拘提其他合法行為，而發現應扣押之物。

(二) 有相當理由相信所扣押之物係證據、違禁物 ─ 立即／明顯／直接

(三) 即令狀所載應扣押物之發現前，若發現標的物後即不得再行無令狀搜索。

三、附帶扣押之限制

(一) 屬於合法職務行使中所為之行為。

(二) 該須扣押之物屬於偶然發現之證據物。

(三) 所發現之物屬於與犯罪有明確關聯之證據物。

(四) 此證物屬於並不需要其他搜索之行為即可加以扣押之證物等要件。

🔍 焦點8　第130條附帶搜索之要件 （柯耀程，月旦法學第101期，頁118以下；月旦法學教室第81期，第72頁；林鈺雄，搜索扣押注釋書，頁130；王兆鵬，搜索扣押與刑事被告的憲法權利，頁190～195；李榮耕，月旦法學第243期，頁127～129）

一、附帶搜索之限制

(一) 確保執法人員安全與防止隨身證據湮滅（有學者認不包含後者），故限制被拘捕人可立即觸及之範圍（即臂長距離與控制範圍延伸之處）。

(二) 限於合法拘捕，且須與犯罪事實具有證明必要性，亦即要有同案取證性質，並須具即時性。如附帶搜索取得他案證據，應受令狀補正程序之拘束，否則搜索行為與取得之物均屬不合法。

(三) 移送至執法機關內部後，即不得再為附帶搜索。

二、附帶扣押之準用

本案附帶扣押（§137）與另案附帶扣押（§152），依第137條及類推適用均須補正程序，故其當然應以合法附帶搜索為前提。

三、附帶搜索之相當理由（合理根據）判斷

(一) 王兆鵬教授認為司法警察需合理懷疑（無需達相當理由之程度）被拘捕人身上可能有兇器或證據，始得對其身體或攜帶之容器（如皮包）進行附帶搜索，又對於有證據之

犯罪類型（如殺人），因此合理懷疑為立法上所假設推定，故司法警察無庸再就個案判斷有無合理懷疑，然於無證據之犯罪類型（如肇事逃逸），因被拘捕人身上並無證據，僅可能有危險兇器，則需個案判斷容器內有無合理懷疑兇器之存在。至於被拘捕人之身體與立即可及之處所或交通工具，僅需有合法拘捕即可不附任何理由為之。

(二) 林鈺雄教授認為立法者已擬制第122條之合理根據為搜索要件，原則上無庸再就個案為判斷，故僅需合法拘捕，不論是否有無合理根據顯示被拘捕人懷有武器或證據，均得為附帶搜索。

四、保護性掃視

司法警察在嫌疑犯家中進行逮捕時，可能受到該嫌疑犯之共犯或親友之攻擊，司法警察為保護自己免受攻擊，得查看該住宅內有無危險人物存在，美國聯邦最高法院將情形區分為二：

(一) 與逮捕場所緊密毗連之衣櫃或其他可能發動攻擊之處所（較「立即控制」範圍為廣），不需有相當理由或合理懷疑。

(二) 在緊密毗連範圍以外處所，需有合理懷疑可能藏有危險人物始可查看。

五、對證人亦可附帶搜索

因證人亦可能攜帶危險武器危害執法人員，且第130條並未排除拘提證人時之適用。

🔍 焦點9　汽車搜索之探討（王兆鵬，搜索扣押與刑事被告的憲法權利，頁189～195及238～240）

學者認於刑事案件中為保障執法人員安全並防止隨身證據湮滅：

一、司法警察拘提逮捕汽車駕駛人或乘客時，得同時附帶搜索該人得立即觸及之汽車內部及其內開啟或封閉之容器（包括前座置物箱、車上之行李、盒子與衣服等），至於未得觸及之範圍暨汽車之後行李箱與引擎箱則均不得為之。

二、若係對接近汽車或未曾進入汽車之人為拘提逮補，則僅得於合理懷疑該人身上可能發現證據或武器時，始得對身體為附帶搜索，至對汽車即不許為之。

三、司法警察若具備相當理由時得對停放路邊之汽車（含置物箱、行李箱與引擎箱）為無令狀搜索，以防止嫌犯或共犯將車駛離或遭人竊取破壞，至對汽車內可得分離之容器（如個人皮包、旅行袋等）僅得無令狀扣押，迨取得令狀後始可為搜索。

四、上述情形係指刑事案件中之汽車搜索而言，應與同對汽車進行之臨檢盤查等行政搜索區別。

🔍 焦點10　停車位之搜索（李佳玟，台灣本土法學第159期，頁172以下）

一、最高法院98年台上第3863號判決

……刑事訴訟法第122條第1項規定「對於被告或犯罪嫌疑人之身體、物件、電磁紀錄及住宅或其他處所，必要時得搜索之」，乃因被告或犯嫌等之人身、物件、宅第等均為日

常生活所及範圍，存有得扣押之贓、證物蓋然性甚高，故此所謂「住宅」，應包括人日常居住，與生活起居有密切關聯之一切場所。

　　大樓或公寓等集合式住宅之停車場（位），附屬於各該大樓或公寓，並提供各住戶停放車輛使用，非但對大樓或公寓整體而言，有密切不可分之關係，且輔助提升該大樓或公寓生活起居之效能，應視為住宅之一部分。

二、學者評析

　　本判決可與一般人的生活經驗相互呼應。理由其實並非如最高法院而言，附屬於各該大樓或公寓之停車場對於大樓或公寓整體而言，有密切不可分之關係。重點毋寧是對於個別的住家或是辦公單位的使用者而言，通常必須額外付出相當代價購買或租用的停車位，的確存在著輔助日常生活或提升該大樓或公寓生活起居的效能。對於某些住戶或辦公單位使用者而言，停車位尚提供停車以外的功能，因而與使用者之日常生活的關係更形密切。既然停車位被住戶或單位使用者當作住家或辦公處所的空間延伸，這樣的延伸也不因為住戶或單位使用者在一樓或更高樓層而有本質的差別（雖然一樓住戶或單位使用者因為空間上的臨接性，方便堆放也方便監督，更常堆放物品）。那麼，以某個住宅或辦公單位為對象的搜索行動，偵查機關將該住宅或辦公單位的停車位納入搜索範圍，並無不合理之處。

　　既然該停車位被當作是住宅空間的延伸，汽車可被看做是一種「大型容器」，當然在可搜索的範圍。但如果這個汽車屬於第三者所有，處理的方式就像是在處理搜索住宅之第三人的背包，除非現場針對該第三人有符合無令狀搜索的情況，否則偵查機關不得搜索第三人所有物。

🔍 焦點11　高科技搜索之種類與程序效果（王兆鵬，新刑訴新思維，頁63以下）

一、高科技搜索之種類：通聯紀錄（需與犯罪偵查有關聯性，且取得法院令狀）、電波追蹤（公共場所追蹤不需搜索票，私人處所則需搜索票為之）、高空照相、望遠鏡（依窺視區域為公共場所或私人處所區分）、熱顯像儀（掃視住宅內情況須具備搜索法定要件）。

二、其他特殊態樣搜索：檢視垃圾（傾倒於外之垃圾屬暴露之公眾資訊，任何人均得輕易取得，故無合理之隱私期待）、開放地域（無合理隱私期待，不需具備法定搜索要件）、庭院（有合理隱私期待，需有法定要件）、空中監視（對具合理隱私期待區域為之需具有法定要件）。虛偽朋友（警察隱藏身分得被告同意入宅，得以目光掃視，亦得以設備錄音錄影，但不得搜索）、化學藥劑測試（測試標的屬違禁物時，人民無合理隱私期待，非屬搜索，若測試標的為私人尿液血液，則需具備搜索法定條件）、警犬嗅毒（不需具備搜索法定要件）。

三、學者認為「搜索」不應定義為「搜查檢索」或「搜尋探索」行為，而應依以下的標準判斷：第一，政府物理侵入法律所保護之區域，構成搜索行為，依刑事訴訟法第122

條，法律所保護之區域爲「身體、物件、電磁紀錄及住宅或其他處所」。例如政府將針孔攝影機自門縫中穿入，得知被告空屋內有毒品（因爲不是通訊，不受通訊保障及監察法之保護），若以是否構成「搜查檢索」或「搜尋探索」爲判斷標準，將造成極爲分歧或爭議的結果。反之，以物理侵入的方式爲判斷標準，得極輕易、極一致認定爲構成搜索行爲。第二，政府雖無物理侵入行爲，如侵犯人民隱私權，亦構成搜索行爲。例如以熱顯像儀掃描屋內人民的行動狀況，雖無物理侵入行爲，但顯示人民生活的私密細節（熱顯像儀得顯示夫妻在臥室內的親熱動作），構成搜索行爲。反之，若政府未物理侵入法律所保護之區域，亦未侵犯人民的隱私權，則不構成搜索行爲。例如偵查機關爲偵查組織犯罪，在嫌疑犯「住宅外」，對出入之人以高倍照相機照相存檔，因爲未物理侵入住宅，且未侵犯嫌疑犯之私權，不構成搜索，無須事先向法院聲請搜索票，且得無相當理由爲之。依學者上述搜索之定義與判斷標準，認定侵犯隱私權的高科技偵查行爲構成搜索，並非宣告政府不得使用新科技，只是要求其在實施前，必須具備實質要件與形式要件。如同其他的搜索行爲，偵查機關在具備實質理由後，得依刑事訴訟法第128條向法院聲請搜索票。若情況急迫，得依刑事訴訟法第131條規定，以高科技實施緊急搜索。從另一個角度觀察，當偵查機關具備實質要件而聲請搜索票時，法院「必須」發給搜索票；如具備實質理由，且有急迫情況而緊急實施時，法院事後「不得」撤銷高科技的偵查行爲。

四、手機內容之搜索

(一) 美國聯邦最高法院（2014年4月）之判決認爲，雖然手機已成爲犯罪集團成員之間協調和通訊的重要工具，並且能夠提供證明危險之罪犯有罪的重要證據。但基於隱私權之保障，警察搜索被拘捕者之手機內容，必須取得法院核發之搜索票始得爲之。

(二) 應注意者，該判決並非裁決手機內資訊免受警方搜索，而是警方在進行此類搜索之前通常必須取得搜索令，即使警方是在「合法逮捕之附帶搜索」時扣押手機亦然。

(三) 無令狀例外情形，此指執法人員緊急情況下有進行無令狀搜索的急迫需求，這是公認符合美國憲法增修條文第4條合理性要件的例外事由。此處所稱的緊急情況，包含在特定情況下防止證據滅失、追捕逃逸中的犯罪嫌疑人、以及幫助重傷者或面臨迫切傷害威脅之人。

【衍生實例】

檢察官以選舉賄賂罪名起訴甲。

(一) 審判中甲未選任辯護人，甲本人向法院聲請閱覽卷宗及檢視選舉人名冊等證物，但法院僅交付其筆錄影本、並以其他部分的閱卷聲請欠缺法律授權依據爲由，而裁定駁回。試從法理分析法院之駁回裁定有無理由？甲有無救濟途徑？

(二) 設若起訴書表示，里長乙乃甲的賄選樁腳，並援引警方於調查本案時向電信業者調取的通聯紀錄作爲證物，證明乙在被當場查獲現金賄款之前，與甲有頻繁的電話聯繫。審判中甲主張，警方調取通聯紀錄欠缺法律授權依據，不得採爲裁判基礎。試問甲之主張有無理由？

(三) 設若檢察官起訴之證據，包含丙、丁兩人之證詞。其中，丙為與警方長期合作之線民，在選舉日之六個月前，警方即佈線讓丙應徵甲之競選總部的幹事。丁則為一般選民，於警方反賄選宣導活動時，經警方告以檢舉賄選可獲高額獎金，故於乙向其買票後立即通告警方。審判中甲主張，警方佈線丙、丁兩人皆欠缺法律授權依據，故丙、丁證詞皆不得採為裁判基礎。試分別丙、丁兩人情形，說明甲之主張有無理由？
（100台大法研）

考點提示：

一、刑事訴訟法第33條第2項增訂審判中之被告如未選任辯護人者，得預納費用請求交付筆錄影本，乃賦予被告資訊請求權，蓋如允被告於審判中閱卷可能發生湮滅、偽造、變造或隱匿證據之情事，有礙實體真實之發現，然若不許，無異剝奪無資力選任辯護人之被告本於憲法第8條正當法律程序與第16條之訴訟防禦權，為能兼顧上揭考量，本次修法所增訂者係資訊請求權而非閱卷權。此項修法仍有深值討論之處：(一) 被告資訊請求權之保護未盡周延：本次修法增訂之被告資訊請求權僅限於供述證據之筆錄部分，此於書證與物證部分之相關資訊檢閱與取得仍付諸闕如，被告即無從於審判期日前為訴訟防禦之完善準備，而有蒙受檢察官突襲性攻擊之嫌，自亦難徹底落實改良式當事人進行主義之精神。(二) 被告之請求如經駁回，並無救濟途徑之規定（本法第404條、第416條）。

二、淺見認為，本於改良式當事人進行主義之精神、兩造攻擊防禦武器與訴訟地位對等與被告訴訟防禦權之保障，被告就筆錄影本以外其他卷證影本之請求，及請求被駁回之救濟，應類推適用上述本法第33條與第416條之規定而允許之（參照100年台抗第690號之類似見解）。

三、學者認為，搜索不應定義為搜查檢索或搜尋探索，凡是政府以物理力侵入法律保護之區域，抑或雖無物理力但侵犯人民隱私權者，均構成搜索行為，均應取得法院命令（令狀）。故本例警方調取通聯紀錄，除需與偵查犯罪具關聯性外，尚須取得法院令狀許可；亦即警方之調取符合法律保留（以刑訴法之搜索規定為法律授權依據），但欠缺合法令狀而違法。

四、丁因自反賄選活動中知悉檢舉賄選有高額獎金，故而檢舉並作證，此係其主動為之，非警方佈線，法院自得將丁供述採為判決基礎。至警方安排丙擔任甲之競選幹事一節，因丙並未提議、誘使甲為賄選行為，其將觀察目睹甲賄選過程於審判中作證供述，至多屬釣魚偵查行為，依具體個案情節觀之，尚無違反正當法律程序之事，堪認有證據能力。另依學者見解，警方以虛偽身分得被告同意進入住宅，得以目光掃視，亦得以設備錄音錄影，但不得搜索（否則應持令狀），本例丙之臥底與此類似，故丙若未採搜索行為，其目睹、錄音錄影之舉措即不須令狀授權。

🔍 焦點12　緊急拘捕時，附帶搜索與逕行搜索規定之準用

一、**準用附帶搜索**：此因為免逮捕人遭受被捕人所殺傷。故逮捕人可搜索被逮捕人之身體，及被逮捕人雙手所得觸及範圍之處所（如手提包、抽屜、座位底下），藉以確定是否藏有武器或危險器具。

二、**準用逕行搜索**：為免濫用，應將準用情形，限於被拘捕人逃跑，而拘捕人緊跟其後追躡之情形，始得許可逮捕人緊隨被逮捕人進入民宅拘捕，但不得強行搜索。

🔍 焦點13　夜間搜索之限制與例外（王兆鵬，當事人進行主義之刑事訴訟，頁91以下）

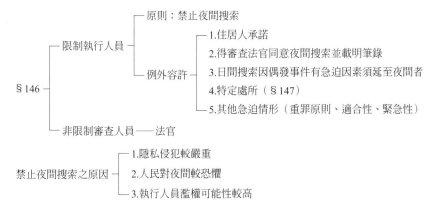

🔍 焦點14　同意搜索之要件（王兆鵬，搜索扣押與刑事被告的憲法權利，頁162以下；林鈺雄，搜索扣押注釋書，頁172以下；謝志鴻，月旦法學第165期，頁235以下）

一、合法同意搜索之要件

包括自願性同意（不得有強暴脅迫，半推半就亦不屬之）、充分權利告知（使被搜索人知悉有拒絕權利）、搜索人應表明身分、經筆錄或書面記載。應注意者，若警察以優勢人數或荷槍實彈展示武力或被搜索人拒絕後仍不斷請求，均視被搜索人非自願性同意。

二、對第三人或共同權限之人之同意搜索

(一) 共通進入但無相互使用權者：如飯店櫃檯或宿舍管理員等，此等人並無同意權。

(二) 共通進入與共通使用權者：如同居共財之配偶、父母子女、家屬等，此等人有同意權。惟王兆鵬教授認為，父母對未成年子女之空間有同意權，然對成年子女則否；又子女得同意警察進入搜索，但不得同意警察進入父母房間搜索。

(三) 若共同權限人與受搜索人之意見相反時，應以受搜索人之意見為主。

(四) 通說認為同意權人於進行搜索期間得隨時撤回同意。

(五) 表見權限者：僅須司法警察合理相信第三人具有共同權限（實際上並無），仍屬合法

搜索，惟此必須符合一般人客觀上合理查證或判斷始可。

三、同意搜索之範圍

非依同意人或執法人員之主觀判斷，而係以當時之環境與事實為客觀合理之判斷。

【衍生實例】

甲住屏東、乙住高雄，二人在台南駕車擄走A，載往台南某處民宅拘禁，由乙負責看守，由甲在該處民宅以行動電話打給走A之妻子B勒贖新台幣一百萬元，B應允前往台中交付贖款，甲出面取得贖款後，遭埋伏員警圍捕，甲見狀駕車逃逸，員警駕車追趕至彰化始將甲攔下逮捕，並搜索甲之身體及車輛，分別在甲之身上及車上搜得行動電話一只及贖款一百萬元。甲被捕後供出上開情節，員警始知悉另有乙涉案，旋即前往台南某處民宅營救A，適乙不在該處民宅，員警旋趕往乙在高雄承租之住處，見乙尚未返家，員警發現該處共有二間房間，分別由乙與另名未涉案之房客C各向屋主承租使用，即徵得C同意，進入乙承租使用之房間內搜索，發現繩索、膠帶等工具，認為乙嫌疑重大，此際適乙自外返家，發現員警在屋內，立即轉身逃跑，員警見情況急迫，乃上前將乙拘捕。乙被捕後矢口否認犯案，員警將甲、乙解送至台南地檢署，檢察官訊問後，認為甲、乙均犯罪嫌疑重大，向法院聲請羈押並禁止接見通信獲准，嗣檢察官偵查終結，將甲、乙依擄人勒贖罪向台南地方法院提起公訴。

試問：

(一) 屏東、台中、高雄、彰化地方法院及檢察署對前開案件是否有管轄權？

(二) 員警拘捕甲、乙之程序是否合法？

(三) 員警對甲之身體、車輛及乙之房間實施搜索之程序是否合法？

(四) 試擬檢察官聲請法院將甲、乙羈押及禁止接見通信之理由？　　　（99北大法研）

考點提示：

一、依刑事訴訟法第5條土地管轄、第6條、第7條牽連管轄之規定，被告之住所、居所、犯罪地、所在地之法院及對對數人共犯一罪案件均有管轄權。此所稱犯罪地包含各犯罪行為與犯罪結果地；另所在地，依實務見解包含被告被拘捕地。故本例被告住居所地之屏東、高雄，被拘捕地之彰化與犯罪地之台南、台中等之地方法院與檢察署均於本案有管轄權。

二、本例員警得依現行犯逮捕甲。另擄人勒贖案件屬於死刑、無期徒刑、最輕本刑五年以上有期徒刑之罪，且本例有事實足認為乙有逃亡之虞，如有情形急迫而不及報請檢察官核發拘票時，員警得依本法第88條之1第1項第1款（因現行犯供述，且有事實足認為共犯嫌疑重大）、第4款（涉犯重罪而有逃亡之虞）對乙為緊急拘捕。

三、員警於拘捕甲時，為保全證據並保障執法人員安全，得依本法第130條之規定對甲之身體為附帶搜索。至員警知悉乙不在家後，仍進入乙之房間搜索扣押繩索與膠帶，非屬附帶搜索之情形且未符合本法第131條之1同意搜索（承租另一房間之房客C對乙之房間搜索並無同意權）、本法第131條第1項逕行搜索（限於搜索拘捕被告）、第2項

緊急搜索（未經檢察官之指揮）之要件，故該搜索程序不合法。

四、檢察官聲請羈押被告並禁止接見通信之理由：被告甲、乙二人犯罪嫌疑重大，且涉犯之擄人勒贖罪屬於死刑、無期徒刑、最輕本刑五年以上有期徒刑之案件，且有事實足認二人非僅有逃亡之虞並於案情事實未釐清（何人策劃、各自居於如何之正犯地位與犯罪行為之分擔）及未查明有無其他共犯參與之情形下，為免證據遭偽造、變造、湮滅或共犯勾串，非予羈押，顯難確保偵查、追訴程序之進行，故依刑事訴訟法第101條第1項第1、2、3款之規定，聲請准予羈押被告並禁止二人之接見、通信。

🔍 焦點15　律師事務所與媒體之搜索扣押（王兆鵬，路檢盤查與人權，頁30以下；月旦法學第227期，頁6以下）

一、扣押律師事務所文件之合法性

　　雖有少數肯定偵審機關得扣押律師事務所業務上應秘密之文件或物品，惟多數學者與實務見解均認為，若律師就業務持有或保管之文件不得拒絕扣押，則刑事訴訟法所賦予之拒絕證言權即有瑕疵。

　　通說認為，律師事務所之文件與物品之扣押應為如下區分：

(一) 律師因業務上知悉之「秘密」所製作之文件或物品：此類完全不得扣押。律師與當事人會談時、常作成文書或會議紀錄，如刑事被告某甲向律師乙坦承犯罪事實，請求律師乙提供法律諮詢與協助，乙詳細記載甲所述一切內容，此文書內容含有刑事訴訟法第182條律師拒絕證言權所欲保護之核心，不容扣押。

(二) 律師持有或保管由當事人寄放之文件或物品：此類文件應得扣押。例如，被告偽造文書、鈔票之印模、或參與犯罪組織之成員名冊或帳冊等，寄放於律師事務所之後，若謂不得扣押，等於告知社會大眾或罪犯，若將證物置於家中，檢警得搜索扣押；置於律師事務所，不得搜索扣押。則被告必將所有的證據（如行賄帳冊、洗錢之交易記錄等）置於律師事務所逃避搜索扣押，如此，律師事務所將成藏匿證據之天堂，檢警機關明知證據或違禁物藏於某律師事務所，竟不得搜索扣押，明顯悖離一般人之正義感，故此之文書或物件，應得扣押。

(三) 實務見解與上述相同：律師因業務上知悉之秘密，如涉及辯護人與被告間基於信賴關係所獲知者，例如被告向辯護人坦承犯罪事實所作之文書紀錄，應不得為搜索扣押之客體，否則亦將侵害被告之辯護依賴權。惟辯護人之權限並不包括為被告隱匿或湮滅罪證，若涉及湮滅、偽造、變造證據或勾串共犯或證人者，縱係在辯護人持有或保管中之物，亦得為搜索扣押之客體，否則無異鼓勵犯罪人，只要將犯罪證據寄放於辯護人處，即可不被扣押而脫免於罪。

二、搜索律師事務所之合法性

(一) 學者認為，對律師事務所進行搜索，涉及三個層面：

　　1. 可能直接侵害律師與當事人之秘匿特權，間接侵害被告憲法上受律師協助的權利及不自證己罪的權利。所謂律師與當事人之秘匿特權，指當事人為尋求專業法律服務

而與律師進行秘密溝通，且溝通之內容與正在進行或將來之犯罪無關，即受此特權之保護。只要是受特權保護之內容，國家機關不得強迫當事人或律師揭露該內容，當事人亦得主張該內容不得為證據。而受律師協助權利最重要的核心價值就是被告得與辯護人完全充分及自由的溝通，被告得毫無恐懼、毫無疑慮地向辯護人吐露實情，不用擔心今日所述成為明日的不利證據。同時，此特權亦與被告憲法上不自證己罪之權利息息相關。如在當事人向其律師陳述犯罪細節與內容後，國家機關得以強制力強迫律師陳述該內容，如同強迫律師成為國家機關的線民或代理人，也如同強迫代理人（即律師）陳述對本人（即被告）不利之事實，等於間接侵害被告不自證己罪之特權。

2. 搜索律師事務所，會產生律師不可信任之寒蟬效應，甚至影響審判真實發現之功能。當事人因為信任律師及律師秘匿特權之法律制度，而向律師為全盤及真實之陳述，但因他人之案件搜索律師事務所，卻導致自己的犯罪資料或隱私秘密遭檢警機關洞悉及掌握，人民豈敢再相信律師或秘匿特權之法律保障，豈敢向律師吐實、提交文件予律師審視？當人民不信任律師或秘匿特權之保障時，律師無法得知完整之事實，即不能在法庭中代替當事人提出充分之事實及法律辯護，可能戕害審判之真實發現作用。

3. 搜索律師事務所，破壞刑事審判之公平對抗原則。刑事辯護律師與檢警機關對抗之主戰場在審判庭，容許檢警機關搜索律師事務所，等於准許檢察官得深入敵營後方（律師事務所），使律師疲於奔命，將其有限的資源、時間、人力、從前方主戰場移至後方，而無暇顧及當事人刑事案件的主戰場。搜索律師事務所也會造成心理上及市場上的不公平效果，律師想要避免事務所遭搜索，最明智的做法就是不要承接令檢察官反感之特定案件。

(二) 學者建議我國應採取類似美國之「提出命令優先」制，但必須同時增定違反提出命令之刑事責任規定及律師除名規定以作為配套措施。如不採「提出命令優先」制，亦應採「特別執行官」制，以同時兼顧執法所需與律師事務所所含藏之法律利益。茲說明如下：

1. 「提出命令優先」制：檢察官欲取得存放於律師事務所之證據或得扣押之物，應以提出命令之方式為之。除非檢察官能證明或釋明律師有湮滅、隱匿或不服提出命令之虞，法院原則上不應核發搜索律師事務所之搜索票。律師在接受提出命令後，必須誠實且迅速地提出證據，但律師亦得同時請求法院撤銷提出命令。此制度，一方面得避免以上所述搜索律師事務所造成權利及制度衝擊，另一方面亦得兼顧犯罪偵查執法之所需。

2. 「特別執行官」制：係以獨立於檢警部門以外之人（例如律師）為搜索票之執行者，且特別執行官依法有保守秘密之義務，不得將資訊洩露於法官以外之他人。在此雙重保障下，應認為「特別執行官」制，得防範搜索律師事務所所帶來之種種弊病，而且其成本不如「提出命令優先」制之高。

三、關於媒體部分，學者主張就下列情形判斷：第一，拒絕證言權：如媒體消息來源得自

特定人，此人信賴媒體不會揭露來源，則媒體享有拒絕證言權，即不應成為搜索對象；惟若係其自行採訪所得，自無拒絕證言權。第二，比例原則：如得以其他方式取得證據資料，即不應遽以對媒體搜索或扣押，以符合比例原則，如：可先請求交付。

四、拒絕搜索扣押權與拒絕證言權乃同時併存（參照釋字第627號解釋文之總統機密特權之法理可知），蓋若某人僅有拒絕證言權，但國家司法機關仍得對其住宅、辦公處所或身體物件為搜索扣押，無異得變相取得證言內容；反之亦然，若該人有拒絕搜索扣押權，但仍需上法庭陳述某文件資料或相關問題之內容，亦與受搜索扣押無不同矣。

【附錄】97年台抗第464號

　　再抗告意旨所指新聞記者得否就消息來源享有拒絕證言權部分，涉及具體個案在社會秩序及公共利益於真實發現、公平審判與新聞自由間，如何權衡取捨之問題。就此，原裁定以第一審法院傳訊再抗告人之目的，在於查明聯合報於94年3月16日A5版所刊登其撰寫（按實際係再抗告人提供消息，而由張○○撰稿）之「交易對象電話地址竟同○○」報導之消息來源，是否來自該案李○○？係認李○○將金管會檢查局派員前往華僑銀行中和分行及華南銀行中和分行等相關行庫清查○○公司資金流向而屬於應秘密事項之內簽、函稿，故意洩漏與再抗告人撰刊，使○○公司股票開始連續下跌，圖利其餘被告先前高價放空○○公司股票，得以低價回補獲利，並嚴重影響金融秩序，因該篇報導內容與前開簽、稿內容相同，簽稿於其他公文所無或錯誤之部分，前開報導均與簽稿同，是再抗告人之證詞，自與本案李○○被訴犯行之證明，具有密切關連。又本件經洩密之內簽、函稿，經稽核承辦、代理科長初核、呈轉組室主管、副主秘、副局長至局長決行發文，則究係何公務員洩密？再抗告人（即證人）自何公務員處取得？其證言自屬唯一積極證據，而無法以其他方式取得。另證券金融檢查業務，事涉國內金融交易秩序之維護與投資大眾權益之確保，如今金管會檢查局所作勁永公司之內部調查簽呈之機密文件，竟在檢調機關準備發動搜索勁永公司之前，即由公務員洩漏給再抗告人，而上開報導並成為本案已自白涉嫌內線交易之其餘被告放空勁永公司股票之工具，則無論再抗告人係從何得知此一公務機密，涉嫌洩漏此一消息者，即係利用新聞媒體來從事犯罪，而此本為新聞媒體從事公共監督所欲糾舉之對象，顯見查得此一洩漏公務機密之公共利益，將明顯高於證人拒絕證言權之利益。綜上權衡，本件屬有正當理由得對再抗告人詰問，亦即再抗告人不得據此主張拒絕證言，而應據實陳述，以維公益等語，原裁定如上已詳加說明，經核於法尚無違誤。

【衍生實例】

實務上曾經針對媒體而發動搜索，引發各界的高度關注。請問：搜索媒體與搜索嫌犯的關鍵區別是什麼？應該注意何種細節？　　　　　　　　　　　　（95政風）

考點提示：參見上述焦點說明。

🔍 焦點16　扣押違法性之相關探討與扣押物之發還（柯耀程，月旦法學教室第81期，頁74以下）

一、扣押之違法性：扣押之範圍較諸搜索爲廣泛，任何得爲證據或應沒收之物，均得扣押。違法搜索所扣得之物，屬於證據排除之範疇，若不涉及違法搜索而僅爲單純違法扣押者，效果則屬於財產之侵權。

二、學者認爲另案扣押，爲避免蒐證機關假搜索之名而行發現犯罪嫌疑之實，有濫用搜索扣押之虞，故關於另案扣押之要件應限定於：

(一) 必須屬於已經繫屬之非本案案件（若非屬於已成案之案件，雖然因本案之搜索有懷疑其仍屬於其他可疑存在犯罪之證據，仍不宜採取另案扣押之處理方式，以避免假本案所之名，而濫行偵查發起或發現犯罪之實）。

(二) 雖所發現非本案之物，且未有成案之前提存在，但非本案之物屬於違禁物者（因違禁物之存在或持有，可能即屬於犯罪之行爲），亦得加以扣押。

三、扣押物之發還及限制

(一) 應予發還之扣押物：§142 I、§259II、§317（宣告沒收之物除外）。

(二) 暫時發還之扣押物：§142II。

(三) 不能發還之扣押物：§475。

🔍 焦點17　搜索扣押之辯護人在場權（王兆鵬，刑事訴訟講義，頁135以下）

第150條第1項前段僅規定當事人與審判中之辯護人得於搜索扣押時在場，則偵查中辯護人有無在場權？學者認爲，第148條連鄰人均容許在場，辯護人何以不得在場，況辯護人本於辯護權行使，尤應在場爲被告行法律協助。故第150條係因偵查中之搜索扣押爲秘密進行，無須通知辯護人在場，惟若其主動到場，不應禁止之。

🔍 焦點18　扣押制度之修法評析（楊雲驊，月旦法學第255期，頁88以下；林鈺雄，月旦法學教室第174期，頁51以下；月旦法學教室第175期，頁47以下）

一、扣押是一種定暫時性權利狀態的保全追訴或執行措施，藉此先行將相對人的系爭標的，至於國家的實力支配之下。扣押與搜索雖可能緊密關連，但其概念仍不同，而廣義的扣押概念，依其目的及標的可區分爲以下三類：

A.爲了保全證據目的之扣押，簡稱爲「證據扣押」。B.爲了保全將來沒收執行目的之扣押，簡稱爲保全執行扣押，依其保全客體乃原沒收標的或其替代價額（即追徵）再區分爲：B1.保全沒收原標的之（狹義）「沒收扣押」，以及B2.保全追徵其替代價額之「追徵（假）扣押」，其本質上就是一種「假扣押」。我國法一般泛稱的「保全扣押」，究竟是泛指以上B類（包含B1及B2），或者專指其中的B2而言，語意上並不

清楚（下文二）。

由於以上A、B兩類的扣押目的不同（A類保全目的不在於未來的財產剝奪），執行問題也不一樣；甚至於，B類的B1、B2雖目的相同，但其扣押範圍及執行方式亦不盡相同（下文二）。據此，假使某個標的物同時具有A類保全證據及B類保全沒收執行的原因，便會產生兩種扣押之競合，必須兩個原因都消滅時才能解除扣押效力；例如，動產如犯竊盜罪之贓車，依發還優先於沒收原則，故得不待程序終結而依法發還給犯罪被害人，但其前提是同時已無保全證據的必要（刑訴法§142Ⅰ；例如贓車已採證完畢而無留存之必要者），否則仍應繼續保全，暫時還不能發還給被害人。

二、依我國刑法沒收新制，分爲犯罪（所用、所生）物品的「狹義沒收」（刑法§38）與犯罪所得的「利得沒收」（刑法§38-1）兩大型態。無論是狹義沒收或利得沒收，除宣告沒收原客體（例如收受跑車之賄賂）之外，若原沒收客體已全部或一部不存在而不能或其性質不宜執行沒收時，則轉換爲追徵相當於客體價值的替代價額（刑法§38Ⅳ、§38-1Ⅲ；如前例因已撞毀而改追徵其相當於跑車之300萬元金錢價額），以保全受宣告人之責任財產中用以支付追徵之價額。對應到保全程序，「沒收扣押」乃針對原沒收客體（前例跑車）之保全措施，「追徵（假）扣押」則是針對追徵其金錢替代價額（前例之300萬元）之保全措施。

三、因採相對而非絕對之法官保留原則，於遲延即生危險之例外緊急情形，得由偵查人員先行發動緊急扣押，但既然是例外緊急權限，遂有事後聲請法院追認之必要。據此，檢察官或其輔助機關（檢察事務官或司法警察官）「於偵查中有相當理由認爲情況急迫，有立即扣押之必要時，得逕行扣押」，且檢察官爲之者應於實施後三日內陳報該管法院；其輔助機關爲之者應於執行後三日內報告該管檢察署檢察官及法院。法院認爲不應准許者，應於五日內撤銷（刑訴§133-2）。

四、保全執行之扣押，一旦完成上開保全程序，不但具有公法上的保管關係，扣押標的物至於國家實力支配之下，並且因此具有「禁止處分」之效力，違反者其行爲不生效力，以達「徹底剝奪犯罪所得，及兼顧善意第三人權益之保障」之目的（立法理由）；但不妨礙民事扣押、假處分及終局執行之查封、扣押（刑訴法§133Ⅵ）。

五、沒收，不管是狹義沒收或利得沒收，也無論是原標的或其替代價額之沒收，皆是限制或剝奪人民財產權之干預處分，因此必須遵守發動干預處分之合憲性理由，包含法律保留原則、比例原則的實體要件及聽審權、救濟權的程序保障。

六、沒收主體對象若爲被告以外之第三人，則需另創將其引進程序的作法，稱爲第三人之「程序參與」（刑訴法§455-12～§455-28），原則上，唯有經過參與程序。才能針對被告以外之第三人宣告沒收。據此，法院應依職權（刑訴法§455-12Ⅲ前段），或依聲請（刑訴法§455-12Ⅰ、§455-13Ⅱ、Ⅲ；財產可能被沒收之第三人以聲請書或檢察官於起訴書之聲請）並於聽詢當事人、聲請人等之意見後（刑訴法§455-14），以裁定命第三人參與程序（刑訴法§455-16；此裁定因欠缺抗告利益而不得抗告）。但參與乃第三人的權利而非義務，故該第三人亦得聲明放棄程序參與。

但行簡易程序、協商程序之案件，經法院裁定第三人參與沒收程序者，應改依通常程

　　序審判（刑訴法§455-18）。

七、參與人之程序權利，例示如下

(一) 聽審權及其他準用被告之權利

　　聽審權行使以請求資訊權為前提，參與人自收受參與裁定起即有受通知訴訟進行及資訊之權利，如參與裁定即應載明「訴訟進行程度、參與之理由及得不待其到庭陳述逕行論知沒收之旨」（刑訴法§455-17）；審判期日及與沒收事項相關之訴訟資料，亦應事前對參與人通知及送達（刑訴法§455-20）；法院於審判期日，對到場之參與人所告知事項，應足使其知悉對其沒收之事實理由、訴訟進度、得委任代理人、聲請調查證據及所得享有之程序上權利等，以保護其權益（刑訴法§455-22）。此外，基於聽審權之請求注意權，裁判除應明確宣示對參與人論知沒收之效果外，並應記載構成沒收之事實與理由，分別情形記載認定事實所憑之證據及其認定應否沒收之理由、對於參與人有利證據不採納之理由及應適用之法律（刑訴法§455-26Ⅰ、Ⅱ）。

　　其餘權利，參與人原則上具有類似本案被告之權利，故以準用方式明定：「參與人就沒收其財產之事項，除本編有特別規定外，準用被告訴訟上權利之規定。」（刑訴法§455-19），例如聲請調查證據或傳喚證人等，但有範圍之限制（限於涉及對其沒收之要件者）。

(二) 律師代理權（刑訴法§455-21）

　　參與人得委任代理人到場，並準用辯護人、代理人相關規定（刑訴法§28～30、§32、§33Ⅰ、§35Ⅱ）；但法院為釐清事實亦得命其親自出庭，若無正當理由經傳喚不到者，亦得拘提到庭。

(三) 救濟權（刑訴法§455-27）

　　參與人得獨立提起上訴，但上訴範圍受特別之限制。例如「（僅）對於沒收之判決提起上訴者，其效力不及於本案判決」；此外，參與人提起第二審上訴時，原則上不得就原審認定犯罪事實與沒收其財產相關部分再行爭執。

八、程序參與制度固然立意良善，但若因此造成訴訟拖延，亦非得宜。故除依刑法的過苛調節條款不予沒收者外，訴訟法亦有諸多促進訴訟經濟之設計，例如：

(一) 免予沒收

　　案件調查證據所需時間、費用與沒收之聲請顯不相當者，經檢察官或自訴代理人同意後，法院得免予沒收。但得於本案最後事實審言詞辯論終結前，撤回此項同意（刑訴法§455-15）。

(二) 免予參與

　　第三人向法院或檢察官陳明對沒收其財產不提出異議者（亦即，已陳明同意沒收），法院自無命該第三人參與沒收程序之必要（刑訴法§455-12Ⅲ但）。

(三) 撤銷參與

　　為免徒增本案訴訟不必要之程序負擔，法院裁定第三人參與沒收程序後，認有不應參與之情形者，例如「明顯非屬參與人所有、參與人已陳明對於沒收不提出異議或檢察官表明無沒收參與人財產必要而法院認為適當者」（立法理由參照），應撤銷原裁定

（刑訴法§455-25）。

(四) 簡化詰問

為使本案訴訟程序順暢進行，明訂參與程序不適用交互詰問規則及踐行言詞辯論之順序（刑訴法§455-23、§455-24）。

(五) 同時或分離判決

准駁沒收，原則上沒收應與本案同時判決；但有必要時，得分別為之（刑訴法§455-26III）。雖視情形同時或分離判決，惟其目的皆在於追求訴訟經濟。

(六) 限縮救濟範圍

於不影響參與人權利之情形下，限縮其參與及救濟範圍，包含僅對沒收上訴時效力不及於本案訴訟之一部上訴，及事實審上訴之爭執範圍限制，已無前述（刑訴法§455-27）。

九、我國新制仿效德國刑訴法事後程序之立法例，賦予非因過失而為參與程序之第三人，於事後破除沒收宣告的確定力之機會（刑訴法§455-29 I），此種特別之非常救濟程序，具有兩方面保障基本權之作用：

其一，聽審權補正。被告以外之第三人，因不可歸責而未於（先前）刑事程序受充分聽審權之保障者，以事後程序保障其有不服之機會，藉此補正其聽審權之保障。

其二，救濟權之保障。沒收宣告對財產權利人而言乃干預其受憲法保障之財產權的公權力干預措施，對此應遵循有權利即有救濟之原則，以保障其事後請求法院救濟之機會。

十、「法院認為聲請撤銷沒收確定判決有理由者，應以裁定將沒收確定判決中經聲請部分撤銷。」（刑訴法§455-32II；亦得抗告及再抗告）。簡言之，事後程序結合了確認之訴與形成之訴的雙重性質。

十一、沒收通常於形式本案判決中一併諭知，亦即，法院一併在對被告的本案判決中宣告沒收；由於存在本案之刑事審判程序，被告本人就沒收爭點的程序權利，通常已經可以連同本案訴訟而一併獲得保障，因此，此類訴訟的沒收規範重點在於如何處理前述的第三人之訴訟參與（上文二）。就沒收程序而言，遂將此類程序稱為主體程序。而單獨宣告沒收，不以存在一個對特定人進行的刑事訴訟程序為必要，法院便可單獨宣告沒收。例如偽造貨幣之行為人已經逃亡或不知何人，無從對於特定人發動追訴程序或為有罪判決，但仍得聲請法院宣告沒收其偽造之貨幣。為了對照主體程序之稱謂，故稱此為「客體程序」，其實就是一種沒有刑事被告的「對物訴訟」，屬於比較法上所稱「非以定罪為基礎的沒收」之一種類型。

十二、所稱「因事實上或法律上原因」為何，立法理由例示數種情形：「為澈沒修正為具獨立性之法律效果，故其宣告，不必然附隨於裁判為之，且犯罪行為人因死亡、曾經判決確定、刑法第十九條等事由受不起訴處分或不受理、免訴、無罪判決者；或因刑法第十九條、疾病不能到庭而停止審判者及免刑判決者。」

十三、主體程序之沒收宣告，雖無聲請，法院亦應依職權為之，但單獨宣告沒收之客體程序，法院僅得依聲請為之（相當於主體程序之起訴），由檢察官發動，向管轄法院

（違法行為地、沒收財產所在地或其財產所有人之住所、居所或所在地之法院）提出單獨宣告沒收之聲請書（刑訴法§455-34）。

【附錄】91年台上第5653號

被告經通緝後，司法警察（官）得逕行逮捕之，於逮捕通緝之被告時，雖無搜索票，亦得逕行搜索其身體、住宅或其他處所，刑事訴訟法第87條第1項、第130條、第131條第1項第1款分別定有明文。然對於身體、住宅之搜索，為嚴重侵犯人民身體自由、居住安寧、隱私及財產權之行為，故執行搜索時，自應遵守刑事訴訟法有關之規定，且不得逾越必要之程度，始符該法保障人民不受非法及不當搜索之意旨。因之，司法警察（官）於逮捕通緝之被告時，若僅係基於發現通緝被告之目的，而對通緝被告之住所或其他處所逕行搜索之情形，其於發現通緝之被告而將其逮捕後，必須基於執法機關之安全與被逮捕人湮滅隨身證據之急迫考量，始得逕行搜索被告身體，又因其逮捕通緝被告逕行搜索之目的已達，除為確認通緝被告之身分以避免逮捕錯誤，而有調查其身分資料之必要外，不得任意擴大範圍，復對被告所在之住宅及其他處所再為搜索，始符刑事訴訟法保障人民不受非法及不當搜索之意旨。本件原判決援引第一審判決書所記載之事實，係認上訴人因涉犯偽造文書、強盜等罪經有權單位發布通緝，於87年10月20日22時在新竹市光華二街188號五樓內，由國道公路警察局刑警隊之員警予以逮捕，並於屋內執行搜索，進而查獲如第一審判決附表一、二所示之物等情，如屬無訛，該司法警察（官）似係基於逮捕通緝犯之目的，未持搜索票，逕行進入上開處所內執行搜索而逮捕上訴人，然執法之員警對屋內，尤其是對保險櫃所為之搜索，是否係基於確認上訴人身分或緊急搜索之必要？有無逾越附帶搜索之範圍？其將保險櫃內涉犯常業重利罪之相關證物予以搜索、扣押，是否已逸脫刑事訴訟法第130、131條逕行搜索之立法目的，均非無進一步詳加研求之必要。

【附錄】94年台上第1361號

按刑事訴訟，係以確定國家具體之刑罰權為目的，為保全證據並確保刑罰之執行，於訴訟程序之進行，固有允許實施強制處分之必要，惟強制處分之搜索、扣押，足以侵害個人之隱私權及財產權，若為達追訴之目的而漫無限制，許其不擇手段為之，於人權之保障，自有未周，故基於維持正當法律程序、司法純潔性及抑止違法偵查之原則，實施刑事訴訟程序之公務員不得任意違背法定程序實施搜索、扣押；至於違法搜索扣押所取得之證據，若不分情節，一概以程序違法為由，否定其證據能力，從究明事實真相之角度而言，亦難謂適當。因此，對於違法搜索所取得之證據，為兼顧程序正義及發現實體真實，應由法院於個案審理中，就個人基本人權之保障及社會安全之維護，依比例原則及法益權衡原則，予以客觀之判斷。而搜索依其程式，可區分為要式搜索與非要式搜索，其中非要式搜索又區分為附帶搜索、同意搜索、緊急搜索，此觀刑事訴訟法第130條、第131條、第130條之1之規定自明，上開各項搜索有其法定要件及程序。其中同意搜索應經受搜索人出於自願性同意，此所謂「自願性」同意，係指同意必須出於同意人之自願，非出自於明示、暗示之強暴、脅迫。法院對於證據取得係出於同意搜索時，自應審查同意之人是否具同意

權限，有無將同意意旨記載於筆錄由受搜索人簽名或出具書面表明同意之旨，並應綜合一切情狀包括徵求同意之地點、徵求同意之方式是否自然而非具威脅性、同意者主觀意識之強弱、教育程度、智商、自主之意志是否已為執行搜索之人所屈服等加以審酌，遇有被告抗辯其同意搜索非出於自願性同意時，更應於理由詳述審查之結果，否則即有判決理由不備之違法。

【附錄】94年台上第4929號

當事人及審判中之辯護人得於搜索或扣押時在場；但被告受拘禁，或認其在場於搜索或扣押有妨害者，不在此限。刑事訴訟法第150條第1項定有明文。此規定依同法第219條，於審判中實施勘驗時準用之。此即學理上所稱之「在場權」，屬被告在訴訟法上之基本權利之一，兼及其對辯護人之依賴權同受保護。立法意旨，在於藉此證明法院所踐行之訴訟程序公正、純潔、慎重及尊重，用昭公信，且能使當事人、辯護人對於此項證據方法之展示、取得，因曾會同參與而見證知悉，乃得以及早展開反證活動，有助迅速發現真實。尤以我國刑事訴訟制度已採行改良式當事人進行主義，以當事人之主張、立證、辯論為中心，而審判中之勘驗，係由法院、審判長、受命法官以感官知覺，對犯罪相關之人、物、地等證據，親自加以勘察、體驗其性質或狀態之調查證據方法，主觀判斷在所難免，為杜勘驗過程之爭議，擔保勘驗結果之確實，使當事人、辯護人於審判程序能適切行使其攻擊、防禦權，則上揭在場權之保障，更有其必要。故事實審法院行勘驗時，倘無法定例外情形，而未依法通知當事人及辯護人，使其有到場之機會，所踐行之訴訟程序自有瑕疵，應認屬因違背法定程序取得之證據。

【附錄】97年台上第1509號

搜索之目的在於發現被告或犯罪嫌疑人或犯罪證據之物件。搜索以及其後所為之拘捕或扣押等處分，係對於被搜索人之身體、住宅或財產等基本權之強制干預，故而發動實施搜索處分時應謹守法律設定之要件限制。刑事訴訟法第128條於90年1月12日修正公布、同年7月1日施行。……就令狀搜索改採法官保留原則，於第3項修正規定「搜索票，由法官簽名」，及增訂搜索票之得記載事項。此據以規範搜索票之應記載事項者，即所謂「概括搜索票禁止原則」。其中尤以搜索票上之「應扣押物」以及「應搜索處所等」之任何一項，必須事先加以合理的具體特定與明示，方符明確界定搜索之對象與範圍之要求，以避免搜索扣押被濫用，而違反一般性搜索之禁止原則。所謂應扣押之物，指可為證據或得沒收之物（刑事訴訟法第133條第1項參照），不以於「有事實足認其存有者」為限，尚包括「一般經驗法則、邏輯演繹或歸納可得推衍其存有者」（如以違反著作權法案件之光碟燒錄重製類型為例，其應扣押之物，可記載為「與侵害著作權有關之光碟片、燒錄機、電腦、標籤、說明書、包裝等證物」）。搜索票應記載之事項如失之空泛，或祇為概括性之記載，違反合理明確性之要求，其應受如何之法律評價，是否導致搜索所得之證據不具證據能力之效果，則應依刑事訴訟法第158條之規定，視個案情節而為權衡審酌以資判斷之。（註：100年台上第5065號同旨）

【附錄】98年台上第786號

刑事訴訟旨在實施國家之刑罰權，為確定刑罰權，於偵審程序進行中，法律固一方面賦予實施搜索、扣押之強制處分權，以確保證據之取得與保全，然搜索、扣押之實施，動輒侵害個人之隱私權或財產權，基於人權保障，法律不得不另方面藉由正當法律程序之要求，以保證司法程序之純潔性。至於搜索之目的，在於扣押，為彰顯正當法律程序之要求，除法定情況急迫容許無票搜索外，刑事訴訟法第128條第1項第2款明定，搜索票應記載應扣押之物，以制限得實施扣押之標的物，並於同法第137條明定，所謂「本案附帶扣押」準用第131條第3項陳報、報告及撤銷之事後審查機制，即檢察官、檢察事務官、司法警察官或司法警察執行搜索或扣押時，發現本案應扣押之物為搜索票所未記載者，雖得扣押，但須事後陳報、報告，由法院為事後審查。同理，同法第152條所定「實施搜索或扣押時，發現另案應扣押之物亦得扣押之，分別送交該管法院或檢察官」，此即學者所謂「另案附帶扣押」之情形，鑑於亦屬事先未經令狀審查之扣押，對扣押物而言，性質上與無票搜索無殊，為避免以一紙搜索票藉機濫行搜括之疑義，案件遇有司法警察機關實施「另案附帶扣押」時，法院自應依職權審視個案之具體情節，依扣押物之性質以及有無扣押之必要，確認「另案附帶扣押」是否符合法律之正當性。苟有因違背法定程序取得證據情形者，並應依刑事訴訟法第158條之4規定，審酌人權保障及公共利益之均衡維護，而決定其證據能力之有無，以彰顯司法程序之純潔性。

【附錄】99年台上第1398號

拘提乃「對人的強制處分」，與搜索、扣押之「對物的強制處分」，迥不相同。檢察官偵查中，如須實施搜索、扣押，依法必先取得法官核發之搜索票，否則，須有刑事訴訟法第131條緊急或急迫情況，其搜索、扣押始告適法。故如容許司法警察（官）執檢察官簽發之拘票（對人的強制處分）以實施搜索、扣押（對物的強制處分），無異鼓勵「假拘提之名而行搜索、扣押之實」，以規避法院就搜索、扣押之合法性審查。本件偵查程序中，司法警察（官）係執有檢察官簽發之拘票，非法院核發之搜索票，且既已拘提上訴人到案，能否認有情況緊急而得逕行搜索、扣押之相當理由，其合法性，甚有疑義。依刑事訴訟法第230條、第231條規定，司法警察（官）因偵查犯罪，本有「勘察、採證」之權，其執行「勘察、採證」，根本無庸獲得同意。而所謂「勘察、採證」之權，尚不能包括「搜索、扣押」在內，蓋前者應指對於物件或場所現時存在之狀況，親身體驗、進而採證而言，後者則須透過搜尋而發現搜索標的物之存在，始進而取得、扣留而言。「搜索、扣押」，因足以侵害個人之隱私權及財產權，須符合法律所定之正當程序，方屬合法。本件上訴人雖簽具所謂「勘查採證同意書」，能否視之為上訴人同意「搜索、扣押」，饒有研求之餘地。至於本件「搜索、扣押」之實施，既無情況緊急而得逕行搜索之相當理由，已如前項所述，則上訴人在搜索筆錄上所簽署「依刑事訴訟法第131條之1經受搜索人同意執行搜索。受搜索人簽名：甲○○」云云，似難直認上訴人有同意搜索之真意。

【附錄】100年台上第2966號

　　刑事訴訟法第130條之附帶搜索及第131條第1項之緊急搜索，係爲因應搜索本質上帶有急迫性、突襲性之處分，難免發生時間上不及聲請搜索票之急迫情形，於實施拘捕行爲之際，基於保護執行人員人身安全，防止被逮捕人逃亡與湮滅罪證，在必要與不可或缺之限度下所設令狀搜索之例外規定；其前提均應以有合法拘捕或羈押行爲之存在爲必要，但前者搜索之目的在於「發現應扣押物」（找物），因此對於受搜索人所得「立即控制」之範圍及場所，包括所使用具機動性之汽、機車等交通工具均得實施搜索，並於搜索過程中就所發現之物予以扣押之處分；而後者之搜索則著重在「發現應受拘捕之人」（找人），其執行方式應受拘捕目的之限制，除於搜索進行過程中意外發現應扣押之物得予扣押外，不得從事逸出拘捕目的之搜索、扣押行爲，並應於拘捕目的之達成後立即終止，但爲防止執法人員遭受被拘捕人之攻擊，防止其湮滅隨身證據，此際，自可對該被拘捕人之身體、隨身攜帶之物件、所使用之交通工具及其立即可觸及之處所實施附帶搜索。就此拘捕之是否合法、搜索與扣押程序有無合理之依據，則由法院爲事後審查以判斷所扣押之物得否爲證據。（註：102年台上第59號同旨）

【附錄】100年台上第4430號

　　刑事訴訟法第131條之1之自願性同意搜索……同意權人應係指偵查或調查人員所欲搜索之對象，而及於被告或犯罪嫌疑人以外之人。在數人對同一處所均擁有管領權限之情形，如果同意人對於被搜索之處所有得以獨立同意之權限，則被告或犯罪嫌疑人在主客觀上，應已承擔該共同權限人可能會同意搜索之風險，此即學理上所稱之「風險承擔理論」。執法人員基此有共同權限之第三人同意所爲之無令狀搜索，自屬有效搜索，所扣押之被告或犯罪嫌疑人之物，應有證據能力。

【附錄】103年台上第448號

　　刑事訴訟法第152條規定之「另案扣押」，係源自於「一目瞭然」法則，亦即執法人員在合法執行本案搜索、扣押時，若在目視範圍以內發現另案應扣押之物，得無令狀予以扣押之。所謂另案，不以已經發覺之案件爲限，以便機動性地保全該證據，俾利於眞實之發現及公共利益之維護；但爲避免執法人員假藉一紙搜索票進行所謂釣魚式的搜括，此之扣押所容准者，應僅限於執法人員以目視方式發現之其他證據，而非授權執法人員爲另一個搜索行爲。本條就另案扣押所取得之物，雖僅規定「分別送交該管法院或檢察官」，而無類如同法第137條「附帶扣押」第2項準用第131條第3項之規定，應報由法院事後審查該扣押之合法性，惟鑒於其仍屬事先未經令狀審查之扣押，對扣押物而言，性質上與無票搜索無殊，故案件遇有司法警察機關實施「另案扣押」時，法院自仍應依職權審查其前階段之本案搜索是否合法，苟前階段之搜索違法，則後階段之「另案扣押」應屬第二次違法，所取得之證據應予排除；至若前階段之搜索合法，則應就個案之具體情節，審視其有無相當理由信其係得爲證據或得沒收之物？是否爲司法警察意外的、偶然的發現？以及依扣押

物之性質與有無扣押之必要性，據以判斷「另案扣押」是否符合法律之正當性，並有刑事訴訟法第158條之4規定之適用。

【附錄】103年台上第463號

　　所謂「勘驗」，係對物（不以有體物為限，含動產及不動產）、人之身體（包括舉動與精神狀態）等證據，由法院或檢察官以自己直接之五官作用，就物體之存否、性質、形狀、作用為查驗，藉以獲得證據資料所為之證據調查程序。「勘驗」本身並非即為證據，而係以勘驗之結果供為證明之用。因勘驗過程涉及事物性質、形狀等之認識、考察及判斷，最後導出一定結論記載於勘驗筆錄，成為獨立之證據方法，憑為事實認定之證據資料。刑事訴訟法第219條明定行勘驗程序時準用同法第150條規定，即被告於無法定例外情形時與審判中之辯護人均有在場權；除急迫情形外，勘驗之日、時及處所，尚應事先通知有在場權人。其立法目的應係為落實證據調查程序所應遵守之直接審理、言詞審理、公開審理及當事人進行等原則，以確保勘驗程序之公正、協助或促請勘驗機關注意正確認識、考察被勘驗標的，順利達成勘驗目的，減少爭議，並使當事人、辯護人於審判程序能適切行使其攻擊、防禦權，保障被告憲法上之訴訟權。此「在場權」解釋上應包括意見表示權，學理上認係辯護人之固有權，不容任意剝奪。事實審法院行勘驗時，若未依法通知辯護人或依法得在場之當事人，使其有到場機會，其所踐行之勘驗程序，即有瑕疵，其勘驗所得之勘驗筆錄證據資料，屬違背法定程序取得之證據。（註：104年台上第893號同旨）

【附錄】103年台抗第720號

　　刑事訴訟法第133條所稱扣押者，係保全可得為證據或得沒收之物，而對物之暫時占有或對權利禁止變動之強制處分，解釋上除物以外，權利亦包括之，故凍結帳戶使受處分人對存款禁止提領亦屬之，本件抗告人聲請解除帳戶存款之凍結，即為刑事訴訟法第133條第1項、第142條第1項前段、第2項、第317條等規定所稱之扣押情形，自有前揭規定之適用。

【附錄】104年台上第503號

　　刑事訴訟法第131條之1之自願性同意搜索，明定行使同意權人為受搜索人，參諸同法第128條第2項規定搜索係對被告或犯罪嫌疑人為之，另同法第122條第2項明文可對第三人為搜索，故就同法第131條之1規定之文義及精神觀之，所謂同意權人應係指偵查或調查人員所欲搜索之對象，而及於被告或犯罪嫌疑人以外之人。而該條所稱自願性同意者，祇要受搜索人係在意思自主之情況下，表示同意為已足，不因其有無他人陪同在場，而異其法律效果。又在數人對同一處所均擁有管領權限之情形，如果同意人對於被搜索之處所有得以獨立同意之權限，則被告或犯罪嫌疑人在主客觀上，應已承擔該共同權限人可能會同意搜索之風險，此即學理上所稱之「風險承擔理論」。執法人員基此有共同權限之第三人同意所為之無令狀搜索，自屬有效搜索，所扣押之被告或犯罪嫌疑人之物，應有證據能力。

　　扣押，應製作收據，詳記扣押物之名目，付與所有人、持有人或保管人。扣押物，應

加封緘或其他標識，由扣押之機關或公務員蓋印。刑事訴訟法第139條定有明文。而扣押係屬強制處分之一種，以扣押意思並實施扣押之執行，即生效果。因此，扣押之意思表示於到達扣押物之持有人（包括所有人），並將應行扣押物移入於公權力支配下，其扣押之行為即屬完成。至扣押後應加封緘或其他標識，乃防散失或抽換之方法，自非扣押之生效要件。

　　刑事實務上之對人指認，乃犯罪後，經由被害人、共犯或目擊之第三人，指證並確認犯罪嫌疑人之證據方法。現行刑事訴訟法並無關於指認程序之規定，如何由證人正確指認犯罪嫌疑人，自應依個案之具體情形為適當之處理，法務部及司法警察主管機關對於指認程序所訂頒之相關要領規範，無非提供辦案人員參考之資料，故證人之指認程序與相關要領規範不盡相符時，尚難謂係違反法律位階之「法定程序」。況指認之程序，固須注重人權之保障，亦需兼顧眞實之發現，確保社會正義實現之基本目的。如證人於審判中，已依人證之調查程序，陳述其出於親身經歷之見聞所為指認，並依法踐行詰問之程序後，綜合證人於案發時停留之時間及所處之環境，足資認定其確能對被告觀察明白，認知被告行為之內容，該事後依憑個人之知覺及記憶所為之指認客觀可信，並非出於不當之暗示、誤導，亦未違悖通常一般日常生活經驗之定則或論理法則，又非單以證人之指認為被告論罪之唯一依據時，自不得僅因證人之指認程序與相關要領規範未盡相符，遽認其指認有瑕疵。

【附錄】106年台上第285號

　　自願性同意搜索，以執行人員於執行搜索前應出示證件，查明受搜索人有無同意之權限，並應將其同意之意旨記載於筆錄，始得據以執行搜索。其「自願性」應依案件之具體情況包括徵求同意之地點、徵求同意之方式、同意者主觀意識之強弱、教育程度、智商等內、外在一切情況為綜合判斷。

🔍 焦點19　監視攝影與正當程序保障（陳運財，台灣本土法學第86期，頁88以下；張麗卿，刑事訴訟制度與刑事證據，頁358）

一、偵查機關所為之預防性錄影，常係針對遊行、示威、集會等集體活動為之，包括政見發表會、示威遊行等活動。惟集會遊行之自由係屬於憲法所保障之基本人權（憲§14），如對於參與集會遊行之人進行預防性蒐集錄影，是否會影響此項權利，而是否得容許之。學者對此認為在經合法程序所允許之示威遊行集會等集體活動，除非該遊行示威集會活動已產生犯罪行為，而有立刻蒐證之必要性或緊急性，能允許進行採證攝影外，應該適度的限制偵查機關對於合法之集體活動進行攝影及採證，其所為之採證始屬於合法。

二、關於警察職權行使法所定監視攝影之合法性暨其內容之證據能力，學者自大法官會議釋字第603號為論述基調，第603號解釋指出：「維護人性尊嚴與尊重人格自由發展，乃自由民主憲政秩序之核心價值。隱私權雖非憲法明文列舉之權利，惟基於人性尊嚴

與個人主體性之維護及人格發展之完整，並爲保障個人生活私密領城免於他人侵權及個人資料之自主控制，隱私權乃爲不可或缺之基本權利，而受憲法第22條所保障（本院釋字第585號解釋參照）。其中就個人自主控制個人資料之資訊隱私權而言，乃保障人民決定是否揭露其個人資料、及在何種範圍內、於何時、以何種方式、向何人揭露之決定權，並保障人民對其個人資料之使用有知悉與控制權及資料記載錯誤之更正權。惟憲法對資訊隱私權之保障並非絕對，國家得於符合憲法第23條規定意旨之範圍內，以法律明確規定對之予以適當之限制。」「指紋乃重要之個人資訊，個人對其指紋資訊之自主控制，受資訊隱私權之保障。」

三、學者認爲個人的容貌及行爲舉止等活動，與個人主體性的特徵或人格的形成及發展具密切關係，屬個人自主控制的隱私範圍且應享有免於受國家機關及他人侵擾的自由。即使在公共場所或公眾得出入之場所，在違反本人明示同意或可推定其爲拒絕之意思之情形下，擅自加以拍照攝影者，仍應認爲構成此項隱私權益的侵害。

若與個人指紋資訊的隱私比較，在公共場合下的監視攝影所涉及的對象爲更廣泛的不特定多數人，侵害的量較大；以質來論，公共場合下的肖像或舉止的隱私性固然較指紋爲弱，惟肖像或舉止一旦經紀錄存檔，被惡意流用的可能性極高，此種情形的侵害危險性並不亞於指紋。更重要的是，監視攝影是機械性的連動，往往一天二十四小時持續長期的攝影，其所造成隱私範圍的干預比個人指紋資訊的侵害更大。

倘釋字第603號解釋所指「指紋乃重要之個人資訊，個人對其指紋資訊之自主控制，受資訊隱私權之保障」爲可被多數認可的價值判斷，則更應肯認即使在公共場合，個人的容貌及行爲舉止等，未經同意，不受拍照攝影的自由，亦屬於憲法第22條所保障的範圍。個人的容貌及行爲舉止等，未經同意，不受拍照攝影的隱私權益，既然屬於憲法第22條保障的範圍，則國家機關對於此項權益的干預，自應以法律明定其蒐集之目的，其蒐集應與重大公益目的之達成，具有密切之必要性與關聯性，且拍攝之方式與蒐集之目的應具相當性，並應明文禁止法定目的外之使用。故對於偵查犯罪得否實施監視攝影，其容許之要件如何，必須由憲法保障隱私權益以及偵查原則的觀點進行檢討。學者主張：

(一) 即使在公開場合，未得本人明示同意下，作爲犯罪偵查手段的監視攝影，因涉及干預憲法保障個人的隱私權益，應定位爲強制處分。

(二) 現行刑事訴訟法上所定之搜索、扣押或勘驗，其所涉及之權利侵害性質與照相攝影無異，故關於監視攝影如有作爲偵查處分之必要，應於刑事訴訟法明文規定，以合於法律保留原則。

(三) 明定以犯罪正在實施中或實施後即時發覺者爲限，爲保全證據之必要性及緊急性，得容許偵查機關以適當之方式照相攝影。否則，一般情形，爲調查犯罪嫌疑人犯罪情形及蒐集證據，如有監視攝影之必要，仍應向法院聲請令狀，始得持之實施。

據此，倘監視攝影的實施，違反上述關於警職法第10條第1項之解釋，係於不具發生犯罪高度概然性的場所拍攝取得、或並不具蒐集肖像等資訊的必要性、或其監視攝影的方法過度侵害人民隱私權益，有違比例原則之情形，而以該拍攝所得欲作爲被告犯

罪證據使用者，仍應認為該當於實施刑事訴訟程序的警察人員違反法定程序，而有違法排除法則適用之餘地。至於，是否排除該項違法證據，由於係在公共場所或公眾得出入之場所所為之監視攝影，雖有對個人隱私權益的不當干預，惟此種侵害與違法搜索、監聽或拘捕等相較，究非實質重大，因此可依刑事訴訟法第158條之4之規定。即便監視攝影之程序具合法性，而通過違法證據排除法則之檢驗，仍應留意該錄影紀錄是否有傳聞法則的適用。關於監視攝影錄影帶的影像部分，學理上有供述證據說與非供述證據說的爭議。採供述證據說者認為，攝影係雖是應用光學技術機械性的紀錄，惟紀錄過程中仍加入人為的操作，故性質上仍屬操作攝影者所為之觀測對象的報告文書，屬於供述證據。因此，如要使用審判外監視攝影的影像證明其紀錄內容的真實性，乃構成傳聞證據，原則上無證據能力。相對的，採非供述證據說者主張，攝影對象並非供述，而是場所或人物本身，即使紀錄的過程有人為的介入，機械性的拍攝並無所謂供述過程中知覺記憶等風險，重點在於是否正確的攝影、影像有無被變造的問題。因此，影像紀錄的證據能力，與傳聞法則無關，是屬於證據關連性的問題。至於複合著影像及錄音的監視攝影錄影帶，倘屬犯案現場的客觀紀錄，不涉及作為證明陳述內容的真實性問題，自非傳聞證據，只要無變造等之疑慮，與待證事實具關連性即可；相對的，紀錄內容有測錄到人的陳述，比如說共犯之間的交談，要以錄音內容證明交談內容是否為真實，則該項錄影內容為傳聞證據，除非符合例外規定，否則原則上無證據能力。

【附錄】80年台上第4672號

金融機構為防制犯罪，裝置錄影機以監視自動付款機使用情形，其錄影帶所錄取之畫面，全憑機械力拍攝，未經人為操作，未伴有人之主觀意見在內，自有證據能力。法院如以之為物證，亦即以該錄影帶之存在或形態為證據資料，其調查證據之方法，固應依刑事訴訟法第164條之規定，提示該錄影帶，命被告辨認；如係以該錄影帶錄取之畫面為證據資料，而該等畫面業經檢察官或法院實施勘驗，製成勘驗筆錄，則該筆錄已屬書證，法院調查此項證據，如已依同法第165條第1項之規定，就該筆錄內容向被告宣讀或告以要旨，即無不合。縱未將該錄影帶提示於被告，亦不能謂有同法第379條第10款所稱應於審判期日調查之證據未予調查之違法。

🔍 焦點20　控制下交付（監視下運送）之規定與學說評論（黃朝義，刑事訴訟法，頁278～280）

一、**相關規定**：毒品危害防制條例第32條之1、第32條之2為監視下運送之法源依據：「為偵辦跨國性毒品犯罪，檢察官或刑事訴訟法第229條之司法警察官，得由其檢察長或其最上級機關首長向最高法院檢察署提出偵查計畫書，並檢附相關文件資料，經最高法院檢察署檢察總長核可後，核發偵查指揮書，由入、出境管制相關機關許可毒品及人員入、出境（Ⅰ）。前項毒品、人員及其相關人、貨之入、出境之協調管制作業辦

法，由行政院定之（Ⅱ）。」

二、**學說評論**：偵查人員偵辦跨國性毒品犯罪，認有實施監視下運送之必要，得經由檢察長核準後，向最高法院檢察署提出偵查計畫書，經最高法院檢察署檢察總長核可後，核發偵查指揮書據以實施，或刑事訴訟法第229條之司法警察官，亦得由其最上級機關首長，循上開程序，向最高法院檢察署提出偵查計畫書，經最高法院檢察署檢察總長核可後，核發偵查指揮書始得據以實施。惟此破壞了強制處分應受司法審查之令狀原則，恐已違反憲法正當法律程序的要求。

🔍 焦點21　採用DNA鑑定之要件（黃朝義，刑事訴訟法，頁527）

學者主張採用DNA鑑定以為個人識別時，需充足以下各要件，亦即：一、原則上，以重大犯罪案件為限（重罪原則）；二、在採取犯罪嫌疑者之鑑定資料（樣品）時，依法規定需有令狀憑藉（如刑事訴訟法第204條之1的鑑定許可書）；三、採取之鑑定資料應為適切之保存，剩餘之鑑定資料（樣品）亦應為適當之處理，原則上不得加以保存；四、有關鑑定之經過及鑑定之結果，亦應注意個人之隱私權保護；五、關於同一型DNA出現頻率之統計，應注意到因人種之差異而有不同的數字結果，以及六、DNA鑑定之證明力方面，原則上與血液型鑑定相同，DNA之鑑定不可作為認定被告為犯人之決定性證據，基本上仍應與其他證據配合，作一綜合性之判斷，方可認定犯人之同一性等要件。

🔍 焦點22　釋字第535號與評析

一、解釋文

警察勤務條例規定警察機關執行勤務之編組及分工，並對執行勤務得採取之方式加以列舉，已非單純之組織法，實兼有行為法之性質。依該條例第11條第3款，臨檢自屬警察執行勤務方式之一種。臨檢實施之手段：檢查、路檢、取締或盤查等不問其名稱為何，均屬對人或物之查驗、干預，影響人民行動自由、財產權及隱私權等甚鉅，應恪遵法治國家警察執勤之原則。實施臨檢之要件、程序及對違法臨檢行為之救濟，均應有法律之明確規範，方符憲法保障人民自由權利之意旨。

上開條例有關臨檢之規定，並無授權警察人員得不顧時間、地點及對象任意臨檢、取締或隨機檢查、盤查之立法本意。除法律另有規定外，警察人員執行場所之臨檢勤務，應限於已發生危害或依客觀、合理判斷易生危害之處所、交通工具或公共場所為之，其中處所為私人居住之空間者，並應受住宅相同之保障；對人實施之臨檢則須以有相當理由足認其行為已構成或即將發生危害者為限，且均應遵守比例原則，不得逾越必要程度。臨檢進行前應對在場者告以實施之事由，並出示證件表明其為執行人員之身分。臨檢應於現場實施，非經受臨檢人同意或無從確定其身分或現場為之對該受臨檢人將有不利影響或妨礙交通、安寧者，不得要求其同行至警察局、所進行盤查。其因發現違法事實，應依法定程序處理者外，身分一經查明，即應任其離去，不得稽延。前述條例第11條第3款之規定，於

符合上開解釋意旨範圍內，予以適用，始無悖於維護人權之憲法意旨。現行警察執行職務法規有欠完備，有關機關應於本解釋公布之日起二年內依解釋意旨，且參酌社會實際狀況，賦予警察人員執行勤務時應付突發事故之權限，俾對人民自由與警察自身安全之維護兼籌並顧，通盤檢討訂定，併此指明。

二、學者評析

(一) 前言

　　警察主要之勤務乃在參與社會治安工作，以維護公共秩序與安全，而為就此目的之達成可概將其勤務內容區別為事前危害之防止及事後犯罪之偵查；後者乃刑事案件發生後，廣義刑事訴訟程序之啟動，警察於此程序中為得偵查犯罪對特定犯罪嫌疑人所實施之詢問、搜索、扣押、拘提、逮捕等，均屬干預人民基本權利之強制處分，自應符合法治國原則之要求，除須有法律授權之依據並應依法定程序為之，刑事訴訟法對建構之事前審查（如令狀核發）與事後監督（如無令狀之緊急發動）之規範尚稱完善。至前者如守望、值班、備勤、社區或警勤區之巡邏工作等，顯未直接對人民之基本權利形成干預，即無再受法律或審查機制嚴格約束之必要。然則依警察勤務條例第11條規定，警察為維持公共秩序，保護社會安全防止危害，應執行臨檢；包括取締、路檢、盤查及有關法令賦予之勤務規定觀之，通說所稱之警察「臨檢盤查」勤務似非單純之行政權運作，蓋盤查勤務之實施顯已對憲法所保障之人民基本權利與自由造成影響，大法官會議釋字第535號解釋即基此，就法律未明確規定之處予以指明。

(二) 法治國原則之界限

　　依刑事訴訟法規定所發動之強制處分（如逮捕、拘提、搜索、扣押）乃係對具體刑事案件之犯罪嫌疑人所為，法治國原則就此等強制處分所要求者：

1. 法律保留：任何干預人民（犯罪嫌疑人或被告）基本權利之強制處分權均應有法律授權之依據，並明定其要件、程序及救濟方法。
2. 憲法優位：授予該強制處分權依據之法律須不牴觸憲法對人民自由權利保障之規定（如欲使被告到庭而拘提）。
3. 就必要性言，該強制處分之採行，惟當不能依其他適合達成目的且對基本權利干預更小之方法時始有必要（如欲使被告到場，應先傳喚而未可逕行拘提）；就狹義比例原則而言，該強制處分對人民基本權利干預所造成之不利益，未得逾越發動執行機關欲達成目的所維護之法益（如公務員侵占公務機關一張空白紙卻為防止串證逃亡而予拘提羈押）。

　　依警察勤務條例所稱之臨檢係指「於公共場所或固定處所、路段、由服勤人員擔任臨場檢查或路檢，執行取締、盤查及有關法令賦予之勤務。」而就該勤務內容以觀，所謂之檢查、路檢、盤查等均對具體案件犯罪嫌疑人以外之一般人民所為，且按其性質檢查或檢視無異對人或物之搜索（通常為車輛、物件），攔阻及其後之留置（甚或要求受檢人同回警局接受盤查）實與逮捕相同，至盤詰受臨檢人則等同於警（偵）訊之進行，均屬對人民自由、財產、隱私等基本權利之干預，然則其目的僅在維持公共安全秩序，防止將來可能

之危害，卻反不受法治國原則之檢驗而得任意實施，顯於法益權衡上失其比例原則，且有違憲法保障人民自由權利之本旨，是故本解釋亦特別指明執行各種臨檢應恪遵法治國家警察執行勤務之原則，於實施臨檢之要件、程序及對違法臨檢行為之救濟，均應有法律之明確規範。

(三) 法治國家警察盤查之前提要件判斷

　　我國現今警察所實施之臨檢盤查最為人垢病者乃在其發動與執行過程毫無時間、地點及對象之限制，即便最為基本之前提要件、依循程序之規定，相關法律均付諸闕如。因之大法官會議遂於解釋理由書中指明警察執行臨檢勤務之限制規範，並資為有關機關將來於兼顧人民基本權利自由與警察執勤安全考量下，訂定完備性警察執行職務法規之重要準則，其包括：

1. 執行場所之臨檢勤務，應限於已發生或依客觀、「合理」判斷易生危害之處所、交通工具或公共場所為之，其中處所為私人居住之空間者，並應受住宅相同之保障；對人實施之臨檢則須以有「相當理由」足認其行為已構成或即將發生危害者為限，且均應遵守比例原則，不得逾越必要程度，所謂不逾必要程度，如儘量避免造成財物損失、干擾正當營業及生活作息。準此，大法官會議乃認得否對尚未發生危害之處所及交通工具執行臨檢，應「客觀合理」判斷其是否易生危害，至對人實施則以「相當理由」為據，然則何為客觀合理及相當理由？如前所述，警察臨檢手段中檢查、檢視之方式與刑事訴訟法之搜索強制處分性質相同，而依該法第120條有關身體、物件及處所搜索之規定，對被告或犯罪嫌疑人於「必要時」為之，對第三人則限有「相當理由」，學者多認此之必要時與相當理由並無質的區別，而僅有量的差異（黃東熊師），亦即二者均以合理依據（懷疑）為前提（林鈺雄師），惟「相當理由」令人相信之程度應高於合理懷疑（張麗卿師）；倘依此見解，則本解釋文所定之前開執行臨檢之準則：即對處所、交通工具為之應具客觀合理之懷疑，若係對人實施尚應符合更高程度之要求。然亦有學者持相異之見解，其認「相當理由」乃指具有一定程度之嫌疑，政府始得侵犯人民自由，但合理性判斷則無此要求，似認合理性判斷之標準更寬於對有犯罪嫌疑之合理懷疑，可供參酌。
2. 因預防將來可能之危害，則應採其他適當方式，諸如：設置警告標誌、隔離活動空間、建立戒備措施及加強可能遭受侵害客體之保護等符合比例原則必要性之作為，尚不能逕行檢查、盤查之任意處分。
3. 臨檢進行前應對受檢人表明其為執行人員之身分，以為執勤者實施臨檢前應踐行之法定程序，俾為受檢人辨識執行人員身分之權利依據。
4. 臨檢應於現場實施，非經受臨檢人同意或無從確定其身分或現場為之對該受檢人將有不利影響或妨礙交通、安寧者，不得要求其同行至警察局、所進行盤查；其因發現違法事實，應依法定程序處理者外，身分一經查明，即應任其離去，不得稽延。蓋臨檢攔阻之實施若非於現場為之，得任由執勤人員將受檢人強至警局或予稽延，即無異對犯罪嫌疑人之逮捕、留置，致與現行刑事訴訟程序無從區別，嚴重悖離法治國原則之精神。

5. 對違法、逾越權限或濫用權力之臨檢行爲，應於現行法律救濟機制內，提供訴訟救濟（包括賠償損害之途徑）；在法律未爲完備之設計前，應許受檢人、利害關係人對執行臨檢之命令、方法、應遵守之程序或其他侵害利益情事，於臨檢程序終結前，向執行人員提出異議，認異議有理由者，即爲停止臨檢之決定，認其無理由者，得續行臨檢，經受檢人請求時，應予載明臨檢過程之書面，其具行政處分之性質，異議人得依法提起行政爭訟。此因國家任何干預人民基本權利與自由之處分，毋論基於行政或刑事之目的均應予相對人相當之救濟途徑，使該等處分除於事前受發動之審查外，並於事後受救濟機制之監督，避免相關機關之恣意專斷，是以對人民自由、財產、隱私影響極鉅之臨檢盤查，更應賦予相對人相同完備之法定救濟權利。

(四) 結論

處於秩序、安全惡化之社會環境，人民自是望治心切，且複雜多元之犯罪突發狀況，更對執行勤務之警察人身安全形成嚴重壓力與負擔，惟此均不得無限上綱而棄憲法對人民基本權利自由之保障於不顧，否則「路不拾遺、夜不閉戶」之淨化治安終僅是踐踏人權所圖得之虛名。法治國原則下之法律保留、比例原則（適合、必要、狹義比例）及憲法爲保障人民基本權所規定之正當法律程序，均未見於現行警察執行臨檢盤查勤務之相同法規，則是項臨檢盤查勤務之合憲性即受質疑，此並可啓發習法者對諸多原無法律依據且相近性質而始於92年修法所增列之處分行爲（如驗血、驗尿）另爲深入之探討。

🔍 焦點23　警察之盤查、臨檢與行政檢查（王兆鵬，路檢盤查與人權，頁128～142；當事人進行主義之刑事訴訟，頁120～142）

一、拍觸、搜索、攔阻、逮捕均屬干預限制憲法保障人民基本權利之作爲，僅係侵犯程度不同，搜索與逮捕爲刑事作爲需有相當理由，拍觸、攔阻爲行政作爲需合理懷疑。其區別應自「拘束自由的手段、目的、地點（現場或警局）、時間（長短）等一切情狀爲綜合判斷。例如警察以槍指著人民，不論時間如何短促，即屬逮捕。

二、相當理由：乃指國家機關對個別特定之人或物，有客觀事實及證據，形成相當理由，相信某人犯罪或某處藏有應扣押之物，此時代表被處分之相對人（人民）有一定程度之嫌疑（可責性）。
合理懷疑：乃指國家機關之行爲是否合憲，應依行爲當時之事實或情狀判斷，若依當時事實及情狀判斷係屬合理，則國家機關行爲即合憲；至是否合理，應以權衡原則衡量國家利益與個人利益及其必要性，故在合理性標準下，人民縱無任何可責性，國家機關仍得侵犯限制其基本權利。

三、倘警察「合理懷疑」某人涉及現在或過去犯罪，得攔阻盤查以查明身分並詢問及暫時留置（二十分鐘爲限），並得以適當之強制力以澄清其犯罪嫌疑，惟不得逮捕（因無相當理由）亦即不得強制其同行至警局；故盤查時：

(一) 得詢問但人民對詢問無回答義務，此乃不自證己罪原則所賦予之緘默權。

(二) 得要求人民按捺指紋，蓋指紋紀錄未顯露人民隱私與思想，且爲客觀眞實之證據。

(三) 得對人民短暫留置，對物品短暫扣押。

(四) 合理懷疑被盤查人攜帶武器時，得拍觸其身體或衣服外部，如拍觸後有「相當理由」認被觸摸物品係違禁物或犯罪證據時，得依「一觸即知」法則予以取出。

四、酒精檢測，須要求受測人以手觸鼻、單腳獨立、直線行走、呼吸測試等，屬對人民隱私與尊嚴之嚴重侵犯，故應有立法授權始可。

五、行政檢查（如消防設備、防火設施、瓦斯管線溢漏等檢查），其目的在發現行政違法或事先預防，常係爲公眾或被檢查人之利益；刑事搜索則在取得犯罪證據，乃係對被搜索人不利益。

六、進入住宅或有「合理隱私期待」之商業建築物之行政檢查係侵害憲法第10條保障人民之居住自由，故應有「相當理由」或「合理性」，並應取得法院核發之令狀，惟若急迫情形則得無令狀爲之，應注意者，得實施「場所」檢查，非代表亦得對「在場之人」爲臨檢盤查。

🔎 焦點24　警察職權行使法之規範要點

一、**法治國之要求**：警察行使職權應符合法治國原則之適合性與必要性（§3），並應具備公示性（§4）。

二、**心證要件**：警察得於公共場所或合法進入之場所查證身分，惟須具備「相當理由」或「合理懷疑」（§6）；若無法查證時得強制該人同行至警局，但自攔停起不得逾三小時（§7），此與王兆鵬師見解不同（參酌前項說明）；又此處規定類同於追訴性確認身分措施。

三、**警察得攔停（攔阻）之情形**

(一) 查證人民身分（§17）。

(二) 對已發生危害之交通工具（§8）。

(三) 依客觀合理判斷易生危害之交通工具（§8）。

四、**警察對人民爲觀察及資料蒐集之要件**（§11）

(一) 防止犯罪認有必要者。

(二) 警察局長書面同意。

(三) 一定期間限制。

(四) 被觀察及蒐集之行爲或生活，需無隱私或秘密合理期待。

(五) 有事實足認有犯重罪或習慣、組織犯罪之虞者。

五、**警察得行使之重要職權**：身分查證、資料蒐集與觀察、通知到場、定期實施查訪、攔停、強制同行、留置、管束等。

六、**人民救濟途徑**

(一) 當場陳述理由異議（§29Ⅰ）。

(二) 訴願、行政訴訟（§29Ⅱ）。

(三) 對警察依法行使職權所受損失→請求補償（§31）。
(四) 對警察違法行使職權所生損害→請求賠償（§30）。

🔍 焦點25　國界檢查之相關探討（王兆鵬，路檢盤查與人權，頁156～175）

一、國界搜索，基於國家主權與國家安全，執法人員無需令狀即得為之；至需否實質理由，則視情形而定
(一) 一般例行檢查：無需任何理由即得為之（國家安全法、海關緝私條例、海岸巡防法）。
(二) 非例行性之搜索：需有「合理懷疑」方得為之。
二、國際郵件之搜索，亦視不同情形區分
(一) 國際包裹郵件之搜索：基於國家安全考量，無需令狀與任何理由均得為之。
(二) 國際郵件內之文件檢查：基於憲法保障人民之言論與秘密通訊自由，需有「相當理由」並取得法院令狀始可閱讀，蓋「思想」非國界搜索之對象。
三、鄰近國界檢查，本於憲法保障人民之居住與遷徙自由，須符合憲法第23條之比例原則方可實施，宜區分不同方式而論
(一) 機動檢查：未符憲法比例原則，故不得任意為之，海岸巡防法第7條即有違憲，應具備「合理懷疑」認有違法情事（如同盤查）始得為之。
(二) 固定檢查哨：如為攔阻車輛為一般檢查（詢問問題、檢查證件，依一目瞭然原則檢視汽車）則可；若係搜索，雖可無令狀，但應有「相當理由」。

【附錄】96年台上第1885號

　　警察職權行使法第6條第1項，雖規定警察於公共場所或合法進入之場所，得對於在場人員「查證其身分」，但此種身分調查，僅止於同法第7條所定之必要措施。警察人員倘欲基於司法警察（官）之身分蒐集犯罪事證，對於在場人員之身體、物件、電磁紀錄、住宅或場所為搜索、扣押處分，仍應遵循刑事訴訟法第十一章關於搜索及扣押之規定，並依其具體情形，由法院予以事先或事後之審查，非謂因有警察職權行使法之規定，而得規避。其若非法搜索、扣押，所取得之證據，法院應依刑事訴訟法第158條之4規定，本於人權保障及公共利益之均衡維護原則，判斷其證據能力之有無。

【附錄】98年台上第5912號

　　搜索係以發現被告（犯罪嫌疑人）、犯罪證據或其他應沒收或可得沒收之物為目的，而搜查被告或第三人之身體、物件、電磁紀錄及住宅或其他處所之行為，屬偵查犯罪所實施事後之強制處分，常侵害人民憲法上之基本權，為保障人權，應符合法律保留原則，故刑事訴訟法就其應遵循之法定程序著有明文，其實施悉以刑事訴訟法為依歸；而警察職權行使法則係規範警察基於維持社會治安之考量，本於行政權之運作，所採取之事前危害預防措施。二者保障憲法所規定人民基本權之目的雖同，但要件則互有參差，不容混淆。

【附錄】99年台上第4546號

　　警察職權行使法第2條第1、2項規定：「本法所稱警察，係指警察機關與警察人員為調查犯罪，在犯罪現場以自備影音器材或其他科技工具進行蒐集現場外觀情狀之證據資料」，乃法律賦予警察職權之正當行使，此與通訊保障及監察法第1條所定「為保障人民秘密通訊自由不受非法侵害，並確保國家安全，維持社會秩序，特制定本法。」之旨，係執行通訊監察之公務員以公權力介入他人間之秘密通訊為通訊監察對象者迥異。

【附錄】101年台上第763號

　　臨檢係屬非強制性之行政處分，其目的在於犯罪預防、維護社會安全，並非對犯罪行為為搜查，無須令狀即得為之；搜索則為強制性之司法處分，其目的在於犯罪之偵查，藉以發現被告、犯罪證據及可得沒收之物，原則上須有令狀始能為之。是臨檢之實施手段、範圍自不適用且應小於刑事訴訟法關於搜索之相關規定，則僅能對人民之身體或場所、交通工具、公共場所為目視搜尋，亦即只限於觀察人、物或場所之外表（即以一目瞭然為限），若要進一步檢查，如開啟密封物或後車廂，即應得受檢者之同意，不得擅自為之。

第十二章 證 據

第一節 證據原則

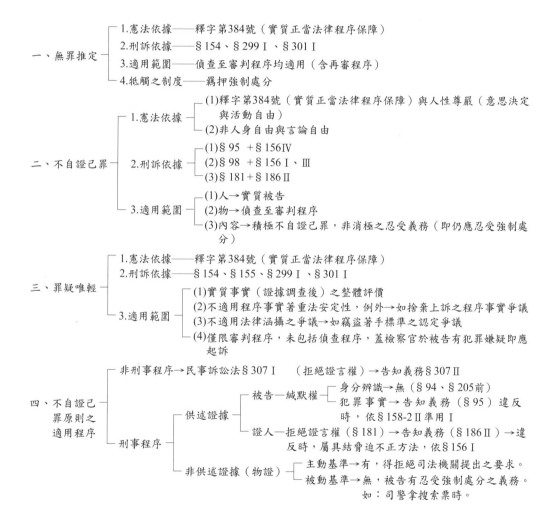

一、無罪推定
- 1.憲法依據──釋字第384號（實質正當法律程序保障）
- 2.刑訴依據──§154、§299 I、§301 I
- 3.適用範圍──偵查至審判程序均適用（含再審程序）
- 4.牴觸之制度──羈押強制處分

二、不自證己罪
- 1.憲法依據
  - (1)釋字第384號（實質正當法律程序保障）與人性尊嚴（意思決定與活動自由）
  - (2)非人身自由與言論自由
- 2.刑訴依據
  - (1)§95 ＋§156IV
  - (2)§98 ＋§156 I、III
  - (3)§181＋§186 II
- 3.適用範圍
  - (1)人→實質被告
  - (2)物→偵查至審判程序
  - (3)內容→積極不自證己罪，非消極之忍受義務（即仍應忍受強制處分）

三、罪疑唯輕
- 1.憲法依據──釋字第384號（實質正當法律程序保障）
- 2.刑訴依據──§154、§155、§299 I、§301 I
- 3.適用範圍
  - (1)實質事實（證據調查後）之整體評價
  - (2)不適用程序事實著重法安定性，例外→如捨棄上訴之程序事實爭議
  - (3)不適用法律涵攝之爭議→如竊盜著手標準之認定爭議
  - (4)僅限審判程序，未包括偵查程序，蓋檢察官於被告有犯罪嫌疑即應起訴

四、不自證己罪原則之適用程序
- 非刑事程序→民事訴訟法§307 I （拒絕證言權）→告知義務§307 II
- 刑事程序
  - 供述證據
    - 被告─緘默權
      - 身分辨識→無（§94、§205前）
      - 犯罪事實→告知義務（§95）違反時，依§158-2 II準用 I
    - 證人─拒絕證言權（§181）→告知義務（§186 II）→違反時，屬具結脅迫迫不正方法，依§156 I
  - 非供述證據（物證）
    - 主動基準→有，得拒絕司法機關提出之要求。
    - 被動基準→無，被告有忍受強制處分之義務。如：司警拿搜索票時。

🔍 焦點1　證據裁判主義與證據原則

　　嚴格證明法則下之證據裁判主義，犯罪事實應依證據認定，亦即法院綜合具有證據能力且經合法調查之證據，需達毫無合理懷疑之確信，方得為被告有罪之裁決。倘無任何積極證據或縱有之，然未達毫無合理懷疑之確信程度，本於無罪推定或罪疑唯輕原則，均即

應諭知被告無罪之判決。

🔍 焦點2　無罪推定原則

　　「無罪推定」乃國際公認之刑事訴訟法重要基本原則之一，具有人權普世價值並為證據理論之帝王條款，令人驚愕者係我國早實務見解向以「有罪推定」為法院審理、裁判之前提，是以對經檢察官提起公訴之被告存有預斷有罪之偏頗心態，往往導致檢察官毋庸為任何實質舉證，即得藉由法院之偏見推定而入被告於罪，刑事訴訟法第154條第1項之無罪推定明文化，將使刑事訴訟法就保障被告人權提供堅實基礎，並使法治國原則之基本精神益得彰顯，又同條第2項將原「推定」修正為「認定」，亦可導正實務長期根深蒂固之錯誤觀念，蓋無證據本即不得認定犯罪事實，遑論推定之。

　　本於無罪推定原則（§154Ⅰ），被告未經審判證明有罪確定前，推定其為無罪；易言之，被告經起訴後至有罪判決確定前即先被推定為無罪，如此，被告當然無庸舉證證明自己無罪，反之，起訴人（檢察官或自訴人），欲推翻該無罪推定，自應舉證證明被告確係有罪。

【衍生實例】

> 試說明檢察官之舉證責任與無罪推定之關係。又法院於何情形始有調查證據之義務？
> （98地特）

考點提示：參見上述焦點說明。另法院調查證據之義務，請參照第三章刑事訴訟之
　　　　　構造。

【附錄】97年台上第1442號

　　所謂「班達測驗」、「羅氏墨漬測驗」均是檢查受測人器官本身或功能有無異常之方法，以上揭方法測驗結果僅在顯現受測人之人格特質，並非用以檢視其犯罪後態度如何，尚不能據此評斷其犯罪後態度是否良好。原判決以上開各情，懷疑上訴人犯罪後並無悔悟態度，自與卷存證據不相適合。再查原判決復以「審理中對最高法院發回意旨所載為何被害人屍體被發現時，下體裸露，是否另涉其他犯罪情節，被害人家屬且質疑被告是否再涉性侵被害人而引發殺機，被告仍堅不吐實，辯稱係自後車廂拖下被害人不慎拉扯下其衣物云云，百般掩飾其犯行，益見被告仍毫無悔意」等由，認上訴人事後卸責，並無悔意。此部分之論述，與現行刑事訴訟法採無罪推定之原則顯不相合，原審在查無證據證明上訴人另有其他犯行之情況下，遽以上揭理由，推認上訴人並無悔意，尤有可議，難謂允當。

【附錄】98年台上第5774號

　　犯罪事實應依證據認定之，無證據不得認定犯罪事實；又有罪之判決書應於理由內記載認定犯罪事實所憑之證據及其認定之理由。刑事訴訟法第154條第2項及第310條第1款分

別定有明文。而此所稱「犯罪事實」，係指決定刑罰權存否與範圍、須經嚴格證明之事實，並不包括不存在之犯罪構成事實。另同法第155條第2項復規定：「無證據能力、未經合法調查之證據，不得作為判斷之依據。」按之「證據能力」係指可供「嚴格證明」使用之資格，則此一「判斷對象」，自係指須經嚴格證明之犯罪事實之判斷而言。亦即認定犯罪事實所憑之證據，不僅須具有證據能力，且須經合法之調查，否則不得作為有罪認定之依據。惟倘法院審理之結果，認被告被訴之犯罪事實並不存在，而應為無罪之諭知時，因所援為被告有利之證據並非作為認定犯罪事實之基礎，而係作為彈劾檢察官或自訴人所提證據之不具憑信性，其證據能力自無須加以嚴格限制。易言之，法院諭知被告無罪之判決時，即使是不具證據能力之傳聞證據，亦非不得資為彈劾證據使用，以供法院綜合研判形成心證之參考。

【附錄】100年台上第1399號

刑事訴訟已改採改良式當事人進行主義，檢察官應負實質之舉證責任，如其所舉證據，不足以說服法院形成被告有罪之確信心證，基於無罪推定原則，法院應諭知被告無罪之判決，此觀刑事訴訟法第154條第1項、第2項及第161條第1項規定即明。晚近經立法院審議通過，由總統批准施行之公民與政治權利國際公約第14條第2項亦揭示「受刑事控告之人，未經依法確定有罪之前，應假定其無罪。」刑事妥速審判法第6條更明定：「檢察官對於起訴之犯罪事實，應負提出證據及說服之實質舉證責任。倘其所提出之證據，不足為被告有罪之積極證明，或其指出證明之方法，無法說服法院形成被告有罪之心證者，應貫徹無罪推定原則。」是往昔法院和檢察官接棒、聯手蒐集不利於被告之證據，務必將被告定罪之辦案方式，已經不合時宜。易言之，檢察官如無法提出證明被告犯罪之確切證據，縱然被告之辯解猶有可疑，但基於公平法院之理念，仍須落實無罪推定原則，遂為被告無罪之諭知，無許檢察官反指法院未盡查證職責，資為合法上訴第三審理由之餘地。

【附錄】100年台上第6294號

基於無罪推定原則，被告犯罪之事實應由檢察官提出證據、並指出證明方法加以說服，使法院達於確信之程度，始得為被告有罪之認定，否則，即應諭知被告無罪，由檢察官蒙受不利之訴訟結果，此為檢察官於刑事訴訟個案中所負之危險負擔，即實質舉證責任。而被告否認犯罪，並不負任何證明責任，僅於訴訟進行過程中，因檢察官之舉證，致被告將受不利益之判斷時，被告為主張犯罪構成要件事實不存在而提出某項有利於己之事實時，始需就其主張提出或聲請法院調查證據，然僅以證明該有利事實可能存在，而動搖法院因檢察官之舉證對被告所形成之不利心證為已足，並無說服使法院確信該有利事實存在之必要。此為被告於訴訟過程中所負僅提出證據以踐行立證負擔，而不負說明責任之形式舉證責任，要與檢察官所負兼具提出證據與說服責任之實質舉證責任有別。苟被告依其形式舉證責任所聲請調查或提出之證據，已證明該有利事實具存在可能性，即應由檢察官進一步舉證證明該有利事實確不存在，或由法院視個案具體狀況之需，裁量或基於義務依職權行補充、輔佐性之證據調查，查明該事實是否存在；否則，法院即應以檢察官之舉

證，業因被告之立證，致尚未達於使人產生對被告不利判斷之確信，而逕爲有利於被告之認定，不得徒以被告所提出之證據，尚未達於確切證明該有利事實存在，遽爲不利於被告之判決。

【附錄】101年台上第6005號

檢察官之舉證，足使法院形成被告有相當於犯罪構成要件事實之心證時，即可推定其違法性及責任之存在，如被告主張有阻卻違法、阻卻責任或其他相類之有利事實時，即應由被告就該事實之存在負提出證據之責任，倘被告對於所提抗辯事由未盡提出證據資料之責任，法院無從調查，即難認其抗辯之事由確屬存在，因而不能爲被告有利之認定，乃屬當然，此與被告不自證無罪之原則並無牴觸。

🔍 焦點3　罪疑唯輕原則

罪疑唯輕原則乃指需達毫無合理懷疑確信之證據始得認定犯罪事實；適用於實體事實爭議而非法律爭議。實務見解認爲，罪疑唯輕原則是在法院依法調查證據，並於證據評價結束之後，方有適用，其存在之內涵，並非在如何評價證據之證明力，而係在法官於未能形成心證之確信時，應如何判決之裁判法則。（106年台上第1229號）

【附錄】106台上第1229號

罪疑唯輕原則是在法院依法調查證據，並於證據評價結束之後，方有適用，其存在之內涵，並非在如何評價證據之證明力，而係在法官於未能形成心證之確信時，應如何判決之裁判法則。

🔍 焦點4　不自證己罪原則（王兆鵬，新刑訴新思維，頁98以下；台灣本土法學第95期，頁68以下；月旦法學第145期，頁178以下；楊雲驊，台灣本土法學第99期，頁161～169；林鈺雄，台灣本土法學第93期，頁223以下；刑事訴訟法上，頁528以下）

一、不自證己罪原始的意義在於禁止國家機關強迫被告成爲「證人」，強迫被告成爲證人，將使被告陷於僞證、藐視法庭、自我控訴的三難之境。
　　故雖非言語陳述，但可傳達人之思想、心理、認知之證據，亦爲不自證己罪保護之客體。以測謊爲例，測謊得吐露人民之所知、所思、所信，若強迫嫌疑犯接受測謊，爲不自證己罪所禁。
　　判斷某證據是否爲不自證己罪所保護，其標準應以該證據之性質是否具「供述或溝通」（testimony or communications）之本質，如答案爲肯定，應認爲受不自證己罪之保護，國家機關不得強迫取得，前述之測謊即具供述或溝通之性質；反之，即不受保護，得強迫取得。換言之，不自證己罪係禁止以強迫方式取得供述或證詞，但強迫嫌

疑犯或被告成為物體或物理證據，不違反不自證己罪的規定。

以酒測為例，因為人民之呼吸或酒精濃度並不具供述或溝通之性質，不受不自證己罪之保護，國家機關非不得立法授權執法人員在人民拒絕酒測時施以強制力。當人民拒絕酒測時，亦得以刑罰處罰之。甚至得自人民拒絕接受酒測而對其作不利之推斷。

另被告站在成列指證中，所提供者為物理證據，非供述證據。被告所提供的聲音樣本，僅表達被告的生理特質，未表達被告的思想或有罪與否，非不自證己罪所保護的供述證據或溝通，未違反不自證己罪。又被告被強迫提供「筆跡」以作鑑定，以相同之標準並未違反不自證己罪規定。除指認、聲音、筆跡外，指紋、齒模或檢查牙齒、尿液，皆非不自證己罪保護之內容。其他如照相、測量身高、出席法庭等等，亦不受不自證己罪之保護。姓名或地址認為非屬供述性質之證據，故得為人別訊問。

二、關於不自證己罪原則，向來有兩種基本的理解方向，一是供述基準，二是主動基準。前者是指將此原則的射程距離，理解為禁止強制取得「供述證據」，「主動基準」則是將此原則指向：禁止國家機關強制被告以主動積極方式來配合對己的刑事追訴，換言之，規範內涵及重心落在禁止國家機關強制被告配合自我入罪，無論是強制被告以供述證據或非供述證據來自我入罪，皆在禁止的範圍。若是涉及供述證據，那麼，即屬被告緘默權或證人因不自證己罪的拒絕證言權之問題，據此理解，不自證己罪原則是大範圍的上位概念，緘默權是小範圍的下位類型。最高法院也認為，不自證己罪特權具有超越緘默權的內涵，射程距離及於禁止國家機關課予被告主動提出非供述證據的配合義務。

最高法院94年台上字第7169號判決表示：「事實之認定，應憑證據，如未能發現確實之證據，或證據不足以證明，自不能以推測或擬制之方法，以為裁判基礎。犯罪事實所憑之證據，雖不以直接證據為限，間接證據亦包括在內，然無論直接或間接證據，其為訴訟上之證明，須於通常一般人均不致有所懷疑而得確信為真實之程度，始得據為有罪之認定，倘其證明尚未達此程度而尚有合理之懷疑存在時，本諸無罪推定之原則，自應為被告無罪之諭知。又被告否認犯罪事實所持辯解縱使不能成立，除非有確實證據足以證明對於被告犯罪已無合理之懷疑外，不能遽為有罪之認定；刑事訴訟法規定被告有緘默權，被告基於『不自證己罪原則』，既無供述之義務，亦無真實陳述之義務，同時亦不負自證清白之責任，不能因被告未能提出證據資料證明其無罪，即認定其有罪。」

三、即便是「於法有據的間接強制」，仍然可能屬於侵犯不自證己罪原則之「不當強制」，我國槍砲彈藥刀械管制條例第18條第4項即是明證。最高法院就此以限縮解釋的迂迴管道，架空了該條項後段對拒絕或不實供述者的加重其刑規定。槍砲彈藥刀械管制條例第18條第4項規定：「犯本條例之罪，於偵查或審判中自白，並供述全部槍砲、彈藥、刀械之來源及去向，因而查獲或因而防止重大危害治安事件之發生者，減輕或免除其刑。拒絕供述或供述不實者，得加重其刑至三分之一。」這是結合「對配合者施以優惠」（前段之減免其刑）及「對不配合者施以制裁」（後段之加重其刑）雙重間接強制的典型案例。

四、非刑事法領域，也有不自證己罪原則的適用問題，尤其是產生刑事法關連的非刑事程序（前置程序）。關此，最高法院亦明白以先前民事程序未依法對享有拒絕證言權者盡告知義務為由，判定違反不自證己罪之先前證言，後來不得作為刑事程序的證據使用。

五、不自證己罪所禁止之強迫，包括「法律」上之強迫及「事實」上之強迫。所謂禁止「法律」上之強迫，指禁止以「大多數人」通過的法律方式，強迫人民作出對自己不利的陳述。所謂禁止「事實」上之強迫，指禁止以「大多數人認可」、「文明」的方式強迫人民作出陳述。在理論上皆極可能造成冤獄、妨礙發現真實、破壞政府與人民的權力均衡、侵奪人民隱私及自治之權。故依不同程序，不自證己罪原則有如下適用：

(一) 警詢階段：自拘捕後的警訊實務、拘捕後的被告心理狀態、舉證責任分配法理等面向而言，被告在拘捕後受警察訊問時，應推定構成「事實」上的「強迫」，此一強迫雖然未必符合第156條第1項之脅迫，但構成不自證己罪及緘默權所禁止之強迫，至於該強迫是否為大多數人所認可、是否為文明的方式，則非所問。被告在此充滿「事實」上「強迫」之環境所為自由，應推定係違反不自證己罪及緘默權之產物，原則上不得為證據。故學者主張：1.拘捕後的訊問環境因為具強制性質，如警察未踐行緘默權之告知義務，所取得之自白原則上不得為證據。2.在為緘默權告知後，因為拘捕之訊問環境具強制之性質，檢察官應舉證證明被告係自願放棄緘默權而為陳述，否則因此取得之自白仍為受強制環境影響而放棄緘默權之陳述，不得為證據。3.在拘捕後的警訊中，若被告主張緘默權，警察應即停止訊問，尊重被告不得陳述的權利，否則因此取得之自白應推定為非自由意志的產物，不得為證據。

(二) 偵訊階段：

1. 檢察官接受警察拘捕移送之被告而為訊問。警察在拘捕被告後將其移送檢察官偵訊，此時被告仍處於突然遭拘捕的心境（距拘捕之時間未超過二十四小時），仍係由其極為熟悉的環境被強制移至充滿敵意的陌生環境，且檢察官的偵訊為秘密不公開的、多數仍延續或重複警察的訊問。此種檢察官偵訊環境，與拘捕後的警訊環境相同，應推定訊問環境為具強迫性質，被告的心理仍處於恐懼及不自由的狀態。

2. 除前述情形外之檢察官偵訊環境，皆係經自首或傳喚到庭，此時檢察官對於被告之訊問非突襲的，被告事先即知悉檢察官將對其訊問、得思考如何回答相關問題，甚至得請教律師或他人應如何應付檢察官之訊問，甚至得請求辯護人隨同到案接受訊問，因此其訊問環境與審判之訊問環境類似，不應推定此訊問環境為具強制性質。

(三) 審判階段：因審判程序屬公開性、非突襲性，且訊問內容具高度可預測性，因此，審判中法官告知被告緘默權後，被告所為之陳述，應推定為係自行放棄緘默權所為陳述，得為證據。如法官未告知被告緘默權，因為訊問之環境不具強制性質，此未告知權利之單項因素，不當然導致被告陳述成為非任意性之推論，而應綜合一切因素決定被告是否出於自由意志而陳述。

六、不自證己罪原則適用於被告之權利即為緘默權行使（第95條第2款、第98條、第156條

第1項），適用於證人之權利即為拒絕證言權（第186條第2項、第181條）。同一程序中證人不得僅就一部事實陳述而就部分事實行使拒絕證言權，此於詰問時亦同（第181條之1）；至不同程序，證人雖於先前或其他程序為陳述，於另一程序仍得行使拒絕證言權。被告之不自證己罪可對所有問題概括拒絕答覆，惟證人之不自證己罪需就個別具體問題逐一分別主張，使法官得判斷該問題有無使證人自證己罪之可能性。共同被告原有之被告權利（包括不自證己罪權利），不因第287條之2而受影響，故未分離審判前，共同被告行使者為緘默權；分離審判後，其身分轉換為證人，所行使者則為拒絕證言權。

七、拒絕證言權屬證人不自證己罪之權利，非當事人所得主張之權利，故若違反第181條及第186條第2項，僅將來不得為追訴審判該證人之不利證據（此無異以具結程序迫使證人為真實陳述，違反第156條第1項規定），然仍得為本案被告之證據。

　　茲就此未告知證人拒絕證言權之法律效果，為不同見解之介紹：

(一) 實務見解

　　依照最高法院95年台上第909號判決、95年台上第2426號判決以及96年台上第1943號判決可知，最高法院認為法官或檢察官未依刑事訴訟法第186條第2項之踐行對證人之告知義務時，因未侵害被告之權利，故不得上訴第三審；該證言證據能力有無之認定，95年台上第909號認為對被告權利不生影響，應有證據能力，95年台上第2426號及96年台上第1043號判決則認為應依權衡法則證斷證據能力，但依其內容所載，亦應是認為無證據能力。96年台上第1043號判決：「其因此所取得之證人供述證據（按即違反第186條第2項應證人拒絕證言權之告知義務而取得證人供述證據），是否具有證據能力，應分別情形以觀：其於被告本人之案件，應認屬因違背法定程序所取得之證據，適用刑事訴訟法第158條之4所定均衡原則為審酌、判斷其有無證據能力，而非謂純屬證據證明力之問題。」

(二) 學者評析

1. 藉由告知拒絕證言權，其目的固在於保護證人，但不容忽略的是，此一設計亦兼含有促進真實的目的。因證人會發生「恐因陳述致自己受刑事追訴或處罰者」的情形時，常與被告間有共犯或其他之利害關係，如未告知其可以拒絕證言，而使其誤認為無不自證己罪之權利，將使其誣陷被告或其他共犯，以卸免己責，如此，不免有嫁禍於其他共同被告或本案被告而為不利證詞之虞，妨礙發現真實，因此，此項告知可拒絕證言之義務，不僅在保護證人免於陷於困境以自證己罪，亦同時保護被告。簡言之，此告知義務亦保護被告免於「陷入困境之證人所為虛偽不實陳述」之不利益。故如我國刑事訴訟法第156條第2項規定共犯之自白不得作為被告有罪判決之唯一依據。

2. 學者另認為不應將「程序違法得否上訴第三審」與「程序違法所得之證據有無證據能力」相提並論，因提起法律審上訴與證據禁止的目的並非全然不同，法律審上訴之目的在於維護法之一致性與實現個案正義，而證據禁止在於維護人民受憲法保障的權利以及憲法確立之價值秩序，因此，「程序違法與可否上訴法律審」與「程序違法是否導致無證據能力」二者應個別以觀，沒有一致之必然性。亦即該供述仍有

證據能力，惟訴訟程序依然違法。

八、有學者主張被告得隨時任意行使緘默權，亦即先為陳述，嗣再選擇性緘默並無不可；另有認為被告得隨時中止訊問程序以行使緘默權，但法院對其選擇性陳述得排除證據能力；亦學者認為法院得自由評價選擇性陳述之證明力。

【衍生實例】

證人有拒絕事由而拒絕證言是否仍應具備到場義務？　　　　　　　（98地特）

考點提示：

　　證人有拒絕證言事由，仍應到場為拒絕事由之釋明，並由法院認定拒絕事由是否存在，且證人之拒絕證言權需對訊問或詰問之內容逐一主張，而非概括行使，故證人仍有到場義務。

🔍 焦點5　不自證己罪原則於非刑事程序之效力（林鈺雄，月旦法學第161期，頁277以下）

一、實務見解（最高法院96年度台上字第7239號）

　　刑法第168條之偽證罪，係以證人、鑑定人、通譯於執行審判職務之公署審判時或於檢察官偵查時，於案情有重要關係之事項，供前或供後具結，而為虛偽之陳述為構成要件；所謂於案情有重要關係之事項，係指該事項之有無，足以影響於裁判之結果，有使裁判陷於錯誤之危險者而言。民事訴訟法第307條第1項第3款規定：「證人所為證言，足致證人或與證人有第1款關係或有監護關係之人受刑事訴追或蒙恥辱者，得拒絕證言。」及刑事訴訟法第181條規定：「證人恐因陳述致自己或與其有前條第1項關係之人受刑事追訴或處罰者，得拒絕證言。」旨在免除證人陷於抉擇控訴自己或與其有一定身分關係之人、或陳述不實而受偽證之處罰、或不陳述而受罰鍰處罰，甚而主觀上認為違反具結文將受偽證處罰之困境。又證人此項拒絕證言權，與被告之緘默權，同屬不自證己罪之特權，為確保證人此項權利，民事訴訟法第307條第2項及刑事訴訟法第186條第2項均規定，法官或檢察官有告知證人之義務；如法官或檢察官未踐行此項告知義務，而告以具結之義務及偽證之處罰並命朗讀結文後具結，將使證人陷於如前述之抉擇困境，無異剝奪證人此項拒絕證言權，強迫其作出讓自己入罪之陳述，違反不自證己罪之原則，自係侵犯證人此項權利。則其犯罪行為，尚未受追訴、處罰前，以證人身分於民事事件審判中到場具結，如為真實之陳述，無異證明自己犯罪，足使其受刑事之追訴、處罰，依民事訴訟法第307條第1項第3款之規定，享有不自證己罪之拒絕證言權，而法官依同法條第2項，亦有告知證人享有此項權利之義務。本件被告於上述當選無效事件之民事訴訟一案2006年11月7日準備程序中，雖經法院以證人身分傳喚到庭作證，並經法官諭知具結之義務及偽證之處罰具結後作證，惟依該準備程序筆錄，法官於命被告作證時，並未依法告以得拒絕證言。依該案卷宗內所附之台中地檢署95年度選偵字第63、64、91號選舉罷免法案，95年8月29日檢察官訊

問筆錄、95年度選偵字第63號起訴書影本等資料，可知法官經由調卷，並將相關資料附卷之情形，已經知悉被告涉有違反公職人員選舉罷免法案件，則法官在審理另案民事當選無效事件，令被告以證人身分作證時，依法應告知得拒絕證言，始符保護證人合法權益之旨。惟法官竟未將該項權利依法告知，揆諸上揭說明，自不生具結之效力。被告在該次準備程序中所為之證言，不論其內容如何，依公訴人所舉之證據，既欠缺法官告知得拒絕證言之程序，被告該次證言即難遽予認定構成偽證之犯行，即難依刑法第168條偽證之罪責相繩。

二、學說評析

(一) 由於證人於民事程序亦有到場、陳述及據實陳述義務，違反者並有拘提、罰鍰之處罰，這些制裁效果性質上皆屬於法有據的間接強制，而違反據實陳述義務者亦有刑法偽證罪之制裁問題，具有強制性質。又民事法院於證人作證前，除了踐行一般告知義務（指告知證人具結義務及偽證之處罰）之外，由於證人依法亦有免於自證己罪之拒絕證言特權，法院就此並負有特別告知義務，因此，對於有自證己罪之虞的證人，應踐行兩種告知義務始屬合法。最高法院認定，甲作成證言的當次民事準備程序，「法官經由調卷，並將相關資料附卷之情形，已經知悉被告涉有違反公職人員選舉罷免法案件」，換言之，民事法官應是出於疏忽，而未於訊問證人甲之前依法告知其得拒絕證言，故程序因未踐行特別告知義務而違法。另民事訴訟法規範意旨亦同刑事訴訟法相關規定，在於免除證人之抉擇困境（履行義務而自我入罪或違反義務而受罰鍰或偽證制裁），故民事程序違反特別告知義務者，「無異剝奪證人此項拒絕證言權，強迫其作出讓自己入罪之陳述，違反不自證己罪之原則，自係侵犯證人此項權利」，其效果如同於刑事程序違反情形，並進而影響隨後的刑事審判。這正是合併觀察法的取向，相當值得肯定。亦即民事程序的不自證己罪之拒絕證言權及告知義務規定，結合後來的刑事追訴程序觀察，而成為刑事整體取證程序的一環，若有違反，就如同於刑事程序違反，屬於證據排除之範疇。

(二) 針對偽證罪部分，最高法院結合不自證己罪與實體法偽證罪之具結成立要件，認為法院於前置程序未依法踐行拒絕證言權的告知義務者，縱使曾告以證人具結之義務及偽證之處罰並命朗讀結文後具結，亦因不生合法具結之效力而不構成偽證罪（刑法§168），惟學者認為就理論定位及射程距離而言，倘有諸多疑義仍待釐清。

(三) 學者並認為承認不自證己罪之前置效力，其於非刑事程序領域將造成無比廣泛影響，為調和非刑事程序課予主動配合或據實陳述義務之需求，以及被告受不自證己罪保護之必要，解決之道有幾種可能的立法模式：

1. 拒絕證言權模式。針對非刑事之前置程序的供述證據，一一賦予證人不自證己罪之拒絕證言特權並課予國家機關告知此項拒絕證言權的義務。

2. 區分方式，仍得課予協力義務但禁止使用於刑事程序。亦即，於非刑事程序承認國家得基於系爭民事法或行政法的特性，課予相對人主動配合或據實陳述義務及違反的非刑事制裁（當然仍應遵守法律保留及比例原則）；但是，因此取得的證據（包

含供述與非供述證據），不得運（使）用於隨後的刑事程序。如此既能兼顧非刑事程序之特殊需求，避免窒礙難行，又能兼顧刑事被告應受不自證己罪原則保護之法治國基本要求，學者主張此說。

【附錄】92年台上第2570號

按事實之認定，應憑證據，如未能發現確實之證據，或證據不足以證明，自不能以推測或擬制之方法，以為裁判基礎；再犯罪事實所憑之證據，無論係直接證據或間接證據，其為訴訟上之證明，須於一般人均不致有所懷疑而得確信為真實之程度，始得據為有罪之認定，倘其證明尚未達此程度而尚有合理之懷疑存在時，本諸無罪推定原則，自應為被告無罪之諭知；又被告否認犯罪事實所持辯解縱使不能成立，除非有確實證據足以證明對於被告犯罪已無合理之懷疑外，不能遽為有罪之認定；刑事訴訟法規定被告有緘默權，被告基於不自證己罪原則，既無供述之義務，亦不負自證清白之責任，不能因被告未能提出證據資料證明其無罪，或對於被訴之犯罪事實不置可否，即認定其有罪。

【附錄】94年台上第2677號

刑事訴訟法雖以被告為法院調查證據之對象，被告之陳述，固得為證據資料，惟刑事訴訟程序上，為保障被告防禦權之行使及尊重被告陳述之自由，規定被告有緘默權，即被告除有積極的陳述自由外，基於不自證己罪原則，亦有消極的不陳述自由，不能強令其自負清白之責任，如被告選擇緘默，不能遽認其詞窮理屈而據為不利於被告之裁判理由。

🔍 焦點6　拒絕證言權之探討（王兆鵬，刑事訴訟講義，頁658以下；柯耀程，月旦法學教室第75期，頁17）

一、觀念說明

(一) 我國刑事訴訟法對於證人資格並未加以限制，未成年人、精神障礙者、當事人之血親、姻親、配偶、家屬均得為證人。且證人有到庭作證的義務，刑事訴訟法第178條規定證人經合法傳喚，無正當理由不到場者，得科以罰鍰，並得予以拘提。同法第193條規定證人無正當理由拒絕具結或證言者，得科以罰鍰。

(二) 法律基於人性及政策考量，認為特定人間的相互溝通因具有特別的社會價值，法律應加強其溝通內容之保障而賦予拒絕證言權，人們因為他們所說的話將來可能在法庭上被提出來作為證據，將減低為此等溝通之意願，而有害於有該等關係之人的互動。大致可將拒絕證言權歸納為下列四種：(1)因公務關係應保守秘密（§179）；(2)因業務關係有保密義務（§182）；(3)與證人自身或其近親屬之利害有密切關係（§181）；(4)證人與訴訟當事人有特殊之親屬身分關係（§180）。

二、具結之合法性

法院或檢察官於命證人具結時，未依規定命證人或書記官朗讀結文，即命證人於結文內簽名、蓋章或按指印，此朗讀結文程序之欠缺，是否導致不生具結之效力？依刑法第

168條規定，我國係採具結文書以認定證人是否具結，應負僞證罪之責，故應以證人是否確已明白、認知結文之意義而簽名、蓋章或按指印爲判斷基準。如證人已明白結文之眞實意思，應認證人已具結；反之，則不生具結之效力。故證人已在結文簽名，但未踐行「命證人或書記官朗讀結文」程序，於符合認定證人已明白結文眞意之情形下，此證人供述仍有證據之能力。

三、拒證權與具結之關係

(一) 依法有拒絕證言權者，若放棄行使而仍爲作證，於作證時應具結以擔保其陳述之眞實性。

(二) 依法於作證時得無庸具結者，既有作證義務，自無拒絕證言者。

(三) 依最高法院63年台上字第3501號判例：「證人年尙未滿八歲，其所爲證言乃無具結能力之人之證言，雖非絕對無證據能力，然其證言是否可信，審理事實之法院，仍應爲其他證據之調查，以爲取捨之依據。」

四、告知義務

有本法第181條不自證己罪或其他利害關係時，應依第186條第2項規踐行告知義務。

五、行使拒證權之方式

依最高法院102年台上字第4015號判決見解，證人恐因陳述自己或與其有刑事訴訟法第180條第1項關係之人受刑事追訴或處罰者，得拒絕證言，同法第181條定有明文。證人此項拒絕證言權，旨在免除證人因陳述而自入於罪，或因陳述不實而受僞證之處罰，而陷於困境。惟該項拒絕證言權之行使，必先有具體問題之訊問或詰問，始有證人如陳述證言，是否因揭露犯行自陷於罪，使已或與其有前述一定身分關係之人受刑事訴追或處罰之危險，從證人必須到場接受訊問或詰問後，針對所問之個別具體問題，逐一分別爲主張，不得泛以陳述可能致其或一定身分關係之人受刑事訴追或處罰爲由，概括行使拒絕證言權，其拒絕證言之許可或駁回，依同法第183條第項規定，審判中應由審判長、受命法官決定，非人所得恣意而爲，亦非謂證人一主張，法院即應准許之。至若審判長不察，許可證人概括行使免於自陷入罪之拒絕證言權，應屬有關調查證據之處分違法，不因未異議而得視爲治癒。

六、舉證責任

證人主張拒絕證言權，惟當事人認證人無拒絕證言之正當理由時，通說認應由該當事人舉證證明無拒絕證言之事由存在。

七、告知義務違反效果

本法第181條與第186條乃爲保護該證人權利而設（非保護當事人），故告知義務違反時，該證人之供述不得採爲追訴審判該證人不利之證據，但得否爲當事人之證據，則有不同見解。

八、不得行使情形

(一) 證人之犯罪行爲倘業經判決確定、時效完成、大赦或犯罪後法律已廢止其刑罰，則其已無受追訴處罰之可能，故不得依第181條拒絕證言（99台上7171、99台上7297）。

(二) 證人若於反詰問時就主詰問所陳述之事項拒證證言，除得依刑事訴訟法第193條規定

處以罰鍰外，解釋上該陳述因未經交互詰問的檢視，似應認為無證據能力。但於反詰問時若被詢及證人本身或其他與證人有刑事訴訟法第180條第1項關係之人的涉案情節，因證人行使拒絕證言權之動機與主詰陳述並不相干，依該條文之反面解釋，應仍可主張拒絕證言權。

九、新聞記者之拒絕證言權

(一) 賦予拒證權之缺失
　　1.妨害發現真實（可能造成錯誤之判決結果）。
　　2.妨害司法效率（可能造成當事人與證人間爭執，遲延訴訟）。
(二) 賦予拒證權之要件
　　1.關聯性（有相當理由相信，該記者保有與本案相關之訊息）。
　　2.迫切需要性（確實為審判不可或缺，足以改變判決結果）。
　　3.最後手段補充性（無法以其他方式取得此訊息）。
(三) 保護範圍：限業務知悉之秘密資訊（如秘密線民提供），不含非秘密資訊。

【附錄】105年台上第1550號

　　藥師與病患間秘匿特權之核心價值，顯非在於保護藥師之職業地位，而係出於保障病患之隱私權益，倘藥師所知悉之祕密，並非基於藥事服務之信賴關係所獲悉，或病患之傷病已經公開而不具秘密之性質，自均不受此秘匿特權之保護。

🔎 焦點7　被告地位之認定（另請詳見第五章之體系表）

一、偵查人員惡意隱瞞被告，故以證人身分違法訊問所取得之自白，其效果可能產生不同證據排除規定之競合，惟無論前後者，均因刑事訴訟法第156條第1項規定，絕對強制排除非任意性自白之證據能力，故宜優先適用。

二、被告地位之認定標準→偵查行為「已顯現係針對特定人可能涉及刑事犯罪層面而為之」之程度。

三、92年台上字第4003號判決要旨與學說見解同
(一) 檢方蓄意隱瞞：違反第95條（類推適用§158-2）、第98條（依§156 I）。
(二) 非蓄意隱瞞：違反第95條（類推適用§158-2）。

四、偵查程序中之被告、證人與訴訟關係人（黃朝義，台灣本土法學第145期，頁20以下）
(一) 檢察官對犯罪嫌疑人以證人身分傳喚並於具結後訊問強令取證，屬於不當詐欺取證、脅迫取證且屬違反不自證己罪原則與正當法律程序，蓋此時證人在具結義務之負擔下，甚難拿捏拒絕證言權與據實陳述義務間之分寸，其在不知法律相關規定與欠缺辯護人協助之情形下，證人之自我保護防禦權將受嚴重侵害。倘若於證人供述後轉為起訴被告者，乃將造成無罪推定理念之崩潰、侵害被告辯護權與緘默權。
(二) 學者建議

1. 法制調整前
(1)檢察官以訴訟關係人身分通知後，該訴訟關係人有拒絕之權利，甚至於到場有隨時離去之權利，蓋此屬任意偵查之一環而不具強制性，對於到場後之偵訊，其可選擇拒絕供述，且無庸具結，此乃訴訟關係人與證人地位相異之處。如檢察官違反此一任意偵查作為，所取之偵訊內容（同自白）應認為不具證據能力而全數予以排除。
(2)檢察官對於採行不合作態度之訴訟關係人，在有必要之情形與一定條件下（發現其屬於證明犯罪嫌疑人犯案內容之一不可或缺之證據時），透過法官之司法審查判斷，以證據保全之概念容許檢察官聲請法院對該證人進行訊問（詰問），但嗣後之程序嚴格禁止將其轉列為被告。
(3)檢察官若以證人身分傳喚並令具結強制其供述，除非有特殊情狀，否則嗣後不得再將其轉列為犯罪嫌疑人（被告）。檢察官如違反時，亦應絕對排除其供述內容之證據能力。此外，因甚難判斷檢察官是否蓄意不告知證人得拒絕證言或保持緘默，故檢察官以證人身分傳喚之情形，均應先推定為具結逼供而無證據能力。
(4)綜上所陳，學者主張，檢察官應先以訴訟關係人方式取證，在無法達成時，原則上即應以犯罪嫌疑人（被告）方式予以傳訊，使其在緘默權獲得保障之情形下，確保檢察官理性使用具結方式舉證。在有必要之情形與一定條件下，方將訴訟關係人改列證人，併透過法官之司法審查判斷，以證據保全之概念容許檢察官聲請法院對該證人進行訊問（詰問），但嗣後之程序嚴格禁止將其轉列為被告。
2. 法制調整後
(1)廢除檢察官面前之具結制度：避免被告遭檢察官以訴訟關係人或證人身分令其具結後逼問，違反兩造當事人實質對等原則。
(2)落實強制處分之司法審查制度（法官保留原則）：澈底杜絕具結逼供與押人取證。
五、學者主張，偵查中檢察官須以證人證言以外之具體事證，方得將證人轉換為被告。

【附錄】92年台上第4003號

　　刑事被告乃程序主體者之一，有本於程序主體之地位而參與審判之權利，並藉由辯護人協助，以強化其防禦能力，落實訴訟當事人實質上之對等。又被告之陳述亦屬證據方法之一種，為保障其陳述之自由，現行法承認被告有保持緘默之權。故刑事訴訟法第95條規定：「訊問被告應先告知下列事項：一、犯罪嫌疑及所犯所有罪名，罪名經告知後，認為應變更者，應再告知。二、得保持緘默，無須違背自己之意思而為陳述。三、得選任辯護人。四、得請求調查有利之證據。」此為訊問被告前，應先踐行之法定義務，屬刑事訴訟之正當程序，於偵查程序同有適用。至證人，僅以其陳述為證據方法，並非程序主體，亦非追訴或審判之客體，除有得拒絕證言之情形外，負有真實陳述之義務，且不生訴訟上防禦及辯護權等問題。倘檢察官於偵查中，蓄意規避踐行刑事訴訟法第95條所定之告知義務，對於犯罪嫌疑人以證人之身分予以傳喚，命具結陳述後，採其證言為不利之證據，列為被告，提起公訴，無異剝奪被告緘默權及防禦權之行使，尤難謂非以詐欺之方法而取得自白。此項違法取得之供述資料，自不具證據能力，應予以排除。如非蓄意規避上開告知

義務，或訊問時始發現證人涉有犯罪嫌疑，卻未適時為刑事訴訟法第95條之告知，即逕列為被告，提起公訴，其因此所取得之自白，有無證據能力，仍應權衡個案違背法定程序之情節、侵害被告權益之種類及輕重、對於被告訴訟上防禦不利益之程度、犯罪所生之危害或實害等情形，兼顧人權保障及公共利益之均衡維護，審酌判斷之。

【附錄】95年台上第2426號

(一) 依刑事訴訟法第188條之規定，具結非僅於訊問前，即訊問後亦得為之；且於同一案件之偵查程序中，同一證人歷經多次訊問時，具結一次後，即毋庸再重複命其具結。依卷附偵訊筆錄及證人結文所示，93年12月10日偵訊之初，李○樹、周○傑雖均未具結，然訊問中，業經檢察官命彼等具結，即不生未具結致影響其供述證據能力之問題。原判決以彼等具結前部分之供述，係未經具結所為，而認無證據能力，已有適用法則不當之違法。

(二) 證人恐因陳述致自己受刑事追訴或處罰者，得拒絕證言；證人有此種情形者，法院應告以得拒絕證言，刑事訴訟法第181條、第186條第2項固定有明文。然該拒絕證言權之規定，其規範目的，主要係基於人性之考量，避免使證人於面對偽證處罰之負擔下，為據實陳述而須強為對自己不利之證言，以保障證人不自證己罪之權利，是上開拒絕證言權及法院告知義務之規定，乃為保護證人而設，苟法院未踐行此告知義務，對被告訴訟防禦權之行使並無妨礙，於其訴訟上權益之保障，無不利之影響，即不得遽謂證人於該情形下所為之供述，在證明被告待證事實之存否，一律無證據能力。
（註：101年台上第5459號相異見解）

(三) 刑事訴訟法第95條第2款「訊問被告應先告知得保持緘默，無須違背自己之意思而為陳述」之規定，旨在保障被告之緘默權，訊問被告時未踐行此項告知義務，被告因而違背自己之意思所為不利於己之陳述，其採證固有瑕疵，然該陳述對其他共同被告不利部分，苟於偵查中，已依法具結並踐行法定調查程序，自得作為認定其他共同被告犯罪事實判斷之依據。李○樹上開偵訊時，基於證人之地位具結後所為之陳述，縱因檢察官未踐行上揭對被告之告知義務，致無從援引為對其本人判決之不利證據，然並不因此影響其作為認定被告甲○○犯罪之證據能力。

【附錄】97年台上第96號

民事訴訟法第307條第1項第3款規定：「證人所為證言，足致證人或與證人有第1款關係（即證人之配偶、前配偶、未婚配偶或四親等內之血親、三親等內之姻親或曾有此親屬關係者）或有監護關係之人受刑事訴追或蒙恥辱者，得拒絕證言。」及刑事訴訟法第181條規定：「證人恐因陳述致自己或與其有前條第1項關係之人（現為或曾為證人之配偶、直系血親、三親等內之旁系血親、二親等內之姻親、或家長、家屬者，與證人定有婚約者，現為或曾為證人之法定代理人或現由或曾由證人為其法定代理人者）受刑事追訴或處罰者，得拒絕證言。」旨在免除證人陷於抉擇控訴自己或與其有一定身分關係之人、或陳述不實而受偽證之處罰、或不陳述而受罰鍰處罰，甚而主觀上認為違反具結文將受偽證處

罰之困境，又證人此項拒絕證言權，與被告之緘默權，同屬不自證己罪之特權，為確保證人此項權利，民事訴訟法第307條第2項及刑事訴訟法第186條第2項均規定，法官或檢察官有告知證人之義務；如法官或檢察官未踐行此項告和義務，而告以具結之義務及偽證之處罰並命朗讀結文後具結，將使證人陷於如前述之抉擇困境，無異剝奪證人此項拒絕發言權，強迫其作出讓自己入罪之陳述，違反不自證己罪之原則，自係侵犯證人此項權利。則其犯罪行為，尚未受追訴、處罰前，以證人身分於民事事件審判中到場具結，如為真實之陳述，無異證明自己犯罪，足使其受刑事之追訴、處罰，依民事訴訟法第307條第1項第3款之規定，享有不自證己罪之拒絕證言權，而法官依同法條第2項，亦有告知證人享有此項權利之義務。本件被告於上述當選無效事件之民事訴訟一案95年11月7日準備程序中，雖經法院以證人身分傳喚到庭作證，並經法官諭知具結之義務及偽證之處罰具結後作證，惟依該案準備程序筆錄，法官於命被告作證時，並未依法告以得拒絕證言。依該案卷宗內所附之台中地檢署95年度選偵字第63、64、91號選舉罷免法案，95年8月29日檢察官訊問筆錄、95年度選偵字第63號起訴書影本等資料，可知法官經由調卷，並將相關資料附卷之情形，已經知悉被告涉有違反公職人員選舉罷免法案件，則法官在審理另案民事當選無效事件，令被告以證人身分作證時，依法應告知得拒絕證言，始符保護證人合法權益之旨。惟法官竟未將該項權利依法告知，揆諸上揭說明，自不生具結之效力。被告在該次準備程序中所為之證言，不論其內容如何，依公訴人所舉之證據，既欠缺法官告知得拒絕證言之程序，被告該次證言即難遽予認定構成偽證之犯行，即難依刑法第168條偽證之罪責相繩。（註：101年台上第5459號同旨）

【附錄】97年台上第1859號

證人有刑事訴訟法第181條之情形者，應告以得拒絕證言，同法第186條第2項亦著有規定。然拒絕證言權，專屬證人之權利，非當事人所得主張，前開證人拒絕證言權及法院告知義務之規定，皆為保護證人而設，非為保護被告，故法院或檢察官違反告知義務所生之法律效果，僅及於證人，其證詞對訴訟當事人仍具證據能力，至於證據之證明力如何，則由法院依具體個案判斷之。又具結應於訊問前為之。但應否具結有疑義者，得命於訊問後為之，刑事訴訟法第188條亦有明文。共同被告周○陽、王○郎經調查機關移送檢察官以涉犯投票受賄罪嫌之被告偵辦中，其等以證人身分作證，應認有恐因陳述致自己受刑事追訴處罰之情事，自得拒絕證言。卷查周○陽、王○郎於本案偵查程序中，檢察官於訊問後僅訊以「你與甲○○有無親戚或僱傭關係？」，據答稱：「沒有」等語，即諭知具結之義務及偽證之處罰，並命證人朗讀結文後具結，未履行告知得拒絕證言之義務，其訴訟程序雖違背法定程序，然依前揭說明，原審認上開證人之證言具證據能力，並於理由內說明檢察官於上開證人作證後，始命其等具結，合於刑事訴訟法第188條規定，俱無違法可言。

【附錄】97年台上第2956號

第186條第1項「證人應命具結」、同條第2項「證人有第181條之情形，應告以得拒絕

證言」等規定，並不在準用之列。是司法警察官或司法警察於調查中詢問證人，固不生應命證人具結及踐行告知證人拒絕證言權之義務問題。惟依同法第196條之1準用第181條之規定，該證人於警詢時仍享有不自證己罪之特權。該證人於司法警察（官）詢問時所為不利於己之陳述，於嗣後成為被告時，基於不自證己罪特權，仍不得作為證據。不因司法警察（官）調查時以「證人身分」或「犯罪嫌疑人身分」通知到案而有不同。則上訴人於該次調查局詢問之陳述內容，既係以證人身分為不利於己之陳述（且調查局人員無從踐行刑事訴訟法第95條之告知）即屬不自證己罪特權之範疇，依前揭說明，於其嗣後成為被告時，先前之證言自不得作為證據，否則無異剝奪被告緘默權及防禦權之行使。

【附錄】98年台上第5952號

具有共犯關係之共同被告在同一訴訟程序中，兼具被告及互為證人之身分。倘檢察官係分別以被告、證人身分而為訊問，並各別踐行刑事訴訟法第95條、第186條第2項之告知義務，使該共同被告瞭解其係基於何種身分應訊，得以適當行使各該當權利，不致因身分混淆而剝奪其權利之行使，則檢察官此種任意偵查作為之訊問方式，尚難謂為於法有違。至若同時以被告兼證人之身分兩者不分而為訊問，則不無將導致共同被告角色混淆，無所適從或難以抉擇之困境。其因此所取得之供述證據，是否具有證據能力，應分別情形以觀：(一)被告消極不陳述之緘默權與證人負有應據實陳述之義務，本互不相容。共同被告在同一訴訟程序中同時併存以證人身分之陳述，囿於法律知識之不足，實難期待能明白分辨究竟何時為被告身分、何時係居於證人地位，而得以適時行使其各當該之權利；並因檢察官係同時告以應據實陳述之義務及偽證罪之處罰等規定，亦不無致共同被告因誤認其已具結，而違背自己之意思為不利於己之陳述，因此妨害被告訴訟上陳述自由權之保障。準此，共同被告就自己部分所為不利於己之陳述，得否作為證據，端視其陳述自由權有無因此項程序上之瑕疵受到妨害為斷。如已受妨害，應認與自白之不具任意性同其評價。(二)被告之緘默權與免於自陷入罪之拒絕證言權，同屬不自證己罪之範疇，兩者得以兼容併存，並無齟齬。行使與否，一概賦予被告、證人之選擇，並非他人所得主張。就共同被告所為不利於其他共同被告之陳述而言，固亦有類如前述之角色混淆情形，然因該共同被告就此係居於證人之地位而陳述其所親自聞見其他共同被告犯罪經過之第三人，無關乎自己犯罪之陳述，如檢察官已踐行刑事訴訟法第186條第2項規定，告知證人有拒絕證言之權利，則該共同被告基於證人身分所為不利於其他共同被告之陳述，係其行使選擇權之結果，雖檢察官同時又贅餘告知被告之緘默權，然此兩種權利本具有同質性，互不排斥，是以此項程序上之瑕疵，並不會因此造成對該共同被告陳述自由選擇權之行使有所妨害，其此部分之陳述，自得作為其他共同被告犯罪之證據。並因於判決本旨及結果不生影響，而不得執為上訴第三審之適法理由。

【附錄】101年台上第5137號

證人有刑事訴訟法第181條之情形者，應告以得拒絕證言，固為同法第186條第2項所明定；然該告知之規定，依同法第196條之1第2項規定，於司法警察或司法警察官詢問證

人之情形，並不在準用之列，況拒絕證言權，專屬證人之權利，非當事人所得主張，證人拒絕證言權及法院告知義務之規定，皆為保護證人而設，非為保護被告，法院或檢察官違反告知義務所生之法律效果，僅對證人生效，故違反告知義務之證人證詞，對訴訟當事人仍具證據能力，至於證據之證明力如何，則由法院依具體個案判斷之。上訴意旨以員警詢問丙女時，未告知其得拒絕證言，而否認丙女警詢筆錄之證據能力，自無可取。（註：此判決可議，評見97年台上第2956號正解）

【附錄】101年台上第5459號

刑事訴訟法第181條規定……規定旨在免除證人陷於抉擇控訴自己或與其有一定身分關係之人犯罪，或因陳述不實而受偽證之處罰，或不陳述而受罰鍰處罰等困境。證人此項拒絕證言權與被告之緘默權同屬不自證己罪之特權，為確保證人此項權利，民事訴訟法第307條第2項及刑事訴訟法第186條第2項均規定法官或檢察官有告知證人得拒絕證言之義務；如法官或檢察官未踐行此項告知義務，而逕行告以具結之義務及偽證之處罰，並命朗讀結文後具結，將使證人陷於前述抉擇困境，無異侵奪證人此項拒絕證言權，有違證人不自證己罪之原則。該證人於此情況下所為之具結程序即有瑕疵，為貫徹上述保障證人權益規定之旨意，自應認其具結不生合法之效力，縱其陳述不實，亦不能遽依偽證罪責論擬。

【附錄】103年台上第2470號

刑事訴訟法第95條第1款規定「訊問被告應先告知犯罪嫌疑及所犯所有罪名。罪名經告知後，認為應變更者，應再告知」。乃被告在刑事訴訟程序上應受告知之權利，為憲法第8條第1項正當法律程序保障內容之一，旨在使被告能充分行使防禦權，以維持審判程序之公平。而其所謂「犯罪嫌疑及所犯所有罪名」，除起訴書所記載之犯罪事實及所犯法條外，尚包含依刑事訴訟法第267條、第348條規定起訴、上訴效力所擴張之犯罪事實及罪名，暨依同法第300條規定變更起訴法條後之新罪名。法院就此等新增之罪名、事實或變更之罪名，均應於其認為有新增或變更之時，隨時但至遲於審判期日前踐行告知之程序，使被告知悉而充分行使其防禦權，始能避免突襲性裁判，而確保其權益。如法院於審判期日，就起訴、上訴效力所及之擴張犯罪事實或變更起訴法條之同一性事實，未依刑事訴訟法第96條、第288條之1、第289條等規定踐行調查辯論程序，即命辯論終結，逕行就起訴或上訴效力所及之擴張犯罪事實及罪名或變更起訴書所引之法條而為判決，就此等擴張之事實及新罪名而言，實已剝奪被告依同法第96條、第288條之1、第289條等規定所應享有而同屬憲法上訴訟基本權保障範圍內之辯明罪嫌及辯論（護）等程序權，尤屬直接違背憲法第8條第1項所稱「非由法院依法定程序不得審問處罰」之規定，剝奪其正當法律程序之保障，而於判決顯然有影響，自應認該判決為違背法令。

【附錄】103年台上第2558號

刑事訴訟法第180條所定一定身分關係之拒絕證言權，祇須證人於作證時，釋明其與訴訟當事人（被告或自訴人）具有此等關係，即得概括拒絕證言，不問其證言內容是否涉

及任何私密性，或有無致該當事人受刑事訴追或處罰之虞。至於同法第181條之免於自陷入罪之拒絕證言權，則必先有具體問題之訊問或詰問，始有證人如陳述證言，是否因揭露犯行自陷於罪，使自己或與其有前述一定身分關係之人受刑事訴追或處罰之危險，從而，證人必須接受訊問或詰問後，針對所問之個別問題，逐一分別為主張，不得泛以陳述可能致其或一定身分關係之人受刑事訴追或處罰為由，概括行使拒絕證言權，而拒絕回答一切問題；倘其拒絕證言經駁回，即有陳述之義務，如仍不為陳述，即屬刑事訴訟法第159條之3第4款所定「到庭後無正當理由拒絕陳述」。後開情形，若審判長不察，許可證人概括行使免於自陷入罪之拒絕證言權，乃有關調查證據之處分違法，且屬有害於訴訟之公正，不因未異議而得視為治癒，該證人於審判外調查中所為之陳述，除符合同法第159條之5，並無上開傳聞法則例外規定之適用。

【附錄】103年台上第3414號

　　刑事訴訟法第95條第1款規定「訊問被告應先告知犯罪嫌疑及所犯所有罪名。罪名經告知後，認為應變更者，應再告知。」乃被告在刑事訴訟程序上應受告知之權利，為憲法第8條第1項正當法律程序保障內容之一，旨在使被告能充分行使防禦權，其辯護人亦得適時為被告辯護，以維審判程序之公平。為達上開目的，所謂「告知或再告知」「犯罪嫌疑及所犯所有罪名」，自應具體、明確其範圍，尤其對檢察官起訴被告涉嫌數罪之情形，更應明白區辨，逐一告知或再告知何者屬何罪名，經告知後，認為有應變更者應再告知，始能落實本條保障被告權益、維持程序公平之立法意旨，俾使被告及其辯護人得為完足之答辯及辯護，檢察官亦得為積極舉證，避免有突襲性裁判發生。倘法院僅以概括方式告知，致被告及其辯護人無從區別、知悉法院可能變更罪名之相關事實，亦未能為充分之防禦、辯護，即與未告知無異，自與刑事訴訟法第95條第1款規定之立法目的有違，難謂適法。

【附錄】104年台抗第602號

　　如證人或與其有上述關係之人業經法院判決有罪確定，不再因其陳述而導致或增加受刑事追訴或處罰之危險者，自不容其再拒絕證言而犧牲或侵害被告對證人之對質詰問權。

【附錄】104年台上第1172號

　　刑事訴訟是社會秩序的倒影，而訊問被告可作為檢驗法治國程序規劃嚴謹性的石蕊試紙」。在刑事偵查程序中，被告係屬於被追訴者，基於權利保護之要求，有受無罪推定及不自證己罪諸原則之適用，享有律師權、緘默權及自由陳述之權利；證人則為親自見聞待證事實之第三人，因其具有無可替代性，故被定位為追訴機關釐清案情之協力者，從而證人在性質上並無受律師協助之必要，與被告權利之保護明顯不同。而就「陳述」而言，被告依法有不陳述之權利，證人除在法律規範明定的範圍內得以為拒絕證言外，則負有具結並真實陳述之義務。被告作為程序主體，其地位始於成為刑事追訴之偵查對象，而終於該刑事追訴程序之整體結束。因此，在被告地位存續之期間，追訴機關就被告本人案件，基於「被告為證人不適格」，自不得以證人身分訊問被告以取供，以致削弱被告在刑事訴訟

法上應有之保障。設若追訴機關蓄意以證人方式訊問已取得被告身分之人，並由此取得其不利之陳述，即使已踐行刑事訴訟法第186條第2項之告知義務，因此項偵查作為顯然侵犯法之正義感，違反正當法律程序，其所為不利之陳述，即不具證據能力。

【附錄】107年台上第8號

基於追求社會之最高利益，刑事訴訟法另有規定特定業務、身分或利害關係之人，得拒絕證言，以保護證人權利，兼及當事人之訴訟利益。惟拒絕證言權利並非不可拋棄，倘經法官告知得拒絕證言之權利後，證人猶決意為證述，並於主詰問陳述有利或不利於被告本人之事項，輪到另一造當事人行反詰問時，刑事訴訟法第181條之1特別規定證人此時不得拒絕證言，以免造成無效之反詰問……（證人）於主詰問陳述有利於被告本人之事項，因未經檢察官有效反詰問，即不得採為判斷事實之證據資料。

【附錄】107年台上第284號

依刑事訴訟法第185條第2項規定，法院或檢察官有告知證人之義務，倘法院或檢察官未經明確告知該項權利，即與未經告知無異，不因具結文內列有刑事訴訟法有關證人得拒絕作證之條文，即得免除檢察官應告知被告得拒絕證言之義務。若命其具結作證，仍不生具結之效力，縱其證言虛偽，亦難令負偽證罪責。

第二節　證據之概念層次

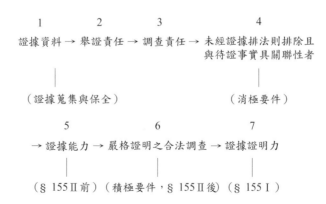

```
        1            2            3            4
   證據資料  →  舉證責任  →  調查責任  →  未經證據排法則排除且
                                          與待證事實具關聯性者
        |                                      |
   （證據蒐集與保全）                      （消極要件）

        5              6                7
   → 證據能力  →  嚴格證明之合法調查  →  證據證明力
        |              |                   |
   （§ 155 II 前）（積極要件，§ 155 II 後）（§ 155 I ）
```

（註：自然關聯性屬證明力評價層次；法律關聯性屬證據能力判斷層次）

🔍 焦點1　概念層次之依據

一、§ 155 II ＋ § 155 I 。

二、§156IV＋§161-3＋§288III。

三、§273 I ④＋§273II→先取得證據能力，始得接受合法調查。

🔍 焦點2　證據資料之分類（林鈺雄，刑事訴訟法論（上），頁369以下）

　　所有可能與待證犯罪事實直接或間接相關之資訊內容或素材均屬之，其來源包括人（被告、目擊者）、地（現場）、物（屍體、尖刀）；其須透過特定方法才能呈現，即證據方法，如證人、勘驗、鑑定等。

一、依證據之物理性質及既存之狀態而區分

(一) 人證（目擊證人）。

(二) 物證（兇刀）。

(三) 書證（誹謗信）。

二、依證據所欲證明之事實而區分

(一) 直接事實證據（直接證明或排除系爭犯罪事實之證據，如：目擊證人）。

(二) 間接事實證據（可能據以推論直接事實之證據，即令無直接證據，亦得綜合一切間接證據以證明待證事實，惟須本於合理推論，認定犯罪事實亦應達確信程度，如：聽聞威脅殺人或目睹清洗血衣或不在場證明）。

(三) 輔助事實證據（能據以推論證據質地事實之證據，即以某證據方法之證明力為對象，如：證人常說謊且有偽證前科，即為彈劾證人信用力之彈劾證據）。

三、依證據來源區分

(一) 原始證據（原直接知覺或體驗待證事實之證據）。

(二) 傳聞證據（以原始證人之供述為內容，證明待證事實之供述證據，即間接聽到之供述）

　　1. 審判期日，傳聞證人之供述（如：聽聞目擊證人描述經過，再依其內容供述）。

　　2. 審判期日，供述證據之替代品（如：目擊證人將所見經過記載書面以代自己出庭供述；偵訊筆錄屬之）。

　　3. 證人本有不可靠性，須由審判庭之反對詰問始能取得證據能力。

第三節　證明程序與證明程度

一、┌ 自由證明程序 ┌ 1.調查程序無須嚴格踐行法定調查證據程序，故排斥傳聞法則且容許非直接審理方式
　　　　　　　　　 └ 2.適用對象：簡式審判程序、簡易程序、協商程序、起訴審查程序、聲請交付審判程序、法律審程序（第三審與非常上訴審）、強制處分審查程序

```
       ┌ 嚴格證明程序 ┬ 1.調查程序須嚴格踐行法定程序，故適用傳聞法則與直接審理主義
       │              └ 2.適用對象：事實審之通常審判程序
       │ 自由證明程度 ┬ 1.對待證事實之證明力評價達合理懷疑即可，如犯罪嫌疑（可能）
  二、 ┤              └ 2.適用對象：起訴與否、起訴審查、聲請交付審判、強制處分審查
       │              ┌ 1.對待證事實之證明力評價達毫無合理懷疑之確信
       └ 嚴格證明程度 ┤ 2.適用對象：所有事實審之有罪認定（不論採行簡易、協商、簡式或通常
                      └   審判程序）
```

🔍 焦點1　嚴格證明與自由證明之範圍

一、法律審因不涉及犯罪事實認定，故對犯罪事實無所謂證明程度之問題。

二、犯罪事實、單純刑罰事實，屬構成要件一部分之量定刑罰事實（如動機、手段、損害輕重範圍等，與犯罪事實有關者）、形式裁判事實（如是否為實體判決效力所及、是否為單一案件之一部事實）等，應經嚴格證明，至訴訟條件之事實，黃朝義老師主張由檢察官就條件存在負嚴格證明之舉證責任。

三、非屬構成要件一部分之量定刑罰事實（如犯人之品行、生活狀況、智識程度、犯後態度等）、訴訟程序事實、不在場事實等，僅需自由證明，通說另認上揭之形式裁判事實亦採自由證明。

🔍 焦點2　自由證明法則（林鈺雄，台灣本土法學第96期，頁118以下）

一、概念

(一) 自由並不等於恣意。作為嚴格證明相對概念的自由證明，僅表明其程序不受嚴格證明法則的「法定性」拘束，而非不受任何拘束，亦不排除其他訴訟法基本原則之適用。換言之，自由證明程序並非得採用應禁止使用的證據之正當理由。程序爭點之證明，無論在何等程序階段，僅須以自由證明程序調查即為已足，例如，法官有無迴避事由（本法第17條、第18條）、證人是否已達具結年齡（本法第186條）、告訴人何時知悉犯人（本法第237條告訴期間之起算）及上訴是否逾期（本法第349條）等。非於審判程序踐行之證據調查程序，例如偵查程序，也是屬於自由證明的範圍。

應予注意，事實審法院認定犯罪事實時是否依法踐行嚴格證明程序，固然是上訴法律審的審查事項（如本法第379條第10款），但上訴法律審本身由於並不認定實體犯罪事實，因此，其關於原審是否違法的調查程序，僅適用自由證明程序為已足。又處於偵查與審判程序之間的起訴審查階段，法院審查的標的是檢察官起訴是否已達「法定起訴門檻」（本法第251條參照），而非被告實體犯罪的有無，因此，性質上也是自由證明程序；同此性質者還包括本條項未明示的交付審判程序（本法第258條之1至之3）。至於所稱的簡式審判程序（本法第273條之1、之2）及簡易判決處刑（本法第449條以下），既是審判階段也是本案實體爭點，性質上本來應適用嚴格證明程序才是，但條文特別容許證人審判外陳述之引用，可以說是部分排除嚴格證明法則的特別

立法規定

(二) 法院對於依照自由證明的程序之心證，無須到達確信程度，只要法院在心證上認為「很有可能」或「大致相信」為已足，這種心證程度，約莫相當於法官迴避事由所要求的「釋明」（Glaubhaftmachung）程度（本法第20條參照）。

自由證明僅是關於「如何調查」的法則，並不是概括排除訴訟法上其他基本原則的理由（此點，嚴格證明亦然）。諸如公平審判原則、聽審原則及調查原則等，也會對於法官的自由證明程序形成限制。例如，案經起訴後必須具備訴訟要件始能為實體判決，是以，訴訟要件存否（如法院有無管轄權）本來即是法院應依職權調查的事項，屬於澄清義務的範圍（本法第163條參照），因此，雖說訴訟要件的「調查方式」適用自由證明程序為已足，但就「應否調查」的前提問題，法官自身仍不得違反調查原則。

一般而言，應經嚴格證明之事項，固然不得僅經自由證明程序，但反之則不然；僅須經自由證明之待證事項，法院亦得慎重其事而以嚴格證明的「程序」來證明。

二、實務見解

(一) 程序爭點採自由證明（93年台上字第2251號）

法院所應調查之待證事項，依其內容，有實體爭點及程序爭點之分；而其證明方法，亦有嚴格證明及自由證明之別。實體之爭點，因常涉及犯罪事實要件之該當性、有責性及違法性等實體法上事項，均與發見犯罪之真實有關，自應採取嚴格之證明，故其證據調查之方式及證據能力，均受法律所規範，適用直接審理原則；至程序爭點，既非認定有無犯罪之實體審判，而僅涉及訴訟要件之程序法上事項，自得採取自由之證明，其證據能力由法院審酌，並無直接審理原則之適用。又交互詰問制度設計之主要目的，在辨明供述證據之真偽，以發見實體之真實，此參刑事訴訟法第166條之立法理由甚明。故關於犯罪事實之調查，既攸關發現真實及保障人權，其證據因採用嚴格之證明，自應賦予當事人詰問權之行使，以保障其基本訴訟權。至非屬認定犯罪構成要件之事實，自僅以自由證明為已足，其證據調查程序不受嚴格限制。

(二) 偵查程序採自由證明（95年台上字第6069號）

嚴格證明法則係限制法院於審判期日踐行調查證據程序時，只能使用法定之證據方法，此法定之證據方法，一般分為人的證據方法與物的證據方法。前者包括被告、證人及鑑定人；後者則包括文書及勘驗，而此法定之證據方法須經法定之調查程序，始得據以認定犯罪事實並採為裁判之基礎。是嚴格證明法則既具有嚴格之形式性要求，對於法院調查證據之程序形成相當之限制，自僅侷限於本案犯罪事實及其法律效果等問題，更僅適用於法院審判程序中，至於並非確認犯罪事實之偵查程序則不與焉。

故偵訊共犯證人／共同被告之自由證明程序，案例事實涉及所謂的「雙掛號偵訊」，即檢察官先後以證人、被告兩種程序地位訊問共犯即未違法。最高法院指出處理雙掛號偵訊的解決之道：嚴格證明法則及法定證據方法與法定調查程序之限制，僅適用於法院審判程序中，偵查程序不與焉，則檢察官以此方式訊問，亦無所謂違反嚴格證明法則可言。一

言以蔽之，就是說中要害！儘管上開判決並未直接否定同院其他立論有誤的判決（如上文所示的95年台上字第3979號判決），但從其宣示的基準已經可以推知，導源於嚴格證明的共同被告／共犯之證人原則，僅是審判程序而不是偵查程序之原則，換言之，法院不應以偵查中檢察官未依證人程序調查共犯為由，來直接否定系爭偵訊筆錄的證據能力。

(三) 自由證明程序（94年台上字第275號）

被告任意性之自白始有證據能力，法院才能採為認定犯罪事實之裁判基礎，在自白是否出於任意性有疑義時，應先對自白之任意性為調查，且在心證上無需達於確信程度才能認定，認定之結果，不利益應歸國家負擔，利益歸被告，亦即依自由證明程序調查後，法院在心證上雖非達到確信，惟相當程度懷疑調查機關使用不正訊問方法時，即應認定證據非出於任意性，被告自白不具證據能力。而予排除不得作為判決基礎。

(四) 量刑事由採自由證明（71年台上字第5658號）

判例：「犯人與被害人平日之關係，雖為單純科刑應行審酌之情狀（刑法第57條第8款），非屬犯罪構成要件之事實，以經自由證明為已足，然所謂自由證明，係指使用之證據，其證據能力或證據調查程序不受嚴格限制而已，其關於此項科刑審酌之裁量事項之認定，仍應與卷存證據相符，始屬適法。」

上開判例要旨可略分為「一正一反」：「一正」是指，量刑事由適用自由證明程序，因此不受嚴格證明之限制；「一反」是指，自由證明並非毫無拘束，至少量刑認定的基礎必須與卷證相符。

(五) 結論

1. 應區分「實體爭點／程序爭點」及「嚴格證明／自由證明」的對應關係，送達合法性問題乃程序爭點，非屬認定犯罪構成要件之事實，僅以自由證明為已足，其證據調查程序不受嚴格證明之限制。
2. 自白任意性／不正訊問應依自由證明程序，據此推論法院就不正訊問方法之認定，心證毋庸到達確信程度，有相當程度懷疑即可認定有不正方法存在，此種爭點，證明之不利益應歸國家負擔。
3. 嚴格證明僅適用於法院審判程序中，不適用於（並非確認犯罪事實之）偵查程序，換言之，不能以違反嚴格證明之法定證據方法及調查程序為由，來指摘檢察官偵訊共犯（或以證人、或以被告地位）的程序違法，此一重大突破，可能逆轉我國已扭曲的雙掛號偵訊實務。
4. 最後是量刑之自由證明及其限制的問題，最高法院本於自由證明並非毫無限制之正確出發點，針對量刑發展出了「量刑事實認定雖不受嚴格證明拘束但需與卷證相符」的基準。

【附錄】99年台抗第899號

法院應調查之待證事項，依其內容，有實體爭點及程序爭點之分；其證明方法，有嚴格證明及自由證明之別。實體爭點，因常涉及犯罪事實要件之該當性、有責性及違法性等實體法事項，與發見犯罪之眞實有關，自應採取嚴格證明，故其證據調查之方式及證據能

力，均受法律所規範，適用直接審理原則；至程序爭點僅涉及訴訟要件之程序法事項，自得採取自由證明，其證據能力由法院審酌，並無直接審理原則之適用。

【附錄】102年台上第3234號

毒品危害防制條例第17條第1項對於供出毒品來源，因而查獲其他正犯或共犯者，減輕或免除其刑之規定，涉及刑罰權範圍擴張、減縮事由，應視同構成刑罰權成立之基礎事實，屬於嚴格證明事項，所採之證據應具備證據能力，並應於審判期日依法定程序進行調查，始能作為刑罰量處之依據，其調查程序屬於證據調查範圍。而刑事訴訟法第288條第四項所稱科刑資料係指刑法第57條或第58條所規定之內容，為單純科刑情狀之事實，屬自由證明事項，其調查次序列於審判長調查證據及就被訴事實訊問被告後行之，兩者所適用之程序並不相同。本件曹登傑是否供出來源並因而查獲其他正犯或共犯，因攸關毒品危害防制條例第17條第1項減輕或免除其刑之適用，屬應經嚴格證明事項，原審依嚴格證明程序調查此部分證據以認定事實，核無違誤。

【附錄】103年台上第4272號

基於證據裁判主義，認定事實，應憑證據。又參照刑事訴訟法第154條第2項「犯罪事實應依證據認定之，無證據不得認定犯罪事實」、第155條第2項「無證據能力、未經合法調查之證據，不得作為判斷之依據」。可知依所應調查之待證事項性質之不同，其證明方法，仍有嚴格證明及自由證明之別。涉及犯罪事實要件之該當性、有責性及違法性，或刑罰加重、減輕等與刑罰權擴張、減縮有關之事項，應採取嚴格之證明，故其證據調查之方式及證據能力，均受法律所規範，適用直接審理原則；至非屬上述犯罪構成要件及與刑罰權擴張、減縮有關之事實，則僅以自由證明為已足，其證據調查程序不受嚴格限制。刑法第57條各款所列情形，僅屬法院科刑時應審酌之裁量事項，與刑罰權之存否及其範圍之擴張、減縮無關，以經自由證明為已足。

【附錄】104年台上第3483號

關於沒收標的「不法利得範圍」之認定，非屬犯罪事實有無知認定，並不適用「嚴格證明法則」，故無需證明至毫無合理懷疑之確信程度，而應適用「自由證明程序」，僅需釋明其合理之依據為已足。

【附錄】105年台上第1031號

緩刑宣告之裁量，法院應就被告有無再犯之虞，能否由於刑罰之宣告而策其自新，及有無可認為暫不執行刑罰為適當之情形等因素而為判斷，此一判斷因非犯罪事實之認定，僅須自由證明為已足，不以嚴格證明為必要。

🔍 焦點3　釋字第582號與評析

一、解釋文

　　憲法第16條保障人民之訴訟權，就刑事被告而言，包含其在訴訟上應享有充分之防禦權。刑事被告詰問證人之權利，即屬該等權利之一，且屬憲法第8條第1項規定「非由法院依法定程序不得審問處罰」之正當法律程序所保障之權利。為確保被告對證人之詰問權，證人於審判中，應依法定程序，到場具結陳述，並接受被告之詰問，其陳述始得作為認定被告犯罪事實之判斷依據。刑事審判上之共同被告，係為訴訟經濟等原因，由檢察官或自訴人合併或追加起訴，或由法院合併審判所形成，其間各別被告及犯罪事實仍獨立存在。故共同被告對其他共同被告之案件而言，為被告以外之第三人，本質上屬於證人，自不能因案件合併關係而影響其他共同被告原享有之上開憲法上權利。最高法院31年上字第2423號及46年台上字第419號判例所稱共同被告不利於己之陳述得採為其他共同被告犯罪（事實認定）之證據一節，對其他共同被告案件之審判而言，未使該共同被告立於證人之地位而為陳述，逕以其依共同被告身分所為陳述為不利於其他共同被告之證據，乃否定共同被告於其他共同被告案件之證人適格，排除人證之法定調查程序，與當時有效施行中之中華民國24年1月1日修正公布之刑事訴訟法第273條規定牴觸，並已不當剝奪其他共同被告對該實具證人適格之共同被告詰問之權利，核與首開憲法意旨不符。該二判例及其他相同意旨判例，與上開解釋意旨不符部分，應不再援用。

　　刑事審判基於憲法正當法律程序原則，對於犯罪事實之認定，採證據裁判及自白任意性等原則。刑事訴訟法據以規定嚴格證明法則，必須具證據能力之證據，經合法調查，使法院形成該等證據已足證明被告犯罪之確信心證，始能判決被告有罪；為避免過分偏重自白，有害於真實發見及人權保障，並規定被告之自白，不得作為有罪判決之唯一證據，仍應調查其他必要之證據，以察其是否與事實相符。基於上開嚴格證明法則及對自白證明力之限制規定，所謂「其他必要之證據」，自亦須具備證據能力，經合法調查，且就其證明力之程度，非謂自白為主要證據，其證明力當然較為強大，其他必要之證據為次要或補充性之證據，證明力當然較為薄弱，而應依其他必要證據之質量，與自白相互印證，綜合判斷，足以確信自白犯罪事實之真實性，始足當之。最高法院30年上字第3038號、73年台上字第5638號及74年台覆字第103號判例，旨在闡釋「其他必要之證據」之意涵、性質、證明範圍及程度，暨其與自白之相互關係，且強調該等證據須能擔保自白之真實性，俾自白之犯罪事實臻於確信無疑，核其及其他判例相同意旨部分，與前揭憲法意旨，尚無牴觸。

二、評析

(一) 嚴格證明法則

　　嚴格證明法則包含有嚴格證明程序與嚴格證明程度，嚴格證明程序之共通原則即為直接、言詞、公開與集中主義，踐行嚴格證明程序之合法調查，則需於法定證據方法下遵循法定調查程序為之。嚴格證明程度乃謂法院於事實認定之心證程度，需達毫無合理懷疑之確信，始得為有罪判決，故若法院依自由心證方法評價證據證明力後，就檢察官起訴之事

實產生合理懷疑，本於證據裁判主義之罪疑唯輕與無罪推定原則，自應爲無罪之諭知。

　　承上所述，嚴格證明程序係由法定證據方法與法定調查程序所組成，就法定證據方法言，其包括對人之方法（被告、證人、鑑定）與對物之方法（勘驗、文書、影音），任何提出於審判程序之證據，均應依循刑事訴訟法於上揭法定證據方法所規定之調查程序爲調查，始屬合法。茲將各法定證據方法應踐行之法定調查程序列述如後：

1. 被告：本法第94條至第100條之3、第161條之3、第286條至第290條。
2. 證人：第166條至第196條之1。
3. 鑑定：第197條至第210條。
4. 勘驗：第164條第1項、第212條至第219條。
5. 文書：第164條第2項至第165條之1第1項。
6. 影音：第165條之1第2項。

　　相對於嚴格證明程序者，即爲自由證明程序。現行刑事訴訟法所規定之審判程序：通常程序、簡式程序、簡易程序與協商程序，除通常程序屬嚴格證明程序外，餘皆適用自由證明程序，倘依各審判程序之性質以觀，通常程序（直接、言詞、公開、集中）與簡式程序（言詞、公開、集中）、簡易程序（書面審理）、協商程序（書面審查）之主要區別，即在於前者強調調查證據者得直接接觸有待調查之原始證據，進一步言之，直接與原始乃嚴格證明程序之核心內涵；此亦爲嚴格證明程序之通常審判適用傳聞法則，自由證明程序中之簡式、簡易與協商審判均予排斥之原委所在。

(二) 憲法法治國與刑事訴訟證據理論

　　憲法第16條賦予人民之訴訟權，一方面在確保人民之權利蒙受不法侵害時，得有請求救濟之途徑，如告訴權與自訴權（釋字第569號參照）；另一方面則係保障刑事被告本於憲法第8條正當法律程序所應具有之權利，此即釋字第384號所強調之法治國實質正當法律程序，其內涵乃藉由無罪推定、罪疑唯輕與不自證己罪原則之落實，構築成被告於刑事訴訟程序之防禦權與法院之公平審判。

　　無罪推定原則係謂被告於受有罪判決確定前，應推定其爲無罪。據此推定，則審判程序中之舉證責任自應由檢察官肩負承擔（如採有罪推定，被告一經起訴即推定有罪，即應由被告舉證否認該推定），且被告縱經起訴或有罪判決而未確定前，既受無罪推定之保障，除具適合性與必要性之理由，國家司法機關即不得任意施以干預或限制被告基本權利之強制處分；故若檢察官未得善盡實質舉證之責，法院即應爲被告無罪之諭知，而法院欲爲犯罪事實之認定自須本於經合法調查之證據爲之。所謂罪疑唯輕乃法院評價經合法調查之證據之證明力後，須達毫無合理懷疑（即客觀上一般人不致有懷疑）之確信，始得爲有罪判決，易言之，倘法院對起訴犯罪事實之存否有所合理懷疑，應爲對被告有利（無罪）之認定，惟須注意者，罪疑唯輕於法律爭議之範疇即無適用餘地。綜上無罪推定原則與罪疑唯輕原則之核心精神，乃有證據裁判主義之形成。不自證己罪原則即任何被告基於個人人格權並非訴訟客體而係訴訟主體，被告既爲訴訟主體乃有權不使自己陷於不利地位致證明自己有罪；刑事訴訟法第95條第2款之緘默權告知、同法第156條第2項被告自白之證明力不得作爲認定有罪判決之唯一證據等規定，即以不自證己罪爲其濫觴，本此原則賦

予被告之緘默權,並進而導出本法第98條不正訊問方法禁止,防免偵審人員以不正手段打破被告之緘默,復依同法第156條第1項、第3項之規定,如有不正方法取得非任意性自白,該自白即不具證據能力,至不正方法之有無應由檢察官擔負舉證責任;又緘默權既為被告享有之訴訟權利,法院當不得因其保持緘默而推斷其罪行,致其蒙受不利益效果。

(三) 證人暨被告之證據能力與合法調查

任何提呈於法庭之證據資料須經證據排除法則之檢驗,取得證據能力,並經審認其與待證事實具關聯者,方於審判期日接受合法調查,惟經合法調查之證據,法院始得依自由心證方法評價其證明力,此項評價過程應受論理法則、經驗法則、緘默推斷禁止、自白補強法則與憲法平等(恣意禁止)原則之拘束。前揭證據流程中,所謂證據排除法則乃包括違法取證禁止理論(本法第156條第1項、第158條之2、第158條之3、第158條之4)、毒樹果實理論(繼續性與放射性效力)、傳聞法則(第159條)、意見法則(第160條)、筆錄記載不符(第100條之1)等。所謂證據能力,則係證據得提出於法庭調查,以供作認定犯罪事實之用,所應具備之資格;此項資格必須證據與待證事實具有自然關聯性,符合法定程式,且未受法律之禁止或排除,始能具備(釋字第582號解釋理由書參照)。倘揆諸上開說明,證人之供述前後須依法具結,始有證據能力,否則依本法第158條之3規定即不得為證據;又被告之自白須非出於不正方法之訊問,非任意性自白依本法第156條第1項規定亦無證據能力。所謂合法調查,乃係事實審法院依刑事訴訟相關法律所規定之審判原則(直接、言詞、公開、集中等原則)及法律所定各種證據之調查方式,踐行調查程序。此之法定證據方法與法定調查程序之種類與規定已如前述(嚴格證明程序),就證人方法之調查程序而言,需使其到場接受當事人之交互詰問、詢問、對質與審判長之訊問,據實陳述,並由當事人及辯護人等就詰、詢、訊問結果,互為辯論;至被告方法之調查程序,則應由法院出以懇切態度予以訊問,不得使用不正方法,訊問前應先行告知本法第95條之事項,以確保其正當法律程序上權利(犯罪事實及罪名、緘默權、選任辯護權、請求調查證據權),訊問過程尚須全程連續錄音,必要時則應錄影等。

綜上所陳,被告本於法治國正當法律程序之防禦權,擁有緘默權、辯護權、詰問對質權、聲請調查證據權、在場權、聽審權、陳述意見權等保障,此均為證人於刑事訴訟程序中所無,且證人尚應於供前或供後具結以擔保據實陳述,並接受詰問對質之檢驗。是以,有關人之證據,其究屬何種法定證據方法宜先予確定,蓋倘為被告,其任意性自白即具證據能力;若為證人,則應經具結始得為證據,且二者之法定調查程序亦多所差異,亦如前述。

本次釋字第582號解釋之要義,乃在釐清共同被告於本案被告審判程序中之證據性質。如認共同被告仍屬被告之證據方法,其不論於審判期日或審判外之任意性供述均具證據能力,對法院就本案被告之訊問非但得保持緘默或為任意陳述,且無庸具結以擔保其真誠性,本案被告更不得對之施予對質及詰問以提高憑信性,如此被告本於憲法上訴訟基本權暨正當法律程序之防禦權即受限制剝奪,最高法院31年上字第2423號及46年台上字第419號兩則判例,誤認共同被告不具證人適格,顯有違憲之虞。於此須另為補充說明者,大法官會議解釋係屬憲法位階,亦即倘係具體刑事判決抑或判例違背法令,均不得為解釋

之範圍，本次聲請解釋之個案雖亦僅爲具體刑事判決，惟因援用之前揭二則判例見解牴觸憲法第8條對人民之審問處罰須依正當法律程序、第16條訴訟權賦予人民之防禦權（交互詰問權）等之保障，有違憲法暨刑事訴訟法之法治國精神，故而得爲受理解釋之標的。

(四) **學者相關見解**（王兆鵬，刑事被告的憲法權利，頁316以下；台灣本土法學第75期，頁33以下；林鈺雄，月旦法學第119期，頁13以下；何賴傑，月旦法學第124期，頁83）

　　不論共犯是否被偵查追訴，亦不論是合併或分離審判或先行判決，更不論共犯不利被告本人之陳述在法庭呈現之方式是書面筆錄或傳訊當初偵訊官員，該共犯即是應受被告對質詰問之不利證人。

　　任何替代證人之證據方法並無存在空間，包括實質上已被大法官會議宣告違憲之「共犯與共同被告之證據方法」，及實務向探之「告訴人與被害人之證據方法」，蓋因此等皆係非法定證據方法而違反嚴格證明法則，故均應以證人之法定證據方法爲調查。

　　對質詰問權之眞正內涵乃使被告有與不利證人面對面且全方位質問（對質詰問）之適當機會，此乃普世之人權價值，故促成證人於審判時到場與在場乃法院之義務，非得任其自由裁量，至於質問之形式爲交互詰問、輪替詰問、辯護人代問或親自詰問均非重點所在。此所謂之面對面權利，包括被告得於審判中目視證人及被告有使證人目視自己之權利，目的在維持公平審判並發現眞實。

　　單純之對質僅係由數共同被告就同一或相關聯事項有不同或矛盾陳述時，使渠等同時在場，分別輪流就疑點加以詢問或互相質問解答釋疑，即無庸具結擔保所爲陳述之眞實性，實效自不如詰問，顯無從取代詰問權，是以對質權與詰問權具有不可分性。

　　法院欲使用未經對質詰問之證詞之必要條件包括：國家機關自身未違反促成質問之義務，就不能質問之情事無可歸責於國家。未經質問之證詞，縱使合乎例外亦應予被告以其他方式質疑證詞之機會且不得作爲有罪判決之唯一證據。

　　刑訴法第156條第2項「共犯自白」用語不當，應代之以「共犯不利其他共犯之陳述」用語。「敵性共犯」於司法警察（官）面前所爲不利其他共犯之陳述，不適用傳聞法則例外規定。檢察官訊問「敵性共犯」後，應命其具結，再針對此部分陳述重新訊問該共犯並記明筆錄。刑訴法第287條之2規定，必須與第287條之1規定合併觀察。「敵性共犯」不利其他共犯之陳述，亦適用第156條第2項規定，必須有補強證據。

　　自解釋理由分析，第582號解釋與第384號解釋有明顯及實質之差異。第384號解釋認爲詰問權係「人身自由之制度性保障」，因此凡涉及人身自由保障之程序，原則上皆應使被告享有此一權利，而可能涉及人身自由之程序，又包括羈押程序、拘提程序、上訴審程序等。第582號解釋認爲詰問權係被告「審判」中的權利，目的在使被告得充分防禦，俾受「公平審判」之保障，因此只有審判中被告有此權利，但其他如羈押或拘提程序則未必有之。第582號解釋「修正」第384號解釋，重新認定詰問權係被告「審判」中的權利，係爲達到公平審判而賦予被告之防禦權。據此而言，現行刑事訴訟法規定羈押、拘提、偵查程序中，被告並無與證人詰問的權利，並不違憲。在將來的刑事訴訟設計中，如果二審改覆審制（重新爲第二個審判）爲事後審制（只審查下級法院之正確性），而不准被告在二

審中有詰問證人之權,亦無違憲嫌疑。

命共同被告具結,將陷共同被告於上述之三難之境,侵犯該共同被告之「不自證己罪」權利。然而,不命共同被告具結接受詰問,又可能侵犯被告之詰問權。二者權衡,孰重孰輕?最高法院(立法者)似乎選擇了犧牲被告而保全共同被告,再以其他機制(如法官訊問、對質、共同被告自白之任意性)彌補。

釋字第582號解釋自憲法解釋出發,認為上述妥協方式,等於「恣意」犧牲被告憲法上之權利。該號解釋認為共同被告與被告之權利同等重要,應儘可能求其兩全。固然被告之詰問權與他人之合法權利衝突時,應「儘可能其兩全」,惟該號解釋來說明,如不能求其兩全時,又應如何處理?該號解釋只說明當被告之詰問權與共同被告之不自證己罪權衝突時,應使共同被告繼續行使不自證己罪權。此種說明,衍生兩項疑問:第一、如共同被告得拒絕陳述,被告之詰問權等於未曾實現,所謂的憲法詰問權,豈不成為具文?若如此,豈不等於犧牲被告之詰問權,何兩全之有?第二、如與被告之詰問權衝突者,不是不自證己罪權,而係其他權利,如刑事訴訟法第179條,第180條、第181條之拒絕證言權,又應如何求其兩全?

學者認在此情形下,所謂的兩全方式,應該是一方面使證人(含共同被告)得繼續行使其不自證己罪權(第582號解釋已指出),但另一方面應將該證人於主詰問之陳述排除不得為證據。

又查不自證己罪之權,一般認為係被告之憲法人權,當被告之詰問權與他人之不自證己罪權衝突時,因為二者皆為憲法上之權利,有同等之重要性,故產生如上所述之兩全方式,如與被告詰問權衝突之權利,不是「憲法」上之權利,而是「法律」上之權利,是否應產生不同之結果?一般均認為當證人「法律」上之權利與被告之詰問權衝突,如證人之權利毋須退讓而得繼續行使時,將導致被告之詰問權不能實現,此時應產生無效的反詰問效果,排除該證人於主詰問之陳述為證據,以求兩全。

未經詰問之審判外陳述,是否得為證據?釋字第582號解釋,就此問題之說明,相當模糊。在解釋文中,該號解釋未曾提及被告以外之人於審判外之陳述,但於解釋理由書中則言:「至於被告以外之人(含證人、共同被告等)於審判外之陳述,依法律特別規定得作為證據者(刑事訴訟法第159條第1項參照),除客觀上不能受詰問者外,於審判中,仍應依法踐行詰問程序。」依此內容,大法官似表示被告以外之人審判外陳述得為證據必須具備三要件:(1)法律有特別規定該陳述得作為證據;(2)原則上,必須傳喚該陳述之人至審判中踐行詰問程序;(3)如有客觀上不能詰問該陳述之人之情形,毋須傳喚及詰問。

對質詰問權之本質為何,有多種不同之理論學說,因為所持理論不同,對於審判外陳述之證據能力,即會產生不同之效果。第582號解釋有關審判外陳述之意見,得稱之為「證人產生理論」。美國聯邦最高法院過去採取「真實性擔保理論」,在2004年之Crawford v. Washington案又增添以「防止政府濫權」理論來檢驗使用審判外之陳述是否違反對質詰問權。

所謂的「證人產生」理論,指對質詰問權的目的,在逼使檢察官傳喚審判外陳述的證人出庭作證,以供被告行使對質詰問權。當檢察官已盡全力傳喚審判外陳述之人,仍不能

使該陳述者出庭時，使用該審判外陳述爲證據，未侵害被告之對質詰問權。釋字第582號解釋理由所謂「客觀上不能受詰問」之情形，其意似指審判外之陳述者，若因爲客觀理由致無法踐行詰問程序，以該審判外陳述爲證據，未侵害被告之詰問權。準此，第582號解釋對於審判外陳述之見解，即爲「證人產生」理論。

　　所謂的「眞實性擔保」理論，指對質詰問權的唯一功能在發現眞實，在利用與證人之對質詰問，確保證人陳述的眞實性。如有其他因素，得確保證人審判外陳述之眞實性，則對質詰問之功能等於已經達到，即令被告不親自爲對質詰問，已無關緊要。也就是說，使用眞實性確保的審判外陳述爲證據，未侵害被告之對質詰問權；反之，使用眞實性未獲確保之審判外陳述爲證據，則侵害被告之對質詰問權。至於法院已合法傳喚證人出庭，證人有客觀上之原因不能出庭進行詰問程序，與其審判外之陳述是否得爲證據，毫無關聯。

　　所謂的「防止濫權」理論，指對質詰問權之目的如同憲法其他基本權利，在對抗政府機關濫用權力。在刑事訴訟中，以秘密方式訊問證人，最容易造成權力的濫用，特別是檢察官有動機及能力，使證人依照自己所期待的方式回答問題。實務即證明，檢察官或警察常會在訊問的過程中威脅、恐嚇、利誘證人，或以非常技巧、有極度暗示性的方式誘導證人。對質詰問權即在防止此種權力的濫用，若政府企圖於審判外，藉警察或檢察官訊問證人所得的證詞，以代替審判證人的證詞，則對質詰問權扮演如同證據排除法則的角色，排除傳聞證據。故證人於預審中之陳述、大陪審團之陳述（註：大陪審團係用以審查檢察官之起訴准許與否之制度，類同我國之起訴審查制）、其他審判中之陳述、警訊中之陳述，原則上皆不得爲證據，除非該陳述人有「未能作證」的情形，且被告在先前的程序中，已有得詰問的機會，否則即侵害被告之對質詰問權。

　　若第582號解釋宣示詰問權之本質爲「證人產生」理論（若自該號解釋內容文字觀察，很難說該解釋不是採取此一理論），有兩項重大之意義值得說明：

　　第一，現行刑事訴訟法有關傳聞法則之規定，有許多違憲之處。例如被告以外之人（甲）於審判外向法官、檢察官所爲之陳述，以及向戶政機關所爲有關婚姻或職業之陳述而經記錄於公文書，依現行刑事訴訟法第159條之1、第159條之4規定，該陳述及公文書得當然成爲證據，至於該陳述人（甲）是否有「客觀上不能受詰問」之情形，毫無關聯。惟依第582號解釋，除非有「客觀上不能受詰問」之情形，否則甲仍須到庭踐行詰問程序，故第159條之1及第159條之4均有違憲之虞。

　　第二，許多審判外的陳述，例如「當場印象」、「共謀者陳述」、「興奮下之陳述」、「公務記錄與家族記錄」等等，依美國聯邦及大多數州的傳聞法則規定，即令該陳述之人無「客觀上不能受詰問」之情形，該審判外之陳述仍得成爲證據。而以這些審判外之陳述爲證據，依美國聯邦最高法院所採取之「眞實性擔保」理論或「防止濫權」理論，並未侵害被告之對質詰問權。惟依第582號解釋所採取之「證人產生」理論，上述如「當場印象」等等傳聞陳述，必須該陳述人有「客觀上不能受詰問」之前提，其審判外之陳述，始得爲證據；否則，逕以該審判外之陳述爲證據，侵害被告之詰問權。

　　依組織犯罪條例第12條第1項但書規定：「有事實足認被害人或證人有受強暴、脅迫、恐嚇或其他報復行爲之虞者，法院、檢察官得依被害人或證人之聲請或依職權拒絕被

告與之對質、詰問。」其以但書的方式規定，足見拒絕被告之對質詰問屬例外規定，且拒絕被告對質詰問時，應有事實之證據支持，始能爲之。

　　該條例於必要情形，對被告對質詰問權爲「完全剝奪」，並非僅限制部分的對質詰問權，此「完全剝奪」與「部分限制」二種情形不同，應分別考慮其正當性及合憲性。就對質詰問權爲「部分限制」的情形如下：本條例爲保護證人身分之秘密，得禁止被告詰問任何可能洩漏證人身分的問題。同樣地，刑事訴訟法第167條規定：「當事人、代理人或辯護人詰問證人、鑑定人時，審判長除認其有不當者外，不得限制或禁止之。」亦僅部分限制被告對質詰問權。惟本條例第12條第1項規定則爲「完全剝奪」：「有事實足認……證人有受強暴、脅迫、恐嚇或其他報復行爲之虞者，法院、檢察機關得依……聲請或依職權拒絕被告與之對質、詰問。」此種對質詰問的剝奪，爲完全禁止被告作任何的對質詰問，與僅部分限制對質詰問的情形不同。對質詰問權爲憲法上的基本人權，對於該權利剝奪或限制時，必須符合憲法的「比例原則」。大法官會議解釋字第384號解釋文中揭示該權利，位階上屬憲法之基本人權：「關於秘密證人制度，剝奪……對質詰問之權利。」對於憲法基本人權的限制或剝奪，應符合我國憲法第23條的「比例原則」。憲法「比例原則」所強調者爲，對於人民基本人權的限制或剝奪，應自所有適當可選擇的手段中，採取對人民最少侵害，事實上亦能達到預期效果的手段，故認該條例第12條第1項之規定之有違憲之虞。

　　自憲法層次分析，凡被告以外之人，皆爲被告詰問權行使之對象，即令法律上將其定義爲共同被告或其他共犯，皆同。例如犯罪之被害人，不論「法律」賦予之名稱爲自訴人、告訴人、關係人或被害人，如在審判中欲以其陳述爲證據，自「憲法」詰問權解釋，其本質上仍爲證人，當然爲被告詰問權行使之對象，否則即可能侵害被告之憲法詰問權。自訴人（被害人）在審判中陳述與「犯罪事實」有關者，依上述意旨解釋，雖然「法律」上將其定義爲當事人，然其「爲被告以外之第三人，本質上屬於證人」（引用第582號解釋文字），必須改列爲證人，命其具結，接受被告之詰問，其陳述始得成爲證據。若未具結之陳述僅屬意見與辯論意旨之效力。故若自訴人未經具結所爲陳述，應視爲本法第329條第1項所規定之檢察官訴訟行爲，僅有意見及辯論意旨之效力。

　　刑事被告於審判中享有直接與不利於己之證人面對面，予以詰問以彈劾證人及其證言之機會，係爲確保刑事程序被告之自由權益免於國家不當干預所必須之最低限度的防禦權，屬憲法第8條第1項所揭示「非由法院依法定程序不得審問處罰」之正當程序條款保障的內容之一。此項詰問證人權之保障，依據憲法第8條即爲已足，無庸再求諸於憲法第16條訴訟權之規定。遇有被告主張行使此項面對面詰問不利於己證人之權利時，除該證人非因可歸責國家之事由客觀上無法傳喚到庭者，或即便傳喚證人到庭陳述，實質上被告亦無從爲有效詰問之特殊情形者外，國家機關應透過強制程序（得強制其到庭，且原則上於具結等之情況下）予以滿足。有涉及保護秘密證人、少年或性侵害被害人等之必要情形，仍應以視訊等合於比例原則之方式，確保被告有詰問該等證人之機會。再者，此項權利亦應包含證人的陳述應於被告面前行之，惟若證人有因受被告脅迫等情事致無法於被告面前自由陳述者，仍應依刑訴法第169條之規定使被告有詰問證人之機會。在前開面對面詰問證

人權獲得保障的前提下，刑訴法第97條第1項被告與共同被告對質或刑訴法第184條第2項被告與證人對質之規定，應屬補充性之權利。

第四節　證據保全

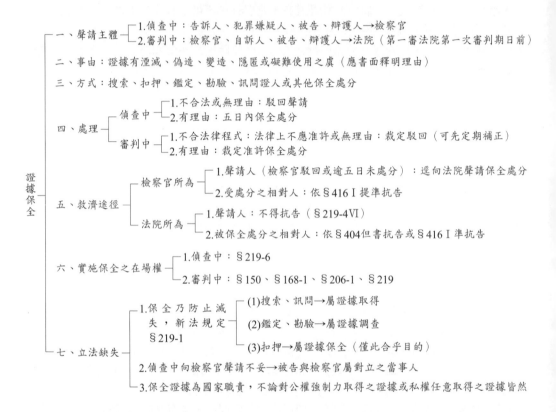

一、聲請主體
- 1.偵查中：告訴人、犯罪嫌疑人、被告、辯護人→檢察官
- 2.審判中：檢察官、自訴人、被告、辯護人→法院（第一審法院第一次審判期日前）

二、事由：證據有湮滅、偽造、變造、隱匿或礙難使用之虞（應書面釋明理由）

三、方式：搜索、扣押、鑑定、勘驗、訊問證人或其他保全處分

四、處理
- 偵查中
  - 1.不合法或無理由：駁回聲請
  - 2.有理由：五日內保全處分
- 審判中
  - 1.不合法律程式：法律上不應准許或無理由：裁定駁回（可先定期補正）
  - 2.有理由：裁定准許保全處分

五、救濟途徑
- 檢察官所為
  - 1.聲請人（檢察官駁回或逾五日未處分）：逕向法院聲請保全處分
  - 2.受處分之相對人：依§416 I 提準抗告
- 法院所為
  - 1.聲請人：不得抗告（§219-4 VI）
  - 2.被保全處分之相對人：依§404但書抗告或§416 I 準抗告

六、實施保全之在場權
- 1.偵查中：§219-6
- 2.審判中：§150、§168-1、§206-1、§219

七、立法缺失
- 1.保全乃防止滅失，新法規定§219-1
  - (1)搜索、訊問→屬證據取得
  - (2)鑑定、勘驗→屬證據調查
  - (3)扣押→屬證據保全（僅此合乎目的）
- 2.偵查中向檢察官聲請不妥→被告與檢察官屬對立之當事人
- 3.保全證據為國家職責，不論對公權強制力取得之證據或私權任意取得之證據皆然

🔍 **焦點　證據保全制度之檢討**（柯耀程，月旦法學第97期，頁41以下；黃朝義，刑事訴訟法，頁317以下）

一、被告偵查中聲請證據保全之目的，在阻斷「對被告無謂且不利之審判程序」，避免檢察官取得不利證據而起訴，使其得提前在偵查階段獲不起訴處分，故藉保全聲請由檢方調查有利於己之證據；惟法律未明文被告聲請保全後，檢察官須待保全程序後方得起訴，致可能出現保全程序尚在進行，被告即被起訴，而未實現上揭目的。此外，法院得審查偵查中保全程序之發動與否，似有違背控訴原則。

二、證據保全之規定易與證據取得暨證據調查之概念混淆，且前者係依聲請而為，後二者乃司法機關依職權進行。

三、告訴人非刑事程序之主要參與人，且除告訴乃論之罪外，亦無實質地位（由國家追訴），故使其具聲請權，顯不妥適。

四、現行法對證據保全之設計太過混亂，分別有第219條之1至第219條之8及第274條以下之規定。

第五節　檢察官舉證責任之內涵

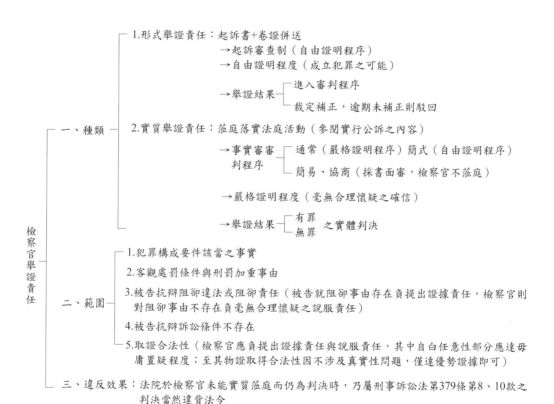

（註：黃朝義教授對舉證責任之見解：(一)有受不利益判斷之虞的當事人，為期免除該不利益之判斷，所為舉證行為上之負擔，謂之為「形式的舉證責任」。(二)實質的舉證責任，係指某一待證事實存在與否之證明，未能明確達成時，舉證者將受到不利益判斷之法律責任，亦即負舉證責任之人，將承擔敗訴之危險。(三)所謂有受不利益判斷之虞的當事人，理應係指負有實質的舉證責任者而言。因而形式的舉證責任，乃意謂著負有實質舉證責任之當事人所為程序面上之負擔。）

🔍 焦點1　舉證責任之分配（吳巡龍，月旦法學第133期，頁22以下）

一、本於無罪推定原則，檢察官應就起訴犯罪事實之存在負舉證責任。

二、舉證責任分配之基本原則：主張待證事實者，對積極主張之事實有特別知識者、主張

變態事實者應負舉證責任。

三、幽靈抗辯（如：被告主張其贓物係收受自不知名者），屬構成要件該當性之抗辯事項，係有利於被告，且被告對該積極主張之事實有特別知識，故應由被告負提出證據之責任，若達合理懷疑程度，即由檢察官就抗辯事由不存在舉證至「無合理懷疑程度」。

🔍 焦點2　被告對檢察官之強制取證權

一、使刑事被告擁有強制對己有利之證人出庭作證之權利。
二、防止檢察官濫用傳聞法則之例外規定，以迫使證人出庭供述並接受對質詰問。
三、強制取證權與證人之拒絕證言權（又稱秘匿特權）衝突時，宜認前者優於後者。
四、強制取證權於職權主義之刑事訴訟制度不適用；蓋此時法院負有澄清事實之義務，須對有利或不利被告部分均予注意，無待被告行使強制取證權。

第六節　起訴審查制

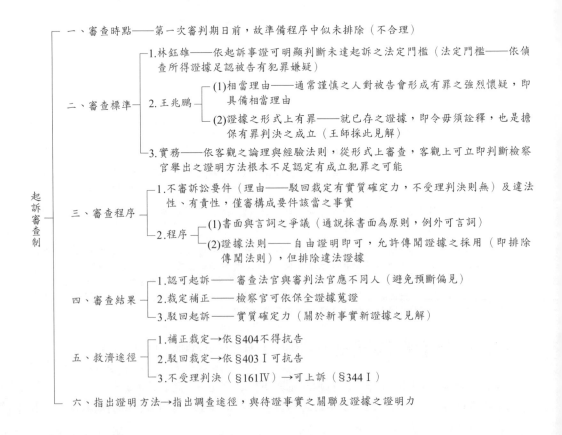

起訴審查制

一、審查時點——第一次審判期日前，故準備程序中似未排除（不合理）

二、審查標準
  1.林鈺雄——依起訴事證可明顯判斷未達起訴之法定門檻（法定門檻——依偵查所得證據足認被告有犯罪嫌疑）
  2.王兆鵬
    (1)相當理由——通常謹慎之人對被告會形成有罪之強烈懷疑，即具備相當理由
    (2)證據之形式上有罪——就已存之證據，即令毋須詮釋，也是擔保有罪判決之成立（王師採此見解）
  3.實務——依客觀之論理與經驗法則，從形式上審查，客觀上可立即判斷檢察官舉出之證明方法根本不足認定有成立犯罪之可能

三、審查程序
  1.不審訴訟要件（理由——駁回裁定有實質確定力，不受理判決則無）及違法性、有責性，僅審構成要件該當之事實
  2.程序
    (1)書面與言詞之爭議（通說採書面為原則，例外可言詞）
    (2)證據法則——自由證明即可，允許傳聞證據之採用（即排除傳聞法則），但排除違法證據

四、審查結果
  1.認可起訴——審查法官與審判法官應不同人（避免預斷偏見）
  2.裁定補正——檢察官可依保全證據蒐證
  3.駁回起訴——實質確定力（關於新事實新證據之見解）

五、救濟途徑
  1.補正裁定→依§404不得抗告
  2.駁回裁定→依§403 I 可抗告
  3.不受理判決（§161IV）→可上訴（§344 I）

六、指出證明方法→指出調查途徑，與待證事實之關聯及證據之證明力

🔍 焦點1　起訴審查制之相關探討

一、簡易判決不適用起訴審查制。

二、單一案件僅起訴一部者，仍應審查全部，如認一部犯罪事實顯不足認有成立犯罪可能，仍應使全部事實通過起訴審查，屆時若檢方未能提出更有力證據，則應逕爲無罪判決（無罪比裁定駁回有利）。

三、審判範圍與起訴範圍不一致時，應判決無罪非裁定補正（如檢察官起訴甲殺害乙，法院審理後認係丙殺害乙）。

四、起訴審查依據 ┌ 1.自訴→§326III（可審起訴與裁量濫用）
　　　　　　　　└ 2.公訴→§161II（可審起訴濫用，不審裁量濫用）

五、起訴審查應補正情形 ┌ 1.記載證據與卷證不符
　　　　　　　　　　　　├ 2.空泛證明
　　　　　　　　　　　　├ 3.未鑑定或勘驗者
　　　　　　　　　　　　├ 4.意見證據
　　　　　　　　　　　　└ 5.僅被害人指述或被告自白（學說反對，見下述六、1.）

六、起訴審查不應補正情形 ┌ 1.僅自白證據→應使其通過審查，逕判無罪
　　　　　　　　　　　　　└ 2.審判範圍與起訴範圍不一致→逕判無罪

🔍 焦點2　刑事訴訟法第161條（含起訴審查制）修法評析（王兆鵬，刑事訴訟法之最新增修與實踐，「起訴審查－與美國相關制度之比較研究」，頁20以下；林鈺雄，刑事訴訟法2002年新法增修版，頁8～20）

　　第161條第1項乃以檢察官在刑事訴訟上居於當事人地位，其欲對被告進行追訴時，本於無罪推定原則，自應由其負舉證責任，且應併就被告犯罪事實指出其證明方法；此項修正後法院於審判程序上，不再是接續檢察官之調查工作，並可導正實務長期以來檢察官蒞庭論告流於形式，致使法官於審理案件時，常兼扮糾問法官角色之流弊，被告亦因而得受公平客觀之審判。本條第2項乃爲促使檢察官落實舉證責任並防止其濫行起訴，以免被告承受不必要之訟累，再參酌本法有關檢察官對司法警察（官）移送案件之退案審查制度精神及美德法制而爲前開增訂，且若檢察官未撤回起訴或逾期未補正證明方法時，並賦予一定法律效果，即增訂之本條第4項之規定。惟就本條文之增修，有認已違反無罪推定原則，蓋檢察官未補正或未撤回時，法院裁定駁回而非判決無罪，如此檢方仍再行起訴，起訴後逕諭知不受理判決，檢方尚得上訴，反增加被告之訟累，顯非有利於被告。

　　刑事訴訟法第161條第2項規定「法院於第一次審判期日前，認爲檢察官指出之證明方法顯不足認定被告有成立犯罪之可能時，應以裁定定期通知檢察官補正，逾期未補正者，得以裁定駁回起訴」，然則法院之審查程序究應以言詞爲之抑僅須書面審理，似有不同意見，學者有謂書面審查即可，司法院頒行之「法院辦理刑事訴訟案件應行注意事項」第95

條規定「法院於第一次審判期日前，審查檢察官起訴或移送併辦及全案卷證資料」，亦採此見解，另有學者認對龐雜案件為能明確釐清，法院自得通知檢察官以言詞說明其證據方法，而非僅限書面審理，況所稱第一次審判期日前，顯然業經調查程序之案件仍有起訴審查制之適用，而調查程序當然以言詞為之，雖因此有扭曲立法本旨之虞，惟就文義以觀，仍應為是解釋，且本法既未明文排除言詞審理，當應肯定其適用。至所謂「指出之證明方法」，最高法院91年第4次刑事庭決議認應包括「指出調查之途徑，與待證事實之關聯及證據之證明力等事項」；有爭議者乃法院之審查標準，亦即法院以如何之標準認定檢察官指出之證明方法顯不足認定被告有成立犯罪之可能？依司法院頒行之上開注意事項第95條謂「依客觀之論理與經驗法則，從形式上審查客觀上可立即判斷檢察官舉出之證明方法根本不足認定有成立犯罪之可能而言」；王兆鵬師則舉美國各州主要之審查標準有二，其一為「相當理由」，乃如通常謹慎之人，對被告會形成有罪的強烈懷疑，即具備相當理由，其二為「證據之形式上有罪」，指就已存之證據，即令毋須詮釋，也足以擔保有罪判決之成立，其認我國宜探後項見解；林鈺雄師另認應依起訴事證可明顯判斷未達起訴之法定門檻（依偵查所得證據足認被告有犯罪嫌疑），且案件不符法定起訴門檻須達極其明顯之程度，亦即該制度之目的不在替代無罪判決，僅為離譜控制之作用。而法院審查之範圍應只宥於實體要件而不及於訴訟要件是乃通說見解，蓋本法第161條第4項之規定係賦予法院駁回起訴之確定裁定具實質確定力而有一事不再理原則之適用，然對欠缺形式訴訟條件之案件倘依審判程序，法院應諭知不具實質確定力之不受理判決（非本案之判決），若許法院審查訴訟條件並以其欠缺而裁定駁回確定，致有實質確定力，豈非陷於法理之矛盾？末論審查結果通說認達自由證明程度即可，因其非對案件本身為實體認定（非為有罪無罪之判決）；若法院為補正之裁定，依本法第404條之規定不得抗告，然對駁回之裁定，則得依同法第403條第1項為抗告，至法院依同法第161條第4項諭知不受理判決時，其救濟途徑自依上訴為之（本法第344條第1項）。須注意者，乃法院審查結果認可檢察官之起訴時，學者均認該審查法官即不得再充任起訴後審判程序之法官，否則同一法官既已認可控方之起訴而易對本案形成預斷偏見，如何期待被告得獲公平法院之審理？

🔍 焦點3　調查責任（刑事訴訟法第163條）評析

　　第161條第1項及第2項明定檢察官應負舉證責任及起訴審查制，其目的除避免檢察官濫權起訴外，更將當事人進行主義導入我國刑事訴訟程序，亟能貫徹無罪推定原則，並使法院於審判程序中不再立於承繼檢察官工作及絕對主導之地位，而能本於客觀、超然、公正之立場為裁判。

一、學者有認為訴訟之進行既採當事人進行主義，即應由當事人互為攻擊防禦，並提出供為裁判基礎之證據資料，故於第163條第1項增訂當事人、代理人、辯護人或輔佐人得聲請調查證據、詢問證人、鑑定人或被告，且除有不當者外，不得禁止之。而為配合上開修正暨落實當事人進行主義之精神，爰將法院應依職權調查證據修訂為得依職權調查證據，亦即法院依職權調查證據僅屬補充、輔助之性質，且為確保法院獨立超然

之立場，為前項調查前，並應予當事人等陳述意見之機會。又觀諸第2項修正之立法意旨，係指法院於第1項當事人主導之證據調查完畢後，如認案件事實仍有不明，得審酌情事主動依職權調查，此時法院乃居於輔助調查之地位。至於公平正義之維護或對被告利益有重大關係事項，但書明定法院應負調查澄清之義務，於此法院係居於主動介入之主導地位，不受上開當事人進行原則之拘束。是故，本次刑事訴訟法之增修雖有意導入當事人進行主義之精神，然仍折衷性地維持一定程度之職權主義架構，況法院於審理具體個案時，對「得」依職權調查證據暨但書所定要件事項之認定為何？可能發生歧異見解，影響當事人訴訟權益甚鉅，似為立法者與實務工作者所均應深思。學者亦認，法院應避免直接職權介入，宜先曉諭當事人聲請，並藉補充性調查證據職權保護被告，裨以維持法定攻防平衡（陳運財老師）。

二、亦有學者認為因第163條之修訂原來法院「應」依職權調查之觀念，修正為「得」依職權調查之，以減少職權色彩；並且就法庭之活動而言，基本上，完全交由當事人等為證據調查之聲請，法院之角色扮演已成為被動式或輔助式之結構，亦即，絕對並非如同誤解修法意旨者所謂的「法院仍扮演著負有『澄清義務』者角色」之有混淆視聽之論調（黃朝義老師）。

三、另有學者認為此規定將法院澄清義務之發動分為第1項之當事人聲請發動與第2項之法院職權發動，檢察官則協力與法院共同負擔真實發現義務（林鈺雄老師）。

四、本條第2項本文之法院「得」依職權調查證據，通說（何賴傑老師、林鈺雄老師）認為係賦予法院裁量權，至裁量標準則依第163條之2與待證事實具關聯性、必要性、可能性，且客觀上為法院認定事實適用法律基礎之證據為判斷。

五、被告利益與公平正義維護之考量，學者認係有特別之制度性保障之目的，而就當事人進行主義之訴訟構造言，應以有利於被告之證據為主，不利被告證據為輔。「被告利益重大關係事項」是為平衡檢察官與被告間在蒐集保全證據及實施訴訟活動上之武器落差，本於訴訟照料義務而擔負職權調查義務。「公平正義維護重大關係事項」乃指法院透過當事人調查證據之過程或其職務上已知之事項，發覺有足以影響判決結果之證據存在，而檢察官未聲請調查，且有調查之可能者。惟因係對於被告不利之證據，縱為公共利益有必要時，仍應先行指出證明方法，並曉諭檢察官提出該項證據之聲請較為妥當（陳運財老師）。

六、事實審法院對於其已知或可得而知且非不能調查之必要證據，負有職權調查義務。事實審法院對於其可得而知且非不能調查之被告前科事實，未盡職權調查義務者，應係刑事訴訟法第379條第10款之當然違法事由。而非常上訴審，基於非常上訴理由之指摘，對於不存在原確定判決事實審案卷內之被告前科事實，依刑事訴訟法第445條第2項準用第394條第1項但書規定，得自行調查該事實而認定原確定判決有審判違背法令之事由（何賴傑老師）。

七、最高法院101年第2次刑事庭決議之評析：

(一) 最高法院101年第2次刑事庭決議，將刑事訴訟法第163條第2項但書規定，法院應依職權調查之「公平正義之維護」事項，依目的性限縮解釋為以利益被告之事項為限，否

則即與檢察官應負之實質舉證責任及無罪推定原則相牴觸。

(二) 最高法院106年台上第129號判決認為，法院於當事人主導之證據調查完畢後，認為事實未臻明白而有待澄清時，得斟酌具體個案之情形，無待聲請，即得依職權調查證據，惟此調查職權發動與否，法院有裁量權，因此該項證據於調查前，於被告有利或不利尚不明確，不得因調查結果對於被告不利，即謂法院違法調查證據。此判決同於多數學說見解。

(三) 最高法院106年台上第129號判決認為，法官倘發現卷內存有形式上可能不利於被告之證據方法可資調查，而為檢察官所不察，未以之作為其所舉之證據方法，然若不調查恐有影響判決結果之虞，且非不能調查者，受命法官自宜在準備程序進行中，曉諭檢察官為此證據調查之聲請，審判長亦得在審理期日之適當時機，當庭為此曉諭，如確未辦，按諸刑事訴訟法第380條規定之反面意旨，當認所踐行之訴訟程序足以構成撤銷原因。

(四) 學說評論有認為無罪推定原則與法院是否應依職權調查證據乃屬於不同層次之概念；有認為在判決之前，根本不宜預先判斷證據資料係屬有利或不利於被告，否則有證據預判之風險；亦有認為上開決議已屬法官造法，逾越司法機關解釋法律之權限。

【衍生實例1】

> 我國現行刑事訴訟法已改採改良式當事人進行主義，試舉例說明法院於何種情形「應」依職權調查證據？　　　　　　　　　　　　　　　　　　（99高考）

考點提示：參見本章焦點說明。

【衍生實例2】

> 最高法院101年度第2次刑事庭決議指出：「證明被告有罪既屬檢察官應負之責任，基於公平法院原則，法院自無接續檢察官應盡之責任而依職權調查證據之義務。則刑事訴訟法第163條第2項但書所指法院應依職權調查之『公平正義之維護』事項，依目的性限縮之解釋，應以利益被告之事項為限，否則即與檢察官應負實質舉證責任之規定及無罪推定原則相牴觸，無異回復糾問制度，而悖離整體法律秩序理念。」試從理論與實務觀點，詳附理由說明，案件經起訴後法院審理中，檢察官之舉證責任與法院職權調查義務間之分際應該為何？被告要否負舉證責任？　　　　　　（101法制&廉政）

考點提示：

一、檢察官之舉證責任：本於無罪推定原則，本法第161條明定檢察官應就犯罪事實負舉證責任。此責任除達「被告有成立犯罪可能」之證明程度，以通過起訴審查外，尚須達「無合理懷疑確信」之證明程度，法院始能為有罪判決。

二、實務見解原主張（91年第4次、100年第4次刑庭決議）：本於改良式當事人進行主義，當事人主導證據調查完畢後，若事實仍未臻澄清，法院依同法第163條第2項規定，仍應居於輔助地位就與待證事實具有關聯性、調查可能性和客觀性必要性之證

據，主動或被動予以調查。惟新近見解（101年第2次刑庭決議）則認，同法第163條第2項但書所稱法院應依職權調查證據之範圍應限縮以「利益被告事項」為限。

三、學者批評上述101年第2次刑庭決議之限縮見解，蓋不僅違反法院客觀注意義務（有利、不利被告均一律注意）且有悖公平法院理念和人民對法之情感。綜言之，實務見解欠缺法理基礎，並違反證據預先評價禁止原則（尚未經證據調查程序，如何評價判斷何項證據有利或不利被告？）。淺見以為，檢察官未盡舉證責任致不足使法院對被告有罪達「無合理懷疑確信程度」時，法院不應肩負蒐集證據責任，而應逕為無罪判決；但於卷證內所有有利或不利被告之證據均應依職權調查。至若被告無辯護人協助防禦時，法院得曉諭被告聲請調查有利之證據。

四、被告僅須就有利於己之抗辯舉證，包括阻卻違法事由、罪責減免事由等；如係對犯罪事實為有利抗辯，其舉證乃係權利而非責任義務。

🔍 焦點4　最高法院對本法第161條與第163條之適用標準（最高法院91年度第4次刑庭總會決議）

一、為貫徹無罪推定原則，檢察官對於被告之犯罪事實，應負實質舉證責任。刑事訴訟法修正後第161條（下稱本法第161條）第1項規定「檢察官就被告犯罪事實，應負舉證責任，並指出證明之方法」，明訂檢察官舉證責任之內涵，除應盡「提出證據」之形式舉證責任（參照本法修正前增訂第163條之立法理由謂「如認檢察官有舉證責任，但其舉證，仍以使法院得有合理的可疑之程序為已足，如檢察官提出之證據，已足使法院得有合理的可疑，其形式的舉證責任已盡」）外，尚應「指出其證明之方法」用以說服法院，使法官「確信」被告犯罪構成事實之存在。此「指出其證明之方法」，應包括指出調查之途徑與待證事實之關聯及證據之證明力等事項。同條第2、3、4項，乃新增法院對起訴之審查機制及裁定駁回起訴之效力，以有效督促檢察官善盡實質舉證責任，藉免濫行起訴。

二、刑事訴訟法修正後第163條（下稱本法第163條）釐清法院與檢察官調查證據責任之分際，一方面揭櫫當事人調查證據主導權之大原則，並充分保障當事人於調查證據時，詢問證人、鑑定人或被告之權利（同條第1項）；另一方面例外規定法院「得」及「應」依職權調查證據之補充性，必待當事人舉證不足時，法院始自動依職權介入調查，以發見真實（同條第2項）；再增訂法院依職權調查證據前，應踐行令當事人陳述意見之程序（同條第3項），以貫徹尊重當事人調查證據之主導意見，確保法院補充介入之超然、中立。

三、本法第163條第2項但書，雖將修正前同條第1項規定「法院應依職權調查證據」之範圍，原則上減縮至「於公平正義之維護或對於被告之利益有重大關係事項」之特殊情形，用以淡化糾問主義色彩，但亦適足顯示：法院為發見真實，終究無法完全豁免其在必要時補充介入調查證據之職責。

四、本法第163條第1項增列「審判長除認為有不當者外，不得禁止之」之規定，係專為充

分保障當事人、代理人、辯護人或輔佐人於調查證據時，詢問證人、鑑定人或被告之權利而設，此與同項規定當事人聲請調查證據之當否，應由法院逕依司法院大法官會議釋字第238號解釋暨相關判例見解判斷另予准駁者無關。

五、本法第161條、第163條規定內容，不涉證據「如何調查」應踐行之程序，自亦不影響調查證據程序規定（本法第164條至第171條規定參照）之繼續適用。

六、依本法第163條之規定，法院原則上不主動調查證據，僅於下列情形，始有調查證據之義務：

(一) 當事人、代理人、辯護人或輔佐人聲請調查而客觀上認為有必要。

(二) 本條第2項但書規定應依職權調查之證據。

(三) 本條第2項前段規定法院為發見真實，經裁量後，在客觀上又為法院認定事實，適用法律之基礎者。

七、本法第163條第2項前段「法院得依職權調查證據」，係指「法院於當事人主導之證據調查完畢後，認為事實未臻明白仍有待澄清時，得斟酌具體個案之情形，無待聲請，主動依職權調查之謂」。從而，法院於當事人聲請調查證據完畢後，除依同條規定應調查之證據外，其他凡認為有助於發見真實而足以影響判決結果之證據存在，且有調查之可能者，皆屬得依職權調查之證據。

八、審查修法前調查證據程序是否違法之法律依據，本法施行法，尚乏明文。惟本諸舊程序適用舊法，新程序適用新法之一般法則，對於91年2月9日以前已踐行之訴訟程序，依舊法審查之。

九、本法第379條第10款規定「法院應於審判期日調查之證據」，綜合實務見解，原則上指該證據具有與待證事實之關聯性，調查之可能性，客觀上並確為法院認定事實適用法律之基礎，亦即具有通稱之有調查必要性者屬之（司法院大法官會議釋字第238號解釋；71年台上字第3606號、72年台上字第7035號、78年台非字第90號、80年台上字第4402號判例；77年8月9日、77年度第11次刑事庭會議貳之甲第14項決議意旨參照），除依法毋庸舉證外，並包括間接證據、有關證據憑信性之證據在內，但應摒除無證據能力之證據，且以踐行調查程序，經充足之調查為必要，否則仍不失其為本款調查未盡之違法，復不因其調查證據之發動，究竟出自當事人之聲請，抑或法院基於補充性之介入而有差異。本法第163條第2項前段所定法院為發見真實，「得」依職權調查之證據。原則上固不在「應」調查證據之範圍，惟如為發見真實之必要，經裁量認應予調查之證據，仍屬之。

十、法院於依職權調查證據前，經本法第163條第3項之規定，踐行令當事人陳述意見之結果，倘遇檢察官、自訴人對有利或不利於被告之證據，表示不予調查，或被告對其有利之證據，陳述放棄調查，而法院竟不予調查，逕行判決者。如其係法院「應」依職權調查之證據，而有補充介入調查之義務時，此項義務，並不因檢察官、自訴人、被告或其他訴訟關係人陳述不予調查之意見，而得豁免不予調查之違誤。惟於法院「得」依職權調查證據之情形，法院既得參酌個案，而有決定是否補充介入調查之裁量空間，自不得徒以法院參照檢察官、自訴人、被告或其他訴訟關係人之查證意見

後，不予調查，遽指即有應調查而不予調查之違法。

十一、本法第161條、第163條規定係編列在本法第一編總則第十二章「證據」中，原則上於自訴程序亦有適用。除其中第161條第2項起訴審查之機制、同條第3、4項以裁定駁回起訴之效力，自訴程序已分別有第326條第3、4項及第334條之特別規定足資優先適用外，關於第161條第1項檢察官應負實質舉證責任之規定，亦於自訴程序之自訴人同有適用。惟第161條第2項裁定定期通知檢察官補正逾期未補正者，得以裁定駁回起訴之規定，在自訴程序中，法院如認案件有本法第252條、第253條、第254條之情形，自得逕依同法第326條第3項規定，以裁定駁回自訴，無須先以裁定定期通知自訴人補正。

🔍 焦點5　醫療刑事訴訟之證明活動（陳運財，月旦法學第183期，頁9以下）

一、醫療訴訟之刑事舉證責任與民事舉證責任轉換

依民事訴訟法第277條規定，當事人主張有利於己之事實者，就其事實內容有舉證之責任。但法律別有規定或依其情形顯失公平者，不在此限。問題在於，醫療訴訟於滿足何種要件下，有民事訴訟法第277條但書規定之適用？學理上不少見解主張，關於醫療民事訴訟，基於控制風險、資訊取得及分擔風險的法理，法官如認為原告之病患或被害人所處地位明顯與被告醫師不對等時，得適用民事訴訟法第227條但書之規定，將舉證責任轉換於被告。（姜世明，月旦民商法雜誌第6期，頁7以下；沈冠伶，月旦法學第127期，頁45以下）

最高法院96年度台上第2430號判決所審酌的重要因素係本案病患在被麻醉及手術過程中，全程均在醫護人員之照護中，且涉案之醫療單位竟無此醫療過程之紀錄，而病患又難以取得此項紀錄，因此如令原告病患負舉證責任可能有違公平原則，是認本案例之事實關係，得適用民事訴訟法第227條但書之規定。惟學者認為依刑事訴訟法第161條第1項規定，檢察官對於其所起訴之被告犯罪事實，應負舉證責任，並指出證明之方法。此項規定並適用於自訴程序，應由自訴人負被告犯罪事實之舉證責任。在醫療糾紛之刑事訴訟程序中，對於被告醫師之業務過失犯罪，應由檢察官或自訴人負舉證責任，與上開民事訴訟法之規範不同，並無所謂舉證責任轉換之問題。

二、法院於刑事訴訟之職權調查責任

學者主張，關於第163條第2項但書之解釋，在當事人進行的訴訟構造下，法院補充性的依職權調查證據，基於當事人武器實質對等之考量，解釋上應以有利於被告之證據為主，不利證據之調查為輔。故本項但書規定，形式上可區分為兩種情形：(一)「於被告利益有重大關係事項」，以此為主；此乃顧及檢察官與被告之間蒐集保全證據及實施訴訟活動上的武器落差，特別是被告無選任或指定辯護人在庭協助防禦之情形，有利於被告之證人的證言或跡證漏未調查，而有調查可能者，基於照顧被告之義務，法院應負職權調查之義務，以維護被告訴訟權益。(二)「於公平正義之維護有重大關係事項」，以此為輔；就

不利於被告事項之調查，雖謂欲維護公平正義，此項但書之例外，應嚴格解釋。指法院透過當事人調查證據之過程或其職務上已知之事項，發覺有足以影響判決結果之證據存在，而檢察官未聲請調查，且有調查之可能者而言，惟基於第161條檢察官負舉證責任之規定及公平審判，在程序上，法院宜先曉諭檢察官提出該項證據聲請調查。

三、當事人進行主義之證據調查

　　基於當事人進行之原理，對於當事人或辯護人所提調查證據之聲請，法院應予以充分尊重，原則上應盡可能的許其提出於法庭調查。惟當事人聲請調查之證據，經他造就其證據能力聲明異議而經法院認無證據能力者，或該項證據與待證事實無關，同一證據再行聲請或顯與已調查之證據相重覆者等之情形，為避免造成訴訟的遲延、爭點的混淆，自無容許當事人或辯護人將該項證據提出於法庭調查之必要。故對於當事人聲請調查之證據，是否有調查之必要，應尊重當事人之意見，法院並無自由裁量權。法院駁回當之對象。當事人聲請調查之證據如有調查必要性，事實審法院卻未賦予當事人提出調查之機會而逕行判決者，應認有本法第379條第10款之違法。

四、醫療訴訟之鑑定方法

(一) 醫療訴訟具有爭點的特定性、類型化的特徵，且成為爭點之事實關係的認定經常取決於專業的鑑定結果，又因被告醫師基本上具有系爭案件的專業知識，理論上與追訴者之間較可立於攻擊防禦的對等關係，因此，醫療訴訟關係是較具有充分條件支撐以當事人進行證據調查的訴訟型態。鑑定事項往往影響及於判決結果，故關於有無鑑定之必要及鑑定人之選任問題，當事人或辯護人聲請鑑定者，如該聲請鑑定內容與待證事實之釐清有關，且有鑑定之可能者，法院應尊重當事人之主張，准予選任鑑定人實施鑑定，鑑定人之選任，應參酌當事人及辯護人的意見，委由最適任之人選行之。至於，法院依職權囑託鑑定者，亦應徵詢當事人及辯護人之意見。

(二) 所謂醫療鑑定，並非法律評價或法律責任的判斷，法院於送請鑑定時，自不應直接要求鑑定人認定有無過失或因果關係等涉及法律問題的評價。

(三) 鑑定資料必須由法院依法獨立評價，轉化作成法律認定。醫療鑑定意見，並不拘束法官的心證，對於鑑定意見法官必須持批判的態度予以審慎評價，惟對於公正誠實、並無理由矛盾或語意不清之醫學專家的鑑定意見，除非法官能提出相當理由的合理說明，否則自應以此鑑定意見作為形成心證的基礎。

(四) 為辯明鑑定之過程、方法及結果的正確性，應賦予當事人或辯護人詰問實施鑑定之人的機會，尤其對被告而言，反詰問鑑定人之機會乃憲法保障防禦權重要之一環。

(五) 鑑定人固然具有協助法院發現真實之輔助者的地位，惟於證據調查程序中，仍須合於嚴格證明法則之要求，鑑定結果有無證據能力，同樣應受到法律的檢驗，而不因其為法院之輔助者，而有不同。

(六) 醫療刑事訴訟中，鑑定人之中立、公正性，益形重要，基本上不宜採取未經具結程序擔保之「機關鑑定」。至於，鑑定人或鑑定機關於審判外所製作的鑑定報告書，除涉及關聯性的問題（與鑑定所憑之科學原理與資格實施之條件等有關）外，更涉及傳聞

法則之適用問題。基本上，依本法第206條所出具之鑑定報告，仍屬傳聞證據、原則上無證據能力，與其是否經審判長或檢察官依法選任或囑託或預先授權及核定程序無涉。

(七) 現行法不僅未禁止被告自行委任專家實施鑑定，被告提出有利證據請求調查，更是憲法保障被告訴訟權益的一環。故被告不僅得依法聲請法院選任或囑託鑑定，同時亦可自行委任專家鑑定。其委任之專家所作成之鑑定報告，雖屬傳聞證據，原則上無證據能力，惟如經他造當事人同意，且法院認為適當者，仍得作為證據，即使他造當事人不同意，此種情形被告亦得聲請傳喚該鑑定人到庭依法調查，倘到庭之鑑定人能說明其所紀錄之鑑定報告乃依鑑定經過及結果據實親自製作者，自可容許提出於法庭作為輔助鑑定人陳述之證據資料。

【附錄】96年台上第4793號

檢察官及被告因之均聲請傳訊林○○到庭作證（告訴人亦為相同意見之陳述），雖該證人經第一審及原審兩度予以傳訊，均提出診斷證明書，以其身體罹病，不便遠行為由，而未到庭，嗣並經告訴代理人、被告同意捨棄傳訊，然法院基於真實之發現及公平正義之維護，既認有為該調查必要，原不受其捨棄聲明之拘束。且該證人縱有不能到場情形，法院既得依刑事訴訟法第177條第1、2項規定，於聽取當事人及辯護人意見後，就其所在或於其所在地方法院訊問之，其兩地間倘有聲音影像相互傳送設備，而經法院認為適當者，亦得以該設備為之，是其並無不能調查情事，原審未加調查，遽為無罪之判決，其證據調查職責仍嫌未盡。

【附錄】96年台上第6074號

而證據能力之有無，乃法院應依職權調查、認定之事項，不因當事人未加爭執，即可毋庸調查而逕認有證據能力。

【附錄】97年台上第2001號

本件……縱檢察官就此部分未能善盡其舉證及說明之責任，然事實既未臻明白，法院基於發現真實及公平正義之維護，仍應依同法第163條第2項之規定，就卷內已存在之證據資料主動依職權調查，以釐清事實真相。乃原判決僅以檢察官對於上述事項並未舉出具體事證以供法院調查，即認無庸依職權就卷內存在之一切證據資料詳加調查、釐清，以究明事實真相，遽謂不能證明丁○○等八人有上述圖利之犯行，而就該部分不另為無罪之諭知，並認為不能證明甲○○等五人有與亥○○及丁○○等八人共同圖利之犯行，而諭知渠等均無罪之判決，依上述說明，難謂無應於審判期日調查之證據而未予調查之違法。

【附錄】97年台上第2188號

刑事訴訟係採實質的真實發現主義，審理事實之刑事法院，應自行調查證據，以為事實之判斷，故民事判決確認之事實，苟與其直接審認之結果不同，自不妨為相異之認定。

【附錄】98年台上第813號

　　刑事訴訟法第379條第10款所謂應行調查之證據範圍，係以事實審審判中案內所存在之一切與待證事實有關之證據爲限，案內所不存在之證據，自不得命原法院爲發見眞實，應依職權從各方面蒐集證據詳加調查。換言之，法院對於案內所存在之一切與待證事實有關之證據，固有依法調查證據之職責，但對於案內所不存在之證據，則無蒐集調查之義務。

【附錄】98年台上第2192號

　　我國刑事訴訟程序事實審係採覆審制，第一、二審法院俱有調查證據之義務，第二審法院自不得僅因第一審法院傳喚拘提證人無著，逕予適用刑事訴訟法第159條之3傳聞法則例外規定，而免除其依法傳喚或說明如何無法傳喚理由之義務。

【附錄】98年台上第4173號

　　刑事訴訟法第100條之1第1項前段規定：「訊問被告，應全程連續錄音」，旨在以錄音、錄影作爲上開合法訊問及公信力之證明，屬舉證責任問題。倘欠缺全程連續錄音或錄影之內容，無論係因未行錄音、錄影，或因操作機械（器）不當、設備不良、保存不善，致事後無法勘驗者，應由檢察官負舉證責任，以證明原陳述之任意性及內容之眞實。

【附錄】99年台上第1667號

　　法院爲發見眞實，得依職權調查證據，但於公平正義之維護或對被告之利益有重大關係之事項，法院應依職權調查之，刑事訴訟法第163條第2項定有明文。而屬法院「應」依職權調查之證據，法院有補充介入調查之義務，於調查前，依法令當事人陳述意見之結果，縱當事人表示不予調查，或陳述放棄調查時，此補充調查之義務並不因而得以豁免。

【附錄】100年第4次刑庭決議

　　最高法院91年4月30日91年度第4次刑事庭會議「刑事訴訟法第161條、第163條修正後相關問題之決議」第一、四、六、七、九點修正如下：

　　一、爲貫徹無罪推定原則，檢察官對於被告之犯罪事實，應負實質舉證責任。刑事訴訟法修正後第161條（下稱本法第161條）第1項規定「檢察官就被告犯罪事實，應負舉證責任，並指出證明之方法」，明訂檢察官舉證責任之內涵，除應盡「提出證據」之形式舉證責任（參照本法修正前增訂第163條之立法理由謂「如認檢察官有舉證責任，但其舉證，仍以使法院得有合理的可疑之程度爲已足，如檢察官提出之證據，已足使法院得有合理的可疑，其形式的舉證責任已盡……，」）外，尚應「指出其證明之方法」，用以說服法院，使法官「確信」被告犯罪構成事實之存在。此「指出其證明之方法」，應包括指出調查之途徑，與待證事實之關聯及證據之證明力等事項。倘檢察官所提出之證據，不足爲被告有罪之積極證明，或其指出證明之方法，無法說服法院以形成被告有罪之心證者，應

貫徹無罪推定原則，爲無罪之判決。同條第2、3、4項，乃新增法院對起訴之審查機制及裁定駁回起訴之效力，以有效督促檢察官善盡實質舉證責任，藉免濫行起訴。

四、本法第163條第1項增列「審判長除認爲有不當者外，不得禁止之」之規定，係專爲充分保障當事人、代理人、辯護人或輔佐人於調查證據時，詢問證人、鑑定人或被告之權利而設，此與同項規定當事人聲請調查證據之當否，應由法院逕依本法第163條之2、司法院釋字第238號解釋暨相關判例見解判斷另予准駁者無關。

六、依本法第163條之規定，法院原則上不主動調查證據，僅於下列情形，始有調查證據之義務：

　(一)當事人、代理人、辯護人或輔佐人聲請調查而客觀上認爲有必要。

　(二)本條第2項但書規定應依職權調查之證據。

七、檢察官未盡舉證責任，除本法第163條第2項但書規定，爲維護公平正義之重大事項，法院應依職權調查證據外，法院無庸依同條項前段規定，裁量主動依職權調查證據。是該項前段所稱「法院得依職權調查證據」，係指法院於當事人主導之證據調查完畢後，認爲事實未臻明白仍有待澄清，尤其在被告未獲實質辯護時（如無辯護人或辯護人未盡職責），得斟酌具體個案之情形，無待聲請，主動依職權調查之謂。

九、本法第379條第10款規定「法院應於審判期日調查之證據」，綜合實務見解，原則上指該證據具有與待證事實之關聯性、調查之可能性，客觀上並確爲法院認定事實適用法律之基礎，亦即具有通稱之有調查必要性者屬之（司法院釋字第238號解釋；本院71年台上字第3606號、72年台上字第7035號、78年台非字第90號、80年台上字第4402號判例；77年8月9日77年度第11次刑事庭會議貳之甲第14項決議意旨參照），除依法無庸舉證外，並包括間接證據、有關證據憑信性之證據在內，但應摒除無證據能力之證據，且以踐行調查程序，經完足之調查爲必要，否則仍不失其爲本款調查未盡之違法，復不因其調查證據之發動，究竟出自當事人之聲請，抑或法院基於補充性之介入而有差異。惟檢察官如未盡實質之舉證責任，不得以法院未依本法第163條第2項前段規定未主動調查某項證據，而指摘有本條款規定之違法。

【附錄】101年第2次刑庭決議

(一) 決議

　無罪推定係世界人權宣言及公民與政治權利國際公約宣示具有普世價值，並經司法院解釋爲憲法所保障之基本人權。民國91年修正公布之刑事訴訟法第163條第2項但書，法院於「公平正義之維護」應依職權調查證據之規定，當與第161條關於檢察官負實質舉證責任之規定，及嗣後修正之第154條第1項，暨新制定之公民與政治權利國際公約及經濟社會文化權利國際公約施行法、刑事妥速審判法第6、8、9條所揭示無罪推定之整體法律秩序理念相配合。盱衡實務運作及上開公約施行法第8條明示各級政府機關應於二年內依公約內容檢討、改進相關法令，再參酌刑事訴訟法第163條之立法理由已載明：如何衡量公平正義之維護及其具體範圍則委諸司法實務運作和判例累積形成，暨刑事妥速審判法爲刑事訴訟法之特別法，證明被告有罪既屬檢察官應負之責任，基於公平法院原則，法院自無接

續檢察官應盡之責任而依職權調查證據之義務。則刑事訴訟法第163條第2項但書所指法院應依職權調查之「公平正義之維護」事項，依目的性限縮之解釋，應以利益被告之事項爲限，否則即與檢察官應負實質舉證責任之規定及無罪推定原則相牴觸，無異回復糾問制度，而悖離整體法律秩序理念。（採乙說）

(二) 最高法院100年度第4次刑事庭會議決議內容

　　七、本法第163條第2項前段所稱「法院得依職權調查證據」，係指法院於當事人主導之證據調查完畢後，認爲事實未臻明白仍有待澄清，尤其在被告未獲實質辯護時（如無辯護人或辯護人未盡職責），得斟酌之具體個案之情形，無待聲請，主動依職權調查之謂。但書所指「公平正義之維護」，專指利益被告而攸關公平正義者而言。至案內存在形式上不利於被告之證據，檢察官未聲請調查，然如不調查顯有影響判決結果之虞，且有調查之可能者，法院得依刑事訴訟法第273條第1項第5款之規定，曉諭檢察官爲證據調查之聲請，並藉由告訴人、被害人等之委任律師閱卷權、在場權、陳述意見權等各保障規定，強化檢察官之控訴功能，法院並須確實依據卷內查得之各項直接、間接證據資料，本於經驗法則、論理法則而爲正確判斷。因此，非但未減損被害人權益，亦顧及被告利益，於訴訟照料及澄清義務，兼容並具。

(三) 最高法院91年度第4次刑事庭會議決議內容

　　十、法院於依職權調查證據前，經依本法第163條第3項之規定，踐行令當事人陳述意見之結果，倘遇檢察官或被告對有利之證據，陳述放棄調查，而法院竟不予調查，逕行判決者，如其係法院「應」依職權調查之證據，而有補充介入調查之義務時，此項義務，並不因檢察官、被告或其他訴訟關係人陳述不予調查之意見，而得豁免不予調查之違誤。惟於法院「得」依職權調查證據之情形，法院既得參酌個案，而有決定是否補充介入調查之裁量空間，自不得徒以法院參照檢察官、被告或其他訴訟關係人之查證意見後，不予調查，遽指即有應調查而不予調查之違法。

【附錄】101年台上第2966號

　　法院實應固守不預設立場、不偏亦不倚之公平法院角色、功能，絕不能再接棒或聯手而偏向檢察官對付被告，否則如何與職權進行主義相區別，公平法院復云何哉！然於實務運作時，仍應有其彈性，例如被告無辯護人，或辯護能力明顯不足，而被訴犯罪或重罪名能否成立，客觀上殊值存疑；或攸關訴訟經濟、法院量刑職權裁量之公平正義者，斯時法院始有發動職權介入調查之必要；反之，則否。晚近部分人士未全盤理解本院新見所寓深意，譏稱「法院天秤往被告傾斜」云者，容係斷章取義，而有誤會。（註：101年台上第5633號同旨）

【附錄】101年台上第3074號

　　法院於當事人主導之證據調查完畢後，認事實仍未臻明白，爲發現眞實，得就當事人未聲請部分，依職權爲補充、輔佐性之調查，惟此調查職權發動與否，法院仍得自由裁量。且此調查對於被告有利或不利之事項均得爲之，非謂於本院前揭決議後，法院均不得

調查對於被告不利之事項，不可不辨。

【附錄】101年台上第6259號

刑事訴訟法第163條第2項但書規定「公平正義之維護」，法院應依職權調查證據者，專指利益於被告之事項而言，至案內存在形式上不利於被告之證據，檢察官未聲請調查，然如不調查顯有影響判決結果之虞，且有調查之可能者，法院得依刑事訴訟法第273條第1項第5款之規定，曉諭檢察官為證據調查之聲請，並藉由告訴人、被害人等之委任律師閱卷權、在場權、陳述意見權，強化檢察官之控訴功能，法院並須確實依據卷內查得之各項直接、間接證據資料，本於經驗法則、論理法則而為正確判斷。倘法院已盡曉諭聲請調查證據之義務，檢察官仍不為聲請，或陳述不予調查之意見，法院未為調查，即無違刑事訴訟法第379條第10款之規定。

【附錄】105年台上第423號

證明被告有罪乃屬檢察官應負之責任，法官基於公平法院之原則，僅立於客觀、公正、超然之地位而為審判，不負擔推翻被告無罪推定之責任，法院無接續檢察官應盡之責任而依職權調查證據之義務。

【附錄】105年台上第1426號

法院為發見真實，得依職權調查證據，但於公平正義之維護或對被告之利益有重大關係事項，法院應依職權調查之，此觀刑事訴訟法第163條第2項之規定自明，故法院於當事人主導之證據調查完畢後，認為事實未臻明白，而卷內復有其他足認為有助於發見真實又足以影響判決結果之證據存在，且有調查之可能者，即得依職權調查證據，其於公平正義之維護或對被告之利益有重大關係事項，法院尤應依職權調查證據，以為認定事實之依據。且此法院依職權調查之證據，而有補充介入調查之義務時，此項義務，並不因檢察官、被告或其他訴訟關係人陳述不予調查之意見，而得豁免不予調查。

【附錄】106年台上第96號

言論自由為人民之基本權利，憲法第11條有明文保障，國家應給予最大限度之維護，俾其實現自我、溝通意見、追求真理及監督各種政治或社會活動之功能得以發揮。惟為兼顧對個人名譽、隱私及公共利益之保護，法律尚非不得對言論自由依其傳播方式為合理之限制。刑法第310條第1項及第2項誹謗罪即係保護個人法益而設，為防止妨礙他人之自由權利所必要，符合憲法第23條規定之意旨。至刑法同條第3項前段以對誹謗之事，能證明其為真實者不罰，係針對言論內容與事實相符者之保障，並藉以限定刑法權之範圍，非謂指摘或傳述誹謗事項之行為人，必須自行證明其言論內容確屬真實，始能免於刑責。惟行為人雖不能證明言論內容為真實，但依其所提證據資料，認為行為人有相當理由確信其為真實者，即不能以誹謗罪之刑責相繩，亦不得以此項規定而免除檢察官或自訴人於訴訟程序中，依法應負行為人故意毀損他人名譽之舉證責任，或法院發現其為真實之義務（司法

院釋字第509號解釋意旨參照）。據此，行爲人如能證明其有相當理由確信其發表之言論內容應屬眞實，即無誹謗之故意，不應負誹謗刑責；亦即無須證明其言論內容確爲眞實。選罷法第104條之罪，所謂「散布謠言或傳播不實之事」，以散布、傳播虛構具體事實爲構成要件，自亦有上開說明之適用。

【附錄】106年台上第243號

按我國刑事訴訟法現制，採行改良式當事人進行主義，檢察官須負實質舉證責任，在審判法庭活動中，與被告（含辯護人）互爲攻擊、防禦，法官居於客觀、超然、中立、公正之立場，原則上不主動介入雙方當事人之訴訟謀略操作。但不若日本於採純當事人進行主義之情形下，有所謂之：「起訴狀一本主義」（按意指移審時，祇有一紙起訴書，別無其他卷證），作爲基礎，而仍沿舊制，具體而言，我國刑事訴訟法第264條第2項規定：

「起訴時，應將卷宗及證物一併送交法院。」並未修正，學理上稱爲卷證併送主義，乃改良式當事人進行主義和純當事人進行主義不同所在之主要特徵之一。衡諸司法實務，法官倘發現卷內存有形式上可能不利於被告之證據方法可資調查，而檢察官不察，未以之作爲其所舉之證據方法，然若不調查，恐有影響判決結果之虞，且非不能調查者，受命法官自宜依同法第273條第1項第5款規定，在準備程序進行中，曉諭檢察官爲此證據調查之聲請；審判長亦得在審理期日之適當時機，參照上揭規定法理，當庭爲此曉諭，以善盡同法第2條第1項所定之客觀性義務職責。如卻未辦，按諸同法第380條規定之反面意旨，當認所踐行之訴訟程序，尚非完全適法，足以構成撤銷之原因。

第七節　證據能力與證據排除法則

第一項　基本概念

證據理論之消極要件（證據排除法則，實務與部分學說認於審判期日前之準備程序判斷之，§273Ⅰ④、Ⅱ）

一、違法取得之證據

(一)法律明文應禁止使用（強制排除）

1.強制絕對排除（欠缺任意性）
- (1)不正訊問方法取得之被告自白（§156）→對證人之不正訊問於本次修法被刪除（任意性）
- (2)證人、鑑定人違背具結規定之證言或鑑定意見（§158-3）→應屬違反法定調查程序之範圍

2.強制相對排除（預防性）
- (1)違背§93-1Ⅱ於法定障礙事由期間內對被告取得之自白或不利陳述（§158-2Ⅰ）（嚇阻性）
- (2)違背§100-3Ⅰ司法警察（官）對犯罪嫌疑人之夜間詢問（§158-2Ⅰ）（預防性）

└(3)違背§95②③檢事官、司法警察（官）未為告知義務對受拘提逮捕之被告、犯罪嫌疑人之詢問（§158-2Ⅱ）（預防性）

但書允許之例外：經證明其違背非出於惡意（善意之例外），且係出於自由意志者（具任意性）（§158-2Ⅰ但）

(二)法律明文得禁止使用（權衡裁量）

1.違背急迫搜索規定┬(1)檢察官、檢事官、司法警察（官）所為之逕行搜索（§131Ⅰ）
　所扣得之證據　　└(2)檢察官所為之緊急搜索（§131Ⅱ）

2.依§416提準抗告經撤銷審判長、受命法官、受託法官或檢察官所為搜索、扣押處分而扣得之證據（§416Ⅱ）

3.實施刑事訴訟程序之公務員違背法定程序取得之證據（權衡裁量之概括規定）→審酌人權保障及公共利益之均衡維護（§158-4）（例如：陷害教唆之誘捕偵查、違法監聽等，但學者與近期實務見解主張應強制排除其證據能力）

二、合法取得之證據（經不正訊問方法汙染之合法證據）

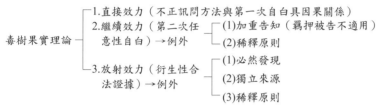

毒樹果實理論┬1.直接效力（不正訊問方法與第一次自白具因果關係）
　　　　　　├2.繼續效力（第二次任┬(1)加重告知（羈押被告不適用）
　　　　　　│　意性自白）→例外└(2)稀釋原則
　　　　　　└3.放射效力（衍生性合┬(1)必然發現
　　　　　　　　法證據）→例外　　├(2)獨立來源
　　　　　　　　　　　　　　　　　└(3)稀釋原則

三、其他不得為證據之規定

(一)傳聞法則┬1.原則不得為證據（不具證據能力）：§159Ⅰ之傳聞證據屬之
　　　　　　└2.例外得為證據（具證據能力）：§159-1至§159-5之傳聞證據屬之

(二)證人非以實際經驗為基礎之個人意見或推測之詞，不得為證據（§160）（意見法則）

(三)筆錄內所載之被告陳述與錄音或錄影之內容不符而無急迫情形者（§100-1）

第二項　法院對證據能力權衡裁量之審酌標準

一、違背法定程序取┬1.以§158-4概括規定為主軸
　得證據之情形　　└2.兼含§131Ⅰ、Ⅱ、Ⅳ及§416Ⅱ之違法搜索效果之競合規定

二、權衡裁量之┬1.條文規定──人權保障與公共利益之均衡維護（§158-4）
　　審酌標準　　│　　　　　　┬(1)違背法定程序之情節
　　　　　　　　│　　　　　　├(2)違背法定程序時之主觀意圖
　　　　　　　　│　　　　　　├(3)侵害犯罪嫌疑人或被告權益之種類及輕重
　　　　　　　　└2.立法理由─┼(4)犯罪所生之危險或實害
　　　　　　　　　　　　　　　├(5)禁止使用證據對預防將來違法取證之效果
　　　　　　　　　　　　　　　├(6)偵審人員如依法定程序有無發現該證據之必然性
　　　　　　　　　　　　　　　└(7)證據取得之違法對被告訴訟防禦不利益之程度

🔍 **焦點1　證據排除之立法評析**（吳巡龍，新法下緊急搜索之心證門檻，頁129～133）

　　證據排除乃證據資料取得證據能力之消極要件，然則證據排除之內涵與標準為何，各國向有不同立法例，矧就其內涵而言可分為證據取得禁止與證據使用禁止，所謂證據取得禁止即禁止違法取證之意，惟應注意者，並非所有違法取得之證據概均禁止使用而認其不具證據能力，仍須區分不同情況予以判定：

一、法律明文「應」禁止使用者，此即「證據強制排除理論」之範疇，依修正後刑事訴訟法規定所列舉者，包括本法第156條第1項之不正訊問方法（出於強暴、脅迫、利誘、詐欺、疲勞訊問、違法羈押或其他不正方法）；第158條之2違背法定障礙事由期間所為之訊問暨違法之夜間詢問，及檢察事務官、司法警察官或司法警察違反第95條第2款或第3款之告知義務對受拘提、逮捕之被告或犯罪嫌疑人之詢問；第158條之3違背具結規定，證人、鑑定人之證言或鑑定意見。

二、法律明文「得」禁止使用者，此屬「證據權衡理論」之範疇，其經增修新法明定者，包括違反第131條急迫搜索規定所扣得之物（含檢察官、檢察事務官、司法警察官及司法警察所為）、第416條經法院撤銷搜索、扣押處分所扣得之物（限審判長、受命法官、受託法官及檢察官所為）、第158條之4概括規定凡因違背法定程序取得之證據而法律未規定其效果者。

三、首就前述一、之情形言，其既採「證據強制排除理論」經法律明文應禁止，一經違反本法所列舉之規定，該違法取得之證據即不具證據能力，法院不得採為判決之基礎；於此應補充說明者：

（一）我國審判實務過度依賴被告自白為其論罪依據，進而提供司法警察（官）動輒以不正訊問方法取得被告自白之誘因，而此等違法取供乃屬情節最嚴重之證據取得禁止之方法，故現行法爰仿英美法系將自白是否出於任意性，列為事實之先決問題，如有疑義，應由法院先於其他事證而為調查。又關於爭執自白任意性時之舉證責任歸屬，現行法亦引英美日體系之法例，由檢察官就自白出於自由意志負舉證責任，由其指出證明方法；此外，疲勞訊問本為刑事訴訟法第98條所禁止，現行法第156條第1項增補其為使用禁止之列，乃屬當然之理。

（二）在修正後新法明文應禁止使用之規定中，除第158條之2屬相對應禁止使用外，餘均為絕對應禁止使用，依該條文規定之內容復可區別三種學理所稱善意例外之情形：

1. 違背第93條之1第2項規定而於法定障礙事由期間內所取之自白或不利陳述，原則應不得為證據，然如有但書「經證明其違背非出於惡意，且該自白或陳述係出於自由意志者」之情形，例外許其有證據能力。

2. 司法警察（官）對犯罪嫌疑人或被告夜間詢問所取得之自白或不利陳述，原則亦不得為證據，惟若符合第100條之3第1項但書所列四款合法詢問情事，或雖違反該條規定所為之非法夜間詢問，但「經證明其違背非出於惡意，且該自白或陳述係出於自由意志者」，仍例外具證據能力。

3. 檢察事務官、司法警察（官）詢問受拘提、逮捕之被告或犯罪嫌疑人時，未盡依第95條第2款「得保持緘默，無須違背自己之意思而為陳述」及第3款「得選任辯護人」之義務，其取得之自白及不利陳述，原則不得為證據，然具備同上但書規定之

情形，亦承認其證據能力；應注意者，依第158條之2第2項規定之反面解釋，如係法院或檢察官訊問被告或犯罪嫌疑人時（無論受拘提、逮捕與否）抑或檢察事務官、司法警察（官）對未拘提、逮捕之被告或犯罪嫌疑人詢問時之違反，均無該條之直接適用。學說則主張應類推適用。

(三) 訴訟法上具結之目的乃在使證人、鑑定人藉此擔保其證言係據實陳述或鑑定意見為公正誠實，由於證人、鑑定人均為嚴格證明程序之法定證據方法，為法院認事判斷之重要憑恃，故如未令證人、鑑定人於供前或供後具結，致該證言或鑑定意見欠缺法定之程序要件，自應不得作為證據。

四、次就上開二、之情形論，依現行法第158條之4規定「除法律另有規定外，實施刑事訴訟程序之公務員因違背法定程序取得之證據，其有無證據能力之認定，應審酌人權保障及公共利益之均衡維護」，即乃證據使用禁止權衡理論之概括規定，其當已涵蓋違反第131條急迫搜索規定及第416條經撤銷之搜索、扣押所扣得之物，法院得宣告不得作為證據之情形，亦即所有未在本法第156條、第158條之2及第158條之3證據絕對或相對排除之規範內者，概由法院審酌人權保障及公共利益之均衡維護以評斷其證據能力；然則權衡理論之難題即在於何謂「人權保障及公共利益之均衡維護」？更根本的癥結乃法院權衡審酌之標準為何？雖立法者就個案之型態、情節、方法之差異，提出法院於個案中權衡個人利益及刑事追訴利益時，得斟酌之七項標準（違背法定程序時之主觀意圖、侵害犯罪嫌疑人或被告權益之種類及輕重、違背法定程序之情節、犯罪所生之危險或實害、禁止使用證據對於預防將來違法取得證據之效果、偵審人員如依法定程序有無發現該證據之必然性、證據取得之違法對被告訴訟上防禦不利益之程度），但無論如何，其亦僅屬法院得自由參酌之抽象概念而矣，審判者仍得就具體案例依其主觀考量逐予認定，此等因人解讀不同且毫無拘束效力之標準，嚴格言之並無實益，且易造成法院恣意而不公平審判之情事，誠然基於發現實體真實之刑事訴訟基本課題，不宜全盤否定違反法定程序而取得之證據，其證據能力，惟因權衡裁量理論具有前述主觀恣意之高度危險，學者對此乃有應均採相對強制排除理論之主張，亦即以強制排除為原則，並允許明示列舉之例外，如美國法院「即藉由判決（例）之累積形成彈劾被告（The Impeachement Exception）與善意例外（The Good-Faith Exception）」，此項見解似較允當。末按證據排除法則之對象除就違法取得之證據外，尚含括合法取得之證據，即乃學理所稱之「毒樹果實理論」，該理論之主要內涵是為繼續性效力與放射性效力，繼續性效力係指對被告施以不正訊問方法取得之第一次自白本不具任意性，惟該不正訊問方法之毒素並繼續影響在正當訊問方法下對被告取得之第二次合法自白，而認第二次合法取得之自白亦禁止使用；至放射性效力則乃基於對被告不正訊問所得之自白內容（線索）進而合法取得之衍生性合法證據，亦因受前不正訊問方法之污染而消極性排除，當然毒樹果實理論之證據禁止使用效力亦如同強制排除原則應許其例外，美國判例所建立者有：獨立來源之例外（Independent Source Doctrine）、必然發現原則（Attenuation or Disspation of Taint），其中稀釋原則乃在避免毒果效力之無限制延伸致癱瘓刑事審判程序之進行。〔註：淺見以為第205條之2

亦爲採證的一種方式，但無發動門檻之限制（無需經法官或檢察官之同意），然其所爲又不失爲侵害人民權利之事，事後又無救濟途徑（無§416之適用），且該條文所稱「必要」與「相當理由」爲不確定法律概念，無法以第158條之4指摘其「違背法定程序」而得禁止該證據，揆諸證據禁止理論竟無一可適用第205條之2違法取證將之排除，亦不失爲證據排除之立法疏漏。〕

🔎 焦點2　德國證據禁止理論（林鈺雄，刑事訴訟法（上），頁605～620；薛智仁，台灣本土法學第260期）

一、依附性使用禁止：依附於違法取證，此應依三階段審查基準說爲認定。
(一) 法院首先審查追訴機關是否惡意、恣意違法取證，肯定時該證據禁止使用。
(二) 否定時，續審查被違反之取證禁止，其法規範目的爲何？是否因之而終局受損？使用該證據，損害是否會加深擴大？肯定時該證據禁止使用。
(三) 否定時，權衡個案判斷被告利益與國家追訴利益之輕重（違法程度與被告涉嫌罪名之輕重）（參閱§131之立法說明）。
二、自主性使用禁止：乃不論取證合法與否，因更高價值或目的而禁止使用，情形如下：
(一) 憲法隱私權保障→是否涉及憲法保護之基本權，如法院調查使用該證據是否干預基本權，又此干預有無憲法正當基礎（法律保留原則&比例原則審查）。
(二) 私人取得證據之效力→仍依上述「基本權審查標準」爲之。

🔎 焦點3　證據排除法則之相關探討（陳運財，月旦法學第113期，頁34以下）

一、訴訟構造：證據排除法則與證據禁止理論之內涵相同，前者爲當事人進行主義架構下之用語，後者屬職權進行主義構造。
二、排除目的：第156條第1項自白任意性法則乃爲排除虛偽陳述內容之目的，第158條之4之權衡排除則重在取證程序之違法性，至證據之型態與內容並未改變，故無虛偽性問題。
三、證據排除法則之憲法依據：參酌大法官會議釋字第384號理由書中指出，憲法第8條第1項規定所稱「依法定程序」，係指凡限制人民身體自由之處置，不問其是否屬於刑事被告之身分，國家機關所依據之程序，須以法律規定，其內容更須實質正當，並符合憲法第23條所定相關之條件。就刑事程序法而言，犯罪事實須依證據認定、被告之自白須出於自由意志、當事人有與證人對質或詰問證人之權利及審判過程以公開爲原則等，即屬刑事訴訟應具有之正當程序的制度性保障。可見刑訴法第156條第1項「自白法則」之規定，具有憲法依據。自白法則之理論，就虛偽排除的部分，與物證之排除理念，雖略見差異，惟就維護人權及抑制違法偵查的角度而言，兩者之目的取向，並無不同。尤其，國家機關取證程序的違法情節重大，例如無令狀之搜索，侵害憲法

保障住居隱私之程度，絕不亞於偵訊程序中透過利誘、脅迫或詐欺等不正取供的嚴重性。如果自白法則是構成憲法第8條正當程序的實質內容之一，自無將物證排除法則置外於憲法第8條規範範圍的正當理由存在。基於憲法第8條透過正當程序以維護基本人權的本旨，此項正當程序條款除要求國家機關必須依法之正當程序實施證據之蒐集外，對於違反正當程序取得的證據，應賦予排除之效果，如是正當程序的規範始能成為具有擔保實效之制度性保障，憲法保障基本人權的精神，始能獲得有效的貫徹。亦即，憲法第8條之正當程序就證據法則而言，除具有自白法則的規範作用外，亦應認內含有證據排除之內涵。

四、其他要點說明

1. 公務員違反法定程序所侵害者雖係第三人，被告仍得主張證據排除。
2. 準備程序中未聲明排除之違法取證，審判期日仍得主張排除。
3. 本於維護司法正潔性與嚇阻違法偵查之觀點，當事人未聲請排除之違法證據，法院仍應依第163條第2項但書，依職權排除之。
4. 有無違法取證事實，應由檢察官肩負舉證責任。
5. 經排除之違法非供述證據雖不得為待證事實之證據，惟仍得為彈劾證據（因無虛偽性）。

🔍 焦點4 權衡裁量標準之探討（王兆鵬，新刑訴新思維，頁8以下；柯耀程，月旦法學教室第85期，頁33）

一、為保障憲法之基本權利，法律已設計幾項基本大原則，凡破壞此幾項基本大原則，則不應區分「違反法定程序之情節」，一律予以排除，否則法律原則必將崩毀，人民無法受「制度」上之保障。就搜索、扣押、逮捕而言，法律所設計之大原則為：第一，無相當理由或相當犯罪嫌疑（刑事訴訟法使用「犯罪嫌疑重大」之文字），不得侵犯人民之隱私、財產、自由。此為人民最低程度的憲法保障。第二，除有急迫或其他法定例外情形外，即令有相當理由或相當犯罪嫌疑，非經中立、超然的司法機關或檢察官核准，不得對人民為搜索、扣押、逮捕，此為憲法（或刑事訴訟法）所設計之令狀原則，在藉由事先審查制以篩檢無必要的強制處分、避免事後判斷的偏頗。第三，搜索、扣押、逮捕之執行必須合理。例如搜索票只記載搜索槍械，執行人員卻翻閱人民之信件、日記，已逾越法院的授權範圍（假法院搜索票之名踐踏人民隱私），為不合理的搜索（頁8～9）。

二、就「權益之種類」言，人民之權益得分為憲法保障之權益與法律保障之權益。如侵犯前者，應傾向於排除證據之決定（如：自由、隱私、財產）。如侵犯後者，除有違反正當程序之情形，原則傾向於不排除證據。例如，司法警察依法取得搜索票，但未先行敲門，在無人抗拒的情形下，即踹門進入，但進入後完全遵守法律執行搜索，無不合理的行為（頁10）。

三、如違背法定程序，致侵犯憲法之權利，應不考慮「違背法定程序之情節」及「侵害權

益之輕重」，法院應傾向於排除證據（是否應排除證據仍應綜合以下所述之其他因素），如所侵犯者爲法律上之權益，則法院方得考慮「違背法定程序之情節」及「侵害權益之經重」（頁10～11）。

四、決定是否排除時，應不考慮「犯罪所生之危險或實害」。理由如下：第一，間接鼓勵政府機關在重罪案件違法，不顧人民權益。第二，違反無罪推定原則。非法取得之證據是否得爲證據，法院必須在審判期日前決定，如認定無證據能力，即不得於審判期日主張之。而被告未經審判證明有罪確定前，推定其爲無罪，新法第154條定有明文。依此規定，在審判前決定證據是否應排除時，不論檢察官起訴罪名爲何，皆應推定被告爲無罪，法院不應認爲被告有任何犯罪的危險或實害。第三，違反程序公平原則，容許一方當事人「操控」結果。如前所述，證據應否排除，法院必須在審判期日前決定。在審判期日前，法院只處理程序事宜，不能、也尚未就犯罪爲實體調查，如果法院認定被告有犯罪之危險或實害，等於僅根據檢察官一方當事人提出的書類及卷證，即對尚未調查之犯罪，驟爲相信，在程序上並不公平。再者，如法院係依檢察官起訴之罪名輕重，決定證據是否排除，在訴訟技巧上，檢察官爲強化犯罪之危險與實害，有可能將重傷害罪以殺人罪起訴，將搶奪罪以強盜罪起訴，即得避免證據之排除。

五、立法權衡因素第2項要求法院應斟酌「違背法定程序時之主觀意圖」。證據是正義的基石，排除證據就等於排除正義。證據排除法則的目的不在排除正義，而在透過排除證據的目的，達到嚇阻政府機關違法取證，以保障人民憲法上的權利。如政府機關善意執法，甚至無任何過失，排除證據即不能達到嚇阻違法的目的，不應排除之，此稱之爲「善意例外」。上述善意例外屬於無過失情形，應不排除證據；如政府機關故意違法，法院應傾向於排除證據之決定，對於此二者應無爭議。比較有疑問者，如爲過失情形，法院應如何判斷？學者認爲偵查與審判不同，判決有罪必須達到毋庸置疑的心證始可，搜索、扣押、逮捕（常爲懵懂不清的狀態，但必須採取立即的行動）只要有相當理由或相當犯罪嫌疑即可，蓋二者之性質與目的完全不同。所謂的相當理由或相當犯罪嫌疑，一方面代表人民權利的最低保障；一方面代表容許偵查機關的犯錯空間、容許警察的過失行爲。因此，與刑法實體法迥異者，刑事訴訟法的重心，在判斷警察行爲是否有相當理由或相當犯罪嫌疑，而不在判斷其有無過失。如有相當理由或相當犯罪嫌疑，即令爲錯誤，亦爲合法行爲，不應爲證據之排除。

六、立法權衡因素第5項要求法院應斟酌「禁止使用證據對於預防將來違法取得證據之效果」。如排除證據能達到預防（或嚇阻）將來非法取證的目的，法院應傾向於爲排除證據之決定。反之，如排除證據：(一)不能達到此一效果。(二)只能達到有限或些微之效果。(三)排除之成本遠高於不排除之訴訟法之利益，法院應不排除證據。上述「善意例外」的情形，即屬於第一種情形，即令排除證據，亦不能達到嚇阻效果的目的。

七、法院在判斷「自白」應否排除時，不應考慮第158條之4立法理由所列七項權衡因素，而應依自白法則理論決定之。舉例言之，如司法警察訊問被告未爲錄音錄影，違反第

100條之1第1項，爭執的重心應在於被告之自白是否具眞實性、任意性？如爲肯定，自白即不應排除；如爲否定，自白即應排除。當事人對自白眞實性和任意性，有爭執時（如被告不爭執，即推定自白具任意性），依訴訟法之舉證理論。因爲偵查機關違背法律錄音、錄影之義務，檢察官必須證明自白具任意性，否則推定自白爲非任意性。如檢察官已證明自白具任意性、正確性，該自白應即得爲證據，殊不因偵查機關違背錄音、錄影義務，而否定經證明爲眞實性、任意性自白之證據能力。故判斷違反錄音、錄影的自白證據能力，法院不應考慮立法所列七項權衡因素，以「犯罪所生之危險或實害」爲例，法院豈可因所犯爲殺人罪，而傾向於不排除自白（即認定自白爲眞實、任意），因所犯爲偷竊罪，傾向於排除自白（認定自白爲非眞實、非任意）？以「發現該證據之必然性」爲例，法院又豈可因爲檢警機關是否可能再取得自白，而影響系爭自白之任意性或眞實性之判斷或舉證責任之法理？其他各因素之情形，皆爲相同。綜上所述，認爲第158條之4條文所指之證據，專指物證，不包括供述證據，即令認爲包括供述證據，在決定「供述」證據與「物證」應否排除時，法院也應以完全不同的哲學思維，分別判斷之（頁22～23）。

八、有實務見解主張依比例原則爲證據能力有無之判斷（92年台上字第4455號）。

九、第158條之4採權衡裁量原則之其他批判。

關於證據能力之有無：並非自由裁量之問題，法律規範應提供預測可能、確實而安定的基準。如今，法條卻以「審酌人權保障與公共利益之均衡維護」的方式爲基準，其利益衡量，不僅概念不明確，且利益權衡的結果，被告人權的保障，往往可能在維護社會秩序的公共利益的名義下，遭到輕忽，致使刑事訴訟透過正當程序使人民免於非法偵查的保障，陷於不安定的狀態。換言之，採權衡原則可能輕估憲法保障人民自由權益的價值，無法有效抑制將來偵查機關的違法偵查。

十、學者對第158條之4之正解（違法重大性與排除相當性）

我國刑訴法第158條之4規定之形式上，雖係權衡原則，惟此項權衡原則，並非自由裁量。事實審法院於適用上，應以維護憲法正當程序爲優先考量：(一)國家機關違反法定程序，如屬侵害憲法保障基本人權之重大違法情事，且從抑制將來違法偵查之觀點而言，容許其作爲證據並不適當者，即應否定其證據能力。(二)至於違反刑訴法上之程序要件，不涉及憲法所保障基本人權之實質侵害者，則採權衡原則，得審酌違反程序之違法情節、侵害被告權益之性質程度及案件之重大性、使用證據與發現眞實之必要性等因素，決定系爭證據應否予以排除。

十一、另有學者認爲當對證據資格有所懷疑時，需窮盡可用之方法以確認證據資格之存在，故如證據之關聯性經調查程序後，懷疑其是否具有事實關聯性時，應依罪疑唯輕原則排除其證據能力。若證據關聯性無疑慮，而係爭議其正當性（取證合法性）時，倘確認證據來源係屬不合法取得，亦應予以排除，不得權衡裁量。唯有證據取得是否合法有所疑慮時（無法確認不合法，但舉證者亦無法舉證其取證行爲合法），方容許權衡裁量。

【附錄】92年台上第7364號

　　惟查實施刑事訴訟之公務員，因違背法定程序取得之證據，除法律另有特別規定外，法院應依個案情節，斟酌該等公務員違背法定程序之主觀意圖、侵害行為人之種類及其輕重、犯罪所生之危險或實害、禁止使用該證據對於抑制違法蒐證之效果，與如依法定程序有無發現該等證據之必然性及對行為人在訴訟上防禦不利益之程度等各種情況，予以綜合考量，求取人權保障及公共利益之衡平。倘認容許其作為認定事實所憑之證據，對人權之侵害不大，又合乎治安之要求及現實之需要，自得認其有證據能力；苟該違背法定程序之情節，顯已違反憲法對於基本人權之保障，且復逾越必要之手段，如不予以排除其證據能力，對於公共利益既無助益，又難以維護司法之公信力，應可認其不具證據能力。又司法警察（官）如知有犯罪嫌疑者，固有立即蒐集、調查證據之義務，然其等行使蒐證之職權時，手段必須合法正當純潔，不得以引誘、教唆之手段達其蒐集證據之目的，此為法理所當然，復為警察職權行使法第3條第3項所明定：若犯罪嫌疑人本無犯罪之故意，純因司法警察（官）之設計，以引誘、教唆等不正當方法，誘發犯罪行為人萌生犯意，進而著手實行，因其並非循正當法定程序取得之證據，法院即應依個案情節，本於前揭標準，判斷是否容許其具證據能力，得否為認定事實之準據。

【附錄】93年台上第664號

　　刑事訴訟，係以確定國家具體之刑罰權為目的，為保全證據並確保刑罰之執行，於訴訟程序之進行，固有許實施強制處分之必要，惟強制處分之搜索、扣押，足以侵害個人之隱私權及財產權，若為達追訴之目的而漫無限制，許其不擇手段為之，於人權之保障，自有未周。故基於維持正當法律程序、司法純潔性及抑止違法偵查之原則，實施刑事訴訟程序之公務員不得任意違背法定程序實施搜索、扣押；至於違法搜索、扣押所取得之證據，若不分情節，一概以程序違法為由，否定其證據能力，從究明事實真相之角度而言，難謂適當，且若僅因程序上之瑕疵，致使許多與事實相符之證據，無例外地被排除而不用，例如案情重大，然違背法定程序之情節輕微，若遽捨棄該證據不用，被告可能逍遙法外，此與國民感情相悖，難為社會所接受，自有害於審判之公平正義。因此，對於違法搜索、扣押所取得之證據，除法律另有規定外，為兼顧程序正義及發現實體真實，應由法院於個案審理中，就個人基本人權之保障及公共利益之均衡維護，依比例原則及法益權衡原則，予以客觀之判斷，亦即宜就(一)違背法定程序之程度。(二)違背法定程序時之主觀意圖（即實施搜索、扣押之公務員是否明知違法並故意為之）。(三)違背法定程序時之狀況（即程序之違反是否有緊急或不得已之情形）。(四)侵害犯罪嫌疑人或被告權益之種類及輕重。(五)犯罪所生之危險或實害。(六)禁止使用證據對於預防將來違法取得證據之效果。(七)偵審人員如依法定程序，有無發現該證據之必然性。(八)證據取得之違法對被告訴訟上防禦不利益之程度等情狀予以審酌，以決定應否賦予證據能力。

【附録】98年台上第2966號

　　證據法所謂「彈劾」（impeachment）係指「彈劾證言之憑信性」（to impeach the credibility of witness）而言，亦即，對於具備證據能力之證言，彈劾其憑信性，減損其證明力，以減少受採認證明待證事實之程度。反之，對於欠缺證據能力之證言，因證言本身不具證據資格，根本無憑信性可被彈劾可言，尤不可能因憑信性被彈劾，反而取得證據能力。原判決關於證人薛○棟於警詢所為審判外陳述，既認定無證據能力在先，其後則以「然原審審理時，被告等之指定辯護人詰問證人薛○棟及共同被告甲○○時，既就前揭渠等在警詢時所為與審判中不符之陳述予以彈劾，則其等陳述已引進於審判庭，自仍應認為有證據能力。」云云，此則證據能力之論述，有不符證據法則之違背法令。

【附録】98年台上第4439號

　　實施刑事訴訟程序之公務員因違背法定程序取得之證據，其有無證據能力之認定，須使憲法所揭櫫之「人權保障」及實現國家刑罰權之「公共利益」間取得均衡維護，以兼顧程序正義及發現實體真實，權衡理論乃其斟酌方式之一。而違背法定程序取得證據之情形，常因個案之型態、情節、方法而有差異，於權衡時允宜斟酌：(一)違背法定程序之情節。(二)違背法定程序時之主觀意圖。(三)侵害犯罪嫌疑人或被告權益之種類及輕重。(四)證據取得之違法對被告訴訟上防禦不利益之程度。(五)違背法定程序時之狀況（即程序之違反是否有緊急或不得已之情形）等攸關人權保障，及犯罪所生之危害或實害（即所犯罪嫌輕重）所涉有關公共利益，暨(一)禁止使用證據對於預防將來違法取得證據之效果。(二)偵審人員如依法定程序有無發現該證據之必然性等屬排除違法證據是否具有嚇阻偵查機關將來違法偵查之相當性等各種因素，予以判斷，或審酌該被違反規範之立法意旨，探究該取證規範之立法目的及內涵，透過解釋論之方法導出違反該規範之效果，進而認定所取得之證據應否予以排除。惟如審酌結果已具有「違法之重大性」及「排除相當性」，不得以上開所列「被告犯罪所生之危險或實害」之因素，容許其作為認定事實之依據，反助漲違法偵查而戕害公平正義，失卻證據排除法則之目的功能。是依權衡理論，上開所列舉之八項因素，僅提供法官於個案權衡時，適宜列入考量之可能項目而已，亦非謂除列舉者之外，別無可供權衡基準存在，故曰「宜就違背法定程序之程度……等情狀予以審酌，以決定應否賦予證據能力」，從而於每一個案中未必窮盡一切可供審酌之各項基準，倘將權衡法則中之各種權衡因素擷取其中與案件特別有關之一二，列作優先或重要標準，單獨或綜合予以判斷，要無不可。而其判斷所憑之基礎事實，以自由證明為已足。若已就個案中應予斟酌之具體事實，綜合考量，並說明其據以形成權衡結果之心證理由，縱未逐一審酌上開列舉事由，尚難因此指為不當。

【附録】99年台上第4103號

　　「傳聞排除法則」中所謂被告以外之人於審判外之陳述無證據能力，係針對證據目的在於證明犯罪事實爭點（issue on fact）之證據資格而言；若證據之目的僅係作為「彈劾證

據憑信性或證明力」之用（issue on credibility），旨在減損待證事實之成立或質疑被告或證人陳述之憑信性者，其目的並非直接作為證明犯罪事實成立存否之證據，則無傳聞排除法則之適用，此即英美法概念所稱「彈劾證據」。

【附錄】104年台上第2051號

另案監聽取得之通訊監察譯文，如警方無重大惡意，參酌「另案扣押」、「善意例外」及「同屬通訊保障及監察法所准許聲請監聽之重罪」等法理，得認有證據能力。

【附錄】104年台上第3438號

法務部及司法警察主管機關，針對指認程序所訂頒之相關要領規範，旨在促使辦案人員注意，並非屬「法定程序」之一環，上不得僅因指認程序或相關要領規範未盡相符，遽認其無證據能力。至證人於司法警察機關之指認，其性質係屬被告以外之人於警詢之陳述，仍有傳聞法則及其例外規定之適用，自不待言。

【附錄】106年台上第2821號

刑事訴訟法第158條之2第2項規定，僅就違反第95條第1項第2款、第3款規定「不得作為證據」，而不包含第1款情形，係因司法警察（官）不一定是法律專家，不宜苛責其此項義務之絕對正確遵守，何況罪名常因證據之逐漸浮現與事實真相被發覺而改變，從而歸到同法第158條之4關於權衡法則加以規範，判斷其證據能力。

【附錄】106年台上第3561號

供述證據的任意性原則，雖僅見諸對於被告或犯罪嫌疑人的明文保障，其實對於被告以外之人（含證人、告訴人、被害人及其他有無關係的各種人員），同有任意性法則的適用，屬證據能力範圍，一旦通不過此項檢驗，就排除其證據資格。

🔍 焦點5　違法證據與憲法規定

一、未盡§95告知義務取得自白→違反憲法§8Ⅰ（正當法律程序之對質詰問權）、§16（訴訟基本權）。
二、使用傳聞證據→違反憲法§8Ⅰ、§16（訴訟基本權利）。
三、使用違法監聽之證據→違反憲法§8Ⅰ（人身自由）、§12（人民秘密通訊自由）、§16（訴訟基本權）→依§158-4。

🔍 焦點6　被告自白供述之證據能力判斷（王兆鵬，月旦法學第154期，頁155以下；吳燦，月旦法學教室第194期，頁20以下）

一、**實務最高法院見解有採**：客觀說（以訊問機關有無使用不正方法為準）、主觀說（以

被告自白供述時有無基於自由意志之任意性爲準）、限制主觀說（以訊問機關使用之不正方法與被告自白之非任意性間，有無因果關係爲準）。

(一) 最高法院95年度台上字第1365號

若被告先前受上開不正之方法，精神上受恐懼、壓迫等不利之狀態，有事實足證已延伸至其後未受不正方法所爲之自白時，該後者之自白，仍不具有證據能力。從而被告於司法警察詢問之自白，有無以不正方法取供？該等不正之方法，是否已延伸至檢察官偵訊時猶使被告未能爲任意性之供述？審理事實之法院，遇有被告對於提出非任意性之抗辯時，應先於其他事實而調查，苟未加調查，遽行採爲有罪判決所憑證據之一，即有違背證據法則之違法。

(二) 最高法院94年度台上字第2997號

被告在檢察官訊問時承認犯行，是否屬非任意性之自白，端視該自白是否係出於被告自由意思之發動而定，與調查人員先前是否曾以不正方法使被告爲非任意性之自白，並無必然之關聯。調查人員擅自以不正方法訊問被告，乃調查人員個人之不當行爲，對檢察官依法執行職務並無影響。而被告所受之強制，既來自於調查人員之不當行爲及被告於該次訊問所處之環境等外在因素，一旦訊問之人及所處之環境改變，妨害被告意思自由之外在因素消失，除非該不正方法對被告造成強制之程度非常嚴重（例如：對借提之被告刑求強迫其自白，並脅迫該被告如果翻供將繼續借提刑求；或對被告施用詐術，使被告誤信如持續爲不實之自白，將可實現其意欲達成之某種目的……等等），否則，被告之意思自由自然隨之回復，此乃事理所當然。故調查人員在訊問時或訊問前對被告施以不正方法，原則上僅影響到被告在該次訊問所爲自白之任意性，而不及於嗣後應訊時所爲之自白，倘無具體明確之證據，足以證明被告所受之強制確已延續至其後應訊之時，自不能以主觀推測之詞，遽認被告於嗣後應訊時仍持續受到強制。尤有進者，調查人員借提被告訊問後，將被告解還交由檢察官複訊，時間上必定接近，僅因檢察官有指揮及命令調查人員偵查犯罪之權責，複訊之時間接續及被告之情緒持續，即將被告在檢察官複訊時所爲之自白與調查人員以不正方法所取得非任意性之自白，一體觀察而爲概括之評價，無異於強令檢察官承受調查人員不當行爲之結果，不僅抹煞檢察官依法偵查犯罪之職權行使，亦違背證據法則。

(三) 最高法院96年台上字第829號

共同被告……應警詢問後，旋於當日……被解送至檢察官偵查訊問……距警詢製作完成筆錄之時間，相隔未逾四小時，則共同被告……警詢供述是否出於司法警察以不正方法所取得？苟確係司法警察以不正方法取得，該不正方法之強制性是否確已延續至檢察官偵訊時？即有待查明釐清。

(四) 最高法院96年度台上字第3102號

被告……遭員警非法拘束其人身自由，並提解至彰化地方法院檢察署……是被告因員警非法拘束其人身自由之不正方法所受身體上、精神上遭強制之狀態，於檢察官偵訊當時，顯然依舊存在，被告……偵訊時之自白，即非任意性之自白。

二、學者評析：實務見解有判斷標準不明確、容許精神刑求、欺凌弱勢人民等缺失，主張應兼採：

(一) 任意性法則：已足證明非出於自由意志下之非任意性自白供述，當無證據能力。
(二) 預防性法則：本法第158條之2即屬之，但應再行擴大，所有違反法定程序取得之被告自白供述，均應先推定無任意性（非僅有預防非任意性自白成為審判證據之效果，且可節省訴訟資源並避免法院錯誤判斷），除非檢察官得舉證推翻前開推定。
(三) 嚇阻性法則：毒樹果實理論之繼續效力屬之，包括以違法手段拘捕被告後，再以合法訊問取得被告自白；又如先以不正方法（刑求）訊問被告取得非任意性自白，嗣後再為第二次訊問時（檢察官或司法警察），雖未使用不正方法，因此非法強制狀態仍繼續延續影響被告，為嚇阻先前之不正方法出現，並考量飛語難收理論、舉證責任及避免偵查機關濫權，宜認為第二次自白應比照毒樹果實理論之放射性效力，認其無證據能力，但應承認稀釋例外。

三、其他見解

(一) 自白得為證據之要件，包含任意性（屬於憲法位階之正當法律程序，目的在維護被告陳述之意思決定及意思活動自由）與真實性（自白內容之合理，只自白之事實於經驗法則與論理法則上，具有妥當性而言）。
(二) 非任意性自白雖不得為有罪之證據，但仍得為被告刑罰減輕之事由，以補償救濟被告並抑制國家之不正行為。

【附錄】106年台上第2370號

訊問者對被告為法定寬典之告知，或基於法律賦予對特定處分之裁量空間，在裁量權限內為技術性使用，屬於合法偵訊；但若對被告許諾法律所未規定或非屬其裁量權限內之利益誘使其為自白，則屬刑事訴訟法第156條第1項所禁止之利誘。以利誘不正訊問所取得之自白，為補償被告以示衡平，仍有毒品危害防制條例第17條第2項減刑規定之適用。

焦點7　偵審階段違反告知義務取得自白之法律效果

一、檢事官、司法警察（官）對受拘提、逮捕之被告或犯罪嫌疑人詢問而未告知§95②③→依§158-2強制相對排除（因受拘捕故較可能無自由意志，宜受較充分保護）。
二、檢事官、司法警察（官）對受拘提、逮捕之被告或犯罪嫌疑人詢問而未告知§95①④
三、檢事官、司法警察（官）對未經拘捕之被告或犯罪嫌疑人詢問而未告知§95①②③④ —類推適用§158-2II
四、法官、檢察官對被告和犯罪嫌疑人（無論是否受拘提逮捕）訊問而未告知§95①②③④

【衍生實例】

司法警察（官）詢問受拘提、逮捕之犯罪嫌疑人，於下列情形所取得之自白，法院各得否以之作為該嫌疑人（被告）論罪之證據？試具理由解答：
(一)未先告知嫌疑人得保持緘默及得選任辯護人。

(二)於夜間未經嫌疑人明示同意而予詢問。
(三)對嫌疑人表示「如坦白認罪，將建議檢察官不向法院聲請羈押」，嫌疑人因而自白。

考點提示：

一、本於憲法第8條正當法律程序保障之權利，除有刑事訴訟法第100條之3第1項所列情形外，司法警察對被告原則上不得於夜間詢問之，以保障其人權。

二、承上，司法警察對經拘捕之犯罪嫌疑人亦應於詢問前踐行刑事訴訟法第95條之告知義務，如有違反應依同法第158條之2第2項規定，相對強制排除該自白或不利陳述之證據能力。

三、訊問被告不得使用刑事訴訟法第98條所列之不正方法，如有違反，該自白即屬非自由意志之非任意性自白，依同法第156條第1項規定應絕對強制排除其證據能力。

🔍 焦點8　告知義務之相關探討（王兆鵬，新刑訴新思維，頁124，刑事訴訟法講義，頁355～358；林鈺雄，刑事訴訟法（上），頁159～163）

一、§95告知義務應於人別訊問後，事物訊問前為之。

二、加重告知之瑕疵治療
- 1.司法警察詢問之初未盡告知義務，被告先為部分自白，倘詢問後盡加重告知義務，則其後被告之繼續自白有證據能力，即詢問程序之瑕疵被治癒（注意：告知前之自白仍依§152-2Ⅱ不具證據能力）
- 2.加重告知內容→除原§95之告知事項，尚須對「先前違法詢問將導致證據使用禁止」之法律效果告知被告

三、§95④告知規定之意義：
(一) 積極：請求國家以強制手段蒐集有利證據，包括§163Ⅰ、§166Ⅰ、§219-1、§275。
(二) 消極：國家機關不得隱匿或湮滅有利被告之證據，不得教唆證人偽證或不一致陳述，亦不能使被告喪失詰問證人之機會。

四、被告如放棄緘默權或律師權，仍得隨時恢復其權利，且得隨時終止訊問程序；另偵審人員不得遊說被告放棄前揭權利。

五、訊問類型與告知義務
(一) 形式意義之訊問：此說認為訊問者以執行職務形式對受訊者為訊問時，方須踐行告知，此為實務所採。
(二) 實質意義之訊問：除形式訊問外，訊問者若利用受訊者不知情狀態下（如警察偽裝隱匿身分）所為訊問，學者有認亦應踐行告知義務，惟此見解恐窒礙難行，故有學者持不同意見。

🔍 焦點9　司法警察（官）夜間詢問取得之自白或不利陳述

一、有證據能力之情形
(一) 合法詢問，即具備第100條之3第1項但書之四款情形。
(二) 違法詢問，惟具第158條之2第1項但書情形。

二、夜間詢問禁止之例外情形
(一) 查驗夜受拘捕人有無錯誤，以免誤認致戕害人權。
(二) 經受詢問人明示同意：在於捨棄不受夜間詢問之權利，學者認為為確保權利放棄之任意性，以及避免犯罪嫌疑人是否曾同意接受夜間詢問之問題日後引起爭議，故於技術層面應有一定之機制確保犯罪嫌疑人係在充分理解其權利的狀態下，基於自由意志同意接受夜間詢問。因此司法警察於實施夜間詢問前，除應依第95條之規定為防禦權益之告知外，尚應同時告知犯罪嫌疑人得自由決定是否接受夜間詢問，若犯罪嫌疑人表示同意接受夜間詢問者，應以書面明示，經其簽名或捺印者始為有效之同意。此外，犯罪嫌疑人一開始雖同意夜間詢問，惟並非表示在該項詢問的過程中犯罪嫌疑人已不得再使行緘默權，既然犯罪嫌疑人同意夜間詢問，可視為緘默權之放棄，則司法警察人員實施夜間詢問途中，遇有犯罪嫌疑人再行主張行使緘權者，應認再生禁止夜間詢問之效果，該項詢問應即中止。
(三) 急迫之情形：就比例原則而言，所謂之「急迫情形」，依學者見解應符合優越利益原則（重罪原則）、適當性原則、緊急性原則、必要性原則。
(四) 檢察官或法官許可：此項規定甚為不當，蓋若僅因檢察官或法官之許可，即可違反犯罪嫌疑人之同意，強行實施夜間詢問，則此項夜間詢問，無異於係本法所創設的新型強制處分，但是關於檢察官或法官許可夜間詢問之要件、基準如何，本法卻隻字未提，不啻違反「強制處分法定原則」，亦與本法明文保障緘默權之精神有違，故解釋上仍應具備急迫情形始可。

🔍 焦點10　評析最高法院「偵查即時訊問被拘捕被告」之判決（林鈺雄，月旦法學第207期，頁68～71）

學者對最高法院101年台上第2165號判決（詳附錄）提出如下評論：
一、該判決使檢察官之偵查淪為消極性，依照現行法的體系解釋可知，拘提、逮捕原因不一，本來就未必關乎是否羈押。例如：逕行拘提的原因要件與羈押重疊（本法第76條），屬於較有關係者。反之，偵查中「被告經合法傳喚，無正當理由不到場」，經檢察官拘提者（本法第75條、第77條第3項準用第71條第4項），只是為了強制被告到場接受訊問，而訊問目的正是釐清本案的被告犯罪嫌疑，是所謂的「實施積極偵查」，本來就不以釐清聲請羈押或羈押替代手段為限。系爭判決的限縮訊問說法果真可採，不知要如何解釋此種同樣是依照本法第93條第1項所為的即時訊問。
二、聲請羈押前提是符合羈押要件無論是一般性羈押或預防性羈押，羈押三要件包含被告

犯罪嫌疑重大、具備羈押之原因及具有羈押之必要（本法第101條第1項、第101條之1第1項）；而具保、責付、限制住居等羈押替代手段，同樣以被告犯罪嫌疑重大及具備羈押之原因爲要件，僅是「無羈押之必要」而已。依本法第93條第1項的拘捕後訊問，內容若不涉及被告犯罪嫌疑是否重大的本案訊問，根本無從據以判斷是否聲請羈押或運用替代手段。

三、訊問被告目的，固是爲了查明事實，釐清被告犯罪嫌疑。但訊問被告也有確保被告辯護利益及聽審權的保障面向，爲此目的，檢察官透過訊問的方式，使得被告有機會得以充分行使其請求資訊權、請求表達權以及請求注意權來進行防禦，並進而動搖其犯罪嫌疑（本法第96條：「訊問被告，應與以辨明犯罪嫌疑之機會」）；被告依法除了選任辯護人以協助辯護之外，也得於訊問時請求檢察官「調查有利之證據」，檢察官尚且應先踐行告知義務。禁止檢察官積極訊問關於被告犯罪嫌疑事項的說法，不但悖離訊問規範目的，同時也剝奪被告藉此去除犯罪嫌疑的機會。

🔍 焦點11　詐欺不正方法之種類

一、事實詐欺→僞稱共犯已招供、僞稱不利證據已發現、僞稱血型比對相符等。
二、法律詐欺→僞稱刑法不處罰、僞稱僅行政罰、僞稱自白可減刑或不起訴。

🔍 焦點12　被告品格之證據能力（吳巡龍，月旦法學教室第184期，頁23以下）

　　被告之品格證據應區分是否與犯罪事實有關；如與犯罪事實有關者，檢察官可提出該品格證據以證明犯罪動機、同一性、被告之知識等（例如被告抗辯不知其所持有之物品爲海洛因，則檢察官得提出被告施用海洛因之前科證據，以證明被告對持有之物品爲海洛因具有充分認識）；若與犯罪事實無關者，原則上除非被告先提出有利於自己之品格證據，檢察官方得提出反證，否則應禁止檢察官先行主動提出公及被告之品格證據，避免造成法院預斷之偏見。（105年台上第480號）

🔍 焦點13　緘默之證據能力（王兆鵬，搜索扣押與刑事被告的憲法權利，頁295～298）

　　關於緘默權之證據能力爲何？學者自不同層面爲分析：
一、**證據法分析**：證據法所考慮者乃在於證據之價值，即該證據是否有關聯性、是否具備不眞實性（如傳聞證據），抑或是否會造成某造偏見之形成，就此而言，緘默得爲實體證據與彈劾證據。
二、**不自證己罪分析**：若緘默得爲實體證據，等於得因被告之緘默，往被告「有罪」方向作不利之推斷。被告爲避免此不利的推斷，唯一的方式即爲陳述，因此在面對偵審機

關的訊問，即令被告認爲警察或檢察官之指控無稽，無欲陳述意見，但爲避免裁判者作有罪的不利推斷，仍必須勉強陳述。以緘默爲實體證據，有如對緘默權行使的一種處罰，在面對此處罰及壓力時，將有許多人不敢保持緘默，此實違反不自證己罪的規定。

惟以緘默爲彈劾證據，即認爲未違反不自證己罪規定，彈劾證據僅爲彈劾證人的信用能力。若緘默得爲彈劾證據，對被告最不利的效果，僅爲不相信被告之說辭，並非因此對被告作有罪方向之不利推斷。當緘默爲彈劾證據時（彈劾被告審判中的陳述），被告無須陳述，即得避免緘默成爲證據。被告只需繼續保持緘默，該緘默即無機會成爲彈劾被告之證據。故以緘默爲彈劾證據，不會影響被告陳述之自由意思。

三、**正當程序分析**：以正當程序分析，緘默應不得爲實體（包括認定犯罪事實或加重量刑）或彈劾證據。當執法者（在我國之法律爲法官、檢察官、警察）向被告爲緘默權告知時，等於向被告宣示（或暗示）緘默將不致有任何不利的後果。在政府向被告宣示有保持緘默之權，被告亦信賴其告知而行使權利保持緘默，政府卻轉而使用該緘默，作被告有罪推論之實體證據，或動搖其信用能力之彈劾證據，此乃政府之欺騙，爲根本上之不公平，違反正當程序，即令執法者未向被告爲權利告知時，緘默亦應不得爲實體或彈劾證據。被告之緘默權，並非因執法者之告知，始行取得。即令執法者未爲告知，被告仍享有法律上所賦予之緘默權。

🔍 焦點14　善意例外

所謂善意例外（§158-2）係指執法人員因具緊急事由，有更重大利益需保護之情形而言，非指執法人員之違反是否出於良善動機之意。

🔍 焦點15　筆錄之證據能力

受訊人確爲筆錄所載內容之供述，且爲任意性與眞實性，簽名與否即不涉證據能力之認定（93年台非字第70號判決）。

🔍 焦點16　共同被告於偵查中未經具結之陳述（李佳玟，台灣本土法學第157期，頁203以下）

一、最高法院98年度台上第4437號判決

(一) 至被告以外之人於偵查中向檢察官所爲之陳述，依刑事訴訟法第159條之1第2項規定，除顯有不可信之情況，得排除其爲證據外，原則上乃爲有證據能力之傳聞證據，得爲證據之使用；而被告以外之人，除共犯、被害人、告訴人、告發人及證人等外，尚包括共同被告。偵查中檢察官訊問被告以外之共同被告，該共同被告所爲之陳述，就屬於自己犯罪部分，乃被告之自白範疇；涉及其他共同被告犯罪事實者，則屬傳聞

供述。

(二) 若檢察官依刑事訴訟法第175條之規定，以證人身分傳喚共同被告到庭作證，或雖非以證人身分傳喚到庭，而於訊問過程中，轉換為證人身分為調查時，其供述之身分為證人，檢察官自應依同法第186條有關具結之規定，命證人供前或供後具結，以擔保證言係據實陳述，其陳述始符合同法第158條之3之規定，而有證據能力。倘違背具結之規定，未令具結，其證言應排除其得為證據；若檢察官以共同被告身分傳喚到庭為訊問時，其身分既非證人，即無「依法應具結」問題，縱未命其具結，而訊問有關其他共同被告之犯罪事實，純屬檢察官調查證據職權之適法行使，當無違法可言，此以共同被告身分於偵查中向檢察官所為之陳述，與檢察官以證人身分傳訊並已依法令其具結者，同屬傳聞證據。此項傳聞證據證據能力之有無，應依刑事訴訟法第159條之1第2項之規定為斷。（註：103年台上第649號判決則認為應類推適用本法第159條之2、第159條之3之法理。）

二、學者評析

(一) 檢察官於偵查中傳喚人證，不管對象是被害人、告訴人、證人或共同被告，其目的在於蒐集犯罪證據，釐清相關事實，以決定其所得之事證是否足以起訴，或作出其他處分。在此階段中，證人是否陳述事實，對於檢察官的決定有其重要性。因而在檢察官偵訊時要求證人或鑑定人具結有其意義，刑法第168條將證人於檢察官偵訊時具結卻又為虛偽陳述納入處罰範圍，確實有其必要。然而，此一程序若被違反，僅讓檢察官的決定基礎較為不穩固，並不至於影響被告的防禦權，也無損於法院的真實發現。而若證人於檢察官偵訊時並未具結，意謂著法院必須從其他的情況證據，去判定該陳述作成是否存在顯然不可信的情況。因而證人在檢察官偵訊時是否具結，僅是用來審查該證述作成時是否具有可信性的方法之一。偵查中證人是否具結，因而與該證言本身於審判的證據能力並無必然關係。

(二) 學者同意最高法院對於本案證言的處理，理由並非是最高法院於本判決所表示之「共同被告並非證人，故毋須具結」，本文的理由毋寧是偵查中證人是否具結，與其證言是否具有證據能力並不相關。偵查中要求證人具結之意義，與審判中要求證人具結的意義並不相同，前者在於擔保檢察官之決定適當，因而無論身分，只要該人證於檢察官訊問時，作出關於其他被告犯行的證言，仍須就此部分具結，後者才真正涉及證據之證據能力，刑訴法第158條之3適用範圍並不及於檢察官偵查中之訊問。

🔍 焦點17　未經具結之證人檢訊筆錄（陳運財，月旦法學教室第49期，頁20～21）

學者本於下列理由主張偵查中檢察官訊問證人未經具結者，其製作之訊問筆錄，並不受到刑訴法第158條之3規定之限制：

一、偵查中檢察官訊問證人是證據蒐集的程序，與審判中證人到庭交互詰問等法定調查證據程序，性質上有所不同，證人偵查中所為之陳述，基本上屬傳聞證據，有無證據能

力，應依傳聞法則處理。

二、審判中訊問證人應命其具結，除了擔保其據實陳述外，同時擔保審判中他造當事人對該證人能為有效反對詰問的機會。相對的在偵查中訊問證人屬證據蒐集的性質，除另有透過法院保全證據之必要，否則基本上並無擔保他造為有效反對詰問的情形。

三、司法警察人員訊問證人不需證人具結，其所作成的筆錄於符合刑訴法第159條之3或同條之5經被告同意者，可例外承認有證據能力。如依最高法院判決，檢察官偵查中訊問證人未經具結者，縱使被告同意，受第158條之3之限制，卻仍無證據能力，兩者相較顯失均衡。

四、依第158條之3立法理由說明，本條係參考最高法院過去判例所增訂，惟觀察此判例均屬審判中因原審未命證人或鑑定人具結，違反法定的調查程序，無法擔保據實陳述發現真實，致不得作為認定事實之依據。

五、學者另主張證人、鑑定人依法應令具結而未具結者，係構成刑訴法第155條第2項所定之「未經合法調查」，而不得作為認定事實之依據。其本質乃不符嚴格證明法則，與國家機關因侵害人權之不正方法取得自白或違法蒐集證據之排除法則自屬有別。（惟現行法則列為證據能力之判斷標準）

六、基於任意偵查原則，檢察官對於共同被告之訊問，應優先選擇干預性低、不命具結方式，且依刑事訴訟法第95條實施權利告知後而為訊問，以符合正當法律程序之要求；而不得將具有共犯關係之共同被告轉換為證人身分，命其具結而為訊問，否則將侵害其緘默權與選任辯護權。換言之，共同被告偵查中之自白，如欲於通常審判程序中作為認定有關其他共同被告犯罪事實之證據，應具備自白任意性、符合法定訊問程序之訊問與傳聞法則之例外。此外，如有偵審供述矛盾之情形，形式上雖依本法第159條之1第2項之規定，然實質上仍應先判斷有無本法第159條之2所定之要件。（註：最高法103年台上第1256號判決則認為，檢察官未命具結須經證明非蓄意，始可類推適用本法第159條之2、之3或之5之規定。）

【衍生實例】

甲與乙於民國94年1月間共同殺死人，乙當場被逮捕，由檢察官提起公訴，經第二審法院判確定，目前在監執行中。甲於偵查中逃匿，嗣於民國96年1月30日經通緝到案，隨即經檢察官起訴，起訴書中引用共犯乙在其案件偵查中以被告身分所為不利於甲之陳述筆錄，及第一審、第二審審判時以被告身分所為不利於甲之陳述筆錄為證據。本案在第一審審判時，經法院傳喚乙到庭為證人，經具結後由甲及其選任辯護人為反對詰問，乙翻供為有利於甲之證言。檢察官主張起訴書所引乙之陳述筆錄均有證據能力，甲之選任辯護人則認乙前揭陳述均未經具結，依刑事訴訟法第158條之3之規定，不得作為證據。如法院認為乙之陳述筆錄有證據能力，請問依現行刑事訴訟法之規定，您認為有法理之依據嗎？試說明其理由。

考點提示：參見上述焦點說明。

【附錄】釋字第592號

　　本院釋字第582號解釋，並未於解釋文內另定應溯及生效或經該解釋宣告違憲之判例應定期失效之明文，故除聲請人據以聲請之案件外，其時間效力，應依一般效力範圍定之，即自公布當日起，各級法院審理有關案件應依解釋意旨爲之。至本院釋字第582號解釋公布前，已繫屬於各級法院之刑事案件，該號解釋之適用應以個案事實認定涉及以共同被告之陳述，作爲其他共同被告論罪之證據者爲限。

【附錄】93年台上第5964號

　　按除法律另有規定者外，不問何人，於他人之案件，有爲證人之義務，而證人除未滿十六歲或因精神障礙，不解具結意義及效果者外，應命具結；又證人或鑑定人依法應具結而未具結者，其證言或鑑定意見，不得作爲證據，刑事訴訟法第176條之1、第186條第1項、第158條之3定有明文。又法院於審判期日的調查證據程序，關於犯罪事實之調查與證明，只能以刑事訴訟法准許之法定證據方法（如被告之供述、人證、鑑定、文書、勘驗）爲之。而告訴人係向司法警察機關或偵查機關申告犯罪事實而要求追訴之人，其於我國刑事訴訟法中，並非法定列舉之獨立證據方法，若以告訴人所陳親身經歷之被害經過，作爲認定犯罪事實之依據時，乃居於證人之地位，亦即其證據方法爲證人，必須踐行有關證人之證據調查程序，除非其有依法不得令其具結之情形，否則事實審法院應命其具結，若依法應具結而未具結時，該告訴人有關被害事實之陳述，無證據能力，法院不得援其陳述作爲判決之基礎。

【附錄】93年台上第6578號

(一) 被告之自白，須非出於強暴、脅迫、利誘、詐欺或其他不正之方法，且與事實相符者，始得採爲證據。如果被告之自白，係出於不正之方法，並非自由陳述，即其取得自白之程序已非適法，則不問自白內容是否確與事實相符，因其並不具證據能力，即不得採爲判決基礎。又此項自白係出於不正方法者無證據能力之侵害性法則，亦不限於負責訊（詢）問之人員對被告爲之，即第三人對被告施用不正之方法，亦屬之，且不論係事前或訊（詢）問當時所爲，只要其施用之不正方法，致被告之身體、精神產生壓迫、恐懼狀態延伸至訊（詢）問當時，倘被告因此不能爲自由陳述者，其自白仍非出於任意性，不得採爲證據。

(二) 92年2月6日修正公布，於同年9月1日起施行之刑事訴訟法第158條之3規定：「證人、鑑定人依法應具結而未具結者，其證言或鑑定意見，不得作爲證據」，是自92年9月1日起，證人除有同法第186條第1項規定不得令具結之情形外，均應令具結，否則其證言即不具證據能力，不得採爲判決基礎。而被害人乃被告以外之第三人，本質上屬於證人，其陳述被害經過時，亦應依上揭人證之法定偵查、審判程序具結陳述，方得作爲證據。

【附錄】94年台上第7080號

　　原審裁判時之刑事訴訟法第196條規定：「證人在偵查中或審判中，已經合法訊問，其陳述明確別無訊問之必要者，不得再行傳喚。」係爲防免證人一再往返法庭，有礙其生活秩序安寧所設之證人保護規範，但以其經檢察官或法官合法訊問明確爲限，尚不及於司法警察或司法警察官之調查程序，故證人雖經司法警察（官）詢問調查，但既無從命其具結，以擔保其證言之憑信性，則被告於偵、審中聲請傳喚該證人到庭作證時，倘其警詢陳述與待證事實確具關聯性，而有調查之必要者，檢察官及法官自應予以傳喚，依法命其具結及由被告行使詢問及詰問權，以期發現眞實及保障被告之基本防禦權。盧○威於原審聲請傳喚證人即遭以僞卡詐購貨物之商店人員蔡○義到庭指認行爲人，乃原判決僅說明「蔡○義於警訊時供述明確」，而未予傳喚調查，於法難認無違，同有應於審判期日調查之證據而未予調查之違誤。

【附錄】96年台上第3527號

　　刑事訴訟法第158條之3規定：「證人、鑑定人依法應具結而未具結者，其證言或鑑定意見，不得作爲證據。」所謂「依法應具結而未具結者」，係指檢察官或法官依刑事訴訟法第175條之規定，以證人身分傳喚被告以外之人（證人、告發人、告訴人、被害人、共犯或共同被告）到庭作證，或雖非以證人身分傳喚到庭，而於訊問調查過程中，轉換爲證人身分爲調查時，此時其等供述之身分爲證人，則檢察官、法官自應依本法第186條有關具結之規定，命證人供前或供後具結，其陳述始符合第158條之3之規定，而有證據能力。若檢察官或法官非以證人身分傳喚而以告發人、告訴人、被害人或共犯、共同被告身分傳喚到庭爲訊問時（例如刑事訴訟法第71條、第219條之6第2項、第236條之1第1項、第248條之1、第271條第2項、第271條之1第1項），其身分既非證人，即與「依法應具結」之要件不合，縱未命其具結，純屬檢察官或法官調查證據職權之適法行使，當無違法可言。而前揭不論係本案或他案在檢察官面前作成未經具結之陳述筆錄，係屬被告以外之人於偵查中向檢察官所爲之陳述，本質上屬於傳聞證據，基於保障被告在憲法上之基本訴訟權，除該被告以外之人死亡、身心障礙致記憶喪失或無法陳述、滯留國外或所在不明而無法傳喚或傳喚不到、或到庭後拒絕陳述等情形外，如已經法院傳喚到庭具結而爲陳述，並經被告之反對詰問，前揭非以證人身分而在檢察官面前未經具結之陳述筆錄，除顯有不可信之情況者外，得爲證據，並應於判決內敘明其符合傳聞證據例外之理由；又前揭非以證人之身分在審判中之陳述筆錄，倘該被告以外之人已經法院以證人身分傳喚到庭並經具結作證，且由被告爲反對詰問，或有前揭傳喚不能或詰問不能之情形外，該未經具結之陳述筆錄因屬審判上之陳述，自有證據能力；若係在另案法官面前作成之陳述筆錄，本質上亦屬傳聞證據，自得依本法第159條之1第1項之規定，認有證據能力。不能因陳述人未經具結，即一律適用本法第158條之3之規定，排除其證據能力。（評析：此判決部分見解可議，蓋如此將使偵審人員以非證人身分傳喚，如關係人、告訴人、告發人、被害人等，藉此規避具結之規定，而使供述證據之虛僞風險無法消除。）

【附錄】96年台上第5132號

刑事訴訟法第196條之1第2項並無準用同法第186條至第189條關於證人具結之規定，是司法警察（官）並無命犯罪嫌疑人或證人具結之適用，證人或犯罪嫌疑人於警詢所供未具結，自不生違反具結規定而無證據能力之問題。

【附錄】97年台上第2942號

檢察官……以所謂關係人身分傳訊……則其所謂關係人，於偵查程序上之身分究何所指？若認係屬證人，應命其具結，倘有對之應不命具結者，亦應告以當據實陳述，不得匿、飾、增、減，其所踐行之程序方稱適法。莫○○並非刑事訴訟法第3條所稱之當事人，其就上訴人上開犯罪事實之陳述，本質上屬於證人，又非同法第186條各款所列無具結能力之人，竟未於訊問前或訊問後依法命其具結，其陳述無證據能力而不得作為判斷事實之依據。

【附錄】98年台上第1166號

英美法上憑其專業知識、技術等專家資格就待證事項陳述證人意見之專家證人，我國刑事訴訟法則無特別規定，析其依憑特別知識經驗而陳述或報告其專業意見之本質以觀，亦屬刑事訴訟法上鑑定之範疇，自應適用鑑定之規定。至依特別知識得知親身經歷已往事實之鑑定證人，因有其不可替代之特性，故刑事訴訟法第210條明定應適用關於人證之規定。又刑事訴訟法為擔保證人、鑑定人陳述或判斷意見之真正，特設有具結制度，然因二者之目的不同，人證求其真實可信，鑑定則重在公正誠實，是除於第189條第1項規定證人之結文應記載「當據實陳述，決無匿、飾、增、減」外，另於第202條明定鑑定人之結文應記載「必為公正誠實之鑑定」，以示區別。復規定應踐行朗讀結文、說明及命簽名、蓋章或按指印等程序，旨在使證人或鑑定人明瞭各該結文內容之真義，俾能分別達其擔保證言真實或鑑定意見公正之特有目的。從而鑑定人之結文不得以證人結文取代之，如有違反，其在鑑定人具結程序上欠缺法定條件，自不生具結之效力，依同法第158條之3規定，應認為無證據能力。

【附錄】98年台上第3721號

證人在同一案件之偵查程序或審判程序經依法具結後，即有據實陳述之義務，嗣在同一程序之不同期日有數次證述時，其先前具結之效力，自及於其後所為之證言。（99年台上第7078號、103年台上第3523號同旨）

【附錄】98年台上第6210號

刑事訴訟法第196條之1第1項規定：「司法警察官或司法警察因調查犯罪嫌疑人犯罪情形及蒐集證據之必要，得使用通知書通知證人到場詢問。」並於第2項列舉司法警察官、司法警察得準用偵查、審判中有關訊問證人之規定，其中同法第166條至第171條有關

法庭詰問證人規定，不在準用之列。是司法警察官或司法警察於調查中詢問證人，並不生應行詰問程序之問題。又偵查中檢察官為蒐集被告犯罪證據，訊問證人旨在確認被告嫌疑之有無及內容，與審判期日透過當事人之攻防，調查人證以認定事實之性質及目的，尚屬有別。偵查中訊問證人，法無明文必須傳喚被告使之得以在場，刑事訴訟法第248條第1項前段雖規定：「如被告在場者，被告得親自詰問」，事實上亦難期被告必有於偵查中行使詰問權之機會。此項未經被告詰問之被告以外之人於偵查中向檢察官所為之陳述，依刑事訴訟法第159條之1第2項規定，原則上屬於法律規定為有證據能力之傳聞證據，於例外顯有不可信之情況，始否定其得為證據。是得為證據之被告以外之人於偵查中向檢察官所為之陳述，因其陳述未經被告詰問，應認屬於未經合法調查之證據，並非無證據能力，而禁止證據之使用。此項詰問權之欠缺，非不得於審判中由被告行使以資補正，而完足為經合法調查之證據。（99年台上第6119號相同見解）

　　所謂具結係指證人以文書保證其所陳述之事實為真實而言，乃證言真實性之程序擔保，與歐美國家命證人宣誓之意義相同。命證人具結，應依刑事訴訟法第187條第1項、第189條第1項、第2項、第3項規定之程序為之。其中第189條第2項「結文應命證人朗讀；證人不能朗讀者，應命書記官朗讀，於必要時並說明其意義。」之規定，主要在於使證人瞭解結文之涵義，以提高證人之警覺，俾求證言之真確。證人能識文字者，原則上使其自行朗讀；其不能自行朗讀者，始命書記官朗讀，經朗讀後認為證人尚有不能明瞭者，應加以說明結文之意義並記明筆錄，然後再依同條第3項之規定，命證人於結文內簽名、蓋章或按指印，以明責任。倘法院或檢察官於命證人具結時，未依上開規定命證人或書記官朗讀結文，即命證人於結文內簽名、蓋章或按指印，此朗讀結文程序之欠缺，是否導致不生具結之效力？依刑法第168條規定，我國係採具結文書以認定證人是否具結，應負偽證罪之責，自應以證人是否確已明白、認知結文之意義而簽名、蓋章或按指印為判斷基準。如證人已明白結文之真實意思，應認證人已具結；反之，則不生具結之效力。（註：103年台上第3131號同旨）

【附錄】100年台上第1667號

　　供述證據，特重任意性，故刑事訴訟法第156條第1項規定……將被告供述之任意性，作為證據能力之要件。而證人陳述之任意性，同法雖無相同之明文，但本於同一法理，審理事實之法院亦應詳加調查，以擔保該證人陳述之信用性。又對於證人施以前揭不正之方法者，不以負責詢（訊）問或製作筆錄之公務員為限，其他第三人亦包括在內，且不以當場施用此等不正之方法為必要，縱係由第三人於詢（訊）問前為之，倘使證人精神上、身體上受恐懼、壓迫之狀態延續至應訊時，致不能為任意性之陳述者，該證人之陳述仍屬非出於任意性，依法不得採為判斷事實之根據。

【附錄】102年第13次刑庭決議

　　參酌刑事訴訟法第159條、第159條之1之立法理由，無論共同被告、共犯、被害人、證人等，均屬被告以外之人，並無區分。本此前提，凡與待證事實有重要關係之事項，如

欲以被告以外之人本於親身實際體驗之事實所爲之陳述，作爲被告論罪之依據時，本質上均屬於證人。而被告之對質詰問權，係憲法所保障之基本人權及基本訴訟權，被告以外之人於審判中，已依法定程序，到場具結陳述，並接受被告之詰問者，因其信用性已獲得保障，即得作爲認定被告犯罪事實之判斷依據。然被告以外之人於檢察事務官、司法警察官、司法警察調查中（以下簡稱警詢等）或檢察官偵查中所爲之陳述，或因被告未在場，或雖在場而未能行使反對詰問，無從擔保其陳述之信用性，即不能與審判中之陳述同視。惟若貫徹僅審判中之陳述始得作爲證據，有事實上之困難，且實務上爲求發現眞實及本於訴訟資料越豐富越有助於事實認定之需要，該審判外之陳述，往往攸關證明犯罪存否之重要關鍵，如一概否定其證據能力，亦非所宜。而檢驗該陳述之眞實性，除反對詰問外，如有足以取代審判中經反對詰問之信用性保障者，亦容許其得爲證據，即可彌補前揭不足，於是乃有傳聞法則例外之規定。偵查中，檢察官通常能遵守法律程序規範，無不正取供之虞，且接受偵訊之該被告以外之人，已依法具結，以擔保其係據實陳述，如有僞證，應負刑事責任，有足以擔保筆錄製作過程可信之外在環境與條件，乃於刑事訴訟法第159條之1第2項規定「被告以外之人於偵查中向檢察官所爲之陳述，除顯有不可信之情況者外，得爲證據。」另在警詢等所爲之陳述，則以「具有較可信之特別情況」（第159條之2之相對可信性）或「經證明具有可信之特別情況」（第159條之3之絕對可信性），且爲證明犯罪事實存否所「必要」者，得爲證據。係以具有「特信性」與「必要性」，已足以取代審判中經反對詰問之信用性保障，而例外賦予證據能力。至於被告以外之人於偵查中未經具結所爲之陳述，因欠缺「具結」，難認檢察官已恪遵法律程序規範，而與刑事訴訟法第159條之1第2項之規定有間。細繹之，被告以外之人於偵查中，經檢察官非以證人身分傳喚，於取證時，除在法律上有不得令其具結之情形者外，亦應依人證之程序命其具結，方得作爲證據，此於本院93年台上字第6578號判例已就「被害人」部分，爲原則性闡釋；惟是類被害人、共同被告、共同正犯等被告以外之人，在偵查中未經具結之陳述，依通常情形，其信用性仍遠高於在警詢等所爲之陳述，衡諸其等於警詢等所爲之陳述，均無須具結，卻於具有「特信性」、「必要性」時，即得爲證據，則若謂該偵查中未經具結之陳述，一概無證據能力，無異反而不如警詢等之陳述，顯然失衡。因此，被告以外之人於偵查中未經具結所爲之陳述，如與警詢等陳述同具有「特信性」、「必要性」時，依「舉輕以明重」原則，本於刑事訴訟法第159條之2、第159條之3之同一法理，例外認爲有證據能力，以彌補法律規定之不足，俾應實務需要，方符立法本旨。本院93年台上字第6578號判例，應予補充。

【附錄】103年台上第2267號

依刑事訴訟法第176條規定，關於證人之適格要件，並無年齡或能力上之限制，故稚齡之幼童，雖無具結能力，其所爲證言非無證據能力。

【附錄】104年台上第1907號

刑事訴訟法爲擔保證人、鑑定人陳述或判斷意見之眞正，特設有具結制度，然因二者

目的不同，人證求其眞實可信，鑑定則重在公正誠實，是除於第189條第1項規定證人之結文應記載「當據實陳述，決無匿、飾、增、減」外，另於第202條明定鑑定人之結文應記載「必爲公正誠實之鑑定」，以示區別。復規定應踐行朗讀結文、說明及命簽名、蓋章或按指印等程序，旨在使證人或鑑定人明瞭各該結文內容之眞義，俾能分別達其擔保證言眞實或鑑定意見公正之特有目的。從而鑑定人之結文不得以證人結文取代之，如有違反，其在鑑定人具結程序上欠缺法定條件，自不生具結之效力，依同法第158條之3規定，固應認爲無證據能力。

【附錄】104年台上第2619號

被害人、共同被告、共同正犯等被告以外之人，在偵查中未經具結之陳述，於我國刑事訴訟法中並無證據能力之明文規定，惟若一概否定證據能力，無異反而不如警詢等之陳述，顯然有所失衡。因此，被告以外之人於偵查中未經具結所爲之陳述，故若該陳述同具有「具有較可信之特別情況」且「爲證明犯罪事實存否所必要」時，應本於刑事訴訟法第159條之2、第159條之3之相同法理視之。

【附錄】105年台上第141號

檢察官將共犯被告改列爲證人訊問，應踐行告知拒絕證言之相關程序權，使其具結陳述，其該部分之陳述始符合刑事訴訟法第159條之1第2項得爲證據之傳聞例外。否則，應類推適用同法第159條之2或第159條之3等規定，於其具有相對或絕對可信性之情況保障，及使用證據之必要性時，例外賦予其證據能力。

【附錄】105年台上第1053號

檢察官以被告身分訊問共犯有關他人犯罪之陳述，此等未經具結之陳述，依舉輕以明重原則，本於同法第159條之2、第159條之3等規定之同一法理，得於具有相對或絕對可信性之情況保障，及使用證據之必要性時，例外賦予其證據能力。

【附錄】105年台上第1640號

刑法第168條之僞證罪，所保護之法益既爲國家司法權之公正，若證人爲虛僞陳述時，尚無他人案件繫屬，自無侵犯國家司法權行使公正可言，固然案件於偵查中，因偵查屬於浮動狀態，犯罪嫌疑人爲何人，尚有賴證據之調查及訊問證人、共犯等不斷的偵查作爲始能確定，有所謂潛在之被告或犯罪嫌疑人存在，惟證人於此情況下作證時，至少應知或可得而知其作證之對象爲何人，進而於案情有重要關係之事項，供前或供後具結，而爲虛僞陳述，方有成立僞證罪之可能，否則其在不知作證對象爲何人之情況下，又如何能行使刑事訴訟法第180條、第181條，因一定之身分或利害關係而得拒絕證言之權利。再檢察官於訊問被告過程中發現被告以外之人涉有犯罪嫌疑時，固可將訊問之被告轉換爲證人，但不能恣意爲之，此由刑事訴訟法第287條之1、第287條之2，法院尚須以裁定將共同被告之調查證據程序分離，使分離程序後之共同被告立於證人之地位，準用有關人證之規定，

具結陳述，並接受其他共同被告之詰問，可知悉其轉換程序應慎重爲之。

　　換言之，檢察官若非因訊問被告或以其他偵查方式獲知他人可能涉及犯罪之資料，在未告知其爲何欲將本案被告轉換爲證人訊問，並使被告知悉或可得而知其作證之對象爲何人時，卻在無其他被告案件繫屬中，爲偵查其他可能潛在之被告或犯罪嫌疑人，利用證人具結之程序而使被告就自己的犯案事實，負擔眞實陳述之法律上義務，無異強迫被告在自己案件中作證，非但違背被告不自證已罪之原則，且造成程序混淆，讓被告不知其究竟係本於被告（可行使緘默權）或證人（必須據實陳述）地位而爲陳述，是縱其陳述不實，亦不能逕依僞證罪責論擬。

🔍 焦點18　錄音瑕疵之被告筆錄證據能力判斷（林鈺雄，刑事訴訟法（上），頁158～159；王兆鵬，刑事訴訟法講義，頁350～351；吳巡龍，月旦法學第113期，頁70～75）

　　我國對未連續錄音或錄影之被告筆錄證據能力判斷之見解爲：

一、無證據能力說：有學者認爲，偵訊錄音的目的不僅是爲擔保筆錄的正確性，也在確保偵訊過程之合法性，當執法機關遵守規定而錄音錄影，但其內容與筆錄不符，筆錄不符部分不能作爲證據；完全未錄音與有錄音但與筆錄不符之情形相較，完全未錄音程序違法的情況較爲嚴重，故若執法機關違反錄音義務而未全程錄音，應認爲筆錄記載全部與錄音不符，整份筆錄應認爲無證據能力（何賴傑師）。

二、權衡排除說：故司法警察（官）詢問犯罪嫌疑人如違背上開規定，其所取得之供述筆錄，究竟有無證據能力，原應審酌司法警察（官）違背該法定程序之主觀意圖、客觀情節、侵害犯罪嫌疑人權益之輕重、對犯罪嫌疑人在訴訟上防禦不利益之程度，以及該犯罪所生之危害，暨禁止使用該證據對於抑制違法蒐證之效果，及司法警察（官）如依法定程序有無發現該證據之必然性等情形，本於人權保障與社會安全之均衡維護精神，依比例原則，具體認定之（部分實務判決）。

三、不利推定說：錄音與筆錄不符時，因錄音係純機械操作，能忠實地反映說話者之確實用語與筆錄含有製作者取捨之判斷不同，故筆錄所載與錄音不符者因不具眞實性，應排除其證據能力，乃當然之理。若錄音效果不清楚、未全程錄音或完全未錄音、錄影的情形，既違反規定，應推定該自白無任意性及筆錄不正確，不得作爲證據，倘檢察官能以其他方式證明該被告自白的任意性與筆錄記載正確性，則應仍得爲證據，檢察官對於此等事項之舉證責任以「過半證據」爲已足，而不需達到「無合理可疑」的確信程度。若對被告自白無急迫情形而未錄音，檢察官又不能提出「過半證據」證明被告自白的任意性與筆錄記載正確性，則該筆錄應不得作爲證據（王兆鵬師、陳運財師、吳巡龍師，部分實務判決）。

【附錄】76年台上第8489號

　　被告之自白出於違法羈押者，依刑事訴訟法第156條第1項規定，不具有證據能力，亦

即不得以之為有罪判決之證；然此並非謂，一有違法之羈押，其自白即應為如是之限制，而必須該項自白係出於違法羈押之原因，即因違法羈押所致，其間有因果關係者，始有上開法條之適用。倘其自白與違法羈押無所關聯，即其雖受違法之羈押，但自白並非因違法羈押而出者，仍不得謂其不具有證據能力。

【附錄】91年台上第2908號

被告供認犯罪之自白，如係出於強暴、脅迫利誘、詐欺或其他不正方法，取得該項自白之偵訊人員，往往應擔負行政甚或刑事責任，若被告已提出證據主張其自白非出於任意性，法院自應深入調查，非可僅憑負責偵訊被告之人員已證述未以不正方法取供，即駁回此項調查證據之聲請。

【附錄】93年台上第6578號

(一) 被告之自白，須非出於強暴、脅迫、利誘、詐欺或其他不正之方法，且與事實相符者，始得採為證據。如果被告之自白，係出於不正之方法，並非自由陳述，即其取得自白之程序已非適法，則不問自白內容是否確與事實相符，因其並不具證據能力，即不得採為判決基礎。又此項自白係出於不正方法者無證據能力之侵害性法則，並不限於負責訊（詢）問之人員對被告為之，即第三人對被告施用不正之方法，亦屬之，且不論係事前或訊（詢）問當時所為，只要其施用之不正方法，致被告之身體、精神產生壓迫、恐懼狀態延伸至訊（詢）問當時，倘被告因此不能為自由陳述者，其自白仍非出於任意性，不得採為證據。

(二) 92年2月6日修正公布，於同年9月1日起施行之刑事訴訟法第158條之3規定：「證人、鑑定人依法應具結而未具結者，其證言或鑑定意見，不得作為證據」，是自92年9月1日起，證人除有同法第186條第1項規定不得令具結之情形外，均應令具結，否則其證言即不具證據能力，不得採為判決基礎。而被害人乃被告以外之第三人，本質上屬於證人，其陳述被害經過時，亦應依上揭人證之法定偵查、審判程序具結陳述，方得作為證據。

【附錄】94年台上第2670號

刑事訴訟法雖以被告為法院調查證據之對象，被告之陳述，固得為證據資料，惟刑事訴訟程序上，為保障被告防禦權之行使及尊重被告陳述之自由，規定被告有緘默權，即被告除有積極的陳述自由外，基於不自證己罪原則，亦有消極的不陳述自由，不能強令其自負清白之責任，如被告選擇緘默，不能遽認其詞窮理屈而據為不利於被告之裁判理由。

按證人之證言是否足以證明要證事實，即證言是否具有實質之證據力，應以其是否具有憑信性為前提，其憑信性如何，依自由心證原則，法院有斟酌取捨之權，惟法院之自由判斷，亦不能違背經驗法則及論理法則，尤無所謂案重初供原則存在；又刑事訴訟法第159條之2規定：「被告以外之人於檢察事務官、司法警察官或司法警察調查中所為之陳述，與審判中不符時，其先前之陳述具有較可信之特別情形，且為證明犯罪事實存否所必

要者，得爲證據」，係以被告以外之人於檢察事務官、司法警察（官）調查中之陳述，性質上屬傳聞證據，違背直接審理及言詞審理原則，原則上不認其具證據能力，惟依刑事訴訟法第228條第2項、法院組織法第66條之3第1項第2款之規定，檢察事務官有調查犯罪及蒐集證據與詢問告訴人、告發人、證人或鑑定人之權限，刑事訴訟法第229條至第231條之1，亦規定司法警察（官）具有調查犯罪嫌疑人犯罪情形及蒐集證據等職權，若以其等調查所得證據資料，一味排除，自違背實體眞實發現之訴訟目的，是以先前與審判中不符之陳述，具有較可信之特別情形，且爲證明犯罪事實存否所必要者，例外認有證據能力，此與籠統之所謂「案重初供」者迥然不同；又上開例外之情形，自應於判決理由中說明，否則即有理由不備之違法。

【附錄】94年台上第7104號

若檢察官於調查過程中已曾告知其所犯罪名及可行使緘默權，縱於其他調查期日爲訊問時未再行踐行告知程序，對被告防禦權及緘默權之行使既無所妨礙，即於判決不生任何影響，自不得據爲上訴第三審之理由。

【附錄】95年台上第3259號

被告之自白，須非出於強暴、脅迫、利誘、詐欺、疲勞訊問、違法羈押或其他不正之方法，且與事實相符者，始得採爲認定被告犯罪事實之證據。此項證據能力之限制，係以被告之自白必須出於其自由意志之發動，用以確保自白之眞實性，故對被告施以前揭不正之方法者，不以負責訊問（詢問）或製作該自白筆錄之公務員爲限，其他第三人亦包括在內，且不以當場施用此等不正之方法爲必要，縱係由第三人於訊問前爲之，倘使被告精神上、身體上受恐懼、壓迫之狀態延續至應訊時致不能爲任意性之陳述時，該自白仍屬非任意性之自白，依法不得採爲判斷事實之根據。故審理事實之法院，遇有被告對於自白提出非任意性之辯解時，應先於其他事實而爲調查。

【附錄】96年台上第4908號

依刑事訴訟法第100條之1第1項、第100條之2規定，檢察官訊問被告或司法警察（官）詢問犯罪嫌疑人時，除有急迫情況且經記明筆錄者外，應全程連續錄音；必要時，並應全程連續錄影。揆其立法意旨，乃在建立訊（詢）問筆錄之公信力，並促使偵（調）查機關恪遵訊（詢）問程序之規定，以確保程序之合法正當。因此，舉凡與實現正當法律程序有關之偵（調）查機關不作爲與作爲義務之遵守，諸如禁止以不正方法訊（詢）問、不得於夜間詢問及踐行同法第95條之告知程序等，悉在擔保之範圍內，非僅止於確保自白之任意性。是被告之自白縱經證明係本諸自由意志所爲，而非出於不正之方法，亦難謂其受正當法律程序保障之訴訟上權益，業已完全獲得滿足，並得據以免除或減輕上開爲擔保偵（調）查機關恪遵訴訟上作爲與不作爲規定，所課予應全程錄音或錄影之義務。檢察官、司法警察（官）未依規定全程連續錄音或錄影所進行之訊（詢）問筆錄，亦屬違背法定程序取得之證據，其有無證據能力，仍應由法院適用同法第158條之4規定，依個案之具

體情狀，審酌人權保障及公共利益之均衡維護，予以客觀權衡判斷之。

【附錄】98年台上第935號

刑事訴訟法為保障被告之防禦權，尊重其陳述之自由，包括消極不陳述與積極陳述之自由，前者賦予保持緘默之權，後者則享有無須違背自己之意思而為陳述之權。此外，被告尚得行使辯明權，以辯明犯罪嫌疑，並就辯明事項之始末連續陳述；於審判期日調查證據完畢後，更得就事實及法律辯論之（同法第95條第2款、第96條、第289條第1項參照）。此等基於保障被告防禦權而設之陳述自由、辯明及辯解（辯護）權，既係被告依法所享有基本訴訟權利之一，法院復有闡明告知之義務。則科刑判決時，對刑之量定，固應以被告之責任為基礎，本於比例、平等及罪刑相當等原則，並審酌刑法第57條所列各款情狀為輕重之標準，然其中同條第10款所稱犯罪後之態度，係指被告犯罪後，因悔悟而力謀恢復原狀，或與被害人和解，賠償損害等情形而言，應不包括被告基於防禦權之行使而自由陳述、辯明或辯解（辯護）時之態度。是自不得因被告否認或抗辯之內容與法院依職權認定之事實有所歧異或相反，即予負面評價，逕認其犯罪後之態度不佳，而採為量刑畸重標準之一……，顯未尊重上訴人上開自由陳述、辯明、辯解（辯護）權之行使，將上訴人合法行使抗辯權之內容作為量刑標準之審酌，自有違刑法第57條第10款規定之意旨。

【附錄】98年台上第4209號

被告或犯罪嫌疑人因拘提或逮捕到場者，應即時訊問，刑事訴訟法第93條第1項定有明文。又檢察事務官、司法警察官、司法警察詢問受拘提、逮捕之被告或犯罪嫌疑人時，違反應告知得選任辯護人之規定者，所取得被告或犯罪嫌疑人之自白及其他不利之陳述，不得作為證據。但經證明其違背非出於惡意，且該自白或陳述係出於自由意志者，不在此限。同法第95條第3款、第158條之2第2項亦定有明文。之所以如此立法，當係被告或犯罪嫌疑人臨時受拘提或逮捕，一時難免惶惑，不知所措，為保障其訴訟上之防禦權，期使司法警察（官）確實遵守此一告知之程序，以保障人權，特別明定，違背此一程序時，除有但書例外之情形外，所取得之供述證據，無證據能力，此與在其他調查、偵查或審判程序違背此一告知義務時，非當然無證據能力之規定不同。而第93條、第95條及第158條之2已分別於民國86年12月19日、92年9月1日公布施行，至97年6月間已行之經年，當為辦理刑事偵查之司法警察（官）所明知。故司法警察（官）明知被告或犯罪嫌疑人已表明需選任辯護人，自應待其辯護人到場後，即刻訊問，不得無故拖延。如司法警察（官）待犯罪嫌疑人所選任之辯護人到場後，卻刻意拖延，不遵守應即時詢問之規定，而於其辯護人離去後，始加詢問，使犯罪嫌疑人未獲辯護人之諮商及協助，自有礙於其防禦權之充分行使。此種情形，較之於詢問之初未告知得選任辯護人，尤為嚴重；且既屬明知而有意為之，自屬惡意。因此，依舉輕以明重之法理，司法警察（官）以此方法違背刑事訴訟法第93條第1項即時詢問之規定時；其所取得被告或犯罪嫌疑人之不利供述證據，難認有證據能力。

【附錄】98年台上第5665號

被告於偵審中為認罪之陳述，動機不一，有衷心悔悟者，亦有為求身體上或精神上痛苦之解脫者，更有係出於企圖得到某種利益或由於一定意圖而為之者，故未必即與真實相符。檢察官偵查犯罪，對於非重罪之案件（死刑、無期徒刑或最輕本刑三年以上有期徒刑以外之罪），法律賦予其訴追必要性之評價，於參酌刑法第57條所列事項及公共利益之維護，並經被告之同意，附加課以被告履行刑事訴訟法第253條之2第1項第3款至第6款所定一定負擔之義務時，得為緩起訴。檢察官與被告如達成「認罪並向公庫或指定之公益團體支付一定之金額，即給予一定期間緩起訴」條件之協議，被告據此向檢察官認罪。惟檢察官嗣後並未依協議結果為緩起訴處分，而仍予以起訴者，此屬檢察官偵查裁量結果之作為，尚與不正方法取證之情形有異。第以緩起訴處分原本即非被告所得享有之權利，自不能強求檢察官為之，然被告既係因信賴檢察官而為一定行為，基於保護人民正當合理之信賴，並參酌刑事訴訟法第455條之7規定：「法院未為協商判決者，被告或其代理人、辯護人在協商過程中之陳述，不得於本案或其他案件採為對被告或其他共犯不利之證據」之相同法理，於此情形，則被告先前向檢察官之認罪及因此所為之不利陳述，即應予以排除，不得作為證據，方符公平正義之精神。

【附錄】99年台上第2071號

自白，乃行為人對自己犯罪事實之全部或主要部分為肯定陳述之意。行為人於訴訟上（審判上）或訴訟外（審判外）對犯罪事實為具體、明確、肯定之陳述，應係自白；單純拒絕陳述或保持緘默，則非自白，自不待言。至於行為人對犯罪事實有所陳述，而未明白承認或否認，是否屬於自白，事實審法院應審酌個案具體情形，諸如是否出於自由意志，兼及陳述之時間、場合、動機、對象、態度、內容等事項，審慎認定之。惟稽之卷內資料，上訴人及其選任辯護人原審迭次否認上訴人於本次對話中自白猥褻A女。又原審勘驗A女之母提出之本次對話錄音所製作勘驗筆錄顯示，上訴人於對話中始終一再否認猥褻A女，其間雖有表達「對不起」、「我想死」、「我錯了」、「要贖罪」等話語，但既未具體、明確、肯定陳述對A女為猥褻之行為，得否因此即認上訴人對猥褻A女犯罪事實之全部或主要部分為肯定陳述？仍不無疑義。

【附錄】99年台上第6562號

警察依警察勤務條例第11條第3款執行場所之臨檢勤務，應限於已發生危害或依客觀、合理判斷易生危害之處所、交通工具或公共場所為之，對人實施之臨檢則須以有相當理由足認其行為已構成或即將發生危害者為限，且應遵守比例原則，不得逾越必要程度，臨檢進行前，應對在場者告以實施之事由，及出示證件表明其為執行人員之身分，始無悖於維護人權之憲法意旨，經司法院釋字第535號解釋在案。又警察職權行使法第6條第1項，雖規定警察於公共場所或合法進入之場所，得對於在場人員「查證其身分」，仍應符合所定要件，倘欲基於司法警察（官）之身分蒐集犯罪事證，對於在場人員之身體、物

件、電磁紀錄、住宅或場所為搜索、扣押處分，仍應依警察法第9條第4款、警察法施行細則第10條第3款之規定，遵循刑事訴訟法關於搜索及扣押之規定，並依其具體情形，由法院予以事先或事後之審查，非謂因有警察職權行使法之規定，而得規避。其若非法搜索、扣押，所取得之證據，法院應依刑事訴訟法第158條之4規定，本於人權保障及公共利益之均衡維護原則，判斷其證據能力之有無。……司法警察（官）依法拘提或逮捕被告或犯罪嫌疑人之後，為獲致其犯罪相關案情，而開始就犯罪情節與其交談時，即屬刑事訴訟法所規定之「詢問」。而詢問之開始即應當場製作詢問筆錄，並踐行同法第94條至第100條之3之法定程序，始足保障被告或犯罪嫌疑人之權利。但如為追捕正犯、共犯、營救被害人等急迫情事，或宥於現場有不能製作筆錄之情形時，基於公共利益之維護及保護被害人之生命安全，且衡酌刑事訴訟法第43條之1第2項筆錄之特殊製作形態及同法第100條之1第2項筆錄與錄音不符時以錄音為準之意旨，經被告或犯罪嫌疑人之同意，得以錄音代替筆錄之製作，以獲得其供述內容而得繼續犯罪之追查或被害人之營救，但仍應遵守詢問被告或犯罪嫌疑人應行遵守之程序。於此情形，程序之遵守與否，即應依錄音內容之有無而判斷，錄音所未記錄者，即屬未踐行，嗣後不得再依該執行詢問錄音職務之司法警察（官）之證詞而補充之。

【附錄】100年台上第540號

　　供述證據禁止以不正方法取得，乃法定之取證規範，司法警察官或司法警察因調查犯罪之需，於詢問犯罪嫌疑人時使用所謂之「訊問技巧」，必須建構在法定取證規範上可容許之範圍內，始足當之，否則即難謂係合法而肯認其證據能力。是否該當取證規範可容許之範圍，以有無誘發虛偽陳述或非任意性陳述之危險性為斷；於詢問前曉諭自白減免其刑之規定（如貪污治罪條例第8條、刑法第166條等），乃法定寬典之告知，並非利用對於「自白」之誤認，誘使犯罪嫌疑人自白犯罪；又司法警察對犯罪嫌疑人表示，經檢察官許可後不予解送（刑事訴訟法第92條第2項）而取得自白，應屬合法之「訊問技巧」範疇。但司法警察如對犯罪嫌疑人表示「會助其一臂之力」，或告以如自白就一定不會被羈押、可獲緩刑之宣告，乃係對被詢問者承諾法律所未規定之利益，使信以為真，或故意扭曲事實，影響被詢問者之意思決定自由，則屬取證規範上所禁止之不正方法。……刑事妥速審判法第7條旨在就久懸未決案件，從量刑補償機制予被告一定之救濟，以保障被告受妥速審判之權利。法院於審酌本條各款規定之事項後，認被告之速審權確已受侵害，且情節重大，有予適之親身經歷，陳述其所見所聞之過往事實，二者有別。

【附錄】100年台上第1730號

　　全程連續錄影……立法意旨，乃在建立訊（詢）問筆錄之公信力，並促使偵（調）查機關恪遵訊（詢）問程序之規定，以確保程序之合法正當。因此，舉凡與實現正當法律程序有關之偵（調）查機關不作為與作為義務之遵守，諸如禁止以不正方法訊（詢）問、不得於夜間詢問及踐行同法第95條之告知程序等，悉在擔保之範圍內，非僅止於確保自白之任意性。是被告之自白縱經證明係本諸自由意志所為，而非出於不正之方法，亦難謂其受

正當法律程序保障之訴訟上權益，業已完全獲得滿足，並得據以免除或減輕上開爲擔保偵（調）查機關恪遵訴訟上作爲與不作爲規定，所課予應全程錄音或錄影之義務。檢察官、司法警察（官）未依規定全程連續錄音或錄影所進行之訊（詢）問筆錄，亦屬違背法定程序取得之證據，其有無證據能力，仍應由法院適用同法第158條之4規定，依個案之具體情狀，審酌人權保障及公共利益之均衡維護，予以客觀權衡判斷之。

【附錄】100年台上第2604號

如檢察官於偵查中訊問被告時，未予告知其犯罪嫌疑及所犯所有罪名，且亦未就被告所爲特定犯行進行訊問，進而影響被告充分行使其防禦權或本應享有刑事法規所賦予之減刑寬典時，法院即應本於該刑事法規所賦予減刑寬典之立法意旨及目的，妥愼考量被告於偵查中符合該刑事法規所賦予減刑寬典之前提要件，有無實現之機會，如未予賦予被告此一實行前提要件之機會，因而影響被告防禦權之行使及刑事法規賦予減刑之寬典時，即應爲有利於被告之認定。

【附錄】100年台上第4577號

第100條之3第1項……除有其他法定事由外，自應先行詢問犯罪嫌疑人是否明示同意，即犯罪嫌疑人於明示同意夜間詢問後，該次筆錄製作完成前，亦得於任何時間變更其同意，改拒絕繼續接受夜間詢問，司法警察官或司法警察並應即時停止其詢問之行爲；遇有司法警察官或司法警察詢問筆錄製作完成後，欲再行詢問者，亦應重爲詢問犯罪嫌疑人是否同意，並爲相同之處理。不得僅因已取得犯罪嫌疑人之同意，即謂司法警察官或司法警察有權繼續詢問犯罪嫌疑人至全部詢問事項完成爲止，或於同一夜間，司法警察官或司法警察有權多次詢問犯罪嫌疑人並製作筆錄，否則無異變相限制犯罪嫌疑人同意權之行使，除難免疲勞詢問之流弊外，亦與立法目的相牴觸。……就是否具有同法第100條之3第1項所定之例外情形，如有爭執，因關係是否有同法第158條之2第1項前段之適用，應由檢察官負舉證責任，並應於判決內說明其判斷之理由，始爲適法。

【附錄】100年台上第4863號

司法警察官或司法警察詢問犯罪嫌疑人時，應先告知刑事訴訟法第95條所列各款事項，此觀同法第100條之2準用第95條之規定甚明。此之詢問，舉凡只要是在功能上相當於對犯罪嫌疑人爲案情之詢問，不論係出於閒聊或教誨之任何方式，亦不問是否在偵訊室內，均應有上開規定之準用，不以製作犯罪嫌疑人詢問筆錄時爲限，而告知之情狀，祇須犯罪嫌疑人之地位形成即負有告知之義務，不管其身心是否受拘束。至於違反之效果，在犯罪嫌疑人受拘提、逮捕，其身心受拘束之情況下，司法警察官或司法警察詢問時，如有違反第95條第2款緘默權與第3款辯護權之告知義務，依同法第158條之2第2項準用第1項之規定，其所爲自白或其他不利之陳述，除符合第1項但書所定「善意原則之例外」，應予絕對排除。惟在犯罪嫌疑人身心未受拘束之情形下，若有違反刑事訴訟法第95條之告知義務時，則應落入同法第158條之4之概括條款，由法官爲具體權衡是否排除。

【附錄】100年台上第848號

　　刑事訴訟法第100條之1第1項、第2項、第100條之2規定，……立法意旨在建立詢問筆錄之公信力，並促使司法警察（官）恪遵詢問程序之規定，以確保程序之合法正當，非僅止於確保自白之任意性。是被告或犯罪嫌疑人之自白縱經證明係本諸自由意志所為，而非出於不正之方法，亦難謂其受正當法律程序保障之訴訟上權益，業已完全獲得滿足，得以免除全程錄音或錄影之義務。司法警察（官）未依規定全程連續錄音或錄影詢問犯罪嫌疑人取得之陳述，亦屬違背法定程序取得之證據，其有無證據能力，仍應由法院適用同法第158條之4規定，……予以客觀之判斷並權衡後，以決定應否賦予證據能力。否則，無從為客觀之判斷與取捨，逕採為不利被告認定之依據，即有證據調查未盡與理由不備之違法。

【附錄】101年台上第2165號

　　在偵查機關依法拘提、逮捕被告或犯罪嫌疑人後之暫時留置期間，應以防止其逃亡、湮滅罪證、勾串共犯或證人及確認其犯罪嫌疑是否重大等保全事項而為處置，非以實施積極偵查為其主要目的。故檢察官對於依法拘提、逮捕到場之被告或犯罪嫌疑人，應依該條之規定，以第94條至第100條之1所定之方法為即時訊問。此時訊問之內容，以釐清第93條第2項、第3項聲請法院羈押或認無羈押之必要，逕命具保、責付或限制住居等相關事項為限。因此，第93條第2項所規定之二十四小時期限，偵查機關雖依上揭方法為訊問，縱仍在法定期限或法定障礙期限內，仍不得有不必要之遲延，以防止偵查機關利用該期限，在非公開之偵訊處所，為違背實質正當法律程序，侵害憲法所保障基本人權之行為。倘檢察官或司法警察（官）專為取得自白，對於拘提、逮捕到場之被告或犯罪嫌疑人為遲延訊（詢）問，利用其突遭拘捕，心存畏懼、恐慌之際，為使被告或犯罪嫌疑人自白或取得正犯與共犯之犯罪資料，而不斷以交談、探詢、引導或由多人輪番之方法為說服之行為，待取得被告或犯罪嫌疑人已屈服之說詞或是掌握案情後，始依正常程序製作筆錄並錄音。在此情形下，被告或犯罪嫌疑人精神及身體可認處於恐懼、壓迫之環境，意思之自由自受壓制，其因此所作之陳述，難謂出於任意性，此種偵查手段非但與憲法保障人身自由所必須踐行之實質正當法律程序相悖，且與第156條第1項「其他不正之方法」之要件相符，其證據能力自應予以排除。而將被告或犯罪嫌疑人轉換為證人加以訊問，有上揭情形者亦同。但檢察官之遲延訊問確有正當理由者，不在此限，自不待言。（註：101年台上第5162號同旨）

【附錄】101年台上第5121號

　　警詢固有警員先在電腦螢幕打好，由陳○妙照唸之程序瑕疵，然該警詢陳述之內容經陳○妙於偵查中表示「實在」，且與上開第一次警詢及偵查中供述核相符合，依刑事訴訟法第158條之4規定，權衡人權保障及公共利益之均衡維護後，認該警詢筆錄有證據能力，均已於理由內詳予說明，經核於法並無違誤。

【附錄】103年台上第2531號

　　如果犯罪嫌疑人之自白，能證明係基於自由意思而非出於不正之方法，且其自由之陳述與事實相符，縱令於訊問時未經全程連續錄音，致程序稍嫌微疵，衡酌人權保障及公共利益之均衡維護，仍難謂其自白之筆錄，無證據能力。

【附錄】104年台上第3631號

　　被告之自白必須出於其自由意志之發動，用以確保自白之眞實性，故對被告施以上開不正之方法者，不已負責訊問或製作該自白筆錄之人爲限，其他第三人亦包括在內；復不以當場施用此等不正之方法爲必要，縱係由第三人於之前所爲，致使被告精神上受恐懼、壓迫之狀態延續至應訊時，猶不能爲任意性之供述，該自白仍屬非任意性之自白，不得採爲判斷事實之根據。

第三項　毒樹果實理論

　直接效力
　與不正訊問方法有直接因果關係之非任意性自白，不具證據能力，依§156 I 排除，有學者認爲包含其他違法取證

第一層合法證據：已被不正方法污染，原則上不具證據能力，例外條件下方得爲證據（注意：倘係違法取得之證據，則逕依證據排除法則即可，無須適用毒果理論）

　繼續效力
　在檢察官之第二次合法自白因上揭不正方法毒素之影響不具證據能力
　例外：加重告知§95
　例外之例外：被告在羈押狀態

　放射效力
　因上揭非任意性自白內容衍生之合法取得之證據，亦爲不正方法汙染而不具證據能力
　例外：獨立來源與必然發現原則

第二層合法證據：依稀釋原則，由第一層合法證據再衍生之合法證據或第三次合法自白，因不正方法之毒素已被稀釋，故無毒果理論之適用

　在法院之第三次合法自白

　證人

　證物

（注意：實務見解未承認繼續性效力之存在，參照94年台上字第2997號判決）

🔍 焦點1　毒果理論之例外

一、繼續效力之例外
- 1.稀釋原則→審酌違法情節、被告自願性行為、經過時間及介入事實，依個案為綜合判斷，如：被告第三次合法自白
- 2.加重告知→檢察官於偵訊前，除§95所列事項外，加重告知被告身處作意狀態，得自由陳述，一般告知並不能洗淨先前違法之瑕疵。此加重告知實則亦為稀釋原則之一

二、放射效力之例外
- 1.稀釋原則→自第一次衍生證據再衍生之合法證據
- 2.獨立來源→縱不依非任意性自白，亦有獨立線索提供而得以取得該衍生之合法證據
- 3.必然發現原則→縱不依非任意性自白，而僅依通常搜索方式亦必然得發現該合法證據（如：被告丟棄於死者陳屍附近數公尺內之兇刀，縱不依刑求被告取得之自白內容，警方亦必然會於搜索命案現場時發現該兇刀）

🔍 焦點2　自白與毒果理論（王兆鵬，新刑訴新思維，頁50以下；林鈺雄，刑事訴訟法實例研習，頁108以下；黃朝義，刑事訴訟法證據篇，頁60）

一、自白為毒樹（即缺污染源）
- 1.違反§156Ⅰ之自白
  - 原則→適用毒果效力
  - 例外→依體系說明之例外情形
- 2.違反§93-1、§95、§100-3之自白
  - 檢察官舉證證明自白任意性且有善意
  - 例外→自白具證據能力，亦無毒果效力不能證明任意性→自白無證據能力（§158-2），且有毒果效力適用（加重告知與稀釋原則為例外）

　　（註：非任意性自白以外之違法取證，如違法拘捕、搜索，可否為污染源之毒樹？有學者認為本於違法搜索取證之證據能力係權衡裁量，惟其衍生之合法證據若適用毒果理論放射性效力卻無證據能力，恐有不合理情形，故宜採否定說。然另有學者基於正當法律程序並保障人權觀點，仍持肯定說，其認如此方可遏止偵審人員違法取證，即客觀上，自白係利用初始非法行為之產物，即有毒果理論適用。）

二、自白為毒果（即被污染者）——如：非法逮捕被告再取得其任意性自白，此時非法逮捕行為係毒樹，任意自白係毒果，而有毒果理論放射效力適用，且除非證明有稀釋原則，否則縱有自白前之第95條（米蘭達告知）踐行，亦不得洗淨該污染；此時應審酌違法逮捕之情節、經過之時間、介入之事實為個案判斷。

　　（註：學者有主張將毒樹果實之效力納入本法第158條之4之適用範圍。）

三、實務見解認為，不同時空有不同訊問詢問人員所為之訊問詢問，若未使用不正方法，則所取得之被告自白，其證據能力是否會因被告對先前之自白所爭執之非任意性而有影響，端視該次自白能否隔絕先前自白之影響不受其污染而定；而有非任意性爭議之先前自白延續效力是否發生，應依具體個案客觀情狀加以認定，倘若訊問詢問之主體、環境及情狀已有明顯變更，且為被告所明知，除非證據足以證明被告先前所爭執受心理上之強制狀態延續至其後應訊之時，否則應認已遮斷前次有非任意性爭議自白之延續效力。學者則主張參照美國法之毒樹果實理論，原則上推定被告在第二次之訊問乃源於第一次之不正方法取供，雖不排除可阻斷延續效力之情況，但須依自白前後相隔期間、訊問者之違法情節或是有無其他因素介入等要件綜合判斷；另對於曾受不正訊問方法之被告，後續之訊問需踐行不同於一般訊問程序之「加重告知義務」，務使被告了解其受保障之權利，始能認為阻斷非任意性自白之延續效果。（104年台非第212號、106年台上第293號）

🔎 焦點3 加重告知與毒素洗淨（楊雲驊，台灣本土法學第41期，頁3以下；林鈺雄，刑事訴訟法上，頁175以下）

一、最高法院93年度台上字第6656號判決認第一次訊問時國家機關若使用不正方法而取得被告不利之自白，第二次訊問只要「相當時間經過」與「選任辯護人」二點即可以擺脫先前訊問採用不正方法的影響，被告於其後之訊問已經回到意志自由的狀態。按此，其後訊問的機關只要盡一般的告知義務即足。

二、學者見解認為上述條件與一般告知並不足以洗淨先前違法手段之瑕疵，尚須為加重告知（進一步告知被告其先前違法訊問下之自白無證據能力）始可。其理由如下：

(一) 若無「加強告知」使被告瞭解其現實狀況的話，被告於再次的面對國家偵查機關公務員接受訊問時，將無法判斷哪些事實已被其先前的陳述所證實，而決定此時之陳述或是保持緘默有無實質意義，甚至認為由於先前已為不利之陳述，且該陳述記錄在卷，故早已「大勢已去」，因此認為其以後之訴訟決定（尤其是否保持緘默）均屬無關緊要，故此時的被告是否還處於課以國家機關告知義務的立法目的，即「充分瞭解自己的權利與處境的情況下接受訊問，並據此決定其反應」，顯有疑問。換句話說，此刻「時間可治癒一切創傷」的觀點並不充分，而一般性的告知義務履行已不能「充分顧及」到被告緘默權的有效行使。

(二) 基於憲法所要求之正當法律程序保障，國家對被告負有訴訟上之照顧義務，因此，國家有義務對於其職務代理人所製造的違法證據情況加以修正。

(三) 被告在第一次自白後，於接下來階段的自白，只要是沒有經由國家機關所為「加強告知」的話，幾乎都可認作是第一次自白的重複，也就是重複此一「已禁止使用的自白」，如果認為在後重複之自白可以使用的話，無異於讓先前已因違法而禁止使用的自白事實上「起死回生」。

(四) 被告享有受律師扶助、辯護的權利，是為了彌補通常處於弱勢之被告而設，已選任律

師爲其辯護的被告，並不代表就應該受到「較少」的國家訴訟照顧，否則選任律師豈不代表反而是一種懲罰。

【附錄】96年台上第4177號

學理上所謂毒樹果實理論，乃指先前違法取得之證據，有如毒樹，本於此而再行取得之證據，即同毒果，爲嚴格抑止違法偵查作爲，原則上絕對排除其證據能力，係英美法制理念，我國並未引用。我刑事訴訟法第158條之4所定：「除法律另有規定外，實施刑事訴訟程序之公務員因違背法定程序取得之證據，其有無證據能力之認定，應審酌人權保障及公共利益之均衡維護。」是爲法益權衡原則，採相對排除理論，以兼顧被告合法權益保障與發現眞實之刑事訴訟目的。是除法律另有特別規定不得爲證據，例如同法第100條之1第2項、第158條之2、第158條之3等類者外，先前違法取得之證據，應逐依該規定認定其證據能力，固勿論矣！其嗣後衍生再行取得之證據，倘仍屬違背程序規定者，亦應依上揭規定處理；若爲合乎法定程序者，因與先前之違法情形，具有前因後果之直接關聯性，則本於實質保護之法理，當同有該相對排除規定之適用。惟如後來取得之證據，係由於個別獨立之合法偵查作爲，既與先前之違法程序不生前因後果關係，非惟與上揭毒樹果實理論無關，亦不生應依法益權衡原則定其證據能力之問題。（註：99年台上第6279號、101年台上第5570號同旨）

【附錄】97年台上第4797號

實施刑事訴訟程序之公務員違法取得證據後，進一步衍生取得之證據，縱與先前之違法取證具有如毒樹、毒果之因果關聯性，然該進一步採證之程序，苟屬合法，且與先前違法取證係個別獨立之偵查行爲，刑事訴訟法並無排除其作爲證據之明文。必先前違法之取證，與嗣後合法取得證據之行爲，二者前後密切結合致均可視爲衍生證據取得程序之一部，該衍生證據之取得因而存在違法事由，始得依其違法之具體情況，分別適用刑事訴訟法證據排除之相關規定，判斷其有無證據能力。本件原判決依憑警員陳○旺之偵查報告，說明：證人高○豪年籍資料之取得係間接自翁○琪委託員警代爲丟棄之隨身物件，其中之電話簿內查得綽號「小高」之行動電話號碼後，再透過電信業者提供該號碼之所有人即爲高○豪等情。其探警員於審判外之文書陳述作爲證據，固不合於證據法則。然除去該偵查報告，仍不足以認其所指之電話簿係出於違法取得之證據，已難認其爲所謂之「毒樹」。且證人高○豪於偵查中、審理中之證詞，均爲個別獨立之合法訊問程序，與取得電話簿之行爲，並無密切結合之關聯性，自非屬違法取得之證據，原判決採爲判決之基礎，並不違背證據法則。是原判決採警員陳○旺之偵查報告爲論述之依據，雖欠妥適，然顯然於判決之結論不生影響，按刑事訴訟法第380條之規定，仍不得執爲上訴第三審之合法理由。（註：101年台上第5570號同旨）

【附錄】99年台上第4905號

偵查中因案件由偵查輔助機關移送偵查機關而產生前後兩階段之自白時，其偵查中前

階段（如警察或調查機關調查時）之自白因違反任意性要件而被排除時，後階段（如檢察官偵查）之自白是否亦受到污染而在排除之列（即學說上所稱「非任意性自白之繼續效力問題」），應取決於後階段之自白是否出於被告之自由意思而定。若被告在後階段之自白係基於其自由意思而為，而非出於不正方法所取得，原則上自不在排除之列。惟前階段使用不正方法而取得被告自白，其影響被告意思自由之心理強制狀態若延續至後階段偵查中，而與後階段偵查之自白具有因果關係者，則其非任意性自白之排除效力，自應繼續延長至後階段之偵查中。惟以不正方法取供雖導致所取得之自白無證據能力，但並無阻礙國家偵查機關另以合法方法再度取得被告自白之效力，否則，整體追訴犯罪程序將因單一錯誤因素而導致澈底癱瘓，顯違刑事訴訟之基本目的。故被告於警詢時若受不正方法而自白，其自白之證據能力固應予以排除。惟其嗣後於檢察官偵訊時並未受不正方法而自白犯罪，且不能證明警詢時所受不正方法影響其意思自由之情狀已延續至檢察官偵查中，而與檢察官偵訊時之自白具有因果關係者，即不得任意排除其於檢察官偵訊時所為自白之證據能力。尤其檢察官若已合法踐行告知義務，提醒被告得保持緘默，無須違背自己意思而陳述者，被告再為內容相同之自白，則此次自白之任意性不因前階段不正手段而受影響，其非任意性自白之排除效力自應加以阻斷。

【附錄】105年台上第32號

非任意性自白延續效力是否發生，應依具體個案客觀情狀加以認定，倘若偵訊之主體、環境及情狀已有明顯變更而為被告所明知，除非證據足以證明被告先前所受心理上之強制狀態延續至其後應訊之時，否則應認已遮斷前次非任意性自白之延續效力。

【附錄】105年台上第411號

倘行政機關所為之行政檢查，具有法令上之依據，且其實施之過程及手段合於目的性與正當性，則其將行政檢查結果及所取得之相關資料，提供予偵查機關作為偵辦之證據資料，該等證據資料自屬合法取得之證據。

【附錄】106年台上第293號

不同時空由不同訊（詢）問人員所為之訊（詢）問，若未使用不正方法，則所取得之被告自白，其證據能力，是否會因被告對先前之自白所爭執之非任意性，而受影響，端視該次自白能否隔絕先前自白之影響不受其污染而定。而有非任意性爭議之先前自白延續效力是否發生，應依據體個案客觀情狀加以認定，倘若訊（詢）問之主體、環境及情狀已有明顯變更，且為被告所明知，除非證據足以證明被告先前所爭執受心理上之強制狀態延續至其後應訊之時，否則應認已遮斷前次有非任意性爭議自白之延續效力。

相關學說

學說上有認為可參照美國法的毒樹果實理論，原則上推定被告在第二次的訊問乃源於一開始的不正方法取供，雖然不排除可以阻斷延續效力的情況，但須依自白前後相隔期

間、訊問者的違法情節或是有無其他因素介入等要件綜合判斷。

　　另有學者認為，對於曾受不正訊問之被告，後續的訊問需踐行不同於一般訊問程序的「加重告知義務」，務使被告了解其受保障之權利，始能認為阻斷非任意性自白的延續效果。

第四項　傳聞法則

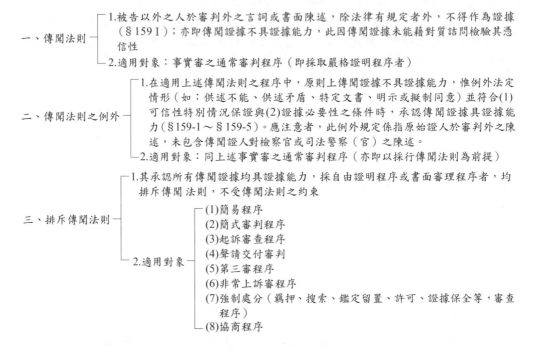

一、傳聞法則
　1.被告以外之人於審判外之言詞或書面陳述，除法律有規定者外，不得作為證據（§159 I）；亦即傳聞證據不具證據能力，此因傳聞證據未能藉對質詰問檢驗其憑信性
　2.適用對象：事實審之通常審判程序（即採取嚴格證明程序者）

二、傳聞法則之例外
　1.在適用上述傳聞法則之程序中，原則上傳聞證據不具證據能力，惟例外法定情形（如：供述不能、供述矛盾、特定文書、明示或擬制同意）並符合(1)可信性特別情況保證與(2)證據必要性之條件時，承認傳聞證據具證據能力（§159-1～§159-5）。應注意者，此例外規定係指原始證人於審判外之陳述，未包含傳聞證人對檢察官或司法警察（官）之陳述。
　2.適用對象：同上述事實審之通常審判程序（亦即以採行傳聞法則為前提）

三、排斥傳聞法則
　1.其承認所有傳聞證據均具證據能力，採自由證明程序或書面審理程序者，均排斥傳聞法則，不受傳聞法則之約束
　2.適用對象
　　(1)簡易程序
　　(2)簡式審判程序
　　(3)起訴審查程序
　　(4)聲請交付審判
　　(5)第三審程序
　　(6)非常上訴審程序
　　(7)強制處分（羈押、搜索、鑑定留置、許可、證據保全等，審查程序）
　　(8)協商程序

🔍 焦點1　傳聞法則之相關探討（王兆鵬、陳運財、林俊益合著，傳聞法則之理論與實踐，頁10；林鈺雄，台灣本土法學第119期，頁114）

一、第159條第1項

(一) 傳聞法則與直接審理主義併行不悖→先依傳聞法則檢驗證據能力，再依直接審理主義為合法調查；林鈺雄師並建議，以直接審理主義解決第159條之1不當規定所衍生之疑義。（立法理由認為在法官面前所為陳述，其任意陳述之信用性已受確定保障，可取代被告之反對詰問權，此種立論顯有不當。）

(二) 第159條第1項所稱特別規定：第159條之1至第159條之5、性侵防治法第15條第2項、家暴法第28條第2項、組織犯罪條例、檢肅流氓條例之秘密證人及審判長或檢察官依第198條或第208條為鑑定而由鑑定人依第206條提出之鑑定報告書。

(三) 第159條第1項所稱「審判外」，實務認指審判期日與準備期日以外；有學者認僅限審判期日以外，準備程序中之供述仍屬傳聞證據；另有學者認準備程序中之證人供述限

證人不能於審判期日作證且經具結與交互詰問對質始可。

(四) 審判外之陳述，其目的非用以證明該陳述所直接主張之真實性者，即非傳聞證據。包括有：

1. 陳述內容與待證事實無關（如：甲證稱乙曾說「丙是殺人犯」，如欲證明丙殺人屬傳聞，倘係證明乙妨害名譽，則屬直接）。

2. 作為彈劾證據使用。

3. 用以證明對聽聞者造成之影響（如：甲主張正當防衛，證人丙稱「案發當時乙對甲高喊砍死你」）。

4. 用以證明陳述人之認知（如：甲煞車失靈肇事，乙證稱肇事前曾聽甲言「車子煞車有問題」，此非用以證明煞車有無問題，係證明甲對煞車問題早有認識，而負過失之責）。

(五) 另有學者認更新審判程序前之「訊問筆錄」及「審判筆錄」，均屬審判中陳述，而具證據能力。

(六) 傳聞證人乃直接目擊證人在審判外就親身經歷之事實對第三人為陳述，仍屬直接證據之替代品，而具傳聞證據之性質，除有第159條之5例外，否則不具證據能力。

二、第159條之1第1項

(一) 依實務見解包含在他案件之準備程序、審判期日、民事事件或其他訴訟程序（包括偵查中向法官所為，如羈押審查、證據保全聲請、聲請交付審判等），又應限在法官面前所為之言詞或書面陳述且係普通法院法官，不含軍事審判法官，否則有違直接審理原則。

(二) 依學說與實務見解，縱在先前程序經具結而有信用性情況保證，除有供述不能情形外，仍應賦予被告詰問機會始可，99年台上第7475號判決參照。

(三) 共同被告於審判中未具結之陳述，不得依第159條之1第1項而為其他被告之證據，蓋第159條之1第1項明定為審判外之陳述，且依第287條之2，共同被告須依證人之調查方法為之（具結、詰問）始為合法。

(四) 本法關於傳聞法則之例外，均係指原始證人於審判外向法官、檢察官、司警官之供述，未包含傳聞證人於審判外向前揭偵審人員之陳述之情形。

(五) 何以被告以外之人向法官及檢察官所為之陳述可以不經過當事人的詰問，即得作為證據，根據立法理由之說明，因為如係對法官所為陳述，「只要其陳述係在法官面前為之，不問係其他刑事案件之準備程序、審判期日或其他訴訟程序之陳述，均屬法官面前之陳述，因其陳述均係在任意陳述之信用性已受確定保障之情況下所為，故無條件得作為傳聞之例外而有證據能力。」可見是在「任意陳述之信用性」確保之考慮下，認為有證據能力。至於向檢察官所為者，因為「現階段刑訴法規定檢察官代表國家偵查犯罪，實施公訴，依法其有訊問被告、證人及鑑定人之權，證人、鑑定人且須具結，而實務運作時，偵查中檢察官向被告以外之人所取得之陳述，原則上均能遵守法律規定，不至違法取供，其可信性極高」，故除顯有不可信之情況外，就算「縱與當

事人進行主義之精神不無扞格之處，對被告之防禦權亦有所妨礙」，亦得爲證據。「任意陳述之信用性已受確保」及「陳述人須具結且檢察官不至違法取供」等理由能否取代他造之反對詰問權，其實頗有疑問，因爲這些根本就不是允許傳聞例外的理由。事實上，該些訊問進行時，因該些陳述致受不利益之被告未必均在場，且即便在場也未必有詰問之機會，致使被告對此無法行使充分的防禦權，況且檢察官往往與被告處於對立之立場，攻擊、防禦的重心常有不同，哪有以「敵人」之訊問可代替被告對之詰問的道理，此點明顯構成「武器不平等」。甚至檢察官對於其在偵查中訊問過之不利被告的證人，在審判中可以不再聲請傳喚，或傳喚到案後透過放棄對該證人進行主詰問，以避免證人翻供的危險，導致辯方無機會對該證人爲反詰問，陷被告於不利之局面。故釋字第582號理由書即認爲，被告以外之人於審判外之陳述，依法律特別規定得作爲證據者，除客觀上不能受詰問者外，於審判中仍應依法踐行詰問程序。

(六) 楊雲驊老師與最高法院95年台上字第6675號及97年台上字第356號判決之見解：

　　1. 依刑事訴訟法第166條之規定，詰問證人屬於人證之調查，與同法第164條規定證物應提示辨認或告以文書要旨，第165條所定筆錄文書應宣讀（交付閱覽）或告以要旨等物證之調查，同屬調查證據程序之一環，無關乎證據能力有無之認定。

　　2. 未經被告行使詰問權之被告以外之人於審判外向法官所爲之陳述，或於偵查中向檢察官所爲之陳述（定性上「應屬未經完足調查之證據」），非謂無證據能力。此項詰問權之欠缺，得於審判中由被告行使以補正，而完足爲綜合法調查之證據。

　　3. 被告是否要行使反對詰問，屬於被告之處分權範圍，法院應於準備程序期日訊明、曉諭被告或其辯護人是否聲請傳喚該被告以外之人以踐行人證之調查程序，使被告或其辯護人對之有補足行使反對詰問權之機會。

　　4. 第159條之1規定之解釋與適用顯已與第159條之2供述矛盾及第159條之3供述不能具有相同內涵，亦即傳聞法則及其例外規定之適用，仍回歸直接審理主義。

(七) 最高法院98年台上第2695號判決認爲，檢察官於提起公訴後法院審理期間，認爲有傳喚證人釐清事實之必要，但未聲請法院傳喚調查，卻傳喚證人至偵查庭作證，並以其陳述，提出於審判庭使用。我國最高法院認爲檢察官之行爲，等於不當剝奪被告及辯護人之防禦權及辯護權；且該證人於「審理中」在檢察官面前所爲之陳述，因爲與刑事訴訟法第159條之1第2項要求之「偵查中」要件不符，故無證據能力。王兆鵬老師則認爲此係偵查權濫用而排除其證據能力。（王兆鵬老師，刑事救濟程序之新思維，頁362以下）

三、第159條之1第2項

(一) 依實務見解包含他案檢察官，僅該證明力較弱；另該陳述包含言詞或書面，惟均須親自到庭於檢察官面前爲之。

(二) 學者認概括訊問筆錄無證據能力，且應由檢察官舉證證明該筆錄具「可信性特別情況」；又偵查中辯護人無詰問權，被告復不擅詰問，故此規定似有不當，建議宜限證人供述不能、供述矛盾或經反對詰問，方有適用。

(三) 所謂可信性情況保證：指訊（詢）問之外部環境無虛偽，非內部證明力，否則先決定何者具較高之證明力以定其證據能力，即與證據理輪之流程相悖。又可信性情況保證應由檢察官負舉證責任。

(四) 告訴人之陳述亦屬證言，若於檢察官面前為陳述而未具結，依第158條之3無證據能力，此際縱符合第159條之1第2項，仍不得回復取得證據能力；易言之，傳聞法則例外規定之適用前提，須該證據未經證據排除法則其他規定所排除始可。

四、第159條之2（相對特別可信性）

(一) 限知有犯罪嫌疑開始調查後之詢問，故戶口調查或交通違規舉發之詢問均不屬之。

(二) 證人於審判中稱不記得或無正當理由拒絕陳述，則屬「不符」之情況。

(三) 具可信性特別情況保證之實例：證人曾向檢事官或司法警察自白犯罪、證人於所認知事實發生後立即對所知覺之事實向司法警察所為陳述。

(四) 符合本條規定之實例：告訴狀、報案三聯單、警詢筆錄。未符本條規定之實例：臨檢紀錄表、票據止付通知書、照片指認（例外有商標鑑定意見書、道路交通事故調查報告表、對非檢事官或司法警察之陳述紀錄）。

(五) 證人於警詢與審判之供述矛盾時，倘前者具可信性特別情況保證與證據必要性時，屬傳聞證據之警詢筆錄即與證人審判中供述同具證據能力，嗣經合法調查後，由法院依自由心證評價二者之證明力；惟若警詢不符第159條之2所定要件時，該傳聞證據之筆錄自不具證據能力，法院僅得就證人審判中供述評價其證明力（是否可信）。

五、第159條之3（絕對特別可信性）

(一) 學者有認本條所列各款為例示非列舉規定。

(二) 所謂「可信性情況保證」係指陳述時之外部情況足以令人相信，虛偽性不高，未受外力之影響。

(三) 如利害關係人以外力造成證人供述不能，即屬「有不可信之特別情況」，而認無證據能力。

(四) 須警詢筆錄製作符合第41條至第43條之1及第100條之1始可。

(五) 不可將拒絕證言權之行使視為第159條之3第4款「到庭後無正當理由拒絕陳述」，否則無異漠視法律明文規定。

六、第159條之4

(一) 本條所稱「文書」，應具高度客觀性、例行性、公示性或機械性、良心性、制裁性，故若為個案文書或預料該文書內容將提出於刑事程序供證據使用，即不合規定，如：診斷證明書、司法警察調查報告書等。

(二) 司法警察調查報告書屬個人判斷意見，未能交互詰問且未能以言詞直接調查，影響被告正當法律程序之防禦權，故無證據能力。

七、第159條之5第1項

(一) 同意權人限當事人，不包括代理人、辯護人或輔佐人。

(二) 當事人同意後，法院對「可信性情況保證」有裁量權。
(三) 當事人同意後，基於安定性與確實性要求，如意思表示無瑕疵，原則不得撤回，例外情形：1.當事人尚未進行證據調查。2.他造未異議。3.法院認適當。
(四) 當事人同意不能治癒違法取證之重大瑕疵與違法性，此因刑事證據應有法定限制（存在意見程序正當法定化）→不得任意（合意）決定，民事訴訟法不適用於此。
(五) 同意權運作困難，何人判斷屬傳聞證據？倘不知屬傳聞證據，如何合意？故若被告無辯護人，法院應告知「同意」之不利效果，以善盡訴訟照料義務。
(六) 此項同意允許附加合法條件（如被告表示，倘警詢筆錄警察到庭接受訊問，即同意該筆錄證據能力），惟若係不合法條件或危害審判明確性，應認被告未同意。

八、第159條之5第2項

(一) 擬制同意權人，包括當事人、代理人、辯護人，不含輔佐人及告訴代理人。
(二) 該證據縱經調查，當事人、代理人、辯護人仍得於辯論終結前聲明異議。
(三) 須當事人、代理人、辯護人知有傳聞禁止之證據存在。
(四) 同意傳聞供述作為證據之再爭執（105年台上第3397號）：
　　1. 當事人明示合意後，基於安定性與確實性要求，如意思表示無瑕疵，原則上於原審與上訴審均不得撤回；例外情形限於當事人尚未進行證據調查或他造未異議或法院認適當者。
　　2. 擬制合意乃基於當事人消極緘默而法律擬制效果，並非本於當事人積極處分而使其效力恆定，自應容許當事人於言詞辯論終結前、第二審及更審程序中再行爭執抗辯。

九、學者主張為解決傳聞法則例外規定之困境，可以四法則為之

　　國家機關是否盡了促成質問及傳訊到場的努力（義務法則）、是否無可歸責於國家的事由而導致無法質問（歸責法則）、是否尋求次佳防禦的替代方案並給予被告充分防禦補償的機會（防禦法則），以及系爭不利證詞是否作為判決唯一或主要證據（佐證法則），應作為法院採納未經質問是否容許的基準，並且，這些容許例外法則在我國法上皆有直接或間接的規範基礎可循。

🔎 焦點2　同意傳聞作為證據後再爭執（吳巡龍，台灣本土法學第16期，頁191以下）

一、最高法院99年度台上字第717號判決

　　當事人已於準備程序或審判期日明示同意或擬制同意以被告以外之人於審判外之陳述作為證據，而其意思表示又無瑕疵時，該被告以外之人於審判外之陳述，雖不符刑事訴訟法第159條之1至第159條之4之規定，基於訴訟程序安定性、確實性之要求，自不宜准許當事人事後任意撤回同意或再事爭執。惟如當事人已明示同意或擬制同意以被告以外之人於審判外之陳述作為證據後，又聲明撤回該同意或對該被告以外之人於審判外陳述之證據能

力復行爭執，而審理事實之法院於尚未進行該證據之調查，或他造當事人未提出異議，或法院認爲撤回同意係屬適當者，應生准予撤回之效力；非謂一經同意之後，一概不許予以撤回或再事爭執。此於採覆審制之第二審訴訟程序，亦同。審理事實之法院如不准當事人撤回，應說明事後所爲爭執如何不符撤回要件，該證據仍具有證據能力之理由，始爲適法，否則即有判決理由不備之違法。

二、學者評析

　　判決認爲當事人已於準備程序或審判期日明示同意或擬制同意以被告以外之人於審判外之陳述作爲證據，而其意思表示又無瑕疵時，基於訴訟程序安定性之要求，自不宜准許當事人事後任意撤回同意或再事爭執。但審理事實之法院於(一)尚未進行該證據之調查。(二)或他造當事人未提出異議。(三)或法院認爲撤回同意係屬適當者，應生准予撤回之效力。學者主張本判決第3個例外應改爲：若1.被告在原審有律師辯護，2.或雖沒有辯護律師，但法院對於傳聞證據及不爭執的法律效果已履行告知義務後，被告仍未提出異議，被告不得再爭執其證據能力。若被告在原審沒有律師辯護，且法院並未告知被告傳聞證據及不爭執的法律效果，則被告於第二審程序得再爭執該傳聞之證據能力。

🔍 焦點3　第159條之4傳聞法則例外之書面類型（葉建廷，傳聞法則之理論與實踐，頁205以下）

一、臨檢紀錄表、道路交通事故調查報告表、舉發違反道路交通管理事件通知單、警察查驗證物內容之報告書、司法警察調查報告書、觀察勒戒所出具之有無繼續施用毒品傾向證明書、台北市政府商業稽查紀錄表：乃個案性質，不適用本條之例外。

二、醫院診斷證明書：(一)因日常生活病痛就診，再由醫師出具診斷證明書，屬本條第2款例外。(二)遭人毆傷爲提告訴而就醫出具之診斷證明書屬個案性質，故不適用本條之例外。

三、股東會或董事會會議紀錄：乃爲通常業務過程所需製作之文書，屬本條第2款之例外。

四、測謊報告書、濫用藥物檢驗報告書、或其他機關團體鑑定報告書：(一)若該鑑定係審判長或法官或檢察官依第198條或第208條規定之鑑定，由鑑定人依第206條出具鑑定報告書，屬第159條第1項之例外規定。(二)倘非依上開程序，則該鑑定報告書乃個案性質，故不適用本條例外。

五、衛生福利部醫事審議委員會、相驗屍體驗斷書、院檢委託之地政機關複丈成果圖：乃爲第206條鑑定報告書，屬第159條第1項之例外規定。

六、職業災害調查報告書、關稅局鑑價簡便行文表、離職證明書、會計師財務報表查核報告書、台北市立療養院煙毒尿液檢驗報告書：乃係針對個案所爲，故不適用本條之例外。

七、台灣高等法院被告全國前案紀錄表、車輛竊盜車牌失竊資料個別查詢報表：乃公務員

職務上製作之例行性文書，有較高之正確性，屬本條第1款之例外。

八、**行動電話通聯紀錄、銀行存摺、銀行存款明細分類帳、銀行存款往來明細表、酒精測試值列印紙**：乃機械性文書，非供述證據，故不屬傳聞證據。

九、**專利證書**：乃公務員職務上製作之文書，具公示性，且可經由舉發程序糾正，有較高之真實性，屬本條第1款之例外。

十、**扣繳憑單暨免扣繳憑單**：乃製作人因營業上所需，具日常例行性與機械性之文書，屬本條第2款之例外。

十一、**戶口名簿、戶籍謄本、土地或建築改良物登記簿謄本、他項權利證明書、所有權狀、公司變更登記事項卡、旅客入境資料查詢表、非院檢委託之地政機關複丈成果圖**：乃公務員職務上製作具例行性之文書，且隨時得更正其錯誤，正確性高，屬本條第1款之例外。

十二、**外國從事業務之人業務上製作之紀錄或證明文書**：具規律例行性且虛偽性低，屬本條第2款之例外。

十三、**證人之警詢或偵訊筆錄**：屬個案性質，故不適用本條例外，惟可能有第159條之2或第159條之3之情形。

十四、**被告之警詢或偵訊筆錄**：非傳聞證據。

十五、**檢察官勘驗筆錄**：乃個案性質，故不適用本條之例外，惟實務認係書記官製作之例行性文書，屬本條第1款之例外。

十六、**出生證明、死亡證明**：乃醫師執行業務過程所即時製作，虛偽性低，屬本條第2款之例外。

十七、**結婚證書、離婚證書**：乃私人製作且不具較高之可信度，故不適用本條之例外。

十八、**學術論書或論文**：與公務員製作之文書具同等可信性，屬本條第3款之例外。

十九、**台灣證券交易所出具之股票成交紀錄、成交量與大盤走勢資料**：乃記載證券集中交易市場交易過程之例行性與正確性之文書，屬本條第2款之例外。

二十、**台灣證券交易所出具之監視報告**：乃個案性質，非例行性，故不適用本條之例外。

🔍 焦點4　實務判決於傳聞法則之相異見解（楊雲驊，月旦法學教室第42期，頁78以下；台灣本土法學第120期，頁82以下）

一、傳統實務見解（93年台上字第2397號判決）

就審判程序之訴訟構造言，檢察官係屬與被告相對立之當事人一方，偵查中對被告以外之人所為之偵查筆錄，或被告以外之人向檢察官所提之書面陳述，性質上均屬傳聞證據。自理論上言，如未予被告反對詰問、適當辯解之機會，一律准其為證據，似有違當事人進行主義之精神，對被告之防禦權亦有所妨礙；然而現階段刑事訴訟法（下稱「刑訴法」）規定檢察官代表國家偵查犯罪、實施公訴，必須對於被告之犯罪事實負舉證之責，依法其有訊問被告、證人及鑑定人之權，證人、鑑定人且須具結，而實務運作時，偵查中檢察官向被告以外之人所取得之陳述，原則上均能遵守法律規定，不致違法取供，其可信

性極高，爲兼顧理論與實務，乃於修正刑訴法時，增列第159條之1第2項，明定被告以外之人（含被害人、證人等）於偵查中向檢察官所爲陳述，除顯有不可信之情況者外，得爲證據，並於2003年9月1日施行。

二、學者評釋

立法者在第159條之1至第159條之5的條文明定傳聞的例外。以第159條之1的規定爲例，分別允許「被告以外之人於審判外向法官所爲之陳述」以及「被告以外之人於偵查中向檢察官所爲之陳述，除顯有不可信之情況者外」，得爲證據等兩種例外類型。何以被告以外之人向法官及檢察官所爲之陳述可以不經過當事人的詰問，即得作爲證據，根據立法理由之說明，因爲如係對法官所爲陳述，「只要其陳述係在法官面前爲之，不問係其他刑事案件之準備程序、審判期日或其他訴訟程序之陳述，均屬法官面前之陳述，因其陳述均係在任意陳述之信用性已受確定保障之情況下所爲，故無條件得作爲傳聞之例外而有證據能力。」可見是在「任意陳述之信用性」確保之考慮下，認爲有證據能力。至於向檢察官所爲者，因爲「現階段刑訴法規定檢察官代表國家偵查犯罪，實施公訴，依法其有訊問被告、證人及鑑定人之權，證人、鑑定人且須具結，而實務運作時，偵查中檢察官向被告以外之人所取得之陳述，原則上均能遵守法律規定，不至違法取供，其可信性極高」，故除顯有不可信之情況外，就算「縱與當事人進行主義之精神不無扞格之處，對被告之防禦權亦有所妨礙」，亦得爲證據。「任意陳述之信用性已受確保」及「陳述人須具結且檢察官不至違法取供」等理由能否取代他造之反對詰問權，其實頗有疑問，因爲這些根本就不是允許傳聞例外的理由。事實上，該些訊問進行時，因該些陳述致受不利益之被告未必均在場，且即便在場也未必有詰問之機會，致使被告對此無法行使充分的防禦權，況且檢察官往往與被告處於對立之立場，攻擊、防禦的重心常有不同，哪有以「敵人」之訊問可代替被告對之詰問的道理，此點明顯構成「武器不平等」。甚至檢察官對於其在偵查中訊問過之不利被告的證人，在審判中可以不再聲請傳喚，或傳喚到案後透過放棄對該證人進行主詰問，以避免證人翻供的危險，導致辯方無機會對該證人爲反詰問，陷被告於不利之局面。故釋字582號理由書即認爲，被告以外之人於審判外之陳述，依法律特別規定得作爲證據者，除客觀上不能受詰問者外，於審判中仍應依法踐行詰問程序。

三、嗣後實務見解（94年台上字第5651號判決）

2003年2月6日修正公布之刑訴法第159條之1，係爲保障被告之反對詰問權，採納英美之傳聞法則，規定被告以外之人於審判外向法官所爲之陳述及於偵查中向檢察官所爲之陳述，其本質雖屬傳聞證據，依傳聞法則，原均無證據能力，立法者以「被告以外之人於審判外在法官面前所爲陳述」，係在任意陳述之信用性已受確定保障之情況下所爲，而例外對「被告以外之人於審判外在法官面前所爲陳述」賦予證據能力，另以刑訴法規定檢察官代表國家偵查犯罪、實施公訴，依法有訊問被告、證人、鑑定人之權，且實務運作時，偵查中檢察官向被告以外之人所取得之陳述，原則上均能遵守法律規定，不致違法取供，其可信性極高，爲兼顧理論與實務爲由，而對「被告以外之人於偵查中向檢察官所爲之陳述」，例外設定其具備非顯不可信之要件時，得爲證據；且被告之反對詰問權，又屬憲法

第8條第1項規定「非由法院依法定程序不得審問處罰」之正當法律程序所保障之基本人權及第16條所保障之基本訴訟權，不容任意剝奪。故上開所稱得為證據之被告以外之人於審判外向法官所為之陳述及於偵查中向檢察官所為之陳述，實質上應解釋為係指已經被告或其辯護人行使反對詰問權者而言。如法官於審判外或檢察官於偵查中訊問被告以外之人之程序，未予被告或其辯護人行使反對詰問權之機會，除非該陳述人因死亡、或身心障礙致記憶喪失或無法陳述、或滯留國外或所在不明而無法傳喚或傳喚不到、或到庭後無正當理由拒絕陳述外，均應傳喚該陳述人到庭使被告或其辯護人有行使反對詰問權之機會。否則該審判外向法官所為陳述及偵查中向檢察官所為陳述，均不容許作為證據，以保障被告之反對詰問權，並符憲法第8條第1項及第16條之規定意旨。

四、學者評釋

上開判決之見解，容有兩點質疑：

(一) 例外承認部分太寬鬆，影響法院調查證據義務及被告之有效辯護

審判階段才是調查證據的重心，法院不可以藉由第159條之1的解釋而懈怠此一責任，將法院調查證據程序實質上「位移」到偵查階段，或可以自由決定其分配，如此不僅與法治國刑事訴訟要求不合，也與刑訴法本身規範之法院證據審理程序有所違背。再者，必須從被告防禦權角度審慎考慮，現制下偵查中被告之地位遠較審判中為不足，例如偵查中沒有「強制辯護」之設計，也禁止被告一方閱卷，在「資訊權」及「辯護權」均未有充分保障的情形下，即使被告或其辯護人有行使反對詰問權之機會，也不見得有多大之實益，特別是對羈押中之被告，更是如此。

(二) 現行制度下，偵查中如何確保被告有效的「反對詰問權」

現行法對於偵查中檢察官訊問證人、鑑定人的主要規定在於刑訴法第248條：「訊問證人、鑑定人時，如被告在場者，被告得親自詰問；詰問有不當者，檢察官得禁止之。預料證人、鑑定人於審判時不能訊問者，應命被告在場。但恐證人、鑑定人於被告前不能自由陳述者，不在此限。」依據94年度台上字第5651號判決意旨，檢察官要主張其訊問證人等筆錄已因賦予被告或其辯護人反對詰問之機會而具證據能力的話，要對此一條文之操作做大幅的增補或修正，例如進行「要對被告等負通知在場義務」、「除被告外，其辯護人亦享有詰問權」、「對該條但書之解釋須極為嚴格」等，方具實益。但即使如此，現行第248條的規範密度較審判中之第166條以下詰問規定遠遠不足，特別是在無類似偵查法官介入的現行體制下，該如何讓被告可「適當、充分」的行使反對詰問？其判斷標準在哪？「對質」可否取代「反對詰問」等問題，恐怕會引起許多之爭議。

五、新近實務見解（95年台上字第6675號及97年台上字第356號判決）

(一) 被告以外之人所為陳述符合本法第159條之1規定者，即具有證據能力，至於被告或辯護人當時有無對之行使反對詰問權，不影響該陳述因符合第159條之1規定而具有之證據能力。

(二) 被告有權詰問證人、鑑定人之規定依本法第166條之規定，屬於人證之調查方法，與同法第164條規定證物應提示被告辨認或告以文書要旨，第165條規定筆錄文書應宣

讀、交付閱覽或告以要旨等物證之調查，同屬調查證據之一環，無關乎證據能力有無之認定。

(三) 未經被告行使反對詰問權之被告以外之人於審判外向法官所爲陳述，或於偵查中向檢察官所爲之陳述，定性上應屬未經完足調查之證據，非謂無證據能力。此項詰問權之欠缺，得於審判中由被告行使以補正，而完足爲合法調查之證據。

(四) 被告是否要行使反對詰問，屬於被告處分權之範圍，法院應於準備程序期日程序訊明、曉諭被告或其辯護人是否聲請傳喚該被告以外之人踐行人證之調查程序，使被告或辯護人對之有補足行使反對詰問權之機會。

(五) 補正反對詰問權之後，法院應綜合該被告以外之人全部供述證據，斟酌卷內其他調查之證據資料，做合理之比較而取捨、判斷，此屬於法院自由心證之範圍。

六、學者評釋

(一) 傳聞法則例外未必等於對質詰問權之例外，具體個案中客觀上不能詰問未必等於對質詰問權例外。據此得歸納爲：

1. 若該被告以外之人於審判時到庭依法作證，並進行相關調查程序者，則其於審判外之陳述將以文書證據形式出現於法庭，法院應綜合該被告以外之人全部供述以及其他證據，爲證據證明力之判斷。

2. 若該被告以外之人於審判外陳述後，於審判時發現有客觀上無法詰問者，例外可以作爲證據。但尚應區分國家機關對發生客觀上無法詰問之事由是否不可歸責而定，法院對此應加以審查。

(二) 承上之分析可知，第159條之1之規定之解釋與適用顯已與第159條之2供述矛盾及第159條之3供述不能具有相同內涵，亦即傳聞法則及其例外規定之適用，仍回歸直接審理主義。

🔍 焦點5　傳聞法則例外（第159條之3）之類推（王兆鵬，月旦法學教室第69期，頁18～19）

一、案例事實

甲、乙涉嫌共同強盜，乙逃亡經通緝在案，檢察官起訴甲強盜罪，審判中證人丙證稱：「乙有告訴我說，甲要強盜A賭場。」另有證人丁證稱：「甲提議強盜A賭場時，乙也在場。」問：丙之陳述是否得爲證據？

二、實務見解

實務認爲上案例事實應類推適用第159條之3規定，若乙「已供述不能或傳喚不能或不爲供述爲前提，並以其具有可信之特別情況，且爲證明犯罪事實之存否所必要者」，得爲證據。而本件事實，因爲證人丁曾證稱：「甲提議強盜A賭場時，乙也在場」，所以乙將其親自聞見之事實告知丙，丙再爲轉述之陳述，自具備可信性之情況保障；而乙業已通緝，無從傳喚取得其陳述內容，符合傳喚不能，且爲證明犯罪不可或缺之必要性要件。因

此，丙上開傳聞證言，即具證據能力（最高法院96年台上字第4064號）。亦即：(一)因為原始陳述人客觀不能到庭陳述，應類推適用第159條之3規定；(二)本案事實「具有可信之特別情況」。（100年台上第5468號亦相同見解）

三、學者評析

(一) 判斷是否「具有可信之特別情況」，應自證據能力審查，與證據證明力之衡量無關，不應就審判外之陳述，先為實質之價值判斷後，再據以逆向推論其證據能力。

(二) 傳聞法則之例外，乃因為某些審判外之陳述，即令未經具結、對質詰問、直接審理，但有時在特殊的情形下，依據經驗法則可相信該陳述具可信性，始例外地承認得為證據。故應指審判外之陳述人在做出陳述時，依當時的環境與陳述人之情況判斷，得確信該陳述人之知覺、記憶、表達、真誠性之全部或一部並無瑕疵，而得認為該審判外陳述具有特別之可信性。例如，審判外之陳述人因為興奮或驚嚇而即時做出關於興奮或驚嚇情事之陳述，在興奮或驚嚇狀況下，應不會說謊，且記憶亦極為清晰。又如，審判外之陳述人認為自己即將死亡，關於其將死的原因、情況之陳述，構成「臨終陳述」之例外。

🔍 焦點6　對質詰問權與傳聞證據之關聯性（楊雲驊，月旦法學教室第69期，頁21；台灣本土法學第120期，頁82以下；林鈺雄，台灣本土法學第119期，頁95以下）

一、依林鈺雄老師與最高法院94年台上字第5651號及95年台上字第3637號判決之見解

(一) 被指控犯罪之刑事被告，有權當面挑戰、質疑指控他之人（詰問不利證人或鑑定人）。學者主張運用質問法則時應審查三步驟：1.判斷該人是否為應受刑事被告質問之不利證人。若是，則審查；2.國家機關已否踐行保障質問權內涵之程序，此因刑事被告於刑事程序中，對於不利證人應享有至少一次面對面、全方位挑戰、質疑及發問之適當機會。若否，則屬對質問權之干預或限制，應續審查；3.系爭干預或限制有無正當化事由，此即構成質問權容許例外之判斷。若否，即屬違法侵害被告之質問權。蓋因法院採納未經（充分）質問之證詞乃係對被告不利，故應透過衡平性與補償性之程序措施，確保整個程序之公平性，使被告蒙受之不利程度降至最低，亦即應以對被告防禦權之補償，作為質問容許例外之必要條件，如此法院採納未經質問之證詞方具正當化事由。

(二) 容許例外包括：1.義務法則：國家機關（尤其法院）負有促成對質詰問之義務，故應先履行傳拘義務；2.歸責法則：不利證人不能到庭對質詰問，必須非係因可歸責於國家之事由（例如證人遭司法警察刑求致死）；3.防禦法則：法院應尋求次佳防禦之程序踐行方式（例如無法使被告親自面對面質問秘密證人時，應考慮讓其辯護人質問；若仍不宜，則考慮指定由公設辯護人代質問；若仍不宜，在考慮由被告書面提問後由審判長代問；此外蒙面、變聲、隔房、視訊等皆屬可行之替代性方案），並給予被告

充分辨明之防禦機會，而非逕行採用書面陳述之替代性證據；4.佐證法則：類似於證據證明力之補強法則，亦即該未經質問之不利陳述不得作爲有罪判決之唯一證據或主要證據。

(三) 上述容許例外之1.2.3.屬於證據能力之範疇，容許例外之4.則屬證據證明力之範圍。

二、楊雲驊老師與最高法院95年台上字第6675號及97年台上字第356號判決之見解

(一) 依刑事訴訟法第166條之規定，詰問證人屬於人證之調查，與同法第164條規定證物應提示辨認或告以文書要旨，第165條所定筆錄文書應宣讀（交付閱覽）或告以要旨等物證之調查，同屬調查證據程序之一環，無關乎證據能力有無之認定。

(二) 未經被告行使詰問權之被告以外之人於審判外向法官所爲之陳述，或於偵查中向檢察官所爲之陳述（定性上「應屬未經完足調查之證據」），非謂無證據能力。此項詰問權之欠缺，得於審判中由被告行使以補正，而完足爲經合法調查之證據。

(三) 被告是否要行使反對詰問，屬於被告之處分權範圍，法院應於準備程序期日訊明、曉諭被告或其辯護人是否聲請傳喚該被告以外之人以踐行人證之調查程序，使被告或其辯護人對之有補足行使反對詰問權之機會。

(四) 第159條之1之規定之解釋與適用顯已與第159條之2供述矛盾及第159條之3供述不能具有相同內涵，亦即傳聞法則及其例外規定之適用，仍回歸直接審理主義。

🔍 焦點7　鑑定書面之證據能力（吳燦，月旦法學教室第186期，頁26～27）

一、法官、檢察官選任之自然人或囑託機關團體之鑑定，依刑訴訟法第206條第1項規定提出記載鑑定之經過及其結果之鑑定書面，符合同法第159條第1項法律有規定之情形，具有證據能力。

二、檢察長基於檢察一體原則，對管轄區內之案件，以事前概括選任鑑定人或囑託鑑定機關團體之方式，俾便轄區內司法警察官對於調查中案件送請鑑定，與上述性質相同，具有證據能力。

三、如係司法警察機關自行送鑑定後所提出之鑑定書面，不符合同法第159條第1項法律有規定之情形，概無證據能力，仍需令鑑定人到庭具結陳述並接受交互詰問檢驗。

四、訴訟當事人（檢察官、自訴人、被告）自行選任之鑑定人或囑託鑑定機關團體所爲之鑑定，其提出之鑑定書面亦不符合同法第159條第1項法律有規定之情形，概無證據能力，仍需令鑑定人到庭具結陳述並接受交互詰問檢驗。

🔍 焦點8　域外證人警詢筆錄之證據能力（吳燦，月旦法學教室第191期，頁28）

一、最高法院107年度第1次刑事庭決議：

(一) 被告以外之人於我國司法警察官或司法警察調查時所爲之陳述經載明於筆錄，係司法

警察機關針對具體個案之調查作為，不具例行性之要件，亦難期待有高度之信用性，非屬刑事訴訟法第159條之4所定之特信性文書。司法警察官、司法警察調查被告以外之人之警詢筆錄，其證據能力之有無，應依刑事訴訟法第159條之2、第159條之3所定傳聞法則例外之要件為判斷。

(二) 刑事訴訟法第159條之2、第159條之3警詢筆錄，因法律明文規定原則上為無證據能力，必於符合條文所定之要件，始例外承認得為證據，故被告以外之人除有同法第159條之3所列供述不能之情形，必須於審判中到庭具結陳述，並接受被告之詰問，而於符合(一)審判中之陳述與審判外警詢陳述不符，及(二)審判外之陳述具有「相對可信性」與「必要性」等要件時，該審判外警詢陳述始例外承認其得為證據。於此，被告之詰問權已受保障，而且，此之警詢筆錄亦非祇要審判中一經被告詰問，即有證據能力。至第159條之3，係為補救採納傳聞法則，實務上所可能發生蒐證困難之問題，於本條所列各款被告以外之人於審判中不能供述之情形，例外承認該等審判外警詢陳述為有證據能力。此等例外，既以犧牲被告之反對詰問權，除應審究該審判外之陳述是否具有「絕對可信性」及「必要性」二要件外，關於不能供述之原因，自應以非可歸責於國家機關之事由所造成者，始有其適用，以確保被告之反對詰問權。

(三) 在體例上，我國傳聞法則之例外，除特信性文書（刑事訴訟法第159條之4）及傳聞之同意（刑事訴訟法第159條之5）外，係視被告以外之人在何人面前所為之陳述，而就其例外之要件設不同之規定（刑事訴訟法第159條之1至第159條之3）。此與日本刑訴法第321條第1項分別就法官（第1款）、檢察官（第2款）與其他之人（第3款）規定不同程度的傳聞例外之要件不同。因是，依我國法之規定，被告以外之人於審判外向(一)法官、(二)檢察官、(三)檢察事務官、司法警察官或司法警察等三種類型以外之人（即所謂第四類型之人）所為之陳述，即無直接適用第159條之1至第159條之3規定之可能。惟被告以外之人在域外所為之警詢陳述，性質上與我國警詢筆錄雷同，同屬傳聞證據，在法秩序上宜為同一之規範，為相同之處理。若法律就其中之一未設規範，自應援引類似規定，加以適用，始能適合社會通念。在被告詰問權應受保障之前提下，被告以外之人在域外所為之警詢陳述，應類推適用刑事訴訟法第159條之2、第159條之3等規定，據以定其證據能力之有無。

(四) 本院102年度第13次刑事庭會議已決議基於法之續造、舉輕明重法理，被告以外之人於檢察官偵查中非以證人身分、未經具結之陳述，得類推適用刑事訴訟法第159條之2或第159條之3規定，定其有無證據能力，已有類推適用傳聞例外之先例。

二、學者評析：

(一) 在我國司法權域外取證之供述證據，縱我國與該簽訂有司法互助協定，該供述證據之評價（含證據能力），仍應視情形而定，如我國與該國簽訂之司法互助協定已規定其得為證據者（如台美），依條約先行原則，應認屬於刑事訴訟法第159條第1項所指法律有特別規定之例外。倘若我國與該國簽訂之司法互助協定並未規定其得為證據者（如台菲、台斐、兩岸），則仍應依刑事訴訟法有關傳聞法則之規定以定其證據能力。換言之，即使簽訂有司法互助協定，域外供述證據並非當然有證據能力（如大陸

公安筆錄）。

(二) 綜言之，外國警察機關（含中國公安機關）製作之證人警詢筆錄，除簽訂有司法互助協定且協定明文規定具證據能力外，依最高法院上述決議，該警詢筆錄之證據能力有無，概應類推適用刑事訴訟法第159條之2、第159條之3之規定判斷之。

🔍 焦點9 勘驗筆錄之證據能力（吳燦，月旦法學教室第188期，頁25以下）

一、勘驗乃只勘驗之人透過感官知覺之運用，觀察現實存在之物體狀態或場所之一切情狀，就其接觸觀察所得之過程，依其認知，藉以發現證據，而為判斷犯罪事實之調查證據方法。勘驗本人並非可作為證據，而係以勘驗結果供為證明之用，自應將勘驗結果製作成筆錄，性質上屬於傳聞證據，而應受傳聞法則之規範。

二、審判中實施勘驗，依刑事訴訟法第150條規定，當事人及辯護人有在場權，屬於被告憲法保障之訴訟基本權兼及其對辯護人之倚賴權，如法院未通知渠等在場，實務見解認為（94台上4929）屬於訴訟程序有瑕疵，此勘驗筆錄之證據能力依同法第158條之4權衡裁量之，然學者主張既係侵害被告之憲法基本權，應認無證據能力。

三、法院行勘驗時，如當事人及辯護人之在場權已獲保障，其勘驗筆錄之證據能力應類推適用同法第159條之1，無條件承認其證據能力。

四、偵查中檢察官實施勘驗，如無必要情形（例如妨害真實發現），自不得限制被告及辯護人之在場權，否則該勘驗筆錄即屬顯有不信之情況，依同法第159條之1第2項之規定，即無證據能力。

五、司法警察機關製作之即實勘察報告書，除有同法第159條之5情形外，如製作報告者未到庭具結並以言詞陳述，即無證據能力（97台上1357）。

六、司法警察機關製作之通訊監察譯文，如通話內容屬於通話者所進行犯罪事實者，依自白法則評價其證據能力；通話內容如涉及第三人之犯罪事實者，依傳聞法則地情證據能，依傳聞法則定其證據能力；被告或訴訟關係人質疑該譯文之真實性時，法院應依同法第165條之1第2項規定勘驗該監聽錄音，此即屬法定調查證據方法之範疇。（98台上7231）。

🔍 焦點10 被害人於審判中陳述意見之證據能力（吳燦，月旦法學教室第181期，頁25）

一、通說認為被害人於審判中陳述意見，僅得為法院量刑之參考，如欲作為判決基礎之證據，即應以證人之調查方法，命其具結並接受交互詰問。

二、若被害人於偵查中之陳述，倘檢察官係以被害人之身分傳喚而未命具結即行陳述，實務見解認為雖不得適用第159條第1款之規定（非證人&未具結），但得類推適用本法第159條第2、3款之例外而有證據能力。最高法院吳燦院長持不同見解，主張應視檢

察官是否蓄意規避具結義務而定可否類推適用例外規定。

三、被害人之供述證據固須以補強證據證明其確實與事實相符，然茲所謂之補強證據，並非以證明犯罪構成要件之全部事實爲必要，倘其得以佐證供述所見所聞之犯罪非虛構，能予保障所供述事實之眞實性，即已充分；社工人員、輔導人員、醫師即心理師等專業人士依性侵害犯罪防制法第15條介入性侵害案件之偵查、審判程序，併著重在藉由心理諮商與精神醫學等專業以佐證被害人證詞之有效性或憑信性，兼負有協助偵審機關發現眞實之義務與功能，與外國法制之專家證人同其作用；因此，社工或輔導人員就其所介入輔導個案經過之直接觀察及個人實際經驗爲基礎所爲之書面或言詞陳述，即屬於見聞經過之證人性質，屬與被害人陳述不具同一性之獨立法定證據方法，而得供爲判斷被害人陳述憑信性之補強證據。(102年第13次刑事庭決議、106年台上第1692號)

【衍生實例1】

公務員甲涉及工程弊案遭檢方偵查，檢察官傳喚相關廠商乙作證，乙於具結後明確指出甲之犯罪情節，後檢察官將甲起訴。問法院可否根據乙之此一證詞爲主要證據判決甲有罪？

考點提示：

一、證人供述內容有無證據能力，依刑事訴訟法之相關規定除應經具結外，尚須符合傳聞法則與意見法則之要求，以保障被告之對質詰問權。

二、證人於審判外向檢察官陳述之供述筆錄（傳聞證據），通說認爲除應符合刑事訴訟法第159條之1第2項之可信性情況保證（指陳述時之外在環境而非陳述內容之證明力）外，尚需有供述不能或經予被告有對質詰問之機會始足當之。

【衍生實例2】

何謂「傳聞之同意」？可否撤回？　　　　　　　　　　　　　　　（101廉政）

考點提示：參照上述焦點說明及下述實務判決。

【附錄】94年台上第283號

修正刑事訴訟法施行前……第198條規定：「鑑定人由審判長、受命推事或檢察官就左列之人選任一人或數人充之：一、就鑑定事項有特別知識經驗者。二、經政府機關委任有鑑定職務者。」係就偵查或審判中如何選任鑑定人加以規範，並非限定僅審判長、受命推事（法官）或檢察官選任之鑑定人所製作之鑑定報告，始有證據能力。且92年2月6日修正專利法公布施行前，該法第131條第2項明定：專利權人就（同法）第123條至第126條提出告訴，應檢附「侵害鑑定報告」與侵害人經專利權人請求排除侵害之書面通知。倘認專利權人提出告訴時依法檢附之「侵害鑑定報告」無證據能力，則上開規定且非成爲具文？其不合理甚明。……上訴意旨引用92年1月14日修正刑事訴訟法第159條之立法理由，並以

前開鑑定分析報告係告訴人自行出資委託鑑定，非法院或檢察官依刑事訴訟法第198條、第206條規定選任鑑定人所爲之書面鑑定報告，屬傳聞證據，不具證據能力等詞，指摘原判決採證違背法令，容有誤會。

【附錄】94年台上第3277號

刑事訴訟法第159條之5第1項「被告以外之人於審判外之陳述，雖不符前4條之規定，而經當事人於審判程序同意作爲證據，法院審酌該言詞陳述或書面陳述作成時之情況，認爲適當者，亦得爲證據」之規定，係以被告以外之人於審判外之陳述不符合同法第159條之1至第159條之4有關傳聞法則例外規定之情形，且該陳述須經法院審酌作成時之情況，認爲適當時，始有其適用。此所謂「審酌該陳述作成時之情況，認爲適當」者，係指依各該審判外供述證據製作當時之過程、內容、功能等情況，是否具備合法可信之適當性保障，加以綜合判斷而言；倘法院審酌結果，認爲該違背法定程序屬證據相對排除法則，但其情節重大，或其可信度明顯過低之情事者，即應認其欠缺適當性，仍不具證據能力，而不得作爲證據。至同法第158條之3規定：「證人、鑑定人依法應具結而未具結者，其證言或鑑定意見，不得作爲證據」，其立法理由乃在擔保該證言或鑑定意見，係據實陳述或公正誠實之可信性，故未依法具結者，依證據絕對排除法則，當然無證據能力，而不得作爲證據，自不得因當事人於審判程序之同意，逕認該未經具結之證言或鑑定意見，亦得作爲證據，此於適用同法條（第159條之5）第2項所定「視爲有前項之同意」之情形者，亦應受上揭第158條之3規定之限制。

【附錄】94年台上第3391號

刑事訴訟法第159條之4第1款固規定：除顯有不可信之情況外，公務員職務上製作之紀錄文書、證明文書，亦得爲證據。賦予公文書具有證據適格之能力，作爲傳聞證據之除外規定，但其前提要件定爲「除顯有不可信之情況外」，尚加有「紀錄」、「證明」之條件限制，亦即須該公文書係得作爲被告或犯罪嫌疑人所涉犯罪事實嚴格證明之紀錄或證明者，始克當之，倘不具此條件，即無證據適格可言。又同條第3款所定之「其他於可信之特別情況下所製作之文書」，則係指與上揭公文書及同條第2款之業務文書具有同類特徵，且就該文書製作之原因、過程、內容、功能等加以判斷，在客觀上認爲具有特別可信性，適於作爲證明被告或犯罪嫌疑人所涉犯罪事實存否及其內容之文書而言。如不具此特性，亦無證據適格可言。司法警察機關製作之案件移送書或移送函，內容固載有被告或犯罪嫌疑人涉嫌或被訴之事實，及相關之證據等事項，但其本質上，乃係單純爲表示移送案件用意所製作之立書，而非屬於通常職務上爲紀錄或證明某事實以製作之文書，且就其製作之性質觀察，無特別之可信度，對於證明其移送之被告或犯罪嫌疑人所涉犯罪事實，並不具嚴格證明之資格，自無證據能力，不能資爲認定被告犯罪之憑據。

【附錄】94年台上第4665號

刑事訴訟法第159條之1第2項規定：「被告以外之人於偵查中向檢察官所爲之陳述，

除顯有不可信之情況者外，得為證據。」應與第1項所定：「被告以外之人於審判外向法官所為之陳述，得為證據。」接續觀察，亦即第1項所定關於在法官面前作成之供述證據，因係於公開審判之法庭活動下取得，其任意陳述之信用性足認有確定保障，乃賦予證據能力；第2項所定在檢察官面前作成之供述證據，因受偵查不公開之限制，非在公開之法庭活動下為之，但衡以我國現今實務運作情形，檢察官多能遵守程序正義，不致違法取供，可信性極高，故除有顯不可信之情況外，原則上均得為證據。此所稱「顯有不可信之情況」，即指關於檢察官取供程序，已經明顯違背程序規定，超乎正常期待，而無可信任，是判斷偵查中供述證據是否具有證據適格，應以該供述作成之客觀條件及環境，例如陳述人於陳述時之心理狀態是否健全、有無違法取供情事，是否出於陳述者之真意所為之供述，作為判斷之依據，乃屬程序上證據能力信用性之問題，尚與實質上其陳述內容是否真實可採之證明力憑信性有間。再電話監聽紀錄，僅屬依據監聽錄音結果予以翻譯之文字，固具文書證據之外觀，但實際上仍應認監聽所得之錄音帶，始屬調查犯罪所得之證物，乃刑事訴訟法第165條之1第2項所稱之新科技證物，如其蒐證程序合法，自具證據能力，不生須依同法第158條之4規定，認定其證據能力應審酌人權保障及公共利益均衡維護之問題。

【附錄】95年台上第3637號

　　按刑事訴訟法第159條之1規定，被告以外之人於審判外向法官所為之陳述，得為證據；另於偵查中向檢察官所為之陳述，除顯有不可信之情況者外，得為證據，乃傳聞法則之例外得為證據之情形。惟被告之反對詰問權，屬憲法第8條第1項規定「非由法院依法定程序不得審問處罰」之正當法律程序所保障之基本人權及第16條所保障之基本訴訟權，自不容任意剝奪。故上開所稱得為證據之「被告以外之人於審判外向法官所為之陳述」、「被告以外之人於偵查中向檢察官所為之陳述」得為證據，自應限縮解釋為已經被告或其辯護人行使反對詰問權者始有其適用，非謂被告以外之人，於審判外在法官或檢察官之前具結後之陳述，依前揭法條之規定，即取得證據能力。如法官於審判外或檢察官於偵查中訊問被告以外之人之程序，未予被告或其辯護人行使反對詰問權之機會，除非該陳述人因死亡、或身心障礙致記憶喪失或無法陳述、或滯留國外或所在不明而無法傳喚或傳喚不到、或到庭後無正當理由拒絕陳述外，均應傳喚該陳述人到庭使被告或其辯護人有行使反對詰問權之機會，若已經行使反對詰問權後，被告以外之人於審判外向法官所為之陳述，即有證據能力；至於被告以外之人於偵查中向檢察官所為之陳述，則另定有除顯有不可信之情況之限制條件，有證據能力，以保障被告之反對詰問權，並符憲法第8條第1項及第16條之規定意旨。

【附錄】96年台上第2798號

　　92年2月6日修正公布，同年9月1日施行之刑事訴訟法，已酌採英美法系之傳聞法則，於第159條第1項明定被告以外之人，於審判外之言詞或書面陳述，除法律有規定者外，不得作為證據，用以保障被告之反對詰問權。而本法所規定傳聞法則之例外，其中就被告以

外之人於檢察事務官、司法警察官或司法警察調查中所爲之陳述，基於實體發現眞實之訴訟目的，依第159條之2規定，如與審判中之陳述不符時，經比較結果，其先前之陳述，相對「具有較可信之特別情況」，且爲證明犯罪事實存否所「必要」者，亦例外地賦與證據能力。是所謂「相對特別可信性」，係指陳述是否出於供述者之眞意、有無違法取供情事之信用性而言，故應就調查筆錄製作之原因、過程及其功能等加以觀察其信用性，據以判斷該傳聞證據是否有特別可信之情況而例外具有證據能力，並非對其陳述內容之證明力如何加以論斷，二者之層次有別，不容混淆，應於判決內詳加論述說明，始符證據法則。

【附錄】96年台上第3900號

　　被告以外之人，在審判外將其親身知覺、體驗之事實，以言詞或書面陳述，固屬「狹義傳聞證據」，除法律有規定者外，不得作爲證據，爲刑事訴訟法第159條第1項所明定。然在審判外聽聞自親身知覺、體驗之人所爲陳述之「傳聞證人」，於審判中到庭以言詞或書面轉述之「傳聞證言」或「傳聞書面」，亦屬傳聞證據。此等「傳聞證言」或「傳聞書面」，因親身知覺、體驗之原陳述者，未親自到庭依人證調查程序陳述並接受當事人之詰問，無從確保當事人之反對詰問權，且有悖直接審理及言詞審理主義，影響程序正義之實現，故原則上，其證據能力亦應予以排除。但倘原陳述者已死亡、因故長期喪失記憶能力、滯留國外或所在不明等因素，致客觀上不能到庭陳述並接受詰問，而到庭之「傳聞證人」已依人證程序具結陳述並接受詰問，且該「傳聞證言」或「傳聞書面」具備特別可信性及證明犯罪事實存否所不可或缺之必要性嚴格條件，或經當事人同意，法院復認具備適當性之要件時，法律就此雖未規定，惟基於眞實之發現，以維護司法正義，本諸同法第159條之3、第159條之5立法時所憑藉之相同法理，當例外得作爲證據。（註：94年台上第3171號、94年台上第4717號同旨）

【附錄】96年台上第4174號

　　刑事訴訟法第159條之5第2項所定：「當事人、代理人或辯護人於法院調查證據時，知有第159條第1項不得爲證據之情形，而未於言詞辯論終結前聲明異議者，視爲有前項之同意。」乃係基於證據資料愈豐富，愈有助於眞實發現之理念，酌採當事人進行主義之證據處分權原則，並強化言詞辯論主義，透過當事人等到庭所爲之法庭活動，在使訴訟程序順暢進行之要求下，承認傳聞證據於一定條件內，得具證據適格。此種「擬制同意」，因與同條第1項之明示同意有別，實務上常見當事人等係以「無異議」或「沒有意見」表示之，斯時倘該證據資料之性質，已經辯護人閱卷而知悉，或自起訴書、原審判決書之記載而了解，或偵、審中經檢察官、審判長、受命法官、受託法官告知，或被告逕爲認罪答辯或有類似之作爲、情況，即可認該相關人員於調查證據之時，知情而合於擬制同意之要件。

【附錄】96年台上第5684號

　　92年修正公布之刑事訴訟法改採以當事人進行爲主之訴訟制度，檢察官代表國家偵查

犯罪、實施公訴，基於當事人一方原告之地位，就被告犯罪事實及訴訟條件與據以認定證據能力等訴訟程序上之事實，固應善盡舉證責任。然因檢察官訊問證人、鑑定人等被告以外之人時，均能遵守法律規定而不致違法取供，並令具結，可信性極高，爲兼顧理論與實務，乃於同法第159條之1明定檢察官於偵查程序取得被告以外之人所爲陳述，除顯有不可信之情況者外，均有證據能力，得爲證據。故被告等當事人、代理人、辯護人、輔佐人若主張其顯有不可信之情形者，本乎當事人主導證據調查原則，自應負舉證責任，否則，被告以外之人向檢察官所爲之陳述，毋庸另爲證明，即得作爲認定被告犯罪之證據。而所謂「顯有不可信」之情況，係指其不可信之情形，甚爲顯著了然者，固非以絕對不須經過調查程序爲條件，然須從卷證本身，綜合訊問時之外部情況，例如：是否踐行偵查中調查人證之法定程序，給予在場被告適當詰問證人之機會等情，爲形式上之觀察或調查，即可發現，無待進一步爲實質調查之情形而言。此與具有證據能力之供述證據，其實質之證明力如何，仍待法院綜合全辯論意旨及調查證據所得，依法認定者不同。

【附錄】96年台上第5906號

通訊監察通知書卷宗內所製之通訊監察譯文、電話通聯紀錄、扣押物品目錄表等文書，雖製作之司法警察具有公務員身分，惟該等文書似均係針對個案所特定製作，不具備例行性之要件，性質上非屬刑事訴訟法第159條之4第1款所定之公務員職務上製作之紀錄文書，而無該條之適用。

【附錄】96年台上第6415號

受命法官違反上開規定於準備程序訊問或詰問證人所取得之供述證據，因仍屬證人於審判中（廣義之審判包括準備程序）之陳述，即與刑事訴訟法第159條第1項規定之傳聞法則無關，自亦無同法第159條之5傳聞例外同意法則之適用。原判決謂：「本院經當事人之同意，由受命法官於準備程序詰問證人魏○○、林○○、江○○所得之供述證據，雖屬審判外之陳述，然被告之辯護人及檢察官於審判程序同意爲證據，本院審酌各該證人已經當事人之詰問或本院之訊問，依刑事訴訟法第159條之5之規定，應得爲證據」等由，乃創設與現制規定不相容之當事人合意於準備程序證據調查，抑且混淆證人在審判中之陳述同有傳聞例外之適用，所踐行之訴訟程序，殊難謂爲適法，基此採證而爲之判決，自屬判決違背法令。

【附錄】97年台上第1727號

組織犯罪防制條例第12條第1項中段規定：「訊問證人之筆錄，以在檢察官或法官面前作成，並經踐行刑事訴訟法所定訊問證人之程序者爲限，始得採爲證據」，此爲刑事訴訟證據能力之特別規定，且較92年2月6日修正公布，同年9月1日施行之刑事訴訟法證據章有關傳聞法則之規定更爲嚴謹，自應優先適用。依上開規定，證人於警詢時之陳述，於違反組織犯罪防制條例案件，即絕對不具證據能力，無修正後刑事訴訟法第159條之2、第159條之3及第159條之5規定之適用，不得採爲判決基礎。

【附錄】97年台上第1846號

關於甲○○主張槍、彈鑑定屬於審判外之陳述，爲傳聞證據，以及本件鑑定既無「重大」又非「急迫」，不符台灣高等法院檢察署檢察長概括選任鑑定人之規定一節，按刑事訴訟法第159條傳聞排除法則所排除之證據，係指依個人對於待證事實之感官知覺（視覺、聽覺、味覺、嗅覺、觸覺）經歷，憑其記憶與回憶所爲之陳述而言，而證據排除之對象，係指英美法所謂「普通證人」（lay witness）之證據方法而已。究其原理，無非以苟容許「普通證人」之審判外陳述作爲證據，非但違背被告面對不利證據之憲法上權利（confrontation），被告喪失對之反詰問機會，無異剝奪被告在法庭上之反詰問權（cross-examination）；又在直接審理主義之下，「普通證人」之法庭上陳述態度，恆爲事實審判者（fact-finder）形成心證之重要資訊，此乃事實審判者判斷「普通證人」憑信性（credibility）之重要根據，故若容許「普通證人」審判外之陳述作爲證據，證據欠缺眞實性之保證。惟鑑定之證據方法，則不然。鑑定人之本質與英美法所謂「專家證人」（expertwitness）性質相同，「專家證人」所提供予法院之證據，係憑其專業智識、技術、經驗或訓練對於待證事實所作之判斷，屬意見證據（opinion），與「普通證人」單純憑其個人對於待證事實感官知覺經歷之陳述，截然不同。鑑定人或「專家證人」所提供之證據，所待檢驗者，乃鑑定人或「專家證人」是否具備關於待證事實領域內之專業智能？鑑定人或「專家證人」推論所憑據之科學理論，能否爲該專業領域普遍接受（the general acceptance test）？其推論過程之操作或試驗是否合乎標準程序？在此與個人之記憶或回憶問題無關，是不因鑑定報告以書面作成或在審判外陳述即欠缺眞實性之保證。是故，鑑定之證據方法並不適用「普通證人」之傳聞排除法則。甲○○此項證據法則之主張，有所誤會。至於甲○○既未對鑑定人選任權人之資格有所爭執，則鑑定人既經選任，其鑑定結果即具備證據能力，在證據思維上應斟酌者，唯證據之證明力而已，甲○○所指摘，有無「重大」、「急迫」情事須由上級檢察官或法務部概括選任鑑定機關問題，核與證據之證明力無關，從而，不能憑此指摘而認原判決違誤。

【附錄】97年台上第2012號

刑事訴訟法第159條之4對於具有高度特別可信性之文書如公務文書等，在兼具公示性、例行性或機械性、良心性及制裁性等原則下，雖屬傳聞證據，例外容許作爲證據使用。良以公務員職務上製作之紀錄文書、證明文書，與其責任、信譽攸關，若有錯誤、虛僞，公務員可能因此擔負刑事及行政責任，從而其正確性高，且該等文書經常處於「可受公開檢查」之狀態，設有錯誤，其易發現而予及時糾正。從事業務在業務上或通常業務過程所製作之紀錄文書、證明文書，因有「不間斷、有規律而準確之記載」、「無預見日後可能會被提供作爲證據之僞造動機」，其虛僞之可能性小，因此其亦具有一定程度之不可代替性，除非顯不可採，否則有承認其爲證據之必要。因此，採取容許特信性文書作爲證據，應注意該文書之製作，是否係於例行性的公務或業務過程中，基於觀察或發現而當場或即時記載之特徵，並於判決理由中詳予敘明。原判決認櫃買中心92年12月18日（92）證

櫃交字第38278號函附之高宏投顧公司推薦股票查核分析報告具有證據能力。惟上開分析報告，係櫃買中心受刑事警察局92年10月8日函之囑託辦理，針對具體個案所爲之分析報告，不僅不具「公開性」、「慣常性」，且有預見將會提供作爲證據，揆諸上開意旨，應不屬於特信性文書性質，原審判決援引刑事訴訟法第159條之4第2款規定，認屬於特信性文書性質之業務文書，適用法則洵屬不當。

【附錄】97年台上第2019號

　　檢察官因調查證據及犯罪情形，依刑事訴訟法第212條規定，得實施勘驗，製作勘驗筆錄。檢察官之勘驗筆錄，雖爲被告以外之人在審判外所作之書面陳述，爲傳聞證據，然因檢察官實施勘驗時，依同法第214條規定，得通知當事人、代理人或辯護人到場，其勘驗所得，應依同法第42條、第43條之規定製作勘驗筆錄，是以檢察官之勘驗筆錄乃係刑事訴訟法第159條第1項所稱「除法律有規定者外」之例外情形而得爲證據。因檢察官之勘驗筆錄係檢察官針對具體個案所製作，不具備例行性之要件，且非經常處於可受公開檢查狀態之文書，故原判決於理由欄一、（二），依刑事訴訟法第159條之4第1款規定，論列檢察官之勘驗筆錄爲有證據能力云云，於法尚有未合。

【附錄】97年台上第2550號

　　通訊監察之錄音、錄影，其所錄取之聲音或畫面，既係憑機械力拍錄，「未經人爲操控」，該錄音、錄影經依刑事訴訟法第165條之1第2項規定之調查程序後，自有證據能力。至通訊監察之監聽譯文如係被告以外之人之司法警察（官）監聽人員，於審判外將監聽所得資料以現譯方式整理後予以紀錄而得，則本質上屬於被告以外之人於審判外之書面陳述，爲傳聞證據，依刑事訴訟法第159條第1項規定，除法律有規定者外，不得作爲證據。故如欲採被告以外之人於審判外之書面陳述爲證據時，必須符合法律所規定之例外情形，方得認其審判外之書面陳述有證據能力，並須於判決中具體扼要說明其符合傳聞證據例外之情況及心證理由，否則即有違證據法則及判決不備理由之違誤。（評析：請區分通訊監察錄音帶內容與通訊監察譯文）

【附錄】97年台上第2768號

　　證人就其得自他人之傳聞事實，於審判中到庭作證而爲轉述者，乃傳聞供述，爲傳聞證據之一種。因所述非其本人親自聞見或經歷之事實，法院縱令於審判期日對該傳聞證人訊問，或由被告對其詰問，仍無從擔保其陳述內容之眞實性。是審理事實之法院於調查證據，遇有傳聞供述之情形，本乎傳聞證據之所以排除其證據能力，在於未經當事人之反對詰問權予以核實之立論，即應先究明原始證人是否存在或不明，俾應傳喚其到庭作證，使命具結陳述，並接受被告之詰問；因發見眞實之必要，並得依刑事訴訟法第184條第2項之規定，命原始證人與傳聞證人爲對質，其此之調查證據始稱完備。原始證人已在審判中具結陳述者，不論其陳述與傳聞供述是否相符，該傳聞供述應不具證據能力；惟原始證人如就主要待證事實之陳述與傳聞供述相左或不一致，該傳聞供述非不得作爲彈劾原始證人陳

述證據之證明力之用。倘若原始證人確有其人，但已供述不能或傳喚不能或不為供述，則此傳聞供述，是否具有證據92年修正刑事訴訟法增訂傳聞法則及其例外，對此未為規定。考諸同法第159條之3之規定，係為補救採納傳聞法則，實務上所可能發生蒐證困難之問題，爰參考日本刑事訴訟法第321條第1項第3款之立法例而為增訂，承認該等審判外之陳述，於該條所列各款情形下，得採為證據。則基此同一之法理，該傳聞供述，於經證明具有可信之特別情況，且為證明犯罪事實之存否所必要者，自宜解為例外許其得為證據，賦予其證據能力（外國立法例參見日本刑事訴訟法第324條第2項），庶符刑事訴訟資料愈豐富，愈能發現實體真實之合目的性要求，並補立法規範之不足。

【附錄】97年台上第2815號

犯罪事實應憑有證據能力之證據認定之，證人以聞自原始證人在審判外之陳述作為內容之陳述，純屬傳聞之詞，其既未親自聞見或經歷其所陳述之事實，法院縱令於審判期日對其訊問，或由被告對其詰問，亦無從擔保其陳述內容之真實性；又因原始證人非親自到庭作證，法院無從命其具結而為誠實之陳述，亦無從由被告直接對之進行詰問，以確認該傳聞陳述之真偽，殊有違事實審法院證據調查應採直接審理主義及刑事訴訟法第166條之立法原意。從而證人之傳聞證言不具證據能力，不得以之作為認定犯罪事實之依據。

【附錄】97年台上第3395號

刑事訴訟法第159條至第159條之5有關傳聞法則之規定，乃對於被告以外之人於審判外之言詞或書面陳述之供述證據所為規範，至非供述證據之物證，或以科學、機械之方式，對於當時狀況所為忠實且正確之記錄，性質上並非供述證據，均應無傳聞法則規定之適用。原判決對於非屬供述證據之卷附偽造之台塑公司員工識別證、信用卡申請書、簽帳單影本等物，說明乙○○、丙○○及其辯護人未於言詞辯論終結前，聲明異議，經原審審酌認為適當，依刑事訴訟法第159條之5規定，有證據能力……，難認無悖於證據法則。

【附錄】98年台上第1498號

法院若欲採用證人於審判外之陳述作為證據者，必須於判決內說明其憑以認定該項審判外陳述如何具有傳聞法則例外情形之理由，始為適法。至該證人事後是否於法院審理中具結作證並進行交互詰問程序，此與其先前於審判外之陳述能否取得證據適格之判斷無涉，自不能因該證人事後已於法院審理時到庭具結作證並經當事人及辯護人進行交互詰問程序，即謂其先前於審判外陳述之瑕疵已經治癒，而得以採為犯罪之證據。

【附錄】98年台上第1585號

第159條之5第2項……適用上自應審慎認定其是否具備「知不得為證據」、「未聲明異議」及「法院認為適當」三要件。倘認符合該規定而得作為證據，應於判決理由內敘明其如何具備上揭三要件而例外有證據能力之依據理由，非可專憑被告「未聲明異議」，即擬制其同意以之作為證據之效果，否則即有適用法則不當之違誤。

【附錄】98年台上第1847號

　　被告、辯護人詰問權之行使與否，係有權處分，如欲行使，則證人於審判中，應依法定程序到庭具結陳述，並接受被告或辯護人等之詰問，其陳述始得作為認定被告犯罪事實判斷之依據，否則如未進行交互詰問之調查證據程序，讓被告或辯護人行使詰問權，則該有證據能力之證人陳述，即不得作為判斷之依據，惟其原有之證據能力並不因而喪失。再按偵查係採糾問原則，由檢察官主導，重在合目的性之追求，而「詰問」乃偵查程序之一部，除預料證人、鑑定人於審判時不能訊問之情形外，檢察官可視實際情況，決定是否命被告在場，讓被告得親自詰問證人、鑑定人，此為刑事訴訟法第248所明定，故刑事訴訟法第159條之1第2項所指為證據之被告以外之人於偵查中向檢察官所為之陳述，其證據能力不因偵訊證人、鑑定人當時被告不在場，未親自詰問證人、鑑定人而受影響，僅於審判期日該證據須經合法調查（包括交互詰問程序），始得作為判斷之依據，至於其審判中之證詞與偵查中陳述不一時，何者為可採，則屬證據證明力之問題。（註：102年台上第1097號同旨）

【附錄】98年台上第1941號

　　若檢察官為打擊跨國性之重大犯罪，依循國際刑事司法互助管道，遠赴海外，會同當地國檢察官對於犯罪集團之某成員實施偵查作為，提供偵訊問題，由該外國檢察官照單辦理，訊問前，並依該國與我國刑事訴訟法相同意旨之規定，踐行告知義務，確保被告之訴訟防禦權，復通知其辯護人到場，保障其律師倚賴權，訊問中，且予以全程錄音（甚或錄影），訊問後，俞由被訊問人及其辯護人、會同訊問之各國（主任）檢察官、書記官（或人員）、翻譯人員與陪同在場之其他人員（例如承辦警員、錄影操作員）在筆錄上簽名確認，我國檢察官更命其所屬書記官就該訊問過程（含人員、時間、地點、囑託訊問之題目等項）作成勘驗筆錄，載明上揭訊問筆錄之內容（含其光碟片）核與實際進行情形相符，縱然該訊問筆錄係由外國之書記人員製作而成，不符合我國刑事訴訟法第43條規定，惟既有諸多人員在場，踐行之程序堪認純潔、公正、嚴謹，顯無信用性疑慮，實質上即與我國實施刑事訴訟程序之公務員借用他人之口、手作為道具，而完成自己份內工作之情形無異，參照上揭刑事訴訟法第159條之1第2項規定法理，就在我國內之該犯罪集團其他成員被告以言，是項偵訊筆錄當應肯認為適格之證據。

　　至板橋地檢署檢察官另在澳門林○義住宿之酒店房間內，未由澳門官方人員會同，而自行率領所屬書記官就訊林○義，乃悉依我國刑事訴訟法相關規定進行偵訊，並命在證人結文上簽名後取供，有該筆錄及結文附卷為憑，原判決理由壹－伍末段指明：「固屬在澳門行使我國司法權，然非（我國）法之所禁，且無自限司法權之必要」，肯認該筆錄具有證據能力。經核於法並無不合，同予敘明。

【附錄】98年台上第2034號

　　南京市中級人民法院之開庭筆錄，性質上雖屬審判外之陳述，為傳聞證據，然應類推

適用刑事訴訟法第159條之3第3款之規定，經審酌上揭開庭筆錄係於可信之特別情況下所製作，且為證明本件犯罪事實存否所必要，說明上揭開庭筆錄具有證據能力。然被告以外之人於審判中，因滯留國外或所在不明而無法傳喚或傳喚不到者，其於檢察事務官、司法警察官或司法警察調查中所為之陳述，經證明具有可信之特別情況，且為證明犯罪事實之存否所必要者，始得為證據，刑事訴訟法第159條之3第3款定有明文。而內政部依台灣地區與大陸地區人民關係條例第10條第3項之授權所訂定之「大陸地區人民進入台灣地區許可辦法」第11條規定：「大陸地區人民因刑事案件經司法機關傳喚者，得申請進入台灣地區進行訴訟」。據此，法令既允許司法機關傳喚大陸地區人民來台為刑事訴訟行為，即非屬不能傳喚，況姬○岐、周○謨復均於第一審到庭作證，乃原審未經傳喚馮○馥、姬○岐、周○謨等人，即臆測各該證人為無法傳喚或傳喚不到，遽類推適用刑事訴訟法第159條之3第3款規定，復對前開證人於南京法院之前開供述如何之具有可信之特別情況，未進一步敘述其理由，遽謂該供述筆錄均有證據能力，自難認為適法。

【附錄】98年台上第2078號

　　相驗屍體證明書……係檢察官會同檢驗員相驗被害人之屍體後，依上開規定所製作，係公務員於一般性、例行性之公務過程中，在法定職權範圍內，作成之類型化、非特定性文書，主要在證明被害人死亡之事實，俾供辦理殯喪及戶籍登記之用，揆諸上述說明，應屬公務員職務上製作之證明文書，又無顯有不可信之情況存在，應有證據能力。

【附錄】98年台上第2214號

　　司法警察（官）依刑事訴訟法第230條第3項、第231條第3項行使「即時勘察權」或受法院或檢察官之命勘察犯罪現場及相關聯事項，所見、所聞記錄之文書，屬被告以外之人在審判外之書面陳述，固為傳聞證據，惟本件內政部警政署刑事警察局就相關路程行車時間實施測試（下稱路線測試），業經原審傳訊實施勘察及製作報告之警員賴英門到庭陳述，即以證人身分，於審判中就其測試及製作路線測試作證，並給予上訴人及其選任辯護人行使反對詰問權之機會。則證據已轉換為一般證人之當庭陳述，並受反詰問以確保證言之真實性，原判決採為認定事實之證據，洵有依據。

【附錄】98年台上第2248號

　　刑事訴訟法第159條之2……所謂「具有較可信之特別情況」，係指其陳述係在特別可信為真實之情況下所為者而言。例如被告以外之人出於自然之發言、臨終前之陳述，或違反自己利益之陳述等特別情形均屬之。

【附錄】98年台上第2354號

　　我國雖與日本國間無邦交關係，無法適用司法互助引渡各該共同正犯返國到庭訊問。惟共同正犯及相關人證在該國司法機關之供述紀錄，其性質與外國法院基於國際互助協定所為之調查訊問筆錄同，並基於證據共通原則，應認屬刑事訴訟法第159條第1項法律另有

規定之情形，而有同法第159條之4第3款之適用，自應准其有證據能力。……本案共同正犯……等人，在日本國司法機關之陳述，或日本國法院判決書及其援引之證據資料，業已向被告宣讀或告以要旨，使被告有充分之防禦機會，自得作為本案之證據等旨。再上揭日本國刑事判決係由我駐該國福岡辦事處所提供，相關筆錄則由調查局自日本國索取，且均有中文譯本在卷可憑，並為上訴人及其選任辯護人所不爭執。原審綜合法調查，自得採為判決基礎，所踐行之訴訟程序，並無不合。上訴意旨執以指摘，自非合法上訴理由。

【附錄】98年台上第4219號

刑事訴訟法通常程序之第二審採覆審制，應就第一審判決經上訴之部分為完全重複之審理。第二審法院於審判期日，應依刑事訴訟法第364條規定，準用第一審審判之規定，就卷內所有證據資料，重新踐行調查程序。對於卷內證據資料有無證據能力，亦應本於職權調查審認，不受第一審判決所為判斷之拘束。而被告以外之人於審判外之言詞或書面陳述，為傳聞證據，依同法第159條之1第1項規定，除符合法律規定之例外情形，原則上無證據能力。該等傳聞證據，在第一審程序中，縱因當事人、辯護人有同法第159條之5第2項規定擬制同意作為證據而例外取得證據能力之情形，然在第二審程序調查證據時，當事人或辯護人非不得重新就其證據能力予以爭執或聲明異議，此時，第二審法院即應重新審認其證據能力之有無，否則即難謂為適法。

【附錄】98年台上第4940號

刑事訴訟法第159條之3規定：「被告以外之人於審判中有下列情形之一，其於檢察事務官、司法警察官或司法警察調查中所為之陳述，經證明具有可信之特別情況，且為證明犯罪事實之存否所必要者，得為證據：一、死亡者。二、身心障礙致記憶喪失或無法陳述者。三、滯留國外或所在不明而無法傳喚或傳喚不到者。四、到庭後無正當理由拒絕陳述者。」其立法理由在於考量審判程序中，一旦發生事實上無從為直接審理之原因，如一概否定該項陳述之證據適格，不免違背實體真實發現之訴訟目的，為補救採納傳聞法則，實務上所可能發生蒐證困難之問題，例外承認該審判外之陳述得採為證據。是該法條第3款規定「滯留國外或所在不明『而』無法傳喚或傳喚不到者」，所謂「傳喚不到」，應指「滯留國外或所在不明而傳喚不到」而言，亦即以「滯留國外或所在不明」為前提，倘無滯留國外或所在不明之情形，僅係單純傳喚不到，即經合法傳喚而未到場者，自無該條款之適用。況現行刑事訴訟法採交互詰問制度，為期辯明供述證據之真偽，使真實呈現，被告得於審判程序中詰問證人，不僅為憲法第16條保障人民訴訟權之基本權利之一，且屬憲法第8條第2項正當法律程序所保障之權利。若被告以外之人在審判程序中，並未發生事實上無從為直接審理之原因，僅因單純傳喚不到，即認有前開條款之適用，無異剝奪被告反對詰問之機會，不僅妨害被告訴訟防禦權之行使，亦有礙於真實之發現，當非立法之本意。

【附錄】98年台上第3167號

司法警察官或司法警察於執行緊急搜索後,依法製作「偵查報告書」向該管檢察署檢察官及法院報告,乃依法定程序所製作之公文書,要與刑事訴訟法第159條之4第1款所稱之「紀錄文書」或「證明文書」無涉。上訴意旨認為該「報告」應符合傳聞法則之例外,始具有證據能力云云,顯有誤解。

【附錄】98年台上第5877號

刑事訴訟法第159條之5規定:「被告以外之人於審判外之陳述,雖不符前四條之規定,而經當事人於審判程序同意作為證據,法院審酌該言詞陳述或書面陳述作成時之情況,認為適當者,亦得為證據。」「當事人、代理人或辯護人於法院調查證據時,知有第159條第1項不得為證據之情形,而未於言詞辯論終結前聲明異議者,視為有前項之同意。」係以該陳述須經法院「審酌作成時之情況,認為適當」時,為其適用要件之一,並非一經明示或擬制同意,即可無條件容許作為證據。此所謂「審酌該陳述作成時之情況,認為適當」者,係指依各該審判外供述證據製作當時之過程、內容、功能等情況,是否具備合法可信之適當性保障,加以綜合判斷而言。故被告以外之人於審判外之陳述,經當事人於審判程序同意作為證據者,仍應於判決內具體說明如何審酌作成時之情況而認為適當,否則即有違證據法則及理由不備之違誤。

司法警察(官)因即時勘察犯罪現場所製作之「勘察現場報告」,為司法警察(官)單方面就現場所見所聞記載之書面報告,屬於被告以外之人在審判外之書面陳述,為傳聞證據,該項報告屬於個案性質,不具備例行性之要件,自不適用同法第159條之4第1款傳聞例外之規定。

【附錄】98年台上第6150號

司法警察(官)為偵查犯罪,依刑事訴訟法第230條、第231條固有調查犯罪情形之權限,惟此調查犯罪職權之行使,係指應將調查所得、憑以判斷犯罪事實之基礎證據呈現於法院,並不包括調查證據結果所形成之判斷意見。除調查所得之事實屬於一般人難以描述,而以意見證據型態表述並不致於影響他人對於事實之理解者,得依刑事訴訟法第160條容許為證據者外,倘司法警察(官)僅將其調查結果所形成之判斷意見呈現於法院,但未提出憑以判斷之基礎證據者,並不具證據意義,無證據能力可言。

【附錄】99年台上第1237號

刑事訴訟法關於「鑑定」之規定,除選任自然人充當鑑定人外,另設有囑託機關鑑定制度。依同法第198條、第208條之規定,不論鑑定人或鑑定機關(團體),均應由法院、審判長、受命法官或檢察官視具體個案之需要而為選任、囑託,並依第206條之規定,提出記載「鑑定之經過及其結果」法定程式之書面報告,於具備此二要件,該鑑定書面始屬第159條第1項所定「法律有規定」之情形而得為證據。司法警察(官)因調查犯罪嫌疑及

蒐集證據之必要，固非不得選任或囑託為鑑定，然此之鑑定，除已符合基於檢察一體原則，由該管檢察長對於轄區內特定類型之案件，以事前概括選任鑑定人或囑託鑑定機關（團體）之方式，俾便轄區內之司法警察（官）對於調查中之案件，得即時送請先前已選任之鑑定人或囑託之鑑定機關（團體）實施鑑定，而此種由司法警察（官）依事前概括選任或囑託方式所為之鑑定書面，性質上與檢察官選任或囑託鑑定者無異，同具證據能力外，因其並非由法院、審判長、受命法官或檢察官之選任、囑託而為，當無刑事訴訟法第206條之適用，自亦不該當同法第159條第1項之除外規定，而應受傳聞法則之規範。從而此等鑑定書面，除適用刑事訴訟法第159條之5同意法則定其得否為證據外，並得使該鑑定書面製作者以證人身分到庭陳述其製作報告之經過及真實，亦即藉由賦予被告對證據適格反對詰問權之機會為要件，而由法院衡酌判斷其證據能力之有無。……鑑定證人，雖具證人與鑑定人二種身分，然所陳述者，既係以往見聞經過之事實，且具有不可替代性，自不失為證人，適用關於人證之規定；惟如所陳述者或併在使依特別知識，就所觀察之現在事實報告其判斷之意見，仍為鑑定人。於此，應分別情形命具證人結，或加具鑑定人結。又證人之陳述，如摻雜個人之意見或為推測之詞，均逸出其見聞之範圍，屬於意見證據，應予排除；然若證人之意見上或推測上之證言，係根據其自己直接經驗過之事實所推測出來之事項，因具備一定程度之客觀性、不可替代性，依刑事訴訟法第160條之規定，得容許為證據；證人其中所陳述者，如有涉及專業知識上之意見，則屬鑑定證人之範疇，依前述第210條規定之說明解決。證人之陳述，求其真實可信，鑑定人之鑑定，重在公正誠實。因此，刑事訴訟法第189條第1項、第202條就兩者具結之法定程式分設規定，不可混淆。如有違反或不符，概屬欠缺具結之法定要件，不生具結之效力，依同法第158條之3規定，其證言或鑑定意見，不得作為證據。

【附錄】99年台上第1391號

　　刑事訴訟法第159條之4第2款規定……係因該等文書為從事業務之人，於通常業務過程不間斷、有規律而準確之記載，且大部分紀錄係完成於業務終了前後，無預見日後可能會被提供作為證據之偽造動機，其虛偽之可能性小，除非該等紀錄文書或證明文書有顯然不可信之情況，否則有承認其為證據之必要。醫院病歷及診斷證明書，係病患就診時，醫師就其病患所為之診斷及治療處置，所製作之紀錄文書及證明文書。犯罪事件中之被害人因身體所受之傷害前往醫療院所接受治療，並要求醫師依據診斷結果開立診斷證明書，就被害人之立場而言，該診斷證明書固然可能供日後訴訟上之證明之特定目的使用，然就醫師之立場而言，仍屬從事醫療業務之人，於例行性之診療過程中，依據實際診斷結果而製作之病歷及診斷證明書，自屬於醫療業務上或通常醫療業務過程所製作之紀錄文書。

【附錄】99年台上第6503號

　　刑事訴訟法於傳聞排除法則之下，基於人類生活之體驗，認為某些傳聞證據具有本質上可信賴性，因而建立證據容許之例外，即賦予具有本質上可信賴性之傳聞證據有證據能力，該法第159條之4之規定即屬此類。而此類容許之例外，因須賴人類長期體驗，法律難

以預先列舉殆盡，故該條於第1、2款例示規定之外，並於第3款為概括規定。是紀錄文書不論符合該條第2款通常業務過程所須製作之紀錄文書或第3款概括容許之紀錄文書，均不能謂無證據能力。本件原判決敘明扣案之現金簿係乙○○委由李○惠所記載之「內帳」，係於通常業務過程不間斷、有規律而為之記錄，於完成之際，不可能預見日後可能被提供作為證據之不實登載動機，其不實之可能性甚小，認合於刑事訴訟法第159條之4第2款之規定。（註：99年台上第2365號判決亦認「個人記事本」乃個人日常生活之例行性記錄之文書，符合例行性容許之文書而具證據能力。）

【附錄】100年台上第2442號

傳聞證據需符合特定要件方得例外採為裁判之基礎，故為保障被告防禦權之正當行使及促使法院善盡訴訟照料義務，法院應適度闡明關於傳聞法則之意義及法律效果，且既屬剝奪被告對傳聞證據之詰問權，自應以被告理解其意義下而明確表示放棄後，方得使其例外具有證據能力，尚不得以被告未表示意見或泛稱沒有意見即為已足。

【附錄】101年台上第1588號

基於訴訟程序安定性、確實性之要求，自不宜准許當事人事後任意撤回同意或再事爭執。然如當事人已明示同意以被告以外之人於審判外之陳述作為證據後，又聲明撤回該同意或對該被告以外之人於審判外陳述之證據能力復行爭執，而審理事實之法院於尚未進行該證據之調查，或他造當事人未提出異議，或法院認為撤回同意係屬適當者，應生准予撤回之效力；非謂一經同意之後，一概不許撤回或再事爭執。此於採覆審制之第二審訴訟程序，亦同。是審理事實之法院如不准當事人撤回，應說明事後所為爭執如何不符撤回要件，該證據仍具有證據能力之理由，始為適法，否則即有判決理由不備之違法。

【附錄】101年台上第6378號

至於默示同意之效力，因係出於當事人等之消極不表示意見而為法律上之擬制所取得，並非本於當事人之積極處分而使其效力恆定，原則上雖仍容許當事人等於言詞辯論終結前，或第二審及更審程序中對其證據能力再為爭執追復，但應以當事人等之不為異議，係出於「不知有不得為證據之情形」者為限。而當事人等是否「知有不得為證據之情形」，應依案內訴訟資料為判斷，例如法官已告知，或當事人等自書類之記載已可以得知，或被告受辯護人之協助等情況，即可認為當事人等於調查證據時有「知」而不為異議之情形，既已合致於擬制同意之要件，自不容許再為爭執。

【附錄】103年台上第4004號

入出國及移民署人員祇有於執行非法入出國及移民犯罪之調查職務時，始能視同司法警察（官）；如非執行該項職務，即無此身分，乃當然解釋。本件上訴人涉犯之侵占職務上持有之非公用私有財物案件，並非「非法入出國及移民」之犯罪，故被告以外之人就本案在入出國及移民署人員詢問時所為之陳述，核非受入出國及移民署之人員，於執行調查

非法入出國及移民犯罪職務時，所為之陳述，因此該署人員即不具有視同司法警察官或司法警察之身分，其所製作之「調查筆錄」，自不能認係警詢筆錄。

【附錄】103年台上第4247號

　　刑事訴訟法第159條之5有關傳聞例外之規定，係賦予當事人證據能力處分權，將原不得為證據之傳聞證據，賦予證據能力。該條第1項所定「同意作為證據」係指經當事人「明示同意」而言；如當事人已明示同意作為證據，其意思表示並無瑕疵，且經踐行法定證據調查程序，認具適當性要件後，基於維護訴訟程序安定性、確實性之要求，即無許再行撤回同意之理；然此與同條第2項規定擬制其同意有證據能力，嗣經上訴或發回更審時，因第二審係採覆審制，為兼顧傳聞供述證據原本不具證據能力之本質及貫徹直接言詞審理之精神暨被告權益之保障，當事人、代理人或辯護人於法院尚未進行該證據調查前，仍得提出異議，非謂一經「擬制同意」，即不得再行爭執之情形有別。

【附錄】104年台上第541號

　　無證據能力之證據，固不得作為判斷之依據，其有證據能力者，亦須經合法調查程序，始得作為判斷之依據，此觀刑事訴訟法第155條第2項規定：「無證據能力、未經合法調查之證據，不得作為判斷之依據」自明。被告對證人之對質詰問權，係憲法所保障之基本訴訟權，在被告否認犯罪並聲請傳喚之情形下，除客觀上不能行使外，不容任意剝奪；故法院於審判中，除有如刑事訴訟法第159條之3所列法定情形而無法傳喚或傳喚不到，或到庭後無正當理由拒絕陳述等情形外，均應依法定程序傳喚證人到場，命其具結陳述，使被告有與證人對質及詰問之機會，以確保被告之對質詰問權；否則，如僅於審判期日向被告提示該證人未經對質詰問之審判外陳述筆錄或告以要旨，無異剝奪被告之對質詰問權，且有害於實體真實之發現，其所踐行之調查程序，即難謂為適法，該審判外之陳述，即不能認係經合法調查之證據，不得作為判斷之依據。

【附錄】104年台上第1627號

　　當事人以明示同意作為證據之傳聞證據，經法院審查其具備適當性要件後，若已就該證據踐行法定之調查程序，即無許當事人再行撤回同意之理，以為訴訟程序安定性、確實性之要求。

【附錄】104年台上第2126號

　　法院勘驗調查犯罪機關訊問被告以外之人依法定程序所為之錄音所製作之譯文，雖屬於文書證據之一種，然本質上係該被告以外之人在審判外之陳述，得否為證據仍應依刑事訴訟法第159條之2、第159條之3或第159條之5等規定定之。

【附錄】104年度台上第3407號

　　從事業務之人在業務上或通常業務過程所製作之紀錄文書、證明文書，乃係於通常業

務過程不間斷、有規律而準確之紀錄，通常有會計、記帳或其他相關人員等校對其正確性，大部分紀錄係完成於業務終了前後，無預見日後可能會被提供作文證據之偽造動機，其虛偽之可能性小，除非該文書有顯然不可信之情況，否則即有承認其證據能力之必要；因此，以該文書作為證據，應注意其是否係於例行之業務過程中，基於觀察或發現而當場或及時記載。

【附錄】104年台上第3725號

供述證據，有依個人感官知覺親自體驗所為事實陳述與對事實判斷所為意見陳述之別，前者為一般證人之證言，後者則屬意見證據。對一般證人而言，除非與個人體驗之事實具有不可分離之關係，且其陳述方式已無可替代性，而可理解係證言之一部份者外，一般證人之意見證據，應無證據能力。

【附錄】104年台上第3728號

所謂「具有可信之特別情況」，係屬「信用性」之證據能力要件，而非「憑信性」之證據證明力，法院自應就其陳述當時之原因、過程、內容、功能等環境加以觀察，以判斷其陳述是否出於真意、有無違法取供等，其信用性已獲得確定保障之特別情況，加以論斷說明其憑據。

【附錄】104年台上第3731號

如被告以外之人於審判中所為之陳述，與其於檢察事務官、司法警察官或司法警察調查中所為之審判外陳述相符時，自應以其於審判中所為陳述為判斷依據，其先前於審判外所為之陳述，即欠缺必要性要件，而與上揭法條規定之傳聞法則例外情形不符，自無證據能力。

【附錄】104年台上第3871號

以文書內容所在文義，作為待證事實之證明，乃書面陳述，屬於供述證據，其為被告以外人出具者，有相關傳聞法則規定適用；若以物質外觀之存在，作為待證事實之證明，即為物證之一種，無傳聞法則之適用，原則上具有證據能力，縱有違法取得問題，當依同法關於權衡法則之規定，定其證據能力之有無。

【附錄】105年台上第2188號

當事人已明示同意作為證據之傳聞證據，並經法院審查其具備適當性之要件者，若已就該證據實施調查程序，即無許當事人再行撤回同意之理，以維訴訟程序安定性、確實性之要求；此一同意之效力，既因當事人之積極行使處分權，並經法院認為適當且無許其撤回之情形，即告確定，即令上訴至第二審，仍不失其效力。

【附錄】105年台上第2401號

警詢筆錄原則上無證據能力，只有在信用性及必要性保證下，才例外承認其證據適格；檢（偵）訊筆錄原則上具有證據能力，只有在顯無可信的情形下，例外否認爲適格證據；審詢（訊）筆錄，則一律具有證據能力，此觀刑事訴訟法第159條之1第1項、第2項和第159條之2規定甚明。但此等規定，要屬證據能力範疇，至於證明力方面，究竟何者可採，仍須由審判法院斟酌卷內存在的各項證據資料，在經驗法則、論理法則的支配下，綜合判斷、定其取捨。

相關實務

在檢察官面前未經具結之陳述，卻可能因此劣後於上開順序，是以類推刑事訴訟法第159條之2、第159條之3之法理，在具有特別可信性與必要性之情況下，仍可作爲證據。（最高法院103年度台上字第491號判決參照）

【附錄】105年台上第2449號

刑事訴訟法第159條之5有關傳聞例外之規定，係賦予當事人證據能力處分權，將原不得爲證據之傳聞證據，賦予證據能力。該條第1項所定「同意作爲證據」係指經當事人「明示同意」而言；如當事人已明示同意作爲證據，其意思表示並無瑕疵，且經踐行法定證據調查程序，認具適當性要件後，基於維護訴訟程序安定性、確實性之要求，即無許再行撤回同意之理；然此與同條第2項規定擬制其同意有證據能力，嗣經上訴或發回更審時，因第二審係採覆審制，爲兼顧傳聞供述證據原本不具證據能力之本質及貫徹直接言詞審理之精神暨被告權益之保障，當事人、代理人或辯護人於法院尚未就該項證據進行調查前，仍得提出異議，非謂一經「擬制同意」，即不得再行爭執。而所謂「明示同意」，係針對特定證據之證據能力，明確爲「同意」之意思表示，若僅就該證據之提示，爲「無意見」、「不爭執」、「沒有意見」之表示，尙與明示同意不同，不生明示同意之效力。

【附錄】105年台上第3397號

傳聞例外之同意之效力，既因當事人之積極行使處分權，並經法院認爲適當且無許其撤回之情形，即告確定，其於再開辯論固不論矣，即令上訴至第二審或判決經上級審法院撤銷發回更審，仍不失其效力。至其第二項所規定「視爲同意」，即擬制同意之效力，純因當事人、代理人或辯護人之消極緘默，而爲法律上之擬制所取得，並非本於當事人之積極處分而使其效力恆定，自應容許當事人於言詞辯論終結前，或第二審及更審程序中對其證據能力再爲爭執追復。

【附錄】106年台上第1692號

被害人之供述證據，固須以補強證據證明其確與事實相符，然茲所謂之補強證據，並非以證明犯罪構成要件之全部事實爲必要，倘其得以佐證供述所見所聞之犯罪非虛構，能

予保障所供述事實之眞實性，即已充分；又得據以佐證者，雖非直接可以推斷該被告知實行犯罪，但以此項證據與證人之指認供述綜合判斷，如足以認定犯罪事實者，仍不得謂其非補強證據。次按法律社會工作者之社工人員、輔導人員、醫師及心理師等專業人士依性侵害犯罪防制法第15條介入性侵害案件之偵查、審判程序，併著重在藉由心理諮商或精神醫學等專業以佐證被害人證詞之有效性或憑信性，兼負有協助偵、審機關發見眞實之義務與功能，與外國法制之專家證人同其作用，因此，社工或輔導人員就其所介入輔導個案經過之直接觀察及以個人實際經驗爲基礎所爲之書面或言詞陳述，即屬於見聞經過之證人性質，屬與被害人陳述不具同一性之獨立法定證據方法，而得供爲判斷被害人陳述憑信性之補強證據。

【附錄】106年台上第3377號

傳聞同意之主體，雖不及於被告之辯護人，惟基於代理權之法理，在辯護人已明確表示「同意」有證據能力之旨時，只要不違反被告意思，應認爲被告已同意。

【附錄】104年第3次刑庭決議

院長提議：被告以外之人於審判外之言詞或書面陳述，依刑事訴訟法第159條之1至第159條之4等規定得爲證據者，法院能否因當事人之同意，不從第159條之1至第159條之4各該規定，逕以同法第159條之5爲依據，並於符合適當性之要件時，認有證據能力（亦即第159條之5同意法則之適用範圍，是否不以「不符前四條之規定」爲要件）？

甲說（否定說）：刑事訴訟法第159條之5第1項既明定「被告以外之人於審判外陳述『不符前四條之規定』」之情形爲其適用條件，即應以不能依同法第159條之1至第159條之4之規定認有證據能力者，始有適用之餘地。換言之，本法第159條之1至第159條之4所指傳聞證據之證據能力如何，既設有明文，自應優先適用，如已符合該四條規定之要件而已得爲證據者，當無再適用本條項定其證據能力之必要或餘地，否則有違證據法則。

乙說（肯定說）：刑事訴訟法第159條之5立法意旨，在於確認當事人對於傳聞證據有處分權，得放棄反對詰問權，同意或擬制同意傳聞證據可作爲證據，屬於證據傳聞性之解除行爲，如法院認爲適當，不論該傳聞證據是否具備刑事訴訟法第159條之1至第159條之4所定情形，均容許作爲證據，不以未具備刑事訴訟法第159條之1至第159條之4所定情形爲前提。此揆諸「若當事人於審判程序表明同意該等傳聞證據可作爲證據，基於證據資料愈豐富，愈有助於眞實發見之理念，此時，法院自可承認該傳聞證據之證據能力」立法意旨，係採擴大適用之立場。蓋不論是否第159條之1至第159條之4所定情形，抑當事人之同意，均係傳聞之例外，解釋上並無孰先孰後之問題，僅因我國尚非採澈底之當事人進行主義，故而附加「適當性」之限制而已，可知其適用並不以「不符前四條之規定」爲要件。

以上二說，以何者爲當？提請　公決。

決議：採乙說（肯定說），文字修正如下：

刑事訴訟法第159條之5立法意旨，在於確認當事人對於傳聞證據有處分權，得放棄反對詰問權，同意或擬制同意傳聞證據可作爲證據，屬於證據傳聞性之解除行爲，如法院認

爲適當，不論該傳聞證據是否具備刑事訴訟法第159條之1至第159條之4所定情形，均容許作爲證據，不以未具備刑事訴訟法第159條之1至第159條之4所定情形爲前提。此揆諸「若當事人於審判程序表明同意該等傳聞證據可作爲證據，基於證據資料愈豐富，愈有助於眞實發見之理念，此時，法院自可承認該傳聞證據之證據能力」立法意旨，係採擴大適用之立場。蓋不論是否第159條之1至第159條之4所定情形，抑當事人之同意，均係傳聞之例外，俱得爲證據，僅因我國尚非採澈底之當事人進行主義，故而附加「適當性」之限制而已，可知其適用並不以「不符前四條之規定」爲要件。惟如符合第159條之1第1項規定之要件而已得爲證據者，不宜贅依第159條之5之規定認定有證據能力。

第五項　私人違法取證

一、實務見解＆學說評論

(一) 刑事訴訟程序所爲通訊監察處分之取證行爲，具有對人民隱私權等基本權干預之性質，通訊保障及監察法對此取證行爲，設有程序規範與限制，俾使實施刑事追訴程序之公務員有法可循，並兼顧人民權益之保障。從事刑事追訴之公務員違反取證規範，從抑制違法偵查之觀點衡量，如不分情節，均容許該通訊監察所得資料作爲證據使用並不適當，固有應否排除其證據能力之問題。惟此「證據排除原則」之適用，應僅限於有國家機關行爲介入之對於人民之監聽行爲而言；私人監聽之行爲，並無公權力介入，則不與焉。依刑法第315條之1及通訊保障及監察法第29條第3款規定「監察者爲通訊之一方，而非出於不法目的者，不罰」之規範目的，通訊之一方私自錄音之取證行爲，如非出於不法目的，不惟在刑罰規範上屬於阻卻違法之事由，且因屬通訊一方基於保全證據之必要所實施之作爲，並無國家機關行爲之介入，當非通訊保障及監察法所規範之行爲，要無先聲請令狀許可之問題，自亦不發生有類似公務員違法偵查取得證據之情形，其所取得之證據應有證據能力。本件證人丁○○於被劫財後遭歹徒電話恐嚇付款所私自錄下與歹徒通訊之錄音及譯文，既無國家機關行爲之參與，揆諸上開說明，自不生是否經由法定程序所取得證據之適法性問題。原判決引用第一審判決說明丁○○爲通訊之一方，其自行錄下與甲○○等人之電話通話內容，並非出於不法之目的，爲有證據能力等理由，核無不合，並無甲○○上訴意旨所指判決違背法令之情形。（97年台上第560號判決）

小結：上述實務見解認爲，私人取證行爲與國家公權力取證有別，並無證據排除法則之適用，若爲法律所不容許而欲予處罰者，即無證據能力，反之則有。以通訊監察爲例，私人秘密錄音，倘錄音者爲通訊之一方且非基於不法目的，依通訊保障及監察法得阻卻違法而不罰，該錄音內容應得爲證據，然若私錄他人對話內容，而爲對話兩造所不知，且非基於合法目的（如檢舉賄選與其他犯罪或蒐集犯罪證據等）者，該內容則無證據能力。但最高法院在97年度台上字第560號判決翻轉立場，認爲證據使用禁止之功能在嚇阻警察違法偵查，私人違法取證完全不適用證據使用禁止。97年度台上字第734號判決認爲，如果私人以強暴或刑求手段取得被告自白或證人供述，尤於供述違背任意性及私人違法取證之嚇阻必要性，例外排除證據能力。

(二) 刑事訴訟法上「證據排除原則」，係指將具有證據價值，或真實之證據因取得程序之違法，而予以排除之法則。而私人之錄音、錄影之行為所取得之證據，應受刑法第315條之1與通訊保障及監察法之規範，私人違反此規範所取得之證據，固應予排除。惟依通訊保障及監察法第29條第3款之規定「監察者為通訊之一方或已得通訊之一方事先同意，而非出於不法目的者，不罰」，通訊之一方非出於不法目的之錄音，所取得之證據，即無證據排除原則之適用。本件錄音帶係由通訊之一方所錄製，依原判決所載其目的為保護自己（似為保留上訴人二人犯罪行為之證據），亦非不法，按之前揭說明，雖錄音時間在通訊保障及監察法公布施行之前，似無證據排除原則之適用。原判決將該證據予以排除，未就該證據之證明力予以調查，自屬違背證據法則，而無可維持。（92年台上第2677號判決）

(三) 又刑事訴訟之目的，固在發現真實，藉以維護社會安全，其手段則應合法純潔、公平公正，以保障人權，倘證據之取得非依法定程序，而法院若容許該項證據作為認定犯罪事實之依據有害於公平正義時，自應排除其證據能力。上訴人既無法證明該錄音帶係依法定程序取得，有違反憲法第12條保障人民秘密通訊自由之虞，尚難認該錄音帶內容有證據能力。上訴人所辯不足採信，在理由內依憑卷證資料，詳加指駁及說明。從形式上觀察，原判決並無應於審判期日調查之證據未予調查，或判決適用法則不當之違法情形存在。（91年台上第3523號判決）

(四) 告訴人就其與上訴人之父、兄、姐及被害人與他人對話，暗中錄音，此與擅自盜錄他人間非公開之談話錄音涉有刑法第315條之1之妨害秘密罪，尚屬有間，上開錄音既非違法取得，復與事實相符，自有證據能力。（91年台上第3713號判決）

(五) 基於刑訴法第158條之4的相同法理，私人亦不能任意違法取得證據，仍宜審酌其取得證據之目的、違法之程度及所造成之危害，依原則決定其證據能力。又個人之陳述自由，係其個人人格不可侵犯之核心範疇，受憲法及刑事訴訟法之嚴格保障，任何人均不得違法侵犯其陳述自由，如私人故意對被告、證人使用暴力、刑求等方式而取得被告之自白或證人之證述，因違背其任意性，且有虛偽之可能性，基於避免間接鼓勵私人以暴力方式取供，依刑訴法第156條被告自白法則之法理，自應排除其證據能力。據此，原判決理由謂告訴人拍攝與上訴人性交的錄影光碟，並無不法目的，亦未違反上訴人之意願，不適用證據使用禁止，而有證據能力，於法並無不合。（100年台上第5920號判決採依附性使用禁止法理）

◎ 評論（薛智仁，台灣本土法學第260期，頁49以下）：

1. 法院如果要使用違法取得之證據，可能會產生僭越立法者的價值決定以及違憲干預個人資訊自主權的結果。因此，從權力分立及法律保留的角度來說，法院在多大範圍內得使用違法取得之證據，並不是一個完全不受拘束的法律續造活動。如果要避免上述有憲法疑義的後果，唯一的辦法就是由立法者立法授權法院使用刑事追訴機關違法取得之證據。

2. 刑訴法之證據使用禁止規定的規範意義，並不是原則肯認法院使用違法取得證據的權限底下，例外排除使用權限的規定，而是在原則否定法院使用違法取得證據下，

例外授予法院使用權限的規定。在此觀點下，通說稱爲「證據使用禁止」規定的條文，正確來說應該被稱爲「證據使用授權」規定，如果缺乏此種授權條款，法院就絕對禁止使用違法取得之證據。就此而言，我國立法者增訂刑訴法第158條之4作爲概括授權法院使用違法取得證據的法律根據。

3. 由於基本權僅賦予個人防禦國家干預的效力，不可歸責國家的私人取證沒有干預基本權的性質，國家事後單純收受私人違法取得之證據不會發生干預基本權的效果，所以沒有憲法上的理由排除刑事追訴機關收受私人取證的權限，刑事訴訟法也沒有相對應的限制。既然國家原本即可自由收受私人交付之證據，縱使法院是在調查私人違法取得之證據，也不像在調查刑事追訴機關違法取得之證據時一樣，必須另行取得特殊的授權基礎（亦即刑訴法§158-4等相對證據使用禁止規定），而是只要直接適用刑訴法既有的各個證據調查授權條款（例如勘驗物證、訊問證人），即可滿足法律保留原則之要求。因此，刑法之證據使用授權規定僅適用在刑事追訴機關（或可歸責國家之私人）的違法取得，不適用在私人取證行爲，是從規範目的得出的當然結果，而不是一個違反規範計畫的法律漏洞。本判決與部分學說私人取證的證據能力問題上，主張類推適用刑訴法第156條及第158條之4或適用其法理，忽略了此處欠缺類推適用的方法論基礎。

(六) 私人錄音、錄影之行爲，雖應受刑法第315條之1與通訊保障及監察法第29條第3款之規範，但其錄音、錄影所取得之證據，則無證據用禁止之適用。蓋我國刑事訴訟程序法（包括通訊保障及監察法）中關於取證程序或其他有關偵查之法程序，均係以國家機關在進行犯罪偵查爲拘束對象，對於私人自行取證之法定程序並未明文。私人就其因犯罪而被害之情事，除得依刑事訴訟法第219條之1至第219條之8有關證據保全規定，聲請由國家機構以強制處分措施取證以資保全外，其自行或委託他人從事類似任意偵查之錄音、錄影等取證之行爲，既不涉及國家是否違法問題，則所取得之錄音、錄影等證物，如其內容備任意性者，自可爲證據。法院於審判中對於私人之錄音、錄影等證物，以適當之設備，顯示其聲音、影像，乃係出於刑事訴訟法第165條之1第2項規定之授權，符合法律保留原則之要求，至於利用電話通話或兩人間之對（面）談並非屬於秘密通訊自由與隱私權等基本權利之核心領域，故國家就探知其談話內容所發生干預基本權利之手段（即法院實施之勘驗）與所欲達成實現國家刑罰權之公益目的（即證明犯罪），兩相權衡，國家公權力對此之干預，尚無違比例原則，法院自得利用該勘驗結果（筆錄），以作爲證據資料使用。（101年台上第5182號判決、103年台上第419號同旨）（此判決於私人錄音錄影取得任意之證據時，根據調查該錄音或錄影是否符合法律保留原則及比例原則來認定證據能力，部分地承認私人取證採自主性證據使用禁止。）

◎ **評論**（薛智仁，台灣本土法學第260期，頁58以下）：

1. 自主性證據使用禁止之基本思想是將法院調查證據當成一個獨立的干預基本權的國家高權行爲，憲法之法律保留原則及比例原則的拘束力，不受到系爭證據是來自國家或私人，取證行爲是合法或違法的影響。因此，自主性證據使用禁止之適用範

圍，理論上不受取證來源與方法的限制，亦即包括所有國家私人取得證據的情形在內。

2. 據此，法院調查私人刑求之自白或證詞的憲法限制，必須依具體情形而論。就調查刑求自白而言，有鑑於被告自白係高度敏感的個人資訊，從保障被告人性尊嚴（不自證己罪原則）而言，國家被絕對禁止自行取得被告之刑求自白來追訴犯罪，其事後使用被告之刑求自白來追訴犯罪，干預程度在評價上不亞於前者，不論是追訴如何重大的犯罪，都無法通過比例原則之審查。

3. 而調查刑求證詞的界限就較爲鬆。理由在於，不論所追訴之犯罪如何重大，證人在刑事程序皆負有眞實陳述義務，其對於犯罪相關的個人資訊處分權自始受到法律限制，故國家調查刑求證詞的資訊干預通常符合比例原則。不過，如果被刑求之證人原本享有拒絕證言權，對於個人資訊之處分自由就不受額外限制，資訊內容之敏感性又因爲涉及個人犯罪嫌疑、公務或業務秘密、最近親屬之和諧關係等而被提高，僅有在追訴相對重大的犯罪時，調查刑求證詞始有合憲性。

4. 上述判決認爲本案之雙方通話內容不涉及秘密通訊自由或隱私權之核心領域，故必須個案判斷勘驗之基本權干預是否合於比例原則。法院在認證據調查的基本權干預受比例原則拘束的同時，認個人擁有絕對不受國家侵犯之基本權核心領域，不論所追訴犯罪之公益如何重大，一概排除國家介入。此基本權的核心領域，亦即所謂「私人生活核心領域」。

5. 學者認爲，私人生活核心領域的絕對保障係來自對人性尊嚴的肯認，只要是涉及此種隱密地自我對話的資訊，都應該落入核心領域。因此，縱使資訊內容與犯罪有直接關連，也不會立刻使其脫離核心領域，否則將導致幾乎任何有關犯罪嫌疑的資訊都不可能排除國家調查，而且國家光是爲了確認該資訊內容與犯罪有無關連性，就無可避免地刺探此種自我對話的內容。如果行爲人係選擇隱密地與存在高度信賴關係的人進行對話，例如夫妻、家庭成員或其他可資信賴之人，其亦可能仍屬於核心領域。

6. 上述判決認爲，在私人錄音、錄影取證時應審查調查證據之合憲性來認定證據能力，則是值得贊同的看法，但仍有值得改進之處。第一，最高法院未來應該將此立場擴張適用至私人刑求自白或證詞的情形，甚至包括私人與國家機關合法取證的情形；第二，最高法院未來將面臨界定秘密通訊自由或隱私權之核心領域的重大挑戰。

二、學說介述

(一) 外國法例

1. 學者有舉美國實務見解爲例：美國法創設之證據排除法則乃因認爲司法警察違法取證時，非但有國家公權力介入致使人民難以抗拒，且相關主管機關基於社會大眾對偵破案件之治安渴求與績效考量，多不願對司法警察違法取證行爲進行懲處與追訴。如此對抑制防止偵查機關違法取證造成人民憲法基本權之侵害而言，顯需藉由

司法審判者排除該違法取證之證據能力，以去除偵查機關違法取證之動機。以此觀點而推論，私人若係偶因受犯罪行為侵害而違法取證，既無公權力介入，復無反覆進行之動機，並有民刑事訴追責任以為箝制，本於實體真實發現之公共利益，故無排除私人違法取證之必要。（吳巡龍，新刑事訴訟制度與證據排除法則，頁144～152）

2. 學者亦有舉德國法為例：德國聯邦憲法法院對國家機關違法取證之處理係採三階段論，其將隱私權分為三個領域，首先為核心隱私領域，若某證據被評價屬於此一領域，則應絕對禁止其被調查使用；其次為純私人領域，侵害此一範圍之違法取證以權衡法則裁量其證據能力；最後乃社交範圍，原則上即無禁止之必要。然需說明者，乃此說原係適用於偵查機關違法取證，得否併用於私人違法取證，顯待商榷。（林鈺雄，刑事訴訟法（上），頁515～516）

(二) 本國學說

1. 學者有主張：證據排除法則係就國家強制力取證之規定，不適用於私人違法取證。而因私人多採秘密取證方式，被告乃處於不知且自由意志狀態，任意性未被侵奪，亦無誘發虛偽陳述之危險，故除非私人係使用強暴或脅迫方式致被取證對象喪失自由意志，有違大法官釋字第384號解釋所指之實質正當法律程序保障和基本人權暨法律核心價值，或者其方法已違背社會良心或有誘發虛偽陳述之危險，應類推刑事訴訟法第156條第1項之規定認無證據能力，否則如以違法之和平手段取證時，均應承認其證據能力。亦即以私人違法取證手段之態樣為區分，凡以竊錄、竊聽等和平手段為之者，有證據能力；若以利誘、詐欺方式取證，因無公權力介入，且未使用強制力侵害被告人身自由，被告若未犯罪，縱私人以不實方法詢問，被告亦不會承認，經驗法則上並無誘發陳述之風險，故亦有證據能力；但如以強暴、脅迫之方式為之，承上說明之理由，即應排除該證據。又若配偶違法私錄取得通姦證據，雖因此違反刑法第315條之1妨害秘密罪，且其法定刑較同法第239條通姦罪為重，然無須考量比例原則，亦即仍應認該私人違法取得之證據得為證據。（楊雲驊，法學講座第31期，頁81～91；吳巡龍，月旦法學第108期，頁224以下；刑事訴訟與證據法實務，頁96～115）

2. 學者陳運財教授則認為：私人違法取證固無證據排除法則之適用，惟法院基於維護司法正潔性之觀點，審酌違法情節、違法手段與證據取得之關聯性、案件之重大性、使用證據之必要性，及提出於法庭調查是否會另行侵害關係人之隱私權益等因素為權衡，認有違反審判之公正者，得裁量排除私人不法取得之證據。

3. 學者另有認為：私人違法取證無國家公權力介入，且無普遍性，何況有甚多法律機制得制裁遏止私人之非法行為，例如受違法取證之被害人得請求民事侵權損害賠償，或請求刑事追訴，無須藉助證據排除法則之救濟方式，即可達到嚇阻效果。如此就刑事被告而言，證據仍得使用，有罪者不致逍遙法外；就非法取證之人而言，被告得請求民事或刑事訴追，使違法取證者受應有之制裁。應注意者，倘若立法者對該違法取證手段業具排除不得於審判使用之意思，即應排除其證據能力，如徵信

社對通姦活動或談話或之錄影或錄音，依刑法第315條之2第3項、第315條之3、通訊保障及監察法第25條、第19條、第26條規定之立法理由與法律解釋，應排除該錄影帶或錄音帶之證據能力。此外，基於隱私與秘密之合理期待，雇主於客廳或主臥房裝設監視系統係屬合法蒐證行為，惟若於傭人房間未經同意而密設，則屬違法取證。（王兆鵬，刑事訴訟講義，頁33～35；搜索扣押與刑事被告的憲法權利，頁126）

4. 學者尚有主張：法院在審理程序中使用該私人違法取得證據之行為本身，是否單獨構成一次自主性之基本權侵害，換言之，法院應依照基本權保護之審查標準，透過證據能力之概括規定（刑事訴訟法第155條第2項），取得司法續造之基礎。其次，法院解釋、運用該概括規定時，必須就個案審查，依比例原則為權衡，亦即對私人違法取證之證據能力判斷未可一概而論，例如徵信社對通姦案件之違法錄音或錄影即應排除，至擄人勒贖案件中被害人家屬對綁匪來電之錄音則應得為證據。（林鈺雄，刑事訴訟法（上），頁536）

三、結論

證據排除法則僅於國家公權力違背法定程序蒐取證據時適用，現行刑事訴訟法於該法則所採權衡裁量模式易衍生諸多爭議，有待立法者進一步推研修正。至於私人以違法手段取證，實務與通說見解則均否定屬於證據排除法則之範疇。惟私人違法取得之證據其證據能力究應如何認定，雖眾說紛紜，然若依私人違法取證手段對憲法保障基本權之侵害性、對證據虛偽性之風險程度、蒐集證據之困難性與必要性，暨發現犯罪實體真實對公共利益之影響、該違法取證手段之對象尚有民事與刑事訴追途徑可資救濟，況違法取證之當事人於違法取證前，亦會將其所應承擔之民事與刑事責任風險納為考量等因素觀之，淺見亦主張除該違法取證手段係屬強暴、脅迫性質而嚴重侵害人權且具高度虛偽性外，否則無論以詐欺、利誘或甚而竊聽、竊錄等和平非法手段取證，仍宜肯定其證據能力。

【附錄】98年台上第578號

刑事訴訟法上「證據排除原則」，係指將具有證據價值，或真實之證據因取得程序之違法，而予以排除之法則。偵查機關「違法」偵查蒐證適用「證據排除原則」之主要目的，在於抑制違法偵查、嚇阻警察機關之不法，其理論基礎，來自於憲法上正當法律程序之實踐，鑒於一切民事、刑事、行政、懲戒之手段，尚無法有效遏止違法偵查、嚇阻警察機關之不法，唯有不得已透過證據之排除，使人民免於遭受國家機關非法偵查之侵害、干預，防止政府濫權，藉以保障人民之基本權，具有其憲法上之意義。此與私人不法取證係基於私人之地位，侵害私權利有別，蓋私人非法取證之動機，或來自對於國家發動偵查權之不可期待，或因犯罪行為本質上具有隱密性、不公開性，產生蒐證上之困窘，難以取得直接之證據，冀求證明刑事被告之犯行之故，而私人不法取證並無普遍性，且對方私人得請求民事損害賠償或訴諸刑事追訴或其他法律救濟機制，無須藉助證據排除法則之極端救濟方式將證據加以排除，即能達到嚇阻私人不法行為之效果，如將私人不法取得之證據一

律予以排除，不僅使犯行足以構成法律上非難之被告逍遙法外，而私人尚需面臨民、刑之訟累，在結果上反而顯得失衡，且縱證據排除法則，亦難抑制私人不法取證之效果。是偵查機關「違法」偵查蒐證與私人「不法」取證，乃兩種完全不同之取證態樣，兩者所取得之證據排除與否，理論基礎及思維方向應非可等量齊觀，私人不法取證，難以證據排除法則作為其排除之依據及基準，應認私人所取得之證據，原則上無證據排除原則之適用。惟如私人故意對被告使用暴力、刑求等方式，而取得被告之自白（性質上屬被告審判外之自白）或證人之證述，因違背任意性，且有虛偽高度可能性，基於避免間接鼓勵私人以暴力方式取證，應例外排除該證據之證據能力。

【附錄】107年第1次刑庭決議

　　被告以外之人在域外所為之警詢陳述，性質上與我國警詢筆錄雷同，同屬傳聞證據，在法秩序上宜為同一之規範，為相同之處理。在被告詰問權應受保障之前提下，被告以外之人在域外所為之警詢陳述，應類推適用刑事訴訟法第159條之2、第159條之3等規定，據以定其證據能力之有無。

相關學說

　　學說對此則多持否定見解，認為傳聞例外是對於被告受憲法保障之對質詰問權的干預，應禁止傳聞例外之類推適用，否則恐違反法律保留原則而違憲（本決議中甲說有相同見解）。就第159條之4特信性文書而言，也必須是本於公務或業務例行性製作，不包含針對個案所特別製作之文書，否則無非產生外國警詢筆錄價值高於本國警詢筆錄的結果。

第八節　嚴格證明程序及證據調查

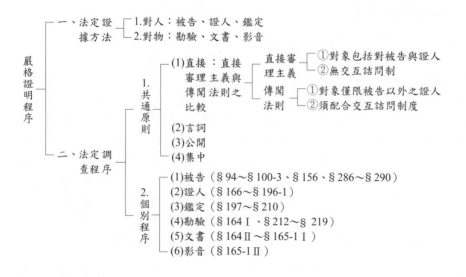

🔎 焦點1　直接審理主義與傳聞法則之比較

一、直接審理主義係職權主義之產物，強調主導證據調查之法院與證據（含被告、證人、物證）之關係，因法院僅作訊問而無詰問（交互詰問乃對立雙方交互進行之法庭活動，法院於審判程序並無與之對立之他造），故直接審理主義之適用對象包含被告，且無交互詰問制度。

二、傳聞法則係當事人進行主義之產物，強調主導證據調查之當事人（檢察官、被告）與證人之關係，易言之，被告於此乃居於證據調查者之地位，而非被調查者，故為傳聞法則否認證據能力之傳聞證據乃限被告以外之人；且因由當事人兩造進行證據調查，故有交互詰問制度。

三、直接審理主義適用於嚴格證明程序之合法調查；傳聞法則乃屬證據能力判斷之標準。

🔎 焦點2　嚴格證明程序之修法評析（林鈺雄，刑事訴訟法（上），頁355～360、379以下、409以下；黃朝義，刑事訴訟法實例研習，頁143以下）

一、學者有認任何證據資料除依證據禁止規範檢驗排除外，尚須經嚴格證明程序之積極調查，始具有證據能力，故而嚴格證明程序之內涵即乃審判程序之精髓所在，修正前原刑事訴訟法就證據調查程序與審判期日程序常有錯置之疏誤，本法修正時乃將其次序重為整編，爰就刑事訴訟法修正後嚴格證明程序與證據論之內容為總體之說明：
必業經嚴格證明程序之合法調查而具證據能力之證據，法院始能依自由心證判斷其證明力，惟其自由判斷尚須依循下列之限制：
(一) 被告或共犯自白不得為有罪判決唯一證據（第156條第2項前段）。
(二) 被告行使緘默權不得遽為有罪推斷（第156條第4項）。
(三) 不得違背經驗法則及論理法則（第155條第1項但書）。
(四) 審判期日訴訟程序之認定專以審判筆錄為證（第47條）。
(五) 基於憲法平等原則禁止恣意專斷。

二、如依前述之理解，未經證據排除法則排除且經嚴格證明程序調查者，方具證據能力而為法院得自由心證判斷之範疇（由此可得之定律：未經證據排除＋嚴格程序合法調查＝證據能力），然依現行法第155條第2項規定「無證據能力，未經合法調查之證據，不得作為判斷之依據」以觀，似將前開定律予以割裂，即經嚴格證明程序合法調查之證據，及具證據能力之證據，均為法院判斷之對象，則本法是項規定究應如何解讀方不致與上揭證據理論（尤指證據能力之定律）相互扞格歧異？淺見認為：條文所謂「無證據能力」者，應係指違反本法第156條第1項、第158條之2至第158條之4、第131條第4項及第416條第2項有關證據禁止規定，及違反第159條第1項傳聞法則、第160條意見法則及第100條之1之證據而言，反面而言，任何未違反前述規定而得為證據（有證據能力）之證據，尚須經嚴格證明程序之合法調查，始得為法院自由判斷之依據，如此闡述，非但能與證據理論相契合，且亦得稍解新法就傳聞法則例外所為不

當規定之窘境。蓋本法第159條第2項至第159條之5係明示該等違反傳聞法則之傳聞證據「得爲證據」，亦即非屬本法第155第2項規定之「無證據能力」，依上述反面解讀，該得爲證據（有證據能力）之傳聞證據尚須經嚴格證明程序之合法調查，如是或可降低本法不當擴大容許傳聞證據對直接、言詞審理主義之衝擊。

三、嚴格證明程序之合法調查係由法定證據方法與法定調查程序所組成，現行刑事訴訟法所明定之法定證據方法包括被告、人證、鑑定、勘驗、文書及嗣後修法新增之影音證據（錄音、錄影、電磁紀錄或其他相類之證物者）等六種，亦即法院在審判期日應依前述六種刑事訴訟法所明定之方法爲證據調查，使證據內容得於審判庭內呈現，而本法就各法定證據方法亦分別定其應依循之程序，即爲法定調查程序，當然，各法定調查程序均受公開、集中、言詞、直接（含傳聞法則）審理主義之共通指導。下列乃爲各法定證據方法之個別調查程序：

(一) 被告（第94條至第100條之3、第156條、第286條至第290條）：被告自白須非出於不正訊問方法且與事實相符，倘被告抗辯其自白出於不正方法時，應先於其他事證調查，並由檢察官就其提出之自白出於任意性負舉證責任；而法院訊問被告時，應先告知本法第95條所列事項，再命其就辯明內容之始末連續陳述，被告數人時應隔離訊問並得對質，而訊問之全程尚應連續錄音或錄影，且原則上不得於夜間爲詢問。至共同被告之自白是否得爲認定本案被告犯罪事實之證據？學說與各國立法例向有不同見解，如依新法第156條第2項之規定「被告或共犯之自白，不得作爲有罪判決之唯一證據」、第287條之2規定「法院就被告本人之案件調查共同被告時，該共同被告準用有關人證之規定」，及第186條刪除本案共犯不得令其具結之規定觀之，顯然我國刑事訴訟法係採認共犯（含共同被告）自白得爲本案被告有罪或無罪判決之證據，僅係如欲爲有罪判決時，除共犯與事實相符之自白外，尚須有其他關聯性補強證據始可，而此補強證據不得仍係其他共犯之自白（如：共犯乙自白被告甲亦參與犯行，不得以共犯丙之自白爲補強證據），蓋共犯自白所以限定應有補強證據，乃因共犯與被告間常存有緊密之利害相反關係，共犯自白存有誣陷被告入罪之高度危險性，而其他共犯自白之補強自無從祛除該誣陷之危險。

(二) 鑑定（第197條至第210條、第166條至第171條）：現行法雖將具有強制處分性質之鑑定方法予以明文，除第205條之2司法警察處分外，均賦予正當法律依據並就其實施程序定有詳細規範，此項契合法治國原則之立法，甚值肯定。首先，因鑑定而有必要時得留置被告爲修正前刑事訴訟法第203條第3項原有規定，惟此鑑定留置亦係於一定期間內限制被告之身體自由，其性質實與羈押之強制處分無異，爲免漫無限制而戕害人權，現行法明定七日以下之預定期間，如欲延長亦不得逾二個月，且鑑定留置日數視爲羈押日數，亦即得折抵刑期；又承上所述，鑑定留置既與羈押處分同爲被告人身自由之限制，自應採行相同之法官保留之絕對令狀主義，方符法治國原則對人民正當程序保障之旨，故鑑定留置應用鑑定留置票，審判中由法官簽名核發，偵查中則由檢察官聲請法院爲之；其執行過程亦準用本法第89條、第90條有關比例原則必要性之規定。其次，因鑑定之必要而須檢查身體、解剖屍體、毀壞物體、採取分泌物、排泄物、血

液、毛髮或其他出自或附著身體之物，或採取指紋、腳印、聲調、筆跡、照相或其他相關行為，或進入有人之住居處所，亦屬干預、限制人民基本權利之強制處分，其中進入住居處所之性質更類同搜索處分，故現行法亦明定應採絕對令狀主義，偵查中由檢察官簽名，審判中由法官簽名核發許可書，又執行此項鑑定時，自應遵守強制處分之相關規定。再次，鑑定之過程與結果，影響當事人之訴訟權益甚鉅，故現行法賦予當事人、代理人或辯護人有在場權，同時為有助於實體真實之發現，並保障當事人之權利，當事人亦得於實施鑑定或審查之人為言詞說明時進行詢問或詰問。最末，在廣義之刑事訴訟程序中檢察事務官或司法警察（官）常因調查犯罪之需要而實施性質等同強制處分之作為，由於該些作為未符法律保留原則卻對人民之基本權利形成限制、干預，故為學者批評有違憲之虞，立法者亦見此弊乃有現行法第205條之2之增訂，其謂「檢察事務官或司法警察（官）因調查犯罪情形及蒐集證據之必要，對於經拘提或逮捕到案之犯罪嫌疑人或被告，得違反犯罪嫌疑人或被告之意思，採取其指紋、掌紋、腳印，予以照相、測量身高或類似之行為；有相當理由認為採取毛髮、唾液、尿液、聲調或吐氣得作為犯罪之證據時，並得採取之」。依上開規定可歸納得知：

1. 檢事官或司法警察（官）縱因調查犯罪情形或蒐集證據之必要，不得對任何不具犯罪嫌疑人或被告身分之人（如證人），在違反其意思時，實施本法第205條之2所列之行為。

2. 檢事官或司法警察（官）縱因調查犯罪情形或蒐集證據之必要，不得對未經拘提或逮捕到案之犯罪嫌疑人或被告，在違反其意思時，實施本法第205條之2所列之行為。

3. 檢事官或司法警察（官）欲對經拘提或逮捕到案之犯罪嫌疑人或被告實施本法第205條之2前段所列之行為時，僅需基於調查犯罪情形及蒐集證據之必要，即可違反渠等之意思為之；惟若係實施同條後段所列之行為時，尚應符合「有相當理由認為得作為犯罪之證據」之要件始可。淺見以為，自法治國原則與保障人權之立法目的言，本條新增規定未採令狀審查主義且未賦予受處分人救濟之途徑，均違反實質法律保留原則，顯有未妥，且在立法編排上，將之逕置於證據章之鑑定一節亦有待商榷，倘依其具有高度強制處分之內涵以觀，似宜將該條文改列於強制處分章而為新形態之強制處分，較為妥適。

(三) 勘驗（第164條第1項、第212條至第219條）：現行法於勘驗部分主要乃保障當事人之在場權，蓋修正前刑事訴訟法僅明示當事人在審判中行勘驗時得在場，至偵查中有無此項權利則付諸闕如，現行法將偵查階段之缺漏補足，予當事人在訴訟程序上更周延之保障。此外，現行法為符實務需要增訂強制力之使用，而既屬強制勘驗即應受到比例原則必要性之拘束。

(四) 文書（第164條第2項至第165條之1第1項）：本法所稱文書證據係指原始文書而言，亦即該原始證據之形態本為文書，故倘為原始證據之替代品，因屬派生（衍生）性文書，自不得依提示、宣讀或告以要旨之法定書證方式為調查，現行法因應實際需求亦將與文書具相同效用之證物納入書證調查程序之範疇，顯證此之「文書」仍保有原文

字性與可讀性之限制。須注意者，乃本法第165條第1項所稱「卷宗內之筆錄可爲證據者」究指爲何？學者乃舉犯罪現場之勘驗筆錄爲例。除此，因現行法採傳聞法則暨容許例外，故符合傳聞法則例外規定之警詢、偵訊或審判訊問筆錄，均爲此項文書證據之涵攝範圍。

(五) 影音（第165條之1第2項）：影音證物之調查方法爲原刑事訴訟法所未明定，是以法院實務爲圖審判期日調查證據程序之簡化便利，常將影音證物之內容譯文、節文或扣押清單視爲文書證據而爲調查（提示、宣讀或告以要旨），其殊不知上開文書既爲原始影音證據所派生，即非得適用本法文書之調查方法，學者以爲應依勘驗方法呈現影音內容，或以鑑定方式辨明其眞僞；現行法增訂此項法定調查方法謂「以適當之設備，顯示聲音、影像、符號或資料，使當事人、代理人、辯護人或輔佐人辨認或告以要旨」，實兼具上述勘驗與鑑定之調查方法。

(六) 人證（第166條至第196條之1）：證人之調查方法主要爲法院之訊問、當事人之詢問、對質與交互詰問；現行法於此之規定要點包括：

1. 交互詰問制度。

2. 本於刑事訴訟爲發現實質眞實之目的，明文作證之法定性義務，並藉由提高罰鍰與聲請傳喚一造之積極作爲，促使證人到場具結陳述，俾利審判程序之順暢進行。

3. 限縮拒絕證言權與免除具結義務之適用範圍，除有助眞實發現，並增進證人供述內容之可信性。

4. 修正前本法第186條第4款所定不得令其具結之人，因渠等依同法第180條第1項及第181條之規定本已有拒絕證言權，若其考量自身刑責或與被告間之關係，即得行使拒絕之權，倘其審酌後願放棄該項權利而爲供述，因其具較高之虛僞陳述危險，故宜令其具結使之同受僞證罪責之拘束。此在修正前同條第3款之情形亦同，因共犯本具有誣陷本案被告之危險性，現行法亦明文承認共同被告之證人適格，倘復許其享有不具結之權利，無異促使共犯毫無忌憚地恣意爲虛僞陳述。

5. 現行法增訂第181條之1亦在限制拒絕證言權之行使範圍，蓋被告以外之人如具本法第180條、第181條或第182條規定之身分或關係時，本得拒絕證言，惟因該被告以外之人（尤指共同被告）常與被告間有防禦上之利害衝突，爲免其於檢察官行主詰問時爲不利被告本人之陳述，再選擇於反詰問時拒絕證言，致被告本人及辯護人未能彈劾其供述內容之信用性，有失審判程序之公允，爰明定該被告以外之人於此際即不得拒絕證言。

6. 現行法有關人證之法定調查程序之增修最易衍生爭議者，乃第192條改定本法第98條不正訊問方法之禁止規定，於訊問證人時不再準用，其立法理由係謂使用不正方法訊問之限制因已於本法第166條之7第2項第2款定有明文規範，故已無準用之必要云云，然現行法第166條之7係指當事人於審判過程中對證人或鑑定人之交互詰問，與第98條適用範圍涵蓋司法警察（官）、檢察事務官、檢察官、當事人、辯護人、代理人及法院對證人之訊（詢、詰）問，均不得使用不正方法，二者存有極大差異，倘再就立法目的觀之，第98條意在防止非公開性之偵查程序中司法警察（官）、

檢事官或檢察官加諸被告、證人之不正方法，至當事人對證人之詰問係處於可受監督公評之審判程序，如有不正詰問情事，非但他造當事人得聲明異議，指揮訴訟之審判長亦得禁止之，立法者未明其旨而率予刪除準用第98條之規定，則若係被告以外之人（司法警察、檢事官、檢察官等）以不正方法所取得之證人供述，即缺乏禁止使用該供述證據之規範可資依憑，此項嚴重立法缺失，未免予令人聯想及爾後或將有更多刑求逼供、屈打成招之警偵訊筆錄，得藉由新法第159條之1第2項及第159條之2有關傳聞法則之例外規定，提呈於公判庭而爲合法證據，故此時應嚴格審認可信性（特別）情況保證之條件，以防杜不正方法之存在。

(七) 證物之調查程序（吳巡龍，月旦法學教室第92期，頁37）：證物之調查方法原則上即採行上述之勘驗、文書、影音。但關於無法當庭提示之證物，學者認爲得以提示照片爲之，若當事人對於照片有爭議，法院得實施勘驗，製作勘驗筆錄，再依刑事訴訟法第165條以書證調查程序行之。至於可當庭提示之證物，則應提示使當事人辨認，不得僅提示扣押筆錄、照片或勘驗筆錄；然若足使當事人辨別及爲證據證明力之辯論，應屬無害瑕疵，雖然程序違法，但對訴訟結果不生影響（本法第380條）。

四、除上所述之法定調查證據方法暨其程序之內涵外，嚴格證明之證據調查程序所應遵循之通則規範，尚包括有：

(一) 犯罪事實應依證據認定之，無證據不得認定犯罪事實（本法第154條第2項參照），惟若屬公眾周知之事實，或事實於法院已顯著，或爲其職務上所已知之事實，其雖或可能爲犯罪事實之一部分，依本法第157條、第158條規定既無庸舉證，則該部分之事實自無須依證據認定之，此際法院僅應予當事人就該事實陳述意見之機會（本法第158條之1參照）。

(二) 舉證責任分配上，依本法第161條第1項之規定「檢察官就被告犯罪事實，應負舉證責任，並指出證明之方法」。而相對於檢察官之上揭法定性義務，被告依同法第161條之1規定係「得」就被訴事實指出有利之證明方法，此在證據理論之帝王條款第154條第1項無罪推定之原則下，乃屬當然之理，蓋若檢察官未能就被告犯罪事實舉證至使法院產生確信心證程度，法院應逕依無罪推定原則諭知被告無罪，被告即毋庸另爲有利抗辯之舉證。

(三) 當事人進行主義下，證據調查程序自宜由當事人主導，現行法就此乃採折衷式立法，除於公平正義之維護或對被告之利益有重要關係事項外，法院僅基於輔助地位爲職權調查，因是之故，當事人、代理人、辯護人或輔佐人應先就調查證據之範圍、次序及方法提出意見，使法院得就該意見爲裁定（本法第161條之2參照）；又既採當事人主導爲原則，乃當事人聲請調查證據時，除其不具調查必要性、關聯性及可能性（本法第157條、第158條及第163條之2參照）者外，法院均應准許調查，惟當事人聲請調查時須以書狀具體記載本法第163條之1第1項所列事項（有急迫情況或正當理由者，得以言詞爲之，再記明筆錄），並提出繕本送達對造，俾他造於證據調查程序中得充分行使訴訟上之攻擊防禦權利。

五、違反嚴格證明程序之法律效果：屬本法第379條第10款「應於審判期日調查之證據而

未予調查」之判決當然違背法令。

【衍生實例】

司法警察P偵辦一起超商持槍強盜案，P扣押超商監視錄影帶，從錄影帶發現甲涉有重嫌。檢察官以甲犯強盜罪且情況緊急而同意P緊急通訊監察（其後陳報法院，法院亦補發通訊監察書）。P從監聽內容得知甲向乙表示要搶超商，因而向乙購得改造手槍一把。檢察官以甲持槍強盜為重罪而核發拘票，P則持拘票逕行拘提甲。P另以關係人身分通知乙到警局接受詢問。甲、乙其後皆被提起公訴。乙案審判時，乙否認犯罪，乙辯護人R有三項主張：第一，P詢問乙時，未告知乙得行使刑事訴訟法第181條之拒絕證言權，乙之陳述因而無證據能力。第二，P詢問乙時，有誘導之嫌，乙之陳述無證據能力。第三，乙主張P以脅迫方式要乙供出甲犯罪事實，詢問時未錄音錄影，致無法發現P有無脅迫事實，乙之陳述仍無證據能力。甲案審判時，法官J傳訊乙為證人，乙合法行使刑事訴訟法第181條拒絕證言權，法官J即採乙向P所為陳述作為甲有罪證據之一。另外，法官J以監聽甲之監聽譯文內，乙所為之陳述非屬傳聞，亦有證據能力，而採為甲有罪證據之一。試評論辯護人R主張之合法性及法官J採證之合法性。　　　（99政大法研）

考點提示：

一、本例涉及形式證人與實質被告地位認定問題，偵查機關如實質上已認定為犯罪嫌疑人或被告，卻以證人或關係人形式通知或傳喚到場，顯係惡意規避實質被告本於憲法第8條正當法律程序與第16條訴訟防禦權所賦予之基本權利保障，因之取得之不利於該實質被告（形式證人或關係人）之陳述，即無證據能力；惟若不利於其他共同被告或共犯之陳述，因係基於證人地位之陳述，仍得為證據（學者有持否定證據能力之見解者）。

二、被告之緘默權與證人之拒絕證言權同屬不自證己罪原則下之權利。刑事訴訟法第196條之1第2項規定，關於同法第181條拒絕證言權之規定於司法警察詢問證人時準用之。雖未同時規定準用本法第186條第2項之告知義務，然本於貫徹不自證己罪權利之保障，當應類推適用之。況本例涉及偵查機關惡意規避實質被告（乙）之正當法律程序權利，故若司法警查詢問乙時，未踐行本法第95條或第186條第2項之告知義務，則乙所為不利於己之陳述即無證據能力，但乙有關另案被告甲之不利陳述，實務與通說認為仍得為證據。

三、依本法第166條之7第2項之規定，不得以不合法之誘導方式詰問證人，然此於司法警察詢問證人時並未在準用之列，惟本於發現真實之考量，淺見以為亦應類推適用該禁止不合法誘導之規定。

四、現行法於92年修法時，有關人證之法定調查程序之增修最易衍生爭議者，乃第192條改定本法第98條不正訊問方法之禁止規定，於訊問證人時不再準用，其立法理由係謂使用不正方法訊問之限制因已於本法第166條之7第2項第2款定有明文規範，故已無準用之必要云云，然現行法第166條之7係指當事人於審判過程中對證人或鑑定人之交互

詰問，與第98條適用範圍涵蓋司法警察（官）、檢察事務官、檢察官、當事人、辯護人、代理人及法院對證人之訊（詢、詰）問，均不得使用不正方法，二者存有極大差異，倘再就立法目的觀之，第98條意在防止非公開性之偵查程序中司法警察（官）、檢事官或檢察官加諸被告、證人之不正方法，至當事人對證人之詰問係處於可受監督公評之審判程序，如有不正詰問情事，非但他造當事人得聲明異議，指揮訴訟之審判長亦得禁止之，立法者未明其旨而率予刪除準用第98條之規定，則若司法警察、檢事官、檢察官等以不正方法所取得之證人供述，即缺乏禁止使用該供述證據之規範可資依憑，此項嚴重立法缺失，將導致實體真實之發現與基本人權保障同受侵害。故淺見以為若司法警察以脅迫之不正方式詢問證人所取得之供述，自憲法位階而言，當無證據能力。當然倘司法警察以不正方法對實質被告（形式證人）取得之自白，依本法第156條第1項即不得為證據。本例司法警察若以脅迫之不正方法詢問乙而取得之陳述（無論對甲或對乙）均無證據能力，法院如採為甲有罪判決之證據，即於法為合。

五、實務見解認為，因本法第100條之2規定準用第100條之1，司法警察詢問被告應全程連續錄音或錄影，但於詢問證人時則無該全程連續錄音或錄影規定之適用，然本例乙屬於實質被告地位，故司法警察詢問乙時，仍應踐行全程連續錄音或錄影之程序，如有違反，乙關於己之不利陳述即有證據排除法則之適用（詳見本書關於未全程連續錄音錄影之證據能力判斷之說明）；至乙關於另案被告甲之不利陳述，依實務見解則仍有證據能力。但此應注意，癸既屬於乙案之證人，其於警詢之陳述乃屬傳聞證據，仍應符合本法第159條之2供述矛盾（審判中拒絕陳述即與警詢供述不符）之可信性特別情況保證與證據必要性之要求，本例之警詢如有脅迫或惡意規避被告癸權利之情事，即無可信性情況保證可言而認無證據能力。

六、監聽譯文屬於衍生性文書證據，倘未當庭勘驗監聽錄音帶而僅係提示譯文內容為調查，即違反直接審理主義。另依最高法院見解，電話監聽紀錄，僅屬依據監聽錄音結果予以翻譯之文字，固具文書證據之外觀，但實際上仍應認監聽所得之錄音帶，始屬調查犯罪所得之證物（94年度台上字第4665號）；通訊監察通知書卷宗內所製之通訊監察譯文、電話通聯紀錄、扣押物品目錄表等文書，雖製作之司法警察具有公務員身分，惟該等文書似均係針對個案所特定製作，不具備例行性之要件，性質上非屬刑事訴訟法第159條之4第1款所定之公務員職務上製作之紀錄文書，而無該條之適用（96年度台上字第5906號）。故本例監聽譯文屬於衍生性之傳聞證據，且該傳聞證據不符合本法傳聞法則之例外規定，應認定無證據能力，承審法官J逕認定其非屬傳聞證據並採為認定被告甲有罪之基礎，顯有違法。

【附錄】105年台上第1642號

被害人就其被害經過而與待證事實有重要關係之親身知覺、體驗事實，則屬犯罪事實調查證據之範疇，如欲以被害人親身體驗與事實有重要關係之陳述，作為被告論罪之依據時，則應依證人法定調查證據程序行之。

第九節　法定調查證據程序

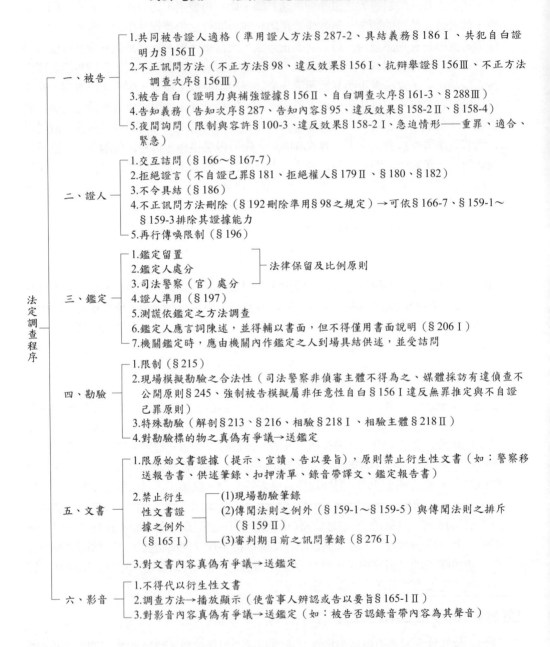

法定調查程序

一、被告
1. 共同被告證人適格（準用證人方法§287-2、具結義務§186 I、共犯自白證明力§156 II）
2. 不正訊問方法（不正方法§98、違反效果§156 I、抗辯舉證§156 III、不正方法調查次序§156 III）
3. 被告自白（證明力與補強證據§156 II、自白調查次序§161-3、§288 III）
4. 告知義務（告知次序§287、告知內容§95、違反效果§158-2 II、§158-4）
5. 夜間詢問（限制與容許§100-3、違反效果§158-2 I、急迫情形——重罪、適合、緊急）

二、證人
1. 交互詰問（§166～§167-7）
2. 拒絕證言（不自證己罪§181、拒絕權人§179 II、§180、§182）
3. 不令具結（§186）
4. 不正訊問方法刪除（§192刪除準用§98之規定）→可依§166-7、§159-1～§159-3排除其證據能力
5. 再行傳喚限制（§196）

三、鑑定
1. 鑑定留置
2. 鑑定人處分　　　法律保留及比例原則
3. 司法警察（官）處分
4. 證人準用（§197）
5. 測謊依鑑定之方法調查
6. 鑑定人應言詞陳述，並得輔以書面，但不得僅用書面說明（§206 I）
7. 機關鑑定時，應由機關內作鑑定之人到場具結供述，並受詰問

四、勘驗
1. 限制（§215）
2. 現場模擬勘驗之合法性（司法警察非偵審主體不得為之、媒體採訪有違偵查不公開原則§245、強制被告模擬屬非任意性自白§156 I違反無罪推定與不自證己罪原則）
3. 特殊勘驗（解剖§213、§216、相驗§218 I、相驗主體§218 II）
4. 對勘驗標的物之真偽有爭議→送鑑定

五、文書
1. 限原始文書證據（提示、宣讀、告以要旨），原則禁止衍生性文書（如：警察移送報告書、供述筆錄、扣押清單、錄音帶譯文、鑑定報告書）
2. 禁止衍生性文書證據之例外（§165 I）
　(1)現場勘驗筆錄
　(2)傳聞法則之例外（§159-1～§159-5）與傳聞法則之排斥（§159 II）
　(3)審判期日前之訊問筆錄（§276 I）
3. 對文書內容真偽有爭議→送鑑定

六、影音
1. 不得代以衍生性文書
2. 調查方法→播放顯示（使當事人辨認或告以要旨§165-1 II）
3. 對影音內容真偽有爭議→送鑑定（如：被告否認錄音帶內容為其聲音）

第一項　被告之法定調查程序：自白供述之調查

🔍 焦點1　被告自白之不正方法抗辯

一、檢察官舉證→證明無不正方法須達嚴格證明程度，若認定有不正方法僅須自由證明程度。

二、不待被告主張，法院即應審認之依據 ┬ 1.憲法→釋字第384號之正當法律程序保障
　　　　　　　　　　　　　　　　　　└ 2.刑訴法→§2Ⅰ之注意義務

三、依證據理論流程，證據資料經證據排除法則檢驗取得證據能力後，方得進入審判庭接受合法調查，並於合法調查後始由法院依自由心證評價其證明力（§155Ⅱ→§155Ⅰ參照）。故若被告提出不正方法抗辯時，即謂其自白之證據能力有疑義，此際依上揭說明，應先調查有無該不正方法存在（注意：§156Ⅲ係指先調查該不正方法之存否，非調查自白內容），倘無不正方法，則該自白即具證據能力（即§161-3所稱「得為證據之自白」），而得進入審判庭接受合法調查，而法院於此自白內容之調查時，應於其他犯罪事證調查完畢後方得為之（§161-3、§288Ⅲ參照）。

四、法院在為自白任意性之調查後，必須對調查之結果立即裁定。原因：(一)只有要求法院為裁定，才能證明法院確已先於其他事實調查自白之任意性；(二)若裁定自白為非任意性，該裁定等於提醒法官其自己所作決定，提醒自己嗣後調查其他證據時，不應受該非任意自白之影響；(三)向警察宣示，何種問案方式為合法，何者為非法，否則易使警察誤認其問案方式為合法正當。

【衍生實例】

> 甲於審判中向法官陳述，其於偵查中檢察官面前所做之自白係遭受不正訊問方法所致。法院認為上揭偵查中自白，依當時之條件及環境，尚無違法取供之情形，其可信性極高，並無顯有不可信之情況，符合傳聞證據之例外，自有證據能力，而作為論甲有罪依據之一。試問，法院此一決定是否適法？　　　　　　　　　　　　　（97地特政風）

考點提示：參見上述焦點說明。

🔍 焦點2 共同被告與共犯之證人適格

類型	證人適格之依據	具結義務之依據	證據證明力之依據
共同被告暨共犯（如甲、乙共同犯罪且共同被訴）→合併審判	依本法§287-2具證人適格	依§287-2準用§186Ⅰ本文具結，且修正新法刪除§186Ⅰ但書共犯不具結規定	依§156Ⅱ須關聯性補強證據
共同被告非共犯（如甲、丙同時在某地犯罪，但共同被訴，即同時犯）→合併審判	依本法§287-2具證人適格	依§287-2準用§186Ⅰ本文具結，但與§186Ⅰ但書之修正無涉（因非共犯）	無須關聯性補強證據（§156Ⅱ限共犯自白）
非共同被告之共犯（如甲、丙共同犯罪，但分別被訴）→分離審判	依本法§176-1具證人適格（任何被告以外之人對他人案件有作證義務）	依§186Ⅰ本文具結，且修正新法刪除§186Ⅰ但書共犯不具結之規定	依§156Ⅱ須關聯性補強證據
非共同被告且非共犯（如甲、丁同時在某地犯罪，但分別被訴，即同時犯）→分離審判	依本法§176-1具證人適格（任何被告以外之人對他人案件有作證義務）	依§186Ⅰ本文具結，但與§186但書之修正無涉（因非共犯）	無須關聯性補強證據（§156Ⅱ限共犯自白）

※注意：1.有學者認共犯自白既屬證人供述已受傳聞法則拘束並經具結，故除未經交互詰問外，無須補強證據。

2.亦有學者認§156Ⅱ所稱共犯自白一語，宜改為共犯不利其他共犯之陳述。

3.另學者亦認，涉及共同被告對另一共同被告犯罪事實之陳述時，即應分離審判，故本法第287條之1規定之分離審判不是裁量而係義務。

4.通說認為，共同被告（或共犯）具證人適格之前提要件：

(1)共同被告（共犯）自白具任意性。

(2)分離審判。

(3)應具結及正當訊問程序（近年來實務與學說見解多認為，本於不自證己罪原則共同被告於偵查中之陳述無庸具結，換言之，共同被告於偵查程序中就本案被告之指述，倘於嗣後給予本案被告反對詰問之機會，該陳述即有證據能力）。

(4)非傳聞證據。

🔍 焦點3 共同被告之合併與分離審判 （林鈺雄，刑事訴訟法（上），頁461～465，王兆鵬，新刑訴新思維，頁138以下；陳運財，律師雜誌第286期，頁113以下）

一、合併審判

(一) 共同被告審判外陳述：對自己係屬自白可為證據，對其他共同被告因屬傳聞證據，原則上不具證據能力。

(二) 證人審判外陳述：不論共同被告係合併審判或分別審判，對任何共同被告均屬傳聞證據，其證據能力依證據法則（傳聞法則）認定即可。

(三) 證人審判中陳述：依證據法則（自白法則與傳聞法則）判斷之，如證人甲證稱「丙告訴我，人是他與乙一起殺的」，對丙而言為自白，對乙為傳聞證據。

(四) 學者認共同被告審判中陳述對其他被告而言，不得依第159條之1第1項認具證據能力，蓋此非屬審判外陳述，學者認此時須經具結並經當事人交互詰問之檢驗始得為證據，惟於合併審判中，不論對被告或共同被告皆為自己之審判，應受不自證己罪之緘默權保障，自均不得令其具結，縱令具結，亦不負偽證刑責，且具結後若有不利於己之供述，均不得為自己或其他被告之證據（蓋此係以具結迫使被告放棄不自證己罪權利），故宜先分離審判，再令共同被告於本案被告審判程序中具結陳述，並接受交互詰問之檢驗。

(五) 然倘自法條文義觀之，共同被告於合併審判中亦應具結供述並接受交互詰問之檢驗。

二、分離審判

(一) 裁量分離（第287條之1第1項）：法院依職權或當事人或辯護人之聲請。

(二) 必要分離（第287條之1第2項）：需具備下列要件：

　1. 共同被告利害相反：陳運財教授認係防禦上利害關係相反之意，即應判斷共同被告彼此陳述內容是否實質不一。王兆鵬教授認係指共同被告之一方為己防禦，必須主張或提出證據證明其他被告有罪而自己無罪。

　2. 被告權利因合併審判受影響：陳運財教授認此之權利包括反對詰問權、防禦權、迅速受公平審判之權。王兆鵬教授認被告原得行使之權利因合併而不得行使，或被告於分離審判無權利受影響，但因合併審判而權利受侵害之情形，前者如：共同被告審判外之偵訊陳述依傳聞法則例外規定得為其他被告不利證據，因合併審判致其他被告喪失對共同被告之對質詰問權。後者如：共同被告於合併審判保持緘默而受另一被告辯護人指摘，倘於分離審判其緘默即不受指摘。至合併審判而權利無影響者，例如：共同被告審判外之警詢陳述（傳聞證據），不論合併或分離審判，該陳述皆不得為其他被告之證據，又如：共同被告審判中陳述，因於合併審判中無庸具結，且其他被告亦不得對之為對質詰問，故不得為其他被告之證據，此時合併審判均屬對其他被告之權利未生影響。

　3. 有必要性：陳運財教授認應審酌是否將共同被告分離審判，使其在偽證負擔下進行交互詰問，否則無法釐清真實，為個案實質之判斷。王兆鵬教授認尚需考量被告是否曾向法院提出分離審判之請求，此係本於當事人進行主義之精神，惟如被告無辯護人時，因其可能未知得請求分離審判之權利，本於第163條第2項公平正義精神，法院應裁定分離審判。

(三) 學者另認縱共同被告間無利害相反之情形，然若有保護被告權利之必要性時，仍應比照前述情形爲分離審判，例如：共同被告已爲或將爲有利於其他被告之陳述，卻因合併審判致該有利陳述不得爲證據時（審判中陳述未經具結及交互詰問或審判外陳述則屬傳聞證據），即令無利害相反之情形，法院亦應於被告請求時爲分離審判。

🔍 焦點4　自白補強法則補強證據之探討（黃朝義，刑事訴訟法實例研習，頁151以下、162以下；月旦法學第102期，頁215；黃東熊，刑事訴訟法論，頁365以下；吳燦，月旦法學教室第194期，頁20以下）

一、依黃朝義老師見解及部分實務判決，被告自白且自白內容證明未矛盾時，得以共犯自白爲其補強證據，惟被告否認時，不得以數共犯之自白互爲補強證據而爲被告有罪判決，尚須其他具關聯性之補強證據始可。惟許玉秀老師與多數實務則認，被告自白之補強不得爲共同被告或共犯之供述證據。

二、補強證據須具證據能力且足以獨立證明犯罪事實之存在。

三、需補強之自白是否如同英美法限於審判外自白，抑或包含審判中自白，黃東熊老師探前說，黃朝義老師則認自防止審判者對自白之倚賴，主張無論審判內外之自白均需補強證據。

四、待補強之犯罪事實範圍如何，亦即犯罪構成要件之主觀要件（故意、過失）、客觀要件（行爲客體、行爲、結果）等何部分需補強，實務見解認爲不需就全部犯罪構成要件補強，僅足以佐證自白眞實非虛構即可，黃東熊老師認爲客觀事實之重要部分需補強，黃朝義老師傾向對客觀構成要件應補強。

五、行爲人與被告是否同一人之事實，通說認爲毋需補強證據。黃朝義老師則認爲若偵查機關係基於已知之事實而迫使被告自白，則是否同一人之事實自需有補強證據；然若係藉由事先未知之事項，透過偵查手段以確認犯罪事實者，如相關事項得顯示行爲人與被告之同一性時，即無需補強證據。

六、關於補強程度，通說與實務見解認爲僅需就自白與補強證據爲綜合判斷，得以證明犯罪事實即可。少數說則認補強證據須達一定之心證程度。

七、補強證據種類應限於被告供述以外之直接、間接、情況證據（但雖被告供述，然未具備自白實質內容之物件，如被告製作之帳冊、日記等仍得爲補強證據），另有學者主張需爲任何供述證據以外之非供述證據始可。

八、審判中與審判外之自白均需補強證據，數罪併罰之各罪亦均需各自有補強，至裁判上一罪僅需重罪有補強即可；又補強證據僅限於客觀構成要件之重要部分有補強即足，至於犯罪構成要件之主觀要素（例如故意、意圖、過失）及構成要件以外事實（例如處罰條件），則不需補強，但被告得提出反證，主張其任意性之自白非眞實（檢察官仍應先就自白任意性負舉證責任）。

【附録】73年台上第5638號

被告之自白固不得作爲認定犯罪之唯一證據，而須以補強證據證明其確與事實相符，然茲所謂之補強證據，並非以證明犯罪構成要件之全部事實爲必要，倘其得以佐證自白之犯罪非屬虛構，能予保障所自白事實之眞實性，即已充分。又得據以佐證者，雖非直接可以推斷該被告之實施犯罪，但以此項證據與被告之自白爲綜合判斷，若足以認定犯罪事實者，仍不得謂其非屬補強證據。

【附録】93年台上第2729號

共同被告雖處於同一訴訟程序而同時接受審理，然其訴訟客體仍屬各別，即分別爲刑罰權之對象，故共同被告對其被訴案件，其證據之調查，各自獨立實施，即證據之價值應分別判斷；若共同被告具有共犯關係者，其證據資料大體上具有共通性，共犯所爲不利於己之陳述，固得採爲其他共犯犯罪之證據，然爲保障其他共犯之利益，該共犯所爲不利於己之陳述，須無瑕疵可指，且仍應調查其他必要之證據，以察其是否與事實相符，不得專憑該項陳述作爲其他共犯犯罪事實之認定，即尚須以補強證據予以佐證，不可籠統爲同一之觀察；且共同被告間若具有對立性之關係，如毒品交易之買賣雙方，爲避免其嫁禍他人而虛僞陳述，尤應有足以令人確信其陳述爲眞實之補強證據，始能據以爲論罪之依據。（註：99年台上第5199號、100年台上第1914號同旨）

【附録】96年台上第4901號

共犯所爲不利於己之陳述，固得採爲其他共犯犯罪之證據，然爲保障其他共犯之利益，該共犯所爲不利於己之陳述，須無瑕疵可指，且仍應調查其他必要之證據，以察其是否與事實相符，不得專憑該項陳述作爲其他共犯犯罪事實之認定，即尚須有足以令人確信其陳述爲眞實之補強證據，始能據以爲論罪之依據。又證人保護法第14條第1項規定：「第2條所列刑事案件之被告或犯罪嫌疑人，於偵查中供述與該案案情有重要關係之待證事項或其他正犯或共犯之犯罪事證，因而使檢察官得以追訴該案之其他正犯或共犯者，以經檢察官事先同意者爲限，就其因供述所涉之犯罪，減輕或免除其刑。」則爲避免其有爲偵查機關誘導，或爲圖邀輕典而爲不實供述之可能，以擔保其所爲不利於其他共同被告（共犯）之供述（即供出該案之其他共犯事證之陳述）之眞實性，自應有足以令人確信其供述爲眞實之補強證據，俾貫徹刑事訴訟無罪推定及嚴格證明之基本原則。又所謂之補強證據，雖不以證明全部犯罪事實爲必要，惟仍須因補強證據與該共犯之供述相互利用，足以使其關於其他共犯及正犯所參與之犯罪事實獲得確信者，始足以當之。

【附録】99年台上第1497號

我刑事訴訟法並無禁止被害人於公訴程序及法院審理中爲證人之規定，自應認被害人在公訴程序及法院審理中具證人之適格（即證人能力），然被害人與一般證人不同，其與被告處於絕對相反之立場，其陳述之目的，在使被告受刑事訴追處罰，內容未必完全眞

實，證明力自較一般證人之證述薄弱。故被害人在偵審中雖已立於證人地位為指證及陳述，惟其指證、陳述不但應無瑕疵，且仍應調查其他證據以察其是否與事實相符，亦即仍

```
                  ┌─ 1.當事人聲請傳喚 ─┬─ (1)一造聲請：由聲請者主詰問，他造反詰問
                  │    （§166Ⅰ）      └─ (2)二造聲請：合意決定，否則審判長定之（審判長別訊問→
一、詰問次序 ──────┤                         當事人詰問→審判長得訊問；此為當事人進行主義）
                  │
                  └─ 2.法院依職權傳喚（§166-6）：次序由審判長定之
                                         （審判長訊問→當事人得詰問→審判長得續訊問；此為
                                           職權進行主義）
```

須有補強證據以擔保其指證、陳述之真實性，始得採為斷罪之依據。

【附錄】99年台上第6305號

社工或輔導個案經過之直接觀察及以個人實際經驗為基礎所為之書面或言詞陳述，即屬於見聞經過之證人性質，而醫療或心理衛生人員針對被害人於治療過程中所產生之與待證事實相關之反應或身心狀況（如有無罹患創傷後壓力症候群或相關精神、心理疾病）所提出之意見，或以其經驗及訓練就通案之背景資訊陳述專業意見，以供法院參佐，則為鑑定證人或鑑定人身分。凡此，均屬與被害人陳述不具同一性之獨立法定證據方法，而得供為判斷被害人陳述憑信性之補強證據。故於被害人證言補強欠缺之情形，對此法律明定之補強證據即不能置而不問，否則不論為被告有罪或無罪之判決，均難謂無調查證據未盡及判決理由不備之違背法令。

【附錄】99年台上第7324號

刑事訴訟法第156條第2項規定：被告或共犯之自白，不得作為有罪判決之唯一證據，仍應調查其他必要之證據，以察其是否與事實相符。此之共犯包括正犯、教唆犯及幫助犯，不受刑法第四章規定「正犯與共犯」、「正犯或共犯」影響，其立法旨意乃在防範被告或共犯自白之虛擬致與真實不符，故對自白在證據上之價值加以限制，明定須藉補強證據以擔保其真實性。而所謂補強證據，係指除該自白本身之外，其他足以證明該自白之犯罪事實確具有相當程序真實性之別一證據而言，雖所補強者，非以事實之全部為必要，但亦須因補強證據之質量，與自白之相互利用，足使犯罪事實獲得確信者，始足當之。共犯之自白，縱所述內容一致，仍為自白，究非屬自白以外之其他必要證據，尚不足以謂共犯之自白相互間得作為證明其所自白犯罪事實之補強證據。

【附錄】100年台上第1917號

同法第287條之2所定「法院就被告本人之案件調查共同被告時，該共同被告準用有關人證之規定」，乃指具證人適格之共犯共同被告於被告本人案件審判中，其所為關於被告本人之陳述，不論有利或不利，除有不得令具結之情形，法院應使其具結陳述，並接受被告或其辯護人之詰問，其陳述始得作為被告犯罪之判斷依據。從而共同被告於審判中，其非以證人地位所為關於被告本人之陳述，僅得用來彈劾其以證人身分所為「自我矛盾之陳

述」證據之證明力，而不能作爲被告犯罪成立與否之實體證據。至傳聞證人就其得自原始證人之傳聞事實，於審判中到庭作證而爲轉述之傳聞供述，苟原始證人已在審判中具結陳述，不論其陳述與傳聞供述是否相符，該傳聞供述應不具證據能力，亦只能作爲彈劾原始證人陳述證據之證明力之用。凡此，均不具被告或共犯自白補強證據之適格。

【附錄】100年台上第5635號

補強證據，依判示，則指除該自白本身外，其他足資以證明自白之犯罪事實具有相當程度眞實性之證據而言，是以自白補強之範圍限定爲與犯罪構成要件事實有關係者，其中對於犯罪構成客觀要件事實乃屬補強證據所必要，則併合處罰之數罪固不論矣，即裁判上一罪（想像競合犯）、包括一罪等，其各個犯罪行爲之自白亦均須有補強證據（但論者有謂僅就其從重之犯罪，或主要部分有補強證據爲已足），俾免出現架空之犯罪認定。至關於犯罪構成要件之主觀要素，如故意、過失、知情、目的犯之目的（意圖），以及犯罪構成事實以外之事實，例如處罰條件、法律上刑罰加重減免原因之事實等，通說認爲其於此之自白，則無須補強證據，但得提出反證，主張其此等任意性之自白非事實。

【附錄】100年台上第6816號

茲所謂補強證據，必須係與被害幼童指證被害之經過有關連性，但不具同一性之別一證據，始具補強證據之適格。幼童智力發展未臻成熟，易受暗示，供述難免頗多缺失，如何機制性的確保性侵被害幼童證言之可信度，有學者倡議導入心理學鑑定被害幼童證言之信用性，以作爲補強證據，實務通常以傳喚被害幼童之父母、家屬、老師等關係人爲證據方法，以其等具結之證詞，補強被害幼童之證言，即應釐清各該證言之內容類型，其屬「間接證據」（情況證據）者，始具補強證據之適格，如係與被害幼童之陳述具同一性之「累積證據」（如轉述幼童證詞之傳聞供述），則不與焉。舉例以言，有母親在審判中到庭具結證稱：其幫女兒洗澡時，發現下體有撕裂傷，詢問發生何事，女兒哭著回答：「幼稚園老師用手插進那裡，好痛！」等語。就該母親之證詞組合而言，如係指其目睹女兒下體有撕裂傷，以證明被害人有所受傷，或謂其親自聽聞女兒向她哭訴好痛，用來證明被害人對該事件之厭惡、不喜歡等心理狀態，固均屬性侵害犯罪之間接證據，得爲適格之補強證據（至於能否形成有罪心證之確信，係另一問題），但倘用以證明被害人所述之性侵害確有其事，因係依據被害人所轉述，並非依憑自己之經歷見聞，則屬與被害人之陳述具同一性之累積證據，應不具補強證據之適格，不可不辨。

【附錄】101年台上第3013號

共犯縱經轉換爲證人，且所述內容一致，仍屬共犯自白之範疇，究非屬自白以外之其他必要證據，亦不能因其已轉換爲證人，即謂得以該證詞（按仍屬自白之範疇）作爲其他共犯自白犯罪事實之補強證據。

【附錄】101年台上第1280號

　　共犯縱先經判決確定，並於判決確定後以證人之身分到庭陳述，其陳述之內容即使與先前所述內容相符，仍不啻其先前所爲自白內容之延續，並非因該共犯業經判決確定，即可認其在後之陳述當然具有較強之證明力，而無須藉由補強證據以擔保其陳述之眞實性。

【附錄】102年台上第810號

　　前科紀錄，有時對待證之犯罪事實擁有多面相的證據價值（自然關聯性）。但相對的，前科尤其是同一種的前科，容易令人聯想「被告的犯罪傾向」而連結「缺乏實證根據的人格評價」，有導致事實認定發生錯誤之危險。爲避免前述情事發生，應審愼斟酌的判斷。尤其有必要將「同種前科之證據力」限定在合理推論之範圍，因而，並不宜單純地憑前科資料認定是否有證據價值，即是否有自然關聯性。前科僅能於經有罪判決確定之事實爲前提，在該事實中有某種犯罪行爲之特性，且該特性與待證事實間沒有「缺乏事實根據的人格評價，導致錯誤的事實認定之嫌疑」時，才能當作證據。換言之，將前科利用於被告與犯人之同一性之證明時，前科之犯罪事實應具有明顯的特徵，且該特徵與待證之犯罪事實有相當程度的類似性，而就憑此可合理推理判斷該兩案之嫌犯爲同一人時，才能把前科資料當作證據（尤其補強證據）使用。（註：104年台上第593號同旨）

【附錄】102年台上第1729號

　　對向犯（如貪污、選舉賄賂、販賣毒品等罪）及被害人、告訴人，性質上雖非共犯，然在刑事訴訟程序上，與被告處於相反之立場，所爲陳述或不免渲染、誇大，而有所偏頗，客觀上其證明力顯較與被告無利害關係之一般證人之陳述爲薄弱，爲免過於偏重其等之指證，有害眞實發現及被告人權保障，並落實刑事訴訟法推定被告無罪及嚴格證明法則，對向犯及被害人、告訴人之陳述與被告、共犯自白之性質類同，其自白之證明力，依相同法理，亦均應有所限制。亦即，對立共犯及被害人、告訴人之陳述不得作爲有罪判決之唯一證據，須其陳述並無瑕疵，且就其他方面調查，有補強證據證明確與事實相符，始得採爲被告論罪科刑之基礎。

【附錄】102年台上第2622號

　　關於共犯，學理上有任意共犯與必要共犯之分，前者指一般原得由一人單獨完成犯罪而由二人以上共同實行者，當然爲共同共犯；後者係指須有二人以上之參與實施始能成立之犯罪，依其性質，尚可分爲「聚合犯」與「對向犯」，其二人以上朝同一目標共同參與犯罪之實行者，謂之聚合犯，如刑法分則之公然聚眾施強暴、脅迫罪、參與犯罪結社罪等是，數人之間有犯意聯絡與行爲分擔，仍屬共同正犯之範疇。

　　至於對向犯則係二個或二個以上之行爲者，彼此相互對立之意思經合致而成立之犯罪，如賄賂、賭博、重婚等罪均屬之，因行爲者各有其目的，各就其行爲負責，彼此之間無所謂犯意之聯絡或行爲之分擔，本質上並非共同正犯，故無上開第156條第2項規定共犯

之適用。從而，刑法所稱賄賂罪之行賄與收賄雙方，各有其目的，各就其行為負責，彼此之間無所謂犯意聯絡與行為分擔，本質上並非共同正犯，並無上開第156條第2項共犯之適用。供述證據具有游移性，不若非供述證據在客觀上具備一定程度之不可替代性，故單憑一個弱勢之供述證據，殊難形成正確之心證，尤其是具對向共犯（正犯）關係之單一供述證據，其本質上存有較大之虛偽危險性，縱使施以預防規則之具結、交互詰問與對質，究仍屬陳述本身，而非別一證據，其真實性之擔保仍有未足，應認併有適用補強法則之必要性；亦即藉由補強證據之質量，與其陳述相互印證，綜合判斷，必在客觀上足以使人對其陳述之犯罪事實獲得確信之心證者，始足據為認定被告犯罪之依據。而對向共犯（正犯）之供述彼此一致者，自得互為補強證據，乃屬當然。

【附錄】102年台上第3900號

組織犯罪乃具有內部管理結構之集團性犯罪，組織犯罪防制條例並就其管理階層與非管理階層，依其情節之輕重分別訂定刑責，故其發起、主持、操縱、指揮或參與犯罪組織者之間，性質上為共同正犯、結夥犯之另一種獨立處罰型態。從而，犯罪組織之成員間縱所自白之內容一致，因仍屬共犯（指共同正犯〈任意共犯及必要共犯中之聚合犯〉、教唆犯、幫助犯）之自白範疇，究非自白以外之其他必要證據，而記錄犯罪組織成員相互通話之通訊監察譯文，殆為共犯審判外之自白，依刑事訴訟法第156條第2項之規定，均應認有補強證據要求必要性。

【附錄】104年台上第375號

對向犯（例如收受賄賂與交付賄賂）之一方所為不利於被告（對向犯之他方）之陳述，為擔保其真實性，依刑事訴訟法第156條第2項規定之同一法理，自仍應認有補強證據以證明其確與事實相符之必要性。所謂之補強證據，應如何之評價，實務向採「綜合判斷」說，不得割裂評價；亦即祇要補強證據資料非與認定犯罪事實毫無關連或竟相枘鑿而不得為認定事實之依據者外，即使就單一證據為觀察，均尚不足以形成正確心證，但如該等證據與對向犯所為之供述證據，具有互補性與關連性，自應就全部之證據資料，相互印證，為綜合之觀察判斷，苟在經驗法則上得以佐證其所陳述之犯罪事實為真實者，即屬充足，並不以構成要件事實之全部獲得補強為必要。

【附錄】104年台上第1417號

刑事訴訟法除於第156條第2項規定「被告或共犯之自白，不得作為有罪判決之唯一證據，仍應調查其他必要之證據，以察其是否與事實相符」，明文要求補強證據之必要性外，對於其他供述證據，是否亦有補強性及補強規則之適用，並未規定。判例上承認被害人之陳述（32年上字第657號）、告訴人之告訴（52年台上字第1300號）及幼童之證言（63年台上字第3501號）應有適用補強法則之必要性，係鑑於被害人、告訴人與被告立於相反之立場，其陳述被害情形，難免不盡不實，或因幼童多具有很高之可暗示性，其陳述可能失真，此等虛偽危險性較大之供述證據，即使施以預防規則之具結、交互詰問與對

質，其真實性之擔保仍有未足，因而創設類型上之超法規補強法則，以濟成文法之不足。而施用毒品者之指證某人為販毒之人，雖非屬共犯證人類型，但因彼此間具有利害關係，其陳述證言在本質上存有較大虛偽性之危險，為擔保其真實性，本乎刑事訴訟法第156條第2項規定之相同法理，自仍應認為有以補強證據佐證之必要性，藉以限制其證據上之價值。此之補強證據，必須求之於該指證者之陳述本身以外，其他足資證明其所指之犯罪事實具有相當程度真實性之別一證據而言。至於指證者前後供述是否相符、有無重大矛盾或瑕疵、指述是否堅決以及態度肯定與否，僅足為判斷其供述是否有瑕疵之參考，其與被告間之關係如何、彼此交往背景、有無重大恩怨糾葛等情，因與所陳述之犯行無涉，自均尚不足作為其所述犯罪事實之補強證據。

　　二名以上共犯之自白，不問是否屬於同一程序（共同被告），縱彼此所述內容一致，仍屬自白，並非自白以外之其他必要證據，固尚不足以謂共犯之自白相互間得作為證明其所自白犯罪事實之補強證據。但在必要共犯之對向犯雙方均為自白之情形，因已合致犯罪構成要件之事實而各自成立犯罪，故對向犯彼此之間自白得為相互補強。

【附錄】104年台上第1605號

　　證人係依法院或其他有權機關之命，對於自己過去之實際體驗事實，而為陳述之第三人。共犯之自白，及施用或持有毒品者，關於其毒品來源之陳述，故均須有補強證據足以擔保其真實性，始得作為判斷依據。惟所謂為補強證據，不以證明全部事實為必要，祇須因補強證據與該共犯或施用毒品者之供述相互利用，足以使其關於毒品來源之對象及原因所陳述之事實獲得確信者，即足以當之。

【附錄】104年台上第1867號

　　刑事訴訟法第156條第2項共犯之自白，不得作為有罪判決之唯一證據，所稱之共犯係指在實體法上有責任共擔關係之共同正犯、教唆犯、幫助犯而言。司法警察官或司法警察因調查犯罪嫌疑人犯罪情形及蒐集證據之必要，通知證人到場詢問時，並無告知得拒絕證言之義務，此觀刑事訴訟法第196條之1並未準用同法第186條第2項規定自明，上訴人執以指摘尤非第三審上訴之合法理由。

【附錄】104年台上第3178號

　　對立性之證人、目的性之證人、脆弱性之證人或特殊性之證人等，因其等之陳述虛偽危險性較大，為避免嫁禍他人，除施以具結、交互詰問、對質等預防方法外，尤應認有補強證據以增強其陳述之憑信性，始足為認定被告犯罪事實之依據。

【附錄】105年台上第1331號

　　性侵害犯罪態樣複雜多端，且通常具有高度隱密性，若案發當時僅有被告與告訴人二人在場，事後常有各執一詞，而有難辨真偽之情形。事實審法院為發現真實，以維護被告之正當利益，對於告訴人指證是否可信，自應詳加調查，必其指證確與事實相符，而無重

大瑕疵者，始得採爲論罪之依據。尤其涉及強制性交與合意性交爭議之案件，被告固有可能僞辯係合意性交，以求脫免刑責。惟實務上亦常見合意性交後，其中一方因事後翻悔，或被告未履行性交易條件，或事後遭父母或配偶（或對方配偶）甚至其他人質疑，不甘損失或維護本身名譽暨避免受責難而不惜誣控遭對方強制性交之案例。此類性侵害疑案，因涉及雙方利害關係之衝突，告訴人難免有虛僞或誇大陳述之可能。事實審法院爲發現眞實，除應就卷內相關證據資料細心剖析勾稽，以究明告訴人之指訴是否合於情理以外，尤應調查其他相關佐證，以查明其指證是否確與事實相符。亦即告訴人之指證，仍須有補強證據以保障其憑信性，不能單憑告訴人片面之指證，遽對被告論罪科刑。而所謂補強證據，則指除該陳述本身之外，其他足以證明犯罪事實卻確具有相當程度眞實性之證據而言，且該必要之補強證據，須與構成犯罪事實具有關聯性之證據，非僅增強告訴人指訴內容之憑信性。

【附錄】105年台上第1337號

　　告訴人之告訴，係以使被告受刑事訴追爲目的，是其陳述是否與事實相符，仍應調查其他證據以資審認。亦即須有補強證據資以擔保其陳述之眞實性，使不至僅以告訴人之陳述，作爲有罪判決之唯一證據。而所謂補強證據，則指除該陳述本身之外，其他足以證明犯罪事實確具有相當程度眞實性之證據而言，且該必要之補強證據，須與構成犯罪事實具有關聯性，非僅增強告訴人指訴內容之憑信性。是以，被害人之證述若有瑕疵，復無適合之補強證據足以擔保其指證、陳述之眞實性，而無法究明，則被害人單方面之指述即難採爲認定事實之依據。

【附錄】105年台上第1582號

　　告訴人乃被告以外之人，本質上屬於證人，然告訴人與一般證人不同，其與被告常處於相反之立場，其陳述之目的，在使被告受刑事訴追處罰，證明力自較一般無利害關係之證人陳述薄弱。故告訴人縱立於證人地位而爲指證及陳述，且其指證、陳述無瑕疵，亦不得作爲有罪判決之唯一依據，仍應調查其他證據以察其是否與事實相符，亦即仍須有補強證據以擔保其指證、陳述之眞實性，而爲通常一般人不致有所懷疑者，始得採爲論罪科刑之依據。而所謂補強證據，則指除該陳述本身之外，其他足以證明犯罪事實確具有相當程度眞實性之證據而言，且該必要之補強證據，須與構成犯罪事實具有關聯性之證據，非僅增強告訴人指訴內容之憑信性。是告訴人前後供述是否相符、指述是否堅決、有無誣攀他人之可能等情，僅足作爲判斷告訴人供述是否有瑕疵之參考，因仍屬告訴人陳述之範疇，尚不足資爲其所述犯罪事實之補強證據。

【附錄】105年台上第1599號

　　共犯之不利陳述，其不利陳述所指涉之內容，與夫不利陳述本身之存在，要屬兩事。在證據法上，前者應依獨立之補強證據予以證實，亦即以別一證據，用以支持或確認該陳述所指涉之內容，旨在增強原已提出於法院不同證據之證明力；後者雖可藉由累積證據，

亦即由該陳述人自己反覆多次爲同一之陳述，或經由聽聞其陳述之證人因轉述而加以佐證，然其性質究仍屬共犯不利陳述之本身，並非另一證據。是以，累積證據自不具備補強證據之適格。又共犯不利之陳述（自白）具有雙重面向，一方面爲就自己犯罪事實供述之被告自白，另一方面爲對他人犯罪事實供述之共犯自白，基於此等供述所含之虛僞蓋然性，尤其後者，更有推諉卸責栽贓嫁禍，並分散風險利益之誘因，因此在共犯事實範圍內，其供述欲成爲其他共犯被告有罪之證據者，除應依人證之調查方式爲之，尤須有補強證據以擔保其眞實性之必要。此之補強證據，在複數共犯之間即使其中一名被告之自白（即自己犯罪事實）已經符合補強法則之規定，仍不得以該自白之補強證據延伸作爲認定否認犯罪事實之其他被告有罪之依據，而必須求之於另一證據。

【附錄】105年台上第1625號

兩名以上共犯之自白，除非係對向犯之雙方所爲之自白，因已合致犯罪構成要件之事實而各自成立犯罪外，倘爲任意共犯、聚合犯，或對向犯之一方共同正犯之自白，不問是否屬於同一程序，縱所自白內容一致，因仍屬自白之範疇，究非自白以外之其他必要證據。

【附錄】105年台上第1637號

被告之自白，非出於強暴、脅迫、利誘、詐欺、疲勞訊問、違法羈押或其他不正之方法，且與事實相符者，得爲證據；又被告或共犯之自白，不得作爲有罪判決之唯一證據，仍應調查其他必要之證據，以察其是否與事實相符。分別爲刑事訴訟法第156條第1項、第2項所明定。尋繹其立法趣旨，在於刻意從證據能力與證明力方面，雙管齊下，貶抑被告自白的證據地位，破除其爲「證據女王」的迷思，匡正已往司法實務過度重視自白，導致時有所聞的不正取供、違背程序正義辦案現象。由是，被告的自白，祇是認定犯罪事實所需的證據資料之一，並非唯一，即已充足，且縱然另有所謂的補強證據，復不以就犯罪的全部事實，加以補強爲必要，但仍應對於構成犯罪的重要或關鍵部分，有所補強，達致不會令人產生合理懷疑的程度，才能符合同法第154條第2項所爲「犯罪事實應依證據認定之，無證據不得認定犯罪事實」規範的嚴格證據法則；自反面而言，倘不能補強達致此規格要求，仍應認控方的舉證不足，而爲被告無罪之判決。

前揭嚴謹證據法則的刑事訴訟法相關規定，自92年大幅修正後，迄今已歷經十餘年，理論上，人民對於法院的信賴度，應當提升；然而，實際上，依最近民意調查結果，竟然相反。原因可能多端，而先前的司法改革，主要由司法院主事，故祇能在其主管事情範圍內著力；衡諸刑事司法實務運作情形，法院不過是司法工程的下游，位於上游的司法警察、中游的檢察機關，卻都屬行政院轄下，律師業者，則以市場機制作擋箭牌，司法院縱然有心，實在無力。具體而言，司法警察若不能改變其舊有的辦案心態，在蒐證猶未完足情況下，遽行移送檢察機關，而檢察官亦因循往例，照單全收，逕行起訴，法院又不嚴格把關，草率論處，無異縱容，同爲法律專家的律師，不能認同，尤其將少數特殊或社會矚目案件，訴諸媒體，再經「名嘴」評論，人民對於包含檢察官和法院的廣義司法，普遍不

滿，自屬當然。其實，供述證據無論是被告或共犯的自白、告訴人或被害人的指述，有無特殊關係的證人證言，經常會受到利害關係或人情壓力及人類記憶能力等等諸多因素影響，翻供或先後說詞齟齬，所在多有。相對而言，非供述證據則具有長期、不變異特性，尤其錄音、錄影等新科技證據，除有遭刻意剪接造假，或機器功能、安裝位置影響外，特具客觀性。第一線的司法警察（官），倘能「證據資料愈多，愈有助於發現眞實」的鐵律外，另外建立「供述證據必須仰賴非供述證據，鞏固其憑信力」的觀念，才能讓檢察官於日後舉證時，不受訾議，而此非供述證據，當然也是越多越好，甚至還包含一般人較少去注重的情況證據。

【附錄】105年台上第1642號

　　性侵害犯罪通常具有隱密性，若案發當時僅有被告與被害人二人在場，事後常有各執一詞，而難辨眞僞之情形。被害人之陳述，雖非無證據能力，然其證言是否可信，事實審法院仍應調查其他證據，以查明其指證是否確與事實相符。亦即，被害人之指證，仍須有補強證據以保障其憑信性。而此所謂補強證據，必須與被害人所指證之被害事實具有關連性，但不具同一性之證據，始具補強證據之適格。又測謊之鑑驗，係對受測人就與待證事實相關事項之詢答，由受過測謊專業訓練人員依科學儀器觀察及記錄其回答時之神經、呼吸、心跳、脈膊等狀況，判斷其有無情緒波動情形，據以推測有無說謊反應，惟測謊鑑驗結果往往因受測人之生理（例如罹患失眠、氣喘、心臟及心血管疾病等）、心理因素（例如憤怒、憂鬱、緊張或悲傷等）而受影響。且人之思想、行為無法以科學儀器精確量化，測謊自不能如物理、化學或醫學試驗般獲得絕對正確之結果，故目前國內外學理與實務界對於測謊報告之證據能力仍存有重大爭議。從而，測謊結果在偵查階段雖可作為被告涉嫌犯罪之輔助資料，但就審判上而言，仍應在有其他客觀上可資信賴之積極證據存在之情形下，始能作為輔助或補強心證之用。尤其在被害人與被告雙方各執一詞而難以判斷眞僞之情形下，尚不宜僅憑對其中一方實施測謊之結果，作為論斷何者所述為可信之絕對或關鍵憑據。本件原判決認定上訴人有此犯行，祇以A女之指訴及上訴人之測謊鑑定為論罪憑據。然上訴人於測謊前似曾表明其有過敏氣喘問題，昨晚有喝酒等語（見偵卷第49頁背面），則依上說明，A女之指證是否確屬實情，仍應調查其他相關證據，以資認定，乃原審在尚未查得其他客觀上可資信賴之相關補強證據前，即行論罪，其採證自與證據法則有違。

【附錄】105年台上第1881號

　　對向犯之一方所為不利於被告（即對向犯之他方）之陳述，在本質上即已存有較大之虛偽危險性，即使施以預防規則之具結、交互詰問與對質，其眞實性之擔保仍有未足，依刑事訴訟法第156條第2項規定之同一法理，自仍應認有補強證據以證明其確與事實相符之必要性。

相關實務

實務見解亦擴大補強證據法理之適用，包括對立性之證人（如被害人、告訴人）、目的性之證人（如刑法或特別刑法規定得邀減免刑責優惠者）、脆弱性之證人（如易受誘導之幼童）或特殊性之證人（如秘密證人）等，則因其等之陳述虛偽危險性較大，為避免嫁禍他人，除施以具結、交互詰問、對質等預防方法外，尤應認有補強證據以增強其陳述之憑信性，始足為認定被告犯罪事實之依據。（最高法院104年度台上字第3178號判決參照）。

【附錄】106年台上第4號

被害人雖屬於被告以外之人，就見聞被告的犯罪事實以言，具有證人適格，然其陳述，既係以被告受到刑事追訴、審究、判刑為目的，則較諸一般無利害關係的第三人，所作的證言證明力，難免誇大，甚或不實，此係人性，自不能遽行全信。從而，參照刑事訴訟法第156條第2項所定「被告或共犯之自白，不得作為有罪判決之唯一證據，仍應調查其他必要之證據，以察其是否與事實相符」的法理，自應另有其他的補強證據，相互作用，遠致足以產生確信被告真有犯罪的心證，才能符合嚴謹證據法則的要求。至於補強證據的種類，雖不論供述或非供述（包含情況）證據，皆無不可，但應符合關聯性法則，仍屬基本的要求；倘僅純屬距離案發時間甚久，而依社會一般健全通念，尚難認為相當的證據資料，或與所訴的犯罪構成要件（以內）事實，無直接關係的非重要、關鍵性訴訟資料，猶非適當的補強證據。甚且，被害人陳述是否前後一致？指述是否堅決？平素曾否說謊？有無攀誣他人可能？均祇足以作為判斷被害人之供述是否存有瑕疵的參考，仍屬被害人陳述之範圍，尚不足憑為其所述犯罪事實存在的補強證據。尤其，縱然被害人表明願意接受測謊，終究不能視同為已經通過測謊鑑定，確認其未說謊。

【附錄】106年台上第67號

對向犯因係具有皆成罪之相互對立方之兩方，鑒於其各自刑度的差異通常相當大（例如收受賄賂與交付賄賂罪），立法者又設有自首或自白得減免其刑之寬典（例如貪汙治罪條例第11條第5項），偵查機關乃利用此擁有依法談判的籌碼，經常出現捨小抓大，利用犯行較輕微一方之指證，期以破獲另一方之偵查手段。但也因有此誘因，故對向犯之一方所為不利於被告（即對向犯之他方）之陳述，在本質上即已存有較大之虛偽危險性，即使施以預防規則之具結、交互詰問與對質，其真實性之擔保仍有未足，依刑事訴訟法第156條第2項規定之同一法理，自仍應認有補強證據以證明其確與事實相符之必要性。此之所謂補強證據，係指除該對向犯之一方所為不利被告之陳述本身之外，其他足以證明其所陳述被告犯罪事實確具有相當程度真實性之「別一證據」而言。此之「別一證據」，就其質而言，係指如何之證據，得為補強證據，亦及補強證據之適格問題；除「累積證據」不具補強證據之適格外，指證者前後供述是否相符、有無重大矛盾或瑕疵、指述是否堅決以及態度肯定與否，僅足為判斷其供述是否有瑕疵之參考，其與被告間之關係如何、彼此交往

背景、有無重大恩怨糾葛等情，因與所陳述之犯行無涉，自均尚不足作爲其所述犯罪事實之補強證據。若從其數量而言，則指補強證據充分性之問題，即如何依補強證據，使供述證據之證明力臻於完整正確之謂。惟不利陳述所指涉之內容如何與補強證據相互印證，使之平衡或袪除具體個案中共犯或對向性正犯之供述可能具有之虛僞性，乃證據評價之問題，由法院本於確信自由判斷，並應受經驗法則及論理法則之拘束。

【附錄】106年台上第1079號

　　刑事訴訟法第156條第2項所稱「共犯」一詞，仍應指共同正犯、教唆犯及幫助犯而言，不受刑法第四章章名修正之影響。「對向犯」係二個或二個以上之行爲者，彼此相互對立之意思經合致而成立之犯罪，如賄賂、賭博、重婚等罪均屬之，因行爲者各有其目的，各就其行爲負責，彼此之間無所謂犯意之聯絡或行爲之分擔，本質上並非共同正犯，故無上開第156條第2項規定「共犯」之適用。

🔍 焦點5　對被告或證人測謊之探討（林鈺雄，刑事訴訟法（上），頁172～173；黃朝義，刑事訴訟法，頁282；陳運財，刑事訴訟法實例研習，頁212）

一、測謊之相關問題
(一) 性質：強制處分抑或不正訊問方法。
(二) 過程：被告自白否。
(三) 結果：鑑定報告否。
(四) 調查程序：依法定證據方法之相關規定。

二、學說與實務之見解
(一) 學說多主張基於測謊之不確定性，應僅做爲偵查方向之參考，而不應提出於審判庭使用；另有學者認爲被告於測謊測中不利於己之陳述屬於自白，有證據能力，但測謊之證據方法上應屬於鑑定。
(二) 實務見解有認爲測謊結果具證據能力者（106年台上第388號）。但近年來多數實務見解採88年台上第2936號區分性判決，若測謊內容有利於被告且符合程序要件者，即有證據能力；但如不利於被告者，應尚需有補強證據，方得爲有罪判決。
(三) 使用測謊器對被告進行「測謊」，是否爲第156條第1項的「其他不正方法」？林鈺雄老師認爲：「首應爲測謊的法律性質定位。以對被告的測謊爲例：首先，測謊結果，縱使不利於被告（也就是俗稱的『未通過測謊』），也不能評價爲被告之『自白』。其次，就證據方法而言，測謊應該屬於鑑定人之證據方法，也就是需要特殊專門知識始有能力實施、判定者。再者，測謊一般所涉及者，爲關於證據『質地』的輔助事實，例如，被告否認涉案，對其實施測謊，主要在於判斷被告的否認是否可信；對證人測謊者，用意也在輔助判斷其證言是否可採。測謊，必須分成三個層次討論：1.到

底應否容許測謊？ 2.測謊結果有無證據能力？ 3.測謊結果的證明力如何？」就結論言，林鈺雄老師主張：「應有限度容許，即獲得受測人真摯的同意時，應得對其施以測謊，但僅供警察偵辦方向或尋找線索的參考，但不得提出於審判庭，法院也不得將其採為裁判基礎，亦即無證據能力，因此，也不生證明力問題。」

(四) 陳運財教授認為測謊係利用科學之檢測儀器（測謊儀），基於人在下意識試圖隱蔽真實時，會產生心理之變化而引起身體之生理變化，包括呼吸、心脈以及皮膚之電氣反射等變化，並藉以判斷受測者回答之真偽之方式。其法律上之性質，學說有如下見解：

1. 供述說（供述採取說）：認為測謊係藉由受測者之生理變化將質問之內容與回答之間的對照關係顯現出來，而成為證據，本身並非以其生理變化作為獨立之證據，仍具有「供述證據」之性質。

2. 心理檢查（鑑定）說：認為測謊並非以受測者之回答內容作為證據，而僅是以其回答時之生理變化作為「非供述證據」使用。實務傾向此說。

   此二說之差別在於「緘默權」之保障，前者認為屬於供述證據，故如強行要求接受測謊，則有緘默權之侵害問題。而後者，雖無緘默權之問題，但認為測謊涉及個人內心自由之侵害，故認為如無受測者真摯而積極之同意，不得實施測謊。

3. 合法測謊應具備如下要件：

(1)最後手段性（補充性原則）：亦即應於物證缺乏或偵查途徑已窮，始得作為補充蒐集證據之手段。

(2)履行告知義務：應先行告知無接受測謊之法律上義務。

(3)受測者如為被告且選任辯護人者，應先聽取辯護人之意見。

(4)程序之說明：實施前應向檢測者說明測謊機之操作原理與程序、目的、結果之用途、效果等。

(5)真摯之同意：應取得受測者之親自簽名之同意書。即使有法院或檢察官之命令，亦不得強制為之。

(6)程序中不得為強制或誘導。

(7)負責之偵查官員不得親自實施測謊。

(8)關於上述程序要件，如有爭議時，檢察官應負擔舉證責任，證明程序正當性（參照陳運財，刑事訴訟法實例研習，頁215～220）。

(五) 黃惠婷老師則主張測謊應禁止使用，因為此種潛意識的生理機動調查，乃是藉由生理變化過程的測量，而侵犯人格權最隱密的部分。

(六) 王兆鵬老師主張任何測謊皆無證據能力

1. 憲法觀點：國家機關為取證行為，有時會干預人民憲法上之基本人權，有時不會。干預人民之基本人權，例如進入住宅搜索或對人民為監聽行為，依憲法第23條及大法官釋字諸多解釋，除了形式上必須有法律之授權外，其內容更必須實質正當；甚至對於實施之要件、程序及違法行為之救濟，均應有法律之明確規範，否則即違憲。

我國憲法條文雖無「不自證己罪」規定，惟依釋字第384、392號解釋，應認爲其爲我國人民憲法上之基本權利。

不自證己罪所保護者不以陳述爲限，凡可傳達人民思想、心理、認知之行爲或證據，皆受不自證己罪保護，國家機關皆不得強迫人民揭露。凡證據之性質具「供述或溝通」之本質，即受不自證己罪之保護。測謊雖在取得受測者的心跳、血壓等生理或身體的反應，但最終目的在透過這些生理反應，分析受測者受訊問時的心理狀態，也就是受測者受測時的所知、所思或所信，再據以作爲決定有罪或無罪的證據，應認爲具「供述或溝通」之性質，受不自證己罪的保護。

在刑事程序中要求人民測謊，與對人民訊問，二者的方法、手段雖然不同，但本質與的卻無二致，皆係國家機關透過一定之方式，以得知人民所知、所思而作爲有罪與否之認定依據，同涉及不自證己罪之基本人權。爲保護人民不自證己罪之權利，我國刑事訴訟法第94條至第100條之3，對於訊問有詳細之規範，甚至在第156條及第158條之2明確規定違反訊問規範之法律效果。反之，測謊亦涉及人民不自證己罪之基本人權，我國並無任何法律授權執法人員得對人民爲之，且對於測謊之「實施之要件、程序及違法行爲之救濟」亦無任何法律之明確規範，參考釋字第535號解釋，應認爲違反法治國基本原則，違憲。

2. 立法政策觀點：基於下述理由而否定測謊之證據能力：

(1)我國法官之嚴重誤解。

(2)造成訴訟沉重負擔。

(3)違反程序公平原則。

(4)影響被告不自證己罪之基本人權。

3. 對證人測謊之證據能力：依刑訴法第159條第1項規定，被告以外之人審判外之陳述，原則上不得爲證據。依此規定解釋，證人回答測謊人員之詢問，係審判外之陳述，不得爲證據。測謊之價值依附於陳述（包括不陳述），如測謊所依附之陳述不得爲證據，該測謊報告即無獨立成爲證據之理由。再者，審判外陳述不得爲證據的主要理由爲該陳述人未經具結、交互詰問，且裁判者又不能親自目睹其陳述之情狀，以之爲證據，恐妨礙眞實發現，且程序上對被告不公平。被告以外之人在測謊時所作陳述，雖經測謊人員判定爲未說謊，但仍爲未經具結之陳述、被告不能爲交互詰問、裁判者不能目睹其陳述之情狀。不准審判外之陳述爲證據，卻容許鑑定該陳述之報告爲證據，再依據該鑑定報告而認定審判外之陳述爲眞實，在邏輯與理論上皆屬謬誤。

(七) 實務：85年台上字第5791號：「測謊之鑑驗，係就受測人對相關事項之詢答，對應其神經、呼吸、心跳等反應而判斷，其鑑驗結果有時亦因受測人之生理、心理因素而受影響，該鑑驗結果固可爲審判之參考，但非爲判斷之唯一及絕對之依據，鑑驗結果是否可採，應由法院斟酌取捨。」另87年台上字第3339號：「測謊鑑定結果如就否認犯罪有不實之情緒波動反應，固得供審判上之參酌，惟不得採爲有罪判決之唯一憑據，然若其否認犯罪之供述無任何不實之情緒波動反應，又無其他合法之積極證據足爲犯

罪行爲之證明者，即可印證其眞實性，非不得爲有利於受測者之認定。」

【附錄】92年台上第2282號

測謊鑑定，係依一般人若下意識刻意隱瞞事實眞相時，會產生微妙之心理變化，例如：憂慮、緊張、恐懼、不安等現象，而因身體內部之心理變化，身體外部之生理狀況亦隨之變化，例如：呼吸急促、血液循環加速、心跳加快、聲音降低、大量流汗等異常現象，惟表現在外之生理變化，往往不易由肉眼觀察，乃由測謊員對受測者提問與待證事實相關之問題，藉由科學儀器（測謊機）記錄受測者對各個質問所產生細微之生理變化，加以分析受測者是否下意識刻意隱瞞事實眞相，並判定其供述是否眞實；測謊機本身並不能直接對受測者之供述產生正確與否之訊號，而係測謊員依其專業之學識及經驗，就測謊紀錄，予以客觀之分析解讀，至於測謊鑑定究竟有無證據能力，刑事訴訟法並無明文規定，惟實務上，送鑑單位依刑事訴訟法第208條第1項規定，囑託法務部調查局或內政部警政署刑事警察局爲測謊檢查，受囑託機關就檢查結果，以該機關名義函覆原囑託之送鑑單位，該測謊檢查結果之書面報告，即係受囑託機關之鑑定報告，該機關之鑑定報告，形式上若符合測謊基本程式要件，包括：一、經受測人同意配合，並已告知得拒絕受測，以減輕受測者不必要之壓力；二、測謊員須經良好之專業訓練與相當之經驗；三、測謊儀器品質良好且運作正常；四、受測人身心及意識狀態正常；五、測謊環境良好，無不當之外力干擾等要件，即賦予證據能力，非謂機關之鑑定報告書當然有證據能力。具上述形式之證據能力者，始予以實質之價值判斷，必符合待證事實需求者，始有證明力；刑事訴訟法就證據之證明力，採自由心證主義，由法院本於確信自由判斷，惟法院之自由判斷，亦非漫無限制，仍不得違背經驗法則及論理法則；測謊檢查之受測者可能因人格特性或對於測謊質問之問題無法眞正瞭解，致出現不應有之情緒波動反應，此時若過於相信測謊結果，反而有害於正當之事實認定，又測謊檢查之時間過遲，攸關受測者情緒得否平復，與鑑定之精確性非無影響，此時間因素，事實審法院於取捨時不得不予考量；惟一般而言，受測者否認犯罪之供述呈現不實之情緒波動反應，不得採爲有罪判決之唯一證據，若受測者否認犯罪之供述並無不實之情緒波動反應，又無其他積極證據證明其被訴之犯罪事實，自得採爲有利於受測者之認定；復按刑事訴訟法第206條第1項規定：「鑑定之經過及其結果，應命鑑定人以言詞或書面報告」，又法院或檢察官囑託相當之機關鑑定，準用第206條第1項之規定，同法第208條亦有明文規定；是鑑定報告書之內容應包括鑑定經過及其結果，法院囑託鑑定機關爲測謊檢查時，受囑託之鑑定機關不應僅將鑑定結果函覆，並應將鑑定經過一併載明於測謊之鑑定報告書中，若鑑定報告書僅簡略記載檢查結果而未載明檢查經過，既與法定記載要件不符，法院自應命受囑託機關補正，必要時並得通知實施鑑定之人以言詞報告或說明，否則，此種欠缺法定要件之鑑定報告不具備證據資格，自無證據能力可言。刑事審判，係採直接審理主義及言詞主義，法院憑直接之審理及言詞之陳述，獲得態度證據，形成正確之心證，以爲證據證明力之判斷，若證人以書面代替陳述、警察局之查訪報告或意見書，法院均無從依直接及言詞審理方式加以調查，尤不可能使當事人對之行使正當法律程序所保障之詰問權，自不應認具有證據能力。（註：測謊在符合法定條件時，有

證據能力，但不得為被告有罪之唯一證據，然得為有利被告之證據。104年台上第1415號同旨）

【附錄】94年台上第1725號

　　測謊之理論依據為犯罪嫌疑人說謊必係為逃避法律效果，恐為人發現遭受法律制裁，在面對法律後果時即感受到外在環境中之危險，因人類的本能而驅使其作出說謊之自衛模式，此一本能即生理上自主神經系統迅速釋放能量，致內分泌、呼吸、脈膊及血液循環加速，使之有能量應付危機，測謊技術即在將受測者回答各項問題時之生理反應變化，使用測量儀器以曲線之方式加以記錄，藉曲線所呈現生理反應之大小，以受測者回答與案情相關的問題之生理反應與回答預設為情緒上中立問題的平靜反應作比較，而判斷受測者有無說謊。然人之生理反應受外在影響因素甚鉅，諸如疾病、高度冷靜的自我抑制、激憤的情緒、受測以外其他事件之影響等，不止於說謊一項，且與人格特質亦有相當之關聯，亦不能排除刻意自我控制之可能性，是以縱使今日之測謊技術要求對受測者於施測前後均須進行會談，以避免其他因素之干擾，惟科學上仍不能證明此等干擾可因此而完全除去之，是以生理反應之變化與有無說謊之間，尚不能認為有絕對之因果關係；況科學鑑識技術重在「再現性」，亦即一再的檢驗而仍可獲得相同之結果，如指紋、血型、去氧核糖核酸之比對，毒品、化學物質、物理性質之鑑驗等，均可達到此項要求，可在審判上得其確信，至於測謊原則上沒有再現性，蓋受測之對象為人，其生理、心理及情緒等狀態在不同的時間不可能完全相同，與前開指紋比對或毒品鑑驗之情形有異，加之人類有學習及避險之本能，一再的施測亦足使其因學習或環境及過程的熟悉而使其生理反應之變化有所不同，故雖測謊技術亦要求以再測法而以兩次以上之紀錄進行研判，然與現今其他於審判上公認可得接受之科學鑑識技術相較，尚難藉以獲得待證事實之確信，是測謊技術或可作為偵查之手段，以排除或指出偵查之方向，然在審判上尚無法作為認定有無犯罪事實之基礎。（註：測謊屬於偵查手段，不得作為證據，無證據能力）

【附錄】97年台上第2200號

　　依當時由四名司法警察大肆搜索住宅之情境及嗣後甲○○經警逕行拘提後曾遭不當取供之情節觀之，甲○○經警逕行拘提後在警方監護之過程中，其身心狀況尚難保持平靜，難認其身心狀態合於實施測謊。又按測謊之鑑驗，係就受測人對相關事項之詢答，對應其神經、呼吸、心跳等反應而判斷，其鑑驗結果有時亦因受測人之生理、心理因素而受影響，測謊鑑驗之結果既會受到受測人之生理、心理因素而受影響，且人的行為、思想又無法量化，則測謊自不能如物理、化學試驗般獲得絕對之正確性，測謊之結果應係有其他可資信賴之積極或消極證據存在之情形下，作為補強證據證明力參考之用，而非可作為判斷事實之唯一及絕對之憑證，丙○○、乙○○固未能通過測謊，至多僅能認為其二人所述不實，尚無從據以推測被告等有何本案之犯罪行為。（註：測謊不得為認定有罪之證據，無證據能力，僅得作為評價其他證據證明力時之參考。）

【附錄】100年台上第2557號

目前學術與實務界對於測謊鑑定之證據能力仍存有重大爭議。從而，測謊結果在偵查階段雖可作為被告涉嫌犯罪之資料。但在審判上，仍應在有其他客觀上可資信賴之積極或消極證據存在之情形下，始能作為補強證據證明力參考之用，尚非可遽採為判斷事實之關鍵憑據。（註：101年台上第5510號同旨）

【附錄】101年台上第1854號

測謊之鑑驗，係對受測人就與待證事實相關事項之詢答，由受過測謊專業訓練人員依科學儀器觀察及記錄其回答時之神經、呼吸、心跳、脈搏等狀況，判斷其有無情緒波動情形，而據以推測其有無說謊反應。惟測謊鑑驗結果往往因受測人之生理（例如罹患失眠、氣喘、心臟及心血管疾病等）、心理因素（例如憤怒、憂鬱、緊張或悲傷等）而受影響。且人之思想、行為無法以科學儀器精確量化，則測謊自不能如物理、化學或醫學試驗般獲得絕對正確之結果，故測謊結果在偵查階段雖可作為被告涉嫌犯罪之輔助資料。但就審判上而言，仍應在有其他客觀上可資信賴之證據存在之情形下，始能作為輔助或補強心證之用。尤其在告訴人與被告雙方各執一詞而難以判斷真偽之情形下，尚不宜僅憑對其中一方實施測謊之結果，作為論斷何者所述為可信之彈劾證據或關鍵憑據。（註：測謊不得為彈劾證據，僅為輔助或補強心證用之用。103年台上第485號同旨）

【附錄】101年台上第5044號

刑事訴訟法並無強制測謊之規定，參諸同法第95條規定被告在訴訟上享有緘默權，在解釋上自應認被告或證人有自行決定是否接受測謊鑑定與否之自由；故不能以被告或證人拒絕接受測謊，遽為被告有利或不利之認定。

【附錄】104年台上第1839號

符合測謊之基本程式要件，據謂測謊鑑定有證據能力。此係踐行證據調查程序後，本諸合理性裁量所為證據評價之判斷，既未違反經驗法則或論理法則，要不能指違法。

【附錄】104年台上第1916號

測謊鑑定或可作為偵查之手段，以排除或指出偵查之方向，但在審判上尚無法作為認定有無犯罪事實之基礎。抑且，測謊為顧及準確度，係測試具體行為，並不測試意圖或動機問題（參見內政部警政署刑事警察局刑事鑑識中心編印，各級司法機關常見問答集，《測謊鑑定》篇）。上訴人於第一審具狀聲請對其本人測謊，待證事項為「證明被告於犯案時，主觀上是否對被害人A女有強制猥褻之意圖」。因其待鑑定事項涉及意圖問題，屬於不適宜測謊之情形，在客觀上已不具調查之必要性。

【附錄】106年台上第388號

機關之鑑定報告，形式上若符合測謊基本程式要件，包括：經受測人同意配合，並已告知得拒絕受測，以減輕受測者不必要之壓力、測謊員須經良好之專業訓練與相當之經驗、測謊儀器品質良好且運作正常、受測人身心及意識狀態正常、測謊環境良好，無不當之外力干擾等要件，即難謂無證據能力。

相關實務

惟近來多數實務見解區分測謊內容為有利或不利於被告之供述而定，前者只要符合測謊鑑定之程式要件，即具有證據能力，至於後者，雖有證據能力，但仍應調查其他證據始能作成有罪判定，可參最高法院88年度台上字第2936號判決。

相關學說

學說上有見解認為，基於測謊之不確定性，僅應作為偵查方向之參考，而不應提出於審判庭使用，比較法上亦大多禁止測謊結果直接作為判決證據使用，另應強調者，測謊不能與被告之自白混為一談，蓋測謊應屬鑑定之證據方法，故對於鑑定之程序、鑑定人之資格以及鑑定結果如何作為證據使用等問題，均應遵守相關程序規範。

【附錄】86年台上第6210號

刑事訴訟為發現實質之真實，採直接審理及言詞審理主義，證據資料必須能由法院以直接審理方式加以調查，證人必須到庭以言詞陳述，始得採為判斷之依據。司法警察官本於其職務作成之報告文書，或係基於他人之陳述而作成，或為其判斷之意見，其本身無從依直接審理方式加以調查，應無證據能力，不能認為刑事訴訟法第165條第1項所稱「其他文書可為證據者」之證據書類，縱令已將之向被告宣讀或告以要旨，依同法第155條第2項規定，亦不能遽採為有罪判決之論據。前開調查站函，係該調查站依檢察官之指示而撰具之調查報告，如係基於調查人員親自耳聞目睹之情形而作成，則該調查人員係居於證人之地位，該報告係屬證人之書面陳述，如係基於關係證人林○泉等經該調查站人員訊問所作之筆錄而作成，則該報告屬於傳聞證據，歷審既俱未傳訊該調查站人員到庭以言詞陳述，以直接審理方式加以調查，原判決遽採該函所述「林○泉將一瓶酒交給該警員」等情，資為上訴人論罪之證據，揆諸上揭說明，自屬於法有違。

【附錄】97年台上第2023號

有偵查犯罪職權之公務員，依通訊保障及監察法規定聲請核發通訊監察書所監聽之錄音內容，為實施刑事訴訟程序之公務員依法定程序取得之證據。又依該監聽錄音譯成文字，其所作成之譯文，乃監聽錄音內容之顯示，為學說上所稱之派生證據。倘當事人對於該譯文內容之同一性或真實性發生爭執或有所懷疑時，法院固應依刑事訴訟法第165條之1第2項規定勘驗該監聽之錄音踐行調查證據程序，使之忠實再現以確保內容之真實、同

一；惟當事人如已承認該錄音譯文之內容屬實，或對於該譯文之內容並無爭執，而法院復已就該譯文依法踐行調查證據程序者，該通訊監察之譯文，自亦有證據能力，且與播放錄音有同等價值。（評析：此判決易使法院以間接審理為調查證據之方法，且該見解混淆證據能力與合法調查之界限。103年台上第1707號同旨）

【附錄】97年台上第4284號

犯罪現場之情況事實，得綜合其他證據而作事實之判斷，是以刑事訴訟法第212條定有法院或檢察官實施勘驗之證據方法。而案件有無勘驗犯罪現場之必要，固屬事實審法院本於職權裁量之事項，然以現場圖或照片代替檢察官或法院實施勘驗者，須該現場圖或照片已足以顯現必要之現場實際情況，始可認與證據法則相符，如代替勘驗之現場圖或照片尚不足以顯現現場實際情況者，事實審未詳為調查，遽以之為判斷基礎，其判決仍難謂無刑事訴訟法第379條第10款應於審判期日調查之證據而未予調查之違背法令。

【附錄】98年台上第599號

現行刑事訴訟法採直接審理主義，證物以「實物提示」為原則，同法第164條第1項明定「審判長應將證物提示當事人、代理人、辯護人或輔佐人，使其辨認」，即原則上物證必須透過調查證據程序以實物顯現於審判庭，使當事人、代理人、辯護人或輔佐人辨認，始得採為判決之基礎。惟此「實物提示」原則僅於「證物之同一性」有所爭議時，始有適用；反之，證物之同一性如無爭議者，以其他替代實物之證據型態提示於審判庭，則非法律所不許。司法警察依同法第43條之1準用第42條製作之扣押物名目，性質上乃筆錄之一部分，如當事人、代理人、辯護人或輔佐人對於扣押物之同一性並無爭議，換言之，扣押物並無栽贓、偽造或變造情形時，其以書證之型態踐行審判期日之調查證據程序，由審判長依據同法第165條規定，向當事人、代理人、辯護人或輔佐人踐行「宣讀或告以要旨」，則不得指為證據未經合法調查。原判決以扣押之「小武士刀一把、柺杖刀一把、美工刀一支、梅花扳手一支、行動電話四支、油壓剪一支、活動扳手二支、T型扳手一支、螺絲起子一支……等」，係經司法警察查獲之證物，依法製作扣押物名目，扣押之物與扣押名目所記載之物，當事人或辯護人對於兩者之同一性並無爭議，原審除部分提示實物之外，以書證型態踐行審判期日之調查證據程序，揆之前開法條闡釋，於法並無不合，上訴意旨據以指摘原審調查證據程序違法，容有誤解。（註：101年台上第2085號、102年台上第1644號同旨）

【附錄】98年台上第1073號

監聽錄音所作成之譯文，乃監聽錄音內容之顯示，為學說上所稱之派生證據，倘對該譯文之內容有所質疑時，自應依上開規定，以適當之設備，顯示聲音，而為調查證據。再者，犯罪行為人於實行犯罪行為時之對話（例如於索取回扣、賄賂，或實行恐嚇取財、恐嚇危害安全等犯行時，與對方之通話），依正當程序錄音者，係以錄音設備之機械作用，客觀、忠實保存該犯罪行為過程之紀錄，屬於刑事訴訟法第165條之1第2項所稱之「證

物」，非同法第159條第1項所稱之「被告以外之人於審判外之言詞或書面陳述」。

【附錄】98年台上第2006號

通訊監察錄音帶，係以錄音機將監察電話之通訊內容，直接錄在空白錄音帶上製成。其係非透過人之意思活動予以傳達之證據，屬於物證，固有證據能力。但通訊監察譯文，係警員或調查員播放通訊監察錄音帶，依其聽取之內容，轉譯作成，為透過人之意思活動予以傳達之證據，屬警員或調查員於審判外之書面陳述，依刑事訴訟法第159條第1項規定，除法律有規定者外，不得作為證據。（註：97年台上第2550號同旨）

【附錄】98年台上第2467號

法院核對筆跡，本為調查證據方法之一種，除特種書據，如古書、畫或書家摹倣各種字體者之筆跡，須選任專門知識技能之鑑定人為精密之鑑定外，若通常書據，一經核對筆跡，即能辨別真偽異同者，法院本於核對之結果，依其心證而為判斷，雖不選任鑑定人實施鑑定程序，亦不得指為違法。

【附錄】98年台上第2988號

刑事訴訟法第207條定有明文。依據卷附台灣省基宜區車輛行車事故鑑定委員會鑑定結果，該行車事故鑑定意見書係認：「甲○○營大貨車停置中，無肇事因素」。原判決於理由內則以該鑑定意見「疏未將甲○○停車不當之過失，併予審酌」，尚未臻周詳為由，而不予採納。則原判決既認該鑑定意見不完備，事涉專業知識，且與被告之利益有重大關係，自宜請原鑑定機關補充說明，或命增加人數或再選任、囑託他人繼續或另行鑑定，以期確實。乃原判決僅以上開鑑定意見難認臻於完備，遽行捨棄該鑑定意見，未再送請其他鑑定人或鑑定機關鑑定，遽行判決，自嫌速斷，而難昭折服。

【附錄】100年台上第4926號

鑑定意見固僅供參考無拘束法院之效力，然若認鑑定內容尚有疑義，審理事實之法院應調查其他必要證據，以究明事實，不得遽予推翻；尤以具鑑定專業知識之適合人員，依相關原理、定則或方法，利用合適之機器、設備而為之化學、法醫檢驗（如DNA、血型、煙毒證物），若已因反覆進行同種鑑定而形成一般公認之結論，該等鑑定即具客觀性，可信性較高；此與蓋然性程度相對較低之筆跡、印文或影像等之鑑定，尚有不同。因此不具專業知識之法院，除非有確實依據，足以懷疑該等鑑定有操作知能或技術明顯不足、誤用檢體或其他不合檢查常規等瑕疵，即不得率為不同之認定。

【附錄】101年台非第362號

鑑定證人係依特別知識得知已往事實之人；就使其依特別知識而對某事實陳述其判斷之意見上，與鑑定人無異；就其陳述已往事實上言，又與證人相似。又法醫師檢驗屍體後，應製作檢驗報告書；解剖屍體後，應製作解剖報告書；鑑定死因後，應製作鑑定報告

書，法醫師法第11條第1項定有明文。是法醫師除檢驗及解剖屍體外，並賦予其鑑定死因之職責，則其於鑑定被害人死因後所提出之意見，可認係本於特別知識經驗而爲，非單純之個人意見或推測之詞，自可作爲證據。

【附錄】102年台上第4015號

審判中證物之調查，就其與待證事實而言，倘以物之物理上存在爲其證據資料，依刑事訴訟法第164條規定，應將證物提示當事人、代理人、辯護人或輔佐人使其辨認；如該證物本身之物理上存在不具事實之證明功能，又非涉及專門知識與經驗之範疇，而由法院或檢察官透過直接之感官作用，就該證物之形態、性質、形狀、特徵、作用加以查驗，依其內在心理作用予以認定，並以查驗之結果作爲證明事實之用，此種證據資料獲取之方式，即屬「勘驗」，爲法定證據方法之一種，因勘驗本身非可作爲判斷依據之證據資料，自應依同法第42條之規定，將查驗結果製成筆錄，該筆錄即屬書證，法院應依同法第165條第1項規定宣讀或告以要旨，以完成證據調查程序，方屬適法，不因未異議而得視爲治癒。（註：104年台上第773號同旨）

【附錄】103年台上第4013號

偵查犯罪機關依法定程序監聽之錄音內容，始屬調查犯罪所得之證據，依據監聽錄音結果予以翻譯而製作之監聽譯文，乃該監聽錄音內容之顯示，屬於文書證據之一種。倘被告或訴訟關係人對該監聽譯文之眞實性並不爭執，法院復於審判期日踐行提示監聽譯文供當事人辨認或告以要旨，使其表示意見等程序並爲辯論者，其所爲之訴訟程序固無不合。但如被告或訴訟關係人否認或爭執該監聽譯文之證據能力，法院自應於判決內敘明該監聽譯文具有證據能力之理由，始得作爲論罪科刑之依據。

【附錄】104年台上第1904號

依刑事訴訟法第212條之規定，法院因調查證據及犯罪情形，得實施勘驗。此之勘驗乃法所明定之調查犯罪情形及調查、取得證據資料之方法之一。又依同法第219條準用第150條第1項前段、第3項之規定，法院於審判中實施勘驗，當事人及辯護人原則上均有在場權，法院就勘驗之日、時及處所，除有急迫之情形外，應通知上開依法得在場之人，使其等能在場見聞，並爲必要之陳述或辯護，俾勘驗過程及結果得以昭公信。此爲事實審法院實施勘驗所應踐行之法定程序，倘有違背，其勘驗筆錄即屬違背法定程序而取得之證據。本件原審受命法官，於103年3月17日10時30分，帶回書記官，於其法官辦公室內，對另案（98年矚上訴字第4號）搜索票、扣押物品目錄表所示之扣押物實施勘驗，並未通知檢察官、被告及其辯護人到場，又欠缺實施勘驗之法官簽名，此有勘驗筆錄可稽……。揆諸上開說明，此勘驗程序，即難認於法無違。

【附錄】104年台上第2617號

偵查（調查）犯罪機關依法定程序執行通訊監察所得錄音，使屬偵查（調查）犯罪所

得之證據，而依據通訊監察錄音顯示之聲音所製作通訊監察錄音譯文，係屬文書證據。倘當事人或辯護人抗辯通訊監察錄音譯文之眞實性或正確性，法院應依刑事訴訟法第165之1第2項之規定，勘驗通訊監察錄音，用以調查並確認其內容，俾保障被告行使訴訟防禦權及發現眞實。若法院僅於審判期日將通訊監察錄音及其譯文，向當事人、辯護人、提示、宣讀或告以要旨，仍不能即認通訊監察錄音及其譯文經合法調查而得作爲判斷之依據。

【附錄】105年台上第2161號

合法監聽所得之錄音帶（光碟）而製作之通訊監察譯文，雖係文書，然非訴訟行爲所應具備之法定程式，自無刑事訴訟法第39條之適用。被告或訴訟關係人對該譯文之眞實性發生爭執或有所懷疑時，法院應依法勘驗該監聽之錄音帶（光碟）踐行調查證據程序，以確認該錄音聲音是否爲本人及其內容與通訊監察譯文之記載是否相符；然如被告或訴訟關係人對其監聽錄音譯文之眞實性並不爭執，即無再辨認其聲音之必要，故法院於審判期日就此如已踐行提示通訊監察譯文供當事人辨認或告以要旨，使其表示意見等程序並爲辯論者，其所爲之調查證據程序即無不合，自得作爲證據。

【附錄】106年台上第61號

筆跡鑑定係在識別所比較之文字是否同一人所寫之鑑定。蓋筆跡是個人筆畫之動作，人所書寫之文字，係從小經由長時間學習而來，隨著年齡增長及成熟，個人會有不同之書寫習慣，筆跡鑑定將此書寫習慣稱爲「筆跡個性」。筆跡個性中反覆出現者爲「穩定性」，相互間顯現不同筆跡者爲「相異性」，與平均的固定化筆跡個性偏離者爲「稀少性」。筆跡鑑定係經由運筆方式、筆劃型態、字體結構等，分別檢查以上特性之出現，再綜合研判，以識別是否出於同一人之筆跡。惟筆跡鑑定仍有其侷限，因筆跡個性會隨著書寫次數之多少、書寫者之年紀、身體狀況、書寫環境、故意做作等因素而變動，鑑定結果亦與鑑定人之主觀感覺及個人經驗判斷有關。又刑事訴訟之鑑定，爲證據調查方法之一種，由具有特別知識經驗之人或機關，就特別需要特殊知識經驗之事項，予以鑑識、測驗、研判及斷定，供爲法院或檢察官認定事實之參考，刑事訴訟法第206條第1項規定：「鑑定之經過及其結果，應命鑑定人以言詞或書面報告」，同法第208條第1項規定：「法院或檢察官得囑託醫院、學校或其他相當之機關、團體爲鑑定，或審查他人之鑑定，並準用第203條至第206條之1之規定；其須以言詞報告或說明時，得命由實施鑑定或審查之人爲之」。是鑑定報告書之內容應包括鑑定經過及其結果，鑑定機關不僅應將鑑定結果函復，並應將鑑定經過一併載明於鑑定報告書中，若鑑定報告書僅簡略記載鑑定結果而未載明鑑定經過，法院必要時得通知實施鑑定之人以言詞報告或說明，使鑑定結果更具客觀性與可信性。

【附錄】106年台上第2919號

通譯係爲譯述文字，傳達意思而設，其傳譯之內容本身並非證據，此與鑑定係以鑑定人之鑑定意見爲證據資料，二者性質上仍有不同。刑事訴訟程序命通譯及鑑定人具結，旨

在透過刑法偽證罪之處罰，使其等為公正誠實之傳譯及鑑定，擔保傳譯內容、鑑定意見之真實。通譯未具結者，是否影響其傳譯對象陳述之證據適格，仍應以作為證據方法之證人、被告等實際上已否透過傳譯正確理解訊問內容而據實陳述為斷。

第二項　證人之法定調查程序：交互詰問

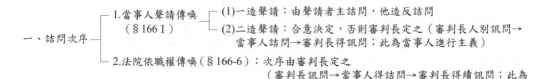

（說明：依§181-1，被告以外之人於反詰問時，就主詰問所陳述有關被告本人之事項，不得拒絕證言。此因為避免得拒絕證言之主詰問一造之友性證人於主詰問時放棄拒絕證言權而為證言供述，迨至他造欲行反詰問時則行使拒絕權以規避彈劾，顯對他造不公平。）

二、詰問內容事項
　　1.主詰問：(1)待證事項；(2)前者之相關事項；(3)辯明證人等陳述之證明力之必要事項（注意：辯明→乃反駁之意，即在減低證人不利己方供述之證明力）
　　2.反詰問：(1)主詰問所顯現事項；(2)前者之相關事項；(3)辯明證人陳述之證明力之必要事項
　　3.覆主詰問：(1)反詰問所顯現事項；(2)前者之相關事項
　　4.覆反詰問：辯明覆主詰問所顯現證據證明力之必要事項

（說明：反詰問者於詰問時，如就支持自己主張之新事項為詰問，則轉換為主詰問，蓋反詰問應係延續主詰問之原待證事項內容為之，通常僅具彈劾主詰問友性證人之效用，至支持反詰問者主張之新事項因已逾越原事項，且該證人已轉換為反詰問者之友性證人，易受原反詰問當事人之誘導，應視為一個新詰問程序之開啟；§166-3。）

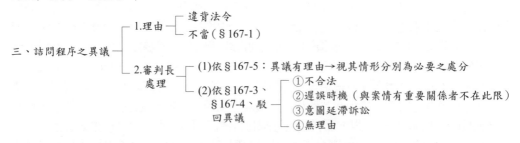

四、交互詰問之禁止範圍
　　1.主（覆）詰問：誘導詰問（§166-1Ⅲ但書之七款例外）＋§166-7Ⅱ所列各款事項（第⑤～⑧款有正當理由時例外）
　　2.反（覆）詰問：§166-7Ⅱ所列各款事項（第⑤～⑧款有正當理由時例外）

🔍焦點1　交互詰問之修法評析

　　交互詰問制度之目的在檢驗供述證據之憑信性與正確性，俾益於實體真實之發現；爰將修正新法就此制度之相關規定歸納而為如下之說明：

一、詰問次序：交互詰問除法院依職權傳喚之證人或鑑定人或二人同時聲請傳喚，但不能合意決定時，其詰問次序由審判長定之外，主詰問與覆主詰問係由聲請傳喚之當事人、代理人或辯護人為之，反詰問與覆反詰問則由他進行之。

二、詰問範圍：主詰問與反詰問之範圍除前者就待證事項及關聯性事項，後者就彈劾主詰問所顯現事項及關聯性事項外，均另包括辯明供述內容證明力之必要性事項；至覆主詰問僅限就反詰問所顯現之事項及關聯性事項，覆反詰問亦限辯明覆主詰問所顯現證據證明力之必要性事項。

三、誘導詰問：主詰問與覆主詰問除有本法第166條之1第3項但書所列七款情事外，均不得誘導詰問，反之，反詰問與覆反詰問則於必要時得為之，此因受詰問之證人或鑑定人通常係傳喚一造之友性證人，其較不易於供述時迎合反詰問他造之意欲。

四、審判長之訊問：證人或鑑定人係由當事人聲請傳喚時，應由當事人直接詰問，詰問完畢後，審判長始得為訊問，然若係法院依職權傳喚者，於當事人行詰問前，應先由審判長訊問，蓋此際以審判長最明瞭該證人或鑑定人所欲證明之待證事實，如是，詰問程序方得順暢進行，詰問完畢後審判長仍得續行訊問。

五、詰問乃當事人訴訟上權利：故除審判長認當事人所為詰問不當外，不得限制或禁止之，倘被告放棄詰問權時，其仍享有對證人或鑑定人之詢問權。

六、詰問方式與訊問、詢問：當事人之詰問與證人、鑑定人就詰問之回答，均應就個別問題具體為之，此有別於證人、鑑定人就法院之訊問（第190條）或當事人之詢問（第163條第1項），應就事項之始末連續陳述之方式迥異。又新法第166條之7第2項亦明列十款詰問方式之禁止規範。

七、詰問程序之異議權：異議之對象為他造之詰問與證人、鑑定人之回答，異議之理由包括違法性與妥當性，至審判長就當事人所聲明之異議有不同處理：

(一) 異議有理由，應視情形分別為中止、撤回、撤銷、變更或其他必要處分。

(二) 異議無理由或有遲誤時機、意圖延滯訴訟、其他不合法情形，應為駁回處分（但遲誤時機所提事項與案情有重要關係者不在此限），且不得聲明不服（第167條之6）。

八、準用規定

(一) 當事人行使本法第163條第1項對證人、鑑定人之詢問權時，準用詰問制度之部分規定（第166條之7第2項、第167條至第167條之6）。

(二) 陪席法官依本法第170條訊問證人、鑑定人時，亦準用詰問制度之部分規定（第166條第4項及第166條之6第2項）。

(三) 法院或受命法官為本法第273條第1項準備程序事項之訊問或第276條審判期日前對證人之特別訊問時，準用包含全部詰問制度之法定調查證據程序之相關規定（第164條至第170條）。

九、學者評論（黃朝義，刑事訴訟法，頁403）：刑事訴訟法第166條第4項規定，證人、鑑定人經當事人、代理人或辯護人詰問完畢後，審判長得為訊問。此「審判長得為訊問」之性質，不應如同修正理由所述之「彰顯法院依職權調查證據輔助性質」。蓋在當事人進行主義之架構下，法院本不負蒐集證據之義務，如將本項解釋法院職權調查

（蒐集）之根據，可能導致先前當事人的詰問過程流於形式，法院所重視的僅在於本身職權調查之內容。因此，關於本項審判長補充訊問正確的理解，應解讀為法院補充性的「確認」當事人之詰問內容。換句話說，在詰問完畢後，法院對於詰問之內容仍然有所不明瞭時，得補充性的做確認的工作，以確保心證的正確形式。

🔍 焦點2　詰問主體與客體之探討

一、詰問權人限當事人及其代理人
- 1.告訴代理人不可（告訴人非當事人，代理人不得有較本人為大之權利）
- 2.輔佐人不可（欠專業法律知識）

二、鑑定人應到庭陳述接受調查和詰問，否則依第159條第1項屬傳聞證據（§206Ⅰ係指鑑定人到庭陳述時得以書面為輔助說明）。

🔍 焦點3　主詰問之誘導詰問（何賴傑，全國律師第9卷第7期，頁33以下）

一、緣於證人就主詰問者多為友性一方，易配合主詰問之誘導，故原則上禁止主詰問者為誘導詰問。惟倘證人於審判中答稱不記得等語，為喚起證人之記憶，刑事訴訟法第166條之1第3項但書第3款乃例外容許主詰問者為之。

二、主詰問者行使此項誘導時，應有所限制，並非證人表示不復記憶即得容許主詰問者以誘導方式指導證人回答，需主詰問者足以釋明證人原本知悉之事實，因他故未得記憶，在此等喚起記憶之必要情形方得為之，且應使證人依其記憶而為陳述，否則將造成證人供述內容之不可靠性。

三、承上所述，學者建議主詰問者為前揭誘導詰問之程序如下：

(一) 應先啟動喚起記憶之程序，由主詰問者向法院釋明證人原先知悉後遺忘，若證人對待證事實原即不知，則不得准許誘導。

(二) 誘導詰問時應許主詰問者以物件或文書為輔助，喚起證人之記憶。

(三) 經喚起程序後仍未能使證人回復記憶時，法院始得考慮適用傳聞法則例外（如證人曾於審判外為陳述）。

🔍 焦點4　反對詰問之重點提示

一、詰問模式

(一) 你有無開車？開的車是什麼車？（你有無開車？開的是賓士車對不對？）（你的車是福特的對不對？）

(二) 警察職業與資歷暨其辦案成績之詰問（彈劾其證明力）。

二、反詰問之目的

(一) 打擊證人之可信度（如上述之警察詰問）。

(二) 打擊證詞之可信度。

(三) 導出有利之證明。

(四) 成為最終辯論之一部分。

三、反詰問之要訣

(一) 問題簡潔。

(二) 用語明確。

(三) 盡量誘導詰問。

(四) 不問不知答案的問題。

(五) 留神證人的答覆。

(六) 不與證人爭執。

(七) 不准證人爭執。

(八) 不可要求證人重複主詰問時所為之陳述。

(九) 不要釣魚。

(十) 把解釋留到結辯總結時陳述（你只看到一秒，且天色陰暗燈光不明，如何可確定是被告？）。

四、反對詰問之方法

(一) 證人為不值得信賴之人。

(二) 證人對本案有偏見或不良動機。

(三) 證人過去有不一致陳述。

(四) 以他證反駁證人供述內容。

🔍 焦點5　刑事訴訟程序中之訊問、詢問與詰問

一、訊問 ┬ (一) 偵查中：檢察官對被告、證人、鑑定人
　　　　 └ (二) 審判中：法院對被告、證人、鑑定人

二、詢問 ┬ (一) 偵查中：司法警察（官）對犯罪嫌疑人、證人、鑑定人（§71-1Ⅰ）
　　　　 └ (二) 審判中：當事人（檢察官、被告）或關係人（辯護人、代理人、輔佐人）對被告、證人、鑑定人（§163Ⅰ）

三、詰問 ┬ (一) 偵查中：被告對證人、鑑定人（§248Ⅰ）
　　　　 └ (二) 審判中：當事人（檢察官、被告）或關係人（辯護人、代理人）對證人、鑑定人（§166Ⅰ）

🔍 焦點6　訊問證人未錄音之法律上效果（張天一，台灣法學第273期，頁143以下）

一、實務見解

最高法院於96年台上第6168號判決，指出依刑事訴訟法第44條之1第1項之規定，證人於審判中之陳述，應予全程錄音或錄影，然於檢察官訊問證人或司法警察（官）詢問證人時，則未設必須錄音或錄影之明文規定，應屬「立法上之疏漏」。是故，檢察官於訊問證人或司法警察（官）詢問證人時，如仍予以錄音或錄影，自非法所不許。若遇有筆錄與錄音、錄影內容不相符者，固宜「參照」刑事訴訟法第100條之1第2項規定之相同法理，對該不符部分之筆錄，排除其證據能力。然僅因檢察官訊問證人或司法警察（官）詢問證人時，未全程連續錄音或錄影，不得認其所取得之供述筆錄違背法定程序而無證據能力。（另詳見本章附錄之99年台上第2017號判決）

二、學者評析

學者認為刑事訴訟法第100條之1第1項要求訊問被告時應全程錄音、錄影之規定，其立法意旨在對於司法警察（官）之詢問筆錄，若有被告辯解非其真意或遭受刑求，為建立詢問筆錄之公信力，以擔保程序之合法，故詢問過程應全程連續錄音、錄影，並應於一定期間內妥為保存，偵審機關如認為有必要時即可調取勘驗，以期發現真實，並確保自白之任意性。

故此，全程錄音、錄影之要求，非僅是為了對筆錄所記載之內容有爭議時，應如何處理的問題，更重要的是能夠以此確保被告並未遭受不正訊問，確保被訊問人陳述時所應具有之任意性。而此內涵於訊問證人之情形，亦同有適用，尤其證人受訊（詢）問時，少有辯護人陪同，所受法律程序之保障更少，程受壓力未低於被告，全程連續錄音或錄影，有助於確保證人不受偵訊人員不正方法之對待，擔保其陳述之信用性。

學者有認為，若於個案中對證人證言之信用性有質疑時，可類推適用本法第156條第3項舉證責任分配之規定，並適用同條第1項之法律效果，如此，遇有訊問證人未錄音錄影時，亦得解決其爭議。

【附錄】97年台上第4503號

刑事訴訟法第192條證人之訊問所準用同法之規定，因該法第166條之7第2項第2款就詰問證人之限制已有明文，故於92年1月14日修正時，刪除原準用同法第98條「訊問被告應出以懇切之態度，不得用強暴、脅迫、利誘、詐欺、疲勞訊問或其他不正之方法」之規定。雖司法警察官或司法警察於蒐集證據時詢問證人，因非以詰問方式為之，而無同法第166條之7之適用。然證人所為陳述，仍具有供述證據之性質，本諸禁止強制取得供述之原則，被告以外之人因受恫嚇、侮辱、利誘、詐欺或其他不正方法所為不利於被告之陳述，亦應認不具證據能力。

【附錄】97年台上第4320號

　　警詢筆錄末頁雖未有詢問人及製作人之簽名，而不符程式，然該警詢筆錄首頁已載明筆錄名稱、詢問時、地、案由及受詢問人之姓名、年籍資料等外觀形式，以及詢問人已踐行權利告知等事項，顯然已足認係司法警察依法行使職務所製作之詢問筆錄無誤，而證人江仲達於第一審證述：上訴人之警詢筆錄係伊詢問，由警員吳仁成擔任紀錄，忘記在警詢筆錄簽名等語……，尚不能僅因詢問人或製作人未於詢問筆錄末頁簽名，遽為否定其證據能力。

【附錄】99年台上第2017號

　　原判決於理由壹、二已說明：刑事訴訟法第100條之1、第100條之2準用第100條之1等規定，係刑事立法者針對法官、檢察官於訊問被告，司法警察官或司法警察於詢問犯罪嫌疑人時，為建立訊（詢）問筆錄之公信力，並擔保訊（詢）問之合法正當，及筆錄所載內容與其陳述相符之目的性考量，課以國家偵、審或調查機關附加錄音、錄影義務負擔之規定。是否錄影，得就其有無必要性作考量，全程同步錄音，則無裁量餘地；並於第100之1第2項（第100條之2準用之）規定筆錄所載之陳述與錄音或錄影之內容不符者，對該不符部分之筆錄，賦予證據使用禁止之法效，排除其證據能力。92年2月6日修正公布之刑事訴訟法，為使審判期日之訴訟程序能合法、妥適地進行，並使審判筆錄之記載有所憑據，杜絕爭議，增訂第44條之1第1項「審判期日應全程錄音；必要時，並得全程錄影」之規定；另於第196條之1第1項增訂司法警察官、司法警察於調查犯罪情形時，得詢問證人，惟第2項規定所逐一列明準用之有關條文，其中第100條之1及第100條之2並未在準用之列。本法對於證人於審判中為陳述，既增訂應予錄音或錄影，然於檢察官訊問證人，及於司法警察官、司法警察詢問證人時，則無必須錄音或錄影之明文，此應屬立法上之疏漏。是以，檢察官於訊問證人，或司法警察官、司法警察於詢問證人時，如仍予以錄音或錄影，自非法所不許。倘遇有筆錄與錄音、錄影之內容不相符者，應參照刑事訴訟法第100條之1第2項規定之相同法理，對該不符部分之筆錄，排除其證據能力，但究難僅因檢察官於訊問證人，或司法警察官、司法警察於詢問證人時，未全程連續錄音或錄影，即謂其所取得之供述筆錄為違背法定程序，或得逕認其無證據能力等旨。（註：97年台上第3991號、102年台上第2490號同旨）

【附錄】99年台上第4875號

　　訊問及詰問證人之詢答方式，不論是使證人為連續陳述之「述式」，抑或係由證人針對個別問題回答之「問答式」，訊問與詰問人均應就個別問題為具體之發問，不可空泛其詞，受訊問或詰問人亦應對該問題為具體之回答，不可籠統含糊，此觀刑事訴訟法第190條「訊問證人，得命其就訊問事項之始末連續陳述」、第166條之7第1項「詰問證人及證人之回答，均應就個別問題具體為之」等規定甚明。故於偵、審中訊問證人或審判中詰問證人，其訊問或詰問人如並未針對與主要待證事實有關之證人在警詢之陳述逐一訊問或詰

問證人，而僅包裹式地泛問以：「警詢筆錄是否實在？」、「你在警察局詢問時所爲陳述是否實在？」等語，即令證人答稱：「實在。」核其問與答均嫌空泛籠統，則此種概括式訊問或詰問之筆錄，實難謂有何意義可言，該證人於警詢之陳述殊無可能給予被告有質問或辯明眞僞之機會，自難遽認已轉化爲偵查或審判筆錄之供述內容，而得資引爲被告犯罪判斷之依據。

【附錄】99年台上第7325號

現行刑事訴訟關於偵查權之行使，其主導權在於檢察官，依法院組織法第66條之3第1項第2款、第2項之規定，檢察事務官受檢察官之指揮，處理「詢問告訴人、告發人、被告、證人或鑑定人」事務，視爲刑事訴訟法第230條第1項之司法警察官。故檢察事務官性質上係直屬於檢察官之司法警察官，其於偵查中雖受檢察官之指揮處理「詢問證人」事務，但依同法第196條之1第2項所列有關訊問證人之準據規定，其中第186條第1項「證人應命具結」之規定，並不在準用之列。是證人於檢察事務官詢問時所爲陳述，自不生具結之問題，即使檢察事務官令其具結，甚至筆錄上記載係依檢察官之指示而爲，仍難謂其詢問筆錄已轉化爲檢察官訊問證人筆錄及以證人已具結爲由，而得適用刑事訴訟法第159條之1第2項規定認有證據能力。（註：97年台上第12號、101年台上第5137號同旨）

【附錄】99年台上第8204號

供述證據，特重任意性，故刑事訴訟法第156條第1項規定將被告供述之任意性，作爲證據能力之要件。而證人……陳述之任意性，同法雖無相同之明文，但本於同一法理，審理事實之法院亦應詳加調查，以擔保該證人陳述之信用性。又對於證人施以前揭不正之方法者，不以負責詢（訊）問或製作筆錄之公務員爲限，其他第三人亦包括在內，且不以當場施用此等不正之方法爲必要，縱係由第三人於詢（訊）問前爲之，倘使證人精神上、身體上受恐懼、壓迫之狀態延續至應訊時，致不能爲任意性之陳述者，該證人之陳述仍屬非出於任意性，依法不得採爲判斷事實之根據。（註：100年台上第1667號同旨）

【附錄】100年台上第2612號

所謂誘導訊（詢）問之禁止，係指交互詰問時，對於行主詰問以提出證據之一造當事人，禁止其使用「問話中含有答話」之詰問方式，蓋此項主詰問之對象恆爲「友性證人」，若將主詰問人所期待之回答嵌入問話當中，足以誘導受詰問之證人迎合訊（詢）問作答，背離自己經歷而認知之事實，故而禁止之。然司法警察（官）本於調查犯罪證據而詢問證人，既非行主詰問以提出證據之一造當事人，且任何證人對司法警察（官）而言，亦非「友性證人」，均不致於發生迎合詢問作答之虞，自無禁止誘導詢問之可言。又儲存在人腦之永久記憶，往往須藉助於「場景」或「話引」使能清楚喚出腦底深處之記憶，因而，行訊（詢）問時，使用喚醒記憶之訊（詢）問方式，旨在引導證人針對事實之細節詳予敘述，與誘導訊問不同，不能視之爲法律所禁止之誘導訊問。

【附錄】101年台上第876號

　　檢察官或檢察事務官、司法警察官、司法警察對於證人之訊問或詢問，除禁止以不正方法取供以擔保其陳述之任意性外，對於訊問或詢問之方式，刑事訴訟法並未明文加以限制。因此，訊問者或詢問者以其所希望之回答，暗示證人之誘導訊問或詢問方式，是否法之所許，端視其誘導訊問或詢問之暗示，足以影響證人陳述之情形而異。如其訊問或詢問內容，有暗示證人使為故意異其記憶之陳述，乃屬虛偽誘導，或有因其暗示，足使證人發生錯覺之危險，致為異其記憶之陳述，則為錯覺誘導，為保持程序之公正及證據之真實性，固均非法之所許。然如其之暗示，僅止於引起證人之記憶，進而為事實之陳述，係屬記憶誘導，參照刑事訴訟法第166條之1第3項第3款規定於行主詰問階段，關於證人記憶不清之事項，為喚起其記憶所必要者，得為誘導詰問之相同法理，則無禁止之必要，應予容許。

【附錄】102年台上第2490號

　　本法對於證人於審判中為陳述，既增訂應予錄音或錄影，然於檢察官訊問證人，及於司法警察官、司法警察詢問證人時，則無必須錄音或錄影之明文，此應屬立法上之疏漏。是以，檢察官於訊問證人，或司法警察官、司法警察於詢問證人時，如仍予以錄音或錄影，自非法所不許。倘遇有筆錄與錄音、錄影之內容不相符者，應參照刑事訴訟法第100條之1第2項規定之相同法理，對該不符部分之筆錄，排除其證據能力。

【附錄】104年台上第1998號

　　檢察官或檢察事務官、司法警察官、司法警察對於證人之訊問或詢問，除禁止以不正方法取供以擔保其陳述之任意性外，對於訊問或詢問之方式，刑事訴訟法並未明文加以限制。因此，訊問者或詢問者以其所希望之回答，暗示證人之誘導訊問或詢問方式，是否法之所許，端視其誘導訊問或詢問之暗示，足以影響證人陳述之情形而異。如其訊問或詢問內容，有暗示證人使為故意異其記憶之陳述，乃屬虛偽誘導，或有因其暗示，足使證人發生錯覺之危險，致為異其記憶之陳述，則為錯覺誘導，為保持程序之公正及證據之真實性，固均非法之所許。如其之暗示或訊（詢）問方式，僅止於喚起證人之記憶，進而為事實之陳述，係屬記憶誘導，參照刑事訴訟法第166條之1第3項第3款規定於行主詰問階段，關於證人記憶不清之事項，為喚起其記憶所必要者，得為誘導詰問之相同法理，則無禁止之必要，應予容許，不能視之為法律所禁止之誘導訊（詢）問。

【附錄】105年台上第2030號

　　司法警察（官）於調查時詢問證人，因非以詰問方式為之，而無刑事訴訟法第166條之7第2項第2款規定之適用；然證人所為陳述，究係供述證據，本諸供述應出於自由意志之基本原則，倘證人因受詢問之司法警察（官）以恫嚇、侮辱、利誘、詐欺或其他不正方法，影響證人之自由意志而為虛偽陳述者，固得認其所為陳述，不具有可信之特別情況，

而不具證據能力。

相關實務

　　基於證人在法庭上所受之詰問已有刑事訴訟法第166條之7規範之，故關於同法第192條之準用規定，已於92年1月14日修正時，刪除原準用同法第98條「訊問被告應出以懇切之態度，不得用強暴、脅迫、利誘、詐欺、疲勞訊問或其他不正之方法」之規定。而以同法第166條之7第2項第2款規定詰問證人之限制事項。至於司法警察官或司法警察於蒐集證據時詢問證人，因非以詰問方式為之，而無同法第166條之7之適用。惟應注意者，縱使上開準用同法第98條規定已被刪除，實務上仍大多認為，證人所為陳述，仍具有供述證據之性質，本諸禁止強制取得供述之原則，被告以外之人因受恫嚇、侮辱、利誘、詐欺或其他不正方法所為不利於被告之陳述，亦應認不具證據能力，是以法院仍應在證人供述任意性具有疑慮時調查之。（最高法院98年度台上字第2898號判決、98年度台上字第4241號判決參照）承上，實務見解有認為，既然司法警察（官）不適用法庭詰問證人之限制規定，自無須有主詰問之誘導禁止規定，單純利用場景或話引喚起證人記憶係屬記憶誘導並無禁止必要。然若屬於有暗示證人始為故意役期記憶之陳述之虛偽誘導，或有因其暗示，足使證人發生錯覺之危險，致為異其記憶之陳述之錯覺誘導，及非法之所許。（最高法院101年度台上字第876號判決、98年度台上字第5530號判決參照）

相關學說

　　學說見解批評，對於證人之訊問，法理上不應類推適用刑事訴訟法156條第1項規定，不得出於強暴、脅迫、利益、詐欺、疲勞訊問、違法羈押或其他不正之方法取得供述，立法者刪除刑事訴訟法第192條規定反而徒增實務困擾，造成沒有明文禁止規定可以使用，蓋同法第166條之7僅能規範法庭上的證人詰問活動，但是不當取得證人供述證據並非只會發生於法庭詰問過程中，故新法反而不如舊法適用方便。

🔍 焦點7　無效之反對詰問（王兆鵬，刑事訴訟講義，頁652）

　　不論是檢察官或被告，因為下列情形而不能為有效的反詰問時，主詰問之證詞，應予排除：第一，證人合法或非法拒絕證言；第二，證人在主詰問結束後，反詰問開始前，因為「疾病」致反詰問不能進行。但因為證人「死亡」致反詰問不能進行。則視不能反詰問之人是檢察官或被告，而分別決定主詰問證詞應否排除。如果是「被告」不能進行有效的反詰問，因為違反被告「憲法」上之詰問權，主詰問的證詞排除而不具證據能力。如果是「檢察官」不能進行有效的反詰問，僅為檢察官「法律」上之權利行使有障礙，基於證據法之法理，主詰問證詞仍具證據能力，但其證據力則可能大打折扣。

🔍 焦點8　訊問、詰問、詢問之比較

一、訊問乃上對下之關係，詢問與詰問則屬平行關係：(一)審判中，法院對被告、證人、鑑定人間屬上對下關係（註：有學者認修法後第287條似已廢除法官訊問制度，故僅得為詢問），至當事人（含檢察官）或關係人與被告、證人、鑑定人間則屬平行關係；(二)偵查中，檢察官為偵查主體，故其對被告、證人、鑑定人屬上對下關係，至司法警察（官）係受檢察官指揮，故與被告、證人、鑑定人間屬平行關係（註：偵查中檢察官與被告係上下關係，審判中檢察官與被告同為當事人係平行關係）。

二、訊問、詢問之方式乃就始末連續陳述（§96、§163Ⅰ、§190），如同申論題連續會話式。詰問之方式乃就個別問題具體問答（§166-7Ⅰ），如同簡答題個別問答式。

三、審判中當事人擁有之權利：聲請調查證據（§95④、§163-2）＋詢問（§163Ⅰ）＋詰問（§166Ⅰ、§167）＋對質（§97Ⅰ、§184Ⅱ），故除有不當或顯無必要者外，審判長不得禁止之。

四、「始末連續陳述」方式，其優點：證人比較不會感受來自於訊問者（法官或當事人）的壓力，且證人是就所知自由始末連續陳述，所陳述之內容可能較為完整而與事實較為接近。但前提條件為：證人有良好記憶、人格良好不會編織事實、陳述有組織及效率。此一訊問方式的缺點為：(一)如證人為政客、記者或演說家等滔滔雄辯者，可能會以太多的詞藻包裝核心事實，如果證人事先「充分」準備，也可能會將太多的主觀摻入事實，會不當影響裁判者；(二)因為是連續陳述，當事人不能控制證人會說什麼，證人有可能講出傳聞或意見之詞。在此情形下，他方當事人無法在證人說出傳聞前提出異議；(三)證人如不知組織所述內容，會極端浪費時間。如為此種方式的訊問或詰問，一般都會事先警告證人：「只講你所見所聞，不講其他人告訴你的。」

五、「一問一答」的方式，優點：如果正確使用，得幫助證人吐露事實，以比較有順序、一致的方式展現事實，只陳述有關聯的事實，不涉及無關事實，得節省時間。缺點：事實可能被提問人很微妙地控制，因為提問者未問全部事實，證人未能就其所知全部陳述，所以當事人可能藉由提問而編織事實及證據。

🔍 焦點9　對質與詰問之區別

	對質（§97Ⅰ、§184Ⅱ）	詰問（§166）
程序決定權	法院（屬被告權利與義務）	當事人
拒絕與禁止	不可，除因§97Ⅱ被告之請求顯無必要者外不得拒絕	不可，除因§167Ⅰ審判長認有不當得禁止之外
行使對象	被告、證人（含共犯）	證人、鑑定人
訴訟關係	法院、對質者、被對質者間之三面關係	當事人與被詰問者間之兩面關係
對質詰問權均應包括被告得目視證人作證之權利及使證人作證時目視被告之權利，此即面對面權利。		

🔍 焦點10　偵審詰問之區別

一、**審判詰問**（§166～§166-7）：藉兩造當事人（檢察官vs.被告或辯護人）交互詰問證人，以盤詰檢驗證人供述內容之信用性，其中反對詰問具有彈劾證人之目的。

二、**偵查詰問之一**（§248Ⅰ）：檢察官訊問證人後，被告得親自詰問之（辯護人則否）；此詰問乃指親自發問，以釐清證人供述之疑點或使不明瞭處為實足之補充陳述，與審判詰問之性質與目的有異。

三、**偵查詰問之二**（§248Ⅱ）：預料證人於審判時有供述不能情形時，為保全證據並保障被告之訴訟防禦權與交互詰問權，乃命被告在場，解釋上當在使被告詰問證人之權利，此項詰問自屬審判詰問（盤詰檢驗）之性質。

🔍 焦點11　對質詰問權於上級審之適用（林鈺雄，月旦法學第143期，頁10以下）

一、質問權保障的是「適當機會」，而非現實上的行使。亦即，關鍵在於應賦予被告對不利證人行使對等提問與要求回答的「可能性」，若已賦予被告質問機會而被告卻不行使者（尤其是主動放棄質問），也不會違反質問權的要求。

二、面對面質問，以保障被告的「在場權」為前提，此在場又以事先「通知」到場為必要。因此，在未通知被告或其辯護人到場情形，除了已經實際到場且能有效辯護的瑕疵治癒（Heilung）情形外，當然構成對質問權的違法侵害。又既然面對面是質問權的保障內涵，反過來說，只保障被告（或其辯護人）「提問」但卻沒有「面對面」提問的程序踐行，皆是對質問權的「限制」；既然是限制，就要進而討論有無限制的「正當化事由」，也就是是否構成限制質問權的容許「例外」。

三、自近年來最高法院之見解，可得如下結論：

(一) 最高法院已經逐漸掌握質問核心內涵的精義。尤其是至少賦予被告對不利證人「整體訴訟程序中至少一次」「面對面」對質詰問之「適當機會」之保障，包含事先通知、同時在場等附隨內涵。（103年台上535號）

(二) 最高法院判決審查下級審程序合法性時，著重的都是「實質上」質問權是否被保障，而非「形式上」是否屬於傳聞證據及有無傳聞例外。此觀點，甚至於貫穿現行法第159條以下增修前後，也跨連釋字第582號解釋公布前與公布後。

(三) 承上所述，上開判決在審查質問權是否受侵害時，係以「訴訟作為一個整體」的觀察角度來審查，而非以傳統的以「審級為單位」的基準來審查。

【附錄】96年台上第785號

刑事訴訟法第196條規定：「證人已由法官合法訊問，且於訊問時予當事人詰問之機會，其陳述明確別無訊問之必要者，不得再行傳喚。」此所稱「證人已由法官合法訊問」，係指該審判案件，包括第一審或第二審之本案事實審法院，於審判期日前之準備程

序，或其他調查程序，或審判期日調查審理之時，被告以外之人，立於證人之地位，已由審判長、受命法官、陪席法官、受託法官依人證之法定調查程序，所為之合法調查訊問而言。因該等訊問，既已予當事人詰問之機會，被告之訴訟防禦權即獲得保障，如與該證人有關之待證事實，因其陳述明確，客觀上足以發見真實，自毋庸另為無益之訊問，當可認其此部分證據調查程序業臻完足，而不得再行傳喚，以免證人一再受訊，費時費事，多所困擾，亦防杜當事人藉端延滯訴訟，浪費司法資源，尤以當證人為犯罪之被害人時，更應保護其人權，免受二度傷害。於此情形，即不容當事人專憑己見，任意指摘有違同法第163條關於證據調查之規定，亦不生同法第379條第10款所定應於審判期日調查之證據而未予調查之違法問題。（註：102年台上第4541號、103年台上第535號同旨）

🔍 焦點12　證人指證犯罪嫌疑人之相關探討（王兆鵬，刑事被告的憲法權利，頁204以下；吳巡龍，月旦法學第123期，頁254以下；楊雲驊，台灣本土法學第92期，頁107以下）

一、證人指證錯誤固有證人故意惡意為之，但更常見者為證人「誠實」的錯誤，即證人不知自己之指證為錯誤。而證人「誠實」指證錯誤較「故意」指證錯誤，對被告更為不利。因證人誠實地指證錯誤時，通常自以為是，對自己的指證充滿信心，對他人或裁判者的質疑，毫不動搖。又一般證人對犯罪之發生，常無任何期待準備，對眼前突然發生的一切，常措手不及，被告即已消逝，犯罪即已結束，其指證客觀性，確值得懷疑。且指證錯誤亦可能源自於證人記憶之瑕疵，記憶可能導致的指證錯誤，可能比前述觀察造成的錯誤更嚴重。

二、學者建議我國應速制定「指證程序法」，規定對於犯案者之身分有爭執時，除有特殊情形外，應以「成列指證」的方式進行，而不應以一對一的方式，且警察應遵守以下事項，否則該指證不得為證據，並應禁止該證人於審判中再度指證：

(一) 應告知證人，嫌疑犯可能不在行列中，有必要時，應以兩組「成列指證」進行。

(二) 嫌疑犯不應在行列中特別突出。

(三) 成列指證，應由完全不認識嫌疑犯的另一警察主導進行。

(四) 若證人作出指認，警察不應立即接受，應問其確信程度及理由，並記明筆錄。

(五) 指證時應連續錄影。

三、學者另主張：除係顯為延滯訴訟或欠缺本案關聯性外，被告要求被指證時，法院應准許之，又偵審機關不得為指證或辨認而逮捕被告，仍必需依刑事訴訟法有關拘提逮捕所規定應具備之理由，不得獨為指證或辨識之目的而拘束被告自由。再者為辨識之目的，而有侵入身體採證之必要時，除非有緊急狀態之存在，應以法院之命令始能進行。不論因緊急狀態或法院之命令，所採取的侵入身體方式，均不得危害被告的生命或健康，且應盡可能保護被告隱私及身體完整之人性尊嚴。

四、美國法主張證人於審判外所為指證倘於審判中接受被告之對質詰問，即非屬傳聞證據而具證據能力。又要求被告提供血液樣本或接受目擊證人指證並非強制被告為供述，

並未違反不自證己罪原則。惟被告於受證人指證程序中其仍應受辯護權之保障，蓋指認過程具有潛藏危機，包括證人挾怨報復或證人受司法警察有意無意暗示之影響，一旦證人對被告為指認，爾後即甚難改變先前之指認，若被告之辯護人未到場，即難知悉指證程序有何瑕疵。此外，指證過程之正當法律程序，必須無不當（無必要）之暗示性與誘導性存在，否則將影響指證之可信度，甚至污染嗣後審判中指證之正確性，如提供唯一被告照片供證人指證，然非以成列指證為絕對必要，美國聯邦法院依此建立之「門山指證法則」，依下列標準為綜合判斷：(一)犯罪發生時指證人有無觀看行為人之機會；(二)指證人於案發時注意行為人之程序為何；(三)指證人先前對行為人特徵描述之準確度如何；(四)指證時指證人之確定程序如何；(五)犯罪發生時與指證時相距時間之長短。

五、國家機關為確認被告身分，對其所為之指認，以及為達到有效指認所採取之必要措施等，均涉及到諸多被告之個人權利領域，尤其是受憲法保護之人格發展自由以及身體不受侵犯等基本權利，依據憲法之要求，除非被告願意配合指認，否則違反被告意願所造成之之基本權利干預，必須要有法律之授權方可，此屬於法律保留的範圍。我國刑事訴訟法第205條之2規定：「檢察事務官、司法警察官或司法警察因調查犯罪情形及蒐集證據之必要，對於經拘提或逮捕到案之犯罪嫌疑人或被告，得違反犯罪嫌疑人或被告之意思，採取其指紋、掌紋、腳印，予以照相、測量身高或類似之行為；有相當理由認為採取毛髮、唾液、尿液、聲調或吐氣得作為犯罪之證據時，並得採取之。」此一規定賦予檢察事務官以及司法警察（官）對於經拘提或逮捕到案之犯罪嫌疑人或被告可進行之「確認措施」以及「採樣處分」等權限，學說上稱為刑事訴訟新法創設之身體檢查類型，其目的則在調查犯罪情形以及蒐集證據。由於許多犯罪者之身分未必早為偵查機關知悉，故本條前段規定「採取其指紋、掌紋、腳印，予以照相、測量身高或類似之行為」等措施之目的在於探究、調查被告身分之特徵，以便於針對特定被告發動之刑事偵查內確認其是否有罪，則對於藉由被害人或其他目擊第三人指認以確認犯罪者的措施，似亦可包含在「探究、調查被告身體之特徵」範圍內，因此，雖然條文未明定「指認」，但條文所稱「類似之行為」應可作為司法警察機關進行指認的法律依據。

六、楊雲驊老師認「單一指認」並不立刻等於證據使用禁止，基於人權保障與發現真實、有效實施刑罰權間之平衡，對於單一指認的證據效果應採綜合判斷方式，考慮指認程序實施是否合理、指認人有無受不當暗示誘導等影響、審判中法院有無對之依法踐行詰問之程序以及單一指認結果不得作為唯一證據等，為一綜合評價。最高法院於較近之判決，例如95年度台上字第3026號內，即提出綜合判斷之內容：「法院就偵查過程中所實施之第一次指認（禁止重複指認），應綜合指認人於案發時所處之環境，是否足資認定其確能對犯罪嫌疑人觀察明白、認知犯罪行為人行為之內容，該事後依憑個人之知覺及記憶所為之指認是否客觀可信，而非出於不當之暗示等事項，為事後審查，並說明其認定指認有無證據能力之理由。倘指認過程中所可能形成之記憶污染、誤導判斷，均已排除，且其目擊指認亦未違背通常一般日常生活經驗之定則或論理法

則，指認人於審判中，並已依人證之調查程序，陳述其出於親身經歷之見聞所爲指認，並依法踐行詰問之程序，而非單以指認人之指認爲論罪之唯一依據」。

【衍生實例】

甲持刀闖入乙開設之超商行搶後逃逸。後乙至警局協助辦案，警方拿出該地前科累累之甲之照片，問乙行搶者是否爲照片中人甲。乙見後即大叫：「就是他沒錯，我記得很清楚！」試問，乙之該陳述可否作爲日後法院認定甲有罪之證據？　（97地特政風）

考點提示：參見上述焦點說明。

【附錄】95年台上第3954號

審理事實之法院，對於被告有利及不利之證據，應一律注意，詳爲調查，並綜合全案證據資料，本於經驗及論理法則定其取捨，將取捨證據及得心證之理由於判決內詳爲說明。如事實尙非明確，對與被告利益有重大關係之事項，在客觀上認爲應行調查之證據未予調查，即有應於審判期日調查之證據，未予調查之違法。又刑事實務上之對人指認，乃犯罪後，經由被害人、共犯或目擊之第三人，指證並確認犯罪嫌疑人之證據方法。現行刑事訴訟法雖未明定關於指認之程序，然因指認人可能受其本身觀察能力、記憶能力及眞誠性之不確定因素影響，參諸刑事訴訟法第159條之1至第159條之3規定被告以外之人所爲審判外之陳述，須有可信之情況，始得作爲證據之趣旨，是如何由指認人爲適當正確之指認，自應依個案具體情形而定。案發後之初次指認，無論係司法警察（官）調查或檢察官偵查中所爲，常重大影響案件之偵查方向甚或審判心證，自當力求愼重無訛，故除被告或犯罪嫌疑人係社會（地區）知名人士、熟識親友、特徵顯著、曾長期近距接觸、現行犯或準規行犯，或其他無誤認之虞者，方得採行當面、單獨之指認外，皆應依訴訟制度健全國家之例，以「眞人列隊指認」方式爲之，不宜以單獨一人供指認，或僅提供單一照片，甚或陳舊相片，以作指認，更不得有任何暗示、誘導之不正方法，否則其踐行之程序即非適法，自難認已具備傳聞法則例外之可信性要件。

【附錄】101年台上第512號

「指認」係指對於素昧平生之人，經由記憶描述犯罪嫌疑人之形貌，但須當面辨認犯罪嫌疑人者，始有實施「指認」可言。若原本認識其人，於犯罪嫌疑人前所爲辨認者，屬「人別確認」。上開「人別確認」，因屬相識者之間之辨認，無虞誤認，自無待踐行指認相關程序。

【附錄】102年台上第684號

司法警察（官）於案發之初，經由被害人或目擊證人對於犯罪嫌疑人所爲之指認，旨在「辨別人犯之同一性」，需遵循一定指認程序，以避免發生指認錯誤。而彼此相識之共犯間之指認，除攀誣之情形外，當無「辨別人犯之同一性」之誤認問題，即與「警察機關

實施指認犯罪嫌疑人程序要領」或所謂「門山指認法則」無涉。

🔎 焦點13　本位證人與次位證人之程序概念（柯耀程，月旦法學第146期，頁257～261）

一、概念

(一) 本位證人：行為人與被害人都是犯罪事實的形成部分，當犯罪事實成為程序上的待證事實時，行為人與被害人的陳述，都是行為事實的形成部分，此時二者應都不是證人的概念，在實體法的犯罪形成關係上，證人者，應屬於對於犯罪事實的發生，具有親自見聞的行為人與被害人以外之第三人，如此親自見聞犯罪事實的第三人，方是屬於核心犯罪事實的第三人，也才是證人概念下的核心概念，或許可以稱之為「本位證人」的概念。

(二) 次位證人：程序法的待證事項，除實體關係的犯罪事實認定關係外，尚有其他程序上，乃至於刑罰裁量上的待證事項，而以人之陳述，作為輔助認定待證事項的方法者，其得以陳述之人，也可以被視為證人，或許可以將此種非關於成罪與否及刑罰權形成關係的證人，稱之為「次位證人」。

二、程序適用

(一) 「本位證人」所指向的待證事實，是屬於犯罪事實的成立與否，以及刑罰權形成的確認關係，此種證人既具有不可替代性，也具有到場陳述的絕對必要性，同時，對於形成事實心證的證據調查過程，也必須採取嚴格的證據調查方式，主要是必須踐行「當事人之詰問程序」；反之，對於「次位證人」所指向的待證事項，乃屬於成罪事項或刑罰權形成關係以外之事項，或許是純屬於程序事項，如證據是否合法取得的認定，乃至於證據的調查方式的確認者（如本評釋裁定之事實），或是屬於刑罰裁量的事項，對這類待證事項，雖然證人一樣具有不可替代性，但是否具有絕對到場陳述之必要性，則得以斟酌。同時，對於非犯罪事實成立與否或是刑罰權相關事項的證人，在證據調查的方式，也不是必須要求嚴格調查的方式，此種證人的陳述與證據調查者，僅須為一般性之證據調查即可。

(二) 唯有「本位證人」方有直接發生程序上強制效應，以及實體法上偽證罪規範的問題，對於非「本位證人」的「次位證人」，儘管在程序上有傳喚作證的必要，因其證言對於核心事實的證明，並無關聯性，倘若得以其他方式取得證言，必無直接發動強制處分，或是程序罰鍰的機制必要性。在程序上，對於證人得以科處程序罰或是強制拘提到場的規定，應當侷限在「本位證人」，而不應擴張到「次位證人」。

(三) 證人到場之程序限制有二：1.準備程序不得傳喚「本位證人」，蓋因準備程序乃是為正式審理程序的準備，其主要目的，乃在於為使得正式審理程序更為集中，因而準備程序不能作實質的證據調查，除非有刑訴法第276條預料「本位證人」無法於正式審理程序到場，方得以例外在準備程序中為訊問；2.法院程序進行，若非屬證據調查程序，不得傳喚證人，蓋證人是一種證據方法，其效應主要是在於事實的認定程序之

中，倘若非屬於證據調查程序，並不能對於證人爲傳喚，亦即唯有正式審理的證據調查程序中，方得以傳喚「本位證人」。惟此不限制於「次位證人」之傳喚。

🔎 焦點14　自訴人之證人適格（林鈺雄，台灣本土法學第96期，頁141以下）

一、實務見解
(一) 最高法院94年台上字第1053號判決
有罪判決書如以自訴人之指訴中，關於案情有重要關係其親自耳聞眼見之事項，而爲論罪之依據時，即居於證人之地位，自應依刑事訴訟法第186條第1項之規定命其具結，使其知悉有據實陳述之義務，以擔保其證言之眞實性，該供述證據始具證據能力，如未踐行人證之法定調查程序，依法自不得作爲證據，原判決於理由內以自訴人之指訴，資爲被告確有本件犯行之論據之一，然就自訴人之指訴中關於案情有重要關係其親自耳聞眼見之事項，而爲論罪之基礎部分，並未踐行人證之法定調查程序，亦非適法。

(二) 最高法院94年台上字第7035號判決
被告以外之人於審判外之言詞或書面陳述，除法律有規定者外，不得作爲證據，刑事訴訟法第159條第1項定有明文（修正前之同法第159條亦規定：證人於審判外之陳述，除法律有規定者外，不得作爲證據），又以自訴人所陳親身經歷之被害經過，作爲認定犯罪事實之依據時，乃居於證人之地位，必須踐行法定之人證調查程序，除有依法不得令其具結，如有依法應具結而未具結時，其有關被害事實之陳述，依同法第158條之3之規定，本無證據能力（上開規定雖爲原審判決後所增訂施行，但證人未踐行法定之人證調查程序，仍屬訴訟程序違背法令，合予指明），若法院援引其陳述作爲判決之基礎時，自應說明其陳述如何具有證據能力之理由，始爲適法。本件原判決依憑自訴人徐某之指訴，……錄音帶二捲及錄音譯文，……偵訊筆錄……，……審判筆錄等證據，資爲認定上訴人有原判決事實欄所記載之犯罪事實，但查上開自訴人之指訴及其於另案偵查中或審判中所提出之電話交談錄音帶、錄音譯文，另案之偵訊筆錄、勘驗筆錄、審判筆錄，本質上或屬被告以外之人於審判外之言詞或書面陳述，或爲未踐行法定人證調查程序之證據，原判決並未說明其如何具有證據能力之理由，即逕採爲論罪科刑之依據，自非適法。

二、學者評析
因自訴強制律師代理制度之採行，取代公訴檢察官於審判庭從事訴訟行爲之人，已經是「自訴代理人」而非自訴人，故一旦自訴人對被告犯行爲不利陳述，不應僅以原告地位爲由而免除如證人陳述所設的事實與程序擔保，總而言之，自訴不應成爲刑事被告對質詰問等權利的化外之地。在自訴程序一旦自訴人針對被告犯罪事實爲陳述時，或者審判長認爲有命自訴人爲此陳述之必要時，即應將自訴人之程序地位轉換爲證人，並且踐行證人法定證據方法之具結、對質及詰問等程序。此種詰問，操作上亦不致於窒礙難行，因爲控訴原告（當事人）方的詰問由自訴代理人爲之，此時，自訴證人性質上是控訴原告的友性證人，猶如公訴程序告訴證人是檢察官的友性證人一般。此外，既然適用證人的法定調查程

序，儘管依新法已不得拘提自訴人到庭，但在轉換為證人情形，其無正當理由不到庭者，自亦得拘提證人之規定而依法拘提。

🔍 焦點15 性侵案件與質問權之限制（林鈺雄，台灣本土法學第188期，頁73～74；吳巡龍，月旦法學教室第166期，頁27以下）

一、刑事被告質問不利證人的權利，已是公平審判程序的最低要求。任何證人保護目的，無論是秘密證人或被害證人，都不應成為草率犧牲被告受公平審判權利的廉價說詞。

二、被害人的身心創傷，可否作為限制被告質問權的理由？
學者認為可以，但應注意以下的前提要件。一般而言，為了保護被害人，避免其因再度面對被告而造成二度的心理創傷，性侵害案件的刑事程序，可以採取特定的保護措施，必要時包含限制質問的行使。可限制（合理限制）不可剝奪。

三、質問之限制，應於具體個案依序審查以下的前提要件：

(一) 限制質問的理由，是否充分、具體？正當化事由。已否經過證明？應建立在專家意見基礎上，並經相應之證明程序。

(二) 被告防禦權是否受到相當保障（防禦法則）？應有補償平衡措施，以彌補被告因對質詰問權受限致其防禦權所受之損失。

(三) 是否存有其他重要證據（證明力層次之佐證法則）？即便通過以上審查而具限制之正當性情形，被害人未經完整詰問之證詞，仍不得作為有罪判決之主要或唯一基礎。
學者認為首先應注意：

(一) 判定被害人心理創傷的專業基礎與證明程序。簡言之，訊問或質問是否可能導致被害人二度創傷，並非任由法院「想當然爾」加以臆測，而應建立在專家意見的基礎之上，且經由相應的證明程序（如鑑定）為之。

(二) 其次，有無補償平衡措施，以彌補被告因質問限制而遭受的防禦權損失（防禦法則）？具體而言，內國法院在選擇限制質問的手段時，必須優先選擇對於被告質問權侵害較為輕微的手段，也就是遵守較佳防禦手段優先性原則。例如不適合由被告當庭質問時，至少應選擇偽裝或隔離措施的替代手段，保障被告向被害人間接提問的可能，而非逕然剝奪被告的質問機會。而這也是國際人權法、我國司法院解釋（結合比例原則）與現行立法的基本立場。在被告（含其辯護人）自始至終皆無一次直接或間接質問機會的案例，法院必須經由專業、可信的鑑定程序證明，被害人的身心狀況，已經嚴重到連採行隔離措施及間接提問等方式，都無法承受的地步。

(三) 最後，即便是通過以上審查而具限制之正當性情形，未經完整質問的證詞，也不得作為有罪裁判的主要或唯一基礎。

四、專家證人：性侵害犯罪防制法第16條之1第1項規定，於偵查或審判中，檢察官或法院得依職權或依聲請指定或選任相關領域之專家證人，提供專業意見，經傳喚到庭陳述，得為證據；其調查程序準用詰問證人之規定，故如未準用具結之擔保性，即有不當。

【附錄】94年台上第6872號

　　修正前刑事訴訟法第166條第1項規定：「證人、鑑定人由審判長訊問後，當事人及辯護人得直接或聲請審判長詰問之」，此項被告詰問權之規定，旨在發現真實及保障人權，應屬被告之基本訴訟權；司法院大法官會議釋字第384號解釋謂：「關於秘密證人制度，剝奪被移送裁定人與證人對質詰問之權利，並妨礙法院發現真實」，雖係就檢肅流氓條例有關秘密證人規定所為之解釋，然舉輕明重，此一解釋已明示被告對證人之詰問權係被告之基本訴訟權，應受憲法之保障；本件上訴人於原審上訴審即審判程序，經審判長訊以有何證據請求調查時，即答稱：「希望能與陳○傑對質」，於原審亦辯稱證人陳○傑、蔡○臻、黃○嬌（冒名蔡○惠）所供前後不一，請求傳訊釐清等情，原判決雖以陳○傑等三人前均已到庭陳述明確，核無必要，但陳○傑等雖曾於審判中傳訊到庭，惟並未賦予被告對質詰問之機會，原審遽行採認渠等供述為不利上訴人之認定，所踐行之訴訟程序，於法自有未合。

【附錄】94年台上第7217號

　　原審於94年4月25日行準備程序期日，依職權傳喚被害人到庭時雖陳稱其自南投北上，若有必要訊問，希望能於當天為之等語，然並未表示有不能於審判期日到庭之正當理由，核與上開因預料證人不能於審判期日到庭，而得於審判期日前之準備程序中預為訊問之情形不符，原審竟因而於該準備程序對被害人以證人之身分進行訊問、詰問，而進行實質調查，所踐行之訴訟程序，已難謂為適法。又該次準備程序，因被害人表示上訴人二人在庭不敢陳述，除由受命法官訊問被害人外，僅由辯護人對其進行詰問，至上訴人二人則於開始訊問、詰問之前，即經受命法官命彼等退庭，俟訊問、詰問及陳述完畢，再命彼等入庭後，並未告以被害人陳述之要旨，即命彼等就被害人之陳述表示意見，嗣關○瞻曾於94年5月30日具狀聲請與被害人對質，然自該次準備程序起迄辯論終結為止，亦均未予彼等詰問被害人或與之對質之機會，即將被害人於該準備程序所為之陳述，援引為認定上訴人二人犯罪之證據，亦均與法定程序有違。

【附錄】95年台上第5141號

　　修正前性侵害犯罪防治法第12條第3項及刑事訴訟法第271條第2項，係考量保障被害人之權益，而規定應傳喚被害人或其家屬到場予其陳述意見之機會；然該所陳述之意見，苟不符合人證調查程序之法律規定，法院僅得於有罪判決時為科刑之參考，尚非可認該陳述之意見當然亦具證據之適格。又上開法條之但書固均規定被害人或其家屬陳明不願到場，或經合法傳喚無正當理由不到場者，或法院認為不必要或不適宜者，不在此限，但僅係就被害人等「陳述意見」為便宜之規定，非謂被害人亦可排除刑事訴訟法第176條之1規定而得免除其為證人之義務；況現行性侵害犯罪防治法第16條，已就對被害人為詰問時之處所，利用聲音或影像傳送之科技設備或其他適當隔離措施之詰問方法，及不當詰問之禁止等之審判保護措施詳予規定（修正前條例第14條、第15條亦有類似現行條例第16條第1

項、第4項之規定），亦徵被害人仍有到場作證並接受交互詰問之義務。

【附錄】95年台上第5943號

　　按依證人保護法保護之證人，以願在檢察官偵查中或法院審理中到場作證，陳述自己見聞之犯罪或流氓事證，並依法接受對質及詰問之人為限；又對依本法有保密身分必要之證人，於偵查或審理中為訊問時，應以蒙面、變聲、變像、視訊傳送或其他適當隔離方式為之。於其依法接受對質或詰問時，亦同，證人保護法第3條、第11條第4項分別定有明文。上揭法條之規定，實乃為保障被告之對質詰問權並兼理證人人身安全所衍生憲法基本權衝突之問題。此與組織犯罪防制條例第12條第2項及檢肅流氓條例第12條第1項，有關證人筆錄之規定，許由法院逕將證人審判外陳述採為證據之情形相較，上開證人保護法之規定，對於被告訴訟權之干預當屬較為輕微且必要。而被告之訴訟基本權之一乃對證人之對質詰問權，使其經由對質與詰問而發見證人證言是否虛偽不實，重在對證人之對質詰問權；而法院因採直接及言詞審理程序，對於證人之調查，能透過對證人作證時之語調、表情及神態等外部情狀，以幫助判斷其證言之真偽，得以形成正確之心證，此為法院採直接及言詞審理之結果。至於被告與證人於對質詰問時，是否須直接面對面直接觀察證人，自得基於憲法第23條之規定，於證言可信性能獲得確保之情況下，予以適當之限制。況證人保護制度既在鼓勵證人勇於檢舉及出庭作證，期能達成刑事訴訟發見真實、懲治犯罪之目的，縱因對證人採取特殊之調查程序，影響法院對於證人直接觀察其作證之外部情狀，係適用證人保護法第11條第4項之必然結果，法院依法調查證據，而為證明力之判斷時，當摒棄其所造成之影響，本於經驗法則及論理法則，定其取捨。（註：99年台上第4189號同旨）

【附錄】95年台上第6130號

　　被害人、告訴人均係被告以外之人，其在偵查、審理中所為被害經過之陳述，仍應居於證人之地位，依法具結，以擔保其供述之信用性與憑信性。倘未行具結，按諸刑事訴訟法第158條之3之規定，不得作為證據。又對質、詰問權，乃憲法第8條第1項、第16條所保障之人民訴訟基本權，亦為發見真實所必要，是刑事訴訟法第97條第2項規定：「對於被告之請求對質，除顯無必要者外，不得拒絕。」第169條規定：「審判長預料證人、鑑定人或共同被告於被告前不能自由陳述者，經聽取檢察官及辯護人之意見後，得於其陳述時，命被告退庭。但陳述完畢後，應再命被告入庭，告以陳述之要旨，並予詰問或對質之機會。」第184條第2項規定：「因發見真實之必要，得命證人與他證人或被告對質，亦得依被告之聲請，命與證人對質。」即本斯旨。故審理事實之法院，對於被告對質、詰問之請求，雖非無自由裁量之權限，但於訴訟制度已由職權主義改為採行改良式當事人進行主義後，特重當事人間法庭活動之互為攻擊、防禦，法院自由裁量空間當受嚴格限制，倘非顯無理由或確於訴訟進行有礙等無必要之情形外，原則當應准許，其若不予准許，又未於判決理由內說明其否准之理由，不僅判決理由未備，且有違背證據法則之違法。

【附錄】96年台上第6682號

對質權，係指二人以上在場，彼此面對面、互為質問之權利。依刑事訴訟法第97條、第184條之規定，可分為被告與被告、證人與證人、證人與被告間之對質；其中證人與被告間互為質問之權利，實與被告詰問權為一體之兩面。

【附錄】97年台上第1508號

現制交互詰問之實踐，多以問答式為主，在由當事人主導之一問一答過程中，已不免流於片斷，對於證人之陳述如有不一或破綻，亦未必即時為質疑或責難，使其再為釐清或說明，以致證人之陳述併存前後齟齬、相互矛盾之情形者，所在多有。證人之陳述如有部分前後不符，或相互間有所歧異時，如何擇其最接近真實事實之陳述，審判長基於訴訟指揮權，自應就有無行補充性訊問之必要為判斷，非謂證人之陳述一有不符或矛盾，即得棄置不問，而認其全部均為不可採信。

【附錄】97年台上第1653號

刑事訴訟法第159條之1第2項所規定之「被告以外之人於偵查中向檢察官所為之陳述，除顯有不可信之情況者外，得為證據」，乃現行法對於傳聞法則之例外所建構之證據容許範圍之一，依其文義及立法意旨，尚無由限縮解釋為檢察官於訊問被告以外之人（含共同被告、共犯、被害人、證人等）之程序，須經給予被告或其辯護人對該被告以外之人行使反對詰問權之機會者，其陳述始有證據能力之可言。所謂顯有不可信之情況，應審酌被告以外之人於陳述時之外在環境及情況，例如陳述時之心理狀況、有無受到外力干擾等，以為判斷之依據。偵查中檢察官訊問證人，旨在蒐集被告之犯罪證據，以確認被告嫌疑之有無及內容，與審判中透過當事人之攻防，經由詰問程序調查證人以認定事實之性質及目的有別。偵查中辯護人僅有在場權及陳述意見權，並無詰問證人之權利，此觀刑事訴訟法第245條第2項前段之規定甚明。又同法第248條第1項係規定檢察官「訊問證人時，如被告在場者，被告得親自詰問」，故祇要被告在場而未經檢察官任意禁止者，即屬已賦予其得詰問證人之機會，被告是否親自詰問，在所不問；同條第2項前段規定「預料證人於審判時不能訊問者，應命被告在場」，就訊問證人時應否命被告在場，則委之於檢察官之判斷。凡此，均尚難謂係檢察官訊問證人之程序必須傳喚被告使其得以在場之規定。故偵查中檢察官訊問證人，雖未經被告親自詰問，或因被告不在場而未給予其詰問之機會者，該證人所為之陳述，並非所謂之「顯有不可信之情況」，而得據以排除其證據能力。

【附錄】97年台上第1754號

詰問權係指訴訟上當事人有在審判庭盤問證人，以求發現真實，辨明供述證據真偽之權利，其於現行刑事訴訟制度之設計，以刑事訴訟法第166條以下規定之交互詰問為實踐，屬於人證調查證據程序之一環；與證據能力係指符合法律所規定之證據適格，而得成為證明犯罪事實存在與否之證據適格，性質上並非相同。偵查中檢察官為蒐集被告犯罪證

據，訊問證人旨在確認被告嫌疑之有無及內容，與審判期日透過當事人之攻防，調查證人以認定事實之性質及目的有別。偵查中訊問證人，法無明文必須傳喚被告使之得以在場；刑事訴訟法第248條第1項前段雖規定「如被告在場者，被告得親自詰問」，事實上亦難期被告於偵查中必有行使詰問權之機會。此項未經被告詰問之被告以外之人於偵查中向檢察官所為之陳述，依刑事訴訟法第159條之1第2項之規定，原則上屬於法律規定為有證據能力之傳聞證據，於例外顯有不可信之情況，始否定其得為證據。是得為證據之被告以外之人於偵查中向檢察官所為之陳述，因其陳述未經被告詰問，應認屬於未經合法調查之證據，並非無證據能力，而禁止證據之使用。此項詰問權之欠缺，非不得於審判中由被告行使以資補正，而完足為經合法調查之證據。

【附錄】98年台上第2524號

然因檢察官訊問證人、鑑定人等被告以外之人時，均能遵守法律規定而不致違法取供，並令具結，可信性極高，為兼顧理論與實務，乃於同法第159條之1第2項明定檢察官於偵查程序取得被告以外之人所為陳述，除顯有不可信之情況者外，均有證據能力。於偵查中未經被告詰問之情形，此項詰問權之欠缺，非不得於審判中由被告行使以資補足。

【附錄】98年台上第2556號

審判中依刑事訴訟法第165條第一項規定合法調查者，即得為證據。此乃關於證據能力之規定，非屬證明力之判斷。惟於審判中，除當事人捨棄詰問者外，證人、鑑定人則應依法到庭具結、踐行交互詰問之程序，法院始得就其在偵查及審判中均具有證據能力之證述，本於合理之心證，以定其取捨。倘當事人未捨棄詰問權，復無刑事訴訟法第196條所規定不得再行傳喚情形，法院固應依法傳喚證人、鑑定人到庭具結、交互詰問，並就其於偵查中所為陳述，依刑事訴訟法第166條之2第1項、第288條之2規定，辯論該證據之證明力，以作為判斷之依據（即證明力之判斷）。但於審判中若證人所在不明，致無法傳喚，參照刑事訴訟法第163條之2「立法理由三」及本院29年上字第2703號判例意旨，應屬該法條第2項第1款所規定之「不能調查者」，從而證人倘經法院依法傳拘無著，致無從行交互詰問者，即非屬應行調查之證據不予調查，其所踐行之訴訟程序，不能指為違法。（註：林鈺雄律師亦認未經證據排除且經合法調查者，方具證據能力。）

【附錄】98年台上第2612號

刑事訴訟法第166條第1項明定交互詰問之程序，依序為「主詰問」、「反詰問」、「覆主詰問」、「覆反詰問」，主詰問旨在提出證據、反詰問旨在質疑、覆主詰問旨在使對於質疑解釋、覆反詰問旨在使對於解釋再質疑，各有其功能性之意義，除非前一順序之詰問人放棄詰問權利（如反詰問人放棄反詰問，則無從進行覆主詰問），法院不得任意終止詰問程序。原審於98年2月17日審判期日踐行交互詰問證人林○勝，由辯護人行主詰問，次由檢察官行反詰問後，原係由辯護人行覆主詰問，乃審判長旋即諭知「交互詰問完畢」，審判筆錄並未記載任何理由，無異剝奪辯護人為被告解釋質疑之機會，於法已有不

合。

【附錄】98年台上第2659號

第一審到庭執行職務之檢察官，於提起公訴後之第一審法院審理期間，既認有傳喚證人林○貞、呂○龍、王○嫄等人，以釐清犯罪事實之必要，卻不依刑事訴訟法相關規定，聲請法院傳喚調查，而於91年9月19日，逕以證明本件待證事實之證人身分，傳喚該三名證人至偵查庭作證，並以其等之陳述，為不利甲○○、乙○○、己○○操縱股票犯行之證據，似有規避上訴人及辯護人行使詰問權之嫌，非但有違現行刑事訴訟法採改良式當事人進行主義之立法本旨，更不當剝奪被告及辯護人之防禦權及辯護權，該三名證人於「審理中」在檢察官面前所為之陳述，與被告以外之人，在起訴前之「偵查中」向檢察官所為之陳述，性質不同，尚難援引刑事訴訟法第159條之1第2項規定認有證據能力。

【附錄】98年台上第4245號

被告於審判中，倘未捨棄對證人之詰問權而請求詰問時，法院仍應依法定程序，傳喚證人到場具結陳述，並接受被告之詰問，再就偵查中及審判中所合法取得，均具有證據能力之證據資料，本於合理之心證以定其取捨，並非謂證人於偵查中已經具結陳述，即得剝奪被告在審判中對證人之詰問權。

【附錄】99年台上第4632號

審判係法院集合當事人及訴訟關係人於法庭，公開進行之訴訟程序，故各該參與審判程序而為訴訟行為之人，均應依誠信原則行使訴訟程序上之權利，並應善盡協力完成訴訟行為之義務，始克盡迅速審判之功。詰問乃調查人證之重要程序，證人屆期是否到場，影響審判程序之順利進行至鉅，刑事訴訟法第176條之2明定：「法院因當事人、代理人、辯護人或輔佐人聲請調查證據，而有傳喚證人之必要者，為聲請之人應促使證人到場」，係以就實務經驗而言，由當事人等聲請傳喚之證人，一般均為有利於該造當事人之友性證人，因此課以為聲請之人負有協力促使證人剋期到場之義務，以利案件之進行，期使迅速審判之目的臻至。法院調查證據之義務，雖不因原聲請之人違反協力促使證人到場而得豁免，惟如有因此導致審判程序延滯之情形，應認屬可歸責於為聲請之人之事由。

【附錄】101年台上第2178號

刑事訴訟法第184條第2項規定，因發見真實之必要，得命證人與他證人對質。法院對於此之「得」命證人與他證人對質，仍應受裁量權一般原則之拘束，非可任意為之或不為，且命證人與他證人對質，係調查證據之程序，如因發見真實之必要，且有調查之可能而未命對質，以致證據之本身對於待證事實尚不足為供證明之資料，而事實審仍採為判決基礎，則其自由判斷之職權行使，自與採證法則有違，併有應於審判期日調查之證據而未予調查之違背法令。

【附錄】102年台上第3388號

　　第二審法院審理時，如遇有證人未曾於第一審審判程序依法接受被告之詰問，而被告亦聲請對該證人行使詰問權，該證人復有傳喚之可能及必要時，自應依法傳喚該證人到庭接受被告之詰問，不得僅以該證人於第一審作證時，該被告（及其辯護人）因不在場而未能對證人行使詰問權，係可歸責於己為由，拒絕傳喚該證人，否則自屬不當剝奪被告對於證人之詰問權。

【附錄】103年台上第4086號

　　刑事被告對證人之詰問權利，乃憲法第16條保障人民之訴訟權利之一，且屬憲法第8條第1項規定之正當法律程序所保障之權利。為確保被告對證人行使反對詰問權，證人於審判中，應依法定程序，到場具結陳述，並就其指述被告不利之事項，接受被告之反對詰問，其陳述始得作為認定被告犯罪事實之判斷依據。例外的情形，僅在被告未行使詰問權之不利益經由法院採取衡平之措施，其防禦權業經程序上獲得充分保障時，始容許援用未經被告詰問之證詞，採為認定被告犯罪事實之證據。而被告之防禦權是否已獲程序保障，亦即有無「詰問權之容許例外」情形，應審查：(1)事實審法院為促成證人到庭接受詰問，是否已盡傳喚、拘提證人到庭之義務（即學理上所謂之義務法則）；(2)未能予被告對為不利指述之證人行使反對詰問權，是否非肇因於可歸責於國家機關之事由所造成，例如證人逃亡或死亡（歸責法則）；(3)被告雖不能行使詰問，惟法院已踐行現行之法定調查程序，給予被告充分辯明之防禦機會，以補償其不利益（防禦法則）；(4)系爭未經對質詰問之不利證詞，不得據以作為認定被告犯罪事實之唯一證據或主要證據，仍應有其他補強證據佐證該不利證述之真實性（佐證法則）。在符合上揭要件時，被告雖未行使對不利證人之詰問權，應認合於「詰問權之容許例外」，法院採用該未經被告詰問之證言，即不得指為違法。

【附錄】104年台上第1139號

　　刑事被告對證人固有對質詰問之權利，乃憲法第16條保障人民之訴訟權利之一，且屬憲法第8條第1項規定之正當法律程序所保障之權利，惟其未行使詰問權倘非可歸責於法院，且法院已盡傳喚、拘提證人到庭之義務，而其未詰問之不利益業經由法院採取衡平之措施，其防禦權業經程序上獲得充分保障時，則容許例外地援用未經被告詰問之證詞，採為認定被告犯罪事實之證據。

【附錄】104年台上第1459號

　　刑事訴訟法為保障被告受公平審判及發現實體真實，對於人證之調查均採言詞及直接審理方式，而對質、詰問權，乃憲法第8條第1項、第16條所保障之人民訴訟基本權，亦為發見真實所必要，是刑事訴訟法第97條第2項規定：「對於被告之請求對質，除顯無必要者外，不得拒絕。」又審判長預料證人於被告前不能自由陳述者，經聽取檢察官及辯護人

之意見後，固得於其陳述時，命被告退庭，進行隔別訊問。但爲保障被告之反對詰問權，於證人陳述完畢後，應再命被告入庭，除應告以證人之陳述要旨外，並應予詰問或對質之機會，此觀同法第169條之規定即明。蓋行隔別訊問後，被告於先前證人陳述時，因非可歸責於自己之事由而失卻在場權，以致無法聽審與聞證人陳述之內容，倘審判長未履踐告以「陳述之要旨」，自無由賦予被告詰問證人或對質之實質上機會可言。審判長此種消極不作爲之證據調查方法，因已不當剝奪被告質問權之行使，而有害其訴訟上之防禦權，不惟訴訟程序違背法令顯然影響判決，如採爲判斷之依據，併有判決適用證據法則不當之違誤。

【附錄】104年台上第1618號

　　刑事被告對證人之詰問權利，乃憲法第16條保障人民之訴訟權利之一，且屬憲法第8條第1項規定之正當法律程序所保障之權利。爲確保被告對證人行使反對詰問權，證人於審判中，應依法定程序，到場具結陳述，並就其指述被告不利之事項，接受被告之詰問。倘法院已依法傳喚拘提證人，然被告猶未能行使詰問權，而非可歸責於法院，且該證人先前所爲不利被告之證詞，法院踐行法定調查程序，給予被告充分辯明之防禦機會，並非以之爲認定被告犯罪事實之唯一證據，若酌採其他補強證據，非不得採爲認定被告犯罪事實之證據。

【附錄】104年台上第2268號

　　若具有得爲輔佐人關係之共同被告，其中一被告聲請就共同被告行使對質詰問權，同時陳明爲該共同被告之輔佐人，因前者，在於保障被告本身之訴訟權，後者則係有關該共同被告之訴訟上權益，尚難認彼此間互相排斥而無法併存

【附錄】104年台上第2479號

　　爲避免被告對質詰問權受不當侵害，刑事訴訟法第159條之3規定，被告以外之人於我國檢察事務官、司法警察官或司法警察調查中所爲之陳述，例外得爲證據之要件，本條不應類推適用在「被告以外之人於外國司法警察人員調查中陳述」之情形。

【附錄】105年台上第145號

　　刑事訴訟法第159條之3如何具有證據能力，乃「證據容許性」之範疇，至證人是否經具結即依法詰問，係屬有無「合法調查」事項，仍應依法判斷之

【附錄】105年台上第347號

　　現行法，並未強行規定檢察官必須待被告在場，始得訊問證人、鑑定人，自不發生在偵查中應行交互詰問之問題。是依上所述，被告以外之人在檢察官偵查中依法具結所爲之陳述，除顯有不可信之情況者外，於審判中經依刑事訴訟法第165條第1項規定合法調查者，即得爲證據。

【附錄】105年台上第529號

　　刑事訴訟法第97條第2項復規定，對於被告之請求對質，除顯無必要者外，不得拒絕。是如待證事實不甚明確，為發現真實及維護被告利益，法院不得拒絕被告對質之請求。惟關於對質進行之方式，法無明文規定，審判長為使對質過程流暢，避免不當之質問內容，在兼顧被告得經由對質與詰問而發見證人證言是否虛偽不實，及法院對於證人之調查，能透過對證人對質作證時之語調、表情及神態等外部情狀，以幫助判斷其證言之真偽，得以形成正確之心證，自得於證言可信性能獲得確保之情況下，對於對質之方式予以適當之限制。

【附錄】107年台上第1405號

　　法院若僅於審判期日向被告提示證人於審判外之陳述，無異剝奪被告之詰問權，妨礙其訴訟防禦權之行使，且有害於實體真實之發現，其所踐行之調查程序，即難謂為適法。審判時，如遇有證人未曾於先前之審判程序接受被告之詰問，而被告亦聲請對該證人行使詰問權，該證人復有傳喚之可能及必要時，自應依法傳喚該證人到場接受被告之詰問，其所踐行之訴訟程序方屬適法。

第十節　證據證明力

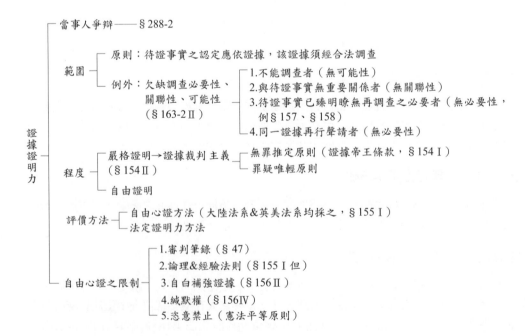

焦點 擔保合理心證主義之配合措施（黃朝義，台灣本土法學第59期，頁192～193；吳巡龍，月旦法學第113期，頁70）

一、事前規範：
- 1.法官迴避制度
- 2.落實公開裁判制度
- 3.強化證據原則（自白補強、證據排除法則）
- 4.鑑定制度（科學合理）

二、事後監督：
- 1.判決理由明示
- 2.上訴程序救濟
- 3.再審程序救濟

三、美國法之心證程度（依高低次序）
(一) 無合理懷疑（有罪判決）。
(二) 明確證據（政府控告人民之民事判決）。
(三) 過半證據（又稱優勢證據，一般民事判決、刑事程序事項之舉證、取證合法性）。
(四) 相當理由（偵查程序、強制處分、臨檢盤查）。
(五) 合理懷疑（偵查程序、強制處分、臨檢盤查）。

【附錄】96年台上第1626號

(一) 證人保護法第2條所列之刑事案件，依該法規定，視其實際需要，給予證人身分保密措施，固仍應依法受對質及詰問，但此類案件多屬重大而社會矚目或具有組織性、隱秘性、暴力性之犯罪特質，法定刑度較重，是採證亦當更為嚴謹，以避免秘密證人恃其身分隱秘之屏障，誣陷他人犯罪，自不能僅憑少數秘密證人之陳述，遽行認定被告犯罪，而須以其他補強證據互為參證，以證明其與事實相符。如檢肅流氓條例第12條第2項規定：「前項檢舉人、被害人或證人之證詞，不得作為裁定感訓處分之唯一依據，仍應調查其他必要之證據，以察其是否與事實相符。」即係本於斯旨所為之立法規範，其理甚明。

(二) 證據證明力之判斷，雖屬事實審法院之職權，然仍應受經驗法則與論理法則所支配，此觀刑事訴訟法第155條第1項規定即明。本諸證據資料愈豐富，愈有助於真實之發現，而書證、物證、勘驗等非供述證據，具有客觀、不變易之特性，供述證據則常受供述者之記憶力、觀察認知角度、自由意志變化、表達能力程度及筆錄記載之簡略等主、客觀不確定因素，影響其真實性，是就認定事實所憑之證據以言，非供述證據之價值判斷，通常高於供述證據。倘經合法調查之供述及非供述證據，均存於訴訟案卷而可考見時，自不能僅重視採納供述證據，卻輕忽或完全疏略非供述證據，否則其證明力判斷之職權行使，即難認合於經驗法則與論理法則。

【附錄】96年台上第7239號

(一) 刑事訴訟法第158條之4之規定，係對於除法律另有規定者外，其他違反法定程序蒐得各類證據之證據能力如何認定，設其總括性之指導原則。其規範目的在於要求實施刑事訴訟程序之公務員，於蒐求證據之初始與過程中，應恪遵程序正義，不得違法侵權。如有違反，於個案審酌之客觀權衡之結果，或將導致證據使用禁止之法效，至於蒐得證據之最後，由執行職務之公務員製作之文書，除刑事訴訟法有定其程式，應依其規定外，依同法第39條之規定，均應記載製作之年、月、日及其所屬機關，由製作人簽名。此屬證據取得後文書製作法定程式之遵守，無關乎刑事訴訟法第158條之4係規定證據取得過程（程序）適法性之認定。公務員製作之文書未經製作人簽名，除本法有特別規定（如第46條）外，是否無效或係不合法律上之程式而得命補正，抑屬證據證明力之問題，由法院就文書之性質（意思文書或報告文書），視各個情形自由判斷。

(二) 交互詰問制度設計之主要目的，在於使刑事被告得以盤詰、辯明證人現在與先前所為供述證言之真偽，以期發見實體真實。就實質證據價值面之判斷而言，既無所謂「案重初供」原則，當亦無所謂其證據價值即當然比審判外未經交互詰問之陳述為高之可言。良以證人所為之供述證言，係由證人陳述其所親身經歷事實之內容，而證人均係於體驗事實後之一段期間，方於警詢或檢察官偵訊時為陳述，更於其後之一段期間，始於審判中接受檢、辯或被告之詰問，受限於人之記憶能力及言語表達能力有限，本難期證人於警詢或檢察官偵訊時，能鉅細無遺完全供述呈現其所經歷之事實內容，更無從期待其於法院審理時，能一字不漏完全轉述先前所證述之內容。因此，詰問規則方容許遇有「關於證人記憶不清之事項，為喚起其記憶所必要者」、「證人為與先前不符之陳述時，其先前之陳述」之情形時，即使為主詰問方可實施誘導詰問（刑事訴訟法第166條之2第3項第3款、第6款參照），以喚起證人之記憶，並為精確之言語表達。從而，經交互詰問後，於綜核證人歷次陳述之內容時（包括檢察官偵訊時之陳述、法院審理時之陳述，以及於容許警詢陳述做為證據時之警詢內容），自應著重於證人對於待證事實主要內容之先後陳述有無重大歧異，藉此以判斷其證言之證明力高低，不得僅因證人所供述之部分內容不確定，或於交互詰問過程中，就同一問題之回答有先後更正或不一致之處；或證人先前證述之內容，與其於交互詰問時所證述之內容未完全一致，即全盤否認證人證言之真實性，故證人之供述證言，前後雖稍有參差或互相矛盾，事實審法院非不可本於經驗法則，斟酌其他情形，作合理之比較，定其取捨。

【附錄】100年台上第3332號

具結固係法律為擔保證人陳述具真實性之程序上規定；惟就證據價值之判斷而言，並無所謂經具結之陳述其證據價值即當然比未經具結者為高之定則。否則證人之警詢陳述將因我國刑事訴訟法無具結之規定，其證據之證明力將永遠低於偵、審中經具結之證述。我

國刑事訴訟法既採自由心證主義，關於人證之供述，法院自可斟酌一切情形以爲取捨，不能僅以供述時是否經具結作爲判定證明力強弱之標準。

【附錄】104年台上第2534號

　　證人之證言縱令前後未盡相符，但法院本於審理所得心證，就其證言一部分認爲確實可信予以採取，亦非法所不許。

第十三章　通常救濟程序

第一節　上訴權與上訴權之喪失

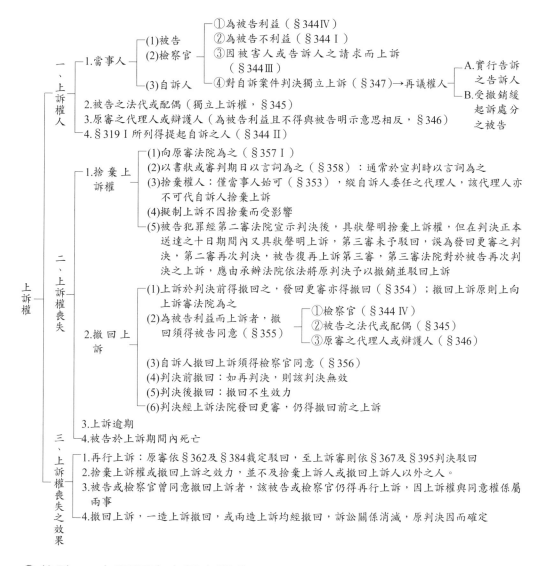

一、上訴權人
1. 當事人
(1) 被告
(2) 檢察官 ── ① 為被告利益（§344 IV）
② 為被告不利益（§344 I）
③ 因被害人或告訴人之請求而上訴（§344 III）
(3) 自訴人 ── ④ 對自訴案件判決獨立上訴（§347）→再議權人 ── A. 實行告訴之告訴人 B. 受撤銷緩起訴處分之被告
2. 被告之法代或配偶（獨立上訴權，§345）
3. 原審之代理人或辯護人（為被告利益且不得與被告明示意思相反，§346）
4. §319 I 所列得提起自訴之人（§344 II）

二、上訴權喪失
1. 捨棄上訴權
(1) 向原審法院為之（§357 I）
(2) 以書狀或審判期日以言詞為之（§358）：通常於宣判時以言詞為之
(3) 捨棄權人：僅當事人始可（§353），縱自訴人委任之代理人，該代理人亦不可代自訴人捨棄上訴
(4) 擬制上訴不因捨棄而受影響
(5) 被告犯罪經第二審法院宣示判決後，具狀聲明捨棄上訴權，但在判決正本送達之十日期間內又具狀聲明上訴，第三審未予駁回，誤為發回更審之判決，第二審再次判決，被告復再上訴第三審，第三審法院對於被告再次判決之上訴，應由承辦法院依法將原判決予以撤銷並駁回上訴
2. 撤回上訴
(1) 上訴於判決前得撤回之，發回更審亦得撤回（§354）；撤回上訴原則上向上訴審法院為之
(2) 為被告利益而上訴者，撤回須得被告同意（§355） ── ① 檢察官（§344 IV）② 被告之法代或配偶（§345）③ 原審之代理人或辯護人（§346）
(3) 自訴人撤回上訴須得檢察官同意（§356）
(4) 判決前撤回：如再判決，則該判決無效
(5) 判決後撤回：撤回不生效力
(6) 判決經上訴法院發回更審，仍得撤回前之上訴
3. 上訴逾期
4. 被告於上訴期間內死亡

三、上訴權喪失之效果
1. 再行上訴：原審依§362及§384裁定駁回，至上訴審則依§367及§395判決駁回
2. 捨棄上訴權或撤回上訴之效力，並不及捨棄上訴人或撤回上訴以外之人。
3. 被告或檢察官曾同意撤回上訴者，該被告或檢察官仍得再行上訴，因上訴權與同意權係屬兩事
4. 撤回上訴，一造上訴撤回，或兩造上訴均經撤回，訴訟關係消滅，原判決因而確定

🔍 焦點1　上訴程序之基本觀念

憲法第16條之訴訟權，除保障被告於刑事訴訟程序中之防禦權外，尚包括當事人得尋

求不同審級法院之救濟，我國刑事訴訟法本此乃設置有三個審級之救濟途徑，其中適用通常審判程序與簡式程序案件，除本法第376條所列案件（上訴至第二審）外，均得上訴至第三審，至簡易程序與協商程序則得上訴至第二審。

就上訴審之訴訟構造而言，可區分為覆審制、續審制與事後審查制，所謂覆審制乃由上訴法院對案件完全重複審理事實及證據，包括事實面、法律面與量刑面，故上訴人無須具體指摘原審判決有何錯誤，其性質為事實審兼法律審，原則上係自為判決。所謂續審制乃業經原審調查之證據，上訴審法院無庸再行調查，亦即原審訴訟行為於上訴審仍屬有效，其係回復至前審言詞辯論終結前之狀態，就原審判決後新發生或新發現之證據為審理，性質亦為事實審兼法律審，故原則上自為判決。所謂事後審查制乃上訴審法院僅就上訴人於上訴理由所指摘原判決違誤之處予以審理，故上訴人須具體陳述上訴理由，不得另提新事實與新證據，性質為法律審，原則上不自為判決。

現行法之第二審係採覆審制，第三審則採事後審查制，惟司法院所提之修正草案，擬將第二審改採兼具事實與法律之事後審查制與續審制，以為統一法律見解與事實錯誤之救濟，第三審則負責為憲法與法律之事後審查。

🔎 焦點2　上訴之程式

一、刑事訴訟法規定

(一) 提起上訴，應以上訴書狀提出於原審法院為之。

(二) 上訴書狀應按他造當事人之人數，提出繕本（§350）。

(三) 在監獄或看守所之被告，於上訴期間內向監所長官提出上訴書狀者，視為上訴期間內之上訴。

(四) 被告不能自作上訴書狀者，監所公務員應為之代作。

(五) 監所長官接受上訴書狀後，應附記接受之年、月、日、時，送交原審法院。

(六) 被告之上訴書狀，未經監所長官提出者，原審法院之書記官於接到上訴書狀後，應即通知監所長官（§351）。

(七) 原審法院書記官，應速將上訴書狀之繕本，送達於他造當事人（§352）。

二、其他情形

(一) 如未提出書狀，僅審判當庭口頭表示欲上訴：應駁回上訴（20上589、25上210）。

(二) 檢察官以當事人之資格提起上訴時，應在法定期間提起上訴書狀，始為合法，否則即係違背法律上之程式（28上2233）。

(三) 書面主義，且應敘述上訴理由（§361、§382）。

(四) 判決宣示後始得提起（非判決書送達後）。

(五) 不採附帶上訴制度（22上1433）。

三、刑事妥速審判法對檢察官上訴權之限制（不對稱上訴）

案件繫屬法院六年且更三審以上之案件，如有下列情形者，禁止檢察官上訴（§

8）：

(一) 第一審判決無罪&最後一次判決無罪（包括更三審）。

(二) 第一審判決有罪&第二審曾判決無罪二次&最後一次判決無罪（包括更三審）。

【附錄】釋字第306號

本院院解第3027號解釋及最高法院53年台上第2617號判例，謂刑事被告之原審辯護人爲被告之利益提起上訴，應以被告名義行之，在此範圍內，與憲法保障人民訴訟權之意旨，尚無牴觸。但上開判例已指明此係程式問題，如原審辯護人已爲被告之利益提起上訴，而僅未於上訴書狀內表明以被告名義上訴字樣者，其情形既非不可補正，自應依法先定期間命爲補正，如未先命補正，即認其上訴爲不合法者，應予依法救濟。最高法院與上述判例相關聯之69年台非第20號判例，認該項程式欠缺之情形爲無可補正，與前述意旨不符，應不予援用。

【附錄】53年台上第2617號

刑事被告之原審辯護人雖得爲被告利益提起上訴，但既非獨立上訴，其上訴應以被告名義行之，若以自己名義提起上訴，即屬違背法律上之程式。

【附錄】64年第3次刑庭決議

院長交議：被告係限制行爲能力人。第一審判決後，被告並未上訴，惟被告之父，以法定代理人之資格爲被告之利益獨立上訴，不久被告之父死亡，第二審法院無從命被告之父陳述上訴要旨，審判期日僅通知檢察官並傳喚被告到庭審理，第二審檢察官以審判期日未經上訴人陳述上訴述要旨，指摘第二審判決違法，提起第三審上訴者，其上訴有無理由？

決議：被告法定代理人之獨立上訴權是否存在，應以上訴時爲準。其法定代理人合法上訴後，縱令死亡，並不影響其上訴之效力，第二審法院仍應予以裁判。又被告之父爲被告之利益獨立上訴後死亡，刑事訴訟法並無得由其他法定代理人承受訴訟之規定。而同法第345條之獨立上訴權，係以被告之法定代理人或配偶之名義行之，與同法第346條所定原審代理人或辯護人之上訴，係以被告名義行之者迴異。故不得命被告之母或監護人承受訴訟，亦不能視被告爲上訴人。況審判期日被告如已到庭，僅獨立上訴人未到庭者，實務上既不待上訴人陳述上訴要旨，得依法判決。獨立上訴人死亡時，更無法命其陳述上訴之要旨，自得依法判決（同戊說）。

【附錄】94年台上第7173號

被告之配偶依法固得爲被告之利益獨立上訴，但此項獨立上訴權之行使，必以被告之生存爲其前提，若被告業已死亡，則訴訟主體已不存在，被告之配偶即無獨立上訴之餘地。

【附錄】100年台抗第316號

上訴期間為法定不變期間，檢察官收受判決書送達之日期，影響訴訟當事人之權益，並關係案件之是否確定。因之，承辦檢察官對判決書之送達，除有正當理由不能收受外，應即為收受送達，否則無異將案件之確定與否，及訴訟當事人之權益，繫於承辦檢察官對於判決書收受與否之恣意，不僅違背上訴期間為法定不變期間之立法精神，亦為權利正當行使之逾越。從而如判決書之送達當日，已得在辦公處所會晤承辦檢察官，並已交付應送達之判決書，或客觀上已置於可收受送達之狀態（如放置於承辦檢察官辦公桌上，而為承辦檢察官所知且未拒絕），雖承辦檢察官未能立即「簽收」表示已收受送達，但並無正當之理由，足認其不能於同日或其後為「簽收」，揆之上開理由，應認承辦檢察官客觀上於該日已可收受該應受送達之判決書，進而認該交付判決書之當日，即為合法送達之日期。

【附錄】103年台抗第359號

辯護人在刑事訴訟法並無對之應行送達判決之明文，因之法院對於辯護人為判決送達時，僅為一種便利行為，不生法律上起算上訴期間之效力，辯護人如依刑事訴訟法第346條規定提起上訴，其上訴期間之計算，仍應自被告收受判決之日為標準。

【附錄】103年台抗第731號

辯護人並無獨立上訴權，其為被告利益上訴之上訴權係代理權性質，仍須依附於被告本人之上訴權而存在，是其上訴期間（含扣除在途期間）之計算，自應以被告收受判決之日為準；若被告之上訴權已喪失，辯護人即不得再行上訴（併參照司法院院解字第3027號解釋及本院30年上字第2702號判例要旨）。

🔍 焦點3　上訴利益或不利益被告之判斷標準（陳樸生，刑事訴訟法實務，頁506～508；黃東熊，刑事訴訟法，頁601以下）

一、陳樸生

「原審判決是否於被告不利，應從客觀標準定之，並非主觀問題，且以法律為準，並非事實問題，並以主文為準，亦不以科刑判決為限」是故：

(一) 有罪求為無罪 ┐
(二) 免刑求為無罪 ┘─固勿論
(三) 管轄錯誤求為不受理 ┐
(四) 不受理求為免訴 ├─仍屬對被告有利（陳樸生、林俊益、何賴傑）
(五) 免訴求為無罪 ┘

二、黃東熊

被告非追訴人，並不具有實體判決請求權，即使原判決誤為免訴、不受理或管轄錯誤之諭知時，理亦應無請求為實體判決而上訴之權。

三、實務見解

被告對免訴判決無上訴利益。因為：

(一) 被告並無請求確認其刑罰權存否之權利。

(二) 法院為免訴或不受理之程序判決，被告並無客觀之法律上不利益（87台上651、103台非421）。

【附錄】87年台上第651號

刑事訴訟之目的，在實現國家刑罰權，端由檢察官之起訴，而經法院確認其存否及其範圍，法為保障人權，雖賦予被告適當之防禦權，但被告尚無請求確認其刑罰權存否之權利，此與民事訴訟之被告得請求消極確認之訴尚有不同。故起訴權如已消滅，國家刑罰權已不存在，縱判決無罪之蓋然性甚高，被告亦不得請求為實體上之判決。此觀如遇大赦，法院縱認被告之犯罪不足證明，仍不得為無罪之諭知尤明，況被告之上訴，其利益或不利益，應就一般客觀情形觀之，並非以被告之主觀利益為準。按第三審為法律審，旨在審查、糾正下級法院之裁判有無違背法令，藉以統一法令之解釋及適用，對刑事被告之具體救濟，乃副次之結果。法院為程序判決（免訴、不受理），案件即回復未起訴前之狀態，被告雖不無曾受起訴之社會不利評價，但並無客觀之法律上不利益。本院20年上第1241號判例亦謂：被告之上訴，以受有不利益之裁判，為求自己利益起見，有求救濟者，方得為之，若原判決並未論罪科刑，即無不利益之可言，自不得上訴。從而被告對原判決之免訴判決部分上訴，主張應受無罪之判決云云，依上說明，亦難認有客觀上之上訴利益，而得謂為適法。

【附錄】103年台非第421號

被告於原審判決前業已死亡，依法應諭知不受理判決，乃原確定判決維持第一審之無罪判決，駁回檢察官之第二審上訴，難謂無判決適用法則不當之違法。案經確定，非常上訴意旨執以指摘，固非無見。然衡酌原判決之結果尚非不利於被告，且被告死亡者，應諭知不受理之判決，法律已有明確規定，向無疑義，係因疏失致未遵守，對於法律見解並無原則上之重要性或爭議，自難謂與統一適用法令有關，殊無提起非常上訴之必要性。

【附錄】104年台非第261號

非常上訴，乃對於審判違背法令之確定判決所設之非常救濟程序，並以統一法令之適用為主要目的。除與統一適用法令有關；或該判決不利於被告，非予救濟，不足以保障人權者外，倘原判決上非不利於被告，且不涉及統一適用法令，及無提起非常上訴之必要性

【附錄】106年第9次刑庭決議

受監護處分者之行動既受監視，自難純以治療係為使其回復精神常態及基於防衛公共安全之角度，而忽視人身自由保障之立場，否定監護係對其不利之處分。無罪判決，已同時諭知對被告不利之監護處分，而與僅單純宣告被告無罪之判決不同，自應認被告具有上

訴利益，不得逕以其無上訴利益而予駁回。

🔍 焦點4　上訴之效力

一、停止效力
(一) 停止判決確定之效力。
(二) 停止執行之效力。

二、繫屬時點
　　非一提起上訴即發生（移審效力），須案件之原審法院將該案卷宗證物送交上級審法院時，始生移審之效果（§363、§385）。

🔍 焦點5　捨棄上訴權與撤回上訴之比較（陳樸生，刑事訴訟法實務，頁490～495）

一、涵義 ┬ 捨棄──當事人於原審判決後之法定上訴期間屆滿前，表明放棄上訴權
　　　　 └ 撤回──上訴人於提起上訴後，上訴審法院判決前，表明撤回上訴

二、期間 ┬ 捨棄──原審宣示判決後迄至上訴期間屆滿或提起上訴前
　　　　 └ 撤回──提起上訴後迄至上訴審判決前

三、程式 ┬ 捨棄──書狀或宣判時以言詞向原審法院為之
　　　　 └ 撤回──書狀或審判期日以言詞向原審或上訴法院為之（視卷證在何審法院）

四、主體 ┬ 捨棄──當事人
　　　　 └ 撤回──上訴人

（註：職權上訴案件不受捨棄上訴權與撤回上訴之影響）

🔍 焦點6　撤回上訴之相關注意事項

一、被告之配偶依第345條其上訴權為獨立上訴權，係以自己名義上訴，被告既非上訴人，自不得撤回上訴。
二、原審之辯護律師依第346條係代理被告以被告名義上訴，被告既係上訴人，自有權撤回上訴。
三、依第356條雖指檢察官有同意自訴人撤回上訴之權，但上訴權與同意權係屬兩事，其上訴權並未因而喪失。但有學者採相反見解認為同意撤回上訴與撤回上訴之意思表示具有等價，故檢察官既同意自訴人撤回上訴，其上訴權便因而喪失。
四、依最高法院62年7月24日決議見解，一部撤回上訴，視為未撤回。因撤回部分不失為未撤回部分之有關係之部分，依第348條第2項法院仍得全部加以審判。

【附錄】102年台非第403號

　　撤回上訴係就已上訴於上級審之案件，使之向將來不發生上訴之效力，與訴訟程序之發展（上訴權是否喪失）相關，係屬程序形成之訴訟行為，故撤回之人應具有得有效實施訴訟行為之能力，其撤回始生效力，而能否有效實施訴訟行為，以能辨別訴訟法上之重要利害關係，於知悉自己權利下，得依其辨別而獨立為完全意思表示為斷。智能障礙被告如不能為完全陳述者，其辨別訴訟法上重要利害關係之能力本有欠缺，於刑事訴訟程序中常有易受誘導、畏懼或服從權威、習慣默許傾向之精神特質，故其撤回上訴之能力，應獲完足之補充，始生撤回之效力。……上訴之撤回於判決前均得為之，不能完全陳述之智能障礙被告，倘未獲辯護人協助下，在程序進行中許其獨自為撤回之表示，訴訟權益之保護難謂周延，且與上揭立法意旨相悖。因此，此類案件於繫屬法院後，基於延續偵查中保障智能障礙被告之立法意旨，解釋上，法院於判決前所進行之一切訴訟行為，即屬「審判」程序之一部分，不論對在押被告所進行之訊問、準備或審理程序，均有強制辯護規定之適用，如有違反，所為撤回上訴之表示，應認不生撤回之效力。如裁定僅係法院因程序事項所為之裁判，因不具實質之確定力，即不得為非常上訴之客體。

🔍 焦點7　職權逕送上訴之相關注意事項（陳樸生，刑事訴訟法實務，頁475、490～495）

一、刑事訴訟法第354條規定，得於判決前撤回上訴。第395條後段規定，於第三審法院未判決前，仍未提出上訴理由書者，第三審法院應以判決駁回之。關於依職權逕送上級法院審判之案件，被告撤回上訴是否有效？及逾期不補提上訴理由書，第三審法院可否依第395條後段規定以判決駁回之？學者間有爭論。通說認為應排除第354條及第395條後段之適用，因為依職權逕送上訴之案件，目的在尊重人權、保護被告之利益，實乃上訴之特別規定，若准許撤回上訴或逾期不補提上訴理由書，第三審法院即得以判決駁回之，則必減弱第344條第4項、第5項之效力，與尊重人權、保護被告利益之立法本旨有違。

二、又此種判決不待上訴即應依職權逕送上級法院審判並視為被告已提起上訴，故雖經被告再提起上訴，應認原審法院毋庸審查被告所提之上訴是否合法，並無認定其上訴為不合法而以裁定駁回其上訴之權限，仍應依職權將案卷逕送上級法院審判。

三、第344條第5項規定視為被告已提起上訴者，乃指視為被告已有合法之上訴而言，故原審應不待上訴逕送上級法院審判，被告原不必提起上訴，即已生合法上訴之效力，是以被告所提起之上訴雖不合法，亦毋庸另行諭知駁回其上訴之判決，以免造成對同一上訴人之上訴，一方面視為合法上訴，一方面又認為上訴不合法之矛盾結果。

【附錄】103年台上第654號

　　宣告死刑或無期徒刑之案件，原審法院應不待上訴依職權逕送該管上級法院審判，並

通知當事人；此種情形，視為被告已提起上訴。刑事訴訟法第344條第5項、第6項分別定有明文。此乃因死刑係剝奪人之生命法益，為生命刑，無期徒刑雖為自由刑，然終身剝奪自由，其社會隔絕作用與死刑無殊，故原審法院應不待被告上訴依職權逕送上訴，以尊重人權，保護被告。本條項之適用，既以宣告之本刑為準，故宣告死刑或無期徒刑之案件，縱因減刑之原因而將所宣告之刑減為有期徒刑，仍應按規定不待上訴依職權逕送該上級法院審判。此為本院一致之見解（103年度第4次刑事庭會議決議參照）。

【衍生實例】

刑事訴訟法第359條規定：「捨棄上訴權或撤回上訴者，喪失其上訴權。」而第344條第4項規定（註：現行法§344Ⅴ）：「宣告死刑或無期徒刑之案件，原審法院應不待上訴依職權逕送該管上級法院審判，並通知當事人。」問：甲故意開車撞死乙，因而被依殺人罪名，判處無期徒刑，若甲向原審法院以書狀表示捨棄上訴權，是否仍得於上訴期間內，依法提起上訴？若甲並未提起上訴，是否得於判決前撤回上訴？（97司法事務官）

考點提示：

　　按本法第344條第4項（註：現行法§344Ⅴ）之職權上訴制度係為被告利益而存在，故不許被告捨棄該上訴權，倘被告撤回上訴亦不生效力。

🔍 焦點8　上訴程序之其他要點

一、應釐清同為不合法上訴，何以原審法院係裁定駁回而上級法院卻係判決駁回之法理。
二、若上訴無理由，但原判決不當或違法時，亦應撤銷原判決（§369Ⅰ）。
三、對檢察官為裁判書送達，應以客觀上檢察官得收受之送達當日為合法送達日，而非以檢察官於送達證書上所蓋戳章日期為據，上訴期間自應依前述標準認定之（92台上5013、92台上6826）。

🔍 焦點9　告訴人請求上訴之修正

一、刑事訴訟法第344條規定

　　當事人對於下級法院之判決有不服者，得上訴於上級法院。

　　自訴人於辯論終結後喪失行為能力或死亡者，得由第319條第1項所列得為提起自訴之人上訴。

　　告訴人或被害人對於下級法院之判決有不服者，亦得具備理由，請求檢察官上訴。檢察官為被告之利益，亦得上訴。

　　宣告死刑或無期徒刑之案件，原審法院應不待上訴依職權逕送該管上級法院審判，並通知當事人。

　　前項情形，視為被告已提起上訴。

二、立法理由

原第1項後段改列爲第2項。現行第2項移列爲第3項，並考量檢察官對於告訴人或被害人所爲提起上訴之請求，本有裁量之權，不受請求之拘束（最高法院25年上字第2377號判例參照）。現行法第2項所定：「除顯無理由者外，檢察官不得拒絕」，未盡適合且易滋誤解，爰予刪除。

第二節　第二審上訴之審理

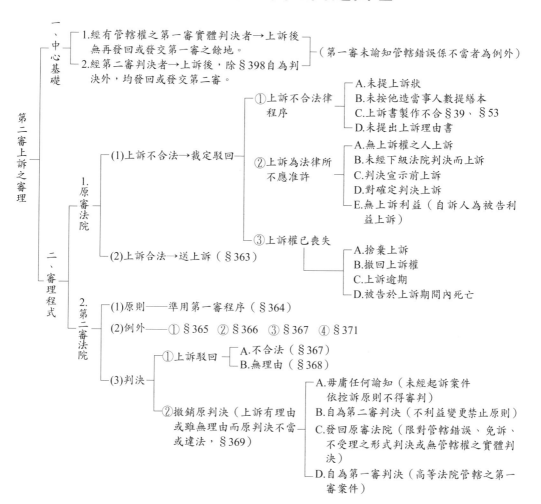

```
                    ┌1. 對原有罪判 ── 以「事實充分」┌(1) 內涵：重新檢視、審查、評估原審所有證據
                    │   決之審查      標準爲審查    │(2) 有如下情形則撤銷原審有罪判決：①有罪的證據明顯薄
  上訴審法           │                             │    弱，無法支持被告有罪至確信無疑的程度；②雖有相當
  院之審查 ─────────┤                             └    證據得支持有罪判決，但對被告有利的證據也充分至使
  標準               │                                  一般人不能產生被告有罪心證至確信無疑的程度
                    │                ┌(1) 內涵：毋須重新評估原審全部證據，僅專注於有利被
                    └2. 對原無罪判 ──│    告之證據，審查其是否足以形成有罪之合理懷
                        決之審查      以「法律充分」    疑，若是，即應維持無罪判決。以有無「合理
                                      標準爲審查        懷疑」爲審查重心
                                     └(2) 有如下情形方得撤銷原審無罪判決：通常一般人皆不致
                                          懷疑（確信）被告有罪之程度
```

（王兆鵬，刑事救濟程序之新思維，頁73～75）

🔍 焦點1　不利益變更禁止原則

一、涵義

　　由被告上訴或爲被告之利益而上訴者，除因原審判決適用法條不當而撤銷原審判決者外，第二審法院不得諭知較重於原審判決之刑（§370）。此包含執行刑在內（最高法院67年刑庭決議）。

二、立法目的

　　憲法第16條之訴訟權包含刑事被告之訴訟救濟權，爲使被告此項憲法基本權得受充分保障，而不畏懼上訴後之較原審更不利益結果，乃於刑事訴訟法規定不利益變更禁止原則予以落實。

三、要件

(一) 由被告上訴或爲被告之利益而上訴且上訴有理由。

(二) 檢察官未爲被告不利益上訴或自訴人未合法上訴。

(三) 非因適用法條不當而撤銷原審判決。惟若原適用不當之法條係較重之罪，則仍有不利益變更禁止之適用。

四、適用審級（林鈺雄，刑事訴訟法（下），頁287～288；黃東雄，刑事訴訴法，頁600；李榮耕，台灣本土法學第253期，頁193以下）

(一) 第二審：適用（§370）。

(二) 第三審：依現行刑事訴訟法雖無明文規定，惟基於保障被告憲法訴訟權之意旨，應有相關適用，何況於第三審確定判決聲請再審時，依第439條亦有此原則之適用，故宜類推於第三審程序。

(三) 更審：在案件有更審判決情形時，因更審前判決已經撤銷而不存在，故解釋上，更審後之判決不得諭知較重於「原審（第一審）」之判決。

(四) 再審：爲受判決人利益之再審適用（§439）。

(五) 非常上訴：適用，若非常上訴判決於被告不利益者則不生效力（§447）。

五、輕重判斷標準

(一) 主刑與從刑均屬之。

(二) 易刑處分（如易科罰金）折算標準不同，屬之。（學者採肯定見解，95年第19次刑庭決議亦同）。

(三) 保安處分宣告與否，有不同見解，有認為拘束人身自由之保安處分屬之（88台上2201、94台上1834），有學者主張所有保安處分均屬之。

(四) 撤銷緩刑宣告屬之。

(五) 主刑減輕但從刑增加或加重，實務認無不利益。

(六) 非法律加重事由之量刑事實認定之變更，學說認有第370條適用，實務亦多肯定（94台上2275、99台上5413、99台上5295、102台非422）。

(七) 早期實務認為執行刑不適用（67年第1次刑庭決議），近年有認同適用者（97台上3296）。新修正之第370條第2項明定兼含宣告刑與執行刑。定應執行之裁定，具有與科刑判決同一之效力，倘有違背法令而於被告不利，應許提起非常上訴，以資救濟；又依刑事訴訟法規定，第二審上訴案件之定應執行刑，有不利益變更禁止原則之適用，而分屬不同案件之數罪併罰，倘一裁判宣告數罪之刑，曾經定其執行刑，再與其他裁判宣告之刑定其執行刑時，在法理上亦應同受此原則之拘束，故另定之執行刑，其裁量所定之刑期，若較重於前定之執行刑加計後裁判宣告之刑之總和，即屬違背法令。（105台非223）

(八) 依判決主文判斷對被告利益之次序：無罪、免訴、不受理、管轄錯誤、有罪免刑、有罪科刑併宣告緩刑、有罪科刑未宣告緩刑。基於無利益即無上訴之原則，被告對無罪判決本不得上訴，然無罪判決之原因包括不能證明犯罪（基於證據與事實認定）&行為不罰（阻卻違法或罪責事由），若法院係基於行為不罰（如無責任能力）為無罪判決合併宣告監護處分，被告得否主張犯罪不能證明而提起上訴？實務見解採肯定說，被告對無罪判決與監護處分（不能分離）均得上訴；但最高法院院長持不同觀點，認為如此恐導致無罪判決於上訴審有被改判有罪之風險，故主張分別觀察，亦即被告就無罪判決無上訴利益，對於監護處分有上訴利益，再依監護處分之上訴是否合法，決定無罪判決與監護部分有無本法第348條第2項之不可分性。（106第9次刑庭決議；吳燦，月旦法學教室第183期，頁28以下）

六、學者評析（黃朝義，刑事訴訟法，頁637以下）

從我國現行第二審為覆審制的角度言之，第二審並不受第一審所認定的事實與法律見解所拘束，被告一旦上訴必須再受追訴審判的風險，不利益變更禁止原則應從此處理解。倘依此理解，被告所在乎者為科刑之量定，即便是第二審的事實重新認定，或對於法律概念的不同解釋，不利益變更禁止所禁止的情形係禁止對被告不利的刑之科處。

倘不利益變更禁止原則解讀為對被告重複追訴的風險禁止，在解讀刑事訴訟法第370條時，應認為禁止第二審法院重新認定與第一審相反之事實，進而依此事實判處被告更重

之刑。此部分應保障被告，倘僅為被告利益上訴，第一審所認定之事實與刑度應為被告所信賴，即便第二審法院重新認定事實，刑度絕對不可變更。

🔍 焦點2　犯罪情節（罪名）變更與不利益變更禁止原則（李榮耕，台灣本土法學第253期，頁192以下）

一、最高法院102年台非第422號裁定

(一) 被告劉○露及劉○源等人未取得行政院金管會證期局核發的許可證照，便設立期貨及證券業地下交易盤口，接受客戶下單交易台灣股市股票或期貨。被告事實上並未將客戶之買賣下單至合法市場，而是以買空賣空的方式經營。一審法院認定被告違反期貨交易法第56條第1頁，犯同法第112條第3款非法經營期貨交易業務罪，以及刑法第268條意圖營利供給賭博場所聚眾賭博罪。依刑法第55條想像競合犯，從一重依期貨交易法第112條第3款的非法經營期貨交易業務罪論處，分別判處劉○露有期徒刑八個月，劉○源有期徒刑六個月。被告不服，向高等法院台中分院提起上訴。

(二) 二審法院審理後認為，依檢察官所提出之證據，足認被告成立賭博罪，但未能認定經營交易買賣台股指數期貨，故改論輕罪之賭博罪，分別處劉○露有期徒刑十個月，劉○源有期徒刑九個月，重罪之部分不另為無罪之諭知。二審判決確定後，檢察總長認本案件有判決違背法令之處，向最高法院提起非常上訴。

(三) 最高法院認為，法院對有罪的被告科刑時，依刑法第57條明定，科刑時應審酌一切情狀，尤應注意該條所列的十款事項，以為科刑輕重的標準，此為罪刑相當原則之要求。此一原則在刑事訴訟法第370條所定不利益變更禁止情形，亦有其適用。因此，當第一審認定被告所犯有想像競合犯之關係而從一重處斷，被告上訴，第二審法院認重罪部分不成立時，雖然第一審法院判決適用法條不當而受撤銷，除非第一審法院量刑過輕，否則若第二審法院量處較重之刑但未說明理由，即會有不利益變更禁止原則之違反。

二、學者評析

實務認定當第二審法院所認定的犯罪事實（情節）輕於原審判決時，依刑訴法第370條第1項，原則上亦不得與原審判決相同的刑度。最高法院曾判定，是否論處較原審判決更不利益之刑，必須要「整體綜合觀察對應比較」，只要是使得被告受有較大損害者，就是實質上的不利益。由於刑法第57條明定，科刑時必須要審酌一切情狀，而該條於刑訴法第370條第1項亦有其適用，故被告利益上訴時，若第二審法院所認定犯罪情節較第一審為輕，但卻維持第一審的宣告刑，實際上無異於諭知更重於第一審判決的刑度，當然違背不利益變更禁止原則。最高法院99年台上第5295、5413號判決皆採相同判決。

【附錄】80年台上第4070號

宣告死刑或無期徒刑之案件，原審法院應不待上訴依職權逕送該管上級法院審判，為

刑事訴訟法第344條第4項所明定（註：現行法§344Ⅴ），故宣告死刑或無期徒刑之案件，縱因減刑之原因而將所宣告之刑減爲有期徒刑，仍應按該規定不待上訴依職權逕送該管上級法院審判。

刑事訴訟法第344條第4項（註：現行法§344Ⅴ）依職權逕送上級法院審判之規定，旨在尊重人權，保護被告之利益，故未經被告上訴而依職權逕送上級法院審判之案件，第二審法院如因第一審判決適用法條不當而予以撤銷改判，於科刑時應體察保護被告利益之立法精神，慎爲審酌。第一審就被告殺害楊柏峰部分判處死刑，褫奪公權終身，減爲無期徒刑，褫奪公權終身，原審認適用法則不當，撤銷改判，仍處死刑，褫奪公權終身，固與刑事訴訟法第370條之規定無違，但本件第一審判決後，被告既已甘服，並未上訴，檢察官亦未上訴，而係第一審法院依職權逕送原審審判（見原審79年度上重訴字第62卷第1項），原審竟爲被告不利之判決，揆諸前述說明，似有違該項保護被告利益而設之立法不旨。

【附錄】88年台上第7216號

刑事訴訟法第370條前段規定：「由被告上訴或爲被告之利益而上訴者，第二審法院不得諭知較重於原審判決之刑。」其所謂原審判決係指第一審判決而言，並不包括經最高法院發回更審案件之第二審法院前次判決在內。（註：103年台上第458號同旨）

【附錄】97年台上第3152號

刑之量定與犯罪行爲次數之多寡有關，故第二審法院所認定犯罪之次數，倘較第一審法院所認定者爲多，且第一審判決關於論罪方式所適用之法條不當者，例如第一審認定僅有一行爲而論以單純一罪，但第二審認定有反覆實行之複數行爲，而論以集合犯者，依照刑事訴訟法第370條但書規定，第二審固得諭知較重於第一審判決之刑。反之，倘第一審認定爲集合犯，但第二審認定僅有一行爲而論以單純一罪者，於被告上訴或爲被告之利益而上訴之場合，基於相同法理，即不得諭知較重於第一審判決之刑。

【附錄】101年台上第2904號

第二審法院因第一審判決諭知不受理係不當而撤銷之者，固得依刑事訴訟法第369條第1項但書規定，以判決將該案件發回第一審法院；惟此所謂諭知不受理係不當，乃指本應受理而竟諭知不受理而言，若其應否受理尚屬不明，而有待於調查始能判斷者，第二審法院既亦爲事實審，自仍應爲必要之調查，殊不得逕予發回第一審法院（本院74台上3667判例參照）……。原判決……質疑上訴人所爲係屬「猥褻」或「性騷擾」？不無疑義，殊值研求，乃指摘第一審判決未深入探求，詳爲勾稽，遽認上訴人被訴本件犯行係基於性騷擾犯意而爲，復以告訴人未提告訴，而諭知本件公訴不受理之判決，殊欠允洽，實有再予辨明之餘地，因而將第一審之判決撤銷並發回第一審法院。亦即其認有待審究者，乃上訴人所爲，係屬強制猥褻抑或性騷擾之犯行。似此事實之本身既仍有待調查，則第一審是否應予受理而爲實體判決，即屬不明。原審既係事實審，對於上訴人前揭被訴事實爲何，自

應依職權加以調查、審認，必俟查明第一審就該部分諭知不受理判決確係不當，爲維護當事人之審級利益，始得依上述規定將該案件發回第一審法院。乃原審不自爲調查、認定，徒以「上訴人所爲，究屬猥褻或係性騷擾行爲，有再詳加調查之必要」爲由，逕將案件發回第一審法院，衡以首開之說明，自難謂無違誤。

【附錄】102年台上第5099號

由被告上訴或爲被告之利益而上訴者，第二審法院不得諭知較重於原審判決之刑，但因原審判決適用法條不當而撤銷之者，不在此限，刑事訴訟法第370條定有明文。又按量刑之輕重，固屬事實審法院得依職權自由裁量之事項，惟仍應受比例原則及公平原則之限制，始爲適法。故由被告上訴或爲被告之利益而上訴第二審之案件，第二審雖以第一審判決適用法條不當而撤銷，而第二審所適用法條之法定刑度與第一審判決之法定刑度輕重相等，然第二審所認定被告之犯罪事實，已較第一審判決減縮，其情節顯然較第一審判決所認定爲輕者，若第二審仍量處相同於第一審之刑，實際上無異諭知較重於第一審之宣告刑，即難謂與罪刑相當原則及不利益變更禁止原則無悖。（註：103年台上第2250號同旨）

【附錄】103年台上第3020號

刑法第57條明定科刑時應以行爲人之責任爲基礎，並審酌一切情狀，尤應注意該條所列十款事項以爲科刑輕重之標準，此項原則於刑事訴訟法第370條所定不利益變更禁止原則之例外情形，亦有其適用；故由被告上訴或爲被告之利益而上訴者，倘更審判決認定之犯罪情節與更審前之第二審判決相同，而被告犯罪依法律有減輕其刑原因，但更審前之第二審不及審酌或未予減輕，更審判決乃依法律減輕其刑後，自爲判決，其依減得後之法定刑範圍所宣告之刑，除非更審前之第二審判決量刑失輕有誤，否則，更審判決如諭知較更審前之第二審所宣告之刑爲重，卻未說明其理由，即難謂與罪刑相當原則及不利益變更禁止原則之旨無悖。（評析：林鈺雄老師認此判決不當，蓋更審前之第二審判決已因撤銷而失其效力，不利益變更禁止原則係以更審判決與原第一審判決作比較。）

【附錄】104年台上第42號

分屬不同案件之數罪併罰，倘一裁判宣告數罪之刑，曾經定其執行刑，再與其他裁判宣告之刑定其執行刑時，在法理上同受刑事訴訟法第370條不利益變更禁止原則適用者，係以其定執行刑裁判合法且已確定爲前提，如業經法院依法撤銷而不存在，除符合刑事訴訟法第370條規定之要件外，自無該原則之適用。

【附錄】104年台上第1996號

由被告上訴或爲被告之利益而上訴者，第二審法院不得諭知較重於原審判之刑，但因原審判決適用法條不當而撤銷之者，不在此限，此即所謂不利益變更禁止原則。

【附錄】104年台上第3584號

　　按刑事訴訟法第369條第2項所定之情形，係基於其管轄權所爲之「第一審判決」，而非「第二審判決」，自與上開不利益變更禁止原則之規定無涉。又按刑事訴訟法第455條之1第3項規定，準用同法第369條第2項之規定，管轄第二審之地方法院合議庭受理簡易判決上訴案件，經認案件有刑事訴訟法第452條所定第一審應適用通常程序審判而不得適用簡易程序審判之情形者，其所爲之判決應屬於「第一審判決」，無不利益變更禁止原則之適用。

【附錄】105年台非223號

　　定應執行刑之裁定，具有與科刑判決同一之效力，倘有違背法令，而於被告不利，應許提起非常上訴，以資救濟。又刑事訴訟法第370條第2項、第3項，已針對第二審上訴案件之定應執行刑，明定有不利益變更禁止原則之適用；而分屬不同案件之數罪併罰，倘一裁判宣告數罪之刑，曾經定其執行刑，再與其他裁判宣告之刑定其執行刑時，在法理上亦應同受此原則之拘束。故另定之執行刑，其裁量所定之刑期，倘較重於前定之執行刑加計後裁判宣告之刑之總和，即屬違背法令。

🔍 焦點3　第二審上訴理由書之提出

一、修正條文

第361條：不服地方法院之第一審判決而上訴者，應向管轄第二審之高等法院爲之。

　　　　　上訴書狀應敘述具體理由。

　　　　　上訴書狀未敘述上訴理由者，應於上訴期間屆滿後二十日內補提理由書於原審法院。逾期未補提者，原審法院應定期間先命補正。

第367條：第二審法院認爲上訴書狀未敘述理由或上訴有第362條前段之情形者，應以判決駁回之。但其情形可以補正而未經原審法院命其補正者，審判長應定期間先命補正。

第455條之1：對於簡易判決有不服者。得上訴於管轄之第二審地方法院合議庭。依第451條之1之請求所爲之科刑判決，不得上訴。

　　　　　第1項之上訴，準用第三編第一章及第二章除第362條外之規定。對於適用簡易程序案件所爲裁定有不服者，得抗告於管轄之第二審地方法院合議庭。

　　　　　前項之抗告，準用第四編之規定。

二、立法理由

(一) 爲使第二審法院得以確實明瞭提起上訴之理由，使法院得以進行有效率之審理，俾有限司法資源得以合理分配，爰增訂第2項，明定上訴書狀應敘述其理由。又因目前第二審並非如第三審係法律審，故上訴理由無須如第377條定以原判決違背法令爲限，乃屬當然。

(二) 爲兼顧上訴人權益，若提起上訴未依第2項規定於上訴書狀內敘述理由者，爰增訂第3項，容許上訴人於上訴間屆滿後二十日內補提理由書；未補提者，原審法院應定期間先命補提。

(三) 因修正條文第361條增訂第3項規定上訴權人未於上訴書狀敘述理由，應於上訴期間屆滿後二十日內補提理由書於原審法院，針對違反此項期間之規定者，應賦予法律效果，爰於本條增訂「上訴書狀未敘述理由者」，第二審法院應以判決駁回等之規定。

(四) 修正條文第361條第2項、第3項規定不服地方法院第一審判決而提起上訴者，其上訴書狀應敘述具體理由；未敘述具體理由者，應於法定期間補提理由書。法院逕以簡易判決處刑之案件，既可不經開庭程序，且簡易判決書之記載較爲簡略，其上訴程式宜較依通常程序起訴之案件簡便，俾由第二審地方法院合議庭審查原簡易判決處刑有無不當或違法，故對簡易判決提起上訴，應不能準用第361條第2項，第3項規定。又依第455條之1第1項規定，對於簡易判決有不服者，係上訴於管轄之第二審地方法院合議庭，第361條第1項之規定，亦無準用餘地，爰修正第3項，將第361條規定，排除在準用之列。對簡易判決之上訴，既然不備用第361條第2項、第3項之規定，則修正條文第367條規定中關於逾第361條第3項規定之期間未提上訴理由，第二審法院可不經言詞辯論逕以判決駁回上訴部分，當然不在備用之列，無待明文，併予敘明。

三、修法評析

(一) 刑事訴訟法第二審係採覆審制，就其訴訟構造而言，上訴第二審原則上並不以提出上訴理由書爲必要。本次修法增訂上訴理由書提出爲合法上訴要件，其目的除如立法理由所述者外，淺見以爲，其一方面係仿民事訴訟第二審程序，以上訴理由書作爲準備書狀之性質，使法院於審判期日前充分瞭解上訴當事人對原審法院判決不服之理由與爭點之所在，俾能於審判期日中進行精確有效率之爭點審理與證據調查，以利於本案實體眞實發現與法律正確適用。應注意者，乃民事訴訟第二審之上訴理由書提出與否僅屬失權效問題，而非如同刑事訴訟法採為上訴合法要件。另一方面，就司法院業已提出之上訴審修正草案觀之，第二審擬改採事實兼法律審事後審查制，並將第三審仿效美國聯邦最高法院之構造予以憲法審查化（即如同現今之大法官會議），倘若如此，第二審上訴應提出上訴理由書以具體指摘原判決之如何違背法令即有其必要性，是故本次修法似亦兼有爲上訴審構造之重大轉折爲配套準備。

(二) 實務見解與學者評論（王兆鵬，刑事救濟程序之新思維，頁11～39；李榮耕，月旦法學教室第175期，頁25以下）
　　爲防止「空白上訴」而修法規定刑訴第二審上訴書狀「應敘述具體理由」，否則即認上訴不合法，不爲第二審之實體審判。至所謂「具體理由」之意義，最高法院有下列不同見解：

　　1. 上訴人已爲具體指摘即已足，如97年台上第236號「倘上訴理由……已舉出該案相關之具體事由足爲其理由之所憑，自非徒託空言或漫事指摘，縱其所舉理由經調查結果並無可採，要屬上訴有無理由之範疇，尚難遽謂未敘述具體理由。」106第8次

刑事庭決議「具體理由不以上訴書狀應引用卷內訴訟資料,具體指摘原審判決不當或違法之事實,亦不以於以新事實或新證據為上訴理由時,應具體記載足以影響判決結果之情形為必要,但若僅泛言原判決認事用法不當、採證違法或判決不公、量刑過重等空詞,而無實際論述內容,即無具體可言。」

學者評論:

(1)原審法院雖就上訴是否合法有審查之權限,但並無權審查上訴理由是否具體,只要上訴狀有記載理由,無論簡略或具體,均不得命補正或駁回。

(2)簡易判決上訴與重罪職權上訴,均無記載具體理由之要求。

(3)覆審制之精神在於事實之再一次審理,而非僅是審查原判決中錯誤之處,故於覆審制中,縱使原審判決對證據證明力之認定合於論理法則與經驗法則,上訴人仍有權請求上級審法院重新認定事實,否則無異剝奪人民使用現行第二審覆審制之權利。

2. 嚴格認定,將第二審視同事後審查制,採取與第三審上訴理由之相同標準,如97年台上第892號「所謂具體理由,必係依據卷內既有訴訟資料或提出新事證,指摘或表明第一審判決有何採證認事、用法或量刑等足以影響判決本旨之不當或違法,而構成應予撤銷之具體事由,始克當之(例如:依憑證據法則具體指出所採證據何以不具證據能力,或依憑卷證資料,明確指出所為證據證明力之判斷如何違背經驗、論理法則);倘僅泛言原判決認定事實錯誤、違背法令、量刑失之過重或輕縱,而未依上揭意旨指出具體事由,或形式上雖已指出具體事由,然該事由縱使屬實,亦不足以認為原判決有何不當或違法者(例如:對不具有調查必要性之證據,法院未依聲請調查亦未說明理由,或援用證據不當,但除去該證據仍應為同一事實之認定),皆難謂係具體理由,俾與第二審上訴制度旨在請求第二審法院撤銷、變更第一審不當或違法之判決,以實現個案救濟之立法目的相契合,並節制濫行上訴。」

學者評論:

(1)認為最高法院此類嚴格之見解,完全誤解事實與法律問題,並且紊亂覆審與事後審制,極為不當。姑不論覆審制之優劣為何,我國二審目前仍為覆審制,人民就同一事實爭執享有受二不同級法院兩次審判的權利,最高法院卻將二審審判解釋為事後審制,有篡改法制、違法剝奪人民權利的嫌疑。再者,法律不能背離人民之認知,最高法院對於「具體理由」之嚴格見解,顯然背離一般人民之普遍認知,將造成人民對司法的憎惡與不信任,最高法院應臨崖勒馬立即變更見解。過度限縮上訴理由之認定,使人民無法獲得至少再一次重新完整審判程序救濟之機會,妨害憲法保障之上訴權,故具體理由之認定標準,甚至應就被告是否有得到辯護人之協助及智識能力差距等要件綜合考量之。

(2)由於現行法在第一審判決後,第二審開始前,存在強制辯護之空白期,為彌補我國法對弱勢族群保護之漏洞,學者主張應作如下之修法:①低收入戶被告於一審中無選任或指定辯護人,在判決後欲提起上訴者,得請求法院為其指定辯護人協助上訴。②因為提起上訴之困難性,在一審終結後,如被告欲提起上

　　訴，其原已選任或指定之辯護人應爲被告提起上訴並撰寫上訴理由書。③辯護人爲被告提起二審上訴，如未「盡忠實誠信執行職務之義務」、未提出「強而有力」之上訴理由書，致上訴遭二審法院依新法規定駁回時，應允許被告以辯護人未提供有效的律師協助爲理由，上訴於三審法院，請求救濟。

3. 98年台上第2796號判決，要點爲：(1)二審上訴與三審上訴之性質不同，上訴二審理由是否合法，不應適用三審之嚴格標準；(2)無辯護人上訴之案件，所謂的具體理由應採取最寬鬆之見解，只要上訴理由並非明顯抽象、空泛或籠統之指摘，且所指事由並非顯然不足據以撤銷、變更第一審判決，應認爲第二審上訴係屬合法。

4. 98年台上第5354號判決，要點爲：(1)第一審辯護人有爲被告撰寫二審上訴理由之義務；(2)若被告在第一審無辯護人者，第二審法院得行使必要之闡明權，以查明是否符合具體之要件；(3)是否具備具體理由，應自形式上觀察，原則上只要足以動搖原判決即爲已足。

5. 99年台上第4700號判決、106年台上第1965號判決：在強制辯護案件中，法院有義務敦促第一審辯護人協助被告在第二審提出具體上訴理由書；強制辯護案件，第一審係由公設辯護人協助辯護，該公設辯護人未代爲製作上訴理由狀，僅由上訴人自撰，因過於簡略，致欠缺具體理由，原審爲充分保障上訴人辯護倚賴權及防禦權，乃指定該第二審法院公設辯護人爲上訴人辯護，並先後進行二次準備程序，客觀上應認上訴人已受有完足之辯護倚賴權及實質有效之上訴救濟機會之程序保障。

6. 105年台非第67號判決、106年台上第1321號判決、106年第12次刑事庭決議:當原審被告既已有辯護人可資協助提起合法上訴，則第二審於本案得以開始實體審理程序之前，並無義務爲被告指定辯護人以協助被告提出合法上訴之必要，必須於第二審之上訴已屬合法之情形，方須爲被告指定辯護人（例如係上訴已逾法定上訴期間而應從程序上駁回，自無指定之必要）；且原審法院基於公平法院中立角色之維持，未通知原審指定之辯護人聯絡被告是否有上訴意願，或爲被告指定辯護人其提起合法上訴，均難認有何違法。

　　學者評論：贊同上述3. 4. 5.判決之見解，蓋我國二審仍爲覆審及事實審制，人民就同一事實爭執享有受二不同級法院兩次審判的權利，故新法所謂具體理由，應在禁絕「僅泛稱原判決認事用法不當或採證違法、判決不公等」之空白上訴。只要上訴理由書明確指出對某特定事實爭執有何不服之處，例如不採證人甲之證詞，卻採證人乙之證詞，應認爲已備具體理由。同理，在覆審制下，人民對於刑亦享有受二不同級法院兩次認定的權利。如當事人對於法院科刑不服而提起上訴，新法所謂之具體理由，應在禁絕「僅泛稱量刑不公」之空白上訴。只要上訴理由書明確指出量刑不公平之處何在，例如「妻懷胎待產，又有年邁雙親待扶養，竟未科緩刑」，應認爲已具備具體理由。

　　在上舉97年台上第892號判決中，如二審法院以上訴人指摘之上訴理由，乃原審法院自由裁量之權或業經原審法院審酌考量，因此認定上訴無具體理由而判決駁回上訴，不使案件進入實體審判，等於篡改我國二審之法制，剝奪人民受兩級法院認定事實及量刑的權利而屬違法。

【附錄】99年台上第4568號

　　刑事訴訟法第369條第1項規定：第二審法院認為上訴雖無理由，而原判決不當或違法者，應將原審判決經上訴部分撤銷，就該案件自為判決。即指縱然被告之第二審上訴論旨雖不成立，而第一審判決確有不當或違法者，仍應就其上訴部分，加以改判之立法意旨自明。又同法第380條所稱：除前（§379）條情形外，訴訟程序雖係違背法令而顯然於判決無影響者，不得為上訴之理由之規定，係列於同法第三編（上訴編）第三章之第三審程序，第二審上訴並無準用之規定，故提起第二審上訴，並不以指摘第一審判決如何具有顯然足以影響原判決之違法或不當，始足認係具備具體理由；倘其上訴理由，已明白指出第一審判決程序之進行或採證認事及量刑如何違法或不當，請求第二審法院予以重新審理，另為評價，即足當之。此與第三審上訴為法律審，提起第三審上訴，專以原判決違背法令為理由之嚴格要件，自有不同。且按量刑之輕重，固屬事實審法院得依職權自由裁量之事項，惟仍應受比例原則及公平原則之限制，以符罪刑相當之原則，否則其判決即非適法。所稱之比例原則，指行使此項職權判斷時，須符合客觀上之適當性、相當性與必要性之價值要求，不得逾越此等特性之程度，用以維護其均衡；而所謂平等原則，非指一律齊頭之平等待遇，應從實質上加以客觀判斷，倘條件有別，應本乎正義理念，分別適度量處，禁止恣意為之。

【附錄】99年台上第5079號

　　被告在刑事訴訟法上應享有充分之防禦權，為憲法第16條保障人民訴訟權之核心領域（司法院釋字第582號解釋參照）。此防禦權包含消極性的緘默權（刑事訴訟法第156條第4項後段）、無罪推定（同法第154條第1項），及積極性的受辯護人協助之權利（一般稱為辯護倚賴權），同法第95條所定訊問被告前之告知義務，其中第1、2款即屬於前者，第3、4款則屬於後者。是辯護倚賴權，為被告防禦權之重要內容，公民與政治權利國際公約第14條第3項第4款即規定，被告到庭受審，得由其選任辯護人答辯；未選任辯護人者，應告以有此權利；法院認為審判有此必要時，應為其指定公設辯護人，如被告無資力酬償，得免付之。刑事審判強制辯護適用範圍，亦由最輕本刑三年以上有期徒刑或高等法院管轄第一審之案件，擴大至因智能障礙無法為完全陳述，暨低收入戶而有必要法律協（扶）助之被告（刑事訴訟法第31條第1項；公設辯護人條例第2條；法律扶助法第4條第2項）。演變至今，強制辯護案件由國家公權力介入，對於弱勢者保障此防禦權，更為辯護倚賴權之最大發揮。而刑事訴訟法第361條及第367條修正後，提起第二審上訴，其上訴書狀應敘述具體理由，否則即不合法律上之程式，應為駁回之裁判，修法意旨固在於揚棄先前得不附任何理由，允許「空白上訴」之流弊，以節制浮濫提起上訴，俾使有限之司法資源能夠合理分配利用，乃為立法者對提起上訴所加之限制，屬立法之形成空間。然而同法第344條第5項仍規定：「宣告死刑或無期徒刑之案件，原審法院應不屬上訴依職權逕送該管上級法院審判，並通知當事人。」第6項規定：「前項情形，視為被告已提起上訴。」並不受上揭第二審上訴門檻之限制，無非因宣告死刑、無期徒刑之案件，基於剝奪生命、嚴重限

制自由法益必須特別慎重之立場，乃直接跨過上揭程序門檻，不生未附具體理由即不能上訴之問題，向無疑義。於此角度而言，非但係法益衝突抉擇結果，本身亦屬司法資源之合理分配利用，也足徵上開上訴第二審應附具體理由之限制，並非絕無例外。於強制辯護案件，如無辯護人代為製作上訴理由狀，致上訴未敘述具體理由，固仍屬同法第361條之情形，惟若其辯護倚賴權未受合理照料，自首開訴訟防禦權受侵害之立場觀之，兩相權衡，上揭上訴第二審之限制條件，同應有某種程度之退縮。換言之，強制辯護案件既因案情重大或被告本身弱勢（智障或窮困），由國家主動給與辯護人為協助，此倚賴權尤甚於一般之選任辯護，更應受保障。是在第二審審判中，既應強制辯護，則提起第二審上訴時所設定之門檻，亦應受辯護人協助，否則強制辯護案件，率因無辯護人代提上訴理由，遭以未敘述具體理由而駁回上訴，等同架空強制辯護制度，有違其防禦權之保障。何況實際上，是類強制辯護案件之被告，不服第一審判決，當係已受相對較重刑度之宣告，更應給予一定程度之保護，不能將之與一般案件同視。從而，在第一審法院將卷證移送第二審法院之前，原第一審法院之辯護人因尚且負有提供法律知識、協助被告之義務（刑事訴訟法第346條；公設辯護人條例第17條；律師法第32條第2項、第36條），第一審法院自應以適當之方法，提醒受相對重刑宣判之被告，倘有不服，得請求其辯護人代撰上訴理由狀（例如在判決書之末，或作成附件資料，以教示方式、載明上旨；或提解到庭聆判，當庭告知、記明筆錄），其若漏未處理，或原辯護人違背職責，第二審法院仍應指定辯護人，命其代為提出上訴之具體理由，俾強制辯護制度所保障之辯護倚賴權，能有效發揮作用。易言之，刑事訴訟法第31條第1項所稱之「審判中」，依其立法理由之說明，純係相對於「偵查」程序而已；是就第二審上訴法院而言，即應指案卷之移審，而不侷限於合法之上訴（但上訴逾期或無上訴權人之上訴，仍不包括在內；衡諸是類須強制辯護之案件，在第一審法院審判中，既已有律師或公設辯護人協助訴訟，是在第二審之實務運作上，當不致衝擊過大）。至於辯護人代撰之第二審上訴理由狀，是否確實符合法定之「具體理由」形式要件，則係另一問題。黃○○、王○○皆被訴犯加重妨害性自主罪嫌，第一審法院亦依該罪名予以論處（分處有期徒刑八年六月、七年六月），屬最輕本刑為三年以上有期徒刑之案件，宣告之刑度亦不輕，第一審法院既未教示其等得請求辯護人代撰上訴理由狀，原審又遽以其等自行提出之上訴狀所敘理由難認具體，不合法律上之程式為由，不經言詞辯論，駁回其等第二審上訴，無異剝奪其等強制辯護案件應受特別保障之辯護倚賴權，自非適法。（註：99年台上第5080號、101年台上第5982號同旨）

【附錄】99年台上第5087號

被告於上訴期間內提起第二審之上訴，參酌被告有受其辯護人協助訴訟之權利，及公民與政治權利國際公約（下稱公約）第14條第5項揭櫫有罪之刑事被告至少應受一次實質有效的上訴救濟機會等旨，其出於被告或其他有選任權人之行為所選任之第一審辯護人應本於委任契約之訂定，而由國家機關編列經費支給報酬，經第一審審判長指定律師為辯護人，及依「法律扶助法」而選任或指定之第一審辯護人，因具有公益性，則依其委任事務之性質「至上訴發生移審效力」時止，均不待被告之請求，即應依受任意旨，基於辯護人

實質有效協助被告之職責，主動積極盡其代作上訴理由書狀之義務，期使被告得受合法之第二審上訴之協助，以滿足公約所要求之目的。惟鑑於司法分工及公平法院中立角色之維持，第一審辯護人是否盡善良管理人之注意義務而克盡其襄助被告使受合法第二審上訴之責，並非基於仲裁者之第二審法院所應介入或得以置喙，此與未有辯護人協助之弱勢被告，第二審法院本於善盡訴訟照料義務，在無損於公正性之情形下，針對被告提出之上訴書狀仍得行使必要之闡明權，使為完足之陳述，究明其上訴書狀之真義為何，以保障該無辯護人奧援之被告訴訟權之情形，尚屬有別，不能混淆。至於刑事訴訟法第31條指定辯護人之適用於第二審，當係指被告在第二審之上訴已屬合法之情形而言，如其上訴因不符合具體之要件而應從程序上駁回，自無在第二審為被告指定辯護人之必要。

【附錄】100年台上第2321號

　　上訴，係對未確定之判決請求上級法院為司法救濟之方法，屬人民訴訟權能之行使，非屬法律明文限制不得提起之範圍，或法律未明定於何種條件下達失權之效果，均不得任意剝奪。故上訴人依循第一審命補正裁定內容，遵限向第一審提出上訴理由書狀，當然發生補正之效力，第二審法院應就其理由是否具體，為實體之審理及判斷。縱逾限始提出上訴理由，然究與當事人未於法定期間內上訴即生失權之效果之情形有間，若當事人於第二審判決前已補提上訴理由，仍不能以逾限為由予以駁回。

【附錄】101年台上第1421號

　　辯護人之選任，起訴後應於每審級法院為之，於各審級合法選任或指定之辯護人，其辯護人之權責，應終於其受選任、指定為辯護人之該當案件終局判決確定時，若提起上訴者，並應至上訴發生移審效力，脫離該審級，另合法繫屬於上級審而得重新選任、指定辯護人時止，俾強制辯護案件各審級辯護人權責之射程範圍得互相銜接而無間隙，以充實被告之辯護依賴；復觀諸終局判決後，辯護人仍得依刑事訴訟法第346條規定，為被告之利益提起上訴，並為上訴而檢閱卷宗及證物，故提起第二審上訴之案件，原審終局判決後，於案件因合法上訴而移審另繫屬於上級審法院前，原審辯護人訴訟法上辯護人地位猶然存在，而有為被告利益上訴，並協助被告為訴訟行為之權責甚明，其自當本其受委任或指定從事為被告辯護事務之旨，一如終局判決前，依憑其法律專業判斷，於訴訟上予被告一切實質有效之協助，以保障其訴訟防禦權，維護被告訴訟上正當利益。故為提起第二審上訴之被告，撰寫上訴理由書狀，敘述具體理由，協助其為合法、有效之上訴，同屬原審選任、指定辯護人權責範圍內之事務，自不待言。

【附錄】105年台非第67號

　　強制辯護案件，被告於第一審終局判決後，既已有原審之辯護人可協助被告提起合法之上訴，在該案件合法上訴於第二審法院而得以開始實體審理程序之前，尚難認第二審法院有為被告另行指定辯護人，以協助被告提出合法上訴或為被告辯護之義務與必要。至第一審選任或指定辯護人是否善盡協助被告上訴之職責，以及被告是否及如何要求第一審選

任或指定辯護人代爲或協助其爲訴訟行爲，要與被告於第二審實體審理時未經辯護人爲其辯護之情形有別，亦非居於公平審判地位之法院所應介入。

【附錄】105年台上第2534號

　　第一審法院將卷證移送第二審法院之前，原第一審法院之辯護人因尚且負有提供法律知識、協助被告之義務，第一審法院自應以適當之方法，提醒受相對重刑宣判之被告，倘有不服，得請求其辯護人代撰上訴理由狀，其若漏未處理，或原辯護人違背職責，第二審法院仍應指定辯護人，命其代爲提出上訴之具體理由，俾強制辯護制度所保障之辯護倚賴權，能有效發揮作用。

相關實務

　　按原審終局判決後，於案件因合法上訴而繫屬於上級審法院之前，原審辯護人在訴訟法上之辯護人地位依然存在，而有爲被告利益上訴，並協助被告爲訴訟行爲之權責。從而，爲提起第二審上訴之被告撰寫上訴理由書狀，敘述具體理由，協助其爲合法、有效之上訴，同屬第一審選任或指定辯護人權責範圍內之事務，自不待言。而強制辯護案件，被告提起第二審上訴，苟未重新選任辯護人，其於第一審原有合法選任或指定之辯護人，爲被告之利益，自得代爲撰寫上訴理由書狀等一切訴訟行爲，予其必要之協助，已合於強制辯護案件應隨時設有辯護人爲被告辯護之要求。（最高法院105年度台非字第67號判決參照）

【附錄】105年台上第2946號

　　憲法第16條所定人民訴訟權之保障，就規範目的而言，應合乎「有效的權利保障」及「有效的權利救濟」之要求，在權利救濟的司法制度設計上，其應循之審級制度及相關程序，立法機關雖得衡量訴訟性質以法律爲合理之規定，然公民與政治權利國際公約（下稱公政公約）第14條第5項揭櫫：「經判定犯罪者，有權聲請上級法院依法覆判其有罪判決及所科刑罰。」參酌公政公約第32號一般性意見第48段之論述，公約所指由上級審法院覆判有罪判決的權利，係指締約國有義務根據充分證據和法律進行「實質性覆判」，倘僅限於覆判爲有罪判決的形式，而不考量事實情況，並不符合本項義務之要求。可見，刑事被告至少應受一次實質有效上訴救濟機會之訴訟權保障，乃國際公約所認定之最低人權標準，同時係刑事審判中對刑事被告最低限度之保障，具有普世價值，在兩公約內國法化後，亦屬我國國際法上之義務。刑事訴訟法第361條第2項規定，上訴書狀應敘述具體理由，如第二審法院認爲上訴書狀未敘述理由者，應以判決駁回之，同法第367條前段亦有明文。此上訴理由之敘述如何得謂具體，與法院審查之基準如何，攸關是否契合法定具體理由之第二審上訴門檻，並因個案之不同而具浮動性。刑事訴訟法第31條第1項所定強制辯護案件，其中第1款最輕本刑三年以上有期徒刑之重罪案件，攸關人身自由至鉅，其於被告提起第二審之上訴，除上訴書狀僅泛稱原判決認事用法不當或採證違法，判決不公等（參見刑事訴訟法第361條立法理由），得認爲未敘述具體理由而駁回上訴外，第二審即

應進行實質性覆判，即使經實體審理與判斷結果，應依刑事訴訟法第368條以上訴無理由駁回之，而非撤銷原判決，究仍不得以第二審應與第一審為相同之判決為由，據以逆推其上訴理由之敘述不符合具體之要件。否則，無異等同架空被告應受實質有效上訴之救濟機會及其得在第二審受律師協助之權利，並不符程序上之公平正義，亦有違憲法維護訴訟權之意旨。

【附錄】106年台上第1321號

刑事訴訟法第31條指定辯護人之適用於第二審，當係指被告在第二審之上訴以屬合法之情形而言，如其上訴因逾法定上訴期間而應從程序上駁回，自無在第二審為被告指定辯護人之必要。強制辯護案件，第一審或原審法院基於公平法院中立角色之維持，未通知第一審之指定辯護人聯絡上訴人是否有上訴意願，或為上訴人指定辯護人為其提起合法第二審上訴，難認有何違法。

【附錄】106年台上第1965號

強制辯護案件，第一審係由公設辯護人協助辯護，上訴人提起第二審上訴時，該公設辯護人未代為製作上訴理由狀，僅由上訴人自撰，因過於簡略，致欠缺具體理由，原審為充分保障上訴人辯護倚賴權及防禦權，乃指定該第二審法院之公設辯護人為上訴人辯護，並先後進行二次準備程序，客觀上應認上訴人已有受有完足的辯護倚賴權及實質有效的上訴救濟機會之程序保障。

【附錄】106年第8次刑庭決議

「具體理由」並不以其書狀應引用卷內訴訟資料，具體指摘原審判決不當或違法之事實，亦不以於以新事實或新證據為上訴理由時，應具體記載足以影響判決結果之情形為必要。若僅泛言原判決認事用法不當、採證違法或判決不公、量刑過重等空詞，而無實際論述內容，即無具體可言。

相關學說

學者有批評上開實務嚴格見解，混淆第二審的覆審制精神，過度限縮上訴理由認定，使人民無法獲得至少再一次重新完整審判程序救濟的機會，已妨害憲法保障之上訴權，亦有強調，具體理由之認定標準，甚至應就被告是否有得到辯護人協助以及智識能力差距等要件綜合考量之。

【附錄】106年第12次刑庭決議

關於強制辯護案件，被告於第一審終局判決後，既已有原審之辯護人（包括選任辯護人及指定辯護人）可協助被告提起合法之上訴，在該案件合法上訴於第二審法院而得以開始實體審理程序之前，向難認第二審法院有為被告另行指定辯護人，以協助被告提出合法上訴或為被告辯護之義務與必要。至第一審選任或指定辯護人是否善盡協助被告上訴之職

責，以及被告是否及如何要求第一審選任或指定辯護人代爲或協助其爲訴訟行爲，要與被告於第二審實體審理時未經辯護人爲其辯護之情形有別，亦非居於公平審判地位之法院所應介入。

第三節　第三審上訴之限制

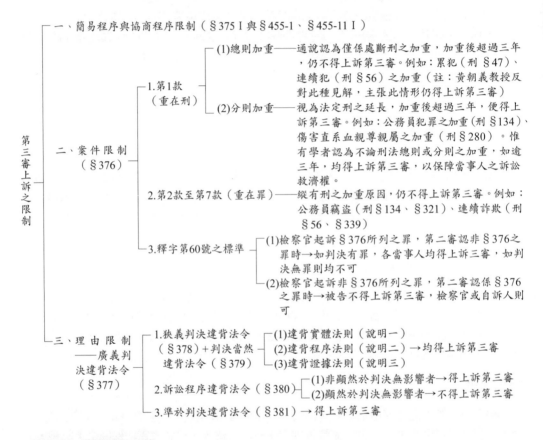

【附錄】釋字第60號

　　最高法院所爲之確定判決有拘束訴訟當事人之效力，縱有違誤，亦僅得按照法定途徑聲請救濟。惟本件關於可否得以上訴於第三審法院，在程序上涉及審級之先決問題，既有歧異見解，應認爲合於本會議規則第4條之規定予以解答。查刑法第61條所列各罪之案件，經第二審判決者，不得上訴於第三審法院，刑事訴訟法第368條定有明文，倘第二審法院判決後檢察官原未對原審法院所適用之法條有所爭執而仍上訴，該案件與其他得上訴於第三審之案件亦無牽連關係，第三審法院不依同法第387條予以駁回，即與法律上之程式未符。至案件是否屬於刑法第61條所列各罪之範圍，尚有爭執者。應視當事人在第二審

言詞辯論終結前是否業已提出，如當事人本已主張非刑法第61條所列各罪，第二審仍為認係該條各罪之判決者，始得上訴於第三審法院。

【附錄】71年台上第1423號

刑法第61條第2款之案件，既經第二審判決，自不得上訴於第三審法院。上訴意旨，雖謂伊等在第二審業已爭執係屬搶奪罪名，即得提起第三審上訴云云，惟查刑事被告之上訴，以受有不利益之判決，為求自己利益起見請求救濟者，始得為之，原審認屬罪名較輕之竊盜，上訴人主張為較重之搶奪，顯於為自己利益請求救濟之旨相違，其上訴自非合法，應予駁回。

【附錄】95年台上第4927號

刑法及其特別法有關加重、減輕或免除其刑之規定，依其性質，可分為「總則」與「分則」二種。其屬「分則」性質者，係就其犯罪類型變更之個別犯罪行為予以加重或減免，使成立另一獨立之罪，其法定刑亦因此發生變更之效果；其屬「總則」性質者，僅為處斷刑上之加重或減免，並未變更其犯罪類型，原有法定刑自不受影響。此關乎刑法第41條、刑事訴訟法第376條第1款等法律之適用，自應加以辨明。刑法第172條就犯偽證罪、誣告罪，於裁判或懲戒處分確定前自白者，應減輕或免除其刑之規定，雖列於刑法分則編，且係就個別之特定犯罪行為而設，然其立法目的與自首規定雷同，係在藉此優惠，鼓勵行為人及時悔悟，並早日發現真實，節省訴訟勞費，避免審判權遭受不當之侵害，此一規定，既未變更具犯罪類型，自屬相當於「總則」之減免其刑規定，其原有法定刑並不因此而受影響。

【附錄】98年台上第4137號

是否屬刑事訴訟法第376條所列不得上訴於第三審法院之案件，不以第二審判決時所適用之法條為唯一標準，如起訴時非該條所列之案件，當事人對於第二審認定係該條所列案件之判決復有爭執，固不受不得上訴於第三審法院之限制；然若上訴所執理由，非但未就起訴法條有所爭執，且係以第二審所確認，屬上開不得上訴第三審之罪為前提，而進一步指摘原判決有其他違法或不當，其此部分第三審上訴，即非合法。

🔍 焦點1　刑事訴訟法第376條所列案件上訴第三審之限制與例外
（柯耀程，月旦法學教室第181期，頁54以下）

一、修正後刑事訴訟法第376條規定：「下列各罪之案件，經第二審判決者，不得上訴於第三審法院。但第一審法院所為無罪、免訴、不受理或管轄錯誤之判決，經第二審法院撤銷並諭知有罪之判決者，被告或得為被告利益上訴之人得提起上訴：一、最重本刑為三年以下有期徒刑、拘役或專科罰金之罪。二、刑法第三百二十條、第三百二十一條之竊盜罪。三、刑法第三百三十五條、第三百三十六條第二項之侵占

罪。四、刑法第三百三十九條、第三百四十一條之詐欺罪。五、刑法第三百四十二條之背信罪。六、刑法第三百四十六條之恐嚇罪。七、刑法第三百四十九條第一項之贓物罪。依前項但書規定上訴，經第三審法院撤銷並發回原審法院判決者，不得上訴於第三審法院。」

二、是否本法第376條案件之判斷標準，以當事人於最後事實審法院辯論終結前對罪名有無爭執&有無上訴利益爲斷。（釋字60）

三、本於賦予受不利益當事人至少一次救濟機會之法理，學者認爲若第一審判決有罪，上訴二審經撤銷發回原第一審法院，第一審改判無罪，再上訴第二審改判有罪，則與本條規定之情形不符合，此時被告應不得上訴第三審。（釋字752、106台上162）

四、學者另自本條修法之立法意旨，認爲於第一審法院所爲無罪、免訴、不受理或管轄錯誤之判決，經第二審法院撤銷並諭知有罪之判決者，被告或得爲被告利益上訴之人得提起第三審上訴，至檢察官自不得爲被告不利益提起上訴。

五、學者本於賦予受不利益當事人至少一次救濟機會之法理，另提出兩種深值思考之問題，其一，任何案件若第一、二審皆判決無罪，上訴第三審後，經最高法院自爲有罪判決，應如何救濟？其二，本法第4條案件經高等法院爲第一審無罪判決後，上訴最高法院經改判有罪（第二審），被告如何上訴救濟？

【附錄】106年台上第162號

有罪判決之刑事被告除非係可歸責於自己之事由致喪失上訴權（例如遲誤上訴期間），或如刑事訴訟法第455條之1第2項、第455條之10第1項前段，有關簡易程序或協商程序所設不得上訴之規定，係以非重罪且被告無爭執之案件爲適用對象，並以被告自由意願及協商合意爲其基礎，事先已使被告充分了解，即使第一審法院判決即是終審，仍無損其正當權益，否則原則上應受一次實質有效上訴救濟機會之訴訟權保障。

【附錄】106年台上第2780號

修正後刑事訴訟法第376條第2項所稱「依前項但書規定上訴」者，其適用範圍應以「被告初次被論處同條第1項各款所列不得上訴於第三審法院之罪名，而依上述新修正第376條第1項但書規定提起第三審上訴者」爲限。若被告經第一審判決無罪，經第二審撤銷改判有罪之罪名並非同法第376條第1項各款所列不得上訴於第三審法院之罪名者，倘經第三審法院撤銷發回第二審法院更審，而第二審法院於更審後始初次改判被告犯刑事訴訟法第376條第1項各款所列不得上訴於第三審法院之罪名者。因其先前被第二審改判有罪之罪名本屬得上訴於第三審法院之罪，故其前次所提之第三審上訴，與上開條文第1項所增設但書規定之適用無涉，仍得依第376條規定上訴第三審。

🔎 焦點2　有爭執之第376條所列罪名案件之合法上訴程序（何賴傑，刑事訴訟法實例研習，頁347）

　　對於刑事訴訟法第376條所列罪名之案件，檢察官提起第三審上訴時，須單獨或附加以該案件非屬該法條所列不得上訴之罪名之爭執為上訴理由，始為合法之上訴；而此法律上之程序，應可補正，第三審法院應依第384條但書規定，定期間命檢察官補正。未命補正，即予駁回，乃屬於訴訟程序違背法令，且其顯然於判決有影響，應得為非常上訴之理由，非常上訴審應依第447條第1項第1款規定撤銷原判決，就該合法上訴進行審判。

🔎 焦點3　第三審上訴不可分性

一、單一案件僅有本法第376條之罪，當事人就此案件提起第三審上訴：除有釋字第60號情形外，上訴不合法，應予駁回。

二、單一案件包含本法第376條與非第376條之罪，當事人就此案件全部提起上訴：本於單一案件不可分性，該第376條之罪部分即不受不得上訴第三審之限制。

三、單一案件包含本法第376條與非第376條之罪，當事人僅就非第376條之罪提起第三審上訴，則第三審法院就第376條之罪是否得併予審理：

(一) 否定說：事實於審判上可分與否，不得僅就實體法上為觀察，應隨訴訟程序之進行，兼從訴訟法上之見地為判斷，故該第376條之罪既未經當事人上訴，其自於第二審確定，而與非第376條之罪部分割為二（黃東熊老師）。

(二) 肯定說：兩罪之間既有裁判上一罪關係，即具有不可分性，故當事人就非第376條之罪部分上訴，將使第376條之罪部分未確定（林俊益老師與實務見解）。

(三) 區分說：倘原審判決一部有利被告，一部不利被告，檢察官未提起不利於被告之上訴，僅被告對於有罪部分提起上訴時，縱第三審認兩者屬裁判上一罪關係，基於保護被告利益之考量，未經上訴部分即屬確定；除此情形，本於判決確定時期一致性要求，科刑妥當性優於上訴人一部上訴權利益等，上訴人雖一部上訴，上訴效力仍及於未上訴部分，第三審仍得併予審理（陳運財老師）。

【附錄】69年台上第2037號

　　刑法第61條所列各罪之案件，經第二審判決者，固不得上訴於第三審法院，惟與併合數罪之一部為非刑法第61條各款所列之案件一併提起上訴時，經第三審法院認為實質上或裁判上一罪，則應認為皆得上訴於第三審法院，而第三審法院如認其確定事實與適用法令之當否不明時，自應一併發回。本案原審法院前審判處被告公務員連續明知為不實之事項而登載於職務上所掌之公文書罪及公務員假借職務上之機會變造國民身分證罪，上訴本院後已經本院認為兩罪有方法結果之牽連關係，屬於裁判上一罪，故予全部撤銷發回更審，乃原判決竟認為上述變造國民身分證部分已經判決確定，不在審理範圍，不但與審判不可分之原則有違，且有已受請求事項未予判決之違法。（註：98年台上第1991號同旨）

【附錄】69年台上第4584號

　　被告被訴連續侵占上開會款及支票之事實，雖係應成立刑法第335條第1項之普通侵占

罪，屬於刑法第61條第3款所列之案件，原不得上訴於第三審法院，惟本院認該侵占罪與所犯偽造有價證券罪具有方法結果之牽連關係，應從一重之偽造有價證券罪處斷，則檢察官既對該重罪即偽造有價證券罪提起上訴，基於上訴不可分之原則，該輕罪即侵占罪亦應視為上訴，而不受上開規定之限制，從而本院對於該侵占罪部分，自應併予審判（按原判決係分別論科）。茲原判決既屬不當，檢察官之上訴意旨，據以指摘，自有理由，應認有將原判決全部撤銷發回更審之原因。

【衍生實例】

> 檢察官以被告涉嫌觸犯刑法第267條常業賭博罪（法定刑為二年以下有期徒刑，得併科一千元以下罰金）提起公訴，第一審法院審理中，檢察官以被告另犯貪污治罪條例第11條行賄罪（法定刑為一年以上七年以下有期徒刑，得併科新台幣三百萬元以下罰金），於第一審辯論終結前，追加起訴，法院認被告所涉常業賭博、行賄二罪，犯意各別，罪名不同，應分論併罰，被告不服提起上訴，第二審法院雖認被告觸犯常業賭博罪，惟行賄罪部分，罪證不足，因而將行賄部分及定執行刑部分撤銷，改判行賄部分無罪，其餘部分上訴駁回。檢察官不服提起第三審上訴，最高法院撤銷原判決，發回更審，試問：
> (一) 檢察官就第二審判決關於行賄部分提起上訴之效力是否及於常業賭博部分？理由為何？
> (二) 第二審法院更審如認為行賄部分有罪，惟行賄之目的在永續經營常業賭博時，應為如何之判決？理由為何？　　　　　　　　　　　　　　　　　　　　（90律）

考點提示：參見上述焦點說明與實務見解。

【附錄】91年台上第6450號

　　國家之刑罰權係對於每一犯罪事實而存在，單一之犯罪事實，實體法上之刑罰權僅有一個，在訴訟法上自亦無從分割，無論起訴程序或上訴程序皆然，故刑事訴訟法第348條第2項規定：對於判決之一部上訴者，其有關係之部分，視為亦已上訴。所謂有關係之部分，係指判決之各部分在審判上無從分割，因一部上訴而其全部必受影響者而言，例如單純一罪或有裁判上一罪，實質上一罪關係者是。本件周○蔘、連○琴、張○眞就其等所犯行賄罪、常業賭博罪，原審上訴審均提起第三審上訴。但其等所犯常業賭博罪部分雖因上訴不合法而經原審上訴審以裁定予以駁回，然原判決及公訴意旨既均認周○蔘、連○琴、張○眞所犯上開常業賭博及行賄二罪間有方法結果之牽連關係，為裁判上一罪之牽連犯，是應認周○蔘、連○琴、張○眞所犯之行賄罪既已合法上訴，其有牽連關係之常業賭博罪部分，視為亦已上訴，並為上訴效力所及而尚未確定，乃原判決竟就周○蔘、連○琴、張○眞被訴行賄罪部分，以其等所犯常業賭博罪已判決確定為由，改判諭知免訴，自有適用法則不當之違法。

🔍 焦點4　第377條之法則內涵

一、違背實體法則
(一) 犯罪成立要件認定。
(二) 罪數認定。
(三) 實質認定（正犯或共犯，既遂或未遂）。
(四) 刑罰之科處量定。
(五) 請求與判決範圍不一致（§379⑫）。

二、違背程序法則
(一) 免訴事由有無。
(二) 受理訴訟不當（§379⑤）。
(三) 所認管轄之有無係不當（§379④）。
(四) 上訴是否合法。
(五) §379 ①②③⑥⑦⑧⑨⑪⑬（原屬訴訟程序違背法令，因§379之特別規定而列為判決違背法令）。

三、違背證據法則
(一) 無罪推定原則。
(二) 證據裁判原則。
(三) 自由心證原則。
(四) 證據排除法則。
(五) 調查原則及嚴格證明法則（§379⑩）。
(六) 判決不備理由或理由矛盾（§379⑫）。

四、所謂法令
包括法律、命令、論理法則、經驗法則及法令之解釋變更（學說有不同見解）。

【附錄】97年台上第2049號

模擬搜索過程拍攝之影帶、光碟，其證據性質並非如同「普通證人」之供述證據，不適用傳聞排除法則。此證據係類似繪製地圖、圖表或一覽圖（map, chart, diagram）作為說明事件經過之事實，一則有助於審判者對於事件經過之了解，再則喚醒證人之記憶，有助於證人陳述之正確性，應具有證據能力。況此證據業經第一審法院當庭播放攝影畫面，勘驗並製作筆錄在卷，其檢驗證據程序已符合刑事訴訟法第212條、第213條第5款、第42條……等規定，尤不得謂為無證據能力。……前案紀錄文書證據僅係作為量刑參考準據之一。而量刑本為審判法院應依職權斟酌之事項，縱漏未向上訴人之辯護人宣讀或告以要旨及漏未詢問辯護人意見而於法固有不合，但不致剝奪上訴人之訴訟防禦權。況上訴人之辯護人於嗣後審判長依刑事訴訟法第289條予當事人表示科刑範圍之意見時，辯護人並未具

體表示科刑範圍及其理由，故此項程序上瑕疵，尤難謂足以構成上訴人之實質損害，屬於證據法上所謂「無害錯誤」（harmlesserror）。

【附錄】97年台上第2461號

審判長預料證人於被告前不能自由陳述者。對於證人是否與被告進行隔別訊問，刑事訴訟法第169條規定於「經聽取檢察官及辯護人之意見」後行之。……審判長於行隔別訊問時，如未履踐上開聽取意見之前置程序，……依刑事訴訟法第288條之3之規定，得向法院聲明異議，由法院就該異議裁定之。此調查證據處分之異議，有其時效性，如未適時行使異議權，致該處分所為之訴訟行為已終了者，除其瑕疵係重大、有害訴訟程序之公正，而影響於判決結果者外，應認其異議權已喪失，瑕疵已被治癒，而不得執為上訴第三審之合法理由。……（本件）迄於言詞辯論終結前，上訴人及其辯護人俱未聲明異議，上開訴訟程序之違背法令，復未致不當剝奪上訴人之對質詰問權，而有害程序之公正，即於判決結果顯然無影響，應屬無害之瑕疵，上訴人自不得據為適法之第三審上訴理由。

【附錄】98年台上第3166號

證人已由法官合法訊問，且於訊問時予當事人詰問之機會，其陳述明確別無訊問之必要者，依刑事訴訟法第196條規定，固不得再行傳喚。但證人倘未經法官合法訊問，未於訊問時予當事人詰問之機會，又無同法第163條之2第2項所列「應認為不必要」情形，當事人且已聲請詰問者，自應依法傳喚，無正當理由不到場者，於必要時並應依法拘提，不得因業經合法傳喚，證人拒不到場，即逕認無傳訊之必要。惟原判決援用某項證據，縱有不當，然除去該項證據，仍應為同一事實之認定者，即於判決無影響，依刑事訴訟法第380條規定，不得為上訴第三審之理由。

【附錄】99年台上第4444號

第三審法院得依刑事訴訟法第393條但書規定，就關於訴訟程序及得依職權調查之事項，調查事實者，必以先有合法之上訴為前提。而刑事被告於第三審上訴中死亡，依法應諭知不受理之判決者，亦以被告死亡係在有合法之上訴之後者為限。如為不合法之上訴，則原第二審判決以因無合法之上訴而確定，第三審法院即無從依職權逕行對被告死亡之事實加以調查，據以諭知不受理之判決。

【附錄】99年台上第4479號

刑事訴訟法第165條之1第2項針對可為證據之錄音、錄影、電磁紀錄或其他相類之證物，明定「審判長應以適當之設備，顯示其聲音、影像、符號或資料」為調查方法，所謂「以適當之設備，顯示」，通常以勘驗為之；依立法理由之說明，本條既係參考日本刑事訴訟法第306條第2項之立法例而為增訂，解釋上審判長（包括準備程序受命法官）即應依職權以適當之設備實施勘驗，然勘驗處分之實施，本法第212條規定偵查中由檢察官行之，即檢察事務官依檢察官之指揮命令實施勘驗（法院組織法第66條之3第2項第1款），

或司法警察（官）因調查犯罪情形而為與勘驗同其性質之勘察，亦非法所不許。檢察官或檢察事務官、司法警察（官）因調查證據及犯罪之必要，而以科技設備所呈現出該等證據內容之書面，如已具證據適格，又足以明確辨讀其內容者，倘當事人或訴訟關係人於法院調查證據時，對於上開書面之真實性不為爭執，復已予以當事人辯明其證明力之機會者，即令審判長未依職權再行勘驗，應認依個案之具體情形而無調查之必要，本不屬刑事訴訟法第379條第10款之範圍，依同法第380條之規定，自不得執以指摘，資為第三審上訴之正當理由。

【附錄】103年台上第229號

適用判例乃實現相同案件相同處理之法理，避免裁判分歧，以求普遍公平性與個案平等性。因此援用判例，應以案件之基礎事實相同為前提，確認二者為相同案件為要件，並應審酌社會環境變遷，法律見解是否與時俱進、有所變更。否則若二者之基礎事實不同，難認為是相同案件，自不能比附援引。（註：104年台上第1550號同旨）

【附錄】104年台上第1478號

基於保障被告防禦權而設之罪名告知、辯明及辯論權，既係被告依法所享有之基本訴訟權利，且法院復有闡明告知之義務，從而事實審法院若違反上開義務，所踐行之訴訟程序即屬於法有違得否作為上訴第三審之合法理由，端視對被告防禦權之行使有無妨礙而定

【附錄】106年台上第57號

刑事訴訟法第379條第10款所稱應調查之證據，係指與待證事實有重要關係，有調查之必要者而言。而證據與待證事實是否有重要關係，應以該證據所證明者能否推翻原審判決所確認之事實，得據以為不同之認定為斷。若證據欠缺調查必要性，法院未予調查，即與本款情形不同。

【附錄】106年台上第116號

對質，係法院為發現真實，命二人以上在場彼此面對面，互為質問、解答。法院於對質程序上乃命對質者；互為質問、解答者，則互屬對質者與被對質者關係，形成命對質者、對質者與被對質者之三面關係。法院藉由此等三面關係之互動情形，求其證實或否認，俾就問答之內容，察其詞色，親身感受獲得正確心證。對質之種類，依刑事訴訟法第97條、第184條之規定，可分為證人與證人、證人與被告、被告與被告間之對質。惟不論何者，均係法院於發現對質者與被對質者間，就同一或相關連事項之供（證）述有不同或矛盾之處，認有釐清真實必要時，以命令行之。此乃法院依職權自由裁量之事項，原則上由法院主導進行，被告雖有請求之權，但法院若認顯無必要，仍得拒絕實施對質。此與由被告或辯護人主導之詰問不同，訴訟上，倘被告或辯護人提出詰問權之主張，因屬憲法層次之保障，法院不得無端剝奪。又對質權與詰問權之內涵，固有不同，惟因同為正當法律程序保障之內容，法院為利於釐清真實，應適時介入或依被告之請求實施對質，並積極與

詰問交互運用，補充詰問之不足。是不論待證被告之犯罪事實或待證證言之憑信事實，如遇有上開各自陳述之事實相反之情形，除已經查有佐證可資審訂判斷而無違經驗上或論理上之法則外，審理事實之法院於決定證據如何取捨之前，即非無命對質之必要。此乃就單一證據之各別證據價值判斷存有不同之故也。從而，法院遇得否命對質之疑義，應受裁量權一般原則之拘束，非可任意為之或不為，且命對質，係調查證據之程序，如因發現真實之必要，且有調查之可能而未命對質，以致證據之本身對於待證事實尚不足為供證明之資料，而事實審仍採為判決基礎，則其自由判斷之職權行使，自與採證法則有違，併有應於審判期日調查之證據而未予調查之違背法令。

【附錄】106年台上第771號

　　如第二審於審判過程中，實際上並未對其所自行認定被告之犯罪構成要件事實踐行實質之調查及辯論程序，僅就第一審判決書所記載之犯罪事實為形式上調查、辯論而為判決，則就此等未經實質調查、辯論之犯罪事實而言，無異剝奪被告依同法第96條及第289條等規定所應享有而屬於憲法第16條訴訟基本權所保障範圍內之辯明罪嫌及辯論等程序權，抑且直接違背憲法第8條第1項所稱「非由法院依法定程序不得審問處罰」之規定，難謂於判決結果無影響，自應認該判決為違背法令。

【附錄】106年台上第819號

　　刑事第三審撤銷發回判決理由所指示之點（意見），基於審級制度之必然，除屬於附帶說明性質之事項外，對於更審法院法律上及事實上之判斷，除非更審法院於指示之範圍外，另有證據可憑，否則均應承認其拘束力；更審法院應於指示之範圍內，依所指示之點為判決，併受自由心證主義之限制；至於當事人對於更審判決固得提起上訴，請求變更，惟其提起之第三審上訴，如係以第三審原先發回意見之判斷有誤或不當，作為指摘更審判決之上訴理由者，及非屬合法第三審上訴理由。

🔎 焦點5　檢察官上訴理由之特別限制

　　本於被告速審權之保障，刑事妥速審判法對於第一、二審均判決被告無罪之案件，乃嚴格限制檢察官如欲對第二審判決提起上訴，需以下列事由為限，使被告不致受訴訟所累（第9條第1項）。惟因涉及嚴格法律審之上訴變革，故另訂有一年之日出條款以為緩衝：
一、判決所適用之法令牴觸憲法者。
二、判決違背司法院解釋者。
三、判決違背判例者。

第四節　第三審上訴之審理

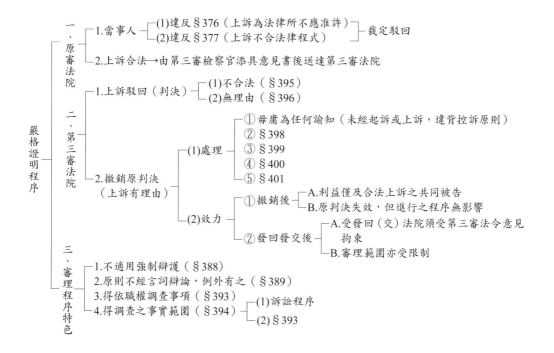

🔍 焦點1　第三審上訴理由意旨對原判決之指摘標準（參酌71年第3次決議）

一、上訴意旨對於原判決實體上之違法，或程序上之違法，均必須為具體的指摘，俾得就其指摘事項加以審查。至其上訴理由書雖指摘原判決有刑事訴訟法第379條其幾款之違背法令情形，但核其所述事實，與各該款之違法情形無一符合時（例如當事人或辯護人在原審並未聲請調查其證據，竟指摘其未予調查該證據。又如誤以在訴訟上其他主張為上訴事項，而指原審未予判決。又如指原判決不載未予諭知緩刑之理由為理由不備之類），仍不能認為其上訴已合法律上之程式。

二、上訴意旨僅漫指原判決認定事實錯誤（或為事實上之爭執），自非以判決違法為上訴理由，必須指出原審根據某種證據而為事實之認定係屬違法，即對原審之適用證據法則加以指摘，始係以判決違法為其上訴理由。

三、原審依實體法或程序法得依職權自由裁量之事項，不得任意指摘以為上訴第三審之理由，可逕由程序上予以駁回（例如刑之酌減、刑事訴訟法得命證人與他證人或被告對質之類）。

四、上訴意旨指摘原審訴訟程序違背法令，但顯然於判決無影響者，依刑事訴訟法第380條規定，仍應認為不得據為上訴第三審之理由，可由程序上予以駁回。

五、上訴意旨只須具體指摘原判決內容如何違法，即屬具備刑事訴訟法第377條之要件，縱令所持法律觀點顯屬不當，亦僅係上訴為無理由，不能謂其上訴為不合法。至上訴意旨不以判決違法為其指摘之理由者，則應認為上訴違背法律上之程式。

🔍 焦點2　第二審與第三審調查證據及認定事實職權之界限（參酌77年第11次刑庭決議）

依我國現制，第二審有調查證據認定事實之職權，而第三審就第二審關於證據之調查及事實之認定是否違法，有審查之職權。惟第二審與第三審因其審級職務分配之不同，其查證認事之職權，亦有差異，茲舉其主要界限分述如下：

一、於第二審部分

(一) 第二審採覆審制，應就第一審判決經上訴之部分為完全重覆之審理，是第二審既有認定事實之職權，基於直接審理主義及言詞辯論主義之精神，對於第二審審理中所存在之證據，不問為當事人所提出聲請或法院本於職權所發見，如與待證事實有重要關係，在客觀上認為應行調查者，第二審自應盡調查之能事，以發揮事實覆審之機能，故當不受第一審調查範圍之限制，亦不受當事人意思之拘束。

(二) 無證據能力，未經合法調查之證據，第二審不得採為判決之證據資料，第二審調查之證據，應包括第一審已調查及未調查者，是故不特未經第一審調查之證據，應踐行調查之程序，即已經第一審調查之證據，仍應依法加以調查，然後本於直接調查之所得，以形成正確之心證，審認第一審判決是否適當或有無違法，而為第二審之判決。

(三) 第二審就案內所有證據本於調查所得心證，分別定其取捨，而為事實之判斷，本為其職權之行使，苟與證據法則無違，不得加以指摘。又證據之證明力，亦即證據之價值判斷，由第二審法院本其自由心證而為之，但其心證應本於證據法則，而為合理之判斷，否則即屬違法。

(四) 第三審就發回更審所為法律上之判斷，固足以拘束原審法院，但所作發回意旨之指示，不影響原審法院真實發見主義之要求，更審中對於當事人聲請調查及法院依職權所應調查之一切證據均應予以調查，不以第三審發回所指者為限。第二審法院經審理結果，自得本於所得之心證而為不同之判斷，據以重新為事實之認定。

(五) 連續犯之多次犯罪行為，事證已明，設如其中部分行為事實欠明，無從調查時，第二審可依法列為犯罪事實並於理由內為必要之說明，以減少案件之發回。

二、關於第三審部分

(一) 第二審法院對於證據之判斷，與事實之認定，除刑事訴訟法已有明定之證據法則應行遵守外，通常皆以本於生活經驗上認為確實之經驗法則或理則上當然之論理法則等為其準據，關於原判決違背該等法則必須撤銷者，第三審法院應予具體指明。茲臚列經驗法則及論理法則之一般標準於下：

1. 對於事實證據之判斷，其自由裁量必須保持其合理性，如其證據與事理顯然矛盾，

原審予採用，即於經驗法則有所違背。

2. 如何依經驗法則，從無數之事實證據中，擇其最接近眞實之證據，此爲證據之評價問題，但對於內容不明之證據，不得爲證據之選擇對象。又對內容有疑義之證據，仍應調查其他必要之證據，不得作爲判決之唯一證據。

3. 證據本身存有瑕疵，在此瑕疵未能究明以前，選擇爲有罪判決之基礎，難謂於經驗法則無違。

4. 本證不足證明犯罪事實時，設若以反證或抗辯不成立，持爲斷罪之論據，顯於經驗法則有違。

5. 供述證據，前後雖稍有差或互相矛盾，事實審法院非不可本於經驗法則，斟酌其他情形，作合理之比較，定其取捨。又供述證據之一部，認爲眞實者，予以採取，亦非法則所不許。

6. 證據與事實間必須具有關聯性，即是否適合犯罪事實之認定，不生關聯性之證據，欠缺適合性，資爲認定事實之基礎，即有違背論理法則。

7. 認定犯罪事實之證據，其判斷必須合理，否則即欠缺妥當性。如果徒以證人與被告非親即友，即謂其證言出於勾串，顯不合論理法則。

(二) 第三審法院調查第二審判決有無違背法令，而影響於事實之確定，係以該案件之訴訟卷宗及所附證據爲其根據，即以第二審之資料，審查第二審判決之當否，僅憑書面之間接審理，故第三審於統一法令之適用外，並有具體救濟當事人對原審法院違法所確認事實錯誤之機能。然第三審不逕行調查證據，而爲事實之認定，事實最後仍應由第二審確定，兩者對事實之調查界限，不容混淆。

(三) 第二審判決雖係違背法令而不影響於事實之確定，可據以爲裁判者，第三審法院應就該案件自爲判決。但如原判決未記載某項事實或所記載事實不明，致其所確認之事實與論處罪刑所援用之法令不能適合，仍屬用法不當。又原判決因重要證據漏未調查等情形，影響於事實之確定，第三審無可據以爲裁判者，均只得撤銷原判決，將案件發回原審法院或發交與原審法院同級之他法院。

(四) 何種證據應予調查，其應調查之範圍如何？在未違背經驗法則、論理法則之範圍內，係專屬事實審法院得依職權自由裁量之事項，因之，原審法院對於證據之取捨與依調查所得之證據以爲事實之認定，倘未明顯違背經驗法則、論理法則，第三審毋庸依職權判斷其當否。

(五) 原審是否已依職權調查證據，必須上訴意旨就原審證據調查之結果，如何仍未得有充分之心證，且依審理之結果，如何尚有其他證據足供調查，而此項證據復如何與待證事實有關，確屬發見眞實所必要等，予以具體指明，第三審始得就其所言情形予以審查，並就第三審得依職權調查之事項而予調查。

(六) 除第三審得依職權調查之事項外，其他因原審未盡職責致判決違背法令情形，其未經上訴意旨所指摘者，既非屬第三審得依職權調查之範圍，則其雖經第三審判決確定，因第三審判決並無不當，自不得以確定判決違背法令爲由，對第三審之判決提起非常上訴。

第五節　上訴審構造（黃朝義，前揭書，頁161以下；王兆鵬，前揭書，頁252以下；吳巡龍，台灣本土法學第67期，頁123以下）

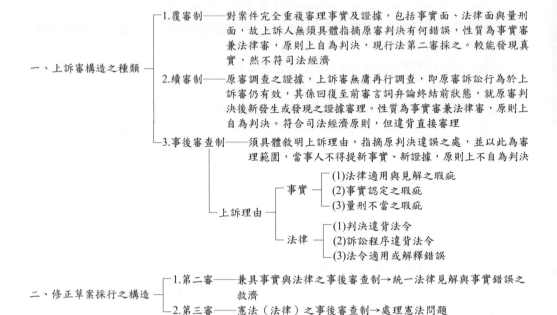

一、上訴審構造之種類
- 1.覆審制——對案件完全重複審理事實及證據，包括事實面、法律面與量刑面，故上訴人無須具體指摘原審判決有何錯誤，性質為事實審兼法律審，原則上自為判決，現行法第二審採之。較能發現真實，然不符司法經濟
- 2.續審制——原審調查之證據，上訴審無庸再行調查，即原審訴訟行為於上訴審仍有效，其係回復至前審言詞弁論終結前狀態，就原審判決後新發生或發現之證據審理。性質為事實審兼法律審，原則上自為判決。符合司法經濟原則，但違背直接審理
- 3.事後審查制——須具體敘明上訴理由，指摘原判決違誤之處，並以此為審理範圍，當事人不得提新事實、新證據，原則上不自為判決
  - 上訴理由
    - 事實
      - (1)法律適用與見解之瑕疵
      - (2)事實認定之瑕疵
      - (3)量刑不當之瑕疵
    - 法律
      - (1)判決違背法令
      - (2)訴訟程序違背法令
      - (3)法令適用或解釋錯誤

二、修正草案採行之構造
- 1.第二審——兼具事實與法律之事後審查制→統一法律見解與事實錯誤之救濟
- 2.第三審——憲法（法律）之事後審查制→處理憲法問題

🔍 焦點1　事實事後審查制與法律事後審查制（黃朝義，刑事訴訟法制度篇，頁180以下）

一、事實事後審查制兼及事實與法律之審查，惟其並非以原案件之事實為對象，而僅係審查下級審判決所認定之事實是否適當，而非另行認定事實（與覆審制或續審制不同）。至於事實事後審查制之審查基準為何，日本學說有嚴格之事後審查制、形式之事後審查制、審查時為基準之事後審查制、接木式續審之事後審查制，我國修正草案與日本現行法同採接木式續審之事後審查制。

二、接木式續審之事後審查制係以原判決有違背法令之情形後所為之事實調查，在性質上類似接續第一審之事實認定程序（即續審制），故容許調查原審判決所未顯現之證據，且得就該證據之調查採行言詞辯論之方式。

🔍 焦點2　上訴審構造與目的之關聯性（黃朝義，刑事訴訟法制度篇，頁177以下；林俊益，刑事訴訟法概論，頁370；褚劍鴻，刑事訴訟法論（下），頁352）

一、**判決安定性**：判決宣示或送達後，基於明確性與安定性考量，應對當事人與法院均具

拘束力與不變力，則上級法院之變更判決即與上開目的有所衝突，有違法治國原則，本此上訴審構造宜採事後審查制。

二、**判決妥當性**：法院判決之違背法令或誤認事實，將致被告權利蒙受不當侵害，亦使司法公正性為人民所質疑，是以上訴審法院如能充分糾正下級審之違誤判決，必得使確定判決之實質內容更具妥當性，則覆審制之上訴審構造似較能達此目的。

🔍 焦點3　上訴審修正草案要點

一、第二審上訴審

(一) 第二審上訴係採關於事實認定與法律適用之事後審查制，若原審判決認定事實錯誤顯然於判決有影響，或科刑、宣告保安處分顯然不當時，均允許上訴權人提起上訴。惟上訴人須於上訴書狀敘明理由，並引用卷內訴訟資料，具體指摘原審判決認定事實錯誤顯然影響於判決，或科刑、宣告保安處分顯然失當之事項。

(二) 第二審法院須以原審調查之證據及原判決確認之事項為基礎，其調查範圍原則上限於上訴理由所指摘之事項，但於免訴事由有無、適用實體法條之適當否、原審判決後發生足以影響科刑與保安處分之新事實等，為兼顧裁判之公正與妥適，得依職權為調查。

(三) 若當事人因不得已之事由，未能於原審言詞辯論終結前，聲請調查證據，或原審辯論終結後判決前發生之新事實，致使原審事實認定錯誤影響於判決，或造成科刑、宣告保安處分顯然失當時，應容許提起第二審上訴，故其仍具事實審功能。

(四) 第二審採強制律師代理制度，因第二審採事後審查制具有法律審之性質，非具備法律專業知識者，無法擔任此辯論任務，故規定第二審行言詞辯論時，非以律師充任之辯護人、代理人或審判長指定之辯護人不得行之。

(五) 第二審以自行判決為原則，發回更審為例外（即原審所為形式判決不當而撤銷或原審未諭知管轄錯誤係不當而撤銷）。

(六) 為被告利益而上訴者，不論原審判決有無適用法條不當，均有不利益變更禁止原則之適用。

二、第三審上訴審

(一) 第三審改採嚴格法律審，則上訴第三審之事由，以原審判決所適用之法令抵觸憲法、判決違背司法院解釋或判例等三種情形為限，但為維護當事人利益，倘第三審認為不將原審判決撤銷顯然違反正義時，亦得依職權將原審判決撤銷。

(二) 高等法院所為第一審或第二審之判決，縱無法定得提起第三審上訴之事由，但其所涉及之法律見解如具有原則上重要性時，亦許可其上訴第三審。

(三) 刪除原第376條輕罪不得上訴第三審之限制，因第三審已改採嚴格法律審之故。

(四) 第三審就上訴案件或裁定許可上訴之案件，認原審判決所適用之法令，確信其有抵觸憲法之疑義或有變更司法院解釋之必要者，應裁定停止審判，並添具意見書，將案件

移送憲法法庭解釋。

(五) 撤銷原審判決時，以發回更審爲原則，蓋第三審採行嚴格法律審制，原則上不具審理犯罪事實之功能，故撤銷原審判決後，應以發回或發交更審爲原則，自爲判決爲例外（原審判決違背法令，然不影響於事實之確定者）。

(六) 對於高等法院之裁定不得抗告，僅得以聲明異議方式爲救濟。

三、其他增修規定

(一) 對於檢察事務官或司法警察（官）之採證行爲不服者，得聲請撤銷或變更。

(二) 擴大爲受判決人利益聲請再審，並限縮爲受判決人之不利益聲請再審。

(三) 限縮提起非常上訴之事由，需該案件之審判違背法令，且與統一法令適用有關者始得爲之，但爲保護被告之利益，倘案件之審判違背法令，且不利於被告者，雖與統一法令適用無關，仍得提起非常上訴。

🔍 焦點4 學者就上訴審修正草案之相關建議（何賴傑、林鈺雄、吳巡龍、台灣本土法學第67期，頁137以下；何賴傑，全國律師第9卷第10期，頁34以下；陳運財，月旦法學第143期，頁54以下）

一、所謂依法應於審判期日調查之證據指在原審審判程序中已存在之證據爲限，不包括蒐集證據在內，蓋法院無蒐集證據之職權。又此包括根本未調查、調查未盡、未經合法程序調查等情形，而此等錯誤係屬審判錯誤，與結構瑕疵無關，故應適用無害錯誤原則判斷該錯誤是否無害，即該錯誤是否影響原判決之結果，以決定是否撤銷原判決，無害錯誤之心證門檻應達毫無合理懷疑，否則應視爲有害錯誤而撤銷原判決。

二、第二審既已改採事後審查制，第三審功能應與第二審有所區別，故第三審乃以統一解釋法令及法規形成爲目的。

三、簡易判決處刑與簡式審判程序之調查證據並未經合法調查方式及交互詰問，當事人對於第一審判決不服提起上訴時，法院應回復原被剝奪受通常程序審判，亦即與證人對質詰問之權利，故本此對質詰問權之一次性原則，簡易與簡式程序之第二審不宜採事後審查制，當然，倘於通常程序之第一審已踐行過之交互詰問，於第二審即無再行重複之必要。

四、對於法院就證據能力有無之裁定，應許當事人提起抗告，原審法院及抗告法院得於裁定前，先行停止審判程序，而不應待判決後方將證據能力有無之爭執列爲上訴理由。

五、學者另有主張於第一審審判之折服率未見提高前，第二審宜維持覆審制，較易發揮個案救濟之功能，只得就覆審制爲合理限制，以兼顧訴訟經濟。

六、學者另主張可採飛躍上訴制度，由當事人決定欲上訴第二審（事實審）或第三審（法律審）。

七、亦有學者主張上訴審（第二審）構造應採續審制，其理由爲：

(一) 續審制較接近於覆審制，但對覆審制訴訟不迅速、不經濟之缺點已有所修正。國內第

二審法院嫻熟於現行覆審制規定及實務操作，無論是法官或當事人、辯護人，對於續審制較易上手。而事後審制之操作，法官需要較高之法律解釋適用能力（類如現行最高法院法官），不但與現行第二審法院運作方式有重大不同，而且當事人短期內絕對無法補足對於法律解釋適用之能力。

(二) 就上訴門檻而言，續審制與覆審制門檻低於事後審制，因而可能會讓當事人較有濫訴（浮濫上訴）機會。對此，只能從形式要件限制，例如當事人必須提出上訴理由等方式予以限制。

(三) 就證據調查而論，理論上，續審制可能引起當事人輕忽第一審程序之情形，蓋當事人仍得於第二審程序隨時提出新事實、新證據，不過，實踐上，此種現象應該不會是常態，畢竟有罪無罪涉及刑罰之科處，當事人應不致故意於第一審被判有罪，第二審再力求翻案。續審制相較於覆審制，對於第一審程序之事實及證據，未必需全部重新調查，有訴訟迅速、經濟且保障當事人個案救濟之優點。

(四) 就法院判決而論，續審制原則上要求第二審法院必須自為判決，此亦有訴訟迅速、經濟之優點。

(五) 我國民事訴訟法過去數年也同樣經歷一連串「翻天覆地」的修正，最後修正結果，對於第二審亦權採（修正的）續審制（參見民事訴訟法第447條立法理由），而非「激進」的事後審制。縱係採行（純正）當事人進行主義的民事訴訟法，亦不敢斷然採用事後審制，不知草案為何對於深具公益色彩的刑事訴訟法獨具信心而須採事後審制，背後立法政策考慮為何，令人不解。

(六) 事實上，草案主要係依據日本刑事訴訟法為藍圖而為之修正。反觀日本法制現況，依據日本學者土木武司看法，日本實務上，第二審（控訴審）法院撤銷原審判決而自行判決之情形，占壓倒性的多數。控訴審的實際情況，也可以說一開始就是以自判為目標而進行的續審或覆審性質的審理。其根本原因在於日本國民期待控訴審本身能直接判斷事實並量定刑罰。姑且不論日本實務與立法意旨顯有嚴重落差之情形，即第二審自判比例過多，絕不僅是不適當而已，甚且可能有違法之嫌，畢竟日本控訴審之法律規定是以事後審為範本，要將其轉用為續審甚或覆審，第二審法官必須以其訴訟指揮方式補足制度上之差異，否則絕對可能違反直接審理、言詞審理等基本要求。

八、在刑事程序中原審判決所適用的法令違背憲法的情形，實際上極為罕見，司法院版容許「法令違憲」得上訴第三審，卻未列入個案的判決違憲之情形，將使人權侵害的個案難以在第三審法院獲得及時有效的救濟。司法院版第377條尚且容許以原審判決違背司法院及判例作為上訴第三審之事由，卻不容許原判決內容或訴訟程序有情節更重大、且直接違背憲法規定的情形上訴第三審，實顯失均衡。

九、因簡易判決原則上採行書面審理，則由地方法院合議庭掌理第二審上訴，將來仍應維持事實審理的覆審制，而不宜與司法院版適用通常審判程序案件之第二審改採事後審查審。

十、學者認為第370條但書規定的廢除，其理念旨在維護程序的正當性，國家機關謙讓的不去利用為被告利益所提起的上訴程序，反過來判處其較重於原審判決之刑，即便原

審存在判決適用法則不當，不加以撤銷改判，不符合實體正義或社會秩序之利益，亦在所不惜。亦即，不利益變更禁止原則的貫徹，乃在彰顯正當程序重於實體眞實的發現；原審判決有適用法則不當的情形，本應由檢察官積極行使上訴權，爲被告不利益提起上訴，以資救濟，而非利用被告所提起之程序來對其加重量刑。但書規定的廢除，固然會使被告較不遲疑的提起上訴，惟此與所謂濫行上訴之間，不宜劃上因果關係，要防止不當的濫行上訴，應從根本改善裁判品質及設定合理的上訴理由等方向，研議改進，而不應以限縮不利益變更禁止原則的適用範圍，來企圖達到防止濫訴的目的。

🔎 焦點5　上訴審採行事後審查制之配套措施（黃朝義，刑事訴訟法制度篇，頁191以下；王兆鵬，當事人進行主義之刑事訴訟，頁251以下）

一、充實第一審事實審功能與
　　建構權責分明之訴訟模式
　　┌ 1.司法警察→確實蒐證
　　├ 2.檢察官→嚴格篩選證據並愼重起訴與實質舉
　　│　　證，具監督補充功能
　　└ 3.法院→嚴格堅守客觀立場進行審判（有調查證
　　　　據義務，無蒐集證據義務）

二、準備程序之強化──類同審前會議，除爲第273條至第278條之事項外，併行認罪與量刑協商

三、證據開示制度之導入
　　┌ 1.反對詰問得以獲得保障
　　├ 2.可使偵查透明化
　　├ 3.防止證據不當隱匿
　　└ 4.被告可知被訴事實

四、訴因制度之採行──犯罪事實（時間、地點、方法）之記載須具體特定，以強化被告防禦權並避免突襲性裁判

五、辯護制度之強化

六、嚴格證據法則之建構──證據理論消極要件之排除（證據能力）與積極要件之調查

七、採行「未提出視爲放棄」法則──須於第一審指出法院程序之錯誤並保留權利（包含證據與訴訟程序之異議），否則不得於第二審主張，但有如下例外：
　　┌ 1.原判決明顯錯誤
　　├ 2.因法律規定，致無合理時間或機會提出
　　├ 3.審判權錯誤
　　└ 4.整體司法經濟目的

八、採行「無害錯誤」法則──限有害錯誤方可上訴，即以錯誤是否致影響於判決爲斷，藉由「錯誤是否影響心證之有重要關係事項」爲分析判斷，如第380條。其心證門檻則爲無合理懷疑之確信

九、採行「當然發回錯誤」法則——承上情形而無合理懷疑之確信。認定錯誤無害，但具特定情形仍予發回，如第379條各款與憲法錯誤

【衍生實例】

目前二審的訴訟構造採「覆審制」，可能的缺點是什麼？如果改採「事後審查制」，有何優劣之處？　　　　　　　　　　　　　　　　　　　　　（95政風）

考點提示：參見本章上述之焦點說明。

🔍 焦點6　第三審言詞辯論被告拒絕在場之探討（李佳玟，月旦法學教室第174期，頁31）

　　學者主張，縱認為事實審宣告死刑案件之被告，第三審言詞辯論之主要程序內容僅係辯護人與檢察官進行法律爭點與量刑辯論，然現行法並未賦予死刑被告於第三審進行法律言詞辯論時，得不到場及拒絕視訊之權利，故若第三審法院同意讓被告不到場及不接受視訊，即有違反刑事訴訟法第387條準用第281條之規定，而有同法第379條第6款之判決當然違背法令。

第六節　抗告與再抗告

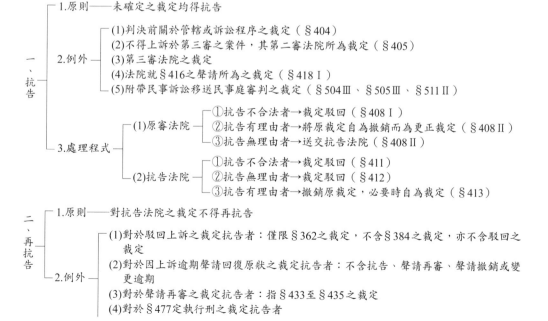

└(5)對於§486聲明疑義或異議之裁定抗告者
　(6)證人、鑑定人、通譯及其他非當事人對於所受之裁定抗告者
　（註：但以上情形於§405不得抗告之裁定，依§415Ⅱ不適用之）

🔍 焦點1　判決前對程序裁定不得抗告之例外

　　刑事訴訟法第404條但書所列二款事由乃對於判決前關於管轄或訴訟程序之裁定不得抗告之例外。

🔍 焦點2　準抗告之內涵

一、意義

　　乃當事人或受處分人，對於審判長、受命法官、受託法官或檢察官所為之處分不服，聲請其所屬法院，撤銷或變更之方法（§416）。

二、事由

(一) 關於羈押、具保、責付、限制住居、搜索、扣押或扣押物發還、因鑑定將被告送入醫院或其他處所之處分、身體檢查、通訊監察及第105條第3項、第4項所為之禁止或扣押之處分。
(二) 對於證人、鑑定人或通譯科處罰鍰之處分。
(三) 對於限制辯護人與被告接見或互通書信之處分。
(四) 對於第34條第3項指定之處分。

【附錄】71年台抗第404號

　　刑事訴訟法第484條之聲明異議，以受刑人或其法定代理人或配偶，對於檢察官執行之指揮認為不當者，方得為之，此與具保人對於審判長、受命推事、受託推事或檢察官關於沒入保證金處分，得依同法第416條第1項第1款聲請其所屬法院撤銷或變更之程序，完全不同。同法第418條第1項前段復明定對於法院此項裁定，不得抗告。本件再抗告人等既係刑事被告審判中之具保人，而非受刑人或其法定代理人或配偶，所為不服檢察官沒入保證金之處分，既不在聲明執行異議之列，自應依刑事訴訟法第416條及第418條之規定辦理。

【附錄】98年台抗第157號

　　法院之裁定得分別情形，以口頭宣示、記載於筆錄（刑事訴訟法第50條但書）或製作書面等方式行之，其以書面為之者，亦無法定格式。而法院所簽發之「押票」，其應記載之事項，如合於同法第223條之規定，應認「押票」亦屬書面「裁定」之一種。故法院執行羈押時，依同法第103條第2項規定，既應將押票分別送交檢察官、看守所、辯護人、被告及其指定之親友，並已載明「如不服羈押處分之救濟方法」，被告請求救濟之途徑已受充分保障，即應自送達押票（書面裁定之一種）後起算抗告期間。

【附錄】98年台抗第282號

刑事之上訴或抗告救濟程序，以受裁判人因受不利益之裁判，為求自己利益起見請求救濟者，方得為之。而受裁判人上訴、抗告之利益或不利益，應就一般客觀情形觀之，並非以上訴人或抗告（再抗告）人之主觀利益為準。又抗告法院認為抗告有理由者，應以裁定將原裁定撤銷，於有必要時，並自為裁定，刑事訴訟法第413條定有明文。故抗告法院對原裁定法院不當、違法之裁定，原則上僅予以撤銷，使案件回復原裁定前之狀態，以資糾正，即為已足，例如撤銷原裁定法院對於證人所為違法之罰鍰裁定者是；然若撤銷後，原據以裁定之聲請，因此懸而未決，有必要更為妥適之裁定時，即應自為裁定。再觀諸第二審或第三審法院撤銷其下級審法院判決後，俱依其撤銷原因之不同而異其處理方式，或自為判決，或分別發回、發交下級審法院，刑事訴訟法第369條、第398條至第401條分別定有明文，然抗告法院撤銷原審裁定後，刑事訴訟法僅於第413條規定於有必要時，並自為裁定，故此所謂自為裁定，並不以由抗告法院逕行為程序或實體之裁定為限，即諭知由原裁定法院更為裁定，亦屬之。抗告法院自得本其職權，斟酌事實明確與否、證據調查難易等本件個案具體情況，或本件所由生之其他相關訴訟進行程度等一切情狀，而為妥適決定。其事實已明而僅適用法律不當，或雖事實仍待查明，但由抗告法院調查事實並無困難或不便者，抗告法院自可逕行為上述終局裁定；苟其事實不明，猶待調查，且抗告法院調查不易或不便者，即應諭知由原裁定法院更為適法之調查、裁定；若另有本件聲請所由生之相關訴訟正於原裁定法院進行中，自更應尊重原裁定法院，俾便其整合統籌更為適當之裁定。抗告法院此等逕行裁定或諭知由原裁定法院更為裁定所為裁量權之職權行使，倘未就原聲請之合法與否或有無理由，為實質上之終局判斷，則對抗告人而言，並無利益與不利益可言，再抗告人本無因裁判而受有不利益，為求自己利益，而請求救濟之問題。

【附錄】98年台抗第346號

不得上訴於第三審法院之案件，其第二審法院所為裁定，不得抗告，刑事訴訟法第405條定有明文。此種案件既不得抗告，自亦不得再抗告。至於同法第415條第1項第1款雖規定，對於駁回上訴之裁定，得提起再抗告，但同條第2項復規定，於依第405條不得抗告之裁定，不適用之。亦即不得上訴於第三審法院之案件，其第二審法院所為駁回上訴之裁定，仍須受第405條之限制，不得抗告，若第二審法院維持第一審法院所為駁回上訴之裁定，則不得再抗告。本件第一審法院所為之協商判決既無刑事訴訟法第455條之10但書所列得上訴之情形，依同條項前段規定，即不得上訴於第二審法院，當然亦不得上訴於第三審法院。於此情形，不得上訴於第三審法院之案件，其第二審法院所為駁回抗告之裁定，自不得再抗告。

🔑 焦點3　釋字第639號

憲法第8條所定之法院，包括依法獨立行使審判權之法官。刑事訴訟法第416條第1項

第1款就審判長、受命法官或受託法官所為羈押處分之規定，與憲法第8條並無牴觸。刑事訴訟法第416條第1項第1款及第418條使羈押之被告僅得向原法院聲請撤銷或變更該處分，不得提起抗告之審級救濟，為立法機關基於訴訟迅速進行之考量所為合理之限制，未逾立法裁量之範疇，與憲法第16條、第23條尚無違背。且因向原法院聲請撤銷或變更處分之救濟仍係由依法獨立行使職權之審判機關作成決定，故已賦予人身自由遭羈押處分限制者合理之程序保障，尚不違反憲法第8條之正當法律程序。至於刑事訴訟法第403條、第404條第2款、第416條第1項第1款與第418條之規定，使羈押被告之決定，得以裁定或處分之方式作成，並因而形成羈押之被告得否抗告之差別待遇，與憲法第7條保障之平等權尚無牴觸。

第十四章 非常救濟程序

第一節 非常救濟程序之基本觀念

不論本案判決或非本案判決，一旦判決確定即具形式確定力，未得再以通常救濟程序改變之，以維持法之安定性與人民對司法判決之信賴，故而本案確定判決並有實質確定力，受一事不再理之拘束，然事實認定抑或法令適用錯誤，非僅有害實體真實之發現，更使法之和平性無從回復，甚且嚴重減損司法確定判決之威信，是以刑事訴訟法乃於判決確定後特設非常態之救濟途徑，其可區分為救濟事實之再審與救濟法律之非常上訴。

第二節 再審之程式

一、對象 ┌ (一)為受判決人利益→以有罪為限
　　　　 └ (二)為受判決人不利益→含有罪、不受理、無罪、免訴

二、聲請人 ┌ (一)為受判決人利益→§427
　　　　　 └ (二)為受判決人不利益→§428

三、原因 ┌ (一)為受判決人利益→§420、§421
　　　　 └ (二)為受判決人不利益→§422

四、期間 ┌ (一)原則→無限制
　　　　 └ (二)例外→§424、§425

五、管轄法院 ┌ (一)原則→判決原審法院，§426 I
　　　　　　 └ (二)例外→§426 II、III

六、撤回 ┌ (一)於再審判決前以書狀為之，審判期日可言詞撤回→§431 I、§432
　　　　 └ (二)撤回人不得以同一原因聲請再審→§431 II

七、效力 ┌ (一)原則→不停止刑罰執行（§430本文）
　　　　 └ (二)例外→§430但、§435 II

（註：黃朝義教授認為刑事訴訟法第346條是否能適用於再審程序之中，細究該條之規定，係適用於通常程序之中，而再審程序為一非常程序，兩者性質有異，實不宜將此規定類推適用於再審程序之中。再者，提出再審之聲請並非辯護人固有之權限，在刑事訴訟法並無相關之規定，因而自不宜類推適用刑事訴訟法第346條，故應認為原審之辯護人無聲請再審之權限，必須由受判決之人重新委任辯護人始足當之。）

第三節　再審之審理

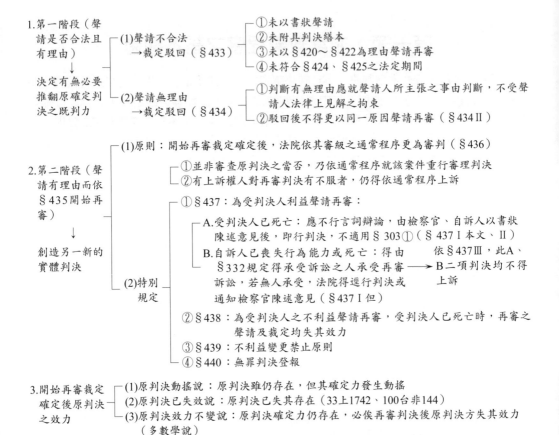

```
                      ┌(1)聲請不合法        ┌①未以書狀聲請
1.第一階段（聲          │  →裁定駁回（§433）│②未附具判決繕本
  請是否合法且         ┤                    ┤③未以§420～§422為理由聲請再審
  有理由）             │                    └④未符合§424、§425之法定期間
      │               │
  決定有無必要          │(2)聲請無理由        ┌①判斷有無理由應就聲請人所主張之事由判斷，不受聲
  推翻原確定判          └  →裁定駁回（§434）┤  請人法律上見解之拘束
  決之既判力                                └②駁回後不得更以同一原因聲請再審（§434 II）

                      ┌(1)原則：開始再審裁定確定後，法院依其審級之通常程序更為審判（§436）
                      │     ┌①並非審查原判決之當否，乃依通常程序就該案件重行審理判決
                      │     └②有上訴權人對再審判決有不服者，仍得依通常程序上訴
2.第二階段（聲          │     ┌①§437：為受判決人利益聲請再審：
  請有理由而依         ┤     │
  §435開始再          │     │   A.受判決人已死亡：應不行言詞辯論，由檢察官、自訴人以書狀
  審）                │     │      陳述意見後，即行判決，不適用§303①（§437 I 本文、II）
      │               │     │   B.自訴人已喪失行為能力或死亡：得由     依§437 III，此A、
  創造另一新的          │(2)特別│      §332規定得承受訴訟之人承受再審  ─→ B二項判決均不得
  實體判決             └  規定 │      訴訟，若無人承受，法院得逕行判決或    上訴
                            │      通知檢察官陳述意見（§437 I 但）
                            │   ②§438：為受判決人之不利益聲請再審，受判決人已死亡時，再審之
                            │      聲請及裁定均失其效力
                            │   ③§439：不利益變更禁止原則
                            └   ④§440：無罪判決登報

                      ┌(1)原判決動搖說：原判決雖仍存在，但其確定力發生動搖
3.開始再審裁定          │(2)原判決已失效說：原判決已失其存在（33上1742、100台非144）
  確定後原判決         ┤(3)原判決效力不變說：原判決確定力仍存在，必俟再審判決後原判決方失其效力
  之效力                  （多數學說）
```

第四節　再審理由

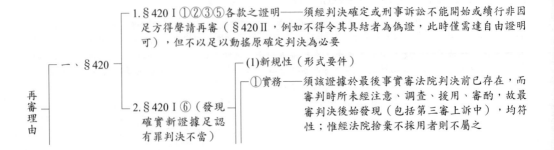

```
          ┌─┬1.§420 I①②③⑤各款之證明──須經判決確定或刑事訴訟不能開始或續行非因
          │ │  足方得聲請再審（§420 II，例如不得令其具結者為偽證，此時僅需達自由證明
再        一、│  可），但不以足以動搖原確定判決為必要
審        §420│
理        │ │                     ┌(1)新規性（形式要件）
由        │ └2.§420 I⑥（發現──  ┤      ┌①實務──須該證據於最後事實審法院判決前已存在，而
          │   確實新證據足認           │      │  審判時所未經注意、調查、援用、審酌，故最
          │   有罪判決不當）           └      │  審判決後始發現（包括第三審上訴中），均符
          │                                 │  性；惟經法院捨棄不採用者則不屬之
```

再審理由

②學說——不論該證據於最後事實審法院判決前或後存在，亦不論當事人是否知有該證據存在及該證據存在之形式，僅須該法院因不知而未及審酌即屬之。亦即該證據具有「尚未被判斷之資料性質」；所謂之新證據係指，「法院就該證據未加以為實質證據價值判斷之證據而言」

③修正新法——已改採學說見解

(2)確實性（實質要件）

①此非指該證據之證明力是否確實可信，蓋證明力乃准許再審後，於再審審判秩序方得判斷

②是以所謂確實性乃指該證據（形式上）確實存在，並無瑕疵（未偽造、變造），對此法院應予調查，以判斷是否准予再審，倘該證據確實存在，且假設其證明力可信，而足以動搖原確定判決者，即屬之

③對原確定判決認定之事實具合理懷疑即符合確實性，此時應依據「罪疑唯輕」原則，為對受判決人有利之認定

④修正新法、採新事實或新證據「單獨或與先前之證據綜合判斷」

(3)足認受有罪判決之人應受無罪、免訴、免刑或輕於原判決所認罪名之判決者

①指法定刑較輕之相異罪名（宣告刑輕重屬量刑問題，不在本款範圍）

②同一罪名之刑罰加減原因有無不得聲請再審

③原審確定判決為數罪併罰實係科刑上一罪，仍不失為輕於原判決

④既未遂判斷，實務認屬科刑輕重，與罪名無關，惟學說肯定得再審

二、§421

1.案件限制

(1)簡易判決、協商判決§376之案件，經第二審確定之有罪判決

(2)因捨棄上訴權或撤回上訴而不得上訴第三審者不屬之

2.漏未審酌

(1)指重要證據業已提出，未予審酌而言（類同§379⑩應於審判期日調查之證據未予調查）

(2)證據被捨棄不用但未於理由說明捨棄理由亦屬之，但如已說明則為法院自由心證之判斷餘地

三、§422

1.第二款

(1)輕於相當之刑——指「罪名」（法定刑）較輕之判決，並非量刑較輕之判決

(2)新事實或新證據—指事實審法院判決當時未能援用審酌，其後始行發現者→同§420 I⑥之認定方式

2.第三款→修正草案刪除之理由——再審制度設立之目的除發見真實外，更重在無辜之救濟，對於受判決之人之不利益而聲請再審之事由允宜加以限縮，僅於受判決人係受無罪之判決時，始得為其不利益聲請再審，爰修正本條前文及第二款之規定，併將第三款規定予以刪除

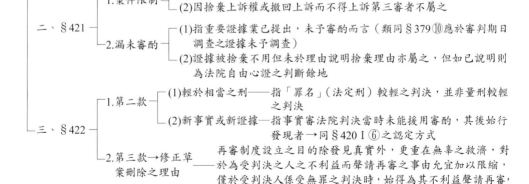

（註：刑事訴訟法第420條有關新事實新證據聲請再審之修正條文「有罪之判決確定後，有下列情形之一者，為受判決人之利益，得聲請再審：六、因發現新事實或新證據，單獨或與先前之證據綜合判斷，足認受有罪判決之人應受無罪、免訴、免刑或輕於原判決所認罪名之判決者。第1項第6款之新事實或新證據，指判決確定前已存在或成立而未及調查斟酌，及判決確定後始存在或成立之事實、證據。」）

🔍 焦點1　學者對本法第422條之見解（黃朝義，刑事訴訟法制度篇，頁219以下）

學者認再審之目的在於：一、法之安定性與實體眞實發現之矛盾調整；二、應著重消極實體眞實，以避免處罰無辜者或不當重罰被告；三、非在積極實體眞實發現，而使被告受不利益判決；四、本於禁止雙重評價危險與一事不再理原則之理念，應禁止爲受判決人不利益之再審制度。

是故：一、對無罪確定判決，不得再審；二、對有罪確定判決再審，應受不利益變更禁止原則拘束。

🔍 焦點2　一事不再理原則與再審之關係（王兆鵬，月旦法學第144期，頁175以下）

一、關於一事不再理原則之核心價值包括：
(一) 防止冤獄。
(二) 防止騷擾被告。
(三) 防止重複審判所帶來之痛苦。
二、若證物僞造或證言虛僞係可歸責於被告，對被告再爲審判，不違反一事不再理原則。上此情形，被告在原審判程序藉賄賂、恐嚇等不當行爲，致證物僞造，證言、鑑定或通譯虛僞，裁判錯誤，操縱訴訟之結果，與「詐騙」例外相同，應容許再爲審判。因爲被告的不當行爲，得認爲被告在原訴訟程序，已預知判決之結果，未陷入眞正之危險；或得認被告以「不潔」的手操縱原審判結果，即喪失受一事不再理保護之權利。惟若證物雖然僞造或證言雖然虛僞，但顯然不「足以影響原判決」，再重新開啓審判程序，並不妥當。
三、如果只要發現新證據，即得對被告開啓再審程序，而不論執法人員在原審程序是否曾稍盡調查之能事，等於鼓勵執法人員在原訴訟程序散漫怠惰，無庸謹愼調查一切與本案有關之事證。（例如究竟構成搶奪罪還是強盜罪、究竟構成過失致死罪還是殺人罪）。
四、再以自白或新證據證明較原確定判決「更重」之罪而聲請再審，除非符合「謹愼調查」例外之要件，否則仍違反一事不再理原則，違憲。另原「較重」之罪已經無罪確定者，以自白或新證據得證明「同一」罪名或「較輕」之罪名而聲請再審，學者認爲違反一事不再理原則，亦屬違憲。
五、以法官或檢察官犯職務上之罪爲再審之理由，必須以足以影響原判決爲前提，對於被告權利之保障、司法資源之運用，較爲妥當。法官或檢察官雖然犯罪，但其犯罪未必會影響判決結果之正確性，率爾以犯職務上之罪，即推翻結果正確之確定判決，並不妥當。
若係可歸責於被告者，在理論上構成「詐騙」例外，對被告再爲審判，未違反一事不

再理原則。被告在原審判程序藉賄賂、恐嚇法官或檢察官等不當行為，操縱訴訟之結果，得認為被告在原訴訟程序，已預知判決之結果，未陷入真正之危險；或得認被告以「不潔」的手操縱原審判結果，喪失受一事不再理保護之權利。

【衍生實例】

司法院大法官釋字第636號解釋之部分協同意見書言，一事不再理原則指「就人民同一違法行為，禁止國家為重複之刑事追訴與審判，其主旨在維護法安定性，保障任何經判決有罪或無罪開釋確定者，無庸就同一行為再受一次刑事訴究，而遭受更不利之後果。其次一個目的則在於保護經實體判決確定之被告，免於再接受一次訴訟程序的騷擾、折磨、消耗與負擔。……一事不再理原則固未見諸我國憲法明文，但早已蔚為普世原則……解釋上第8條之正當程序或第22條之概括條款都有可能是一事不再理原則在我國憲法的落腳處所。」若一事不再理為憲法上之原則，我國刑事訴訟法容許為受判決人之「不利益」而撤銷確定之無罪或有罪判決，並對人民再為審判，是否違反一事不再理原則？

（90台大法研）

考點提示：

一、一事不再理原則乃建立在雙重評價風險之禁止暨不利益變更禁止原則，同時避免增加被告應訴負擔。換言之，刑事審判對被告之負擔而言，包括實體負擔與程序負擔，前者即指被告可能因審判而受有罪判決，故若被告本已受無罪或輕罪判決確定，卻需面對第二次審判，則即可能因此改判有罪或重罪，亦因此可能性，導致被告於第二次審判程序中必定蒙受心理之層面折磨與負擔。

二、再審制度可能產生實體真實發現之公共利益與被告信賴利益暨法（裁判）之安定性間的衝突，後者即屬一事不再理原則之範疇。學者乃多主張再審制度僅宜為受判決人之利益為之，至為受判決人不利益之再審應不予准許，即得避免一事不再理原則之違反。

🔎 焦點3　學說對2015年再審修法之評析（李榮耕，台灣法學第268期，頁77～79；月旦法學教室第156期，頁57-58；林鈺雄，前揭書，頁52～70）

一、再審證據「新規性（嶄新性）」之立法模式

(一) 糾正瑕疵模式：再審目的在糾正確定判決「當時」之瑕疵，對於事實法院而言，在審判時其只可能接觸到已經存在的證據，並以之作成判決。如果法院在判決時，已經依法評估了所有既存的證據，認定事實，該判決就應屬正確（在此暫且不考慮上訴制度）。如果判決有誤，也應該是未能審酌審判時已經存在的證據，以至於未能正確認定事實所致。至於判決後才出現的證據（或發生的事實），即使對於事實認定或是判決內容有所影響，也不可能是法院判決時所能夠知悉，自然也就不能以之認定法院的判決有何「錯誤」可言。據此，必須（可以）糾正的確定判決，就應該是審判時未能

審查所有既存證據者，而不包括法院判決後才成立新證據的情形。傳統最高法院判解採此說，認為「再審新證據」限於原判決時已存在而未發現、不知或未斟酌者。

(二) 發現真實模式：此說認為刑事審判的目的在於對真正犯罪之人諭知有罪判決，並予無辜被告無罪判決，作成與實體真實相一致的判決。判決時，無論法院審查過的證據為何，只要其最終未能正確地認定事實，作成與真實不相符的判決，即屬於錯誤判決。此等判決，就有予以改正的必要。在此觀點下，無論是判決前已經存在，判決後方發現的證據，抑或是判決後成立的證據，都具備有新規性。學者通說與修正新法採此見解。

(三) 例示說明：李四因為竊盜案件被判決有罪，其中關鍵的證據是所發現的指紋及鑑定報告。判決確定後，李四提出指紋特徵點數更多的鑑定報告，欲聲請再審，以證明自己的無辜。依糾正瑕疵模式，事實審法院於判決時，已經斟酌了既存的證據，即屬正確的判決，判決後出現的鑑定報告，不影響原判決的正確性，不得用以聲請再審。然依發現真實模式，之後李四所提出的指紋鑑定報告足以影響事實的認定，已能夠動搖原確定判決的基礎事實，即使其是在判決後才成立，亦可作為聲請再審之用。

二、再審證據「確實性（顯著性）」之新舊規定

(一) 往昔實務見解：依過往判例，用以聲請再審的證據必須要足以動搖原確定判決，才具備確實性。據此，確實性指單憑聲請再審的證據，即能夠證明受判決人應受無罪或其他有利判決。

(二) 修正新法規定：「因發現新事實或新證據，單獨或與先前之證據綜合判斷，足認受有罪判決之人應受無罪、免訴、免刑或輕於原判決所認罪名之判決者。」均具再審證據（事實）之資格。新法並刪除「確實」兩字，以迫使實務放棄過高之證明門檻。

三、學者對刑訴法第420條第1項第6款及第3項之綜合評釋

(一) 刑法法第420條第1項第6款所稱之「新事實」

1. 以實體待證事實而言，判決直接或間接植基的所有情況都可能是再審事由，除了直接（主要）事實之外，亦包含間接事實及輔助事實。就犯罪階層言，除了構成要件相關事實之外，違法性及有責性的相關事實，諸如阻卻違法事由、排除或寬恕罪責事由之相關事實、有無責任能力之年齡問題等，皆是再審事由所稱的事實。

2. 法官之行為權限所植基的程序相關事實，諸如訴訟要件或訴訟障礙事由存否之程序相關事實，亦得作為再審事由。例如，存在追訴權時效完成或告訴乃論之罪未經合法告訴的訴訟障礙事由，但原審仍為有罪判決之情形。

3. 基於相同的道理，同一犯罪事實曾經判決確定者，屬於上開訴訟障礙事由，而判決確定後若發現原來同一犯罪事實的刑罰權「已經行使過了」，亦是新的「事實」，因此，雙重判決亦得作為再審事由。

4. 至於法規範事實，縱使具有嶄新性且為原判決之規範基礎，諸如純粹的法律違誤（縱使是明顯違誤）、事後的立法修法或實務法律見解之變更等，皆非新事證之再審事由所稱的新「事實」，以免再審成為可以不斷爭執法律、沒有期限的法律審上訴之通常救濟制度。

(二) 刑訴法第420條第1項第6款所稱之「新證據」

1. 「人證」之供述方法：現今通說認為證據方法係指「該人本身」，而非其供述。據此，原判決時所不知而事後始出現的有利證人，例如證明受有罪判決人於案發當時根本不在犯罪現場的不在場證人，便是「新證據方法」。反之，曾於原審作出不利證詞的目擊證人，若於判決確定後改變其供述內容，亦即證人「翻供」情形，由於仍為「同一證人」，因此並非此處所稱的「新證據方法」，但有可能是前述的「新事實」；共同被告證人之情形，亦同。應予注意，經具結證人翻供者，可能同時產生偽證制裁的問題，而偽證罪判決確定本身就是另一款的再審事由（本法§420Ⅰ、Ⅱ），但兩款事由仍是獨立判斷；據此，證人翻供者即便（尚）未經偽證罪的追訴或判決，也無礙其作為新事實之再審事由。

2. 就時間基準言，若是事實審判決「之後」始出現的事證，由於顯然同時符合法院不知及未予審酌兩項指標（法院既然不知道，當然更不可能予以審酌），屬於最無疑義的「新」事證。其次，事實審判決「之前」就已經存在或成立的事證，但為法院所不知而未予審酌者，亦屬所稱的新事證。既然無論判決「之前」或「之後」的事證都可能具有嶄新性，則判斷新事證的真正關鍵並非時間基準，而是對象基準。換言之，重要的是「據以聲請再審的系爭事證」和「原事實審形成其判決基礎的事證」之比較，只要前者超過後者的範圍，就具嶄新性。

3. 嶄新性指標強調的是「法院不知」和「法院未予審酌」。據此，所有原事實審法院判決時所不知而未予審酌的事證，皆具嶄新性；至於被告（受判決人）或其他訴訟參與者是否知道該事證，在非所問。縱使是被告於判決前所「明知」，但怠於聲請甚且故意不聲請法院調查的事證，對於法院而言，還是屬於「法院因不知而未予審酌」的新事證。

4. 於判決當時「法院已知卻未予審酌」之事證，與法院不知之事證，同具嶄新性。因之，卷宗內存在的事證，但事實審法院於審判程序未予調查、審酌者，亦具嶄新性。

5. 法院於有罪判決中對於審理程序經調查之事證，未置一詞，或相反情形，法院於判決採納未經審理之事證作為有罪判決基礎，則系爭事證是否具有嶄新性？學者主張，不論係法院有於審理程序調查卻未在判決理由中說明採納與否，抑或未於審理程序調查卻採為判決基礎者，此事證皆符合嶄新性。

6. 原先依法拒絕證言之證人、法院駁回調查聲請之證人（含拒絕調查）、當事人於原審主動放棄傳訊之證人，皆具嶄新性。至於上開未予傳訊情形，法院踐行程序是否合法或被告自身有無可歸責事由，皆非關嶄新性的判斷。另外，學者亦主張，原審判決後出現動搖不利證人可信度之證人（彈劾證據），亦有嶄新性。

7. 鑑定人雖與證人同為人之證據方法，但其嶄新性判斷應掌握兩個特性，一是鑑定人係本於其專門知識，而非基於其對案發事件親身經歷來輔助法院判斷特定證據問題之人；二是鑑定人具有「可代替性」，與證人不同。據此特性，「新」鑑定人判斷基準首要取決於原審曾否使用鑑定人之證據方法，換言之，若原先以為不須具備特

殊專門知識就能判定，致原審法院未經鑑定程序便自行認定事實者（包含以本法§158的「事實於法院已顯著，或為其職務上所已知者」為由，而未送鑑定者），於原審判決後出現的鑑定人，便具嶄新性。

應予注意，「另請（重新）鑑定」必須和上開「未經鑑定」的情形，嚴格區別。此因鑑定人之「可代替性」，擁有系爭專門知識者通常不只一人。因此，原審委託A為鑑定人，聲請再審提出B為鑑定人之情形，不能只因為兩者是「不同的鑑定人」就肯認B是新鑑定人，此與證人有別，否則，邏輯上所有擁有系爭專門知識的「非A之人」，豈非都可能是所稱的新鑑定人？

學者認為若原審判決就同一「連結事實」已經委託某鑑定人，則判決確定後，縱使當事人聲稱其所委託的其他鑑定人，將會得出截然不同的鑑定結果，原則上也不屬於新證據方法。但如果新鑑定人本於不同的連結事實或採用全新的科學技術來製作其鑑定報告，或者據其專門知識指出原鑑定人所根據事實前提的錯誤或不足之處者，便可能是新的證據方法。依立法理由，原判決所憑之鑑定方法、鑑定儀器、所依據之知識或科學理論錯誤或不可信，或以判決確定前所謂存在之鑑定方法或技術，重新就原有之證據為鑑定，其結果足使法院合理相信受判決人應受無罪、免訴、免刑或輕於原判決所認罪名之判決者，均得以新事證聲請再審。

8. 以新鑑定人作為再審事由而聲請再審者，不能只是泛泛宣稱「假使某連結事實經過鑑定或者採用新科技鑑定，有可能得出反於原審認定的結果」，而是必須提出該新鑑定人製作的報告結果，以資佐證新鑑定結果將可動搖原判決的事實基礎。換言之，受有罪判決人如果只是知道或聽聞有某項新的鑑識技術，縱使其主觀上確信若以該項技術鑑定將會還其清白，也還不足以作為再審事由。

(三) 新事實新證據之「顯著性」

學者認為，基於防止濫行再審之目的，提出的新事證必須具有「足以動搖原確定判決之事實基礎」（能「破」之重要性），並且適合於達到「改判為其他較輕判決」之再審目的者（能「立」之適合性），始具顯著性。因為再審作為非常救濟制度，並不在於救濟原審「所有的」事實違誤，而僅在於救濟「顯著的、重大的」事實違誤；唯有影響到（會產生執行力的）判決主文的事實違誤，例如應為無罪判決卻為有罪判決、應為輕罪判決卻為重罪判決等，才會重要到必須以再審來非常救濟。

(四) 再審程序之證明門檻

1. 再審程序可分為三個程序階段，包括聲請合法性之審查、有無再審理由之審查、重新之審判。第三階段由於已經回復到判決確定前的通常審判程序，本應適用諸如嚴格證明程序、直接審理原則、罪疑唯輕／疑利被告原則等通常審判程序的原則。

2. 至於第一、二階段之審查，學者區分主觀與客觀之證明義務說明：

    (1) 主觀證明義務：原則上由聲請再審之人負擔提出義務及說明義務。

      就嶄新性要件言，提出義務包含提出具體、特定的事實「和」證據方法之義務，亦即再審聲請人必須「同時」指明事實和證據方法各自為何。但新事實「或」新證據方法，只要其一為新即為已足，並不要求事實「且」證據方法兩

者皆具嶄新性；據此，唯有針對已知的（舊）事實，才需要提出「新」的證據方法；若是針對「新」的事實，則無論提出新證據方法或先前已經使用的（舊）證據方法，皆無不可。

關於顯著性要件的兩道門檻，再審聲請人除了提出新事證之外，主要是說明義務。聲請人不能只是單純猜測或抽象表明某種可能性，而必須具體向再審法院說明，其所主張之新事證為何會動搖原確定判決之基礎，及該新事證何以適合於達到「改判為其他判決（包含改為何種判決）」之再審目的。

(2) 客觀證明義務：由於再審第一、二階段的要件審查，並非針對罪責與刑罰的實體問題，而是處理是否合乎再審要件的程序問題，因此，無關嚴格證明法則，僅以自由證明程序為已足。基於自由證明法則，單純的「懷疑」固然不足，但也不要求法院就再審原因存在獲致「確信」的心證。換言之，合理的證明門檻，應該是落在高於單純懷疑、但低於確信之間。

(五) 法院對再審新事證之顯著性應予調查

學者認為，在再審第一階段之合法性審查，主要是從聲請人提出的事證及理由，在「假設為真」的前提下，形式觀察其是否具合法程式的要求，如是否「指出事實並指出特定證據方法，且其一為新」（嶄新性）及其是否「指明該新事證足可動搖原判決並改為更為有利判決」（顯著性）。縱使聲請人主張為真，雖可動搖原判決，但最後結果只可能影響同一罪名有罪判決的量刑高低者，從形式上觀察即可判定其欠缺顯著性（第二道門檻），應以再審不合法駁回。

相較於第一階段「假設為真」的形式審查，進入第二階段時，由於有無理由是實質審查，因此，除非極其明顯可不經調查者外，原則上反而應該經過自由證明之調查程序，始可終局判定在第一階段形式合法的事證，實質上到底有無「足以動搖」的證據價值。

四、再審審查程序之其他評析

(一) 刑事訴訟法第31條規定聲請指定辯護人之權利，限於被告，不包括受判決人；且再審程序中受判決人委任之律師應屬代理人而非辯護人，蓋辯護人係在訴訟上保護被告而排除來自於原告（檢察官或自訴人）之不利指控，進而求取對自己有利判決之程序參與者；然於再審程序中，再審聲請人為程序發動者，並無來自對造之攻擊，當然無保護「被告」並行使防禦權可言；換言之，再審程序並無辯護人之概念。亦即受判決人於再審審查程序仍無法享有聲請法院指定公設辯護人或律師協助之權利（刑事訴訟法第31條指定辯護所規定之對象為被告，未包含受判決人）。

(二) 受判決人未有向再審審查法院聲請蒐集證據及言詞陳述意見之權利。

(三) 再審管轄法院仍為原判決法院且無法官迴避制度之適用。

(四) 實務見解認同應賦予聲請再審之受判決人資訊請求權：參酌我國實務對於「聲請再審或抗告之刑事案件，如有當事人委任律師請求抄閱原卷或證物，現行法並無禁止之明文，為符便民之旨及事實需要，自應從寬解釋，准其所請」之同一法理暨日本法制，於判決確定後，無辯護人之被告以聲請再審或非常上訴等理由，請求預納費用付與卷

內筆錄或文書資料之影本，既無禁止規定，自宜類推適用刑事訴訟法第33條第1項規定，予以從寬解釋；另自大法官釋字第762號解釋理由書觀之，此解釋亦肯定受判決人於非常救濟程序（再審&非常上訴）中具資訊請求權（預納費用請求交付筆錄與相關卷證影本）。（釋字第762號、100台抗690、105台抗1012）

(五) 新法修正前以新事證聲請再審，因不符新規定或確實性而被駁回者，修法後仍得就同一新事證適用或類推適用刑事訴訟法施行法第7條之8規定聲請再審，不受刑事訴訟法第434條不得以同一原因聲請再審之拘束。

(六) 部分實務與學者見解認為，再審不再刻意要求受判決人與事證間關係之新穎性，而應著重於事證與法院間之關係。故「審理有無再審理由」與「再審審判程序」均有罪疑唯輕（有疑唯利被告）原則之適用。換言之，綜合各項新舊證據判斷之結果，不以獲致原確定判決所認定之犯罪事實，應是不存在或較輕微之確實心證為必要，而僅以基於正當合理之理由，懷疑原已確定之犯罪事實並不存在，可能影響判決之結果或本旨為已足。（104台抗125）

🔍 焦點4　本法第420條第1項第6款之衍生性新證據（林鈺雄，刑事訴訟法（下），頁375、390以下；黃朝義，刑事訴訟法，頁704；王兆鵬，刑事救濟程序之新思維，頁127〜128）

一、第420條第1項第6款之證據新規性是否包括事實審判決後根據事實審判決前已存在之證據作成之另一證據，實務與通說均肯定之，茲舉實務判例內容說明：判決以後成立之文書，其內容係根據另一證據作成，而該另一證據係成立於事實審法院判決之前者，應認為有新證據之存在。如出生證明係根據判決前早已存在之醫院病歷表所作成；存款證明係根據判決前已存在之存款帳簿所作成而言。

二、實務另認為至若人證，係以證人之證言為證據資料，故以證人為證據方法，以其陳述為證明之作用者，除非其於另一訴訟中已為證言之陳述，否則，不能以其事後所製作記載見聞事實之文書，謂其係根據該人證成立於事實審法院判決之前，而認該「文書」為新證據。惟學者採與前揭實務相反見解，認該文書仍得為新證據；且新鑑定內容報告亦屬新證據（不論是否新鑑定人）。

🔍 焦點5　本法第420條第1項第6款之確實性、顯著性（林鈺雄，刑事訴訟法（下），頁388以下；嚴格證明與刑事證據，頁164以下；王兆鵬，刑事救濟程序之新思維，頁133〜135）

一、判斷標準

有採僅依新證據判斷，倘足以使法院認為有推翻原確定判決所認定之事實而為不同認定即可。惟修正新法與通說認應將新舊證據綜合評價，如得認與原確定判決認定之事實不同者，即具確實性。王兆鵬師則認為，只要新證據使裁判者「可以認為」受判決人應受無

罪判決，不必達到「毋庸置疑的確實認為」；換言之，具有「合理可能性」即符合確實性。

二、罪疑唯輕原則與確實性審查

(一) 再審聲請合法性：學者認為考量既判力與法安定性因素，宜採「有疑唯利既判力」原則，故若難以判定再審合法與否，應傾向認定再審不合法，使既判力繼續有效。

(二) 再審理由有無之判斷：關於再審新證據是否具有確實性，其判斷有無罪疑唯輕原則之適用而為有利被告之認定，學說見解如下：

1. 再審的第一、二階段審查，並不在確認被告的罪責與刑罰問題。因此，不能直接適用罪疑唯輕原則，但應注意，因係適用自由證明，故不需要求聲請人證明到「確信」之心證，而係達到可能性（具有推翻原確定判決之高度蓋然性）之心證程度即可。倘有重大疑慮時，即已符合確實性之要件，此時不需適用罪疑唯輕原則（林鈺雄老師）。

2. 此說認為只要依據調查結果，對於原確定判決認定事實之正確性有重大疑慮時，即可評定為足以證實有再審原因（同上見解）。此外若具有合理的可疑之意時，應解釋為係適用刑事裁判之罪疑唯輕原則，即其所要求之「動搖原確定判決」，係指使得原確定判決之事實認定產生「合理可疑」即足以開始再審，此係適用罪疑唯輕原則之結果（陳樸生老師、黃朝義老師）。

3. 「罪證有疑、利歸被告」原則，並非只存在法院一般審判之中，而於判罪確定後之聲請再審，仍有適用，不再刻意要求判決人（被告）與事證間關係之新穎性，而應著重於事證和法院間之關係，亦即只要事證據有明確性，不管其出現係在判決確定之前或之後，亦無論係單獨（例如不在場證明、頂替證據、新鑑定報告或方法），或結合先前已經存在卷內之各項證據資料，予以綜合判斷，若因此能產生合理之懷疑，而有足以推翻原確定判決所認事實之蓋然性，即以該當。（最高法院104年台抗125號）

(三) 再審審判程序：此時涉及犯罪成立要件與效果之判斷，自應適用罪疑唯輕原則。

🔍 焦點6　再審新事證與證據調查（李榮耕，台灣本土法學第261期，頁185以下）

一、裁判摘要

本案的抗告人（被告）陳○麟因為持有槍枝及子彈，違反槍砲彈藥刀械管制條例，受有罪判決確定（高院99上訴4518判決）。之後，曾○雄（他案被告）在桃園地方檢察署102年度他字第4393號案件的偵查中，自白警察在99年7月10日被告陳○麟住處二樓房間衣櫃內一只黑色包包內所查獲的槍彈，係其所有，放置其內時，並未得到被告陳○麟的同意。於是，陳○麟以曾的陳述為新證據，（僅）檢具原確定判決之繕本，向高等法院聲請再審，並陳明因為被告不是該他字案的當事人，以及偵查不公開的緣故，無法取得相關卷

證作為聲請再審之用，故一併請求法院依職權調取，准予再審。

　　高等法院首先指出，依刑事訴訟法（以下簡稱「刑訴法」）第429條規定，聲請再審必須要以書狀提出，敘述理由，附具原判決繕本及證據。然而，本案被告陳○麟僅就原確定判決所憑之證據為不同評價，並請求法院調查（取）證據，並未提出任何可供判斷原確定判決就事實認定有無錯誤的證據，所以高等法院對被告再審的聲請不合法律程序，於程序有所違背，故以裁定駁回（刑訴法§433）。被告不服此一裁定，向最高法院提出抗告。

　　最高法院則認為，被告已經在聲請書狀中指出另案被告的自白作為證明方法（資料），以之作為「發現確實之新證據」的再審事由，並具體敘明該證據的所在，說明何以無法取得該資料，以及聲請法院向偵查機關調取之。至於證據是否屬於刑訴法第420條第1項第6款的確實之新證據，屬於有無再審理由的問題，與再審聲請合法與否無關。最高法院進一步指摘，原審法院的裁定未注意到此點，逕自從程序上駁回被告的聲請，與法有違，是故，撤銷原裁定，發回原法院更為裁定。

二、學者評析

(一) 最高法院認為聲請人已經指出證明方法（另案被告自白），並敘明其所在，何以無法取得該證據，並聲請法院調取，至於該證據是否具備新規性及確實性，則屬有無理由的問題，與再審的聲請是否合法無關。

(二) 最高法院的裁定區分刑訴法第429條的適用。該條雖然規定再審書狀必須要附聲請再審所用之證據，但是最高法院則是再更細膩地區別出證據在客觀上是否能夠取得。能取得者，固然勿論，但是客觀上無法取得證據時，聲請人只需要指出證據所在，說明何以無法提出，以及聲請法院調查的意旨即可，不當然必須要附具證據。據此，因為偵查不公開所無法取得的警詢筆錄，或是需要由鑑定人所作成的鑑定，在程序上，都可以依循這一個方式獲得解決。

(三) 最高法院等於是承認於再審程序中，聲請人有證據調查的聲請權。現行刑訴法並沒有明文賦予再審聲請人聲請調查證據的權利，但是本號裁定卻認為，針對客觀上無法取得的證據，再審聲請人只需要敘明理由，指出證據所在即可。由於再審法院還是必須要判斷聲請有無理由，以決定是否開始再審，依本裁定的意旨，再審法院就必須依聲請取得該證據。

🔍 焦點7　本法第420條第1項第6款與第421條之相關比較說明

一、刑事訴訟法第421條：限簡易程序、協商程序或本法第376條之案件，且經第二審確定之有罪判決，因捨棄上訴權或撤回上訴而不得上訴第三審者不屬之；又所謂「漏未審酌」則指重要證據業已提出，而法院未予審酌，包括法院捨棄不用但未於理由說明捨棄理由亦屬之，至事實審法院判決時已知且已審酌之證據而未經採用者，乃法院自由心證判斷該證據之證明力後，依其裁量權捨棄不用，既屬自由心證範圍，倘法院已於

判決理由中說明捨棄不用之理由，當事人即無對之聲明不服之餘地，其性質相當於本法第379條第10款。

二、第420條第1項第6款之新證據乃指事實審法院判決時所不知之證據；第421條則指事實審法院判決時已知而未審酌之證據，此如同第379條第10款之應於審判期日調查之證據未予調查之情形；因得上訴第三審之案件有足以影響於判決之重要證據漏未審酌時，當事人得依第379條第10款提起第三審上訴，惟不得上訴第三審案件（簡易案件或§376案件）即無從依此救濟，故第421條乃另賦予該等案件得聲請再審之救濟途徑，以為平衡。

三、至事實審法院判決時已知且已審酌之證據而未經採用者，乃法院自由心證判斷該證據之證明力後，依其裁量權捨棄不用，既屬自由心證範圍，倘法院已於判決理由中說明捨棄不用之理由，當事人即無對之聲明不服之餘地。

四、應注意者，修正新法規定，除新證據得聲請再審外，新事實亦可（65年第7次刑庭決議）。

【附錄】69年台抗第352號

再審法院就形式上審查，如認為合於法定再審要件，即應為開始再審之裁定。有罪之判決確定後，以原判決所憑之證言已證明其為虛偽，為受判決人之利益聲請再審者，此項證明祇須提出業經判決確定為已足，刑事訴訟法第420條第1項第2款及第2項定有明文，非如同條第1項第6款規定之因發見確實新證據為再審，須以足動搖原確定判決為要件，原裁定以證人許某雖經判處偽證罪刑確定，仍不足以動搖原確定判決，駁回抗告人再審之聲請，尚嫌失據。

【附錄】70年第7次刑庭決議

刑事訴訟法第420條第1項第6款規定，因發見確實之新證據，足認受有罪判決之人，應受輕於原判決所認罪名之判決者，為受判決人之利益，始得聲請再審。條文既曰輕於原判決所認「罪名」，自與輕於原判決所宣告之「罪刑」有別，所謂輕於原判決所認罪名，係指與原判決所認罪名比較，其法定刑較輕之相異罪名而言，例如原認放火罪實係失火罪，原認殺尊親屬罪實係普通殺人罪，原認血親和姦罪實係通姦罪等是。至於同一罪名之有無加減刑罰之原因者，僅足影響科刑範圍而罪質不變，即與「罪名」無關，自不得據以再審。從而自首、未遂犯、累犯、連續犯等刑之加減，並不屬於刑事訴訟法第420條第1項第6款所指罪名之範圍。（註：99年台抗第725號同旨）

【附錄】100年台抗第108號

刑事訴訟法第434條規定法院認為無再審理由者，應以裁定駁回之，經前項裁定後，不得更以同一原因聲請再審，其所謂「同一原因」，固係指「同一事實之原因」，然聲請再審有無理由，須就據以聲請再審之原因，其所依據之原因事實及所憑之證據方法，為實體審究，業經審查而認與法律所規定得聲請再審之原因不合之原因事實及證據方法，基於

一事不再理原則，固不得再行主張，然共同組合而為再審原因之原因事實與證據方法，若有一不同，所共同組成之再審原因即非同一，執以重新聲請再審，既未違反一事不再理，自無禁止之必要，故是否屬「同一原因」之判斷，應併就據以聲請再審之原因所包含具體事由與所憑之證據方法，加以觀察。如在後之再審聲請與先前之再審聲請二者所憑之原因事實或證據方法，有一不同，即非屬以「同一原因」聲請再審之情形。

【附錄】102年台抗第76號

　　為受判決人之利益聲請再審，僅得由管轄法院之檢察官、受判決人、受判決人之法定代理人或配偶，受判決人已死亡者，其配偶、直系血親、三親等內之旁系血親、二親等內之姻親或家長、家屬為之，刑事訴訟法第427條定有明文。再審之聲請為訴訟行為，聲請人應具備訴訟能力，始生效力，否則即違背聲請再審應具備之法律上程式。而自然人之訴訟能力，係植基於實體法上之行為能力，以有完全意思能力為前提，始能獨立以法律行為負義務。受判決人因精神障礙或其他心智缺陷，致其意思表示或受意思表示，或辨識其意思表示效果之能力，顯有不足，已經法院為輔助宣告之人，其為訴訟行為時，應經輔助人「同意」，而訴訟行為係單獨行為，倘未經輔助人同意，訴訟行為無效，即欠缺訴訟行為必備之法律上程式，此觀之民法第15條之1第1項、第15條之2第1項第3款、第2項及第78條之規定自明。所稱「訴訟行為」包括民事、刑事及行政程序法上之訴訟行為，刑事再審之聲請自亦屬之。上開輔助人之同意，僅具補充受輔助宣告之人意思能力之性質，非謂輔助人因此有獨立為訴訟行為之權利，此與無行為能力或受監護宣告之人應由法定代理人為訴訟行為之情形不同，此觀之民事訴訟法第45條之1之規定自明。故刑事受判決人雖係受輔助宣告之人，其聲請再審時，僅須得其輔助人同意，即可以自己名義聲請，至輔助人則無獨立為受判決人聲請再審之權利。

【附錄】103年台抗第425號

　　按刑事訴訟法第420條第1項第2款所規定「原判決所憑之證言、鑑定或通譯已證明其為虛偽者」，依同條第2項規定，其證明，以經判決確定，或其刑事訴訟不能開始或續行非因證據不足者為限，始得聲請再審。所謂其刑事訴訟不能開始或續行，非因證據不足者為限，係指存在有事實上（如行為者已死亡、所在不明、意思能力欠缺等）或法律上（如追訴權時效已完成、大赦等）之障礙，致刑事訴訟不能開始或續行，方得以此取代「判決確定」之證明，而據以聲請再審。且依上開規定，以其他證明資料代替確定判決作為證明，自亦必須達到與該有罪確定判決所應證明之同等程度，即相當於「判決確定」之證明力之證據始可，否則自無「替代」之可言，亦不合於客觀確實性之要求。換言之，若以「原判決所憑之證言已證明其為虛偽者」之理由聲請再審，自應提出「該等證言已經被認定為虛偽」之有罪確定判決以資證明始可，若因基於事實或法律上之障礙，致為證明「該等證言係虛偽」之刑事訴訟程序不能開始或續行，則應由抗告人於再審書狀內敘述理由，並附具有與該有罪確定判決同等證明力程度之證據資料為證，始可認其再審之聲請具備合法條件。

【附錄】104年台抗第172號

依修正後規定所稱之新事實或新證據，包括：原判決所憑之鑑定，其鑑定方法、鑑定儀器、所依據之特別知識或科學理論有錯誤或不可信之情形者，或以判決確定前未存在之鑑定方法或技術，就原有之證據爲鑑定結果，合理相信足使受有罪判決之人應受無罪、免訴、免刑或輕於原判決所認罪名之判決者，均屬之。……依抗告人所提出，附於原審卷內之「石台平法醫師意見書」，其意見說明係記載「(一)依法醫學文獻，他殺、意外高墜案件之水平位移平均值爲0.3公尺，自殺高墜案件之水平位移平均值爲1.2公尺。(二)本案水平位移爲2公尺，依法醫學理，應研判爲自殺案件」（見原審卷第65頁背面）。依其內容，似係依據「法醫學文獻」有關水平位移之資料，再本於「法醫學理」，而爲研判。依其情形，能否謂爲單純之「個人看法」？即有研求餘地。原審未探究該內容，並審酌是否具有「法醫學文獻」、「法醫學理」之依據，即逕謂僅屬「個人看法」，自嫌速斷。

【附錄】104年台抗第245號

所謂「新事實」或「新證據」，其證明程度，祇要單獨或與先前之證據綜合判斷結果，合理相信足使受有罪判決之人應受上開較有利判決時，即爲已足。至是否確能爲較有利之判決，屬裁定開始再審後，按通常審判程序依嚴格證明調查判斷問題。

【附錄】104年台抗第379號

刑事訴訟法第420條所稱之新事實或新證據，係指判決確定前已存在或成立而未及調查斟酌，及判決確定後始存在或成立之事實、證據，單獨或與先前之證據綜合判斷，合理相信足使受有罪判決之人應受無罪、免罪、免刑或輕於原判決所認罪名之判決者，均屬之。

【附錄】104年台抗第381號

修正後規定之新事實或新證據，固不以具備事實審判決前已經存在，爲法院、當事人所不知，事後方行發現之「新規性（嶄新性）」爲限，然仍應具備顯然可認足以動搖原有罪確定判決，應爲無罪、免訴、免刑或輕於原判決罪名之「確實性（顯然性）」要件。故是否准予再審，法院仍應依法判斷是否具備有該證據可認爲確實足以動搖原確定判決而對受判決人爲有利之判決之「確實性」特性。抗告人提出A女之陳述書，雖未經上開原確定判決予以審酌，惟觀其內容……無論單獨或與先前之證據綜合判斷，顯不足以動搖原審法院依憑A女先前所爲之陳述，及相關補強事證所爲之犯罪事實之認定，而認爲抗告人應受無罪、免訴、免刑或輕於原判決所認罪名之判決，自與修正後刑事訴訟法第420條第1項第6款規定之要件不符。再者，依刑事訴訟法第420條第1項第2款「原判決所憑之證言已證明其爲虛僞者」聲請再審，同條第2項規定「以經判決確定，或其刑事訴訟不能開始或續行非因證據不足者爲限」，始得爲之。所謂「其刑事訴訟不能開始或續行，非因證據不足者爲限」，係指存在有事實上（如行爲者已死亡、所在不明、意思能力欠缺等）或法律上

（如追訴權時效已完成、大赦等）之障礙，致刑事訴訟不能開始或續行，方得以此取代「判決確定」之證明，而據以聲請再審。且依上開規定，以其他證明資料替代確定判決作為證明，自亦必須達到與該有罪確定判決所應證明之同等程度，即相當於「判決確定」之證明力之證據始可，否則不生「替代」之可言，自亦不合乎客觀確實性之要求。

【附錄】105年台抗第29號

刑事訴訟法第420條第1項第6款所謂應受輕於原判決所認罪名之判決，係指應受較輕罪名之判決而言，至宣告行之輕重，乃量刑問題，非屬本款所謂罪名之內。

【附錄】105年台抗第708號

聲請再審之新事實及新證據，對於新規性之要件，採取以該證據是否具有「未判斷資料性」而定，與證據之確實性（或稱顯著性），重在證據之證明力，應分別以觀。且該證據是否具有新規性，自應先予審查。如不具備新規性之要件，自無庸再予審查該證據是否具備確實性。

【附錄】105年台抗第796號

刑事訴訟法第422條第2款所謂「發見確實之新證據」，仍指應具有嶄新性（新規性）及顯著性（確實性）的證據，亦即指最後事實審法院判決當時已經存在或審判當時不及調查審酌的證據，至其後始發見者；且就證據本身形式上觀察，固不以絕對不須經過調查程序為條件，但必須顯然可認為足以動搖原無罪或輕於相當之刑的確定判決，而改為有罪或重刑的判決者而言。顯見新修法條正新事實新證據之定義，應係專為有利於被告知聲請再審案件中，始能適用之。

相關學說

學說見解認為，惟受判決人之不利益開啟再審程序，可能會有違反一事不再理原則之問題，因此相較於為判決人利益聲請再審之情形，應當更為嚴格限縮，以免發生騷擾被告、造成審判帶來的痛苦，甚至造成冤獄等問題。因此，為受判決人之不利益而開啟再審，學說上有建議應限縮於再審原因可歸責於被告（包括被告明知之情況）以及與原判決具有因果關係等要件時，始能為受判決人之不利益聲請再審。

【附錄】106年台抗第842號

對於有罪確定判決聲請再審的救濟制度，和總統予以特赦的救濟制度，並不互相排斥，而可併存。特赦效力，僅止於就「主文」乙項之罪、刑宣告，有所宣示（無效），而對於該確定判決所認定犯罪的「事實」與「理由」2項，既無宣告，故於理論上，當是依然存在。特赦令並無溯及效力，聲請人自認其仍是遭司法誤判而蒙冤的「有罪之身」，尋求透過再審程序平反，以便註銷前科紀錄、重拾清白、回復名譽，並向國家請求刑事補償，客觀上當認其具有利用再審制度救濟的實益。

第五節　非常上訴之對象

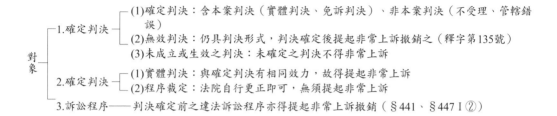

第六節　非常上訴之審理與判決

第一項　非常上訴之限制

🔍 **焦點1　非常上訴之理由限制**（林鈺雄，刑事訴訟法（下），頁419、423～424；陳樸生，刑事訴訟法實務，頁573～577；王兆鵬，月旦法學第170期，頁101以下）

一、僅須確定判決之審判（判決訴訟程序）違背法令爲理由即可，因非常上訴編未準用第380條，故不論違背法令於判決是否顯然有影響，均得提起。此法令包含實體法則、程序法則、證據法則在內。

二、第381條爲第三審上訴之理由，於非常上訴亦無準用規定，倘確定判決後有此情形，依刑法第2條解決即可。

三、依最高法院97年度第4次刑庭決議與相關判例見解，非常上訴之提起限於：(一)無效之確定判決，(二)與統一法令有關且須具有原則上之重要性，(三)確定判決不利於被告，非予救濟不足以保障人權，但若另有其他救濟途徑，並無礙於被告利益者，則仍無提起非常上訴之必要。

【附錄】釋字第725號

　　本院就人民聲請解釋憲法，宣告確定終局裁判所適用之法令於一定期限後失效者，聲請人就聲請釋憲之原因案件即得據以請求再審或其他救濟，檢察總長亦得據以提起非常上訴；法院不得以該法令於該期限內仍屬有效爲理由駁回。如本院解釋諭知原因案件具體之

救濟方法者，依其諭知；如未諭知，則俟新法令公布、發布生效後依新法令裁判。本院釋字第177號及第185號解釋應予補充。最高行政法院97年判字第615號判例與本解釋意旨不符部分，應不再援用。行政訴訟法第273條第2項得提起再審之訴之規定，並不排除確定終局判決所適用之法令經本院解釋為牴觸憲法而宣告定期失效之情形。

🔍 焦點2　第380條「顯然於判決無影響」與非常上訴限制

　　本法第376條上訴第三審之案件限制於非常上訴程序並無適用，乃實務與學說所共見，而自本法將其規定於「第三審章」且未於「非常上訴章」設有相同或準用之規定觀之，亦屬當然之理。然有關非常上訴理由之限制，傳統實務見解卻又置法律規定於不顧，其認本法第379條各款除第4、5、12、14款之所載理由矛盾外，餘均視個別情形為不同認定，與第三審上訴之理由限制顯係如出一轍，茲再將其表述如下：

一、判決違背法令

1. 判決不適用法則或適用不當（§378）
2. §379④⑤⑫⑭之所載理由矛盾
3. §379①②③⑥⑦⑧⑨⑩⑪⑬之不載理由，致適用法令違誤顯然影響於判決，足認原審應為其他之判決者

得提非常上訴適用§447Ⅰ①或Ⅱ

二、訴訟程序違背法令（§380；§379①②③⑥⑦⑧⑨⑩⑪⑬⑭之不載理由及§379以外之訴訟程序違背法令）

1. 顯然影響於判決，但不足認原審應為其他之判決者 → 得提非常上訴適用§447Ⅰ②
2. 顯然於判決無影響者 → 不得提起非常上訴

　　由上可知，傳統見解乃將本法第380條之規定移植適用於非常上訴程序，復將其對本法第379條之錯誤涵攝再度膨脹延伸於此；惟一如前揭實務與學說對提起非常上訴並無案件限制之共識之相同法理，本法於「非常上訴章」並無與第380條相同或準用之規定，是以不論訴訟程序違背法令是否「顯然於判決無影響」均不得為提起非常上訴理由之限制，基此，學者即認縱對本法第379條與第380條之關聯性有不當地詮釋，本於法律之明文規定，要無更將錯誤詮釋擴張適用於非常上訴之理。況且「本法第441條規定『判決確定後，發見該案件之審判係違背法令者，……得向最高法院提起非常上訴』，其稱『審判』而非『判決』，乃因審判係包括具體刑事案件之訴訟程序與判決之故，應同於本法第377條之廣義判決，倘再佐以主流學說之論點（無如本法第380條之相同或準用規定），則立法者不欲如同第三審上訴般對非常上訴之提起，設定任何限制之用意至為顯然」。總之，依本法現行之規定，非常上訴之提起無論就案件種類或理由而言均不應有何限制，傳統見解之謬論實已嚴重違背法令，最高法院91年第7次與第8次決議內容均稱「在非常上訴程

序，刑事訴訟法第441條所稱『案件之審判係違背法令』，包括原判決違背法令及訴訟程序違背法令」。

🔍 焦點3　非常上訴權之評析（王兆鵬，刑事救濟程序之新思維，頁177～178）

一、我國非常上訴制度向來皆採「統一解釋說」，認為其目的在統一法令適用，被告無權提起非常上訴，僅檢察總長有權為之。傳統之思維或許認為檢察總長自然會代被告提起非常上訴，因此不賦予被告此一權利，不會有不正不義之結果，也不會有侵害被告權益之情形發生。

二、然此一傳統思想，似奠基於父母官之思想，視檢察總長為聖德仁君，視人民為訴訟程序中任人擺布之客體，毫無任何之主控或參與權，一切利益皆待曾與其對抗之檢察機關恩賜。我國刑事訴訟法已改採當事人進行主義，審判中檢辯雙方激烈爭辯；檢察總長之任命亦具有相當之政治性，檢察總長所屬之特別偵查組所偵辦案件也常具政治之爭議性。在這些制度變革下，傳統思想是否仍經得起檢驗，學者認為頗值商權。

三、學者主張，若確定判決違背法令之情節，已侵害被告憲法權利或訴訟法上之重大權利，且可能影響於判決結果者，卻不准被告有請求救濟之權，顯違反憲法上之正當法律程序原則，故宜改採保護被告理論，容許被告有權自行提起救濟。

🔍 焦點4　誤認合法上訴為不合法上訴之確定判決之救濟途徑

一、實務見解

(一) 釋字第271號：「刑事訴訟程序中不利益於被告之合法上訴，上訴法院誤為不合法，而從程序上為駁回上訴之判決確定者，其判決固屬重大違背法令，惟既具有判決之形式，仍應先依非常上訴程序將該確定判決撤銷後，始得回復原訴訟程序，就合法上訴部分進行審判。否則即與憲法第8條第1項規定人民非依法定程序不得審問處罰之意旨不符。最高法院25年上字第3231號判例，於上開解釋範圍內，應不再援用。」

(二) 最高法院80年度第5次刑庭決議：「利益於被告之合法上訴，……仍應援用本院25年上字第3231號判例，亦即此種程序上之判決，不發生實質上之確定力，毋庸先依非常上訴程序撤銷，可逕依合法之上訴，進行審判。」

(三) 依最高法院決議：「本判例（指25上3231）於司法院大法官會議釋字第271號解釋範圍內，不再適用，其餘部分，參照80年12月5日、80年度第5次刑事庭會議決議意旨，仍可適用。」

二、學說見解

(一) 上開解釋認為利益於被告之合法上訴，即無憲法第8條第1項及釋字第271號解釋之適用，殊難理解其原由。而最高法院之決議於「利益於被告之合法上訴」與「不利益於被告之合法上訴」併存時，即生歧異，無所適從。

(二) 學者認為兩種情形應為相同適用，蓋因：

　1. 控訴原則：程序上駁回之判決亦生終結訴訟關係之效力。

　2. 裁判之拘束力：誤為駁回上訴判決仍應受該判決之拘束。

　3. 裁判之確定力：程序上之判決若確定仍生形式上之確定力。

【衍生實例】

> 甲男年僅十九歲，駕駛機車，見同向在前駕駛機車之乙女皮包斜掛，認為有機可乘，乃尾隨其後快駛通過搶奪該皮包，不慎將乙機車拉倒，乙因而受輕傷。經乙以過失傷害提起告訴，檢察官以搶奪起訴，第一審法院以搶奪罪科刑後，甲表示甘服未上訴，檢察官以漏未就過失傷害部分審判提起第二審上訴，甲父丙則以量刑過重提起上訴，第二審法院以檢察官並未起訴過失傷害及甲已明示甘服分別駁回檢察官及丙之上訴。問此第二審法官之裁判合法否？如對此裁判不服能否向第三審請求救濟？　　　　（95司法官）

考點提示：

　　單一案件上訴不可分之判斷（學者所稱之倒果為因不一定原則）法定代理人之獨立上訴權；誤認為被告利益合法上訴屬不合法而駁回之處理。

第二項　非常上訴之判決

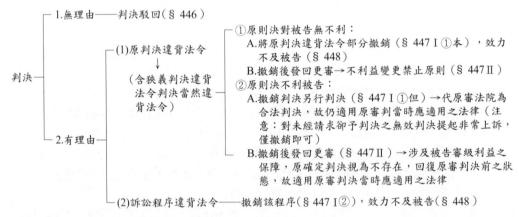

(註：無效判決撤銷後，不另為判決，撤銷效力及於被告。)

🔍 焦點1　上訴有理由之判決

　　按非常上訴有理由，最高法院應為之判決情形可分別為：判決違背法令（刑事訴訟法第447條第1項第1款、第2項）與訴訟程序違背法令（同法第447條第1項第2款），其中第447條第1項第1款本文與第2項僅撤銷違背法令部分，且該撤銷之效力不及於被告（即原確

定判決不撤銷，仍對被告有效）。至第447條第1項第1款但書與第2項則撤銷原確定判決，分由非常上訴審另為判決或由原審更為審判，判決效力則及於被告，是故確定判決之審判（訴訟程序與狹義判決）違背法令而有理由者，需先行確定究屬訴訟程序違法抑或判決違法，始得辨明最高法院應行判決之方式，此於被告之利益影響甚鉅。

🔍 焦點2　判決違背法令與訴訟程序違背法令之區別（王文，刑事判決違背法令及其救濟方法之探究，輔仁法學第7期，頁57以下；陳樸生，刑事訴訟法實務，頁516；刑事訴訟法爭議問題研究，頁251以下；林鈺雄，刑事訴訟法（下），頁770～789、860～864；黃朝義，刑事訴訟法制度篇，頁223～257；褚劍鴻，法令月刊第40卷第5期，頁32以下）

關於本法第379條所列各款之非常上訴理由，應如何認定其屬判決違背法令或係訴訟程序違背法令，實務與學說均有不見解：

一、傳統實務見解

認本法第447條第1項第1款之原判決違背法係指裁判主文所由生之法令適用違誤，足認原審應為其他之判決者限，故本法第379條第4、5、12與14款之所載理由矛盾，屬判決違背法令。至同條其餘之第1、2、3、6、7、8、9、10、11、13與14款之不載理由，則屬訴訟程序違背法令，最高法院29年民刑庭總會決議、41年台非字第47號與44年台非字第54號判例採之。

二、新近實務與學說見解

第379條第4、5、12與14款之性質確屬判決違背法令，至其餘各款之性質則為訴訟程序違背法令，然實際上，訴訟程序違背法令常與判決違背法令相牽連，如第6款、第7款與第10款等均可能影響判決之本身，故前揭訴訟程序違背法令僅需顯然影響於判決，即屬判決違背法令，無庸達到足認原審應為其他判決之程度，大法官會議釋字第181號、最高法院91年度第7、8次刑庭總會決議採之。其中第6款與第7款，學者認影響被告之法定聽審權與辯護防禦權，此均屬法治國原則之內涵而具憲法誡命與價值，均使被告對被訴事實及不利證據喪失陳述意見之機會，而有維持被告審級利益之必要，應依本法第447條第2項規定由原審更為審判。

三、少數學說見解

認本法第379條既已規定該14款事由均屬判決當然違背法令，於非常上訴有理由時，自均應依判決違背法令處理，不應異同區別為判決違背法令與訴訟程序違背法令。惟學者既認本法第380條僅規定於第三審，未得適用於非常上訴審，則本法第379條亦應為相同解釋，即本法第379條所列各款事由於非常上訴時，不宜遽認為判決違背法令。

（註：茲舉實例說明第447條第1項第1款本文之情形：甲為竊盜累犯，原確定判決不察，竟誤為緩刑之諭知，其判決主文為：甲竊盜，累犯，處有期徒刑一年，緩刑二年。此

時雖屬判決違背法令，非常上訴有理由，惟原確定判決非於被告不利，故最高法院應僅撤銷原確定判決違背法令部分，其判決主文爲：原確定判決關於緩刑二年違背法令部分撤銷。應注意者，該非常上訴判決並未撤銷原確定判決，且撤銷緩刑二年部分僅具論理效力，效力不及被告，原確定判決仍對被告有效，故被告仍得緩刑二年。）

【附錄】91年第7次刑庭決議

討論事項：檢討本院29年2月22日民刑事庭總會議關於非常上訴案件之總決議案中決議六部分，及41年台非字第47號判例、44年台非字第54號判例，關於判決有刑事訴訟法第379條第6款、第7款之情形者，究屬判決違背法令？抑係訴訟程序違背法令？

決議：刑事訴訟法第379條第6款規定：「除有特別規定外，被告未於審判期日到庭而逕行審判者。」第7款規定：「依本法應用辯護人之案件或已經指定辯護人之案件，辯護人未經到庭辯護而逕行審判者。」其判決當然違背法令，在通常上訴程序，當然得爲上訴第三審之理由。在非常上訴程序，刑事訴訟法第441條所謂「案件之審判係違背法令」，包括原判決違背法令及訴訟程序違背法令，後者係指判決本身以外之訴訟程序違背程序法之規定，與前者在實際上是相牽連。非常上訴審就個案之具體情形審查，如認其判決前之訴訟程序違背上開第6、7款之規定致有依法不應爲判決而爲判決之違誤顯然於判決有影響者，該項確定判決即屬判決違背法令。本院29年2月22日刑庭庭推總會議關於非常上訴案件之總決議案中決議六部分及41年台非字第47號判例、44年台非字第54號判例，與本決議意旨不符部分，不再參考、援用。

(一) 41年台非第47號判例

非常上訴審依刑事訴訟法第438條第2項準用第386條之規定（現行§445 II→§394），所謂準用與適用有別，適用係完全依其規定而適用之謂，準用則祇就某事項所定之法規，性質不相牴觸之範圍內，適用於其他事項之謂，即準用有其自然之限度，依該條準用之規定，雖得調查事實，但因非常上訴爲特別程序之故，自應僅以關於訴訟程序及得依職權調查之事項爲限，同法第371條（目前第379條）所列各款情形，除第4款、第5款、第12款及第14款之因理由矛盾致適用法令違誤者，係屬判決違法外，其餘各款均屬訴訟程序違背法令，故非常上訴審亦僅得就其訴訟程序有無違背法令之事實以爲調查，而同法第六編既無非常上訴得準用通常程序第一、二、三審審判之規定，則該案件非有第440條第2項之情形，縱原確定判決因重要證據漏未調查，致所確認之事實發生疑義，除合於再審條件應依再審程序救濟外，非常上訴審殊無從進行調查其未經原確定判決認定之事實，適用法令有無違背，即屬無憑判斷，此乃基於非常上訴爲特別程序所加於準用之自然限制，因之以調查此項事實爲前提之非常上訴，自難認爲有理由（相關法條：刑事訴訟法第445條）。

(二) 91年第8次刑庭決議

依本法應用辯護人案件或已經指定辯護人案件，辯護人未經到庭而逕行審判者之情形，固爲判決前之訴訟程序違背法令，惟其與狹義判決違背法令在實際上時相牽連，不宜逕爲劃分。若就個案之具體情形審查之後，認爲其判決前之訴訟程序違背上述規定，致有

依法不應爲判決而爲判決之違誤，而顯然於判決有影響者，該項確定判決，即屬狹義判決違背法令事由，非常上訴審法院必須依照刑事訴訟法第447條第1項第1款將其違背之部分撤銷，原判決若不利被告者，應就該案另行判決，且如係誤認爲無審判權而不受理或其他有維持審及利益之必要者，得將原判決撤銷，由原審法院依判決前之程序更爲審判（第447條第2項參照）。

(三) 91年台非第152號

此實務見解援用91年第8次刑庭決議看法，認爲強制辯護之案件，若二審法院判決有「未經辯護，即逕行審判」，則屬顯然剝奪被告防禦權及辯護人倚賴權之行使，致辯護人未能於審判期日提出有利之證據及辯護，喪失對被訴事實及不利證據陳述意見之機會，其影響及於法院對於證據之調查、取捨、事實之認定及刑罰之量定等等，對被告影響重大，故認原確定判決屬狹義判決違背法令，且對被告不利，爲了維持被告之審級利益，除將原確定判決及原二審法院之判決撤銷外，並發由原第二審法院依判決前之程序更爲審判（刑事訴訟法第447條第1項第1款、第2項參照）。

(四) 92年台上第363號

按「被告得隨時選任辯護人」、「最輕本刑爲三年以上有期徒刑，於審判中未經選任辯護人者，審判長應指定公設辯護人或律師爲其辯護，上開案件選任辯護人於審判期日無正當理由而不到庭者，審判長得指定公設辯護人」、「審判期日應通知辯護人」、「依法應用辯護人之案件或已經指定辯護人之案件，辯護人未經到庭辯護而逕行審判者，其判決當然爲違背法令」，刑事訴訟法第27條第1項前段、第31條第1、2項、第271條第1項、第379條第7款分別定有明文。本件被告鄭○言經台灣嘉義地方法院檢察署檢察官以其觸犯刑法第221條第1項強制性交罪嫌提起公訴，該罪之法定刑爲「三年以上十年以下有期徒刑」，屬刑事訴訟法第31條第1項之強制辯護案件。被告既於91年3月4日向台灣嘉義地方法院提出委任狀選任陳○芳律師爲辯護人，陳○芳律師並無同法第31條第3項無正當理由而不到庭情事，乃原審法院逕於92年2月21日指定嚴○辰律師爲被告辯護，復於同年5月7日審判期日漏未通知選任辯護人陳○芳律師，逕行通知指定辯護人嚴○辰律師到庭爲被告辯護，揆諸首開說明，原判決當然爲違背法令。惟刑事訴訟法第441條之審判違背法令，包括原判決違背法令及訴訟程序違背法令，後者係指判決本身以外訴訟程序違背程序法之規定。原審漏未通知選任辯護人陳○芳律師爲被告辯護，其所踐行之訴訟程序固屬違背同法第271條第1項、第379條第7款之規定，但原審已另行指定辯護人嚴○辰律師爲被告辯護，嚴○辰律師除提出辯護意旨狀外，並於審判期日到庭爲被告辯護（見原審卷第167至170、252、253頁），並未妨害，亦無剝奪被告防禦權及辯護人辯護權之行使，顯然於判決無生影響，該確定判法，僅屬訴訟程序違背法令。

【附錄】96年第7次刑庭決議

法律問題：刑四庭提案刑法第91條之1關於強制治療之規定，於民國94年2月2日修正公布，並自95年7月1日施行，將舊法規定之刑前治療改爲刑後治療，而對於新法修正施行前所犯該條第1項之罪，於修正施行後法院爲裁判時，究應如何爲新舊法之比較適用，本

院已於96年2月6日96年第3次刑事庭會議作成決議：「民國95年7月1日起施行之刑法第91條之1有關強制治療規定，雖將刑前治療改為刑後治療，但治療期間未予限制，且治療處分之日數，復不能折抵有期徒刑、拘役或同法第42條第6項裁判所定之罰金額數，較修正前規定不利於被告。」亦即比較新舊法之結果，應認修正前之規定較有利於被告。設檢察總長對於在本院前開決議前，各級法院所採以修正後之規定有`利於被告之見解所為之確定判決，認為違法，提起非常上訴，本院究應為如何之判決？

決議：非常上訴所稱之審判違背法令，係指法院就該確定案件之審判顯然違背法律明文所規定者而言。故確定判決之內容關於確定事實之援用法令倘無不當，僅其憑終審法院前後判決所採法令上之見解不同者，要屬終審法院因探討法律之真義，致因法文解釋之不同，而產生不同之法律見解，參照本院18年非字第84號、25年非字第139號判例要旨，尚不能執後判決所持之見解或嗣後本院決議統一所採之見解，而指前次判決為違背法令。本院在96年第3次刑事庭會議所為之確定判決或下級審法院依憑本院判決本旨所為之確定判決，其就刑法第91條之1關於強制治療部分比較新舊法之結果，認新法有利於被告而為判決者，自屬終審法院所為不同之法律見解，不能資為非常上訴之理由。

【附錄】97年第4次刑庭決議

非常上訴，乃對於審判違背法令之確定判決所設之非常救濟程序，以統一法令之適用為主要目的。必原判決不利於被告，經另行判決；或撤銷後由原審法院更為審判者，其效力始及於被告。此與通常上訴程序旨在糾正錯誤之違法判決，使臻合法妥適，其目的係針對個案為救濟者不同。兩者之間，應有明確之區隔。刑事訴訟法第441條對於非常上訴係採便宜主義，規定「得」提起，非「應」提起。故是否提起，自應依據非常上訴制度之本旨，衡酌人權之保障、判決違法之情形及訴訟制度之功能等因素，而為正當合理之考量。除與統一適用法令有關；或該判決不利於被告，非予救濟，不足以保障人權者外，倘原判決尚非不利於被告，且不涉及統一適用法令；或縱屬不利於被告，但另有其他救濟之道，並無礙於被告之利益者，即無提起非常上訴之必要性。亦即，縱有在通常程序得上訴於第三審之判決違背法令情形，並非均得提起非常上訴。

所謂與統一適用法令有關，係指涉及法律見解具有原則上之重要性者而言。詳言之，即所涉及之法律問題意義重大而有加以闡釋之必要，或對法之續造有重要意義者，始克相當。

【附錄】97年台非第262號

非常上訴係非常救濟程序，與通常上訴程序不同，並非為一般個案當事人對下級審法院不當判決所設之救濟方法，其旨在糾正原確定判決法律上之錯誤，以達統一各級法院關於法令適用之目的。是以，非常上訴權並未賦予一般當事人，而僅專屬檢察總長一人（或部分軍事審判案件之最高軍事法院檢察署檢察長）；且非常上訴判決之效力，原則上不及於被告，唯於原確定判決之違背法令係不利於被告時，依刑事訴訟法第447條第1項第1款但書規定，始須撤銷該違背法令部分，並就該案件另行判決，而此項例外亦僅係附隨之效

果而已。又非常上訴之提起採便宜主義，觀諸刑事訴訟法第441條規定：「判決確定後，發現該案件之審判係違背法令者，最高法院檢察署檢察總長得向最高法院提起非常上訴」自明（軍事審判法第226條前段規定亦同）。所稱「得向最高法院提起」者，即不僅檢察總長（或最高軍事法院檢察署檢察長）有是否提起非常上訴之裁量權，最高法院亦有權審核檢察總長（或最高軍事法院檢察署檢察長）所提非常上訴是否符合創設非常上訴制度之目的。申言之，原確定判決縱有違法情事，如於統一法令之適用方面已無助益，或對被告並無非常上訴利益者，既已失非常上訴統一法令適用之目的或法律救濟之附隨實效，即不具提起非常上訴之必要，自不得對之提起非常上訴。至司法院釋字第181號解釋固以：依法應於審判期日調查之證據，未予調查，致適用法律錯誤，而顯然於判決有影響者，得以判決違背法令提起非常上訴。惟於解釋理由書內另揭示，判決違法爲「兼顧被告之利益」，得將原判決撤銷另行判決，具有實質之效力。上開情形，倘不予救濟，則無以維持國家刑罰權之正確行使，始認屬於判決違法，非僅訴訟程序違法，而應有刑事訴訟法第447條第1項第1款之適用。故確定判決如非不利於被告，非常上訴判決僅具形式上之糾正意義，其效力既不及於被告，自無兼顧被告之利益可言，此時如無統一法令適用之目的，即非常上訴理由所指無法律上原則之重要性，自與非常上訴採便宜主義之旨有違，仍不得提起非常上訴。

【附錄】97年台非第359號

　　原確定判決縱有違法情事，如於統一法令之適用方面已無助益，或對被告並無非常上訴利益者，既已失非常上訴統一法令適用之目的或法律救濟之附隨效益，即不具提起非常上訴之必要，自不得對之提起非常上訴。本件非常上訴意旨所指台灣台中地方法院96年度簡字第991號確定判決，未適用刑法第47條第1項規定，論被告以累犯，係屬違法，固有該項判決影本及台灣高等法院被告前案紀錄表附卷可憑。然被告有累犯前科，確定判決未用累犯規定加重其刑，爲違背法令，迭經本院著有判決在案，實務上並無爭議。重覆提起非常上訴殊無助益於統一法令適用之目的；矧原確定判決尚非不利被告，應僅將其關於違背法令部分撤銷，對被告尤無非常上訴利益可言。衡諸上開說明，本件不具提起非常上訴之必要，所提非常上訴，非有理由，應予駁回。

【附錄】97年台非第399號

　　非常上訴，乃對於審判違背法令之確定判決所設之非常救濟程序，以統一法令之適用爲其主要目的。必原判決不利於被告，經另行判決；或經撤銷發由原審法院更爲審判者，其效力始及於被告。此與通常上訴程序旨在糾正錯誤之違法判決，使臻合法妥適，以達個案救濟之目的者不同。故非常上訴之是否提起，刑事訴訟法第441條係採便宜主義，即應本於非常上訴制度創設之本旨，衡酌人權之保障、判決違法之情形及訴訟制度之功能等因素，而爲正當合理之考量。違法之確定判決除與統一適用法令有關，具有原則上之重要性；或係不利於被告，非予救濟，不足以保障人權，有依非常上訴程序予以糾正或救濟之必要者外，倘原確定判決雖有違背法令情形，但尚非不利於被告，且不涉及統一適用法

令，而無原則上之重要性，亦無益於法之續造；或縱屬不利於被告，但另有其他救濟之道，並無礙於被告之利益者，即無提起非常上訴之必要性，自不得遽以提起非常上訴……原判決失察而依上開規定予以減刑，雖有判決適用法則不當之違背法令。然被告之上述情形不得依中華民國96年罪犯減刑條例之規定予以減刑，稽諸上開條文之規定至爲顯然，實務上並無爭議，對之提起非常上訴不涉及相關法令解釋原則之重要性，亦無益於統一法令之適用或法之續造。且該確定判決尚非不利於被告，而僅將其關於被告減刑違背法令部分撤銷，對被告而言亦無非常上訴利益可言。衡諸上開說明，本件不具提起非常上訴之必要性，所提非常上訴自非法之所許，應予駁回。

【附錄】97年台非第317號

司法院釋字第271號解釋明示刑事訴訟程序中不利益於被告之合法上訴，上訴法院誤爲不合法，而從程序上爲駁回上訴之判決確定者，其判決固屬重大違背法令，惟既具判決之形式，仍應先依非常上訴程序將該確定判決撤銷後，始得回復原訴訟程序，就合法之上訴部分進行審判。足見此所謂之合法上訴，係指明爲「不利益於被告之合法上訴」，與司法院院字第790號解釋不問此項合法上訴是否利益於被告者，自不相同；否則，既有院字第790號解釋，又何待於釋字第271號解釋。因此，利益於被告之合法上訴，上訴法院誤爲不合法而從程序上爲駁回上訴之判決確定者，當不屬於釋字第271號解釋之範圍，仍應援用本院25年上字第3231號判例，亦即此種程序上之判決，本不發生實質上之確定力，毋庸先依非常上訴程序撤銷，可逕依合法之上訴，進行審判，徵諸釋字第271號解釋文末僅謂：「最高法院25年上字第3231號判例於上開解釋範圍內，應不再援用」，益覺明顯。

【附錄】98年台上第211號

對於毒品危害防制條例所規定之觀察、勒戒所爲之裁定，乃拘束身體、自由之保安處分，與科刑判決有同等效力，於裁定確定後，如有違法，自得提起非常上訴。

【附錄】100年第6次刑庭決議

院長提議：被告犯甲罪，經判處有期徒刑確定，於執行完畢後，五年以內故意再犯丙罪，法院依累犯規定加重其刑，判處有期徒刑確定。而被告於甲罪判決確定前，因另犯乙罪，亦經判處有期徒刑確定。迨丙罪判決確定後，檢察官以甲、乙二罪合於數罪併罰要件，聲請法院裁定定其應執行之刑確定。則甲罪已執行之刑，係檢察官執行被告應執行之刑時，予以扣除之問題，不能認已執行完畢。檢察總長以丙罪判決諭知累犯係違背法令，提起非常上訴，有無理由？有甲、乙二說：

甲說：被告有無累犯之事實，應否適用刑法第47條規定加重其刑，爲法院認定事實與適用法律之基礎事項，客觀上有調查之必要性，應依職權調查。倘被告不合累犯之要件，事實審法院未予調查，依累犯規定加重其刑，即屬刑事訴訟法第379條第10款規定之依本法應於審判期日調查之證據而未予調查，致適用法令違誤，而顯然於判決有影響，其判決爲當然違背法令。又數罪併罰案件之執行完畢，係指該數罪所定應執行之刑已執行完畢而

言。若數罪中之一罪已先予執行，嗣法院始依檢察官之聲請，就該數罪裁定定其應執行之刑，則前已執行之刑，係檢察官執行時予以扣除之問題，不能認為已執行完畢。被告故意再犯丙罪之日期係在甲、乙二罪應執行之刑執行完畢以前，不構成累犯，原確定判決依累犯規定加重其刑，自有判決適用法則不當及應於審判期日調查之證據而未予調查之違背法令。非常上訴意旨執以指摘，不問其所指被告前受有期徒刑宣告及執行之前科資料，是否存在於事實審訴訟卷宗內而得以考見，均應認為有理由。

　　乙說：刑事訴訟法第379條第10款所定「依本法應於審判期日調查之證據而未予調查」，就非常上訴審言，如致適用法令違誤，而顯然於判決有影響者，固屬判決違背法令。惟所謂依本法應於審判期日調查之證據，係指事實審訴訟程序中已存在之證據，在客觀上為法院認定事實及適用法律之基礎者而言。倘當時不存在之證據，為事實審法院不及調查或無從調查者，即非應調查證據之範圍。非常上訴審自亦不能依據原確定判決後始行發生之新事實或新證據，自為變更事實之認定而適用法律。被告於甲罪所處有期徒刑執行完畢後，五年以內故意再犯有期徒刑以上之丙罪，事實審法院依當時所存在之證據，認定事實，依累犯規定加重其刑，其適用法律並無違誤。至檢察官以甲、乙二罪合於數罪併罰要件，聲請法院裁定定其應執行之刑確定，係在丙罪判決確定以後，乃事實審訴訟程序中不存在之事實及證據，顯無調查之可能性，自非依法應於審判期日調查之證據。非常上訴意旨提出判決後發生之新事實、新證據，指摘原確定判決未就當時不存在之事實及證據予以調查，為無理由。

　　以上二說以何說為當？提請　公決

　　決議：採甲說。

【附錄】103年台非第372號

　　非常上訴所稱之審判違背法令，係指法院就該確定案件之審判顯然違背法律明文所定者而言，若僅是法文上有發生解釋上之疑問，致因法文解釋之不同，而產生不同之法律上見解，尚不得謂為審判違背法令，而據為提起非常上訴之理由。又本院為第三審兼非常上訴審，為發揮終審法院統一法令適用之功能，應嚴格貫徹法律審，若確定判決之內容關於確定事實之援用法令並無不當，僅係所憑終審法院前後判決所採法令上之見解不同者，尚不能執後判決所持之見解而指前次判決為違背法令。

【附錄】104年台非第86號

　　定應執行之確定裁定，如違背法令，因具有實體判決之效力，對之自得提起非常上訴。次按就已判決確定之各罪，裁定定其應執行之刑時，不得就同一案件，重複合併定執行刑，否則即違反一事不再理之原則，而屬違背法令。……案經確定，且不利於被告，而此項裁定與確定判決有同一之效力，非常上訴意旨執以指摘，洵有理由。又本院為法律審，為維持被告之審級利益，應由本院將原裁定撤銷，發回原審法院依裁定前之程序更為審理，期臻適法，兼資救濟。

【附錄】105年台上第3278號

　　按無效之違法判決，如誤合法之上訴為不合法而判決駁回時，本院25年上字3231號判例意旨略以：此種程序上之判決，本不發生實質的確定力，原上訴並不因而失效，應仍就上訴為裁判。嗣司法院釋字第271號解釋則以：「刑事訴訟程序中不利益於被告之合法上訴，上訴法院誤為不合法，而從程序上為駁回上訴之判決確定者，其判決固屬重大違背法令，惟既具有判決之形式，仍應先依非常上訴程序將該確定判決撤銷後，始得回復原訴訟程序，就合法上訴部分進行審判。否則即與憲法第8條第1項規定人民非依法定程序不得審問處罰之意旨不符。最高法院第25年上字第3231號判例，於上開解釋範圍內，應不再援用」。據此，「誤合法之上訴為不合法之無效違法裁判」，其處理方式應區分為：不利於被告知上訴，依非常上訴程序處理；有利於被告之上訴，仍有本院25年上字第3231號判例之適用，毋庸非常上訴程序撤銷，可逕依上訴程序處理。

🔍 焦點3　釋字第181號與釋字第238號與第447條之適用

一、釋字第181號與釋字第238號之綜合體系

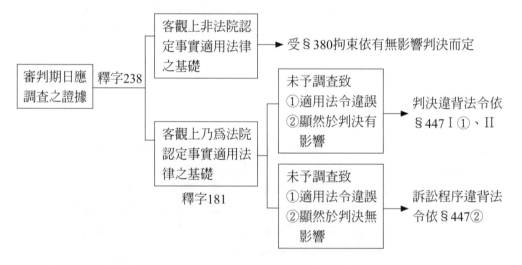

二、釋字第181號解釋

　　非常上訴，乃對於審判違背法令之確定判決所設之救濟方法。依法應於審判期日調查之證據，未予調查，致適用法令違誤，而顯然於判決有影響者，該項確定判決，即屬判決違背法令，應有刑事訴訟法第447條第1項第1款規定之適用。

三、釋字第238號解釋

　　刑事訴訟法第379條第10款所稱「依本法應於審判期日調查之證據」，指該證據在客觀上為法院認定事實及適用法律之基礎者而言。此種證據未予調查，同條特明定該判決為當然違背法令。其非上述情形之證據，未予調查者，本不屬於上開第10款之範圍，縱其訴

訟程序違背法令，惟如應受同法第380條之限制者，既不得據以提起第三審上訴，自不得為非常上訴之理由。中華民國29年2月22日，最高法院民刑總會議決議關於「訴訟程序違法不影響判決者，不得提起非常上訴」之見解，就證據部分而言，即係本此意旨，尚屬於法無違，與本院釋字第181號解釋，亦無牴觸。

焦點4　第447條第2項之適用範圍

本法第447條第2項之不受理判決究僅限「無審判權」抑或包含其他不受理判決之情形，有如下不同見解：

一、肯定說

不受理判決與實體判決相較，顯較實體判決更為有利（或並無不利可言），亦即原判決為不受理判決並非不利於被告，故原則上對不受理判決提起非常上訴，僅得適用第447條第1項第1款前段，將判決撤銷即可，毋庸另為判決。至第447條第2項所謂「誤認為無審判權而不受理」係屬例外。

二、否定說

認為無論原判決為有利或不利於被告，均得適用第447條第2項之規定而發回更審，第447條第2項之要件為有維持審級利益之必要，而其所為之「誤認為無審判權而不受理」，係屬於有維持審級利益必要所為例示性規定，故其他不受理判決之情形仍依第447條第2項處理。

焦點5　對實務「幽靈指示」判決之評析兼論97年第4次刑庭決議

（林鈺雄，台灣法學第223期，頁99～100；楊雲驊，台灣本土法學第223期，頁134～135）

一、幽靈指示判決之評析

(一) 實務歷來裁判常於再審聲請駁回時，指示聲請人應循非常上訴途徑救濟。復於駁回非常上訴時，指示應循再審聲請途徑救濟之。學者認為不能因為救濟途徑分類而剝奪實際救濟可能，實務處理方式卻背道而馳。從裁判例證可知，無論是證據未予調查（含調查未盡）或認定事實與證據不符等證據違誤事由，再審與非常上訴法院雖然同引駁回例稿而相互指示，但實際結果就是都不救濟。換言之，裁判指示的非常救濟途徑並不存在，根本就是「幽靈指示」！

(二) 自制度與立法例言，並無分設再審與非常上訴兩種非常救濟途徑之必然道理，如我國民事訴訟法、行政訴訟法及德國刑事訴訟法之法例。一旦分設，無論兩者採取何種區分方式，從訴訟權保障而言，至多就僅能容許積極管轄衝突，即既可能循再審亦可能依非常上訴救濟之情事發生，而不應有相反情形的消極管轄衝突。如同我國學者所指出，我國雖有再審與非常上訴之別，但「非常程序之精神，乃在於虛心坦懷承認錯

誤，則凡於確定判決後，發現判決有瑕疵，即應使其均得以非常程序救濟或糾正，而不可使有瑕疵之確定判決，既不得以再審救濟，亦不能以非常上訴糾正之情事產生，而使非常救濟制度呈現漏洞，以致不能發揮應有之效用」。然而，再審與非常上訴法院相互幽靈指示的結果，便是在原確定判決出現重大證據違誤等瑕疵時，產生消極管轄衝突的非常救濟漏洞。本來的「雙重救濟」制度，變成了根本「無從救濟」的結果。

(三) 次從學理而言，儘管事實與法律如何區分，向來有學說的爭議。但無論如何區分，皆無法否認證據正是溝通事實與法律兩者的主要橋樑。一般泛稱的證據違誤，往往同時結合了事實違誤與法律違誤的雙重瑕疵。例如，以法院未經調查不在場證人為例，不但事實可能因此誤認，亦有違反調查義務的法律違誤；其他證據未予調查或認定事實與證據不符等證據違誤，亦可能產生類似的雙重瑕疵情形。既然是雙重瑕疵，怎能以事實、法律違誤的二分法，來同時否定兩種非常救濟的可能性？

(四) 再從本法證據章開宗明義揭示的證據裁判原則而言，「犯罪事實應依證據認定之，無證據不得定犯罪事實」（本法§151Ⅱ）。換言之，「法律」明文要求認定犯罪事實應依「證據」，既然如此，未依證據認定犯罪事實，就不只是事實違誤而已，必定同時發生違反上開規定的法律違誤，也就是雙重違誤，而非一種違誤而已。其實，我國實務針對證據違誤，也有認為可能雙重非常救濟的例證，如司法院釋字第146號解釋即謂：「刑事判決確定後，發見該案件認定犯罪事實與所採用證據顯屬不符，自屬審判違背法令，得提起非常上訴；如具有再審原因者，仍可依再審程序聲請再審。」前述裁判的幽靈指示，顯然違反本號解釋。

二、97年第4次刑庭決議評論學者對此決議

(一) 訴訟救濟之政策目的以及訴訟制度之功能等，屬於法律保留事項。非常上訴審不宜自行決定政策，否則有違反權力分立原則之疑慮。

(二) 現行法下，確定判決是否提起非常上訴，屬檢察總長裁量權限，非常上訴審不宜在現有法律規定之外，自創「必要性」要件作為非常上訴有無理由之判斷基準之一，實質侵犯檢察總長裁量權之行使。

(三) 本決議雖稱非常上訴之目的主要於統一適用法令，但非常上訴需以「審判違背法令」為要件，與不同見解間謀求統一適用，兩者之本質並不相同，後者之實施，有可能干預原確定判決法官依據法律獨立審判之憲法保障，不可不慎。且決議迄今已多年有餘，真正進行統一適用法令之非常上訴判決顯然僅占少數，多數之非常上訴判決仍進行個案之救濟。況且，即使認為應該以統一適用法令為主，但充其量也僅是最高法院刑事庭對法律之一已見解，至於最為社會所關心的各庭間發生不同見解，致使司法對人民難以預見以及平等適用等重大問題，非常上訴的統一適用法令功能根本難以解決。

(四) 自決議後，確定判決因訴訟程序違法遭非常上訴撤銷糾正者，幾乎成為不可能之事，諸多違背構成刑事訴訟法第379條判決當然違背法令之重大違法事項，於是提起非常上訴後遭無理由駁回，至於第379條列舉範圍以外之訴訟程序違法，相較之下當然更

是無從提起。不僅實質架空第447條第1項第2款「訴訟程序違背法令者，撤銷其程序」之適用，更與多年來司法院大法官解釋與依據國際人權公約要求加強程序保障之意旨相違。

(五) 非常上訴制度之何去何從，應由立法者通盤考量後做決定，不宜由審判法院以決議方式自我形成。是否要廢除非常上訴制度，應由立法機關周延、慎重考慮。

第七節　非常上訴之審理

🔍 焦點1　因重要證據漏未調查，以致原確認之事實與論罪科刑援用法令之當否發生疑義時，得否依職權調查事實？（林鈺雄，刑事訴訟法（下），頁427～432；陳樸生，刑事訴訟法實務，頁578～579；何賴傑，刑事訴訟法實例研習，頁356以下）

一、肯定說

依第445條第2項準用第394條第1項但書規定，第379條第10、14款、第393條第3款等得依職權調查之事項，非常上訴審得調查事實。

二、否定說

(一) 非常上訴程序不經言詞辯論，不得調查應經言詞辯論程序始得認定之事實。
(二) 準用僅就性質不相牴觸之範圍內加以適用，非常上訴審只能就訴訟程序違背法令之事實加以調查。

三、實務見解有傾向肯定說

不得宣告緩刑之案件原確定判決卻宣告緩刑，檢察總長提起非常上訴，應如何判決？依82年第6次刑庭決議非常上訴有理由：

(一) 第379條第10款依本法應於審判期日調查之證據而未予調查，如致適用法令違誤，而顯然於判決有影響，該確定判決即屬判決違背法令，應有第447條第1項規定之適用。
(二) 被告得否宣告緩刑之前提事實，具備調查之必要性，屬第379條第10款之範疇。
(三) 不問其所指被告曾因犯罪受有期徒刑以上刑之宣告之前科資料或案卷，是否存在於原確判事實審訴訟案卷內而得考見，非常上訴審均應就此調查裁判之。
(四) 因原確定判決尚非不利於被告，僅將原確定判決關於宣告緩刑違背法令之部分撤銷即可。

四、惟亦有實務見解認法院僅負調查義務而無蒐集義務故持否定說

五、學說（何賴傑師）亦持肯定說

　　事實審法院對於其已知或可得而知且非不能調查之必要證據，負有職權調查義務。事實審法院對於其可得而知且非不能調查之被告前科事實，未盡職權調查義務者，應係本法第379條第10款之當然違法事由。而非常上訴審，基於非常上訴理由之指摘，對於不存於原確定判決事實審案卷內之被告前科事實，依本法第445條第2項準用第394條第1項但書規定，得自行調查該事實而認定原確定判決有審判違背法令之事由。

🔍 焦點2　非常上訴之提起與審理程序之建議（王兆鵬，月旦法學第170期，頁120以下）

一、提起權人

　　本於我國刑事訴訟法改採當事人進行主義，審判中檢辯雙方激烈攻防，檢察總長之任命亦具有相當之政治性，又如檢察總長所屬之特別偵查組偵辦之案件亦多具政治爭議性，故現行法限制僅得由檢察總長提起非常上訴之規定，顯有待商榷。學者認為，若確定判決違背法令之情節，已至侵害被告憲法權利或訴訟法上重大權利，且可能影響於判決結果者，應採保護被告說，容許被告有權提起非常上訴之救濟。

二、審理程序

(一) 形式及書面之審理：受理非常上訴之法院得審視相關卷宗，如聲請之程式或理由不合法而可以補正者，應先定期命補正。如自聲請之理由及證據中，得認定聲請顯然無理由者，得逕行駁回聲請。

(二) 檢察官之答辯：如認聲請有形式上之理由者，應將聲請書及理由寄交該受理法院所對應之檢察官，請其提出答辯書。

(三) 事實調查：如當事人所主張者，涉及事實之爭執時，而該事實爭執又非確定判決卷宗內之資料所得澄清者，受理法院應開啟證據調查庭以認定事實。

(四) 法律辯論：如法院認為無事實爭執，或於前述之證據調查庭結束後，法院得就法律爭執而開啟法律辯論。

【附錄】92年台非第190號

　　「確定終局裁判所適用之法律或命令，或其適用法律、命令所表示之見解，經本院依人民聲請解釋認為與憲法意旨不符，其受不利確定終局裁判者，得以該解釋為再審或非常上訴之理由，已非法律見解歧異問題。」亦即大法官解釋憲法並有統一解釋法律、命令之職權，其所為之解釋，有拘束全國各機關及人民之一般效力，然其解釋之效力，原則上基於法安定性原則，無溯及既往之效力，應自該解釋公布當日起僅向將來生效。惟若嚴守此原則，對於聲請解釋之當事人基本權利保障自有未周，故為兼顧對法安定性原則及有效保障基本權原則，上開大法官會議之解釋明白揭示對聲請解釋之案件，例外有溯及既往之效力，該聲請人得以該解釋作為聲請再審或非常上訴之理由；然上開解釋文並未說明其他經確定終局裁判相類似案件者，亦得援引大法官會議解釋作為再審或非常上訴之理由，即其

解釋之效力，僅限於聲請人據以聲請之案件，其效力應不及於該解釋文生效前，其他非聲請人所受之確定終局裁判。

第十五章　執　行

【附錄】釋字第245號

受刑人或其他有異議權人對於檢察官不准易科罰金執行之指揮認爲不當，依刑事訴訟法第484條向諭知科刑裁判之法院聲明異議，法院認爲有理由而爲撤銷之裁定者，除依裁定意旨得由檢察官重行爲適當之斟酌外，如有必要法院自非不得於裁定內同時諭知准予易科罰金，此與本院院解字第2939號及院字第1387號解釋所釋情形不同。

【附錄】97年台上第356號

程序方面：按受刑人或其法定代理人或配偶以檢察官執行之指揮爲不當者，得向諭知該裁判之法院聲明異議，爲刑事訴訟法第484條所明定。該條所稱「諭知該裁判之法院」，乃指對被告之有罪判決，於主文內實際宣示其主刑、從刑之裁判而言。若判決主文並未諭知主刑、從刑，係因被告不服該裁判，向上級法院提起上訴，而上級法院以原判決並無違誤，上訴無理由，因而維持原判決諭知「上訴駁回」者，縱屬確定之有罪判決，但因對原判決之主刑、從刑未予更易，其本身復未宣示如何之主刑、從刑，自非該條所指「諭知該裁判之法院」（本院79年台聲字第19號判例參照）。……

實體方面：刑事訴訟法第484條所規定聲明異議，係指檢察官根據確定判決時，關於刑之執行或執行方法，其執行之指揮有違法或不當情形，始得爲之。反面言之，凡對於確定判決認定事實之錯誤，法律設有非常上訴救濟制度，兩者均與刑之執行或執行方法有指揮違法或不當情形迥異，非屬聲明異議範圍，不得循刑事訴訟法第484條聲明異議。

【附錄】97年台上第872號

刑事訴訟法第484條所稱「檢察官執行之指揮不當」，包括執行之指揮違法及執行之方法不當等情形在內。又依同法第467條第1、4款規定，受徒刑之諭知，而有心神喪失或現罹疾病恐因執行而不能保其生命等情形之一者，依檢察官之指揮，於其痊癒或該事故消滅前，停止執行。是以，檢察官對於經判處徒刑確定，而以心神喪失或現罹疾病恐因執行而不能保其生命爲由，聲請停止執行者，應先命檢查身體，認定其情是否屬實，以判斷應否命令於其痊癒或該事故消滅前，停止執行；業已命令停止執行者，其是否痊癒或該事故消滅而應繼續執行，亦應命檢查，以參考醫學專門機構之鑑定認定之，否則即屬執行之指揮不當，自得對之聲明異議。

【附錄】100年台抗第692號

惟按國家對於特定人爲確定具體之刑罰權，本具有兩種關係，一爲國家與個人間具體之刑罰權關係，即處罰者與被處罰者之實體關係；一爲確定具體之刑罰權而進行之訴訟關

係，即裁判者與被裁判者之程序關係。被告係刑事訴訟當事人之一造，為犯罪追訴之對象，由法院審判以確定國家對其刑罰權是否存在及其處罰之範圍，是被告乃訴訟程序上之名稱，案件經判決確定脫離訴訟繫屬後，其身分才隨之消滅。而受有罪判決確定之特定人，在刑罰執行程序中，因僅具被處罰者之身分，故稱為受刑人。本案抗告人所犯強盜而故意殺人部分，因尚未判決確定，該案訴訟繫屬既仍存在，其身分自為被告而為訴訟當事人之一造。原審法院以抗告人仍屬被告之身分，綜合全部卷證資料，認其犯罪嫌疑重大，有刑事訴訟法第101條第1項第1款、第3款之情形，非予羈押，顯難進行審判或執行，而有羈押之必要等情，已於原審法院押票上載明羈押之理由。核屬原審羈押裁量權之適法行使，自無違法可言。至抗告人前以受刑人之身分在監執行期間之累進處遇，與本案若判決有罪確定後，再入監執行時，應如何計算，即屬執行問題，與抗告人應否羈押無關。抗告意旨猶執前詞指摘原裁定違法，難認有理由，應予駁回。

【附錄】103年台抗第318號

　　受刑人或其法定代理人或配偶，以檢察官之執行指揮為不當者，得向諭知該裁判之法院聲明異議，刑事訴訟法第484條定有明文。此所稱「檢察官執行之指揮不當」者，係指執行之指揮違法及執行方法不當等情形而言。故聲明異議之對象應係檢察官之執行指揮行為，而非檢察官據以指揮執行之科刑裁判。又「一事不再理」為程序法之共通原則，該項原則旨在維持法之安定性，故禁止當事人就已經實體裁判之事項，再以同一理由漫事爭執。又確定之裁定，如其內容為關於實體之事項，而以裁定行者，諸如更定其刑、定應執行之刑、單獨宣告沒收、減刑、撤銷緩刑之宣告、易科罰金、保安處分及有關免除刑之執行、免除繼續執行或停止強制工作之執行等裁定，均與實體判決具有同等效力，除得為非常上訴之對象外，亦有前述「一事不再理」原則之適用。準此以觀，刑事訴訟法有關聲明異議及聲明疑義之裁定，雖未就此特別規定，然在解釋上仍應有上述原則之適用；且此項原則之適用，當非專指准許聲請之實體裁定而言，就該等事項之聲請予以實體上駁回之裁定，亦應有所適用，此見諸實體判決中，有罪、無罪判決均有該原則之適用自明。

　　前述相關裁定既均係就抗告人聲明異議所涉之實體事項所為之裁定，自有實體上之既判力，而抗告人提起本件聲明異議之事由，分別與其於原審法院所提前揭該聲明異議之事由大致相同，顯係以同一理由對於檢察官所為之同一執行指揮行為聲明異議，應分別為原審法院就前述各該聲明異議案件所為確定裁定之既判力所及，依前揭說明，自有「一事不再理」原則之適用。

【附錄】103年台抗第396號

　　刑之執行，本質上屬司法行政之一環，原則上應由檢察官指揮之，此觀刑事訴訟法第457條第1項前段規定甚明。而有關刑之執行順序，依同法第459條規定，二以上主刑之執行，除罰金外，應先執行其重者，但有必要時，檢察官得命先執行他刑。參諸刑法第42條第1項、第2項及第46條第1項等規定，亦僅規範罰金應完納之時間及不完納者之執行問題，並未涉及罰金刑與其他主刑之執行順序，則罰金與其他主刑之執行，因互無衝突，檢

察官自得斟酌諸如行刑權時效是否即將消滅等各項因素，以決定罰金刑係於其他主刑之前或後、或與之同時執行之。故再抗告人如未繳納罰金而須易服勞役者，執行檢察官亦得決定先行執行之，或插接在有期徒刑執行之中，或於徒刑執行完畢後再接續執行。此項指揮執行裁量權之行使，乃基於刑事訴訟法之明示授權，檢察官基於行政目的，自由斟酌正確、適當之執行方式，倘無裁量濫用、逾越裁量情事或牴觸法律授權目的、摻雜與授權意旨不相關因素之考量，即屬合法。（註：104年台上第135號同旨）

【附錄】104年台抗第225號

罰金、罰鍰、沒收、沒入、追徵、追繳及抵償之裁判，應依檢察官之命令執行之；前條裁判之執行，準用執行民事裁判之規定；刑事訴訟法第470條第1項前段、第471條第1項分別定有明文。而「準用」與「適用」有別，「適用」係完全依其規定而適用之；「準用」則僅就某事項所定之法規，於性質不相牴觸之範圍內適用於其他事項之謂，刑事訴訟法第471條第1項固規定沒收及抵償裁判之執行，準用執行民事裁判之規定，但刑事執行程序與民事執行程序既有相異之處，自應就性質相近者始得準用。民事執行程序就債務人對於第三人之債權為執行，應先發扣押命令，再發收取命令，係因該債權是否確實存在仍非無疑義（例如有無因清償而消滅等），故應先發扣押命令，視第三人有無異議再發收取命令；而受刑人於監所之保管金、勞作金均為受刑人所有，其性質係監所為受刑人所保管之金錢或受刑人在監所內勞作而得向監所請求之給付，屬受刑人對監所之債權，其權利之存在並無疑義，且檢察官執行抵償裁判係執行國家公權力，與一般民事債權之性質有別，故對受刑人之保管金、勞作金執行，自無須先發扣押命令，亦不必考量保管金之性質是否為繼續性債權。

【附錄】104年台抗第209號

受刑人或其法定代理人或配偶，以檢察官執行之指揮為不當者，得向諭知該裁判之法院聲明異議，刑事訴訟法第484條定有明文。所謂「檢察官執行之指揮不當」，係指就執行之指揮違法及執行方法不當等情形而言。判決、裁定確定後即生效力，檢察官如依確定判決、裁定內容指揮執行，自難指檢察官執行之指揮為違法或其執行方法不當。又刑之執行，本質上屬司法行政之一環，依刑事訴訟法第457條第1項前段規定，固由檢察官指揮之，但裁判之執行與監獄之行刑，其概念並不相同，前者係指藉由國家之公權力而實現裁判內容之行為，其實現之方法，原則上係由檢察官指揮執行之；而後者則指受判決人就所受之刑罰，進入監禁場所執行後，經由監獄行刑之處遇、教化，以實現使其改悔向上，適於社會生活為目的。是受刑人入監服刑，有關其累進處遇之調查分類、編列級數、責任分數抵銷及如何依其級數按序漸進等行刑措施事項，悉應依行刑累進處遇條例及監獄行刑法等相關規定辦理，屬監獄及法務部之職權，自不在檢察官執行指揮之範圍，即不得執為聲明異議之標的。

【附錄】104台抗237號

依刑法第50條第1項但書及第2項規定觀之，對於判決確定前所犯數罪，有：（一）得易科罰金之罪與不得易科罰金之罪。（二）得易科罰金之罪與不得易服社會勞動之罪。（三）得易服社會勞動之罪與不得易科罰金之罪。（四）得易服社會勞動之罪與不得易服社會勞動之罪等各款情形之一者，除受刑人請求檢察官聲請定應執行刑外，不得併合處罰。稽其立法意旨，無非為明確數罪併罰適用範圍，避免不得易科罰金或不得易服社會勞動之罪與得易科罰金或得易服社會勞動之罪合併，造成得易科罰金或得易服社會勞動之罪，無法單獨易科罰金或易服社會勞動，罪責失衡，不利於受刑人。是關於得易服社會勞動之罪與不得易服社會勞動之罪得否併合處罰，全繫乎受刑人之請求與否。而受刑人於請求檢察官聲請定應執行刑後，得否撤回其請求及其撤回之期限為何，雖法無明文，然該規定係賦予受刑人選擇權，以維其受刑利益，並非科以其選擇義務，且數罪能否併合處罰既繫乎受刑人之意思，則在其行使該請求權後，自無不許其撤回之理。又為避免受刑人於裁定結果不符其期望時，即任意撤回其請求，濫用請求權，影響法院定執行刑裁定之安定性及具體妥當性，受刑人撤回請求之時期，自應加以合理限制。衡諸告訴或請求乃論之罪之告訴或請求，係請求追訴犯人之意思表示，而定應執行刑之請求，則係請求檢察官聲請法院定應執行刑之意思表示；且刑法第50條第1項但書各款所列情形、非經受刑人請求，檢察官不得聲請定其應執行之刑，而告訴或請求乃論之罪，非經合法告訴或請求，檢察官不得起訴。是就同屬請求之意思表示，又同為合法啟動國家裁判權之必要條件而言，前揭情形受刑人定執行刑之請求與告訴或請求乃論之罪告訴人或請求人之請求，二者性質雷同。參照告訴或請求乃論之罪之撤回告訴或請求，依法必須於第一審辯論終結前為之（刑事訴訟法第238條第1項、第243條第2項），其原因在於第一審言詞辯論終結後，審理業已成熟，適於判決，自不許更為撤回告訴或請求之同一法理，並審酌定應執行刑之裁定以書面審理為原則，無須行言詞辯論，暨裁定除有特別規定者（如刑事訴訟法第108條第2項前段）外，因宣示、公告或將其正本送達於當事人、代理人、辯護人及其他受裁判之人時始發生效力等情，基於目的合理性解釋，除受刑人上揭請求之意思表示有瑕疵或不自由情事者外，應認第一審管轄法院若已裁定生效，終結其訴訟關係，受刑人即應受其拘束，不得任意撤回。逾此時點始表示撤回定執行刑之請求者，其撤回自不生效力；亦即必須於第一審管轄法院裁定生效前，始許受刑人撤回其請求。

【附錄】106年台上第3784號

沒收具備獨立性，得由檢察官另聲請法院為單獨沒收之宣告，因而在訴訟程序，沒收得與罪刑區分，非從屬於主刑。本於沒收之獨立性，法院自得於本案罪刑部分上訴不合法駁回時，單獨就沒收部分予以撤銷。

第十六章　附帶民事訴訟

🔍 焦點1　附帶民事訴訟之基本觀念（林鈺雄，刑事訴訟法（下），頁458）

　　所謂附帶民事訴訟乃因犯罪受損害之人，於刑事訴訟程序中附帶提起民事訴訟，以請求損害賠償。此項民刑事訴訟程序之合併，係基於訴訟經濟與便利性之考量，使相關參與訴訟之被告、被害人與證人無需多次應訴，亦得避免民刑事訴訟法院就相同事實為不同矛盾之認定，影響人民對司法裁判之信賴。

　　然現行實務上，刑事審判法院多於刑事判決時，依刑事訴訟法第504條之規定將附帶民事訴訟案件裁定移送民事庭，致使此項制度之設計形同虛設，唯一有利於提起附帶民事訴訟之被害人者，乃其得因此免繳裁判費矣。

　　此外，由於附帶民事訴訟本質與刑事訴訟迥異，是以該項訴訟合一進行之規定，遂衍生如下之難題：

一、民事訴訟之構造係採辯論主義與處分主義，證據資料與攻擊防禦方法之提出與否由當事人決定，原則上法院不得依職權探知，實體之訴訟標的原則上亦得由當事人處分（捨棄或認諾）；至刑事訴訟構造則非全然由當事人進行訴訟程序之主導，且就實體事實之認定，亦不容許當事人處分，僅得為有限度之量刑協商，被告自白不得為有罪判決之唯一證據。此際，兩者合而為一勢必有所扞格。

二、民事訴訟判決與刑事訴訟判決之心證程度有異，以美國判決實務之心證程度為例，對一般民事案件僅需過半證據即得為原告勝訴判決（政府控告人民之民事案件需較高標準之明確證據）；至刑事案件本於罪疑唯輕原則，應達毫無合理懷疑之確信始得為被告有罪判決，如此，同一法院就相同之證據可能因心證門檻不同而分別就民事與刑事責任為相異之判定，導致人民對司法判決之質疑。

三、關於證據之調查，現行刑事訴訟程序依法得由法院依職權調查，亦得由當事人聲請調查（本法第163條）；然民事訴訟程序依法原則上僅限以當事人提出者為限。

四、附帶民事訴訟之部分程序準用刑事訴訟法（如上訴期間由二十日改為十日），然因本質使然，部分程序仍應準用民事訴訟法（如當事人能力、訴訟能力、共同訴訟、訴訟參加、訴訟代理人、訴訟程序停止、和解、本於捨棄之判決、假扣押、假處分等等，其中以當事人能力為例，原則上法人於刑事訴訟不得為被告，惟於民事訴訟則許可之）。

🔍 焦點2　附帶民事訴訟之程序內涵（林鈺雄，前揭書，頁459；陳樸生，刑事訴訟法實務，頁598～599）

一、當事人

　　附帶民事訴訟之訴訟主體，固亦為當事人及法院，但當事人中之原告及被告，未必即

是刑事訴訟中之原告當事人或被告當事人，茲分述其訴訟主體如次：

(一) 原告（§487）：因犯罪而受有損害之人，於刑事訴訟程序中，得附帶提起民事訴訟，故凡因刑事訴訟中之被告犯罪，以致權益直接受有損害，依民法具有損害賠償請求權者，便得附帶提起民事訴訟，作為附帶民事訴訟之原告當事人。

(二) 被告：附帶提起民事訴訟，係對於刑事訴訟之被告及依民法負賠償責任之人請求回復其損害，故刑事訴訟中之被告及依民法應負賠償責任之人，例如民法第187條之法定代理人及民法第188條之僱用人等，其縱非刑事訴訟中之被告，仍均得為附帶民事訴訟之被告當事人。

二、提起時間（§488）

應於刑事訴訟起訴後，第二審辯論終結前為之。但在第一審辯論終結後提起上訴前，不得提起。

三、提起程式（§492、495）

以訴狀或言詞為之。

四、管轄（以刑事訴訟為標準）（§489）

(一) 依本法之事務管轄及土地管轄定之。

(二) 法院就第6條第2項、第8條至第10條為合併審判及指定或移轉管轄之裁定者，視為就附帶民事訴訟有同一裁定。

(三) 就刑事訴訟諭知管轄錯誤及移送該案件者，應併就附帶民事訴訟為同一諭知。

五、訴訟程序

(一) 附帶民事訴訟除本編有特別規定外，準用關於刑事訴訟之規定。但經移送或發回、發交於民事庭後，應適用民事訴訟法（§490）。

(二) 民事訴訟法關於下列事項之規定，於附帶民事訴訟準用之（§491）：

1. 當事人能力及訴訟能力。
2. 共同訴訟。
3. 訴訟參加。
4. 訴訟代理人及輔佐人。
5. 訴訟程序之停止。
6. 當事人本人之到場。
7. 和解。
8. 本於捨棄之判決。
9. 訴及上訴或抗告之撤回。
10. 假扣押、假處分及假執行。

六、審理

(一) 刑事訴訟之審判期日，得傳喚附帶民事訴訟當事人及關係人（§494）。

(二) 附帶民事訴訟之審理，應於審理刑事訴訟後行之。但審判長如認為適當者，亦得同時調查（§496）。

(三) 檢察官於附帶民事訴訟之審判，毋庸參與（§497）。因附帶民事訴訟，純為保障私權而設。

(四) 當事人經合法傳喚，無正當之理由不到庭，或到庭不為辯論者，得不待其陳述而為判決，其未受許可而退庭者，亦同（§498）。

(五) 就刑事訴訟所調查之證據，視為就附帶民事訴訟亦經調查（§499Ⅰ）。附帶民事訴訟判決，應以刑事訴訟判決所認定之事實為依據，故法律有此明文規定，惟對於賠償範圍與金額，仍應為必要之調查。

(六) 調查證據時，附帶民事訴訟當事人或代理人得陳述意見（§499Ⅱ），乃使其有提供有利事實及證據，並為辯論之機會。

(七) 附帶民事訴訟之判決，應以刑事訴訟判決所認定之事實為據。但本於捨棄而為判決者，不在此限（§500）。

(八) 附帶民事訴訟，應與刑事訴訟同時判決（§501）。附帶民事訴訟之判決，以刑事訴訟判決所認定之事實為據，如先於刑事訴訟為判決，其事實認定，即失依據。所謂同時判決，其判決書仍應分別製作，不得合為一判決書，不言即明。

七、上訴

(一) 第二審上訴

1. 對於附帶民事訴訟之第一審判決，得提起上訴於第二審法院。但因刑事訴訟諭知無罪、免訴或不受理之判決，而以判決駁回原告之訴者，則非對刑事訴訟之判決有上訴時，不得上訴（§503Ⅱ）。

2. 第二審法院如僅應就附帶民事訴訟為審判者，應以裁定將該案件移送該法院之民事庭。但對附帶民事訴訟之上訴不合法者，不在此限。對於前項裁定，不得抗告（§511）。

(二) 第三審上訴

1. 刑事訴訟之第二審判決不得上訴於第三審法院者，對於其附帶民事訴訟之第二審判決，得向第三審法院上訴。但應受民事訴訟法第466條之限制。前項上訴，由民事庭審理之（§506）。

   〔註：刑事訴訟諭知無罪、免訴或不受理之第二審判決，如係不得上訴於第三審之案件，依刑事訴訟法第503條第2項規定，對於本件附帶民事訴訟之第二審判決，自亦不得上訴於本院，無適用同法第506條規定，而僅對附帶民事訴訟之第二審判決提起第三審上訴之餘地（69年台上字第1232號民事判例）。〕

2. 刑事訴訟法第506條第1項所稱之第二審判決，當依據同法第503條第1項所定諭知無罪、免訴或不受理以外之判決而言。如對第二審諭知無罪、免訴或不受理之判決附帶民訴上訴事件，則應受刑事訴訟法第503條第2項之限制，非對該無罪、免訴或不受理之判決有上訴時，其附帶民訴之判決不得上訴，若其附帶民訴之上訴不合法，即可逕予駁回，毋庸移送民事庭。

3. 刑事訴訟之第二審判決，經上訴於第三審法院者，對於其附帶民事訴訟之判決所提

起之上訴，已有刑事上訴書狀之理由可資引用者，得不敘述上訴理由（§507）。

八、再審

對於附帶民事訴訟之判決聲請再審者，應依民事訴訟法向原判決法院之民事庭提起再審之訴（§512）。依此規定對於附帶民事訴訟之判決提起再審，係獨立提起，原刑事訴訟之判決是否有再審之提起，即非所問，亦無須附帶於刑事訴訟而提起。

【附錄】52年第3次民刑庭決議

甲保證乙在丙商店服務，乙侵占丙商款項，丙告訴乙侵占。甲係依契約以第三人之資格為乙保證代乙履行，本身既未為侵權行為，且亦非依民法負賠償責任之人（例如民法第187條之法定代理人及第188條之僱用人是），故不許丙對甲附帶提起民事訴訟。

【附錄】53年台上第43號

刑事訴訟中之第三人，亦得為附帶民事訴訟之被告，即凡依民法之規定，對於刑事被告之侵權行為，負有損害賠償之責任者，亦得為附帶民事訴訟之被告。如刑事被告為限制行為能力人，其法定代理人；刑事被告為受僱人，其僱用人。

【附錄】65年第9次民庭決議

院長交議：刑事附帶民事訴訟，經刑事訴訟諭知無罪之判決，刑事法院未經原告之聲請，以裁定將附帶民事訴訟移送民事庭，民事法院可否為實體上審理？

決議：刑事庭移送民事庭之附帶民事訴訟，僅移送後之訴訟程序應適用民事訴訟法，若移送前之訴訟行為，是否合法，仍應依刑事訴訟決之（本院41年台上字第50號判例參照），而宣告無罪之案件，關於附帶民事訴訟部分，雖可駁回原告之訴，但祇能從程序上駁回，不得以其實體上之請求為無理由而駁回之（本院25年7月21日民、刑庭總會決議(四)參照）。刑事法院之移送裁定既不合法（刑訴附帶民事訴訟，經刑事訴訟諭知無罪之判決，刑事法院未經原告之聲請，以裁定將附帶民事訴訟移送民事法院）。民事法院仍應以原告之訴提起不當，從程序上駁回，不得為實體上審理。

【附錄】67年第13次刑庭決議

院長交議：刑事訴訟程序終了後，提起附帶民事訴訟，法院認為原告之訴不合法，依刑事訴訟法第502條第1項規定，判決予以駁回，原告不服，經合法提起上訴，上級法院應如何辦理？

決議：提起附帶民事訴訟，以有刑事訴訟之存在為前提，刑事訴訟程序終了後，即無提起附帶民事訴訟之餘地。若果提起而經法院認為不合法予以駁回，雖經合法上訴，上級法院亦無從為實體上之審判。此與合法提起之附帶民事訴訟，經合法上訴，而法院僅應就附帶民事訴訟審判且可為實體上之審判者，迥不相同。如果予以移送民事庭於接受此項移送案件後，仍應認上訴為不合法，而裁定駁回，毫無實益可言。本院25年11月10日刑事庭

總決議刑事訴訟法（舊法）第515條（現行刑事訴訟法第510條）所謂審判，專指實體上之審判而言，揆之立法本意，當亦如是。司法院院字第1984號解釋及本院第26年鄂附字第84號、28年移字第2號及第3號判例所示意旨，均非指此種不合法之附帶民事訴訟之情形而言。本例情形（刑事訴訟程序終了後，提起附帶民事訴訟，法院認為原告之訴不合法，依刑事訴訟法第502條第1項規定，判決予以駁回，原告合法提起上訴），上級法院刑事庭應認為上訴無理由，逕以判決駁回（此種因維持原審程序判決而駁回上訴之判決亦屬程序判決，非實體判決），無刑事訴訟法第511條第1項前段之適用。

【附錄】81年台附第55號

刑事訴訟法第506條第1項所指得上訴第三審法院之附帶民事訴訟第二審判決，除應受民事訴訟法第466條之限制外，並以第二審係實體上之判決者為限，程序上判決不得上開得上訴之範圍。此由同條第2項規定「前項上訴，由民事庭審理」，可以推知，因此項程序判決如許上訴，本院亦無從為實體上之審判，祇能審查此項程序判決之當否，駁回上訴或發回更審，即不能認為確係繁雜，須經長久時日始能終結其審判。而依上開規定，係逕由民事庭審理，又不須繳交第三審裁判費，徒增當事人困惑，且顯然毫無實益，自屬起出立法本旨之外，又按刑事訴訟法第511條第1項所謂審判，專指實體上之審判而言，依該條規定，須為實體上審判之合法上訴，尚須經由裁定移送程序，始由民事庭審理之。兩相對照，刑事訴訟法第506條第1項所指第二審判決不包括程序判決在內，益可瞭然。

【附錄】83年台附第17號

刑事訴訟法第503條第1項但書所載，經原告聲請時，應將附帶民事訴訟移送管轄法院之民事庭，必須諭知無罪、免訴、或不受理判決之法院，始能適用，如認刑事訴訟之上訴為無理由，而為駁回上訴之判決時，即無再適用該條但書之餘地。

【附錄】88年台附第23號

法院如僅應就附帶民事訴訟為審判者，應以裁定將該案件移送該法院之民事庭，固為刑事訴訟法第511條第1項前段所明定，惟此所謂審判專指實體上之審判而言，若所提起之附帶民事訴訟經法院認為不合法予以駁回，雖經合法上訴，上級法院亦無從為實體之審判，縱予以移送民事庭，仍應認上訴為不合法而裁定駁回，毫無實益可言，故於此情形，仍應由上訴法院刑事庭認上訴為無理由，逕以判決駁回，無刑事訴訟法第511條第1項前段之適用。

【附錄】94年台附第30號

刑事訴訟諭知無罪、免訴或不受理之第二審判決，如係不得上訴於第三審之案件，依按刑事訴訟諭知無罪、免訴或不受理之第二審判決，如係不得上訴於第三審之案件，依刑事訴訟法第503條第2項規定，對於本件附帶民事訴訟之第二審判決，自亦不得上訴於本院。無適用同法第506條規定，而僅對附帶民事訴訟之第二審判決提起第三審上訴之餘

地。

【附錄】102年台抗第615號

　　違反銀行法之行為，係破壞國家有關經營銀行業務應經特許之制度，而非直接侵害個人法益之犯罪，存款人非行為人犯銀行法之罪而直接受損害之人，不得提起刑事附帶民事訴訟。再刑事訴訟法第487條第1項所定附帶民事訴訟之對象，除刑事被告外，固及於依民法負損害賠償責任之人，惟所謂依民法負損害賠償責任之人，係指該刑事案件中依民法規定應負賠償責任之人而言。故必以在刑事訴訟程序經認定係共同侵權行為之人，或依民法應負連帶損害賠償責任之人，始得謂係附帶民事訴訟所稱之依民法負賠償責任之人。

書館出版品預行編目資料

刑事訴訟法 I：體系釋義版／李知遠著. —
版. —臺北市：五南, 2019.04
面；　公分.

978-957-763-357-6（平裝）

事訴訟法

　　　　　　　　　108004307

1T64

例解刑事訴訟法 I：體系釋義版

作　　者－李知遠（96.2）
發 行 人－楊榮川
總 經 理－楊士清
副總編輯－劉靜芬
責任編輯－林佳瑩、張若婕、李孝怡
封面設計－王麗娟、斐類設計工作室
出 版 者－五南圖書出版股份有限公司
地　　址：106台北市大安區和平東路二段339號4樓
電　　話：(02)2705-5066　傳　真：(02)2706-6100
網　　址：http://www.wunan.com.tw
電子郵件：wunan@wunan.com.tw
劃撥帳號：01068953
戶　　名：五南圖書出版股份有限公司

法律顧問　林勝安律師事務所　林勝安律師

出版日期　2004 年 8 月初版一刷
　　　　　2005 年 3 月二版一刷
　　　　　2006 年 1 月三版一刷
　　　　　2007 年 3 月四版一刷
　　　　　2008 年 2 月五版一刷
　　　　　2009 年 3 月六版一刷
　　　　　2010 年 9 月七版一刷
　　　　　2012 年 4 月八版一刷
　　　　　2013 年 7 月九版一刷
　　　　　2016 年 3 月十版一刷
　　　　　2019 年 4 月十一版一刷

定　　價　新臺幣680元